organizzarsi
studiare
verificare
confrontarsi
approfondire

> Per chi studia:

- tutto il testo e molto di più, su web e su tablet, pensato per garantire un'alta leggibilità anche agli studenti con DSA (in particolare, dislessia);
- materiali per approfondire e verificare l'apprendimento;
- contenuti attivi come link, glossari e flashcard, video, cronologie, mappe e grafici con i quali interagire;
- la possibilità di evidenziare, prendere appunti e fare ricerche;

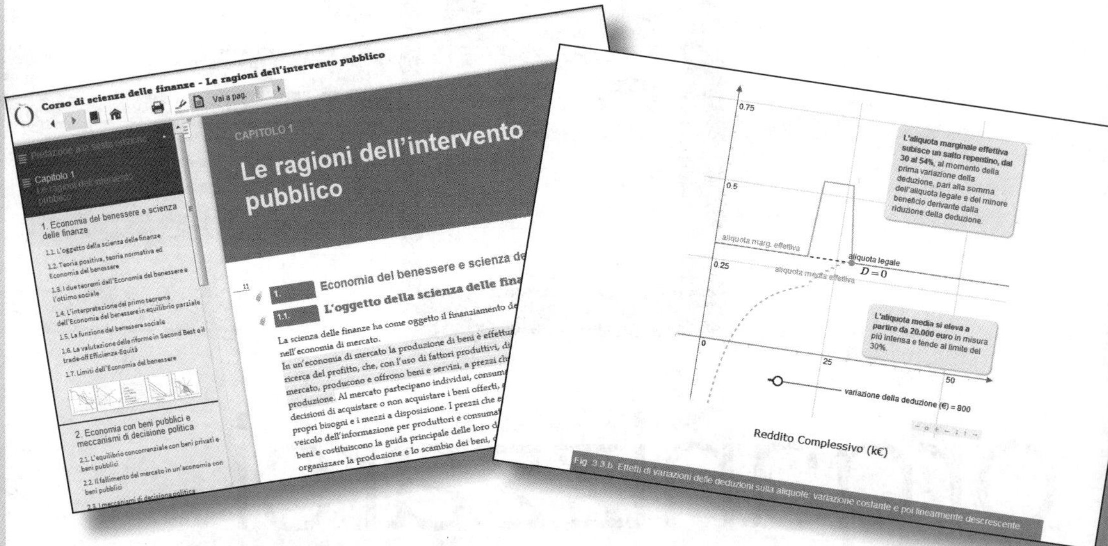

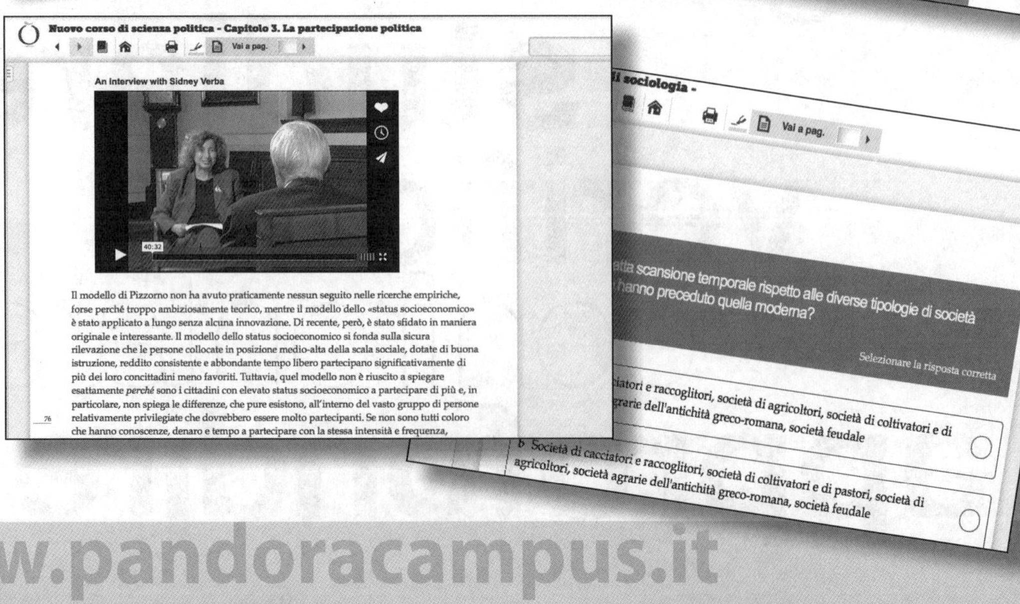

www.pandoracampus.it

www.pandoracampus.it

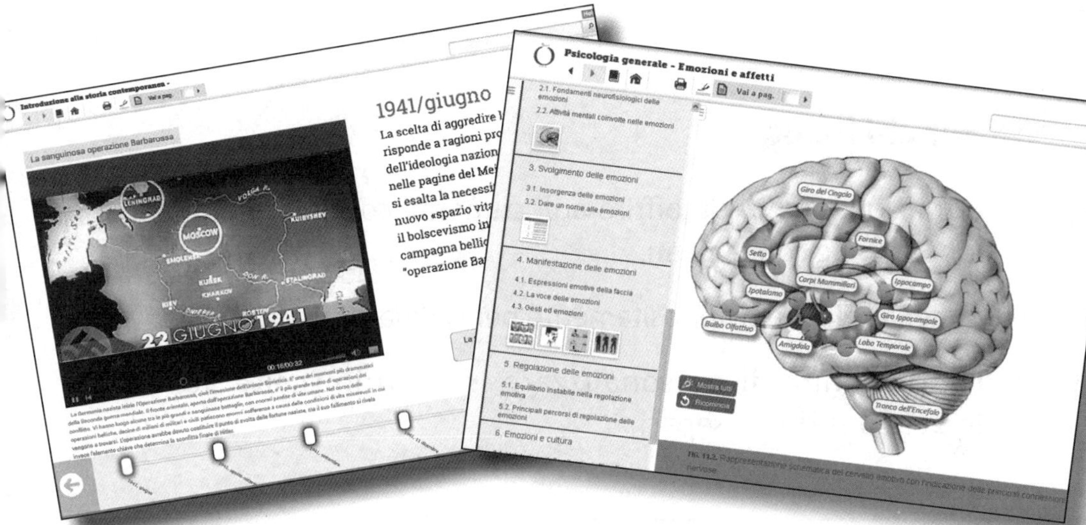

- la possibilità di confrontarsi e interagire con chi sta studiando lo stesso manuale e, quando disponibile, con un tutor a cui fare domande;
- strumenti di organizzazione dello studio per programmare l'esame e creare un calendario con gli obiettivi da raggiungere.

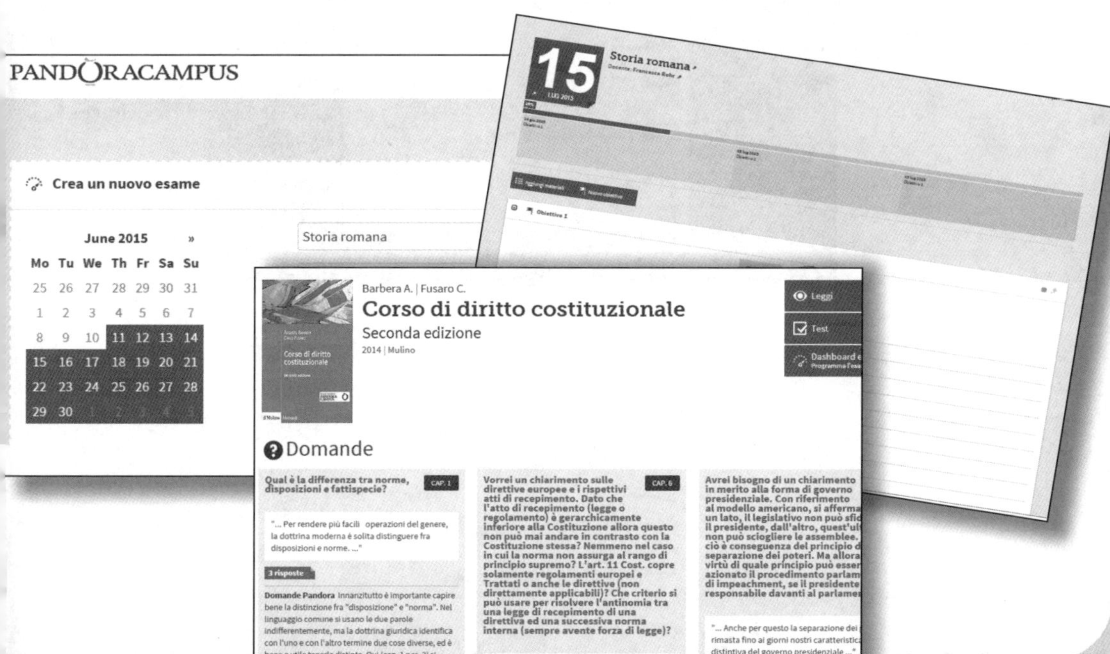

> Per chi insegna:

- un'opzione in più da offrire agli studenti, con formule di accesso innovative e convenienti;
- materiali elaborati appositamente per la didattica;
- l'opportunità di personalizzare le proprie scelte attraverso la creazione di coursepack.

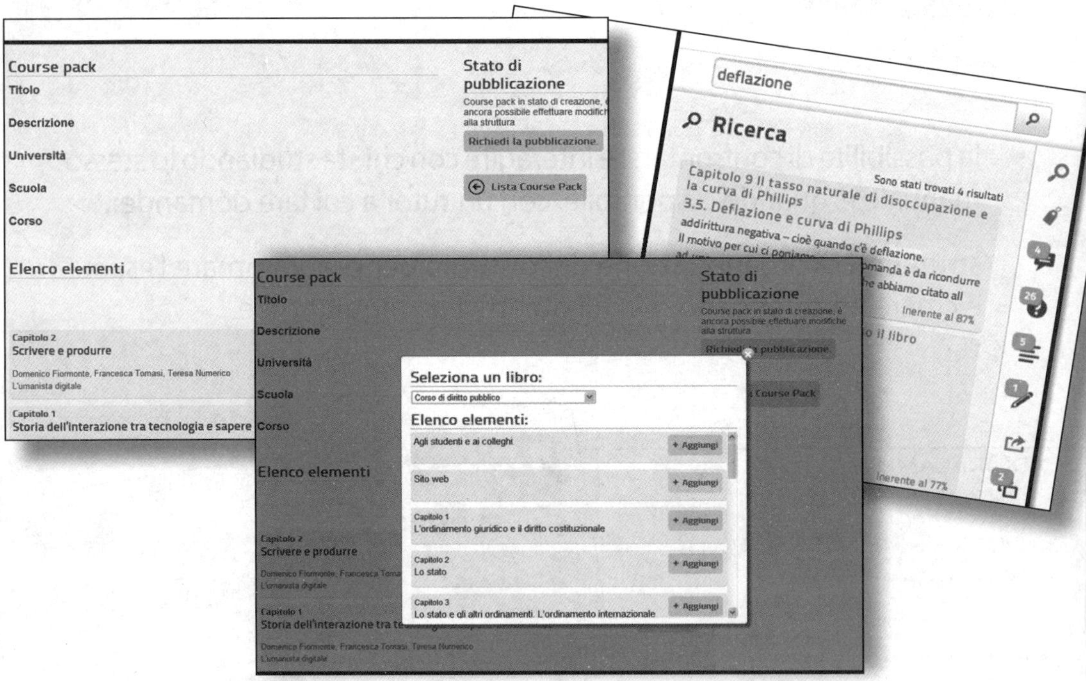

MANUALI

Diritto

I lettori che desiderano informarsi sui libri e sull'insieme delle attività della Società editrice il Mulino possono consultare il sito Internet:
www.mulino.it

AUGUSTO BARBERA
CARLO FUSARO

Corso di diritto pubblico

Nona edizione

il Mulino

ISBN 978-88-15-26584-5

Indice

Agli studenti e ai colleghi

Presentiamo la nona edizione del *Corso di diritto pubblico*, pubblicato per la prima volta nel 2001.
L'edizione 2016 si è trovata innanzitutto a dover fare i conti, da un lato, con il perdurare della crisi dell'Unione europea, culminata con il referendum che ha deciso l'uscita del Regno Unito; dall'altro, con la legge di revisione costituzionale della parte seconda della Costituzione, senza che fosse possibile attendere l'esito del referendum previsto nell'autunno 2016. Importanti cambiamenti hanno riguardato in particolare il capitolo sulla sovranità popolare, a seguito della nuova legge elettorale approvata nel 2015, e il capitolo sui diritti fondamentali, nel quale si dà conto, tra le altre cose, della legge sulle unioni civili e della riforma del mercato del lavoro. Come per ogni riedizione, è stato poi condotto un complessivo lavoro di ripulitura stilistica per ottenere una sempre migliore leggibilità e comprensibilità dell'opera.
Il nostro manuale ambisce ad essere funzionale a tutti i corsi di base nel campo delle discipline pubblicistiche. Esso è costruito in modo da collocare i diversi istituti dell'ordinamento italiano nel tempo e nello spazio: si dedica molta attenzione, in ciascun capitolo e non solo in quello che ricostruisce l'evoluzione dell'ordinamento, all'inquadramento storico-istituzionale. Non mancano indicazioni su altri ordinamenti e in tutto il libro si forniscono tantissimi esempi, accompagnati da tabelle, schemi, statistiche. Alla fine di ogni capitolo, per ripassare o approfondire gli argomenti trattati, il lettore trova l'elenco dei concetti e delle parole chiave, i riferimenti normativi indispensabili, alcuni riferimenti bibliografici (a titolo esemplificativo), una serie di domande di autoverifica.
Un manuale universitario – occorre segnalarlo in premessa – è oggi un'impresa che assorbe grandi energie e che difficilmente una o due persone possono compiere senza adeguato supporto: tanto più che l'ordinamento giuridico ha moltiplicato le sue caratteristiche di complessità, perdendo nello stesso tempo

quelle di stabilità. Dire che il mondo contemporaneo è diventato qualcosa che cambia sempre più velocemente è un luogo comune, ma è anche una realtà. E una società che cambia in tempi così rapidi è anche una società nella quale le norme giuridiche, a loro volta, cambiano con grande frequenza, al punto da rendere molto difficile per gli autori di manuali realizzare un prodotto che sia pienamente attuale e aggiornato. È bene dunque che il lettore consideri questo manuale un *work in progress*, al quale affiancare la sua edizione digitale, strumento di documentazione e di esercitazione e anche strumento di aggiornamento costante.

Per le ragioni appena dette, mai avremmo potuto fare tutto da soli. Dobbiamo perciò il nostro ringraziamento ad alcuni colleghi e amici, primi fra tutti Andrea Morrone, Tommaso Giupponi, Diletta Tega, Chiara Bologna; nonché, in rigoroso ordine alfabetico, Licia Califano, Stefano Ceccanti, Francesco Cocozza, Cecilia Corsi, Justin Frosini, Giusto Puccini, Francesca Rescigno, Luigi Federico Signorini.

Un grazie sentito va inoltre a una folta pattuglia di giovani e valenti studiosi: un contributo importante a quest'ultima edizione è stato dato da Federico Pedrini, Antonio Chiusolo, Francesco Conte, Ylenia Guerra, Gianluca Marolda, Maria Mocchegiani, Lorella Ponzetta. Alle precedenti edizioni hanno collaborato: Michele Abrescia, Simone Calzolaio, Chiara Camposilvan, Marco Croce, Fabio Dani, Caterina Domenicali, Federico Fabbrini, Valentina Fiorillo, Micaela Malena, Francesca Minni, Simon Luca Morsiani, Silvia Nicodemo, Edoardo Raffiotta, Paolo Ronchi, Massimo Rubechi, Eugenio Sazzini, Matteo Timiani.

Dobbiamo poi un grazie particolare a Corrado Caruso per il fondamentale apporto al lavoro di aggiornamento.

Uno speciale ringraziamento va, come sempre, a Luca Stroppiana, il veterano dei nostri manuali, per l'insostituibile lavoro di coordinamento redazionale, la cura dell'edizione digitale, il tutorato on-line e per tanto altro ancora.

Ci diranno i lettori, a partire dai colleghi che hanno scelto di usare il manuale, se il nostro rinnovato sforzo ha avuto successo e cosa possiamo fare per migliorarlo ancora di più.

AUGUSTO BARBERA
CARLO FUSARO

Agosto 2016

L'edizione digitale

Questo manuale è presente in edizione digitale su **Pandoracampus** (www.pandoracampus.it), arricchito da materiali per approfondire e verificare ciò che si è studiato. Curati da Luca Stroppiana, essi sono di grandissima utilità per una preparazione adeguata. All'edizione digitale si accede utilizzando il codice di attivazione che si trova in ciascuna copia del libro, come spiegato nella seconda pagina di copertina.

Oltre al testo completo del manuale, su Pandoracampus **gli studenti** possono trovare documentazione, materiali di ricerca e strumenti di verifica dell'apprendimento. Hanno inoltre la possibilità di dialogare con tutti coloro che studiano il manuale e anche con un tutor.

Oltre a quanto disponibile per gli studenti, **i docenti** possono trovare contenuti esclusivi per lo svolgimento della didattica. In particolare, hanno la possibilità di scaricare la traccia schematica (*outline*) di ogni capitolo, in formato PowerPoint: in questo modo i testi sono adattabili a proprio piacimento, prima di utilizzarli a lezione. Abbiamo scelto di riservare le outline ai professori proprio perché pensate specificamente per «fare lezione in classe»; invece, riteniamo che sarebbe inutile e dannoso servirsene come una specie di manuale in versione ridotta.

Più in dettaglio ecco i contenuti dell'edizione digitale del *Corso di diritto pubblico*:

- **risorse integrative**: le fonti normative e le sentenze; link selezionati a siti istituzionali e di interesse giuridico; esercizi per l'autoverifica; aggiornamenti sulle novità legislative e giurisprudenziali; le tracce dei capitoli (solo docenti);
- **contenuti attivi**: collegamenti ipertestuali da un punto all'altro del manuale e a siti esterni; un glossario integrato nel testo con le definizioni dei principali termini e concetti; *flashcard* per ripassare e altri schemi;

• **servizi**: si può prendere appunti, evidenziare passaggi, inserire segnalibri, oltre a cercare nel testo, ed è possibile confrontarsi con gli altri studenti su singoli argomenti del libro;
• **tutor on line**: un supporto agli studenti per chiarimenti e spiegazioni, il tutor risponde alle domande di maggior interesse.
Come può dunque essere usata l'edizione digitale, insieme a quella a stampa, sfruttandone le funzionalità interattive? Attraverso Pandoracampus chi studia il *Corso di diritto pubblico*:
• può ricercare la documentazione giuridica (quando nel manuale trova un riferimento normativo o giurisprudenziale, nell'edizione digitale – tra le risorse di ciascun capitolo o cliccando direttamente nel testo – trova quella legge o quella sentenza);
• può svolgere ulteriori ricerche utilizzando una selezione di collegamenti in rete (a partire, ovviamente, dai siti ufficiali delle istituzioni, per avere una conoscenza diretta di come funzionano e di cosa fanno);
• può verificare la propria preparazione ripassando i concetti chiave con le *flashcard* ed esercitandosi con i test capitolo per capitolo (sia domande a risposta aperta sia esercizi a risposta multipla);
• può intervenire nello spazio del tutor on line ogniqualvolta abbia dubbi o domande o voglia fare commenti o proporre suggerimenti.
Infine, lo studio del manuale potrà essere eventualmente integrato da specifiche letture bibliografiche accedendo all'archivio digitale dei libri del Mulino **Darwinbooks** (www.darwinbooks.it), a disposizione di studenti e professori delle università abilitate.

Nota alla nona edizione

Nel corso del 2016 il Parlamento ha approvato un ampio progetto di revisione costituzionale. La legge di revisione, nel rispetto della Costituzione, è stata sottoposta a referendum popolare, previsto per l'autunno 2016. L'entrata in vigore della riforma dipende dunque dall'esito di questa consultazione. Va aggiunto che tutte le principali novità della riforma si applicheranno a partire dalla prossima legislatura (successiva a quella attuale), cioè quando le Camere verranno sciolte o alla scadenza ordinaria agli inizi del 2018 oppure anticipatamente. Nei diversi capitoli del manuale si sono introdotti occasionali riferimenti, o talvolta anche nuovi paragrafi, che danno sinteticamente conto delle modifiche che eventualmente saranno introdotte dalla riforma costituzionale (per brevità indicata nel testo come riforma cost. 2016); all'illustrazione del progetto di riforma nel suo complesso e di come si è arrivati alla sua approvazione parlamentare è dedicato il paragrafo finale dell'ultimo capitolo. In appendice al manuale è pubblicato il testo della Costituzione vigente, come in tutte le edizioni precedenti: stavolta, però, con accanto – laddove presenti – le modificazioni apportate dalla riforma. Nei capitoli del manuale gli articoli della Costituzione citati sono sempre quelli ad oggi vigenti; quando si fa invece riferimento al testo costituzionale risultante dall'eventuale entrata in vigore della riforma lo si evidenzia, ad esempio, rinviando all'art. 70 Cost. 2016 o all'art. 117 Cost. 2016.

CAPITOLO 1

L'ordinamento giuridico e il diritto costituzionale

Per introdurre allo studio del fenomeno giuridico occorre spiegare che cosa caratterizza il diritto rispetto a ciò che diritto non è; perché l'ordinamento giuridico costituisce un sistema di norme; che cos'è una costituzione e cosa un ordinamento costituzionale.

1. LE REGOLE DEL DIRITTO

Società e diritto

Come si usa dire con una locuzione latina: «*ubi societas ibi ius*». In altre parole: *qualunque organizzazione sociale costituisce un ordinamento giuridico*. Un'organizzazione, per essere tale, ha bisogno di un complesso di regole che ne disciplinino la vita e l'attività. Le regole costituiscono il **diritto di una determinata organizzazione**: considerate nel loro insieme formano appunto un ordinamento giuridico.

Il linguaggio prescrittivo

Le regole del diritto appartengono al mondo del «dover essere» (che è rappresentato mediante il linguaggio *prescrittivo*); questo si distingue dal mondo dell'«essere» (che è rappresentato mediante il linguaggio *descrittivo* o quello *espressivo*, proprio dell'arte). Ma al «dover essere» appartengono anche altre regole: religiose, etiche, di costume, esse pure volte a prescrivere comportamenti, a dire quel che si deve fare e quel che non si può fare. Come distinguere le une dalle altre?

La distinzione del diritto dal comando religioso e dal comando morale discende dalla più evoluta civiltà greco-romana. Nel diritto arcaico – e comunque nelle società primitive – non esisteva la distinzione fra prescrizione giuridica e volere degli dei. E non c'erano legislatori e giurisperiti. C'erano sacerdoti (e aruspici, e auguri, e poi sciamani, stregoni o figure consimili) ed erano loro a decidere: proprio perché si riteneva che le regole fossero più da *scoprire* che da *creare*. E infatti, si «leggevano» i fenomeni naturali per stabilire chi avesse ragione e chi torto: si guardavano le viscere delle vittime sacrificali, si osservava il volo degli uccelli e così via. Per convenzione si fa risalire la separazione fra i due ambiti, religioso e giuridico, alla fase repubblicana del diritto romano e in particolare alla *lex Hortensia* (287 a.C.): fatta approvare dal dittatore Quinto Ortensio, stabiliva che i plebisciti avevano forza di legge. Ma in realtà il cordone ombelicale che univa credenze e diritto non si è mai rotto del tutto. Anche in epoca contemporanea non sempre si mantiene la distinzione: in alcuni paesi islamici, ad esempio, le prescrizioni del Corano sono legge dello stato (*sharia*).

Nei moderni ordinamenti le regole giuridiche si distinguono non tanto per la loro provenienza (per essere cioè poste in modi regolati dal diritto stesso, identificabili nella maggior parte dei casi), o per il loro contenuto (che può essere identico a quello di precetti non giuridici: non uccidere, non dire falsa testimonianza...), ma perché sono inerenti a una certa organizzazione sociale e sono finalizzate alla sua sopravvivenza e al suo sviluppo. Mentre le **regole etiche** e **religiose** sono volte a perseguire la perfezione individuale o la salvezza dell'anima, le **regole giuridiche** regolano direttamente i rapporti fra i soggetti di un'organizzazione sociale, definiscono i confini dei rispettivi interessi, individuano e tutelano beni e valori ad essi comuni. In breve, assicurano la vita *normale* (da *norma* appunto: termine che in latino vuol dire «squadra», l'attrezzo del muratore) di quella organizzazione. Proprio per questo le regole del diritto, a differenza degli imperativi etici e dei precetti religiosi, non riguardano le mere intenzioni del soggetto agente (come diceva il sommo giurista romano Ulpiano: «*cogitationis poenam nemo patitur*», nessuno può essere punito per avere solo pensato un delitto): esse servono a regolare le azioni *rilevanti* per la vita di una specifica organizzazione sociale. Perciò, mentre le regole non giuridiche impongono solo **doveri**, le regole giuridiche, accanto ai doveri, tutelano i **diritti** dei consociati.

Regole etiche e religiose vs. regole giuridiche

Il rapporto giuridico

Siamo in presenza di norme giuridiche allorché si instaura un rapporto fra due o più soggetti, che sulla base di una regola comune (il **diritto oggettivo**) – *imposta da altri* (eteronoma) *o posta dalle parti* (autonoma) – *dà luogo a vincoli reciproci*. Anche nel celebre romanzo di Daniel Defoe il diritto – con il suo insieme di norme, di diritti e doveri reciproci – entra in scena solo quando sull'isola a Robinson Crusoe si affianca Venerdì.

Tali vincoli – come vedremo meglio nel capitolo 6 – determinano in capo ad alcuni **situazioni giuridiche favorevoli** o **di vantaggio** (genericamente definibili *diritti in senso soggettivo*), mentre in capo ad altri determinano il sorgere di corrispondenti **situazioni giuridiche non favorevoli** o **di svantaggio** (genericamente definibili *doveri* o *obblighi*).

Ogni organizzazione, quindi, produce diritto ed è essa stessa prodotta dal diritto. Anche quella più elementare – l'organizzazione minima che si ha, ad esempio, fra persone che si dispongono in coda per accedere a un servizio – produce (ed è prodotta da) una norma spontanea che così recita: «chi arriva prima ha diritto di accedere al servizio per primo; ciascuno ha il dovere di attendere il proprio turno».

Pluralità degli ordinamenti giuridici

Ne deriva che *il diritto non è monopolio di alcuna organizzazione* (neanche dello stato), ma inerisce a qualunque organizzazione: questa è la **teoria della pluralità degli ordinamenti giuridici**. Si pensi, ad esempio, alla comunità internazionale (retta dal diritto internazionale), o a una confessione religiosa organizzata (fra queste, la Chiesa cattolica, retta dal raffinatissimo diritto canonico); si pensi alle imprese commerciali, alle associazioni sportive e alle mille altre nelle quali le persone si organizzano.

Diritto e stato

Noi qui ci occupiamo del **diritto dello stato**: dunque, dell'ordinamento della più complessa fra le organizzazioni giuridiche, una comunità caratterizzata dalla *politicità* che – come vedremo nel capitolo 2 – non solo si regge su proprie regole, ma anzi aspira a stabilire regole, divieti o vincoli per tutte le altre organizzazioni giuridiche con cui entra in vario modo in rapporto (tende ad affermarsi come *sovrana*).

La funzione organizzativa del diritto è sottintesa nelle stesse espressioni con le quali il diritto viene designato nelle principali lingue indoeuropee: *diritto*, *legge*, *giurisprudenza*. L'espressione **diritto** (in francese *droit*, in tedesco *Recht*, in spagnolo *derecho*, in portoghese *direito*) trae origine dal participio passato dell'etimo latino *dirigere* (*directus*), a sua volta tratto dall'etimo indoeuropeo «rag», cui si allacciano le espressioni latine *rex*, *regio*, o quelle italiane «regime», «reggere», e derivati. A sua volta *ius*, da cui espressioni quali **giurisprudenza** (*prudentia iuris*) o **giustizia** (*ius-titia*), deriva dall'etimo latino *iungere* (legare), lo stesso di *coniungere*, *coniugatio*, *iugum* (quest'ultimo è il giogo dei buoi), e richiama il concetto di «legame» (stringere insieme). Analogo anche l'etimo indoeuropeo «leg», dal quale deriva **legge**, da *lex-legis*, vale a dire *ligare*, tenere insieme (da cui, fra l'altro, *re-ligio*, religione).

2. COSA È UN ORDINAMENTO GIURIDICO

Ma qual è il rapporto fra il diritto e l'organizzazione sociale? È il diritto che fonda l'organizzazione, o viceversa è l'organizzazione che produce diritto?

Le teorie normativiste

- Secondo i fautori delle **teorie normativiste** (che si possono ricondurre al loro caposcuola, il giurista austriaco Hans Kelsen), l'ordinamento è costituito dal complesso delle norme vigenti in un determinato spazio territoriale, visto come un qualcosa a sé, isolato dalla società e da studiarsi secondo regole proprie («dottrina pura del diritto»).

Le teorie istituzionaliste

- Secondo i fautori delle **teorie istituzionaliste** (che si possono ricondurre ai costituzionalisti Santi Romano, in Italia, e Maurice Hauriou, in Francia), un ordinamento non è solo un complesso di prescrizioni normative: è il complesso delle norme che scaturiscono da una determinata organizzazione sociale. Non sono le norme a dar luogo all'organizzazione, ma è questa che le produce; la loro funzione è di mantenerla, consolidarla e rafforzarla.

Per usare ancora il latino: «*ex facto oritur ius*». Vale a dire: le norme sono il prodotto di **fatti normativi** intervenuti in un certo momento della storia (l'instaurazione di un nuovo ordinamento, una rivoluzione, l'affermarsi di una consuetudine o altro).

Common law e *civil law*

Questa affermazione è difficilmente contestabile se si pensa ai paesi anglosassoni di *common law*. Sono paesi nei quali dalla regolarità dei comportamenti prevalenti, accertati e verificati dalle corti di giustizia, scaturisce la gran parte delle norme. Ma essa è valida pure per gli altri ordinamenti, nei quali invece è prevalente il peso delle norme scritte, cioè deliberate dagli organi a ciò deputati, debitamente promulgate e pubblicate (paesi di *civil law*). Anche l'attività di interpretazione delle regole scritte non può non far richiamo, infatti, all'organizzazione sociale (cioè al *contesto normativo e istituzionale*) in cui esse vengono a collocarsi.

Anche in ambito costituzionale si può dire che le norme sono il prodotto di *fatti normativi*. Si prenda ad esempio la Costituzione del nostro paese. Essa entrò in vigore il 1° gennaio 1948, ma l'assetto costituzionale italiano si era già andato determinando, attraverso approssimazioni successive, man mano che maturarono fondamentali eventi politici, come si vedrà nel capitolo 16: la caduta del regime fascista, la Resistenza, la ricostituzione dei partiti politici, la decisione di eleggere un'Assemblea costituente, la scelta della Repubblica con il referendum del 2 giugno del 1946. È tale assetto costituzionale, ovvero tale *ordinamento costituzionale* (v. par. 4), che diede vita alla Costituzione italiana, assicurando ad essa la legittimazione e la forza normativa necessarie. Si può quindi dire che il potere dell'Assemblea costituente fu già, per larga parte, *costituito*.

Per dirla con una formula sintetica: secondo le teorie normativiste, una società organizzata *ha* un ordinamento; secondo le teorie istituzionaliste, invece, una società organizzata *è* un ordinamento.

Il positivismo giuridico

L'importanza dell'impostazione normativista sta nel fatto che su di essa si fonda l'autonomia del diritto rispetto agli altri fenomeni sociali, il che assicura maggiore certezza alla scienza giuridica. Non a caso viene annoverata fra le teorie *positiviste*. Come le scienze empiriche si sono sviluppate lavorando su dati verificabili sperimentalmente, così le discipline giuridiche dovrebbero basarsi sul **diritto positivo**, o diritto *posto* (*positum*), cioè su prescrizioni normative riconosciute valide nell'ordinamento considerato: gli unici dati rilevabili con il metodo della scienza giuridica. Il limite di tale impostazione, tuttavia, è che non sa (non *può*) rispondere a una domanda cruciale: qual è il fondamento su cui si regge un ordinamento giuridico?

Si pensi a un ordinamento giuridico come a un edificio: esso è fatto solo dei mattoni e del cemento usati per costruirlo (gli imperativi giuridici) oppure del loro combinarsi insieme sulla base di un'idea organizzatrice, di un principio fondante (un progetto di società, in senso lato, un progetto costituente)? Allo stesso modo si pensi a una lingua: essa è certo frutto di un complesso di regolarità linguistiche, ma non si esaurisce nelle regole di grammatica e sintassi. In altre parole: grammatiche e codici giuridici condizionano, ma sono a loro volta condizionati da prassi linguistiche e sociali, dal contesto socioculturale in cui fluiscono il linguaggio e il diritto. Parimenti si potranno archiviare tutte le norme di un determinato ordinamento su un dvd, ma esso non potrà comunque contenere tutto il diritto di quell'ordinamento.

L'ordinamento giuridico: definizione

Sulla base di quanto sopra detto si può giungere alla seguente definizione di **ordinamento giuridico**: *l'insieme di più elementi – prescrizioni, consuetudini, fatti normativi – accomunati dal fatto di essere tutti espressione di una determinata organizzazione sociale e coordinati fra loro secondo criteri sistematici* (v. par. che segue).

Il concetto di ordinamento giuridico *non* è necessariamente ancorato a una specifica gerarchia di valori: e infatti Santi Romano perveniva alla conclusione che perfino le organizzazioni malavitose costituiscono un ordinamento, che si contrappone a quello statale. In effetti, per secoli, a partire dalla filosofia greca, ci si è trovati davanti a questo problema: al di sopra del diritto posto dalla comunità politica, si deve ritenere che esistano inderogabili e immutabili norme di **diritto naturale**? Ecco il dramma di Antigone che, nella tragedia di Sofocle, disobbedisce alle leggi di Creonte, cioè al diritto della propria città, che le avrebbe vietato di dare sepoltura al fratello Polinice, e lo fa perché *quella* prescrizione era in contrasto con ciò che «gli dei hanno scritto nel cuore degli uomini» (cioè in contrasto con una legge più grande e alta di quelle degli uomini). L'esperienza storica ci dice però che l'idea di quel che il diritto naturale prescriverebbe è variabile, e non di poco, nel tempo e nei luoghi (ossia nei diversi contesti sociali): basti pensare alla schiavitù, che ripugna alla coscienza moderna, per Aristotele del tutto conforme al diritto naturale, che – diceva – ha diviso gli uomini fra chi è destinato a vincere, per forza e astuzia, e chi è destinato a soccombere. Al di là della dimostrata mutevolezza di ciò che si può considerare *diritto naturale*, dopo gli orrori della Seconda guerra mondiale e le aberrazioni del nazismo si è assistito a una rinascita delle dottrine giusnaturalistiche, caratterizzate dal riconoscimento dei diritti dell'uomo, alle quali ha fatto riferimento in alcuni paesi la stessa giurisprudenza (ad es. in Germania).

Il diritto naturale

La rinascita del giusnaturalismo

Un punto comune alle diverse teorie può essere rinvenuto in alcuni principi la cui assenza non consente neppure di parlare di norme giuridiche, ma se mai – per usare un'espressione di Tommaso d'Aquino – di *corruptio legis*. Per esempio: il principio secondo il quale le norme giuridiche obbligano solo se possono essere conosciute; e il principio secondo il quale si deve obbedienza solo alle norme che non richiedono prestazioni impossibili. Ma questo tema è approfondito da un'altra e distinta disciplina, la *filosofia del diritto*.

3. OGNI ORDINAMENTO È UN SISTEMA

Secondo tutte le impostazioni teoriche cui abbiamo fatto cenno, *ogni ordinamento è un sistema*. Si intende che l'ordinamento presume se stesso come *unitario* (ha un principio fondante che ne assicura l'unità), necessariamente *coerente* (non ammette contraddizioni fra norme) e *completo* (non ammette lacune o vuoti normativi): su tutto ciò vedi più diffusamente il capitolo 5. Il suo essere sistema è il prodotto sia di consapevole volontà del legislatore (che si suppone voglia offrire basi salde all'organizzazione che concorre a costruire e far vivere) sia dell'attività degli interpreti (operatori del diritto, studiosi, che contribuiscono a ricomporre una trama in grado di mantenere, con la dovuta regolarità, l'ordine giuridico). Un sistema, per essere tale, è ordinato attorno a un progetto. Progetto che può essere razionalmente posto (il che vale per i *sistemi ideali*, frutto cioè di costruzioni del pensiero dell'uomo: un sistema filosofico o anche politico, si pensi al mondo di *Utopia* immaginato e descritto da Thomas More) o può essere insito nel sistema stesso (il che vale per i *sistemi reali*: un sistema biologico, ad esempio, retto dalle informazioni del Dna o altri sistemi retti da specifiche leggi della fisica).

Interpretazione e sistema giuridico

L'interprete del diritto *deve presupporre che il diritto costituisca un sistema, così contribuendo a far sì che lo divenga effettivamente*. Così come la società non è costituita solo dalla pluralità degli individui, ma è un insieme che influisce sui singoli individui di cui è composta, parimenti un ordinamento non è una mera sommatoria di prescrizioni giuridiche. Le varie norme e i vari settori del diritto non sono solo parti di un tutto, ma un insieme di elementi, ciascuno con una propria funzione, coordinata con la funzione degli altri. Come nelle equazioni matematiche, anche nel diritto una variabile ne determina un'altra. Ciò spiega perché, accanto all'**interpretazione letterale** (quella che emerge dalle parole di un testo scritto), si faccia uso di altri strumenti interpretativi, fra i quali, fondamentale, l'**interpretazione logico-sistematica** che guarda alla «connessione» fra loro non soltanto degli enunciati e delle proposizioni normative che da quel testo si possono trarre, ma anche a come si inseriscono in un contesto considerato quale sistema. Utilizzando procedimenti di questo tipo, l'interprete penetra nella logica del sistema giuridico e, se del caso, può dare vita a nuove regole per casi non espressamente presi in considerazione dal testo scritto (*interpretazione analogica*).

Disposizione vs. norma

Per rendere più facili operazioni del genere, la dottrina moderna è solita distinguere fra **disposizioni** e **norme**. Le disposizioni sono mere formulazioni linguistiche, potenzialmente suscettibili di diverse interpretazioni. Le norme sono il risultato dell'interpretazione, operata sulla base di più criteri: letterale, logico-sistematico, storico-comparativo. Facciamo un esempio, tratto dal nostro ordinamento, per chiarire questa distinzione. L'art. 2 del testo unico delle leggi di pubblica sicurezza contiene la disposizione: «il prefetto, nel caso di urgenza o per grave necessità pubblica, ha facoltà di adottare i provvedimenti indispensabili per la tutela dell'ordine pubblico e della sicurezza pubblica». Ebbene, da questa *unica disposizione* si possono ricavare due diversi significati, *due diverse norme*: una in base alla quale il prefetto può adottare provvedimenti che limitino *tutte* le libertà; un'altra, ben diversa, in base alla quale può fare tutto ma *non* limitare le libertà tutelate dalla Costituzione. È chiaro che la prima norma è contraria alla Costituzione, la seconda è coerente con essa. L'interprete non potrà che scegliere la seconda e la giurisprudenza se ne farà garante. Di qui l'uso che della distinzione fra disposizione e norma ha fatto la Corte costituzionale (v. cap. 15).

4. LA COSTITUZIONE E L'ORDINAMENTO COSTITUZIONALE

Affinché un ordinamento giuridico possa costituire un *sistema*, è indispensabile che la sua unità, coerenza e completezza siano assicurate sia da un insieme di principi e valori fondanti sia dalla catena di produzione di nuove norme, via via destinate a rinnovarlo e aggiornarlo, che quei principi e valori devono rispettare. In altre parole, alla base dell'ordinamento vi è un progetto costituente che si può ritrovare (ma non sempre) consacrato in *atti costitutivi, statuti, tavole di fondazione* e altri documenti consimili. Per l'ordinamento statale si parla, per lo più, di **costituzione**.

Costituzioni: tipologie classiche

La costituzione può essere **scritta** o **non scritta**, e, se scritta, **rigida** o **flessibile**. *Rigida* si considera quella costituzione che si può modificare solo con procedimento di revisione *aggravato* (rispetto al modo di produzione della legge ordinaria); *flessibile* si considera quella costituzione che può essere modificata o cui si può derogare con legge ordinaria.

Il costituzionalismo

Alla fine del XVIII secolo, con la Costituzione americana del 1787 e con la Costituzione francese del 1791, per effetto del **movimento costituzionalista** si è cominciato ad avere costituzioni scritte, così espressamente denominate (o talvolta anche denominate «statuti» o «carte»). Molte costituzioni ottocentesche, dopo la Restaurazione del 1814-15, furono *ottriate* (dal francese *octroyée*), cioè concesse dalla corona, spesso flessibili; invece, le costituzioni contemporanee sono quasi tutte di origine rappresentativa e rigide (lo è quella italiana del 1948).

Le prime costituzioni furono sostanzialmente improntate ai principi del liberalismo del quale erano figlie (dichiarazione dei diritti, separazione dei poteri, stato di diritto, affermazione della costituzione come legge superiore), sicché si affermò nel tempo una certa identificazione fra *questo* costituzionalismo, inteso come limitazione del potere, e le costituzioni. In realtà, come vedremo nel capitolo successivo, sono queste le caratteristiche dello stato liberaldemocratico, improntato a *quel* costituzionalismo: ma vi possono ben essere e vi sono ordinamenti statali che ad esso *non* si ispirano. Anche questi, però, come quelli, esprimono un progetto costituente, sia pure diverso, e hanno *a*) dei principi fondanti, *b*) norme relative all'organizzazione dei pubblici poteri, *c*) procedure per produrre le norme destinate a rinnovare l'ordinamento stesso. In altre parole, hanno una *forma di stato*, un *catalogo dei diritti*, una *forma di governo*, un *sistema delle fonti del diritto*. Ecco dunque un primo punto fondamentale: ogni ordinamento statale ha un suo assetto costituzionale, ma non c'è *un solo* tipo di costituzionalismo e di costituzioni.

Ordinamenti senza costituzione scritta

Anche se la forma scritta è di gran lunga prevalente, vi sono paesi che un simile documento non hanno: l'esempio più noto è quello del Regno Unito – cui tanto deve il costituzionalismo moderno – che, appunto, non ha una costituzione scritta. In quel paese non esistono *leggi costituzionali in senso formale*: nessuno sosterrebbe, però, che non ci sono principi fondanti o norme sui pubblici poteri (quali il principio della monarchia ereditaria, le norme sui poteri del parlamento, le garanzie dei diritti di libertà, l'autonomia dei giudici). Norme costituzionali, prevalentemente non scritte, dunque ci sono e conferiscono identità all'ordinamento del Regno Unito, rendendolo del tutto differente, ad esempio, da uno stato totalitario o da uno stato islamico.

Ecco dunque un secondo punto altrettanto importante: sono esistiti e tuttora esistono ordinamenti statali che, pur non disponendo di una costituzione scritta, ugualmente dispongono di un assetto riconoscibile caratterizzato dagli elementi fondamentali indicati sopra. Insomma: non hanno una costituzione (nel senso di documento organico riassuntivo di quegli elementi), ma possiedono un nucleo di norme che costituiscono l'*ordinamento costituzionale* di quel paese. Se non si può allora dire che ogni ordinamento statale ha una costituzione, è invece vero che *ogni ordinamento statale ha un proprio diritto costituzionale*; ha, in breve, un ordine costituzionale.

L'ordinamento costituzionale: definizione

L'**ordinamento costituzionale** di un determinato paese può dunque definirsi così: *il complesso delle norme fondamentali, scritte e non scritte, che danno* forma *all'ordinamento giuridico e rappresentano, per così dire, il codice genetico che determina l'*identità *dell'ordinamento stesso, vale a dire il suo* ordine *costituzionale*.

Il diritto costituzionale agisce all'interno di un ordinamento giuridico come il nucleo all'interno di una cellula. Questo contiene il Dna, che ha la funzione sia di conservazione e trasmissione del patrimonio genetico sia, per il tramite delle informazioni geniche, di programmazione e controllo delle funzioni della cellula stessa. Parimenti il diritto costituzionale, per il tramite degli inviolabili «principi supremi dell'ordinamento», ha la duplice funzione di assicurare l'identità dell'ordinamento giuridico nel suo complesso e il suo ulteriore sviluppo. Sono le «informazioni geniche» da esso trasmesse che danno senso e unità – «ordine» appunto – ai vari rami dell'ordinamento: è nel diritto costituzionale che si trovano le «*têtes de chapitre*» (l'espressione è di Pellegrino Rossi – 1787-1848 – uno dei padri fondatori della scienza costituzionalistica) di tutti gli altri settori dell'ordinamento giuridico. Del resto, anche delle persone fisiche si dice che hanno una loro «costituzione» e questa indubbiamente dipende, per ciascuno, dal proprio patrimonio genetico.

Il concetto di ordinamento costituzionale così inteso è utile per diversi motivi. Infatti, se è vero che *non tutti* i paesi hanno una costituzione scritta (ma tutti hanno, come detto, un ordinamento costituzionale) e che *non tutti* i paesi hanno ordinamenti costituzionali liberaldemocratici, è altresì vero che:

Costituzione e norme materialmente costituzionali

1. la costituzione come documento scritto non esaurisce affatto tutto ciò che attiene agli elementi di fondo dell'ordinamento: restano fuori da esso *leggi costituzionali* e *consuetudini costituzionali*. Restano fuori, inoltre, quelle che la dottrina chiama norme *materialmente costituzionali* (un richiamo c'è nella stessa Costituzione italiana, v. art. 72.4): si pensi, per esempio, alle cosiddette *preleggi* anteposte al codice civile, che si occupano della «legge in generale», o alle stesse *leggi elettorali*, che sono in grado di incidere sul sistema politico più di quanto non sia dato a talune norme formalmente costituzionali;
2. la costituzione contiene disposizioni che disciplinano, al contrario, aspetti che, per quanto rilevanti, difficilmente potrebbero essere considerati tali da caratterizzare l'ordinamento. In altri termini: non tutte le 8.000 parole della Costituzione degli Stati Uniti (1787) e non tutti i 139 articoli della Costituzione italiana (1948) rappresentano il fondamento su cui si reggono i rispettivi ordinamenti. Perciò vi sono norme formalmente costituzionali la cui eventuale abrogazione o modifica, comunque da farsi mediante il procedimento di revisione della costituzione, non eliminerebbe alcun pilastro dell'ordine costituzionale. Ad esempio, nel 1963 furono modificati gli artt. 56 e 57 Cost. introducendo un numero fisso di parlamentari (prima era variabile in rapporto alle variazioni della popolazione). Ecco una modifica che non ha in alcun modo stravolto l'identità del nostro ordinamento (così non sarebbe invece se, ad esempio, venisse toccata l'autonomia delle Camere);
3. la costituzione può contenere norme non più effettivamente vigenti. Particolarmente evidente è la situazione che si venne a determinare in Italia nel 1922-1943 quando continuava a essere in vigore lo Statuto albertino quale costituzione del Regno, mentre le leggi fasciste, in deroga allo Statuto, avevano dato vita a un ben diverso ordinamento, un *regime* appunto.

In breve: l'ordinamento costituzionale di un paese *non* si identifica con le *sole* norme *formalmente costituzionali* e, viceversa, le norme di una costituzione *non* esauriscono i contenuti di un ordinamento costituzionale.

Un'altra riprova è data da quei casi in cui l'intera sostituzione del testo costituzionale non dà luogo a un mutamento dell'ordinamento costituzionale: ad esempio, il 1° gennaio 2000 è entrata in vigore la nuova Costituzione elvetica che ha sostituito quella del 1874, più volte emendata. Ebbene, dal 1874 l'ordinamento costituzionale svizzero era già cambiato molto di più di quanto non sia cambiato con il testo del 2000. In tale data si è avuta quella che si chiama tecnicamente una **revisione totale** della costituzione, ma non si è verificato alcun **mutamento dell'ordinamento costituzionale**.

Organi costituzionali...

La distinzione fra norme costituzionali il cui contenuto conferisce identità all'ordinamento e norme costituzionali che *non* hanno la medesima funzione, a sua volta, fa capire la distinzione fra **organi costituzionali** e **organi di**

... e organi di rilevanza costituzionale

rilevanza costituzionale. Solo i primi (nell'ordinamento italiano: Parlamento, presidente della Repubblica, governo, Corte costituzionale) concorrono a delineare il volto stesso dell'ordinamento costituzionale; mentre i secondi, pur previsti dalla costituzione, non possono dirsi necessari (ad es. il Consiglio nazionale dell'economia e del lavoro: tanto è vero che la riforma cost. 2016 prevede la soppressione di tale organo).

Il ricorso al concetto di *ordinamento costituzionale* risponde anche a fini pratici. Esso, infatti, aiuta a:

a) meglio interpretare le norme costituzionali vigenti, tenendo conto di ciò che caratterizza l'ordinamento nel suo complesso, al di là del documento scritto, alla luce delle trasformazioni sociali intervenute. Si pensi alla Costituzione degli Stati Uniti le cui disposizioni non si possono interpretare oggi con gli occhiali dei coloni americani del XVIII secolo, prescindendo dalla realtà di quel paese a distanza di oltre 200 anni (non si dimentichi che quel testo, per esempio, fu steso in modo da permettere all'epoca persino la schiavitù, o comunque non interferire sugli stati del Sud dove essa era ammessa);

Revisione costituzionale

b) individuare i limiti al potere di revisione costituzionale. Essendo il potere di revisione non un **potere costituente** ma un **potere costituito** (cioè previsto e disciplinato dalla costituzione medesima), esso non può contraddire le basi stesse della propria legittimazione, contenute nel nucleo dell'ordinamento. È questo, infatti, che legittima e dà validità alle singole norme, comprese le norme che regolano la revisione della costituzione. Per esempio, si potrebbe in Italia ridurre il numero dei parlamentari, ma non si potrebbe eliminare il carattere rappresentativo di entrambe le Camere del Parlamento: in tal caso non sarebbe «revisionata» la Costituzione, ma verrebbe *mutato* l'ordinamento costituzionale e il legislatore *costituzionale* si trasformerebbe in un legislatore *costituente*, utilizzando un potere costituito per dar vita a un ordinamento nuovo e diverso;

c) stabilire se una carta costituzionale è in vigore oppure no. Se il divario tra l'ordinamento e il documento costituzionale è eccessivo, si deve dubitare che il secondo sia ancora in vigore. È il caso, ad esempio, della Costituzione della Repubblica di Jugoslavia nei primi anni Novanta del XX secolo, nel periodo della sua dissoluzione; o della Costituzione argentina (in vigore dal 1853) nel periodo dal 1966 al 1973, e poi dal 1976 al 1983, quando si applicarono gli «Statuti rivoluzionari» su cui si resse il dominio dei generali. Ed è il caso, prima citato, dello stesso Statuto albertino sia durante il fascismo sia nel periodo successivo all'instaurazione di un nuovo ordinamento, pur provvisorio, fra il 1944 e il 1946.

Compito dei costituzionalisti non è solo quello di analizzare le disposizioni contenute in un documento costituzionale, ma anche di analizzare l'effettiva vigenza delle varie parti del testo costituzionale. Nel primo caso il costituzionalista contribuisce a ricostruire ciò che il testo «prescrive» utilizzando il metodo giuridico-dommatico, che consiste nel trarre le norme che l'operatore (sia esso un giudice, un avvocato, un funzionario amministrativo) è tenuto ad applicare. Nel secondo caso accerta empiricamente quali sono le norme effettivamente vigenti. In sintesi: nel primo caso valuta il «dover essere» (il *sollen* secondo l'espressione tedesca), nel secondo l'«essere» (il *sein*).

La desuetudine

Un aspetto delicato di tale attività consiste nello stabilire la distinzione fra una vera e propria *desuetudine* (cioè una consuetudine abrogatrice) e una prolungata violazione delle disposizioni costituzionali. La posizione del giurista chiamato ad applicare, sempre e comunque, la legge (il giudice, prima di tutti) e quella del giurista chiamato solo a studiare la realtà di un ordinamento sono necessariamente diverse. Ad esempio, chi sia chiamato a ricostruire, a fini prescrittivi, l'ordinamento sindacale italiano non può (pur tentando una lettura che tenga conto della realtà) non rifarsi ai commi 2, 3 e 4 dell'art. 39 Cost. che, sebbene siano rimasti inattuati, rappresentano il *dover essere*; ma al tempo stesso, a meno di non fare opera astratta, deve anche fare riferimento alla legislazione ordinaria approvata dal '48 ad oggi e ai comportamenti concreti dei soggetti coinvolti, così da individuare il regime effettivo delle relazioni sindacali nel nostro paese.

5. L'ORDINAMENTO COSTITUZIONALE FRA NORMATIVISMO E ISTITUZIONALISMO

Anche a proposito del concetto di costituzione si è manifestata una contrapposizione analoga a quella di cui abbiamo parlato nel paragrafo 2 fra normativisti e istituzionalisti. I primi tendono a identificare la costituzione con le norme espresse dal documento costituzionale, i secondi con la decisione politica che fonda l'ordinamento costituzionale.

Costituzione come norma fondamentale

Secondo i normativisti, dunque, la costituzione coincide con il contenuto del «documento costituzionale», posto al vertice del sistema delle fonti del diritto, formalmente identificabile come tale. Essi vedono nel diritto un sistema di tipo piramidale che al vertice ha una «norma fondamentale» (*Grundnorm*), «non posta ma presupposta»: si tratta di una norma generale sulla produzione del diritto in base alla quale, a cascata, si costruisce l'intero ordinamento. Su di essa poggiano infatti le ulteriori norme sulla produzione del diritto: le norme costituzionali appunto. Per Hans Kelsen la norma fondamentale è «valida non perché è stata creata in una data maniera da un atto giuridico, ma perché è presupposta valida», e rimane tale «fino a quando non venga resa invalida nel modo determinato dall'ordinamento giuridico stesso». Anche per Kelsen, peraltro, la norma fondamentale «non è il prodotto arbitrario dell'immaginazione giuridica», bensì è determinata dal principio di effettività (cioè dalla realtà dei fatti).

Costituzione come decisione fondamentale

La costruzione kelseniana viene criticata dagli istituzionalisti in quanto considerata *tautologica* («la costituzione vige solo se e in quanto vige»), trascurando il fatto che qualsiasi fonte del diritto – anche quella suprema –

è regolata dal diritto. Non c'è organizzazione che non sia retta già nel suo sorgere da regole, sia pure rozze ed elementari; una forza ordinante è tale perché essa stessa ordinata, cioè organizzata. Per questo la costituzione si colloca ai confini fra l'«essere» della società e il «dover essere» del diritto e può dirsi, a un tempo, diritto e fattore ordinante del diritto stesso. Così Carl Schmitt, capostipite dell'impostazione alternativa a quella kelseniana, afferma che la *vera* costituzione è la «decisione fondamentale» con cui il potere costituente determina, attorno a determinati valori e interessi, la forma dell'«unità politica» di un ordinamento.

Costituzione materiale e costituzione formale: una distinzione da superare

La posizione del costituzionalista italiano Costantino Mortati deve molto a quella schmittiana: sulla base di essa egli opera la distinzione fra *costituzione in senso materiale* e *costituzione in senso formale*. La costituzione in senso materiale, per Mortati, consiste ne «i fini e i valori su cui convergono le forze politiche prevalenti» (nel momento appunto in cui fondano l'ordinamento). Su questa poggia la costituzione formale che ne è in qualche modo il «precipitato». La costituzione materiale (cioè quell'insieme di fini e valori) è ciò che sostiene l'intero ordinamento. Si badi bene: le *forze politiche prevalenti* non sono, nell'idea di Mortati, solo quelle di maggioranza, ma tutte quelle che, magari divise su come governare, condividono fini e valori fondamentali. Ad esempio, in Italia forze politiche *prevalenti* furono, secondo questa impostazione, tutte le forze politiche antifasciste che vollero la Costituente e votarono poi la Costituzione del '48, salvo dividersi aspramente subito dopo, restando tuttavia a lungo l'architrave dell'ordinamento costituzionale.

La teoria della costituzione in senso materiale (distinta, per le ragioni che si son viste, da quella in senso formale, cioè il documento) può però trarre in inganno, perché può essere travisata, com'è accaduto spesso, per contrapporre alla costituzione considerata come una «costituzione di carta» una presunta costituzione effettivamente vigente, con l'effetto di svalutare la prima. Da strumento per capire il fondamento dell'ordinamento costituzionale, la costituzione in senso materiale è stata usata, distorcendola, come giustificazione per l'allontanamento dal testo costituzionale o per interpretazioni politicamente orientate dello stesso. D'altra parte, se la disputa sul fondamento dell'ordinamento è di grande interesse teorico, dal punto di vista degli operatori del diritto essa appare di minore rilevanza.

È dunque preferibile mettere da parte la contrapposizione costituzione materiale/costituzione formale, limitandosi invece a distinguere, come dicevamo, fra **costituzione** e **ordinamento costituzionale**: la prima è la carta costituzionale entrata in vigore il 1° gennaio 1948; il secondo è il complesso dei principi e delle norme (formalmente e materialmente) costituzionali, anche consuetudinarie, legati insieme da un progetto costituente che li percorre dando loro senso e capacità espansiva. Non si fa riferimento, in altre parole, alle forze politiche che reggerebbero la costituzione materiale, ma ci si ferma al «progetto ordinante» da esse espresso. Ciò garantisce l'autonomia del testo costituzionale. Una simile distinzione è stata usata anche in altri contesti, per esempio distinguendo fra *Constitution* e *Law of the Constitution* (Dicey) e fra *Verfassung* e *Verfassungsgesetz* (Schmitt).

Il diritto costituzionale costituisce perciò il nucleo dell'ordinamento, il tronco da cui si dipartono tutti gli altri rami dell'ordinamento giuridico (Santi Romano): esso può così essere preso in considerazione, a fini di studio, distinguendolo sia dai rami cui dà sostegno e trasmette linfa sia dalle sue radici nel terreno sociale e culturale, essenziali per la vita dell'ordinamento, ma che non possono essere oggetto diretto dell'analisi giuridica.

6. DIRITTO PUBBLICO E DIRITTO PRIVATO

La primazia del diritto costituzionale

Così come lo abbiamo definito, il diritto costituzionale si colloca in senso logico-sistematico in una posizione di primazia rispetto alle altre branche del diritto: e in effetti è stato raffigurato – lo si diceva prima – come un tronco dalle cui radici i vari campi del diritto si alimentano, come rami di un unico albero. Tutti, nessuno veramente escluso, perché la scelta di come perseguire i fini e i valori fondanti dell'ordinamento appartiene appunto al campo del diritto costituzionale. La distinzione fra **diritto pubblico** (di cui il diritto costituzionale è il cuore) e **diritto privato**, fra ciò che è affidato all'autonomia dei privati che regolano da soli i propri rapporti attraverso liberi contratti (nei limiti previsti dal codice civile) e ciò che invece è per l'ordinamento così essenziale da affidarlo (in forme e modi diversi) al potere pubblico, poggia proprio sulla maggiore o minore immediatezza del nesso fra determinati rapporti e gli interessi che si vogliono tutelare.

Diritto pubblico e privato: un confine mobile

Tuttavia, si badi bene, anche là dove ci si affida ai privati, lo stato *non* è del tutto assente e disinteressato: si limita solo a definire il quadro generale all'interno del quale i rapporti privatistici si sviluppano, assicurando che *i*) fra i soggetti privati (o che come privati agiscono) esista una certa parità e che *ii*) la loro attività non contrasti con l'interesse generale. Ecco perché *tutto* il diritto di un ordinamento a fini generali, per definizione, è in qualche modo pubblico. Quel che cambia è il grado di immediatezza del collegamento con l'interesse generale. Se ciò è vero, si può capire l'affermazione secondo la quale un confine netto fra diritto privato e diritto pubblico non c'è. Non solo: anche se, per convenzione e a fini di studio, si vuole ammettere l'esistenza di tale confine, si tratta in ogni caso di un *confine mobile*, soggetto a contingenti valutazioni.

Si guardi al Novecento. È lecito affermare che fino a tre quarti del secolo (metà anni Settanta) si è assistito a una tendenza a spostare in avanti i confini dell'area pubblicistica, estendendo sempre più l'intervento dello stato e delle pubbliche amministrazioni allo scopo di perseguire un novero crescente di interessi collettivi (ed ecco lo *stato sociale* con funzioni di tutela del cittadino «dalla culla alla tomba»). Successivamente (ultimo quarto del secolo) la «crisi fiscale dello stato» e la minor disponibilità dei cittadini a versare una parte consistente del proprio reddito allo stato hanno indotto sia a ridimensionare l'area degli interessi tutelati sia, soprattutto, a ridurre l'area di quelli tutelati direttamente e immediatamente dalla mano pubblica. Le stesse amministrazioni pubbliche, per ragioni di efficienza, hanno preso a usare strumenti propri del diritto privato (ed ecco le *privatizzazioni* o *liberalizzazioni*, che esprimono tuttavia realtà non sempre coincidenti). Ciò, a ben vedere, ha cambiato la *natura* e le *modalità* dell'intervento pubblico, ma ha ridotto il campo del diritto pubblico solo in piccola misura, quasi esclusivamente in relazione agli aspetti strumentali. Sempre pubblicistiche sono rimaste le scelte di fondo: e i pur crescenti spazi di autonomia dei privati hanno bisogno di un quadro solido e spesso complesso di garanzie pubblicistiche. Ecco perché quella fra diritto pubblico e diritto privato è una distinzione soprattutto didattica e pratica: serve a separare quegli ambiti del fenomeno giuridico che riguardano le attività riservate (da scelte pubblicistiche, dunque politiche) ai soggetti privati da quelli in cui operano direttamente soggetti portatori di interessi generali (lo stato e gli altri enti cui l'ordinamento riconosce natura analoga, sia pure limitatamente ad ambiti territoriali o materiali ristretti).

Le partizioni del diritto pubblico

Da questo punto di vista si considerano appartenenti al campo del diritto pubblico:

- il **diritto costituzionale** (studia l'ordinamento costituzionale nel suo complesso, come si è spiegato in questo primo capitolo);
- il **diritto parlamentare** (studia l'organizzazione e il funzionamento del Parlamento, v. cap. 9);
- il **diritto regionale** e il **diritto degli enti locali** (studiano le attribuzioni, l'organizzazione e il funzionamento di regioni ed enti locali, v. cap. 12);
- il **diritto amministrativo** (studia organizzazione, strumenti e attività delle pubbliche amministrazioni a tutti i livelli, v. cap. 13);
- il **diritto tributario** (studia mezzi e procedure per reperire le risorse volte a finanziare le spese dello Stato e degli altri enti pubblici, cenni nei capp. 12 e 13);
- il **diritto ecclesiastico** (studia la disciplina dei rapporti fra lo Stato e la Chiesa cattolica e le altre confessioni religiose, v. capp. 5 e 6; da non confondere col *diritto canonico*, che è il diritto interno alla Chiesa cattolica);
- il **diritto penale** (studia il complesso delle norme che sono assistite dalla minaccia di una sanzione afflittiva, la *pena*, prevalentemente raccolte nel codice penale, cenni nel cap. 6);
- il **diritto processuale civile** e il **diritto processuale penale** (studiano le norme che regolano il processo civile e il processo penale, raccolte nel codice di procedura civile e nel codice di procedura penale, cenni nel cap. 14).

Del **diritto internazionale** si parla nel capitolo 3; del **diritto dell'Unione europea** nel capitolo 4. Vi sono poi ambiti in cui l'intreccio fra norme che appartengono al diritto pubblico e norme che appartengono al diritto privato (secondo la distinzione tradizionale) è tale da renderle indistinguibili, sicché si parla di materie *miste*: è il caso del **diritto del lavoro** e del **diritto dell'economia** (cenni nei capp. 5, 6 e 13).

PAROLE CHIAVE

- Costituzione
- Costituzione materiale
- Costituzione rigida
- Diritto in senso oggettivo
- Diritto in senso soggettivo
- Diritto naturale
- Diritto positivo
- Disposizione
- Fatti normativi
- Interpretazione
- Norma
- Ordinamento costituzionale
- Ordinamento giuridico
- Organi costituzionali
- Pluralità degli ordinamenti giuridici
- Potere costituente e potere costituito
- Teorie istituzionaliste
- Teorie normativiste

PER APPROFONDIRE

- A. Barbera, *Costituzione della Repubblica italiana*, voce in *Enciclopedia del diritto*, *Annali*, vol. VIII, Milano, Giuffrè, 2015.
- H. Kelsen, *Teoria generale del diritto e dello Stato*, Milano, Etas, 1994 (ed. orig. 1945).
- C. Mortati, *La costituzione in senso materiale*, Milano, Giuffrè, 1998 (I ed., 1940).
- S. Romano, *L'ordinamento giuridico*, Firenze, Sansoni, 1977 (I ed., 1918; II ed., 1946).
- C. Schmitt, *Dottrina della costituzione*, Milano, Giuffrè, 1984 (ed. orig. 1928).

PERCORSO DI AUTOVERIFICA

1. Che differenza c'è fra regole giuridiche e regole non giuridiche?

2. Perché si parla di pluralità degli ordinamenti giuridici?

3. In cosa differiscono le teorie normativiste e quelle istituzionaliste?

4. Cosa significa diritto positivo o posto? E cosa diritto naturale?

5. In che senso ogni ordinamento si concepisce come un sistema?

6. Qual è la distinzione fra disposizioni e norme?

7. Cos'è una costituzione? E quand'è che una costituzione si dice rigida?

8. Che differenza c'è fra costituzione e ordinamento costituzionale? Perché non coincidono?

9. Cosa si intende per costituzione in senso formale e costituzione in senso materiale? Come mai vengono a volte contrapposte?

10. In che cosa si differenzia l'ambito del diritto pubblico dall'ambito del diritto privato?

CAPITOLO 2

Lo stato

In questo capitolo si spiega che cosa caratterizza, rispetto agli altri, l'ordinamento giuridico che chiamiamo stato; quali sono le forme di stato e quali in particolare le caratteristiche degli stati liberaldemocratici, tra cui si colloca la Repubblica italiana.

1. LO STATO COME COMUNITÀ POLITICA

Fra tutti gli ordinamenti giuridici costruiti nel corso della storia ha assunto particolare rilievo, dal XVI secolo in poi, lo **stato** (l'espressione «stato» compare già ne *Il Principe* di Niccolò Machiavelli).

La nascita dello stato moderno

Gli stati si affermano allorché in varie parti d'Europa alcuni ordinamenti territoriali si organizzano attorno a un *princeps*, un feudatario che per forza militare, economica o strategica assume posizioni di preminenza rispetto ad altri. Il processo si sviluppa in una duplice direzione, esterna e interna:

a) affermando la propria autonomia nei confronti sia del Papato sia dell'Impero i quali, spesso in conflitto fra di loro, esercitavano o pretendevano di esercitare giurisdizione sui singoli ordinamenti locali;

b) affermando la propria supremazia nei confronti degli ordinamenti particolari che esistevano al loro interno, dagli ordinamenti feudali a quelli corporativi e municipali.

Attraverso questo processo, che si svolge su più piani collegati fra loro, si unificano e nazionalizzano i vari ordinamenti giuridici particolari; si rendono autonomi territori e istituzioni dal patrimonio personale del principe; si formano una burocrazia e un esercito stabili. L'autonomia dai poteri che si contendevano l'universalità, Papato e Impero, trova consacrazione con la fine della Guerra dei Trent'anni e il Trattato di Vestfalia del 1648 (il quale, non a caso, segna anche la nascita del moderno diritto internazionale, v. cap. 3), mentre la supremazia interna si realizza attraverso il consolidamento della monarchia assoluta nei principali paesi europei.

Lo stato moderno è caratterizzato da più elementi, ma due sono quelli più importanti: la *politicità* e la *sovranità*.

Stato e politicità

La **politicità** (da *polis*, la città-stato greca da cui lo stato riprende talune caratteristiche) sta a indicare che l'ordinamento statale assume fra le proprie finalità la cura, almeno potenzialmente, di *tutti* gli interessi generali che riguardano una determinata collettività stanziata su un determinato territorio. In forza di ciò lo stato tende ad assorbire, o più esattamente a sottoporre alle proprie regole, tutti i diversi ordinamenti preposti alla cura di interessi particolari che esistono all'interno dei suoi confini territoriali.

Stato e sovranità

Questa è la base di legittimazione dell'altro elemento che caratterizza lo stato: la **sovranità**, vale a dire la sua *supremazia* (da *superanus*, ciò che sta sopra) rispetto a ogni altro potere costituito al suo interno e la sua *indipendenza* rispetto a poteri esterni. Vi sono altri enti, con il proprio ordinamento giuridico (ad es. i comuni e le regioni), che possono essere definiti *politici* ma *non sovrani*: la loro libertà di curare gli interessi delle rispettive collettività territoriali è limitata da regole che è la costituzione a stabilire e che ne definiscono l'autonomia. Proprio per questo solo lo stato è sovrano.

Uno stato può definirsi tale se riesce a conseguire, sopra un determinato territorio, il **monopolio della forza**: se è in grado, in altre parole, di agire tendenzialmente senza resistenze al proprio interno e senza interferenze dall'esterno (si potrebbe dire parafrasando la celebre formula di Cartesio: «*iubeo ergo sum*» – comando, dunque sono). Lo stato esercita il monopolio della forza sia in forma diretta, grazie all'uso della *forza legale* (organizzazione di tribunali e forze di polizia, coazione fisica nei confronti di chi trasgredisce la legge, organizzazione di forze armate per la difesa esterna), sia in forma indiretta ponendosi come unico soggetto in grado di legittimare altri soggetti all'uso della forza (per esempio, autorizzando la costituzione di forze di polizia locali con compiti delimitati).

Lo stato: definizione

Si può parlare quindi di *stato* quando *una popolazione, sottomettendosi a un potere politico, dà vita a un ordinamento in grado di soddisfare i suoi interessi generali* (difesa dal nemico esterno, sicurezza interna, giustizia, ordine pubblico, disciplina delle relazioni economiche...). In questo modo una popolazione diviene *popolo*, ovvero un insieme di persone legate dal fatto di condividere tutte un'uguale *cittadinanza*, vale a dire una tendenziale eguaglianza di diritti e doveri di fronte al governo sovrano cui si assoggettano (su questi concetti v. capp. 6 e 8).

Elementi costitutivi dello stato

Per aversi uno stato devono essere presenti tutti e tre gli elementi:

- un **popolo** (anche plurietnico ma che sia «uno», cioè si sia dato un unico ordinamento costituzionale);
- un **territorio** (non necessariamente contiguo: vedi ad es. l'Alaska rispetto al resto degli Stati Uniti o Campione d'Italia rispetto al nostro paese);
- un **governo sovrano**.

Non costituisce uno stato, invece, un popolo privo di territorio (si pensi ai rom o ai berberi) o un popolo pur stanziato su un determinato territorio ma privo di un governo in grado di controllarlo (si pensi ai curdi, divisi fra Turchia, Iraq, Iran, Siria e altri paesi del Caucaso). Né costituisce stato, parimenti, una popolazione insediata su un territorio disputato fra più di un governo in conflitto (come nel caso della Bosnia-Erzegovina prima degli accordi di Dayton del 1995). Non si può poi parlare di stato quando, pur essendoci un governo, la sicurezza esterna è assicurata da uno stato straniero (è il caso dei *protettorati* o, ancor più chiaramente, delle *colonie* ancora esistenti, spesso dotate di forme di autogoverno ma prive di propri apparati di difesa). Si pensi anche ai Territori palestinesi, nei quali si ha certamente un popolo e dove c'è anche un governo (oltre ovviamente a un territorio), ma si tratta di un governo non sovrano nella misura in cui non dispone dei propri confini e neppure del completo monopolio della forza interna.

Non c'è stato senza territorio o senza governo

Caratteristiche dell'ordinamento statale sono dunque la politicità e la sovranità. I due concetti sono fra loro collegati: non si possono, infatti, perseguire fini generali se non si dispone della forza e delle risorse che possano rendere ciò effettivamente possibile, in poche parole se non si è *sovrani*. Non contraddice questa affermazione l'art. 7 della Costituzione italiana, là dove afferma che «lo Stato e la Chiesa cattolica sono, ciascuno nel proprio ordine, indipendenti e sovrani». Infatti, la *sovranità* della Chiesa non è riferita all'ordine temporale bensì all'altro, quello spirituale: sovrano deve considerarsi lo Stato della Città del Vaticano. Ne è riprova la circostanza che lo Stato italiano entra in relazione con questo attraverso un Trattato, vale a dire uno strumento tipico del diritto internazionale; e con la Chiesa cattolica, invece, attraverso un atto chiamato Concordato.

Collegato alle categorie della politicità e della sovranità è il concetto di costituzione: la sovranità è un potere *non* costituito ma costituente («causa prima e motore immobile», «potere perpetuo e non delegato» la definiva nel XVI secolo, con linguaggio mutuato dalla teologia, Jean Bodin, il primo teorico dello stato moderno), e in essa trova legittimazione la costituzione dello stato, essa a sua volta costitutiva di ogni altro potere pubblico. In breve: *solo gli stati sovrani possono darsi (o comunque possedere) una costituzione.* Altri ordinamenti possono avere documenti fondamentali che assolvono alla stessa funzione, ma non può parlarsi in senso proprio di costituzione.

Sovranità e costituzione

Collegare il concetto di stato a quello di sovranità non è in contraddizione col fatto che nell'ordinamento italiano, così come in altre democrazie, la sovranità è considerata «appartenente» al popolo (art. 1.2 Cost.). Tale solenne affermazione (su cui torneremo nel cap. 8) induce a sottolineare subito due aspetti fondamentali:

Sovranità e popolo

1. il popolo è la **fonte di legittimazione** di ogni potere statale; nello stato assoluto fonte di legittimazione del re era considerato Dio stesso («*omnis potestas a Deo*», secondo la formula di San Paolo), nello stato liberale la Nazione (in realtà, come vedremo, solo una parte della comunità);

2. il popolo, o meglio, il corpo elettorale (il quale non coincide con tutto il popolo, essendo costituito dai soli cittadini maggiorenni cui è riconosciuto il diritto di voto) è il **titolare dei poteri sovrani** (esso elegge gli organi dello stato e degli altri enti territoriali e decide attraverso istituti di democrazia diretta).

I limiti della sovranità statale

Ma la sovranità dello stato non ha più le caratteristiche di assolutezza che i vecchi stati nazionali rivendicavano. L'esercizio del potere sovrano incontra limiti crescenti:

- **limiti di fatto** derivanti dallo sviluppo delle tecnologie informatiche e dai processi di **globalizzazione**, che rendono difficile il controllo degli stati sia sulla circolazione delle informazioni sia sulla circolazione delle risorse prodotte nel proprio territorio (tanto che si parla di *crisi di legittimazione* dello stato e, in particolare, dello «stato nazione», quello nel quale ordinamento giuridico sovrano e comunità nazionale coincidono);
- **limiti giuridici** derivanti dall'evoluzione, a partire in particolare dal Secondo dopoguerra, dell'**ordinamento internazionale**, che mira non più solo ad assicurare la coesistenza fra stati ma considera fra i propri soggetti, oltre agli stati e alle organizzazioni internazionali, anche i popoli e i singoli individui, da proteggere in nome dei diritti umani (infatti si parla di *ingerenza umanitaria*, contrapponendola al tradizionale principio di non ingerenza negli affari interni di uno stato).

Nonostante tali limiti, la categoria della sovranità rimane ancora valida poiché si può presupporre, almeno dal punto di vista del diritto interno, che in linea di principio le limitazioni alla sovranità dello stato siano volute dal popolo stesso nell'esercizio del potere costituente.

Sovranità e stato federale

Sembra contraddire lo schema classico della sovranità lo **stato federale**. Il primo esempio è costituito storicamente dagli Stati Uniti (con la Costituzione del 1787), cui seguirono la Svizzera nel 1848 e il Secondo Reich tedesco nel 1871, e il modello federale si è poi diffuso in altre parti del pianeta. Esso realizza un ordinamento complesso in cui la sovranità è distribuita a due livelli di governo, quello dello stato federale e quello degli stati federati, ciascuno con una propria costituzione. In realtà, il processo di unificazione federale (da *foedus*, patto) dà vita a un nuovo stato; la costituzione federale si pone come fonte di legittimazione di tutti i poteri pubblici, anche di quelli degli stati federati. In poche parole: *vi è un solo popolo, un solo potere costituente, una sola costituzione, un solo stato.*

La confederazione di stati

Diverso dallo stato federale è il caso della **confederazione di stati**. La confederazione non dà vita a una nuova entità statale, ma a un'unione fra stati indipendenti e sovrani attraverso strutture comuni di cooperazione, disciplinata (non già dal diritto interno ma) dal diritto internazionale e priva di una costituzione.

Si discute a quale modello appartenga l'**Unione europea**, in bilico appunto fra il modello della confederazione e un possibile sviluppo in senso federale. Infatti, non può ancora dirsi che l'Unione europea abbia le caratteristiche della politicità, sfuggendo ad essa la cura degli interessi generali del popolo europeo (la difesa, per esempio: anche se progressi sono in corso pure in questo campo). Gli stessi trattati dell'Ue fanno riferimento sia ai *popoli europei*, al plurale, sia ai *cittadini dell'Unione* (v. cap. 4).

Le trasformazioni degli stati

Gli stati sorgono e vivono, ma anche muoiono (l'Austria nel periodo 1938-1945, l'Unione Sovietica nel 1991); si trasformano (la Germania che si riunifica dopo la caduta del muro di Berlino nel 1989) e si dividono (l'Impero austro-ungarico nel 1919; la Jugoslavia nel 1991-1995, oggi divisa in sette stati sovrani).

Tali trasformazioni possono essere valutate sia dal punto di vista del diritto internazionale (riconoscimento da parte degli altri stati e ammissione all'Organizzazione delle Nazioni Unite) sia dall'autonomo punto di vista del diritto interno, a seconda che siano avvenuti o meno mutamenti dell'ordinamento costituzionale. Non solo: uno stato può esso stesso autoqualificarsi come nuovo ed esserlo indiscutibilmente dal punto di vista interno (per esempio, la Russia sovietica dopo la Rivoluzione del 1917), ma non essere considerato tale dal punto di vista internazionale (infatti furono addebitate al nuovo stato le obbligazioni contratte dalla Russia zarista).

2. LA GIUSTIFICAZIONE DELLO STATO

Le funzioni della comunità statale – e quindi il modo come in concreto si atteggiano gli elementi della *politicità* e della *sovranità* – stanno alla base delle diverse *dottrine dello stato*, le quali si riflettono sulle *forme di stato* succedutesi in epoca moderna.

Costituzionalismo liberale e contrattualismo

Secondo il **costituzionalismo di matrice liberale** (di cui fu massimo teorico il filosofo inglese John Locke – 1632-1704 – che influenzò i padri costituenti americani), gli uomini possiedono tre diritti: alla vita, alla libertà, alla proprietà. Allo scopo di salvaguardarli hanno anche il diritto di difendersi (strumentale al perseguimento dei primi). Per farlo in modo più efficace essi trasferiscono *per contratto* tali diritti a un'autorità sovrana: ecco perché si parla di **dottrine contrattualistiche** per designare la scuola di pensiero di cui Locke fu uno dei capostipiti. Il trasferimento può essere sempre revocato. Lo stato cui danno vita ha quindi compiti delimitati alla tutela dei *diritti naturali* dei cittadini (si parla perciò di *giusnaturalismo*): la funzione dello stato è solo di riconoscerli e assicurarne l'intangibilità.

Partendo dallo stesso filone contrattualista, Thomas Hobbes (1588-1676) giunge a conclusioni diverse. Mentre per Locke lo stato è lo sviluppo di una condizione positiva che deve solo essere migliorata, per Hobbes lo stato di natura è una condizione di grave conflitto («*homo homini lupus*»: ogni uomo è nemico dell'altro uomo). Per uscire da quella condizione si delega al sovrano il potere di disporre di se stessi (da qui un *pactum subiectionis*, non un *pactum unionis*). Ne deriva che lo stato non ha obblighi verso i sudditi:

Lo stato come Leviatano

è un *Leviatano* – nome che richiama un terrificante mostro biblico (e nome anche di un'opera di Hobbes) – che tutti assoggetta al suo potere autoritario: persone, formazioni sociali e la stessa Chiesa.

La filosofia di Georg W.F. Hegel (1770-1831) è invece legata a una visione dell'uomo alternativa a quella delle dottrine contrattualistiche. A lui si deve la concezione dello stato come realtà spirituale, secondo la quale lo stato è la totalità che precede le parti (i singoli), non uno strumento per la tutela dei diritti. Tale concezione si può annoverare fra le **dottrine statolatre** che da Hegel risalgono fino a Platone: lo stato non è la somma di volontà individuali, nulla ha a che vedere con il contratto (che se mai fa parte del diritto, «momento inferiore dello spirito») ed è del tutto separato dalla società. Esso è il realizzarsi dell'opera millenaria della ragione, dell'«Idea», «l'ingresso di Dio nel mondo». È il popolo – sono gli individui – che ricevono identità dallo stato, non viceversa. Senza lo stato l'individuo non ha identità e il popolo è solo moltitudine informe. Per il cittadino non si tratta perciò di difendersi dallo stato, ma di identificarsi con esso. È lo stato che viene prima (e anzi assorbe) l'individuo: l'opposto, come si vede, della filosofia su cui si fonda il costituzionalismo classico.

Le dottrine statolatre

Non sorprende che da Hegel abbia preso le mosse, grazie a Giovanni Gentile, la *destra hegeliana*. Come scrisse Benito Mussolini nella voce «fascismo» dell'*Enciclopedia italiana Treccani*: «lo stato è un assoluto, davanti al quale individui e gruppi sono il relativo... tutto nello stato, nulla fuori o contro lo stato». Questa formula riassume icasticamente cosa si intende per *dottrine statolatre* (che nutrono una fede cieca e assoluta nello stato). Quando a uno stato così concepito si attribuisce una missione derivante da valori a loro volta pensati come assoluti (la nazione, la razza, la classe), si può parlare di **stato etico**, quello teorizzato dalle dottrine della destra fascista, nazista e falangista: uno stato che tende a riconoscere un «capo» (un Duce, un Führer, un Caudillo); che ammette solo un *partito unico* (perché unico è il sistema di valori che persegue e considera legittimo perseguire); che si basa su precise *gerarchie* – vale a dire su persone e oligarchie gerarchicamente ordinate, in grado di interpretare l'Idea – e su una conseguente ricomposizione organicistica della società, in cui ciascuno occupa un posto particolare ed è inserito in strutture di tipo corporativo che assorbono, negandoli alla radice, i conflitti sociali (di qui, per esempio, la trasformazione nel 1939 della Camera dei deputati italiana in Camera dei fasci e delle corporazioni).

Lo stato etico

Ma da Hegel prese le mosse anche la *sinistra hegeliana* che, attraverso Feuerbach, Engels e Marx, utilizzò partendo dai rapporti economici (*materialismo*) la visione antropologica di Hegel. Karl Marx (1818-1883), in particolare, capovolse il rapporto fra stato e società costruito da Hegel. Secondo Marx, il principale fattore di civilizzazione non era lo stato ma la **società civile**. Egli negava valore all'individuo al di fuori dei rapporti sociali e, soprattutto, al di fuori della sua collocazione di classe, perché la storia dell'uomo altro non sarebbe che storia delle lotte fra classi sociali. Per que-

Le dottrine marxiste

sto Marx rifiutava anche la logica della Dichiarazione dei diritti dell'uomo e del cittadino del 1789. Secondo la concezione marxista, lo stato era solo uno strumento, una «macchina», attraverso cui una classe (quella che nella società aveva vinto) esercitava il proprio dominio sulle altre classi. Secondo la versione teorizzata dal rivoluzionario russo bolscevico Lenin, compito del proletariato sarebbe stata la conquista dello stato al fine di instaurare la propria «dittatura» di classe. La dittatura del proletariato avrebbe dovuto consentire di superare gli antagonismi di classe e, ponendo le condizioni per il massimo sviluppo delle libertà e delle forze produttive, avrebbe addirittura portato alla progressiva «estinzione dello stato».

Queste diverse concezioni filosofico-politiche influenzarono – e non poteva essere diversamente – i costituenti italiani. Da poco superato il fascismo, vennero decisamente rifiutate le dottrine statolatre e netta fu l'influenza delle dottrine liberalcontrattualiste: si pensi all'art. 2 Cost., che costituisce una delle architravi dell'intero edificio costituzionale italiano, nel quale il costituente volle affermare che «la Repubblica *riconosce* e garantisce i diritti inviolabili dell'uomo». Nel contempo, differenziandosi dalle dottrine contrattualiste ispirate a una visione esclusivamente individualista, si volle dare forte rilievo – ispirandosi al personalismo comunitario dei filosofi cattolici francesi Maritain e Mounier – alle formazioni sociali intermedie, tutte quelle numerose «ove si svolge la personalità dell'uomo» (famiglia, scuola, associazionismo e così via). Dell'impostazione marxista che rifiuta di astrarre il cittadino dalle condizioni sociali in cui concretamente versa vi è significativa traccia nell'art. 3.2 Cost., il quale assegna alla Repubblica il compito di promuovere l'eguaglianza eliminando «gli ostacoli che impediscono il pieno sviluppo della persona umana e l'effettiva partecipazione di tutti i lavoratori all'organizzazione politica, economica e sociale del Paese».

Il personalismo comunitario

3. LE FORME DI STATO MODERNE E IL COSTITUZIONALISMO LIBERALDEMOCRATICO

Mentre le **forme di governo** (v. cap. 7) riguardano il modo come si distribuisce il potere politico fra i vari organi dello stato, vale a dire come vengono assunte da chi governa le decisioni politiche che concernono una determinata collettività statale, le **forme di stato** riguardano invece, più a monte, *il modo in cui si atteggia il rapporto fra i cittadini e il potere politico, vale a dire il rapporto fra governanti e governati, nonché i fini ultimi che si pone l'ordinamento.* Le forme di stato (e le forme di governo) non rappresentano degli archetipi ideali, ma uno strumento di classificazione e conoscenza: esse si definiscono attraverso un processo di astrazione dalle concrete forme statuali realizzatesi negli ultimi secoli. È questa la ragione per cui non è sempre facile inserire alcuni stati, quando presentano caratteristiche originali o sono il frutto di ibridazioni, in questa o quella forma di stato.

Le forme di stato: definizione

Le forme di stato: classificazione

Con riferimento, dunque, al modo come vengono organizzati i rapporti tra governanti e governati e al modo come vengono perseguiti i fini politici della comunità considerata, si possono individuare le seguenti forme di stato:
- lo stato assoluto;
- lo stato liberale;
- lo stato liberaldemocratico (che in diversi paesi europei si caratterizza come *stato sociale*);
- lo stato fascista;
- lo stato socialista;
- lo stato confessionale.

Lo stato assoluto

Dopo la dissoluzione dell'**ordinamento feudale** (che secondo alcune classificazioni viene considerato una forma di stato, ma in realtà *precede* lo stato moderno), alla fine del Medioevo e all'inizio dell'era moderna si afferma lo **stato assoluto**. Esso si caratterizza per:
a) la legittimazione del sovrano direttamente da Dio;
b) l'accentramento in capo al sovrano – e ai suoi delegati – di tutto il potere pubblico senza distinzione fra le diverse funzioni;
c) la rigida divisione in classi sociali e il riconoscimento all'aristocrazia, per lo più di origine feudale, di una condizione particolare grazie a privilegi, immunità, franchigie e così via.

Lo stato liberale e lo stato liberaldemocratico, che del primo rappresenta una evoluzione, traggono le loro origini dal superamento dello stato assoluto.

Lo stato liberale

Lo **stato liberale** è il frutto della lotta vittoriosa della borghesia – il «terzo stato» – contro l'aristocrazia e l'alto clero (le due classi egemoni durante l'*ancien régime*), che si realizza nel periodo che va dalla *Glorious Revolution* del 1688-89 in Inghilterra alla Rivoluzione americana del 1776, dalla Rivoluzione francese del 1789 alle rivoluzioni europee del 1848. Esso è contrassegnato da una base sociale ristretta, poiché il diritto di voto è riservato a coloro i quali possiedono un determinato censo o determinate capacità (perciò è chiamato **stato monoclasse**), ma riconosce a tutti i cittadini i diritti di proprietà e di libertà, garantiti da regole di diritto generali e astratte, vincolanti anche per la pubblica amministrazione e tutelate da giudici indipendenti (per queste ragioni viene definito **stato di diritto**).

Lo stato liberal-democratico

Dallo stato liberale si sviluppa lo **stato liberaldemocratico**, che si comincia a delineare agli inizi del Novecento e si afferma allorché l'estensione del suffragio ai ceti esclusi – in Italia il suffragio universale (maschile) si raggiunse nel 1912 – porta non solo al riconoscimento dei diritti politici a tutti i cittadini maggiorenni, ma favorisce l'organizzazione dei cittadini in partiti politici e in sindacati al fine di meglio rappresentare e tutelare i ceti più deboli. Quindi diventa **stato pluriclasse** nel quale non si possono ignorare i bisogni delle classi popolari.

Queste esigenze, accentuate dalla crisi dell'economia mondiale dopo il crollo di Wall Street (il principale mercato azionario americano) del 1929, portano a un sempre più esteso intervento dello stato nell'economia e al riconoscimento giuridico, accanto ai tradizionali diritti civili e ai conquistati diritti politici, anche di specifici diritti sociali. Da qui l'espressione **stato sociale** per definire quelle varianti della forma di stato liberaldemocratica, affermatesi soprattutto in Europa, nelle quali tra i fini dello stato vi è la garanzia di importanti prestazioni sociali. Nello stato liberale tali prestazioni erano elargite da istituzioni private quali la famiglia o istituti di beneficenza e carità, molto spesso di ispirazione religiosa. Già a partire dagli ultimi decenni del Novecento alcuni stati, tra cui la Germania di Bismarck, avevano attuato riforme legislative capaci di porre le premesse per l'edificazione dello stato sociale (in Italia, ad esempio, fu la legge 80/1898 a obbligare i datori di lavoro ad assicurarsi contro gli infortuni sul lavoro).

Lo stato sociale

La disomogeneità della base sociale di questi ordinamenti e la ricerca di forme di coesione e integrazione sociale meglio garantite inducono a fissare in costituzioni rigide la tutela dei diritti civili, politici e sociali. Da qui l'espressione **stato costituzionale**, inteso come evoluzione dello stato di diritto. Quello, nel XIX secolo, si limitava a sottoporre alla legge gli organi statali; lo stato costituzionale, nel XX secolo, sottopone il legislatore stesso a una legge superiore, la costituzione appunto.

Lo stato costituzionale

La Repubblica italiana, costruita sulla base della **Costituzione del 1948**, può definirsi uno stato sociale che si ispira al **costituzionalismo liberaldemocratico** e ha tutte le caratteristiche dello stato costituzionale. Nei capitoli successivi saranno analiticamente descritti i lineamenti della Costituzione italiana. Indichiamo qui in sintesi i valori, i principi e le tecniche che la caratterizzano e che accomunano, con maggiore o minore accentuazione, la grande parte degli stati dell'Occidente dopo il crollo di vari regimi autoritari (Grecia, Portogallo, Spagna negli anni Settanta; Argentina e Cile negli anni Ottanta) e le «rivoluzioni pacifiche» del 1989 nei regimi comunisti dell'Europa centro-orientale. Tali valori, principi e tecniche si possono così riassumere:

I caratteri del costituzionalismo liberaldemocratico

- i *diritti dell'uomo* hanno il primato su ogni altro valore; alla tutela dei diritti civili e politici si aggiunge la tutela dei *diritti sociali* quale strumento di coesione della comunità statale, qualificati come *diritti di cittadinanza*;
- i titoli che legittimano il riconoscimento di diritti e doveri sono appunto la *cittadinanza* e, in molti casi, la condizione stessa di *persona umana*, non l'appartenenza a una corporazione (come nell'*ancien régime*) o a una classe (come l'aristocrazia negli ordinamenti della Restaurazione dopo il 1815; gli operai e i contadini negli ordinamenti socialisti dello scorso secolo) o a una religione (come negli stati confessionali);
- è garantito il rispetto del *principio di eguaglianza*; il diritto e lo stato trovano il loro fondamento nella volontà dei consociati; la *sovranità appartiene al popolo*, non più alla Nazione come nello stato liberale ottocentesco;
- la principale tecnica di adozione delle decisioni politiche è il *principio di maggioranza*; restano marginali sia il principio di unanimità, proprio degli

ordinamenti feudali e privatistici, sia il criterio della *sanior pars* (decidono i più degni), proprio degli ordinamenti aristocratici ed ecclesiastici;

- la sfera politica è *autonoma* dalla sfera religiosa; stato e confessioni religiose sono separati e lo stato, in base al *principio di laicità*, non privilegia alcuna confessione, tutte ugualmente rispettandole;
- l'ordinamento si fonda su una costituzione scritta e *rigida*; la legge è fonte di norme generali e astratte; il potere legislativo è attribuito ad assemblee rappresentative, dunque elettive;
- lo stesso potere sovrano è sottoposto alla «legge» («*lex facit regem*», non «*rex facit legem*» si iniziava a dire già in epoca medievale);
- è perseguita la *separazione dei poteri* o comunque la loro limitazione, secondo la tecnica del *governo misto* (nessun organo assomma tutte le funzioni o, all'interno della stessa funzione, tutto il potere);
- i diritti dei cittadini sono garantiti ad opera di *giudici indipendenti* e, quando occorre, anche nei confronti del potere pubblico;
- è previsto il controllo di costituzionalità delle leggi ad opera dei giudici ordinari (*controllo diffuso*) o di appositi tribunali costituzionali (*controllo accentrato*).

Questo stretto collegamento fra valori liberaldemocratici e costituzionalismo si trovava già ben riassunto nell'art. 16 della *Dichiarazione dei diritti dell'uomo e del cittadino*, approvata il 26 agosto 1789 dall'Assemblea legislativa francese, là dove si legge: «*toute société dans laquelle la garantie des droits n'est pas assurée, ni la séparation des pouvoirs déterminée, n'a point de constitution*».

Lo stato fascista

Fra le due guerre mondiali (1919-1939) la crisi dello stato liberale portò all'affermarsi in Italia, Germania, Spagna e in molti altri paesi europei dello **stato fascista**. Esso si ispirava alla concezione statolatra propria della destra hegeliana (valore assoluto dell'autorità dello stato, diritti tutelati solo in quanto conciliabili con gli interessi statali, impostazione organicista e corporativa della vita economica). In Russia prima, con la Rivoluzione sovietica del 1917, e poi, dopo la Seconda guerra mondiale, nei paesi dell'Est europeo (e anche fuori Europa: Cina, Corea del Nord, Cuba, Vietnam) si affermò lo **stato socialista**. Esso si ispirava alla concezione della lotta di classe propria delle teorie marxiste-leniniste (direzione dello stato affidata al partito espressione della classe operaia, collettivizzazione dei mezzi di produzione, libertà riconosciute solo in quanto funzionali alla costruzione di una società socialista). Si tratta di forme di stato in via di regressione, fra loro antitetiche per base sociale e finalità politiche, pur ricorrendo a tecniche spesso non dissimili di organizzazione del potere.

Lo stato socialista

Del tutto estraneo alla tradizione liberaldemocratica (e anzi contrapposto ad essa) è lo **stato confessionale**. Con tale nome si chiamano ordinamenti che non accettano il principio della separazione della sfera religiosa da quella civile: nei quali, al contrario, il potere statale si fonda su basi religiose e sulla correlativa attribuzione di efficacia giuridica ai precetti religiosi. Tramontati gli stati confessionali ispirati alla fede cristiana, oggi hanno caratteristiche di questo genere alcuni paesi islamici. Nello **stato islamico** trova diretta applicazione la *sharia*. Questa consiste nel *corpus* di norme tratte dal Corano e da altre fonti basate sugli insegnamenti di Maometto; tali norme regolano ogni aspetto della vita privata e pubblica, sono considerate immutabile legge divina e l'interpretazione di esse è affidata ad autorità religiose. Si parla talora anche di regimi teocratici (ad esempio, in forme diverse, Arabia Saudita e, dopo la Rivoluzione islamica del 1979, Iran). La conseguenza è da un lato il disconoscimento dell'idea stessa di pluralismo e del principio di eguaglianza (si pensi ai diritti delle donne e dei non musulmani), dall'altro l'insorgere di rilevanti problemi di compatibilità con la tutela dei diritti umani riconosciuti dalle convenzioni internazionali (si pensi a certe forme di sanzione penale: amputazione per il furto, lapidazione per l'adulterio, flagellazione per infrazioni varie).

Lo stato islamico

PAROLE CHIAVE

- Costituzionalismo
- Forme di stato
- Monopolio della forza
- Politicità
- Popolo
- Sovranità
- Stato costituzionale
- Stato di diritto
- Stato federale
- Stato liberale
- Stato liberaldemocratico
- Stato monoclasse e pluriclasse
- Stato sociale
- Territorio

FONTI

- Costituzione della Repubblica.

PER APPROFONDIRE

- A. Barbera (a cura di), *Le basi filosofiche del costituzionalismo*, Roma-Bari, Laterza, 2015.
- E. Cheli, *Lo stato costituzionale*, Napoli, Editoriale Scientifica, 2006.
- M. Fioravanti, *Costituzionalismo*, Roma-Bari, Laterza, 2009.
- P.P. Portinaro, *Lo stato*, Bologna, Il Mulino, 1999.

PERCORSO DI AUTOVERIFICA

1. Quali sono gli elementi che caratterizzano l'ordinamento statale?
2. Cosa si intende per sovranità? E perché la si considera ormai limitata?
3. Cos'è uno stato federale?
4. Qual è la concezione dello stato nelle dottrine contrattualistiche?
5. Quale la concezione nelle dottrine statolatre?
6. Quale la concezione nelle dottrine marxiste?
7. Cosa vuol dire forma di stato? E come si classificano?
8. Qual è l'evoluzione storica delle forme di stato?
9. Quali sono i caratteri dello stato costituzionale liberaldemocratico?
10. Altre forme di stato estranee al costituzionalismo liberaldemocratico?

CAPITOLO 3

L'ordinamento internazionale

L'ordinamento giuridico dello stato entra di frequente in rapporto con altri ordinamenti. Qui si esaminano tali rapporti con riferimento all'ordinamento giuridico internazionale. Di questo si analizza l'evoluzione e si approfondisce il fenomeno delle organizzazioni internazionali cui partecipa il nostro paese.

1. LA «COMUNITÀ DEGLI STATI» E IL DIRITTO INTERNAZIONALE

Come abbiamo visto sin dalle prime pagine del capitolo 1, il diritto non è monopolio dello stato, ma inerisce a qualsiasi corpo sociale organizzato, secondo la **teoria della pluralità degli ordinamenti giuridici**. Ciò pone un problema generale di **rapporti** fra diversi ordinamenti giuridici: gli ordinamenti giuridici dotati del carattere della **sovranità** (sia pure nei limiti già messi in luce nel cap. 2), proprio perché tali, regolano autonomamente al proprio interno i rapporti con gli ordinamenti che tale carattere *non* hanno. In questo capitolo, invece, ci occupiamo dei rapporti fra ordinamenti che *parimenti* rivendicano la loro natura sovrana.

Il diritto della comunità degli stati

Il **diritto internazionale** è, per l'appunto, l'ordinamento della «comunità degli stati». Come si è già detto, il Trattato di Vestfalia del 1648 è tradizionalmente considerato, oltre che la data di nascita del moderno stato sovrano (che afferma la sua autonomia da Papato e Impero), anche la data di nascita del diritto internazionale. In altre parole, nel momento stesso in cui si affermano ordinamenti i quali non riconoscono alcun soggetto ad essi superiore che ne possa disciplinare i rapporti, sorge la comunità costituita da tali nuovi soggetti la quale si pone a sua volta come ordinamento giuridico e dà vita al proprio diritto.
Fino a tempi recentissimi, in effetti, caratteristica pacifica dell'ordinamento internazionale, rispetto agli altri ordinamenti giuridici, è stata quella di *avere*

L'ordinamento internazionale: caratteri

una base sociale costituita non da persone fisiche, da esseri umani, ma esclusivamente da stati, cioè da entità collettive. Questa diversità di base sociale ha determinato la profonda diversità dell'ordinamento internazionale dagli ordinamenti giuridici statali:

- non c'è un ente che si ponga nei confronti dei consociati in posizione sovraordinata, cioè in posizione simile a quella dello stato nei confronti dei singoli (di qui la qualificazione dell'ordinamento internazionale come ordinamento *anarchico*);
- l'ordinamento internazionale non ha un organo legislativo che produca norme che abbiano come destinatari tutti i soggetti che ne fanno parte;

Diritto internazionale generale e particolare

- le norme di **diritto internazionale generale** sono perciò prodotto di fonti fatto, sono cioè di formazione consuetudinaria o spontanea, e obbligano tutti i soggetti dell'ordinamento; altra cosa sono i trattati e accordi fra stati (disciplinati dalla *Convenzione di Vienna* del 1969): questi danno luogo a norme di **diritto internazionale particolare** (che vincolano solo gli stati che li sottoscrivono: perciò si parla di «diritto pattizio»);
- manca un meccanismo organizzato di soluzione delle controversie che eventualmente insorgano fra i soggetti dell'ordinamento (vi sono corti e tribunali internazionali, ma sono costituiti in base a trattati);
- la protezione degli interessi dei soggetti dell'ordinamento è in larga misura affidata all'istituto dell'**autotutela** (all'interno degli ordinamenti statali ammessa solo in casi eccezionali), che consiste nel fatto che il singolo soggetto è autorizzato a ricorrere ad atti coercitivi (uso della forza militare, sanzioni economiche o commerciali ecc.) per attuare i propri diritti: ciò inficia la pretesa di uguale sovranità dei soggetti dell'ordinamento internazionale, date le enormi diseguaglianze che li caratterizzano.

2. ORDINAMENTO INTERNAZIONALE E ORDINAMENTO ITALIANO

Concezione dualista vs. concezione monista

Il diritto internazionale è oggetto di studio a sé e non ne trattiamo in questo libro. Qui, invece, occorre soffermarsi brevemente sul tema dei rapporti fra ordinamento giuridico internazionale e ordinamento interno italiano. Questa problematica si pone proprio in quanto si condivida la teoria della pluralità degli ordinamenti giuridici alla quale abbiamo già fatto richiamo, sposando una **concezione dualista**. Chi sposa al contrario una **concezione monista**, infatti, tende a ridurre a unità ordinamento internazionale e ordinamento statale, naturalmente indicando quale dei due considera *derivato* rispetto all'altro. Quello dei due che si considera *originario* ha il primato sull'altro e dunque l'ultima parola in materia di rapporti con esso: esattamente come accade nei rapporti fra ordinamento statale e ordinamenti interni derivati. Il primato dell'ordinamento internazionale è sostenuto, per esempio, da Hans Kelsen. Un tale primato, peraltro, presupporrebbe l'affermarsi di una sorta di governo mondiale in grado di assicurare obbedienza, anche con la forza se necessario, alle norme dell'ordinamento internazionale nei confronti dei soggetti statali, che non sarebbero più sovrani nel senso di cui abbiamo parlato nel capitolo 2. Secondo la concezione dualista, invece, siamo di fronte a ordinamenti indipendenti e separati, ciascuno dei quali compie autonomamente le proprie valutazioni giuridiche: ciò che può produrre conseguenze giuridiche in un ordinamento può risultare irrilevante nell'altro e viceversa. Questa è la posizione di gran lunga prevalente fra i giuristi italiani ed è quella costantemente riaffermata dalla nostra Corte costituzionale: essa corrisponde più fedelmente all'assetto attuale della comunità internazionale.

Ciò chiarito, qui interessa la prospettiva dell'ordinamento interno. Ora, sotto questo profilo, la questione che si pone riguarda innanzitutto le modalità mediante le quali lo stato contrae *obblighi di diritto internazionale*. Questi obblighi, come abbiamo visto, possono avere origine **consuetudinaria** ovvero origine **pattizia**. Gli obblighi di origine pattizia possono derivare da **trattati** o da accordi di natura diversa, meno solenni (**accordi in forma semplificata**). I trattati richiedono, successivamente alla firma, la *ratifica* (attraverso di essa lo stato esprime il proprio consenso a essere obbligato da un trattato); gli altri accordi non richiedono ratifica (la semplice *firma* vincola lo stato).

Trattati e accordi

In diritto internazionale si chiama **ratifica** l'*istituto giuridico mediante il quale un soggetto (in questo caso lo stato) fa propri gli effetti di un negozio (di un accordo) concluso con terzi dal proprio rappresentante*: è chiaro che i trattati li negozia (nel nostro caso) il governo, per lo più mediante l'operato del ministro degli affari esteri il quale agisce sulla base di indirizzi fissati dal Consiglio dei ministri. È il ministro degli esteri che, personalmente oppure più spesso attraverso suoi plenipotenziari, firma il trattato insieme a coloro che rappresentano le altre parti contraenti. Successivamente interviene la ratifica da parte di ciascuno stato, seguita dallo **scambio** o, per i trattati multilaterali, dal **deposito** degli strumenti di ratifica presso una delle parti.

La ratifica

Nell'ordinamento italiano la ratifica è atto del presidente della Repubblica (art. 87.8 Cost.) che in alcuni casi deve essere autorizzato con legge dal Parlamento. Questi casi sono specificati dall'art. 80 Cost. La **legge di autorizzazione** è necessaria quando la ratifica riguarda un trattato che comporta:

L'autorizzazione alla ratifica

a) variazioni al territorio;

b) oneri finanziari a carico dello Stato;

c) modificazioni di leggi;

oppure ancora quando la ratifica riguarda:

d) trattati che hanno natura politica (nel senso che vincolano la politica estera della Repubblica italiana);

e) trattati che prevedono arbitrati o regolamenti giudiziari internazionali (ovvero una limitazione della sovranità dello Stato che si obbliga ad accettare una qualche forma di giurisdizione in caso di controversie che lo contrappongano ad altro stato: per esempio, il trattato istitutivo di un tribunale internazionale).

Mentre l'identificazione dei trattati di cui ai punti *a*), *b*), *c*) ed *e*) dovrebbe risultare relativamente agevole, diverso è il caso dei **trattati di natura politica**. In numerosi casi, infatti, accordi di natura politica sono stati considerati accordi in forma semplificata per cui si è proceduto senza ratifica, e dunque senza relativa legge di autorizzazione. Essi devono ugualmente essere pubblicati nel testo integrale sulla *Gazzetta Ufficiale*, insieme a tutti gli atti internazionali ai quali la Repubblica si obbliga («trattati, convenzioni, scambi di note, accordi e altri atti comunque denominati»).

3. L'ADATTAMENTO AGLI OBBLIGHI INTERNAZIONALI

Lo Stato opera su *due piani separati e distinti*: come soggetto di diritto internazionale, una volta ratificato un trattato (o aderito a un accordo), si obbliga nei confronti degli altri stati contraenti a introdurre una certa normativa *interna*, adattando così il proprio ordinamento; come soggetto di diritto pubblico, sul piano interno, resta tuttavia padrone di fare ciò, di conformarsi oppure no. Naturalmente, se non si adegua nei tempi fissati dal trattato liberamente sottoscritto, incorrerà in una forma di responsabilità sotto lo stretto profilo del diritto internazionale. Ma nessun soggetto dell'ordinamento internazionale potrà sostituirsi ad esso nell'adattare il diritto interno alle norme del trattato.

L'adattamento: modalità

L'**adattamento** dell'ordinamento interno all'ordinamento internazionale, cioè ai vincoli che esso impone, può aver luogo in forme diverse. Nell'ordinamento italiano è possibile identificare tre modalità. Le prime due si applicano agli obblighi internazionali di origine pattizia, la terza solo agli obblighi di origine consuetudinaria (per i necessari riferimenti v. il cap. 5 sulle fonti del diritto).

• Il ricorso a **procedimenti ordinari** di produzione giuridica: in questo modo vengono adottate norme il cui contenuto, interamente elaborato dal legislatore statale, serve a ottemperare agli obblighi internazionali. La fonte in genere utilizzata è la legge, che contiene i corrispondenti adattamenti dell'ordinamento interno: questi possono consistere sia nell'introduzione di nuove norme sia nella modifica o soppressione di norme preesistenti.

L'adattamento mediante ordine di esecuzione

• Il ricorso a un **procedimento speciale** (nella prassi il più utilizzato): in questo modo viene approvata una legge che dispone l'adattamento dell'ordinamento interno ai vincoli internazionali attraverso l'**ordine di esecuzione**. Questo consiste nella seguente formula: «piena e intera esecuzione è data al trattato... (seguono la denominazione, l'individuazione dei contraenti, il luogo e la data dello strumento di diritto internazionale)». Il testo del trattato viene allegato alla legge e l'adattamento è così completo e integrale. Gli obblighi previsti dal trattato non sono riformulati nella legge: essi risultano vincolanti nell'ordinamento interno in virtù dell'ordine di esecuzione il quale, per il contenuto, rinvia totalmente al trattato. Ciò differenzia il procedimento speciale da quello ordinario, anche se dal punto di vista del sistema delle fonti siamo sempre nell'ambito di fonti di rango primario. Per prassi l'ordine di esecuzione è contenuto nella stessa legge di autorizzazione alla ratifica: il Parlamento cioè, quando autorizza la ratifica di un trattato in base all'art. 80 Cost., ne ordina il consequenziale adattamento. L'ordine di esecuzione può essere anche oggetto di un decreto del presidente della Repubblica, ma l'adattamento riguarderà in tal caso solo l'ambito delle fonti di rango secondario. Ricorrendo al procedimento speciale, l'estinguersi del trattato comporta l'estinzione delle norme interne introdotte, in base a quel trattato, con l'ordine di esecuzione. Il trattato reso esecutivo mediante ordine può tuttavia richiedere ulteriori e specifiche norme di adattamento, cioè modifiche dell'ordinamento interno adottate con procedimento ordinario.

L'adattamento automatico

- Il terzo modo consiste in un meccanismo peculiare in base al quale *non vi è necessità* di alcun apposito atto statale per adattare l'ordinamento interno alle norme internazionali, in quanto l'**adattamento** è previsto **in forma automatica**. Questo automatismo ha come effetto che l'adattamento è *a*) immediato e diretto, *b*) completo, *c*) continuo. Affinché un meccanismo del genere possa operare, è indispensabile che l'ordinamento interno lo preveda. Così fa la nostra Costituzione, disponendo che «l'ordinamento giuridico italiano si conforma alle **norme del diritto internazionale generalmente riconosciute**» (art. 10.1), cioè, come ha chiarito inequivocabilmente la Corte costituzionale, le sole norme consuetudinarie: il procedimento automatico lascia fuori tutto il diritto internazionale pattizio.

Quella contenuta nell'art. 10 Cost. altro non è che una *norma sulla produzione* giuridica, la quale contempla le norme di diritto internazionale generalmente riconosciute come *fonti fatto* idonee a creare, modificare o estinguere norme giuridiche interne. Questo particolare tipo di fonte, nel sistema delle fonti del diritto, si colloca in posizione intermedia fra Costituzione e legge. L'adattamento automatico non sempre è immediatamente efficace: infatti vi può essere necessità di una qualche misura organizzativa da parte dello Stato. In ogni caso, violare una norma del diritto internazionale generalmente riconosciuta costituisce *violazione indiretta* della Costituzione (v. sent. 131/2001). D'altra parte, l'ingresso nel nostro ordinamento delle norme consuetudinarie internazionali incontra il limite dei «principi fondamentali dell'ordinamento costituzionale» e dei «diritti inalienabili della persona» (come affermato nella sent. 238/2014, su cui v. il par. 19 del cap. 5).

4. IL DIRITTO INTERNAZIONALE E LA TUTELA DEI DIRITTI UMANI

Ma quali sono le norme di diritto internazionale generalmente riconosciute, cioè riconosciute dall'intero ordinamento giuridico internazionale e non dai soli firmatari di questo o quel trattato?

A parte il principio cardine «*pacta sunt servanda*» (i patti conclusi vanno rispettati), vi rientrano una serie di altri principi quali l'uguale sovranità degli stati, l'estensione delle acque territoriali e la piattaforma continentale, l'immunità degli agenti diplomatici, il divieto della pirateria, della tratta degli schiavi, del contrabbando di guerra, nonché di atti che ledono gli stati (attentato contro un capo di stato estero o contro i rappresentanti di stati esteri, insulto alla bandiera, attentato all'integrità territoriale di uno stato).

L'evoluzione del diritto internazionale

Tuttavia, soprattutto a seguito della Seconda guerra mondiale, il diritto internazionale ha conosciuto sviluppi importanti sia sotto il profilo sostanziale (cosa l'ordinamento vuole) sia sotto il profilo processuale (quali strumenti predispone per garantire l'osservanza dei suoi comandi). E ciò con particolare riferimento proprio al grande campo della **tutela dei diritti umani**, sulla base di concezioni che si possono definire neo-giusnaturaliste, fondate sull'idea che ciascun essere umano in quanto tale sia titolare di un patrimonio di diritti che gli stati hanno il dovere giuridico di tutelare.

Sotto il primo profilo (quello sostanziale), un crescente numero di strumenti internazionali si sono indirizzati alla tutela di posizioni soggettive di singoli individui, di gruppi di individui, di intere collettività. Si tratta di una tendenza fortemente innovativa, perché supera la tradizionale concezione del diritto internazionale come diritto che riguarda i rapporti fra stati e tende invece a far emergere la soggettività dei cittadini e dei popoli (già manifestatasi timidamente nel Primo dopoguerra con il riconoscimento del diritto dei popoli all'autodeterminazione).

Le convenzioni sui diritti umani

Non è possibile indicare tutte le dichiarazioni e convenzioni sui diritti umani fin qui adottate: a titolo esemplificativo, fra quelle adottate dall'Assemblea generale delle Nazioni Unite, spiccano la *Dichiarazione universale dei diritti dell'uomo* (1948) e i due *Patti internazionali relativi ai diritti civili e politici* e *ai diritti economici, sociali e culturali* (1966). Altre convenzioni sono indicate nella tabella. In numerosi casi, accordi internazionali sottoscritti da quasi tutti

CONVENZIONI DELL'ONU SUI DIRITTI UMANI

Titolo	Anno	Ratifica Italia
Convenzione per la prevenzione e la repressione del delitto di genocidio	1948	sì
Convenzione internazionale sulla eliminazione di tutte le forme di discriminazione razziale	1965	sì
Convenzione sulla eliminazione di ogni forma di discriminazione nei confronti della donna	1979	sì
Convenzione contro la tortura e altre pene o trattamenti crudeli, disumani o degradanti	1984	sì
Convenzione sui diritti del fanciullo	1989	sì
Convenzione internazionale sulla protezione dei diritti dei lavoratori migranti e dei membri delle loro famiglie	1990	no
Convenzione sui diritti delle persone con disabilità	2006	sì
Convenzione internazionale per la protezione di tutte le persone dalle sparizioni forzate	2006	sì

i paesi hanno avuto ad oggetto la codificazione proprio delle norme consuetudinarie, cioè appunto quelle che si devono considerare norme generalmente riconosciute. Ciò ha riguardato, ad esempio, il **diritto internazionale umanitario**: con esso si intendono specificamente le norme internazionali che si applicano ai conflitti armati. Si pensi alla *Quarta Convenzione dell'Aia sulle leggi e sugli usi della guerra terrestre* del 1907 e alle quattro fondamentali *Convenzioni di Ginevra* del 1949, con i *Protocolli aggiuntivi* del 1977, sulla sorte dei feriti delle forze armate terrestri e navali, sul trattamento dei prigionieri di guerra e sulla protezione dei civili in tempo di guerra.

I tribunali internazionali

Sotto il secondo profilo (quello processuale), nell'ambito di varie organizzazioni internazionali si sono previste procedure destinate ad assicurare l'osservanza da parte degli stati delle convenzioni riguardanti la tutela dei diritti umani e la protezione delle vittime dei conflitti armati. Sul modello dei tribunali di Norimberga (1945) e di Tokyo (1946), che processarono i massimi responsabili dei crimini commessi da tedeschi e giapponesi durante la Seconda guerra mondiale, nel 1993 e nel 1994 sono stati istituiti, sulla base di risoluzioni del Consiglio di sicurezza delle Nazioni Unite, i **tribunali penali internazionali** rispettivamente per la **ex Jugoslavia** e per il **Ruanda**. Entrambe queste corti hanno proceduto contro numerosissimi imputati: fra questi, l'ex presidente della Serbia Slobodan Milošević, estradato nei Paesi Bassi dove il tribunale ha sede e morto in cella poco prima della conclusione del processo, e i leader serbo-bosniaci, condannati per il massacro di Srebrenica.

La Corte penale internazionale

Tali esperienze hanno condotto all'istituzione della **Corte penale internazionale**, prevista da un accordo sottoscritto da 139 paesi (lo *Statuto di Roma* del 1998, entrato in vigore il 1° luglio 2002). La Corte è un tribunale *permanente* (questa la novità che ne fa uno storico progresso). Essa esercita la sua giurisdizione sulle persone fisiche che si siano macchiate dei più gravi crimini di portata internazionale: *genocidio*, *crimini contro l'umanità* e *crimini di guerra* (nonché l'*aggressione*, ma la competenza su questo crimine è subordinata a una successiva decisione degli stati contraenti). La sua giurisdizione è «complementare» alle competenti giurisdizioni nazionali: può agire solo quando sia accertato che queste ultime non vogliono o non possono procedere; e si estende ai crimini commessi dai cittadini degli stati che hanno ratificato lo Statuto o sul territorio degli stessi (sono finora 124).

La Cedu

Un altro esempio importante sotto entrambi i profili, sostanziale e processuale, è costituito dalla *Convenzione europea per la salvaguardia dei diritti dell'uomo e delle libertà fondamentali* (e dai successivi *Protocolli*), la **Cedu**. Firmata a Roma nel 1950 dai paesi aderenti al Consiglio d'Europa (v. par. 6), è oggi il caso più cospicuo di accesso diretto dei singoli a istanze internazionali, attraverso i ricorsi alla **Corte europea dei diritti dell'uomo** (la Corte di Strasburgo, sulla quale torneremo nel cap. 6).

L'evoluzione del diritto internazionale in materia di diritti umani è dovuta, come si vede, a norme pattizie: si basa cioè su una serie di trattati, vincolanti per le sole parti contraenti (sulla posizione di tali norme nel sistema delle fonti dell'ordinamento italiano si veda il par. 4 del cap. 6). Si registra peraltro una tendenza di una parte della dottrina a considerare questi patti quasi come un vero e proprio *diritto internazionale generale* (con particolare riferimento a quei trattati cui partecipano quasi tutti gli stati del mondo e comunque tutti quelli principali); nonché la tendenza ad affermare, come si accennava, che ormai anche i singoli, le persone fisiche, oltre gli stati e le organizzazioni internazionali, sarebbero da considerarsi *soggetti* dell'ordinamento internazionale. Tale conclusione poggia sul fatto che alcuni trattati fanno sì che, pur rivolgendosi il diritto internazionale di norma agli stati, in certi casi i privati possano adire istanze internazionali e imporre, direttamente o indirettamente, allo stato inadempiente (siano essi cittadini oppure no) l'osservanza di norme internazionali a tutela dei diritti umani.

Queste tendenze costituiscono oggi una delle frontiere del diritto. Sono state evocate anche in occasione di episodi di natura diversa, quale il ricorso all'uso della forza da parte di alcuni stati contro altri, allo scopo dichiarato di impedire la continuazione di gravi e sistematiche violazioni dei diritti umani (si è parlato di *intervento umanitario*, per esempio nel caso dell'azione militare della Nato in Kosovo nel 1999 per fermare la «pulizia etnica» contro la popolazione albanese). Sono problematiche che mettono in discussione i caratteri fondanti dello stato moderno (la sua sovranità, la sua indipendenza) e segnano il tentativo di andare al di là di uno dei limiti dell'ordinamento internazionale: la mancanza di un'effettiva autorità dotata del potere di imporre il rispetto delle sue norme.

5. L'ORGANIZZAZIONE DELLE NAZIONI UNITE E LE MISSIONI INTERNAZIONALI

Se della soggettività di diritto internazionale delle singole persone ancora si discute, è invece considerato pacifico che di essa dispongano le **organizzazioni internazionali** che raccolgono più stati i quali si sono dati degli scopi comuni.

L'Onu

La principale è l'**Organizzazione delle Nazioni Unite** (**Onu**), creata e retta dalla *Carta di San Francisco* del 26 giugno 1945, che fu sottoscritta da 51 paesi quando la guerra in Europa era appena finita. Essa ha costituito il tentativo di rilanciare il progetto, fallito, della **Società delle Nazioni** (1919), a sua volta creata dopo la Prima guerra mondiale. L'Onu (sede centrale a New York) ha quali organi principali:

Organi dell'Onu

- l'**Assemblea generale**, composta da tutti gli stati membri (diventati 193, dopo l'ammissione del Sud Sudan nel 2011, cioè quasi tutti i paesi del mondo). Delibera a maggioranza semplice e, per le questioni più importanti (ad es. ammissione di nuovi membri e raccomandazioni riguardo al mantenimento della pace e della sicurezza internazionale), a maggioranza dei due terzi;
- il **Consiglio di sicurezza**, composto da 15 membri di cui 5 permanenti, gli altri eletti dall'Assemblea generale per un periodo di due anni. I membri per-

manenti sono i paesi vincitori della Seconda guerra mondiale: Cina, Francia, Regno Unito, Russia e Stati Uniti; tranne che per le questioni procedurali, il loro voto è necessario per qualsiasi decisione. Anche se nella prassi si ammette l'astensione di un membro permanente, resta il fatto che questi godono di una sorta di **potere di veto** (col quale possono provocare una paralisi decisionale ogni volta che i loro interessi, o gli interessi dei loro alleati, siano minacciati: ragione di ricorrenti crisi del sistema decisionale delle Nazioni Unite);

- il **Segretariato generale**, il cui titolare è eletto dall'Assemblea su raccomandazione-proposta del Consiglio di sicurezza per un periodo di cinque anni. È l'organo esecutivo dell'Onu e svolge delicate funzioni di iniziativa e mediazione;
- il **Consiglio economico e sociale**, composto da 54 membri eletti dall'Assemblea generale per un periodo di tre anni. Promuove e coordina le iniziative economiche e sociali dell'Onu e degli istituti specializzati che ad essa fanno capo;
- la **Corte internazionale di giustizia**, composta da 15 giudici, eletti per nove anni dall'Assemblea generale e dal Consiglio di sicurezza. Ha funzioni di arbitrato fra gli stati membri e di consulenza degli organi Onu (non va confusa con la Corte penale internazionale, che è un'istituzione indipendente).

Non sono organi dell'Onu ma all'Onu sono collegate, in forme diverse, varie organizzazioni internazionali specializzate, quali a titolo di esempio: l'Aiea (Agenzia internazionale per l'energia atomica), la Banca mondiale, la Fao (Organizzazione per l'alimentazione, con sede a Roma), il Fmi (Fondo monetario internazionale), l'Oil (Organizzazione internazionale del lavoro), l'Oms (Organizzazione mondiale della sanità), l'Unesco (Organizzazione delle Nazioni Unite per l'educazione, la scienza e la cultura), l'Unicef (Fondo delle Nazioni Unite per l'infanzia), il Wto (Organizzazione mondiale per il commercio).

L'uso centralizzato della forza

Alla base dell'Organizzazione delle Nazioni Unite c'è l'idea, assolutamente innovativa, che l'**uso della forza** sia *centralizzato*, cioè affidato al solo Consiglio di sicurezza: i singoli stati non possono farvi ricorso («divieto dell'uso della forza»), salvo in caso di attacco armato dal quale difendersi o dal quale difendere uno stato aggredito («legittima difesa») e solo a titolo temporaneo (finché il Consiglio di sicurezza non abbia preso le misure necessarie: art. 51 Carta Onu). Tuttavia i singoli stati non hanno mai messo a diretta disposizione delle Nazioni Unite le loro forze armate, come il capitolo VII della Carta prevede: ciò significa che di volta in volta è necessario, perché le truppe siano fornite dagli stati, attendere che sia stato specificamente deliberato l'intervento, il che equivale a dire che ci vuole il consenso o il non dissenso di tutti e cinque i membri permanenti.

Gli interventi autorizzati

Per decenni ciò è stato quasi sempre impossibile per la divisione del mondo in blocchi contrapposti. Dopo la fine della guerra fredda è risultato possibile, a partire dai casi della guerra del Golfo nel 1990-1991 e della guerra civile in Somalia nel 1992-1993. In queste due situazioni il Consiglio di sicurezza autorizzò gli stati membri a «usare tutti i mezzi necessari», cioè a usare la forza, per ripristinare la pace e la sicurezza (operazioni di *peace enforcement*: v. rispettivamente la risoluzione 678/1990 e la risoluzione 794/1992).

Le operazioni di mantenimento della pace

Più frequentemente, invece, il Consiglio di sicurezza ha deliberato interventi non coercitivi e di interposizione (operazioni di *peace keeping*, gestite direttamente dall'Onu). Si tratta delle missioni dei «caschi blu»: non sempre coronate da successo, come si verificò per i conflitti nella ex Jugoslavia (1992-1995) e in Ruanda (1993-1996). Un altro esempio è la missione Unifil in Libano, inviata nel 1978 e rafforzata a seguito del conflitto del 2006 (v. la risoluzione 1701/2006).

Altre missioni dell'Onu hanno carattere politico, con finalità di prevenzione dei conflitti, pacificazione e ricostruzione: esse fanno capo a rappresentanti speciali del segretario generale (ad esempio, per il processo di pace in Medio Oriente).

Il caso dell'intervento in Iraq

Mentre la guerra in Afghanistan nel 2001 è stata giustificata come legittima risposta agli attacchi terroristici negli Stati Uniti dell'11 settembre, la guerra in Iraq nel 2003 fu motivo di profonda divisione nel Consiglio di sicurezza: chi era a favore dell'intervento (Stati Uniti, Gran Bretagna, Spagna) si richiamò a una serie di risoluzioni che avevano condannato l'Iraq per la questione delle armi di distruzione di massa (da ultimo avvertendolo di «gravi conseguenze» con la risoluzione 1441/2002); chi era contrario (Francia, Germania, Russia) non ritenne quelle risoluzioni sufficienti per legittimare l'intervento, in mancanza di una esplicita autorizzazione. A seguito dell'intervento della coalizione guidata dagli Stati Uniti e della caduta del regime di Saddam Hussein, il Consiglio di sicurezza con la risoluzione 1546/2004 sancì il passaggio da un regime di occupazione militare a una missione «autorizzata», poi prolungata su richiesta del governo iracheno fino al 31 dicembre 2008. Da quella data la presenza di truppe straniere venne regolata da accordi bilaterali. Come previsto da questi, le forze Usa lasciarono il paese alla fine del 2011.

A differenza della decisione di invadere l'Iraq nel 2003, l'autorizzazione del Consiglio di sicurezza all'uso della forza c'è stata invece nel caso del conflitto insorto in Libia nel 2011 (v. la risoluzione 1973/2011, che escluse tuttavia l'invio di una forza occupante). Ciò consentì a una coalizione di diversi paesi l'intervento militare (voluto principalmente da Francia e Gran Bretagna) che portò alla caduta del regime di Muammar Gheddafi.

Queste e altre vicende recenti (si pensi alla guerra civile in Siria) hanno rilanciato la discussione sul ruolo e sull'efficacia dell'Onu e sull'opportunità di una sua riforma.

L'adesione dell'Italia e l'art. 11 Cost.

L'Italia fu ammessa all'Onu il 14 dicembre 1955, dopo un'anticamera durata otto anni causa il veto sovietico. L'adesione era coerente con il dettato dell'art. 11 Cost. in base al quale: *a*) il nostro paese «ripudia» (cioè non riconosce più come proprio ciò che un tempo lo è stato) la guerra sia come strumento di offesa contro altri popoli sia come mezzo per risolvere le controversie con altri stati (ma non come strumento di difesa: e infatti la Costituzione contempla, all'art. 78, la possibilità dello stato di guerra); la formula è la stessa del patto Briand-Kellogg del 27 agosto 1928 cui aderirono Francia, Giappone, Germania, Italia, Regno Unito e Usa (ma fu subito violato dal Giappone che aggredì la Manciuria e dall'Italia che aggredì l'Etiopia). E perciò *b*) l'Italia «promuove e favorisce» le organizzazioni internazionali rivolte allo scopo di assicurare la pace e la giustizia fra le nazioni (anche mediante le necessarie «limitazioni di sovranità»: sul punto v. il par. 8 del cap. 5).

Le missioni italiane all'estero

È sulla base dell'art. 11 che si discute della partecipazione dell'Italia a **missioni militari all'estero**. L'interpretazione largamente prevalente, che si è affermata nella prassi, è che essa sia da considerarsi sicuramente legittima dal punto di vista costituzionale ogniqualvolta si tratti di operazioni delle Nazioni Unite o comunque da esse autorizzate (ad es. la partecipazione all'operazione condotta nel 1991 a seguito dell'invasione irachena del Kuwait; lo stesso si può dire per molte altre missioni alle quali il nostro paese ha contribuito o contribuisce tuttora). Suscitò invece aspre polemiche l'impegno militare in Kosovo nel 1999 dal momento che l'intervento fu deciso e attuato nell'ambito della Nato senza l'avallo dell'Onu. Analoghe polemiche suscitò, nel caso della guerra in Iraq, prima il sostegno alla coalizione guidata dagli Stati Uniti, tradottosi anche nel consenso all'utilizzo delle basi americane presenti sul territorio nazionale, e poi, sia pure a conflitto concluso, l'invio di un contingente militare (2003-2006).

Alla fine del 2015 le missioni militari cui partecipava l'Italia erano 25 in 18 diversi paesi o aree geografiche, con un impegno complessivo di circa 5.700 uomini e donne. La maggior parte delle forze era impegnata nelle missioni in Libano, in Afghanistan, nei Balcani e nell'ambito della coalizione internazionale di contrasto alla minaccia terroristica del Daesh (o Isis). Ne fa parte anche la missione antipirateria nell'Oceano indiano, nel corso della quale è sorta la disputa fra Italia e India in ordine al processo ai due fanti di marina accusati di aver ucciso due pescatori (caso dei marò). Le missioni all'estero sono disciplinate e finanziate con decreti legge *ad hoc* (v. da ultimo il d.l. 67/2016). Essi fissano le caratteristiche dell'intervento, le disposizioni applicabili in materia penale militare (in conformità alle *regole d'ingaggio*, cioè le direttive del governo che indicano circostanze e limiti entro cui le forze armate iniziano o continuano un combattimento), le indennità del personale, le modalità di copertura finanziaria. Ferma la decisione parlamentare sull'impiego (previa deliberazione del governo ed eventuale esame del Consiglio supremo di difesa, v. cap. 12), è stata ora approvata una legge che disciplina organicamente la partecipazione dell'Italia alle missioni internazionali (l. 21 luglio 2016, n. 145).

6. LA NATO, IL CONSIGLIO D'EUROPA E ALTRE ORGANIZZAZIONI INTERNAZIONALI REGIONALI

Dopo la Seconda guerra mondiale si sono andate affermando **organizzazioni internazionali regionali**, costituite da gruppi di stati allo scopo, in qualche misura concorrente con le Nazioni Unite, del mantenimento della pace in determinate aree sotto forma di alleanza nei confronti di stati non membri: tali organizzazioni richiamano la Carta dell'Onu (la quale infatti prevede espressamente la possibilità di intese regionali) e si configurano come strumenti di autotutela a carattere collettivo.

La Nato

Il modello è l'**Organizzazione del Trattato del Nord Atlantico** (**Nato**, sede a Bruxelles) cui partecipa sin dal 1949 l'Italia: essa raccoglie insieme agli Stati Uniti e al Canada i paesi non neutrali dell'Europa occidentale e dodici paesi dell'Europa centro-orientale (28 in tutto). Il principio cardine del Trattato è quello stabilito nell'art. 5, dal quale discende l'obbligo per ciascun paese alleato di prestare assistenza in caso di attacco contro uno stato membro (considerato come un attacco diretto a tutti i membri dell'alleanza). Naturalmente la Nato deve la gran parte della sua credibilità alla potenza militare americana e gli Stati Uniti hanno al suo interno un ruolo guida difficilmente discutibile: del resto la Nato e altre organizzazioni regionali analoghe (ad es. l'Anzus in Australia) sorsero in funzione di contenimento antisovietico. Esaurito questo ruolo, sono stati accolti diversi paesi un tempo appartenenti al Patto di Varsavia (l'organizzazione ormai sciolta egemonizzata dall'Urss); altri sono candidati, ma si tratta di un processo difficile per l'aperta ostilità della Russia (con particolare riferimento ai casi della Georgia e dell'Ucraina). La Nato ha intrapreso iniziative originariamente non previste dal Trattato, come i bombardamenti in Bosnia-Erzegovina nel 1995, la campagna aerea per il Kosovo nel 1999 (con la successiva missione Kfor, tuttora in corso), il comando dal 2003 al 2014 della forza internazionale di assistenza alla sicurezza in Afghanistan (ora sostituita dalla missione di addestramento denominata «Resolute Support»), l'operazione militare in Libia nel 2011.

Il Consiglio d'Europa

Esistono altre organizzazioni regionali a fini non militari: per esempio, il **Consiglio d'Europa** (da non confondere con una istituzione dell'Unione europea). Istituito nel 1949, ha sede a Strasburgo e comprende 47 stati. Ha la finalità di promuovere e difendere i principi democratici, dello stato di diritto e del rispetto dei diritti dell'uomo, tutelati attraverso la già citata Convenzione europea (Cedu). Esso ha fornito una fondamentale assistenza ai paesi dell'Europa centro-orientale protagonisti dei processi di democratizzazione negli anni Novanta. L'unico stato non ammesso è la Bielorussia, considerata non in sintonia con i principi alla base della Convenzione.

L'Osce

Di promozione della democrazia si occupa anche l'**Organizzazione per la sicurezza e la cooperazione in Europa** (**Osce**), le cui origini risalgono alla Conferenza di Helsinki del 1975; trasformatasi vent'anni dopo in organizzazione permanente, ne fanno parte tutti i paesi europei ed ex sovietici, il Canada e gli Stati Uniti (57 stati). È nota soprattutto per le missioni di *osservazione elettorale*.

In altre regioni del mondo ci sono: l'**Oas** (Organizzazione degli stati americani) col fine di garantire pace e giustizia nelle Americhe; l'**Asean** (Associazione delle nazioni del sud-est asiatico) e la **Saarc** (Associazione sud-asiatica per la cooperazione regionale), con obiettivi politici, economici e sociali; l'**Unione africana**, istituita al fine di favorire l'integrazione del continente.

Vanno distinte da quelle regionali le **organizzazioni sovranazionali**, vale a dire le associazioni di stati volte a creare vincoli particolarmente stretti di integrazione, dando vita a ordinamenti stabili in grado di condizionare i singoli stati che ne fanno parte e, in alcuni casi, direttamente i cittadini: è il caso dell'Unione europea, di cui si parlerà nel prossimo capitolo.

Non costituiscono organizzazioni internazionali ma serie di periodici incontri (divenuti regolari e assistiti da un segretariato permanente) quelli che si tengono sotto la denominazione di **G7**, **G8** e **G20**. Essi riuniscono i leader delle maggiori economie mondiali. I sette sono Usa, Giappone, Germania, Regno Unito, Francia, Italia, Canada. Il G8 comprende anche la Russia (ma la sua partecipazione è sospesa dopo la crisi della Crimea nel 2014). Il G20 comprende, oltre agli otto, Arabia Saudita, Argentina, Australia, Brasile, Cina, Corea del Sud, India, Indonesia, Messico, Sudafrica, Turchia, nonché l'Unione europea (quest'ultima rappresentata anche nelle riunioni del G7/G8).

PAROLE CHIAVE

- Accordi in forma semplificata
- Adattamento
- Adattamento automatico
- Alleanza atlantica
- Consiglio d'Europa
- Diritti umani
- Diritto internazionale
- Giustizia penale internazionale
- Missioni internazionali di pace
- Nazioni Unite
- Norme internazionali generalmente riconosciute
- Ordinamento internazionale
- Ordine di esecuzione
- Organizzazioni internazionali
- Ratifica
- Teoria dualista
- Teoria monista
- Trattati internazionali
- Uso della forza

FONTI

- Costituzione della Repubblica (artt. 10, 11, 35, 75, 78, 80, 87, 117).
- Carta delle Nazioni Unite [San Francisco, 26 giugno 1945].
- Dichiarazione universale dei diritti dell'uomo [Parigi, 10 dicembre 1948].
- Trattato del Nord Atlantico [Washington, 4 aprile 1949].
- Statuto del Consiglio d'Europa [Londra, 5 maggio 1949].
- Statuto della Corte penale internazionale [Roma, 17 luglio 1998].

PER APPROFONDIRE

- A. Cassese, *Diritto internazionale*, a cura di P. Gaeta, Bologna, Il Mulino, 2013.
- B. Conforti, *Diritto internazionale*, Napoli, Editoriale Scientifica, 2014.
- G. De Vergottini, *Guerra e costituzione*, Bologna, Il Mulino, 2004.
- S. Marchisio, *L'Onu*, Bologna, Il Mulino, 2012.

PERCORSO DI AUTOVERIFICA

1. Quali sono i caratteri dell'ordinamento internazionale?

2. Che differenza c'è fra diritto internazionale generale e diritto internazionale particolare?

3. Cosa differenzia la concezione monista e quella dualista dei rapporti fra ordinamento internazionale e ordinamento statale?

4. Cos'è la ratifica? E come è disciplinata nell'ordinamento italiano?

5. Come si persegue l'adattamento dell'ordinamento interno al diritto internazionale?

6. Cos'è l'ordine di esecuzione?

7. Cos'è l'adattamento automatico?

8. Quali sono le più recenti linee evolutive dell'ordinamento internazionale? Alcuni esempi di convenzioni internazionali sui diritti umani?

9. Cos'è la Corte penale internazionale? Altri esempi di tribunali internazionali?

10. Quali sono gli organi principali dell'Onu?

11. Come è disciplinato l'uso della forza dalla Carta dell'Onu?

12. Che tipo di interventi sono stati deliberati dal Consiglio di sicurezza dell'Onu?

13. Qual è il fondamento e come sono disciplinate le missioni militari italiane all'estero?

14. Cos'è la Nato? Altri esempi di organizzazioni internazionali regionali?

CAPITOLO 4

L'ordinamento dell'Unione europea

Fra gli altri ordinamenti giuridici con i quali quello italiano intrattiene rapporti, una posizione fondamentale ha l'Unione europea, sulla cui stessa natura giuridica ci si continua a interrogare. Questo capitolo illustra origini e sviluppo dell'Ue, la sua organizzazione, il suo funzionamento, le sue competenze, le sue prospettive.

1. DALLE COMUNITÀ EUROPEE ALL'UNIONE EUROPEA

Nascita dell'Unione europea

L'**Unione europea** (**Ue**) nacque il 1° novembre 1993 a seguito dell'entrata in vigore del Trattato sull'Unione europea, firmato un anno e mezzo prima nella città olandese di Maastricht. L'Ue è una costruzione assai singolare che deriva sia dal modo com'è sorta, frutto di un processo durato oltre quarant'anni, sia dal fatto di essere al tempo stesso un'*unione di stati* e un'*unione di popoli*. Tale processo prese le mosse con la firma del Trattato di Parigi che nel 1951 istituì la **Comunità europea del carbone e dell'acciaio** (**Ceca**) fra Belgio, Francia, Germania, Italia, Lussemburgo e Paesi Bassi (i «6»). Da allora, alternando periodi felici e periodi bui, fasi di slancio e fasi di stasi, l'idea di una crescente integrazione dell'Europa è stata perseguita dalle classi dirigenti di paesi dalle forti tradizioni nazionali con una tenacia e una continuità che non possono non lasciare ammirati e stupefatti.

La Ceca

Perché unire l'Europa

La Seconda guerra mondiale, definita una «guerra civile europea» (perché come la Prima era stata scatenata da europei contro europei), aveva lasciato l'Europa in ginocchio. Fu in quegli anni (e per i più lungimiranti già durante il conflitto: si pensi al *Manifesto del Movimento federalista europeo*, steso da Ernesto Rossi e Altiero Spinelli nel 1941 quando erano al confino a Ventotene) che nacque una strategia politica (prima che economica) volta a dare basi solide alla riconciliazione tra Francia e Germania, il cui contrasto era stato all'origine delle due guerre mondiali. Si pensò così, come primo passo per superare l'antagonismo fra i due paesi, di mettere in comune le principali risorse strategiche dell'epoca: carbone e acciaio appunto. Non era una questione solo simbolica: pochi decenni prima Francia e Germania si erano aspramente disputate la Ruhr e l'Alsazia.

Il Trattato di Roma (1957)

La nascita della Ceca fu seguita dall'istituzione, fra gli stessi sei paesi, dell'**Euratom** (per sviluppare insieme l'industria nucleare: altra risorsa strategica) e della **Comunità economica europea** (**Cee**). Ciò avvenne a seguito del **Trattato di Roma** (1957). Il Trattato della Cee puntava a creare un'area di libero scambio con tariffe doganali esterne comuni, ad attuare una politica comune per agricoltura e trasporti, a istituire un Fondo sociale europeo e una Banca europea degli investimenti, nonché in generale a sviluppare relazioni più strette fra gli stati membri. Per fare tutto ciò il Trattato prevedeva che le istituzioni della Comunità fossero dotate anche di un potere normativo di tipo *legislativo*. Sin dall'inizio i tre trattati furono una costruzione originale perché prevedevano che alcune di quelle istituzioni fossero comuni: quella che in origine si chiamava Assemblea parlamentare e la Corte di giustizia. Succedeva così che le medesime istituzioni assolvevano a funzioni analoghe nel quadro di *tre* diversi trattati. Ciò spiega perché si parlava di «Comunità europee» al plurale. Nel 1965 si arrivò alla totale fusione degli organi istituzionali: le tre Comunità ebbero in comune anche la Commissione e il Consiglio e un unico bilancio, mentre assumeva crescente importanza la Comunità economica, che aveva carattere *non* settoriale.

I progressi dell'integrazione europea

La vicenda della costruzione di quella che sarebbe diventata l'attuale Unione ha visto progressi a volte lenti a volte più veloci, ma sostanzialmente ininterrotti.

- La Comunità economica si è occupata di sempre più numerose materie e l'ordinamento giuridico derivato dai trattati è cresciuto senza soluzione di continuità; gli stessi trattati sono stati via via modificati. Dal 1970 la Comunità si è dotata di un sistema di risorse proprie che ne garantiscono l'autonomia finanziaria.
- Le istituzioni comunitarie si sono progressivamente rafforzate nel loro complesso; dal 1979 il Parlamento europeo è direttamente eletto; sono aumentate le decisioni che vengono assunte dal Consiglio a maggioranza qualificata (e non all'unanimità); è nato un vero e proprio organo di indirizzo politico, il Consiglio europeo (a partire dal 1974).
- La Corte di giustizia con le sue pronunce ha non solo garantito l'applicazione del diritto della Comunità, ma lo ha interpretato sempre più estensivamente.
- La Comunità si è allargata: nel 1973 entrarono Danimarca, Irlanda, Regno Unito; nel 1981 la Grecia; nel 1986 Spagna e Portogallo; nel 1995 Austria, Finlandia, Svezia; nel 2004 Cipro, Estonia, Lettonia, Lituania, Malta, Polonia, Repubblica Ceca, Slovacchia, Slovenia, Ungheria; nel 2007 Bulgaria e Romania; nel 2013 la Croazia. Paesi candidati sono: Albania, Macedonia, Montenegro, Serbia, Turchia.

Nel corso degli anni Ottanta del secolo scorso, in particolare, furono poste le basi per modifiche incisive del Trattato di Roma e si cominciò a parlare di «Unione europea». Nel 1986 venne firmato l'**Atto unico europeo**, il quale fissò l'obiettivo del *mercato unico interno* prima del 1993, rafforzò il ruolo del Parlamento europeo, ma anche la capacità del Consiglio di decidere aumentando le competenze, vecchie e nuove, sulle quali non occorreva più unanimità; introdusse inoltre nel Trattato la cooperazione in politica estera (fino ad allora dominio riservato ed esclusivo di ciascuno stato).

Il Trattato di Maastricht (1992)

Conseguiti gli obiettivi del 1986, dopo la riunificazione delle due Germanie, nel 1992 fu firmato il **Trattato di Maastricht**, il quale non solo modificò ancora il Trattato della Cee (ridenominata Comunità europea, Ce), ponendo le basi della **moneta unica** (l'*euro*, entrato in circolazione nel 2002), ma aggiunse ad esso un nuovo trattato, chiamato proprio **Trattato sull'Unione europea** (d'ora in poi **Tue**).

Metodo comunitario vs. intergovernativo

Il Tue dette vita a una struttura organizzativa peculiare, definita nel gergo comunitario Unione a tre «pilastri»: *a*) il primo era costituito dalle preesistenti Comunità (Ce, Ceca, Euratom) ed era disciplinato dai rispettivi trattati, *b*) il secondo dalla **politica estera e di sicurezza comune**, *c*) il terzo dalla **cooperazione di polizia e giudiziaria in materia penale**, entrambi disciplinati specificamente dal Tue. La peculiarità era che, siccome non tutti i paesi erano d'accordo nell'affidare politica estera e giustizia, sia pur in parte, alle istituzioni e procedure comunitarie (con carattere *sovranazionale*), si decise che, **dentro l'Unione**, tutto ciò che era ricompreso nel primo pilastro sarebbe stato gestito secondo le norme del *diritto comunitario*; invece, tutto ciò che faceva parte degli altri due pilastri per il momento sarebbe restato affidato alla *cooperazione intergovernativa* fra stati, sia pure con il coinvolgimento degli organi comunitari, secondo le regole del *diritto internazionale*.

Il Trattato di Lisbona (2007)

La struttura a tre pilastri è stata superata con il **Trattato di Lisbona**, firmato il 13 dicembre 2007 ed entrato in vigore il 1° dicembre 2009, il quale ha profondamente innovato l'ordinamento dell'Unione europea.

Il Trattato di Lisbona, che è il risultato di un lungo e difficile processo di riforma (v. par. 2), ha dato vita a un unico soggetto dotato di personalità giuridica internazionale, che è appunto l'Unione europea (essa «sostituisce e succede alla Comunità europea»: art. 1 Tue). È stato invece abbandonato il progetto di creare un trattato «costituzionale» unico. L'Unione si fonda su due distinti trattati aventi lo stesso valore giuridico: il Tue, modificato, mantiene la sua denominazione, mentre il Trattato della Ce, modificato anch'esso, ha assunto il nome di **Trattato sul funzionamento dell'Unione europea** (d'ora in poi **Tfue**). Mentre però la cooperazione in materia di polizia e di giustizia penale (quello che era il terzo pilastro) utilizza ora le procedure del Tfue (artt. 82-89, che riproducono l'ex titolo VI del Tue), la politica estera e di sicurezza comune (l'ex secondo pilastro) continua a utilizzare procedure specifiche disciplinate dal titolo V del Tue.

In questo capitolo è descritto l'assetto istituzionale dell'Unione europea quale risulta dai trattati riformati (Tue e Tfue), con un'avvertenza: nel quadro dell'Unione vi sono materie di grandissimo rilievo riguardo alle quali alcuni stati membri sono andati avanti, rispetto agli altri, con politiche di maggiore integrazione governate da regole aggiuntive e diverse (è il caso dell'abolizione dei controlli alle frontiere interne nel cosiddetto *spazio Schengen*, di cui fanno parte 22 stati su 28; ed è il caso dell'euro che è sì moneta unica ma solo per 19 stati dell'Unione, quelli della cosiddetta *eurozona*).
Per comprendere il punto di approdo attuale dell'Ue occorre prima vedere più in dettaglio perché e come si è giunti al Trattato di Lisbona.

2. ALLE ORIGINI DEL TRATTATO DI LISBONA

La Dichiarazione di Laeken e la riforma dell'Ue

Nel dicembre 2001 i capi di stato e di governo dell'Unione europea presero atto della necessità di adeguare assetto organizzativo e funzionamento dell'Ue al notevole *allargamento* già deciso, e che si è poi effettivamente verificato con l'ingresso dei paesi dell'Europa centro-orientale. Nella *Dichiarazione di Laeken* essi affermarono che l'Unione doveva cambiare se voleva interpretare un ruolo di spicco nel mondo. Si trattava di rendere le sue istituzioni più efficienti e trasparenti, di semplificarle e avvicinarle ai cittadini. Si ipotizzava che la riforma – che non poteva che avere la forma giuridica della *revisione dei trattati* decisa da una *conferenza intergovernativa*, con successiva ratifica di ciascuno stato membro – avrebbe potuto portare a un unico *testo costituzionale* dell'Unione.

La Convenzione europea

Invece di affidare la revisione dei trattati alle sole diplomazie degli stati, come sempre era stato (da ultimo con il Trattato di Nizza del 2001), si decise di costituire un organo speciale con il compito di predisporre una proposta e si stabilì che questo organo, chiamato **Convenzione sul futuro dell'Unione europea**, avesse una larga rappresentatività. Fu infatti composta da un rappresentante per ogni governo, due rappresentanti della Commissione, sedici rappresentanti del Parlamento europeo, due rappresentanti per ogni parlamento nazionale. C'erano anche i rappresentanti dei paesi candidati all'adesione.

Il trattato costituzionale

La Convenzione concluse i suoi lavori approvando un documento denominato *Progetto di Trattato che istituisce una Costituzione per l'Europa*. Esso fu adottato dalla successiva conferenza intergovernativa e firmato il 29 ottobre 2004 a Roma. Lo avrebbero ratificato, alla fine, ben 22 stati su 25, ma non due paesi fondatori, Francia e Paesi Bassi: qui due referendum popolari videro prevalere il «no». La **Costituzione per l'Europa** dovette essere abbandonata.

Il trattato di riforma

Ma i problemi per affrontare i quali essa era stata varata non erano risolti, e con l'allargamento dell'Unione si erano accentuati. Si percorse a questo punto la via tradizionale: una conferenza intergovernativa sfociò, alla fine del

2007, nella firma del **Trattato di Lisbona**. Il processo di ratifica ebbe però una battuta d'arresto per l'esito negativo del referendum irlandese del giugno 2008 (in quel paese il referendum sulla revisione costituzionale, presupposto della ratifica, è obbligatorio), poi superato da un secondo referendum nel quale prevalsero i «sì», e giunse infine a conclusione nel novembre 2009.
Proprio ciò che aveva indotto ad avviare il processo di riforma dei trattati (eccessiva complessità, troppa burocrazia, limitata democraticità, processo decisionale poco efficiente) ha allontanato una parte dell'opinione pubblica, anche in paesi da sempre europeisti; inoltre, l'entità e la rapidità dell'allargamento hanno imposto un'accelerazione ed estensione del processo di integrazione a cui non tutti erano preparati. Ciò ha suscitato preoccupazioni e timori per le massicce migrazioni interne, i rischi della concorrenza per il lavoro e nel campo delle imprese e dei servizi, la fatica di rapporti obbligati fra culture diverse. Le esigenze di consolidamento dell'edificio dell'Unione hanno così prevalso sulle aspettative di ulteriori progressi; l'approccio pragmatico è stato considerato più utile rispetto alle prospettive federaliste. Il problema è parso quello di far funzionare meglio l'Europa che esiste: tanto più che la crisi finanziaria ed economica iniziata nel 2008 ha rilanciato l'immagine dello stato come garante e protettore di ultima istanza del cittadino contro i rischi dei mercati fuori controllo.

Dal progetto di Costituzione al Trattato

Va però detto che con l'entrata in vigore del Trattato di Lisbona l'assetto dell'Unione è molto simile a quello delineato dall'abbandonato trattato costituzionale, rinunciando però a tutta la simbologia «federalista» che lo caratterizzava. Vediamo alcuni esempi. Il trattato costituzionale sostituiva integralmente tutti i trattati precedenti e aveva una struttura tipica «da costituzione»; il Trattato di Lisbona *modifica e non abroga* i trattati preesistenti. Il trattato costituzionale dotava l'Unione di un suo apparato simbolico (bandiera, inno, festa, motto) e, soprattutto, di un preambolo solenne volto a delineare, «a nome dei cittadini e degli stati d'Europa», un'identità comune; nel Trattato di Lisbona poco o nulla è rimasto di tutto ciò. Il trattato costituzionale inglobava in sé, come parte seconda, la *Carta dei diritti fondamentali dell'Unione*; il Trattato di Lisbona non la riproduce, in compenso espressamente la riconosce. Il trattato costituzionale proclamava il *primato* del diritto dell'Unione, cioè la prevalenza delle norme Ue su quelle nazionali, e dava una nuova più comprensibile denominazione agli atti normativi dell'Unione («leggi» e «leggi quadro» al posto di regolamenti e direttive); il Trattato di Lisbona tace su quel primato (ma una dichiarazione allegata richiama il principio e la costante giurisprudenza della Corte di giustizia al riguardo) e abbandona il tentativo di chiamare le cose col loro vero nome (così i cittadini continueranno a chiedersi come mai una legge europea si chiama «regolamento»). Allo stesso modo il trattato costituzionale parlava di «ministro degli affari esteri dell'Unione»; il Trattato di Lisbona gli attribuisce i medesimi compiti, ma lo chiama «alto rappresentante dell'Unione per gli affari esteri e la politica di sicurezza» (l'etichetta di ministro evocava troppo

il temuto «superstato» europeo). Insomma, quello che si può definire il *tono costituzionale* dei trattati riformati è più modesto rispetto al progetto del 2004: ciò era proprio quello che i governi europei avevano voluto, imponendo esplicitamente di evitare il termine «costituzione».
Si può dire dunque che la *sostanza* del trattato costituzionale resta quasi integra, ma ne è cambiata la *forma* (di quel testo, modifiche a parte, sono scomparsi solo 5 articoli su 448).

3. L'ORGANIZZAZIONE E LE ISTITUZIONI DELL'UNIONE EUROPEA

Il quadro istituzionale dell'Unione si fonda sugli organi elencati dall'art. 13 Tue e disciplinati dalle «disposizioni relative alle istituzioni» del titolo III Tue, nonché più in dettaglio dal titolo I della parte sesta del Tfue. Le **istituzioni dell'Ue** sono: il Consiglio europeo, l'organo che compie le scelte non legislative fondamentali; il Consiglio (dei ministri) e il Parlamento europeo, i due organi legislativi; la Commissione europea, l'organo esecutivo, titolare altresì dell'iniziativa legislativa; la Corte di giustizia dell'Unione europea, l'organo giurisdizionale; infine, la Banca centrale europea, istituzione indipendente che esercita le funzioni di politica monetaria, e la Corte dei conti, organo di controllo dell'Unione.

Il Consiglio europeo: composizione e funzioni

• Il **Consiglio europeo** (art. 15 Tue; artt. 235-236 Tfue). È composto dai capi di stato o di governo degli stati membri, dal suo presidente e dal presidente della Commissione; vi partecipa anche l'alto rappresentante dell'Unione per gli affari esteri e la politica di sicurezza; può essere invitato il presidente del Parlamento europeo. Il Consiglio europeo si riunisce almeno due volte ogni sei mesi (a Bruxelles, la «capitale» dell'Unione).
La presidenza non è più a rotazione semestrale del capo di stato o di governo di ciascuno stato membro: è ora prevista la figura di presidente permanente e a tempo pieno (*non* può avere incarichi nazionali). Esso viene eletto dal Consiglio europeo a maggioranza qualificata per un mandato di due anni e mezzo, rinnovabile una sola volta. Il **presidente del Consiglio europeo** rappresenta all'esterno l'Unione, fatte salve le competenze dell'alto rappresentante; presiede e anima i lavori del Consiglio europeo, che prepara in cooperazione col presidente della Commissione, e ne assicura la continuità; facilita il raggiungimento del consenso e la coesione fra i componenti; presenta dopo ogni riunione una relazione al Parlamento europeo.
Il Consiglio europeo è l'**organo di indirizzo politico** dell'Ue: «dà all'Unione l'impulso necessario al suo sviluppo e ne definisce gli orientamenti e le priorità politiche generali». *Non* esercita funzioni legislative e non va confuso con il Consiglio (senza aggettivo). Il Consiglio europeo decide *per consenso*, cioè senza votare, salvo che per talune deliberazioni mediante votazione

previste dai trattati (non votano però il suo presidente e il presidente della Commissione), in alcuni casi *all'unanimità* in altri *a maggioranza qualificata* (secondo le stesse regole del Consiglio: v. dopo).

Il Consiglio: composizione e funzioni

• Il **Consiglio** (art. 16 Tue; artt. 237-243 Tfue), nella prassi definito «Consiglio dei ministri». È composto da un rappresentante per ogni stato membro *a livello di ministro*, autorizzato a impegnare il proprio governo. Il Consiglio si riunisce «in varie formazioni», cioè in composizione diversa a seconda dei temi che deve affrontare: coi ministri dell'agricoltura se il tema è la politica agricola, coi ministri dell'ambiente se il tema è la politica ambientale e così via. Due formazioni sono direttamente previste dal Tfue: il Consiglio «affari generali», composto dai ministri degli esteri o degli affari europei, e il Consiglio «affari esteri», composto dai ministri degli esteri. Le altre formazioni, stabilite con decisione del Consiglio europeo, sono attualmente otto: ad esempio, il **Consiglio Ecofin**, composto dai ministri economici e finanziari. All'interno dell'Ecofin è costituito l'**Eurogruppo**, organo che si riunisce «a titolo informale», composto dai ministri dei 19 stati membri che hanno adottato l'euro, con un suo presidente in carica per due anni e mezzo (prot. n. 14).

Il Consiglio affari esteri è presieduto dall'**alto rappresentante per gli affari esteri e la politica di sicurezza**, che si avvale di un servizio diplomatico denominato *servizio europeo per l'azione esterna* (artt. 18 e 27 Tue). La presidenza delle altre formazioni del Consiglio è invece affidata a turno ai rappresentanti di ciascuno stato membro per un periodo di sei mesi, secondo un sistema di rotazione paritaria (ad es. nel 2016 Paesi Bassi da gennaio a giugno, Slovacchia da luglio a dicembre). Così ogni paese presiede il Consiglio per un semestre ogni 13-14 anni (ecco perché si tratta di un'occasione assai importante, almeno sotto il profilo dell'immagine, ed ecco perché il Trattato di Lisbona ha scelto di mantenere almeno in parte tale sistema, configurando una sorta di doppia presidenza dell'Unione).

Il Consiglio:

1. esercita, insieme al Parlamento europeo, la **funzione legislativa** e la **funzione di bilancio**;

2. definisce e coordina le politiche dell'Unione;

3. garantisce il **coordinamento** e la **sorveglianza delle politiche economiche**, adottando «indirizzi di massima» (art. 121 Tfue); raccomanda le necessarie misure in caso di «disavanzo eccessivo»: se lo stato interessato non provvede, può intimargli di farlo ed eventualmente sanzionarlo (art. 126 Tfue);

4. prende le decisioni relative alla **politica estera e di sicurezza comune** «in base agli orientamenti generali e alle linee strategiche definiti dal Consiglio europeo»; decide sulle questioni aventi implicazioni militari, ad esempio l'invio di missioni all'estero (art. 26 Tue).

La maggioranza qualificata nel Consiglio

La regola decisionale ordinaria è la **maggioranza qualificata** (a meno che i trattati non dispongano diversamente): questa si ottiene con il 55% degli stati membri (oggi 16 su 28) i quali rappresentino *anche* almeno il 65% della popolazione dell'Unione. Non è però ammesso che tre soli stati blocchino le decisioni anche se la loro popolazione supera il 35%. Ciò serve a evitare che tre dei quattro stati grandi (Germania, Francia, Regno Unito, Italia) si accordino per costituire una *minoranza di blocco*: bisogna essere almeno in quattro. Se la proposta di deliberazione *non* è della Commissione, occorre invece che si esprima a favore il 72% degli stati (ossia 21). Tuttavia, fino al 31 marzo 2017, se di volta in volta uno stato lo chiede, la maggioranza qualificata si raggiunge secondo le regole del Trattato di Nizza. Queste dispongono che a ogni stato membro sia assegnato un *voto ponderato*, in parte rispettoso della diversa dimensione degli stati (v. tabella: si va dai 29 voti dei grandi stati ai 3 di Malta): il Consiglio decide validamente con 260 voti sul totale di 352, espressi dalla maggioranza degli stati membri (cioè 15, ma se la proposta non è della Commissione devono votare a favore due terzi degli stati, cioè 19). Inoltre, ogni stato può chiedere di verificare se la maggioranza qualificata corrisponda al 62% della popolazione: in caso contrario, la decisione non è adottata.

Il Consiglio decide invece all'unanimità solo quando i trattati lo prevedono espressamente (per esempio, in materia di politica estera e sicurezza comune, ma non in tutti i casi, e di difesa comune: artt. 31 e 42 Tue; sulle risorse proprie e sul quadro finanziario pluriennale: artt. 311-312 Tfue; sulle azioni non previste dai trattati: art. 352 Tfue).

Quando il Consiglio discute e vota progetti di atti legislativi, le sue sedute sono pubbliche: a questo scopo ogni sessione è divisa in due parti, quella pubblica e quella non pubblica. Le riunioni sono preparate da un comitato costituito dai rappresentanti permanenti degli stati membri: organo che svolge un ruolo di notevole rilievo, noto col suo acronimo **Co.re.per.** (art. 240.1 Tfue).

Il Parlamento europeo: composizione

• Il **Parlamento europeo** (art. 14 Tue; artt. 223-234 Tfue). È composto da 751 membri, garantendo la rappresentanza dei cittadini dei singoli stati in modo degressivamente proporzionale rispetto alla loro popolazione, con un minimo di 6 seggi per stato e non più di 96 (ciò vuol dire che il numero per ognuno degli stati, rispetto agli altri, cresce in relazione all'entità della popolazione, ma in proporzione via via minore). I membri del Parlamento europeo sono **eletti per 5 anni direttamente** dai cittadini dell'Unione con formule tutte proporzionali, sulla base di alcuni principi comuni adottati dal Consiglio, ma diverse l'una dall'altra. Ciascuno stato membro ha infatti la sua legge elettorale: non esiste ancora, anche se è prevista dal Tfue, una legge elettorale uniforme. Ciò si riflette sulle formule adottate (fermo restando il principio proporzionale, con un'eventuale soglia di sbarramento: v. decisione 2002/772/Ce), sull'elettorato attivo (in alcuni casi è legato alla residenza, in altri no), sull'elettorato passivo (va dai 18 anni ai 25) e così via. Per la legge elettorale italiana si veda il capitolo 8. Lo status giuridico dei parlamentari europei (cioè l'insieme dei diritti e doveri che spettano a ciascuno di essi, inclusa l'indennità), invece, è uguale per tutti.

PESO DEGLI STATI MEMBRI NELLE ISTITUZIONI DELL'UNIONE

Stato membro	Seggi nel Pe	Voti in Consiglio	Stato membro	Seggi nel Pe	Voti in Consiglio
Germania	96	29	Austria	18	10
Francia	74	29	Bulgaria	17	10
Italia	73	29	Danimarca	13	7
Regno Unito	73	29	Finlandia	13	7
Spagna	54	27	Slovacchia	13	7
Polonia	51	27	Croazia	11	7
Romania	32	14	Irlanda	11	7
Paesi Bassi	26	13	Lituania	11	7
Belgio	21	12	Lettonia	8	4
Grecia	21	12	Slovenia	8	4
Portogallo	21	12	Cipro	6	4
Repubblica Ceca	21	12	Estonia	6	4
Ungheria	21	12	Lussemburgo	6	4
Svezia	20	10	Malta	6	3

Il Parlamento europeo è organizzato secondo il modello delle moderne assemblee rappresentative: i suoi membri si ripartono in **gruppi politici**, composti da non meno di 25 deputati eletti in almeno un quarto degli stati; questi gruppi corrispondono in gran parte alle tradizionali famiglie politiche del continente (partito popolare europeo, partito del socialismo europeo, liberaldemocratici, verdi, sinistra unitaria europea), anche se dal 2014 è aumentata la presenza di altre forze politiche. Essi lavorano suddivisi in venti **commissioni**. Il Parlamento europeo ha il proprio **regolamento** (approvato a maggioranza dei componenti) e di norma delibera a maggioranza dei voti espressi. Nonostante vari appelli in tal senso, non ha una sede unica: la sua attività si divide fra **Strasburgo** (la sede ufficiale, dove si svolgono le sedute plenarie), **Bruxelles** (dove si riuniscono alcune sessioni dell'assemblea e le commissioni), **Lussemburgo** (dove sono segretariato e uffici).

Funzioni del Parlamento europeo

I poteri del Parlamento europeo sono andati costantemente crescendo nel tempo, e anche il Trattato di Lisbona ha confermato questa evoluzione. Il Parlamento europeo:

1. esercita «congiuntamente al Consiglio» la **funzione legislativa**; non ha l'iniziativa, ma può chiedere alla Commissione di presentare progetti di atti legislativi; per l'adozione degli atti si applica nella maggior parte dei casi la *procedura legislativa ordinaria*, che mette Parlamento e Consiglio su un piano di parità (v. par. 4.4);

2. esercita con il Consiglio la **funzione di bilancio** (il bilancio annuale dell'Unione è approvato secondo una *procedura legislativa speciale*: art. 314 Tfue);

3. esercita inoltre **funzioni di controllo politico** e **funzioni consultive**; elegge il presidente della Commissione e ha il potere di obbligare alle dimissioni la Commissione (v. dopo); può istituire commissioni d'inchiesta; può rivolgere interrogazioni sia alla Commissione sia al Consiglio; può formulare raccomandazioni sulla politica estera e di sicurezza comune al Consiglio e all'alto rappresentante e viene regolarmente consultato da quest'ultimo (art.

36 Tue); elegge il **Mediatore europeo** (organo che ha funzioni di difensore civico, al quale chiunque può rivolgersi per denunciare casi di cattiva amministrazione).

La Commissione: composizione

• La **Commissione** (art. 17 Tue; artt. 244-250 Tfue). È composta da 28 membri (uno per stato), incluso il presidente e l'alto rappresentante per gli affari esteri e la politica di sicurezza. Dal 1° novembre 2014 la Commissione avrebbe dovuto essere composta da un numero di membri pari ai due terzi degli stati (dunque 19), scelti in base a un sistema di rotazione paritaria. Il Consiglio europeo, all'unanimità, ha però deciso diversamente, rispettando l'impegno assunto come garanzia all'Irlanda per ottenere la ratifica del Trattato di Lisbona dopo l'iniziale bocciatura popolare. Dura in carica 5 anni.

È il Consiglio europeo che, tenendo conto dei risultati delle elezioni del Parlamento europeo, sceglie a maggioranza qualificata il **presidente della Commissione**, il quale viene eletto dal Parlamento europeo a maggioranza dei membri. Il Consiglio europeo, d'intesa con il neoeletto presidente, individua poi i componenti della Commissione in base alle proposte degli stati: la Commissione nel suo insieme, incluso l'alto rappresentante, è sottoposta all'approvazione del Parlamento europeo e, infine, nominata dal Consiglio europeo. La responsabilità della Commissione dinanzi al Parlamento europeo è collettiva: il Parlamento, a maggioranza dei due terzi dei voti purché corrispondenti alla maggioranza dei membri, può approvare una **mozione di censura**; se ciò accade, l'intera Commissione e l'alto rappresentante si dimettono (art. 234 Tfue).

La Commissione esercita i suoi compiti nel quadro degli orientamenti del presidente, il quale decide l'organizzazione interna e ripartisce gli incarichi fra i componenti (commissari alla concorrenza, agli affari economici e monetari, al mercato interno ecc.); può obbligare alle dimissioni un qualsiasi suo componente; l'alto rappresentante è uno dei vicepresidenti. La sede della Commissione è Palazzo Berlaymont a Bruxelles; ha uffici di rappresentanza in tutti gli stati membri.

Funzioni della Commissione

La Commissione è l'organo che «promuove l'interesse generale dell'Unione e adotta le iniziative appropriate a tal fine». Essa agisce infatti «in piena indipendenza», con l'espresso divieto per i suoi membri di sollecitare o accettare istruzioni da alcun governo (i governi a loro volta si impegnano a rispettare tale indipendenza e a non cercare di influenzarli). In particolare, la Commissione:

1. ha l'**iniziativa degli atti legislativi** (che spetta alla Commissione e a nessun altro organo); presenta il programma legislativo annuale (che il presidente della Commissione illustra al Parlamento europeo nel cosiddetto discorso sullo stato dell'Unione); dispone di poteri normativi delegati e di esecuzione (v. par. 4.2);

2. presenta il progetto annuale di **bilancio** e gli dà esecuzione;

3. **vigila sull'applicazione** del diritto dell'Unione (è il *custode dei trattati*); se uno stato non adempie ai suoi obblighi, la Commissione può intervenire

prima mettendolo in mora, cioè intimandogli di provvedere, poi facendo ricorso alla Corte di giustizia mediante la *procedura d'infrazione* (art. 258 Tfue); può altresì ricorrere alla Corte di giustizia nell'ambito della procedura di controllo degli *aiuti di stato* concessi dagli stati membri a determinate imprese (art. 108 Tfue);
4. ha il potere di rivolgere «avvertimenti» agli stati membri ai fini del **coordinamento** delle politiche economiche; sorveglia la situazione di bilancio in ciascuno stato e può proporre al Consiglio di iniziare una *procedura per disavanzo eccessivo* (v. sopra).

La Corte di giustizia: composizione e funzioni

• La **Corte di giustizia** (art. 19 Tue; artt. 251-281 Tfue). È composta da 28 giudici, assistiti da 11 avvocati generali che studiano le cause e sottopongono alla Corte le loro proposte di conclusione. Sono tutti nominati dai governi per 6 anni fra personalità di indiscussa indipendenza e competenza; i giudici eleggono al proprio interno il presidente. La Corte ha un proprio statuto (prot. n. 3) e un proprio regolamento. Ha sede a Lussemburgo.
Compito generale della Corte è assicurare «il rispetto del diritto nell'interpretazione e nell'applicazione dei trattati». Essa giudica le controversie:
a) fra stati membri;
b) fra l'Unione e uno stato membro;
c) fra istituzioni dell'Unione;
d) fra persone fisiche o giuridiche e l'Unione (limitatamente ad alcuni casi).
Si tratta, in particolare, dei **ricorsi per inadempimento** contro le infrazioni compiute dagli stati membri e dei **ricorsi di annullamento** contro gli atti adottati dalle istituzioni dell'Unione in violazione dei trattati.

Il ricorso in via pregiudiziale

Di fondamentale importanza è, inoltre, la **competenza in via pregiudiziale**: la Corte di giustizia si pronuncia in via pregiudiziale, cioè *prima* che le norme dell'Unione trovino applicazione in un processo, ogni volta che una questione di interpretazione dei trattati e degli atti delle istituzioni sia sollevata davanti al tribunale di uno stato membro e il tribunale ritenga necessaria una decisione della Corte di giustizia. In base all'art. 267 Tfue, il tribunale nazionale, se è giudice di ultima istanza (per cui non vi è appello), non può ma *deve* rivolgersi alla Corte. Questo meccanismo è stato determinante per assicurare l'uniforme interpretazione del diritto comunitario, facendo della Corte una specie di «corte di cassazione» della Comunità europea (oggi Unione). Più in generale si può dire che la Corte di giustizia è stata decisiva per lo sviluppo dell'integrazione europea, attraverso decisioni chiave come quelle sul *primato* e sull'*efficacia diretta* del diritto comunitario e quelle sulla tutela dei diritti fondamentali (v. anche capp. 5 e 6).

Il Tribunale

Alla Corte di giustizia si affianca il **Tribunale**, competente per le azioni intraprese da persone fisiche o giuridiche (non per ricorsi degli stati o delle istituzioni), nonché per le controversie fra l'Unione e i propri funzionari. Il suo ruolo è dunque più limitato, essendo stato pensato proprio per sgravare la Corte da una parte del lavoro «minore». Anch'esso è composto da un giudice per stato membro. Le sue decisioni sono impugnabili davanti alla Corte *solo per motivi di legittimità* (relativi cioè all'interpretazione del diritto).

La Banca centrale europea

• La **Banca centrale europea** (**Bce**: artt. 127-133, 282-284 Tfue, prot. n. 4). È dotata di personalità giuridica propria e di un elevato grado di indipendenza rispetto alle altre istituzioni e ai governi, dai quali non può accettare o ricevere istruzioni; ad essa sono attribuiti anche poteri normativi. Ha sede a Francoforte. Il presidente della Bce è nominato per 8 anni, con mandato non rinnovabile, dal Consiglio europeo a maggioranza qualificata, insieme agli altri 5 membri del comitato esecutivo (membri a loro volta del consiglio direttivo insieme ai governatori delle banche centrali nazionali). La Bce ha un ruolo fondamentale in materia di politica monetaria, disponendo del «diritto esclusivo di autorizzare l'emissione di banconote in euro all'interno dell'Unione». La Bce e le banche centrali nazionali costituiscono il Sistema europeo di banche centrali (Sebc, fra tutti gli stati) e l'Eurosistema (fra i soli stati della zona euro), il cui compito principale è assicurare «il mantenimento della stabilità dei prezzi», nonché sostenere le politiche economiche generali dell'Unione. Con la crisi dell'euro scoppiata nel 2010 la Bce si è trovata sovraesposta e indotta a interpretare estensivamente il proprio ruolo per concorrere a fronteggiare la situazione. La Bce, infatti, non può essere considerata attualmente una vera e propria banca centrale, non essendo *prestatore di ultima istanza* rispetto ai debiti sovrani dei singoli stati membri (ma su questo v. par. 7).

La Corte dei conti

• La **Corte dei conti** (artt. 285-287 Tfue). È composta da 28 membri nominati per 6 anni dal Consiglio. La sua funzione è assicurare il controllo dei conti attraverso l'esame delle entrate e delle spese dell'Unione e di ogni organo da essa istituito; di esse «controlla la legittimità e la regolarità» e «accerta la sana gestione finanziaria».

Gli organi consultivi

• Sono infine previsti due **organi consultivi** che assistono Parlamento europeo, Consiglio e Commissione: *a*) il **Comitato economico e sociale**, composto da rappresentanti delle categorie economiche e produttive, e *b*) il **Comitato delle regioni**, composto da rappresentanti degli enti regionali e locali; i loro membri, fino a 350, sono nominati dal Consiglio (artt. 300-307 Tfue).

4. IL FUNZIONAMENTO DELL'UNIONE EUROPEA

L'ordinamento dell'Ue si fonda prima di tutto sui trattati, i quali sono stati conclusi «per una durata illimitata» (art. 53 Tue; art. 356 Tfue) e costituiscono, nella forma vigente (frutto del processo descritto nei primi due paragrafi), le **fonti originarie** del diritto dell'Unione; e poi sul complesso di norme adottate sulla base dei primi dalle istituzioni dell'Unione, nel rispetto dei procedimenti di produzione fissati nel Tfue. Sono queste ultime le **fonti derivate** le quali, ovviamente, devono essere compatibili coi trattati sia sotto il profilo *formale* sia sotto il profilo *sostanziale*. Insieme costituiscono il *sistema delle fonti* dell'Unione (sul concetto di fonte del diritto v. cap. 5).

4.1. Fonti originarie dell'Unione: i trattati

Dopo aver visto le disposizioni istituzionali, esaminiamo ora cosa contengono le altre parti dei trattati. Se il Tue consta di soli 55 articoli, suddivisi in sei titoli, il Tfue consta di ben 358 articoli, suddivisi in sette parti per un totale di 34 titoli.

Valori, obiettivi, principi dell'Ue

Valori, obiettivi e principi dell'Unione si ritrovano in entrambi i trattati (in particolare, il preambolo e i titoli I e II del Tue; il preambolo e le parti prima e seconda del Tfue). I principali sono:

a) il rispetto della dignità umana, libertà, democrazia ed eguaglianza, lo stato di diritto e il rispetto dei diritti umani, compresi quelli delle minoranze (art. 2 Tue);

b) la pace e il benessere fra i popoli; uno spazio di libertà, sicurezza e giustizia senza frontiere interne, nel quale sia assicurata la circolazione delle persone e il controllo delle frontiere esterne; un mercato interno; lo sviluppo sostenibile, basato su crescita economica equilibrata, stabilità dei prezzi, economia sociale di mercato fortemente competitiva, piena occupazione, tutela dell'ambiente, progresso scientifico e tecnologico; la lotta contro l'esclusione sociale; la coesione economica, sociale e territoriale; il rispetto della diversità culturale e linguistica; un'unione economica e monetaria (art. 3 Tue);

c) il rispetto dell'eguaglianza degli stati membri e della loro identità nazionale e il principio di leale collaborazione fra Unione e stati (art. 4 Tue);

d) i principi di attribuzione, di sussidiarietà, di proporzionalità (art. 5 Tue);

e) il riconoscimento dei diritti, libertà e principi sanciti nella Carta dei diritti fondamentali dell'Unione e l'adesione alla Convenzione europea dei diritti dell'uomo (art. 6 Tue);

f) l'eguaglianza dei cittadini, espressamente intesa come «non discriminazione», e la comune cittadinanza dell'Unione (art. 9 Tue; artt. 18-25 Tfue);

g) il buon funzionamento dell'Unione e delle sue istituzioni, fondato sulla democrazia rappresentativa; la partecipazione di cittadini e partiti; la trasparenza; il concorso dei parlamenti nazionali (artt. 10-12 Tue; art. 15 Tfue).

• **Valori dell'Unione**: il rispetto dei valori indicati al punto *a*) del nostro elenco costituisce un requisito indispensabile ai fini dell'adesione di nuovi stati all'Unione (art. 49 Tue). L'Unione si propone altresì l'obiettivo di assicurare il rispetto dei valori comuni da parte di tutti gli stati membri. L'art. 7 Tue prevede infatti un meccanismo di salvaguardia di tipo sia preventivo sia sanzionatorio: esso permette al Consiglio, nel caso in cui constati l'esistenza di un «evidente rischio di violazione grave» dei valori dell'Unione, di rivolgere un avvertimento allo stato interessato; qualora tale violazione effettivamente si verifichi e si protragga nel tempo (lo deve però accertare il Consiglio europeo deliberando all'unanimità), il Consiglio può poi decidere di sospendere alcuni dei diritti che spettano allo stato membro (compreso il diritto di voto nel Consiglio).

La cittadinanza europea

• **Cittadinanza dell'Unione**: essa non sostituisce, ma si aggiunge a quella nazionale ed è riconosciuta di diritto a tutti i cittadini di uno stato membro. La cittadinanza europea conferisce il diritto di circolare e soggiornare liberamente nel territorio degli stati membri (ma limitazioni sono ammesse); l'elettorato attivo e passivo nelle elezioni comunali ed europee *nello stato in cui si risiede*; il diritto alla tutela da parte delle autorità diplomatiche di un qualsiasi stato membro quando quello di cui è cittadino non ha rappresentanza; il diritto di presentare petizioni al Parlamento europeo, di ricorrere al Mediatore europeo, di rivolgersi alle istituzioni dell'Unione e avere risposta.

L'iniziativa popolare

Inoltre, l'art. 11 Tue prevede il diritto di iniziativa dei cittadini dell'Unione. Esso consiste nella richiesta alla Commissione, da parte di almeno un milione di cittadini che appartengano a una pluralità di stati, affinché presenti una «proposta appropriata» su una materia per la quale è competente l'Unione (le modalità per esercitare l'iniziativa popolare europea sono disciplinate dal regolamento Ue n. 211/2011).

La Carta dei diritti fondamentali

• Ai trattati quali fonti originarie va aggiunta la **Carta dei diritti fondamentali dell'Unione europea**, proclamata dal Parlamento europeo, dal Consiglio e dalla Commissione (Nizza, 7 dicembre 2000), alla quale è riconosciuto lo stesso valore giuridico dei trattati (con la specificazione, tuttavia, che le sue disposizioni «non estendono in alcun modo le competenze dell'Unione»). La Carta, preceduta da un preambolo che riprende e integra i principi che si trovano anche nei trattati, a partire dal richiamo a una «unione sempre più stretta fra i popoli europei», contiene in 54 articoli un ampio e aggiornato catalogo di diritti (compresi i diritti legati alla bioetica). Aspetto innovativo della Carta è che abbandona la distinzione fra diritti civili e politici da una parte e diritti economici e sociali dall'altra, propria delle carte internazionali, elencandoli raggruppati secondo questa successione: diritti attinenti *i*) la dignità della persona, *ii*) la libertà, *iii*) l'eguaglianza, *iv*) la solidarietà, *v*) la cittadinanza, *vi*) la giustizia. Tutti i diritti, a eccezione di quelli direttamente connessi con la cittadinanza europea (corrispondenti ai diritti previsti nel Tfue), sono riconosciuti a ogni persona senza distinzione alcuna (inclusi, dunque, coloro che cittadini non sono, gli *extracomunitari*).

La delimitazione delle competenze

• **Competenze dell'Unione**: secondo il **principio di attribuzione**, enunciato fin dall'art. 1 Tue, l'Unione esercita solo le competenze che gli stati membri hanno ad essa attribuito coi trattati: *tutto il resto* resta agli stati, ai quali appartiene. Le competenze attribuite, in base all'art. 2 Tfue, sono di tre tipi: *i*) *competenze esclusive*, nei settori nei quali *solo* l'Unione può legiferare (quelli elencati nell'art. 3 Tfue); *ii*) *competenze concorrenti*, nei settori nei quali entrambi possono legiferare, ma gli stati solo se l'Unione non l'ha fatto o ha deciso di cessare di farlo (quelli elencati nell'art. 4 Tfue); *iii*) *competenze di sostegno, coordinamento o completamento* delle azioni degli stati, nei settori nei quali l'Unione non ha competenza prevalente (quelli elencati nell'art. 6 Tfue).

Sussidiarietà e proporzionalità

L'Unione esercita le competenze che le spettano applicando **i principi di sussidiarietà e di proporzionalità**: il primo significa che l'Unione, nei settori che non sono di sua esclusiva competenza, interviene *solo se e in quanto* i suoi obiettivi non possono essere conseguiti in misura sufficiente dagli stati e possono invece essere meglio conseguiti a livello europeo; il secondo significa che l'azione dell'Unione non deve andare al di là di quanto necessario al conseguimento dei suoi obiettivi (art. 5 Tue). Va osservato che il principio di sussidiarietà ha doppia valenza: per un verso, significa che se un obiettivo *non può* essere conseguito dallo stato membro, allora e solo allora l'Unione può intervenire; per il verso opposto, significa che se l'Unione *non può fare meglio* dello stato membro, in tal caso *deve* astenersi dall'intervenire e a occuparsi di quell'obiettivo deve restare lo stato. L'art. 12 Tue assegna ai parlamenti nazionali il compito di vigilare sul rispetto del principio di sussidiarietà, secondo le procedure previste da un apposito protocollo (v. cap. 9 par. 18).

Politiche dell'Ue

Ciò di cui l'Unione si occupa (cosa fa, le sue «politiche») e come lo fa (il suo «funzionamento») sono disciplinati nel Tfue (appunto: Trattato sul funzionamento dell'Unione europea). In particolare, è la parte terza del Tfue a indicare le **politiche dell'Unione** e le sue azioni interne (v. tabella). Fa eccezione la competenza in materia di **politica estera e di sicurezza comune** (la **Pesc**, che include anche «la definizione progressiva di una politica di difesa comune che può condurre a una difesa comune»): essa è soggetta alle norme e alle procedure specifiche del Tue (artt. 21-46). L'*azione esterna dell'Unione*, salvo alcune disposizioni generali del Tue, trova invece disciplina nella parte quinta del Tfue (che include la politica commerciale comune e la cooperazione allo sviluppo).

Accanto alle politiche da tempo attribuite all'Unione (o alla Comunità, secondo la terminologia utilizzata prima del Trattato di Lisbona), sono ora ricomprese alcune competenze nuove (energia, turismo, protezione civile, cooperazione amministrativa attraverso scambi di informazioni, di personale e comuni programmi di formazione) o che in precedenza non erano affidate tanto alle istituzioni comunitarie quanto alla cooperazione intergovernativa. Fra queste ultime vi è la **cooperazione giudiziaria in materia penale** e la **cooperazione di polizia** (titolo V della parte terza del Tfue). Esse compren-

POLITICHE DI CUI SI OCCUPA L'UNIONE (ARTT. 26-197 TFUE)

I	Mercato interno	XIII	Cultura
II	Libera circolazione delle merci	XIV	Sanità pubblica
III	Agricoltura e pesca (assorbe il 40% delle risorse Ue)	XV	Protezione dei consumatori
IV	Libera circolazione delle persone, dei servizi e dei capitali	XVI	Reti transeuropee
V	Spazio di libertà, sicurezza e giustizia	XVII	Industria
VI	Trasporti	XVIII	Coesione economica, sociale e territoriale (inclusi i fondi strutturali)
VII	Norme comuni sulla concorrenza, sulla fiscalità e sul ravvicinamento delle legislazioni	XIX	Ricerca e sviluppo tecnologico, spazio
VIII	Politica economica e monetaria	XX	Ambiente
IX	Occupazione	XXI	Energia
X	Politica sociale	XXII	Turismo
XI	Fondo sociale europeo	XXIII	Protezione civile
XII	Istruzione, formazione professionale, gioventù, sport (qui i programmi *Erasmus*, per esempio)	XXIV	Cooperazione amministrativa

dono tutto ciò che riguarda la sicurezza interna e, dunque, la prevenzione e la lotta contro il terrorismo e le forme più gravi di criminalità aventi dimensione transnazionale, attraverso il riconoscimento reciproco delle decisioni giudiziarie, il ravvicinamento delle norme penali, l'attività svolta dall'ufficio europeo di polizia (**Europol**) e dall'unità di cooperazione giudiziaria (**Eurojust**). È inoltre prevista l'istituzione di una **procura europea**, competente per perseguire davanti agli organi giurisdizionali degli stati membri gli autori di reati lesivi degli interessi finanziari dell'Unione ed eventualmente di altri reati (se così deciderà all'unanimità il Consiglio europeo).

Cooperazioni rafforzate

Ferme le competenze di cui sopra, i trattati prevedono la possibilità di instaurare una **cooperazione rafforzata** fra gli stati membri, con la partecipazione di non meno di nove stati, se il Consiglio l'autorizza con decisione all'unanimità: si tratta dello strumento che permette a una parte degli stati forme di integrazione maggiori rispetto agli altri in determinati settori di *non esclusiva* competenza dell'Unione (art. 20 Tue; artt. 326-334 Tfue). Nasce così l'Europa «a due (o tre o quattro) velocità», il che può risultare utile in un'Unione con sempre più membri, meno omogenei rispetto al passato (secondo il modello dell'integrazione monetaria fra gli stati dell'eurozona, in base ai «criteri di convergenza» indicati nell'art. 140 Tfue). Cooperazioni rafforzate sono state autorizzate, ad esempio, in materia di legge applicabile al divorzio e alla separazione legale, di brevetto europeo e di imposta sulle transazioni finanziarie.

Procedure di revisione

• **Revisione dei trattati**: l'art. 48 Tue prevede una *procedura ordinaria* e anche *procedure semplificate*. La prima attribuisce a qualsiasi stato, al Parlamento europeo e alla Commissione l'iniziativa, da presentare al Consiglio che a sua volta la trasmette al Consiglio europeo. Questo si pronuncia a maggioranza semplice, sentiti Parlamento e Commissione, e convoca una convenzione formata da rappresentanti dei parlamenti nazionali, dei capi di stato o di governo, del Parlamento europeo e della Commissione (tuttavia, se le modifiche ai trattati sono modeste, il Consiglio europeo può non convocare la convenzione). La convenzione non vota, ma adotta per consenso una raccomandazione che sottopone a una conferenza dei rappresentanti dei governi degli stati membri. La conferenza intergovernativa si pronuncia come qualsiasi conferenza internazionale (all'unanimità). Le modifiche eventualmente decise entrano in vigore solo dopo essere state ratificate da tutti gli stati membri. Se le modifiche proposte riguardano esclusivamente la parte terza del Tfue («politiche dell'Unione e azioni interne»), è possibile una procedura semplificata, che evita sia la convenzione sia la conferenza intergovernativa, ma il Consiglio europeo deve esprimersi all'unanimità e gli stati devono comunque tutti approvare la revisione. Altra procedura semplificata è quella delle cosiddette *clausole passerella* (v. par. 4.4).

4.2. Fonti derivate dell'Unione

Gli strumenti giuridici (ovvero gli «atti giuridici», come vengono chiamati nei trattati) che le istituzioni dell'Unione utilizzano per esercitare le loro competenze (per definire e attuare le politiche dell'Unione) sono disciplinati nel titolo I della parte sesta del Tfue. Vi è dedicato in particolare il capo 2, che disciplina appunto gli **atti giuridici dell'Unione**: si tratta di ciò che nel suo complesso costituisce il *diritto derivato dell'Unione* (perché prodotto nel rispetto delle fonti *sulla* produzione fissate dai trattati).

Gli atti giuridici dell'Unione, elencati dall'art. 288 Tfue, sono questi:

Regolamenti

- i **regolamenti**. Si tratta di vere e proprie «leggi» dell'Unione: atti normativi di portata generale obbligatori in tutti i loro elementi, *direttamente applicabili in tutti gli stati membri*; possono avere come destinatari persone fisiche o giuridiche, soggetti pubblici o privati. Non vi è alcuna necessità di recepimento: i giudici nazionali li applicano direttamente, anche al posto delle norme interne incompatibili;

Direttive

- le **direttive**. Si tratta di atti che vincolano uno o più o, nella maggior parte dei casi, tutti gli stati membri in vista di un *risultato* che essi devono raggiungere, entro un certo termine, facendo ricorso agli strumenti giuridici di diritto interno più opportuni e adatti allo scopo: quel che conta, dal punto di vista del diritto dell'Unione, è appunto il risultato. La formula che si ritrova nelle direttive è la seguente: «gli stati membri mettono in vigore le disposizioni legislative, regolamentari e amministrative necessarie per conformarsi alla presente direttiva entro il... [data]». Lo stato assume un obbligo di adempiere in modo analogo a quanto accade per l'adattamento agli obblighi di diritto internazionale. Ma la giurisprudenza della Corte di giustizia ha stabilito che in determinate circostanze (termine scaduto senza attuazione, disposizioni sufficientemente precise che attribuiscano ai singoli situazioni giuridiche di vantaggio) sono direttamente efficaci (sono cioè *autoapplicative*): per cui le persone fisiche e giuridiche possono invocarle e le pubbliche autorità sono tenute a osservarle;

TIPOLOGIA DEGLI ATTI GIURIDICI DELL'UNIONE (ART. 288 TFUE)

Regolamento	Direttiva	Decisione	Raccomandazioni e pareri
Atto di *portata generale*, *obbligatorio* in tutti i suoi elementi e *direttamente applicabile* in ciascuno degli stati membri.	Atto che vincola lo stato membro per quanto riguarda il *risultato* da raggiungere, salva restando la competenza degli organi nazionali in merito alla forma e ai mezzi.	Atto *obbligatorio* in tutti i suoi elementi, ma solo *per i destinatari* se da esso *designati*.	Atti *non vincolanti*, che non fanno sorgere nei destinatari diritti o obblighi.

Decisioni

• le **decisioni**. Destinatari possono essere sia persone fisiche e giuridiche sia stati membri: possono avere o non avere portata generale; nel secondo caso disciplinano casi concreti e sono rivolte a destinatari specificamente individuati (in ciò sono simili all'atto amministrativo). Se rivolte a uno stato membro sono soggette alle medesime condizioni di diretta efficacia delle direttive;

Raccomandazioni e pareri

• le **raccomandazioni** e i **pareri**. Hanno valenza d'indirizzo politico e non fanno sorgere diritti né obblighi nei destinatari. In altre parole, non sono vincolanti.

Gli atti giuridici dell'Unione si distinguono ulteriormente in atti legislativi, delegati e di esecuzione (artt. 289-291 Tfue).

• Atti **legislativi**: sono tutti quelli, siano essi regolamenti, direttive o decisioni, adottati mediante procedura legislativa (ordinaria o speciale, v. dopo).

• Atti **delegati**: sono atti di portata generale che un atto legislativo può delegare la Commissione ad adottare per integrare o modificare propri elementi *non essenziali*, previa delimitazione di obiettivi, contenuto, ambito e durata della delega.

• Atti **di esecuzione**: sono quelli previsti da un atto legislativo quando la necessità di condizioni uniformi suggerisce che non siano gli stati membri (come di norma) ad adottare tutte le misure necessarie per l'esecuzione degli atti dell'Unione, ma sia la Commissione (o in casi ancora più delimitati il Consiglio), previo controllo degli stati sull'adozione di tali atti da parte della Commissione.

4.3. Altre fonti dell'Unione

L'ordinamento dell'Ue conosce anche fonti non scritte: i **principi generali del diritto dell'Unione**, fra i quali emergono i diritti fondamentali garantiti dalla Cedu e risultanti dalle «tradizioni costituzionali comuni» agli stati membri (espressamente richiamati dall'art. 6.3 Tue).

Inoltre, l'Unione può concludere **accordi internazionali** con paesi terzi o organizzazioni internazionali: tali accordi vincolano l'Unione e gli stati membri (artt. 216-219 Tfue).

4.4. Il procedimento di formazione del diritto derivato dell'Unione

Le procedure legislative

Ai fini della formazione degli atti giuridici di cui s'è detto, il Tfue prevede: *a*) una *procedura legislativa ordinaria*, che si fonda sulla competenza legislativa paritaria di Parlamento e Consiglio, sempre su proposta della Commissione (si parla di «adozione congiunta di un regolamento, di una direttiva o di una decisione da parte del Parlamento europeo e del Consiglio», art. 289.1);
b) alcune *procedure legislative speciali*, che attribuiscono a seconda dei casi una certa prevalenza al Parlamento ovvero al Consiglio (adozione da parte del Parlamento europeo «con la partecipazione del Consiglio» ovvero da parte del Consiglio «con la partecipazione del Parlamento europeo», art. 289.2).

La procedura ordinaria

La **procedura legislativa ordinaria**, descritta dall'art. 294 Tfue, prevede il seguente iter:
• presentazione da parte della Commissione di una proposta al Parlamento europeo e al Consiglio;
• prima lettura da parte del Parlamento e trasmissione al Consiglio;
• prima lettura da parte del Consiglio, con approvazione dello stesso testo trasmesso dal Parlamento e adozione dell'atto oppure approvazione con emendamenti e trasmissione al Parlamento; il Consiglio deve motivare e la Commissione illustra la sua posizione al Parlamento;
• seconda lettura da parte del Parlamento entro tre mesi: se il Parlamento approva il testo del Consiglio o se non si pronuncia, l'atto è adottato nella versione del Consiglio; se il Parlamento lo respinge, l'iter dell'atto proposto si interrompe; se il Parlamento approva emendamenti a maggioranza dei suoi componenti, il testo torna al Consiglio, e anche in questo caso la Commissione illustra la sua posizione;
• seconda lettura da parte del Consiglio entro tre mesi: se il Consiglio approva gli emendamenti del Parlamento, a maggioranza qualificata (ma all'unanimità se la Commissione si era espressa contro), il testo è adottato; se non li approva, viene convocato un *comitato di conciliazione*;
• conciliazione da parte di un comitato paritetico Consiglio-Parlamento; ai suoi lavori partecipa la Commissione con compiti di mediazione; il comitato di conciliazione deve raggiungere un accordo su un progetto comune entro sei settimane; se non lo fa, l'atto non è adottato;
• se il comitato di conciliazione ha approvato un progetto comune, terza lettura da parte del Parlamento e del Consiglio, i quali hanno altre sei settimane per pronunciarsi sul testo dell'accordo senza ulteriori modifiche (a maggioranza semplice il Parlamento, a maggioranza qualificata il Consiglio); in mancanza di una decisione, l'atto non è adottato.

Le procedure speciali

Le **procedure legislative speciali** sono indicate nei trattati via via: nella maggior parte dei casi esse prevedono che l'atto sia adottato dal Consiglio *previa consultazione* oppure *previa approvazione* del Parlamento europeo (per un esempio della prima procedura si veda l'art. 113 Tfue; per un esempio della seconda l'art. 19.1 Tfue).

Va aggiunto che il Tue (art. 48.7) consente al Consiglio europeo di disporre (all'unanimità e con l'approvazione del Parlamento europeo) che, nei casi in cui i trattati prevedono l'unanimità del Consiglio, questo possa invece decidere a maggioranza qualificata (tranne nel settore della difesa). Può anche disporre che, per l'adozione di atti legislativi, invece di una procedura speciale si applichi quella ordinaria. Si tratta delle citate «clausole passerella», applicabili però solo a condizione che, entro sei mesi, un qualsiasi parlamento nazionale non notifichi la sua opposizione.

Gli atti legislativi sono firmati dal presidente del Parlamento europeo e dal presidente del Consiglio (solo dall'uno o dall'altro se adottati con procedura speciale) e sono pubblicati nella *Gazzetta Ufficiale dell'Unione europea*, nelle ventiquattro lingue ufficiali dell'Unione. Essi entrano in vigore alla data stabilita dall'atto stesso o, in mancanza, il ventesimo giorno dalla pubblicazione.

5. ORDINAMENTO DELL'UNIONE E ORDINAMENTO ITALIANO (RINVIO)

Sin dalla fondazione della prima Comunità (1951) l'Italia è parte, con un ruolo che è stato sempre propulsivo, dell'ordinamento dell'Unione europea: come tale ha assunto una serie di **obblighi**, impegnandosi ad adottare «ogni misura di carattere generale e particolare» per assicurarne l'esecuzione. Essi consistono per un verso nella rinuncia alle proprie competenze in tutti gli ambiti, via via più numerosi, divenuti oggetto della competenza (in alcuni casi esclusiva) dell'Unione, per un altro nella necessaria applicazione da parte dei propri organi del diritto dell'Unione.

Gli obblighi derivanti dall'Ue

Gli obblighi di cui sopra sono specificati nei trattati tante volte richiamati, sottoscritti e ratificati (così come tutte le successive modifiche) dall'Italia secondo il procedimento dell'art. 80 Cost., cioè con la forma giuridica della legge ordinaria (di autorizzazione alla ratifica e, nello stesso tempo, di esecuzione, v. cap. 3).

I trattati e la giurisprudenza della Corte di giustizia stabiliscono che *non solo lo Stato, ma tutte le persone fisiche e giuridiche* siano dirette destinatarie del diritto dell'Unione, che determina nei loro confronti situazioni giuridiche di vantaggio (diritti) e di svantaggio (obblighi). Inoltre, le istituzioni dell'Unione adottano anche decisioni rivolte a soggetti italiani (pubblici e privati) specificamente individuati. Tutto ciò, appunto, negli ambiti riguardo ai quali lo Stato ha rinunciato alle sue competenze a favore di quelle dell'Unione: in questi ambiti la normativa dell'Unione *prevale sul diritto interno*.

L'Italia nell'Ue

La questione fondamentale da porsi è allora la seguente: com'è possibile tutto ciò dal punto di vista dell'ordinamento giuridico italiano? In altre parole: in mancanza (fino al 2001) di qualsiasi espressa previsione costituzionale, qual è stato il fondamento in base al quale l'Italia ha assunto gli obblighi derivanti dall'appartenenza all'Unione europea?

Una volta data risposta a questa domanda, si pongono altre due questioni: esse riguardano, da un lato, la partecipazione degli organi e soggetti costituzionali italiani alla formazione del diritto dell'Unione (come concorrono alla cosiddetta *fase ascendente*?); dall'altro, l'attuazione del diritto dell'Unione, una volta formato, e in particolare l'attuazione delle direttive Ue (come concorrono gli organi e soggetti costituzionali italiani alla cosiddetta *fase discendente*?).

Riprenderemo questo discorso nei successivi capitoli. Sul problema del fondamento costituzionale dell'assunzione degli obblighi derivanti dall'ordinamento dell'Unione, si veda il capitolo 5 (fonti del diritto). Sulla partecipazione alla fase ascendente e alla fase discendente del processo normativo dell'Unione, si vedano il capitolo 9 (Parlamento), il capitolo 11 (governo) e il capitolo 12 (regioni).

6. L'UNIONE E IL SUO PECULIARE ORDINAMENTO

Che natura si deve attribuire all'ordinamento dell'Unione europea? A ben vedere, è più agevole dire ciò che esso *non* sembra essere piuttosto che dire ciò che è. Rivediamo le sue caratteristiche:

I caratteri dell'ordinamento dell'Ue

• l'Unione si fonda su **trattati**, cioè su atti di diritto internazionale, che hanno **durata illimitata**;

• anche se gli stati membri hanno accantonato ogni riferimento a una «costituzione», la Corte di giustizia, già in un parere del 1991, aveva affermato che «il Trattato, benché sia stato concluso in forma di accordo internazionale, costituisce la **carta costituzionale** di una comunità di diritto», e come tale essa tende a interpretarlo; in effetti, i trattati contengono ormai quasi tutto quello che contengono le moderne carte costituzionali: affermazione di valori, obiettivi e principi, disposizioni istituzionali, un compiuto sistema delle fonti, una carta dei diritti fondamentali;

• i trattati danno vita a un complesso **diritto derivato**, sicché l'ordinamento dell'Unione possiede **autonomi meccanismi per la produzione di norme**; queste hanno come destinatari *tutti i soggetti* degli stati membri, a partire dai giudici che le applicano *direttamente*; il suo unico interprete legittimo è la Corte di giustizia dell'Unione; il diritto dell'Unione *prevale* sul diritto dei singoli stati;

• esiste una **cittadinanza europea**, sia pure a contenuto relativamente limitato e «integrativo» (rispetto a quella nazionale);

• va lentamente sviluppandosi un *sistema partitico europeo*, disciplinato da norme dell'Unione relative allo statuto e al finanziamento, che hanno il preciso fine di far diventare le elezioni al Parlamento europeo una competizione fra partiti *europei* e non *nazionali*; per la prima volta, in occasione delle elezioni del 2014, i principali partiti europei hanno indicato i propri candidati alla presidenza della Commissione ed è stato poi eletto presidente Jean-Claude Juncker, il candidato del Partito popolare europeo, quello che aveva conquistato il maggior numero di seggi;

- gli organi legislativi dell'Unione da una parte rappresentano i **governi** degli stati (Consiglio), dall'altra i **cittadini** e i **popoli** dell'Unione (Parlamento europeo);
- vi sono organi (Commissione, Corte di giustizia, Banca centrale europea, Corte dei conti) che hanno l'obbligo giuridico di agire *nel solo interesse dell'Unione* e non possono accettare, tanto meno sollecitare, istruzioni dai singoli governi;
- importanti ambiti decisionali (politica estera e di sicurezza, fiscalità, politica sociale) sono tuttora soggetti a decisioni prese all'unanimità, ma tutto il resto è soggetto a **decisioni prese a maggioranza**, sia pur qualificata; la maggioranza è calcolata non solo sulla base del **numero degli stati** pro o contro, ma anche sulla base del **numero dei cittadini** che essi rappresentano (sistema della *doppia maggioranza*);
- l'Unione gode di autonomia finanziaria, nel senso che il suo bilancio è finanziato integralmente tramite **risorse proprie** (si tratta di dazi doganali su prodotti importati da paesi terzi, di una piccola quota dell'imposta sul valore aggiunto e di una piccola quota del reddito nazionale lordo di ciascuno stato membro);
- è prevista una procedura che può sfociare nella *sospensione dei diritti* di uno stato membro in caso di *violazione dei valori fondamentali* dell'Unione;
- l'Unione, infine, è aperta all'**adesione** di altri stati europei purché rispettosi dei suoi stessi valori e in grado di assumere l'insieme degli obblighi derivanti dal diritto Ue (cioè il recepimento integrale del cosiddetto *acquis* comunitario); l'ammissione è deliberata dagli organi dell'Unione, ma le relative condizioni e l'adattamento dei trattati sono oggetto di un accordo tra stato richiedente e stati membri, che ciascuno di essi deve ratificare; è regolato anche il **recesso**, le cui modalità sono negoziate dall'Unione con lo stato membro recedente.

Cos'è l'Ue?

In sintesi: non sembra proprio che un'*entità* con le caratteristiche elencate possa essere classificata fra le organizzazioni di stati fin qui conosciute. Infatti, sin dai primi anni di vita delle Comunità europee (quando erano tre distinte), si era parlato di **comunità sovranazionali**: un *tertium genus*, una nuova dimensione del diritto pubblico, a cavallo fra diritto interno e internazionale (il diritto comunitario appunto).

Di fronte alla grande evoluzione dell'integrazione europea, altri hanno poi parlato di **ordinamento pre-federativo** con riferimento al suo carattere di ordinamento in trasformazione, non ancora federale, ma in procinto di diventarlo in un futuro non prestabilito. Più di recente, in ambiti accademici e soprattutto politici, si è parlato di **federazione di stati nazione**: formula con la quale si cerca di conciliare sia gli sviluppi in senso federale sia la difesa delle identità nazionali (con un'alternanza di fasi nelle quali tendono a prevalere i primi o la seconda).

Resta vero tuttavia che l'Unione governa l'insieme di un territorio che non è *suo*; non ha la *competenza delle competenze* (non è essa cioè a stabilire cosa può disciplinare con le sue norme: l'Unione agisce soltanto in base al *principio di attribuzione*, di cui si è parlato nel par. 4.1); non è dotata di alcun apparato in grado di esercitare un potere coercitivo sugli stati e anzi, per l'esercizio del suo potere esecutivo, deve passare per il tramite necessario dell'apparato e delle autorità degli stati; quanto al suo bilancio, che equivale all'1% del prodotto interno lordo dei paesi Ue ed è finanziato per la maggior parte dalla risorsa basata sul reddito di ogni paese, l'Unione non ha un proprio potere impositivo.

Un popolo europeo?

Soprattutto, occorre riconoscere che l'insieme dei suoi cittadini non può considerarsi un unico popolo: questa è la ragione per cui i più mettono in dubbio che l'Unione costituisca già oggi una vera e propria *comunità politica*, mentre dopo l'allargamento del primo decennio di questo secolo si è fatta più forte la resistenza da parte di più stati membri a che essa tale diventi. In effetti, il Tribunale costituzionale del paese più popoloso dell'Unione (la Germania) ha affermato (*Lissabon Urteil*, 30 giugno 2009) che gli stati restano i *padroni dei trattati*, affermando – proprio in nome del principio democratico – che un ulteriore approfondimento dell'integrazione europea non sarebbe compatibile con la Costituzione tedesca a causa della insufficiente legittimazione democratica delle istituzioni dell'Unione. Perciò vi sarebbero alcune funzioni che uno stato (e in ogni caso la Germania) non può cedere: monopolio dell'uso della forza, giustizia penale, entrate e spese pubbliche, prestazioni dello stato sociale, questioni attinenti a famiglia, istruzione, religione, lingua.

7. L'UNIONE DAVANTI ALLA CRISI

La crisi finanziaria globale esplosa nel 2008 ha coinvolto, a partire dal 2010, quegli stati della zona euro che i mercati hanno ritenuto non in grado di sostenere i loro debiti sovrani: e quindi in particolare quelli col debito più elevato in rapporto al prodotto interno lordo e con il tasso di crescita più basso, costretti a pagare interessi sempre più alti per vendere sul mercato i propri titoli. La **crisi nell'eurozona** è scoppiata a causa della situazione della Grecia che, per debolezza economica e finanza pubblica fuori controllo, era parsa sull'orlo di dichiarare fallimento (default): tale situazione rischiava di travolgere le banche che l'avevano fino ad allora finanziata, soprattutto francesi e tedesche, esponendo al «rischio contagio» altri paesi fortemente indebitati (Irlanda, Portogallo, Spagna, Italia) al punto da minacciare la stessa sopravvivenza dell'euro.

I limiti dell'euro

Bisogna tenere conto del fatto che la moneta unica, che nelle intenzioni avrebbe dovuto favorire una maggiore solidità delle economie degli stati aderenti attraverso l'abolizione del rischio di cambio, è stata introdotta in assenza di istituzioni politiche in grado di imporre una comune politica di bilancio; inoltre, se alla Banca centrale europea è stato affidato dai trattati il compito di fissare l'ammontare di moneta da mettere in circolazione, sottraendo questo potere alle banche centrali nazionali, ad essa è stato espressamente vietato di finanziare i debiti pubblici attraverso l'«acquisto diretto» di titoli di stato (vale a dire al momento dell'emissione: art. 123 Tfue). Può effettuare acquisti solo sul mercato secondario (vale a dire di titoli già collocati), ma senza poter così influire in modo significativo sui tassi di interesse pagati per la loro emissione. Gli stati non hanno potuto far ricorso al metodo utilizzato spesso in passato per fronteggiare una crisi del proprio debito: stampare carta moneta e, mediante l'inflazione da ciò generata, aumentare il Pil nominale e ridurre di conseguenza il debito (con effetti però negativi sul piano sociale). Oggi il rifinanziamento del debito dei singoli paesi della zona euro avviene in una valuta di cui non controllano il valore, quasi come se fosse un debito in valuta estera.

La crisi ha provocato una rinnovata tensione fra la tendenza degli stati a non cedere ulteriori poteri e l'opposta esigenza di un più stretto coordinamento delle politiche economiche e finanziarie e, quindi, di un più penetrante ruolo dell'Unione; nonché forti tensioni fra «paesi creditori» e «paesi debitori», ovvero fra i paesi con una più solida finanza pubblica (decisi a non assumersi, o ad assumersi nella misura più ridotta possibile, i costi del debito altrui, e comunque a richiedere in cambio draconiane politiche di rigore finanziario) e quelli in condizioni più precarie (che hanno bisogno di aiuti, e comunque di tempi lunghi, per rimettere a posto i conti senza imporre ai loro cittadini sacrifici intollerabili). Tali tensioni hanno trovato un preoccupante riflesso anche nell'opinione pubblica, suscitando crescenti sentimenti anti-europei, sia nei paesi meno virtuosi del Sud Europa sia in quelli del Nord Europa chiamati a interventi solidali.

I fondi salva-stati

Dopo molte esitazioni e incertezze che hanno aggravato la situazione sui mercati, gli stati della zona euro hanno dovuto ricorrere a sempre più massicci interventi di sostegno. Prima si sono allestiti strumenti finanziari temporanei volti a dar respiro finanziario ai paesi in difficoltà (in particolare, il *fondo europeo di stabilità finanziaria*, cosiddetto fondo salva-stati noto con l'acronimo Efsf). Successivamente si è faticosamente concordata l'istituzione di uno strumento permanente, attraverso una mini-riforma del Tfue (art. 136), affiancata dalla firma di un trattato *ad hoc* sottoscritto dai soli stati dell'eurozona (il *Trattato che istituisce il meccanismo europeo di stabilità*, ovvero il fondo salva-stati noto con l'acronimo Esm). La scelta è stata fortemente voluta dalla Germania, il cui Tribunale costituzionale, come ha ribadito in una sentenza del settembre 2012, richiede il coinvolgimento delle istanze democratiche nazionali (cioè del *Bundestag*, chiamato assieme agli altri parlamenti ad autorizzare la ratifica) in caso di ulteriori impegni europei suscettibili di limitare la sovranità nazionale. L'Esm è un'istituzione intergovernativa che può concedere prestiti e anche acquistare titoli di debito pubblico, ma solo a condizioni severe (riforme strutturali del paese che ne fa richiesta). Le risorse del fondo (fino a 700 miliardi di euro) derivano in parte da capitale sottoscritto dagli stessi stati dell'eurozona, in parte da obbligazioni emesse sul mercato. Le sue decisioni sono assunte con voto ponderato in modo da assicurare il consenso dei maggiori finanziatori (l'Italia è il terzo dopo Germania e Francia).

Il rafforzamento della sorveglianza economica e di bilancio

Accanto alla predisposizione di strumenti di stabilizzazione finanziaria e di solidarietà legati all'emergenza, si è riproposta l'esigenza di rafforzare il governo della finanza pubblica nell'Ue. In realtà, parametri vincolanti relativi al disavanzo annuale di bilancio (rapporto deficit/Pil non superiore al 3%) sono presenti nell'ordinamento dell'Unione sin dal Trattato di Maastricht del 1992 (fra i criteri di convergenza in vista dell'adozione della moneta unica), e sono stati ulteriormente disciplinati dal **Patto di stabilità e crescita** (adottato ad Amsterdam nel 1997). Tuttavia, da un lato quest'ultimo è stato non poche volte disatteso (anche da Germania e Francia), dall'altro fra i parametri nulla di vincolante era in effetti previsto in ordine al debito pubblico complessivo. Con la tempesta finanziaria degli anni dal 2008 ad oggi i nodi sono venuti al pettine per le ragioni che si sono dette.

Si è pertanto pervenuti a una complessiva riforma della *governance economica europea*, dapprima con un pacchetto di misure legislative entrate in vigore nel novembre 2011, allo scopo di assicurare maggiore sorveglianza, criteri più stringenti e sanzioni automatiche nei confronti degli stati che, non ottemperando ai vincoli di politica finanziaria dell'Unione, ne mettano a repentaglio la stabilità. Nello stesso tempo è stata istituita una procedura di valutazione *ex ante* in sede europea dei bilanci dei singoli paesi (e infatti l'Italia ha per questo adeguato la disciplina del proprio ciclo di bilancio, v. cap. 9). L'esigenza di rafforzare l'unione economica e monetaria ha poi portato all'adozione di un nuovo «patto», il cosiddetto *fiscal compact*, per obbligare gli stati a perseguire l'equilibrio di bilancio, impegnandoli a introdurre tale vincolo nel proprio ordinamento interno (l'Italia lo ha fatto nel 2012 con norma di rango costituzionale), e obbligarli quindi a impegnativi percorsi sia di correzione dei disavanzi eccessivi sia di rientro dai debiti superiori al 60% del Pil. Questi ulteriori vincoli, a causa dell'opposizione della Gran Bretagna a una revisione dei trattati dell'Unione, sono stati oggetto di un accordo intergovernativo sottoscritto da 25 dei paesi Ue (il *Trattato sulla stabilità, sul coordinamento e sulla governance nell'unione economica e monetaria*, entrato in vigore il 1° gennaio 2013).

Il *fiscal compact*

L'unione bancaria

Va aggiunto che viene realizzandosi anche l'*unione bancaria*, il cui scopo è di salvaguardare la stabilità finanziaria della zona euro e di tutta l'Ue e di ridurre le turbolenze provocate da eventuali fallimenti di banche. Dal novembre 2014 è operativo il *meccanismo di vigilanza unico* (Mvu, sotto l'egida della Banca centrale europea) e dal gennaio 2016 il *meccanismo di risoluzione unico* (Mru), al fine di fronteggiare situazioni di dissesto attraverso un fondo finanziato dal settore bancario. Inoltre, è in corso di approvazione un regolamento per l'istituzione del *sistema europeo di assicurazione dei depositi*.

Nel quadro del Mru vige la *direttiva sul risanamento e la risoluzione degli enti creditizi*, in base alla quale il risanamento delle banche in dissesto deve avvenire a carico non dei contribuenti ma degli azionisti e creditori delle banche stesse (*bail-in* o salvataggio interno: direttiva 2014/59/Ue, attuata con d.lgs. 180/2015 e d.lgs. 181/2015). Di qui le ricadute su tutti coloro, anche piccoli risparmiatori, che avevano comprato azioni o obbligazioni cosiddette derivate (cioè titoli giuridicamente soggetti al rischio di impresa) di alcune banche dichiarate insolventi: vicenda che ha suscitato in Italia vivaci polemiche (casi della Banca popolare dell'Etruria e del Lazio, della Banca delle Marche, della Cassa di risparmio di Ferrara e della Cassa di risparmio della provincia di Chieti).

La crisi migratoria

Alle difficoltà del sistema finanziario si aggiungeva, nel corso del 2015, la crisi dei rifugiati determinata dall'afflusso in numeri mai sperimentati in passato di persone in fuga dal loro paese (secondo l'Alto commissariato dell'Onu per i rifugiati, il 49% dalla Siria, il 21% dall'Afghanistan, l'8% dall'Iraq: un quarto del totale minori) e intenzionate a chiedere asilo in questo o quel paese dell'Unione europea o anche solo a emigrare. La vicenda, di dimensioni apparse presto epocali (un milione di persone in arrivo quasi tutte nel secondo semestre dell'anno), ha messo a durissima prova una Unione già fiaccata, con poche eccezioni, da una prolungata recessione e da una successiva ripresa assai lenta e non uniforme, riattizzando gli egoismi nazionali.

Italia e Grecia, da un lato, e Ungheria, dall'altro, si sono trovati nell'occhio del ciclone per la difficoltà oggettiva di accogliere adeguatamente ondate di arrivi sulle proprie coste meridionali o attraverso la rotta balcanica. Al di là degli aspetti logistici, in base alle norme Ue sul sistema europeo comune di asilo (il *regolamento di Dublino* del 2013) la responsabilità di registrare i richiedenti asilo e valutare la legittimità della richiesta di protezione internazionale è dello stato di primo ingresso nell'Unione; ove un richiedente riesca a evitare la registrazione e recarsi in un altro stato dell'Unione, questo ha il diritto di rispedirlo al primo. Un sistema siffatto ha finito con lo scaricare oneri difficilmente sostenibili sui paesi prima citati, accusati a loro volta dagli stati «non di confine» di aver deliberatamente omesso molte registrazioni, di fatto agevolando i richiedenti asilo a raggiungere la loro destinazione preferita. D'altra parte, nessun meccanismo era stato inizialmente messo in opera dall'Unione per alleviare il peso sui paesi «di confine». Del pattugliamento del Mediterraneo per contrastare gli «scafisti» e salvare i naufraghi abbandonati al loro destino dagli organizzatori dei «viaggi» si era preso carico l'operazione interamente italiana *Mare nostrum*, seguita solo alla fine del 2014 dalla più limitata operazione europea *Triton* gestita da Frontex (l'agenzia Ue per il controllo delle frontiere esterne). Successivamente l'Unione ha aumentato i fondi per le operazioni di pattugliamento, elaborato piani per combattere il traffico di migranti (*Operazione Sophia*) e introdotto un nuovo sistema di quote per redistribuire i richiedenti asilo tra tutti gli stati membri. Diversi stati hanno però rifiutato di dar seguito all'obbligo di ricollocazione dei profughi, mentre altri, per scoraggiarne l'arrivo, hanno reintrodotto i controlli alle frontiere all'interno dello spazio Schengen. Infine, l'Unione ha avviato una collaborazione, invero assai onerosa, con la Turchia affinché sia essa a fare da filtro e assorbire la gran parte delle persone in arrivo dal Vicino Oriente e dall'Afghanistan: ciò ha ridotto significativamente la pressione sulla Grecia e sui Balcani, ma ha rilanciato la rotta verso l'Italia dalla Libia (paese nel quale il controllo delle frontiere è reso impossibile a causa della guerra civile scoppiata dopo la caduta del regime di Gheddafi).

La Brexit

In questo clima, ulteriormente aggravato dalla serie di attentati terroristici a Parigi (7 gennaio e 13 novembre 2015) e Bruxelles (22 marzo 2016), le opinioni pubbliche europee sono apparse tutte, in misura maggiore o minore, spaventate da quella che veniva percepita come una vera e propria «invasione» (ancorché i numeri complessivi nel 2016 appaiano in forte calo, quasi dimezzati), anche in paesi che geograficamente risentono meno del fenomeno. È il caso del Regno Unito, dove il 23 giugno 2016 si è tenuto il referendum sulla scelta se rimanere o no nell'Unione europea. Il voto popolare era stato promosso dal primo ministro conservatore Cameron per dare risposta al dissenso interno al proprio partito e alle pressioni esterne dei nazionalisti, dopo aver negoziato e ottenuto un pacchetto di misure *ad hoc* da offrire all'elettorato del suo paese (cioè condizioni speciali ulteriori rispetto a quelle di cui il Regno Unito ha finora goduto: v. le conclusioni del Consiglio europeo del 18-19 febbraio 2016). Se non che, con 17 milioni e quattrocentomila voti contro 16 milioni e centomila, i britannici decidevano di uscire dall'Ue. Si apriva così una crisi di portata imprevedibile, con immediate conseguenze sui mercati finanziari, che induceva Cameron a dimettersi e scuoteva i maggiori partiti (oltre ai conservatori, anche i laburisti per lo scarso impegno a favore dell'Unione messo nella campagna), metteva a repentaglio la stessa unità del Regno (Scozia e Irlanda del Nord votavano a larga maggioranza per restare nell'Ue), mentre in altri stati membri i partiti antieuropei rilanciavano i loro piani di uscita dall'Unione. Adesso è aperta la questione (politica e giuridica) dei tempi e delle modalità dell'uscita effettiva del Regno Unito dall'Ue, che dovrà avvenire sulla base dell'art. 50 Tue (quello che appunto disciplina la procedura di recesso). Il nuovo primo ministro Theresa May annunciava che non avrebbe invocato l'art. 50 prima dell'inizio del 2017.

La conseguenza a medio termine della crisi che ha messo in forse l'intera costruzione europea potrebbe essere una Unione a più velocità con una marcata differenziazione nel livello di integrazione. Gli stati hanno visto ridotta la loro sovranità, ma non hanno ancora avuto la possibilità di esercitarla *pro quota* attraverso più solide e più democratiche istituzioni europee. Resta così aperto il seguente dilemma: come garantire che il trasferimento di ulteriori poteri (in materia finanziaria e fiscale, così come di controllo e sicurezza delle frontiere) all'Unione vada di pari passo con un assetto istituzionale che l'opinione pubblica percepisca come non meno democratico di quello dei singoli stati membri.

PAROLE CHIAVE

- Attribuzione delle competenze
- Banca centrale europea
- Carta dei diritti fondamentali
- Diritto dell'Unione
- Cittadinanza europea
- Commissione
- Comunità europee
- Consiglio
- Consiglio europeo
- Cooperazione rafforzata
- Corte di giustizia
- Direttive
- Euro
- Fonti derivate
- Fonti originarie
- Parlamento europeo
- Politica estera e di sicurezza comune
- Politiche dell'Unione
- Procedura legislativa ordinaria
- Procedure legislative speciali
- Proporzionalità
- Regolamenti
- Ricorsi in via pregiudiziale
- Sussidiarietà
- Trattati
- Unione europea

FONTI

- Costituzione della Repubblica (artt. 11, 80, 97, 117, 119).
- Trattato sull'Unione europea [fatto a Maastricht, 7 febbraio 1992, come successivamente modificato, Tue].
- Trattato sul funzionamento dell'Unione europea [ex Trattato che istituisce la Comunità europea, fatto a Roma, 25 marzo 1957, come successivamente modificato, Tfue].
- Legge 24 dicembre 2012, n. 234 (Norme generali sulla partecipazione dell'Italia alla formazione e all'attuazione della normativa e delle politiche dell'Unione europea).

PER APPROFONDIRE

- G. Gaja e A. Adinolfi, *Introduzione al diritto dell'Unione europea*, Roma-Bari, Laterza, 2014.
- R. Mastroianni e G. Strozzi, *Diritto dell'Unione europea*, Torino, Giappichelli, 2013.
- F. Papadia e C. Santini, *La Banca centrale europea*, Bologna, Il Mulino, 2012.
- J. Ziller, *Diritto delle politiche e delle istituzioni dell'Unione europea*, Bologna, Il Mulino, 2013.

PERCORSO DI AUTOVERIFICA

1. Qualche cenno sulle origini e sviluppi dell'integrazione europea?
2. Come si può descrivere la struttura dell'Unione europea prima e dopo la riforma dei trattati?
3. Come si è arrivati al Trattato di Lisbona?
4. Qual è la composizione e quali le funzioni del Consiglio europeo?
5. Qual è la composizione e quali le funzioni del Consiglio?

6. Qual è la composizione e quali le funzioni del Parlamento europeo?

7. Qual è la composizione e quali le funzioni della Commissione?

8. Qual è la composizione e quali le funzioni della Corte di giustizia?

9. Qual è la composizione e quali le funzioni della Banca centrale europea?

10. Come sono disciplinati la cittadinanza e i diritti fondamentali nell'ordinamento dell'Unione?

11. Quale significato ha il principio di attribuzione? E i principi di sussidiarietà e proporzionalità?

12. Di quali politiche si occupa l'Unione?

13. Quali sono e in cosa si distinguono gli atti giuridici dell'Unione?

14. Quali sono le procedure legislative per l'adozione degli atti dell'Unione?

15. Quali caratteristiche fanno dell'Ue qualcosa di difficilmente definibile con le categorie tradizionali del diritto pubblico?

16. Perché è scoppiata la crisi nell'eurozona e come è stata fronteggiata? Quali le altre cause di crisi dell'Unione europea?

CAPITOLO 5

Le fonti del diritto

Le fonti del diritto sono il cuore di un ordinamento giuridico: da esse sgorgano, come da una sorgente appunto, le norme che l'ordinamento riconosce come proprie; ad esse ci si deve perciò rifare per sapere quale norma applicare al caso concreto.

1. COSA SONO LE «FONTI» DEL DIRITTO

Ciascun ordinamento giuridico stabilisce le regole affinché determinate norme possano essere riconosciute come appartenenti all'ordinamento stesso. *Si chiamano* **fonti del diritto** *i* fatti *o gli* atti *che l'ordinamento giuridico abilita a produrre norme giuridiche*. Requisiti delle norme giuridiche sono, di regola, la **generalità** (l'essere cioè riferite a una pluralità indistinta di soggetti) e l'**astrattezza** (il prevedere una regola ripetibile nel tempo a prescindere dal caso concreto, secondo lo schema «se A, allora B»).

Le fonti: definizioni

La teoria delle fonti del diritto si occupa sia delle regole che individuano *quali sono* le fonti del diritto, sia delle regole che stabiliscono i *modi* di produzione del diritto.

Chiamiamo **fonti *di* produzione** del diritto, cioè di norme giuridiche, quei *fatti* (eventi naturali o anche comportamenti umani *non* volontari) o quegli *atti* (comportamenti umani volontari e consapevoli) ai quali l'ordinamento attribuisce la capacità di produrre imperativi che esso riconosce come propri (con tutte le conseguenze che ciò comporta).

Fonti di produzione

Chiamiamo **fonti *sulla* produzione** quelle norme che disciplinano i modi di produzione del diritto oggettivo, individuando i soggetti titolari di potere normativo, i procedimenti di formazione, gli atti prodotti. Dal punto di vista di un ordinamento dato, sono norme giuridiche quelle poste da atti normativi deliberati nel rispetto delle regole sulla produzione; perciò, dal punto di vista

Fonti sulla produzione

dell'ordinamento italiano, sono fonti *di* produzione gli atti normativi posti nel rispetto delle norme *sulla* produzione dell'ordinamento italiano.

Fonti fatto

Quando l'ordinamento riconosce direttamente al corpo sociale (o a una parte di esso) la capacità di produrre norme in via, per così dire, autonoma (cioè senza che vi provvedano istituzioni a ciò espressamente deputate, come avviene di solito negli ordinamenti contemporanei), e dunque senza che siano seguite procedure particolari né che le norme stesse siano frutto di una ben individuabile ed espressa volontà, si parla di **fonti fatto**.

Fonti atto

Quando la norma è prodotta da un soggetto istituzionale portatore di una precisa volontà e nel rispetto delle procedure previste dalle fonti sulla produzione, si parla di **fonti atto** (la costituzione, la legge, il regolamento ecc.). Nelle prime contano i comportamenti umani assunti come fatti oggettivi; nelle seconde, invece, conta la volontà del soggetto istituzionale espressa secondo un procedimento di produzione del diritto prestabilito.

Le fonti di cognizione

Alle fonti sulla produzione è affidata, inoltre, la funzione di individuare i modi mediante i quali le norme prodotte sono portate a conoscenza dei destinatari. Si parla al riguardo di **fonti di cognizione** (v. par. 21).

L'appartenenza di un atto normativo alle fonti del diritto produce determinate conseguenze che valgono a distinguere il regime delle fonti da quello di tutti gli altri atti che fonti non sono (per esempio, gli atti amministrativi a carattere generale), nonché da atti normativi a mera rilevanza interna (per esempio, il regolamento di una biblioteca universitaria). Con riferimento alle sole fonti l'ordinamento prevede:

- la *pubblicazione* in forma *ufficiale*;
- l'applicazione del principio *iura novit curia* (il giudice è tenuto a conoscere la legge) e del principio *ignorantia legis non excusat* (nessuno può invocare a propria scusa l'ignoranza della legge);
- il ricorso in cassazione per violazione di legge contro le sentenze civili e penali *ex* art. 111.7 Cost.;
- l'interpretazione e applicazione del diritto *ex* art. 12 delle preleggi.

2. QUALI SOGGETTI CONCORRONO A PRODURRE DIRITTO

Dal punto di vista costituzionale il tema delle fonti del diritto implica una scelta relativa a quali soggetti debbano concorrere a introdurre nell'ordinamento norme giuridiche.

Nello **stato liberale** ottocentesco, e fino a parte del Novecento, i processi di produzione normativa ruotavano intorno ai due soggetti titolari del potere sovrano, il re e il parlamento. La fonte di produzione che esprimeva il più alto comando normativo (e dunque giuridicamente supremo, in quanto «espressione della volontà generale») era la legge del parlamento: la legge era chiamata perciò **fonte primaria**. Il governo del re doveva osservanza alla legge del parlamento, atto fonte a competenza generale, e poteva esercitare un potere normativo più limitato, nel rispetto e in esecuzione della legge, varando disposizioni in forma di regolamento: chiamato **fonte secondaria** proprio perché non c'era spazio per regolamenti del governo contrari alla legge. Nello stato liberale, dunque, il sistema delle fonti era alquanto semplice: di ciò costituisce esempio l'art. 1 delle *disposizioni sulla legge in generale* premesse al codice civile italiano del 1942 (chiamate anche *preleggi*) che, nell'individuare le fonti del diritto, fa riferimento esclusivamente alle leggi, ai regolamenti, agli usi.

Le preleggi

L'avvento dello **stato liberaldemocratico** ha determinato nel panorama delle fonti una vera e propria rivoluzione: la previsione di una costituzione rigida quale atto supremo dell'ordinamento giuridico, superiore a ogni altra fonte, *in primis* alla legge ordinaria. La costituzione non solo ha assunto il monopolio dei processi di produzione del diritto (in particolare di quelli di rango primario, v. par. 3), ma ha determinato la moltiplicazione delle sedi e dei soggetti titolari di poteri normativi. Ciò riguarda la distribuzione sia verticale sia orizzontale del potere di produrre norme giuridiche.

Costituzione e distribuzione del potere normativo

Sotto il primo profilo, la schematica successione stabilita dall'art. 1 delle preleggi è stata sostituita dal ben più complesso ordine gerarchico tra Costituzione, leggi costituzionali, leggi ordinarie e atti equiparati, regolamenti dell'esecutivo.

Sotto il secondo profilo, la Costituzione ha individuato processi di produzione del diritto a competenza riservata, attribuendo a soggetti determinati, in specifici ambiti, il potere normativo. Ciò si verifica:

a) in ragione del pluralismo istituzionale, attraverso l'attribuzione di poteri normativi agli enti territoriali (regioni, enti locali) che «costituiscono» la Repubblica (come afferma l'art. 114.1 Cost.);

b) in ragione dell'apertura all'ordinamento internazionale operata dagli artt. 10 e 11 Cost., che consentono l'ingresso nel nostro ordinamento di norme giuridiche prodotte in quello internazionale o derivanti da ordinamenti sovranazionali;

c) in ragione del pluralismo sociale, come ad esempio nel caso dei rapporti tra lo Stato e le confessioni religiose diverse dalla cattolica, che sono disciplinati sulla base di intese (art. 8 Cost.).

La moltiplicazione e, quindi, la complicazione dei processi di produzione del diritto rendono, da un lato, più stringente l'esigenza di assicurare la coerenza sistematica dell'ordinamento giuridico e, dall'altro, insufficienti i tradizionali criteri per ordinare la complessità del sistema delle fonti. Per questa ragione, come vedremo, accanto a quello *cronologico* e quello *gerarchico*, diventa indispensabile fare riferimento a un criterio ulteriore e diverso: il *criterio della competenza*.

3. LA COSTITUZIONE COME FONTE SULLE FONTI

La Costituzione – oltre a essere essa stessa una fonte del diritto – è la massima fonte *sulle* fonti, nel senso che essa legittima tutti i processi di produzione del diritto. La Costituzione individua le fonti del diritto e disciplina i modi di produzione, mediante le fonti previste, delle norme giuridiche che appartengono all'ordinamento.

La Costituzione, tuttavia, non stabilisce direttamente tutti i processi di produzione del diritto, ma si limita a determinare solo quelli più importanti:

- quelli che permettono di produrre **norme di rango costituzionale** (le leggi di revisione costituzionale e le «altre» leggi costituzionali *ex* art. 138 Cost.; gli statuti delle regioni speciali *ex* art. 116 Cost.);
- quelli che permettono di produrre **norme di rango primario** (le leggi ordinarie dello Stato *ex* artt. 70 ss. e 117 Cost.; i decreti legislativi e i decreti legge *ex* artt. 76 e 77 Cost.; i regolamenti parlamentari *ex* art. 64 Cost.; gli statuti delle regioni ordinarie *ex* art. 123 Cost.; le leggi regionali *ex* artt. 117 e 121 Cost.).

Carattere chiuso delle fonti primarie

Con riferimento agli **atti primari** (oltre che, naturalmente, a quelli costituzionali), il **sistema delle fonti del diritto** deve considerarsi un **sistema chiuso**. Ciò significa due cose.

1. Innanzitutto, che *non sono configurabili atti fonte primari al di là di quelli espressamente previsti dalla Costituzione*. La creazione di ulteriori atti fonte primari richiederebbe perciò una revisione costituzionale. Il fatto che la Costituzione individui il catalogo delle fonti primarie non significa però che le norme costituzionali esauriscano la disciplina dei procedimenti di formazione dei rispettivi atti. Sotto questo profilo, la Costituzione si limita a stabilire la *disciplina essenziale*, all'interno della quale possono essere fissate regole ulteriori. Così, infatti, norme sulla produzione sono contenute in altre fonti, le quali svolgono la funzione di integrare e completare gli spazi lasciati aperti dalla disciplina costituzionale. Ad esempio, il procedimento di formazione della legge ordinaria dello Stato è disciplinato in dettaglio dai regolamenti parlamentari; il procedimento di formazione della legge regionale dagli statuti di ciascuna regione; i procedimenti con cui sono adottati il decreto legislativo e il decreto legge dalle disposizioni della legge 400/1988 sulla potestà normativa del governo.

2. In secondo luogo, il carattere chiuso degli atti primari significa che *ciascun atto normativo non può disporre di una forza maggiore di quella che la Costituzione ad esso attribuisce*: nel senso, cioè, che un atto legislativo non potrebbe attribuire ad altri atti fonte una capacità pari alla propria di innovare al diritto oggettivo o di resistere all'abrogazione.

La forza di legge

Agli atti fonte primari va riconosciuta **forza di legge** (diversamente, per i regolamenti parlamentari v. par. 14). Alla «forza di legge» (o anche al «valore di legge», termini che si possono ritenere intercambiabili) fanno riferimento l'art. 77 Cost., al fine di individuare gli atti normativi del governo equiparati alla legge del Parlamento, e l'art. 134 Cost., nel prevedere la competenza della Corte costituzionale a giudicare della «legittimità costituzionale delle leggi e degli atti aventi forza di legge». Questa nozione va interpretata non già facendo riferimento al contenuto di ciascun atto (l'idoneità a porre norme generali e astratte), bensì alla sua forma (anche un provvedimento amministrativo, se approvato per legge, assume forza di legge).

Profilo attivo e profilo passivo della forza di legge

La Costituzione, quale fonte sulla produzione, individua gli atti abilitati a produrre diritto oggettivo attribuendo ad essi una determinata forza o efficacia formale, in relazione cioè ai requisiti formali di ciascun atto: il soggetto titolare del potere normativo, il procedimento di formazione dell'atto, la veste estrinseca dell'atto medesimo. La forza o efficacia formale di un atto fonte comprende due profili:

a) profilo attivo, cioè la **capacità di innovare** al diritto oggettivo subordinatamente alla Costituzione intesa come fonte suprema, abrogando o modificando atti fonte equiparati o subordinati;

b) profilo passivo, cioè la **capacità di resistere** all'abrogazione o modifica da parte di atti fonte che non siano dotati della medesima forza, in quanto espressione del medesimo processo di produzione normativa.

Così la forza o efficacia formale di una legge del Parlamento designa al contempo la capacità (attiva) di abrogare o modificare precedenti atti legislativi (e regolamentari) e la capacità (passiva) di non farsi abrogare o modificare da successivi atti subordinati alla legge stessa. Il concetto di forza di legge, implicando che a una certa forma corrisponda una certa forza attiva e passiva, presuppone che il sistema delle fonti sia ordinato secondo una scala gerarchica, di modo che l'atto gerarchicamente superiore prevalga sull'atto gerarchicamente subordinato. Ciò, tuttavia, trova un limite in tutti quei casi in cui sussiste una dissociazione tra la forma tipica dell'atto e la forza ad esso attribuita, per i quali, come si dirà, il criterio della gerarchia viene sostituito dal criterio della competenza (v. par. 13).

Carattere aperto delle fonti secondarie

Per tutto il resto, ossia per gli **atti secondari** subordinati a quelli primari, il **sistema delle fonti del diritto** è invece un **sistema aperto**. L'individuazione degli atti fonte secondari, infatti, è lasciata alla disponibilità dei soggetti titolari di potere normativo primario, sia pure nel rispetto dei limiti costituzionali esistenti, tra cui soprattutto la gerarchia e la competenza delle fonti, nonché il *principio di legalità*, in base al quale tutti gli atti secondari devono essere deliberati sulla base di una previa norma di legge.

4. UNITÀ, COERENZA E COMPLETEZZA DELL'ORDINAMENTO

Come si è detto nel capitolo 1, ogni ordinamento è (o meglio: tende a essere considerato dall'interprete) un sistema. La pluralità delle fonti del diritto, quindi delle norme giuridiche che mediante le fonti sono prodotte, richiede che siano predeterminati i criteri attraverso i quali l'ordinamento possa mantenere le caratteristiche di unità, coerenza e completezza.

Unità significa che tutte le norme possono farsi risalire, in ultimo, al potere costituente, cioè al momento fondante dell'ordinamento e all'atto che con esso viene posto, la Costituzione.

Le antinomie normative

Coerenza significa che l'ordinamento, in quanto sistema, non tollera contraddizioni tra le parti (gli atti e le norme) che lo compongono. La continua produzione di nuovo diritto rende inevitabile il formarsi di *antinomie*: intendendosi con tale concetto i contrasti tra norme, ossia casi in cui due norme qualifichino un medesimo comportamento in modo tale che l'osservanza dell'una comporta necessariamente l'inosservanza dell'altra. Come subito vedremo, ciascun ordinamento prevede criteri e meccanismi per risolvere le antinomie, per consentire cioè all'interprete di scioglierle individuando la norma, l'unica norma, che deve essere applicata in concreto.

Le lacune normative

Completezza significa assenza di *lacune* o *vuoti* normativi, ossia casi non previsti dal diritto positivo: l'ordinamento predispone determinati rimedi per colmarli e permette all'interprete, anche quando sembri mancare qualsiasi disciplina giuridica, di rinvenire la norma applicabile al caso concreto.

5. I CRITERI PER ORDINARE LE FONTI DEL DIRITTO

Come risolvere i contrasti tra norme

Nel nostro ordinamento i criteri per ordinare le norme giuridiche prodotte dalle fonti del diritto e risolvere i contrasti tra norme si traggono dalla Costituzione e da talune disposizioni contenute nelle *preleggi al codice civile* del 1942. Queste, nonostante il mutato contesto costituzionale, possono considerarsi ancora in vigore, in quanto espressione di principi di carattere generale. La risoluzione delle antinomie è un'operazione essenzialmente pratica, essendo svolta non tanto in sede di *produzione* del diritto quanto in sede di *applicazione* del diritto, da parte dell'interprete e, in ispecie, del giudice. I criteri sono:

- criterio cronologico;
- criterio gerarchico;
- criterio della competenza.

Criterio cronologico e abrogazione

Il **criterio cronologico** regola la successione degli atti normativi nel tempo: in caso di contrasto tra norme stabilite da fonti aventi il medesimo rango gerarchico e la medesima competenza ossia da **fonti equiparate** (ad es. tra legge ordinaria e altra legge ordinaria; tra legge ordinaria e un atto avente forza di legge; tra regolamento governativo e altro regolamento governativo, ma non tra legge e regolamento), prevale e deve essere applicata la norma posta successivamente nel tempo («*lex posterior derogat priori*»). Ciò corrisponde a un principio intrinseco al diritto moderno, per cui le decisioni più recenti devono prevalere su quelle prese in passato (a meno che non si tratti di leggi speciali: per queste vale il principio «*lex posterior generalis non derogat priori speciali*»). In base al criterio cronologico, la norma precedente è abrogata da quella successiva: l'**abrogazione** deriva dall'applicazione di tale criterio. Gli atti normativi, completato il procedimento di formazione per essi prescritto, **entrano in vigore** e iniziano a produrre la propria **efficacia**, diventando obbligatori per tutti e suscettibili di applicazione in concreto.

L'efficacia degli atti normativi

Essi, una volta vigenti, valgono di norma *solo per il futuro*, ossia per i fatti e i rapporti sorti successivamente alla loro entrata in vigore: non hanno cioè, *di regola*, efficacia retroattiva. Il **divieto di efficacia retroattiva**, infatti, essendo stabilito in un atto legislativo (l'art. 11 delle preleggi), è derogabile secondo lo stesso criterio cronologico, per effetto di una legge successiva che disponga diversamente. In questi casi la legge retroattiva si applica anche a fatti e rapporti sorti prima della sua entrata in vigore, sottraendoli così alla disciplina previgente. La retroattività della legge, ove disposta, non è mai assoluta, in quanto riguarda non tutti i rapporti del passato ma solo i *rapporti pendenti*, ossia suscettibili di essere ancora regolati, a differenza dei *rapporti esauriti*, ossia insuscettibili di ulteriore regolazione e quindi irretrattabili (ad es. un contratto di vendita che abbia esaurito ogni effetto perché è avvenuto lo scambio di cosa contro prezzo). Il limite alla retroattività si giustifica anche con l'esigenza di garantire i *diritti quesiti*, cioè le situazioni che, perfezionatesi sulla base di una determinata disciplina, non possono essere messe in discussione da una legge successiva, e di garantire perciò la certezza del diritto. Il divieto di retroattività, invece, è assoluto e inderogabile per le *leggi in materia penale*, essendo stabilito dall'art. 25.2 Cost. che «nessuno può essere punito se non in forza di una legge che sia entrata in vigore prima del fatto commesso». Diverso è il principio di retroattività delle leggi più favorevoli al reo, previsto non dalla Costituzione ma dal codice penale (art. 2), che è suscettibile di deroghe in taluni casi (v. sent. 236/2011).

Rapporti pendenti e rapporti esauriti

Gli atti normativi, dunque, cessano di essere efficaci a seguito dell'abrogazione da parte di successivi atti equiparati. L'effetto abrogativo presuppone un contrasto tra due norme entrambe valide ma deliberate in tempi diversi: non elimina la norma precedente, bensì ne **circoscrive nel tempo l'efficacia** limitandola ai fatti sorti dalla data in cui era entrata in vigore a quella in cui è stata abrogata. Distinta dall'abrogazione è la **deroga**, che si ha allorché si prevede un'eccezione alla norma circoscrivendo il suo ambito di applicazione nel tempo o nello spazio o i suoi destinatari: resta però pienamente efficace la disciplina generale che si applica a tutti gli altri casi.

Tipi di abrogazione

L'abrogazione, secondo l'art. 15 delle preleggi, può essere di tre tipi:

- **abrogazione espressa**, che è disposta direttamente dal legislatore quando nel testo di una legge vengono indicate le disposizioni preesistenti specificamente abrogate; in questo caso all'interprete, in sede di applicazione, non resta che prendere atto dell'avvenuta abrogazione;
- **abrogazione per incompatibilità**, chiamata anche tacita, che a differenza di quella espressa non è disposta dal legislatore, ma viene accertata in via

applicativa quando l'interprete rileva il contrasto tra due norme dal contenuto incompatibile, per cui deve scegliere tra l'una e l'altra;

- **abrogazione per nuova disciplina dell'intera materia** già regolata da una legge anteriore, per cui la nuova disciplina si sostituisce alla precedente.

Criterio gerarchico

Quando l'antinomia concerne invece norme poste da **fonti non equiparate**, non si può fare ricorso al criterio cronologico, ma deve applicarsi il **criterio della gerarchia**: il conflitto fra norme aventi una diversa posizione gerarchica va risolto nel senso che prevale la norma posta dalla fonte superiore o sovraordinata. Oltre che per il presupposto (il differente rango delle fonti appunto), il criterio gerarchico si distingue dal criterio cronologico per l'effetto conseguente al giudizio che risolve l'antinomia. Nell'applicare la norma sovraordinata, la norma sottordinata non si considera abrogata, ma è **invalida**, ossia viziata per non avere rispettato l'ordine gerarchico delle fonti. Come tale, essa deve essere eliminata dall'ordinamento giuridico mediante l'**annullamento** ad opera dei competenti organi giurisdizionali: in caso di contrasto tra Costituzione e legge (o atto avente forza di legge), la legge invalida, ricorrendone i presupposti, può essere dichiarata costituzionalmente illegittima dalla Corte costituzionale (v. cap. 15); in caso di contrasto tra legge e regolamento, l'annullamento può essere pronunciato dal giudice amministrativo (v. cap. 13). L'invalidità, a differenza dell'abrogazione, determina l'eliminazione dall'ordinamento dell'atto e la caducazione di ogni sua efficacia, non solo quella *pro futuro* ma anche quella prodotta nel passato: non solo *ex nunc* ma anche *ex tunc* (**efficacia retroattiva**, comunque con esclusione dei rapporti esauriti, v. sopra).

Criterio della competenza

Il criterio cronologico, allo stesso modo, non può essere utilizzato quando le fonti sono ordinate dalla Costituzione secondo differente competenza, riferita o alla dimensione territoriale nell'ambito della quale l'atto fonte è destinato a operare, o alla materia ovvero al particolare oggetto disciplinato. In questi casi, infatti, si ricorre al **criterio della competenza** e le antinomie devono essere risolte dando applicazione alla norma posta dalla fonte competente a disciplinare una determinata fattispecie, *con esclusione di altri atti fonte*. Il rapporto tra norme contrastanti è un rapporto tra norma valida e norma invalida (diversamente dal criterio cronologico che vuole tutte norme valide), sicché la norma non competente, come la norma gerarchicamente sottordinata, è una *norma invalida* che deve essere eliminata dall'ordinamento mediante *annullamento*, secondo quanto già visto.
Esempi di applicazione del criterio di competenza sono dati dall'art. 64 Cost. con riferimento alla disciplina dell'organizzazione e del funzionamento di ciascuna camera, vera e propria *riserva di competenza* a favore dei regolamenti parlamentari; e dall'art. 117 Cost., là dove esso individua le materie di competenza della legge statale e della legge regionale.

6. L'INTERPRETAZIONE DEL DIRITTO

L'applicazione del diritto, che come si è detto comporta la risoluzione di eventuali antinomie, presuppone un'attività interpretativa, intesa come quella attività che, partendo dal testo degli atti normativi, mira alla ricostruzione del loro significato. I criteri che regolano l'interpretazione del diritto, non disponendo la Costituzione nulla al riguardo, sono quelli indicati dall'art. 12 delle preleggi e quelli elaborati in dottrina o dalla giurisprudenza. In particolare, si parla di:

Criteri di interpretazione

- **interpretazione letterale o testuale**, ossia secondo il senso «fatto palese dal significato proprio delle parole secondo la connessione di esse»;
- **interpretazione teleologica**, ossia secondo il fine o l'intenzione del legislatore, nel doppio significato di *i)* scopo *soggettivo* perseguito dal legislatore al tempo in cui ha posto una determinata disciplina, *ii)* scopo *oggettivo* ricavato dal tenore dell'atto normativo;
- **interpretazione logico-sistematica**, ossia secondo la connessione tra le diverse disposizioni all'interno dell'atto normativo considerato, collocate nel contesto dell'ordinamento complessivo.

Lacune e analogia

Nell'art. 12 delle preleggi si fa poi riferimento all'**interpretazione analogica** come rimedio per colmare lacune o vuoti normativi *rilevanti* che richiedono una soluzione giuridica. L'**analogia** consiste *nell'applicare a un caso non previsto una disciplina prevista per casi simili*. Si distinguono in particolare due tecniche. Quando la lacuna può essere colmata rinviando appunto alla disciplina dettata per un caso simile o per materie analoghe, si ha la *analogia legis*: ad esempio, quando la navigazione aerea cominciò a svilupparsi e non c'erano ancora norme in materia, si applicò il codice della navigazione marittima. Nel caso in cui invece manchino anche norme che regolino casi simili, la lacuna può essere colmata facendo ricorso ai **principi generali dell'ordinamento giuridico dello Stato** (da non confondere col concetto, più ristretto, di *principi supremi dell'ordinamento costituzionale*, v. par. 7), ricavabili per via interpretativa dal complesso delle norme vigenti, e si ha la *analogia iuris*.

L'art. 14 delle preleggi prevede una importante deroga all'interpretazione analogica, stabilendo il **divieto di analogia** per le leggi penali e per le leggi speciali (cioè quelle che fanno eccezione rispetto a discipline di carattere generale). Per le disposizioni della Costituzione che prevedono diritti fondamentali vale il **criterio di stretta interpretazione**: in caso di dubbio, l'interprete non può attribuire alle disposizioni costituzionali un significato in alcun modo restrittivo o lesivo dei diritti fondamentali da esse previsti (*favor libertatis*).

La pluralità degli interpreti del diritto, peraltro, è causa di possibili differenti interpretazioni normative. Nel nostro ordinamento esistono due modi principali per ricondurre a unità le divergenze di interpretazione tra gli operatori giuridici, soprattutto nel caso dei giudici. Basti pensare alla funzione *nomo-*

filattica della Corte di cassazione (v. cap. 14); nonché al ruolo privilegiato della Corte costituzionale, come *organo di chiusura* del sistema costituzionale nel suo complesso (v. cap. 15).

L'interpretazione autentica

Dall'attività di interpretazione vista fino a questo punto va nettamente tenuta distinta l'**interpretazione autentica**, ossia l'interpretazione effettuata con legge dal legislatore stesso (per tale ragione ritenuta, solo simbolicamente, «autentica»), con riferimento a un precedente testo legislativo di dubbio significato. Le leggi di interpretazione autentica sono *naturalmente* leggi *retroattive*, dato che il significato stabilito dal legislatore riguarda disposizioni già in vigore: dal momento dell'entrata in vigore della legge di interpretazione autentica l'interprete (qualsiasi interprete) deve applicare la legge secondo il senso prescritto dal legislatore. Parte della dottrina, in considerazione del fatto che simili leggi fissano autoritativamente l'unico significato che la disposizione interpretata deve esprimere, ritiene che l'interpretazione autentica non sia interpretazione del diritto ma *produzione di nuovo diritto*. La Corte costituzionale propende per la natura solo *interpretativa* di queste leggi. Perciò dichiara incostituzionali quelle leggi di interpretazione autentica che anziché interpretare, in realtà innovano. La natura interpretativa va infatti riconosciuta soltanto alla legge che, fermo il tenore testuale della disposizione interpretata, ne chiarisce il contenuto scegliendo una sola tra le varie interpretazioni ragionevolmente possibili (v. sentt. 233/1988, 155 e 380/1990). In tal caso la legge interpretativa è considerata legittima, sempre che siano rispettati i limiti generali posti dalla Corte all'efficacia retroattiva delle leggi, in particolare il «rispetto delle funzioni costituzionalmente riservate al potere giudiziario»: da qui l'illegittimità di norme interpretative volte a influire arbitrariamente su giudizi in corso di definizione (v. sent. 209/2010).

7. LA COSTITUZIONE E LE FONTI COSTITUZIONALI

La Costituzione è l'atto supremo dell'ordinamento in quanto posta dal *potere costituente*: di fronte alla Costituzione, allora, tutti gli altri atti fonte sono subordinati in quanto prodotti da *poteri costituiti*, ossia previsti e disciplinati dalla Costituzione stessa (la cui supremazia è garantita attraverso la giustizia costituzionale, v. cap. 15). Sua caratteristica essenziale è la **rigidità**. Rigidità della Costituzione significa che può essere modificata solo mediante uno speciale procedimento di revisione costituzionale.

La rigidità della Costituzione

L'art. 138 Cost. prevede tra le fonti del diritto di rango costituzionale «le leggi di revisione della Costituzione e le altre leggi costituzionali», prescrivendo per entrambe il medesimo procedimento di formazione. La differenza è quindi materiale, riguarda cioè il contenuto:

- le **leggi di revisione costituzionale**, come dice la parola, hanno come oggetto la modificazione, mediante emendamento, aggiunta o soppressione, di parti del testo della Costituzione. Dal 1948 a oggi sono state approvate 15 leggi di revisione (v. tabella nel par. 7 del cap. 16);

- le **leggi costituzionali** (senza ulteriore specificazione) sono sia quelle espressamente richiamate da singole disposizioni della Costituzione, per integrare la disciplina di determinate materie (si tratta di casi di *riserva di legge costituzionale*: v. artt. 71.1, 96, 116.1, 132.1, 137.1), sia quelle che, tenuto conto dell'importanza della materia, il Parlamento decide di deliberare nelle forme dell'art. 138. Esse affiancano il testo della Costituzione, pur non facendone parte.

Il procedimento aggravato delle leggi di rango costituzionale

Il procedimento di formazione delle leggi di rango costituzionale è diverso rispetto a quello di approvazione delle leggi ordinarie. Si chiama *procedimento aggravato* e prevede una *duplice lettura* da parte di ciascuna camera:

1. la **prima lettura** si svolge secondo le regole previste per qualunque procedimento legislativo, ma con divieto di approvazione in commissione in sede legislativa (v. cap. 9);

2. la **seconda lettura**, a distanza non inferiore ai 3 mesi (pausa di riflessione), richiede maggioranze qualificate.

In questa seconda lettura:

a) se il progetto di legge costituzionale è stato approvato a **maggioranza assoluta** dei componenti di ciascuna camera, esso viene pubblicato in *Gazzetta Ufficiale* a scopo *notiziale*, senza essere immediatamente promulgato dal presidente della Repubblica. Dal giorno della pubblicazione, infatti, decorrono 3 mesi entro cui un quinto dei componenti di una camera o cinque consigli regionali o cinquecentomila elettori possono richiedere che la legge approvata sia sottoposta a **referendum costituzionale**. Richiesto il referendum, la legge costituzionale è promulgata (e nuovamente pubblicata) solo se, nella consultazione popolare, è stata approvata dalla maggioranza dei voti validi (manca un *quorum strutturale* a differenza del referendum abrogativo, v. cap. 8). Naturalmente, qualora il termine di 3 mesi spiri senza che nessuna richiesta di referendum venga presentata, si procede alla promulgazione e pubblicazione della legge costituzionale;

b) se invece il progetto è stato approvato a **maggioranza dei due terzi** dei componenti di ciascuna camera, *non* è consentito richiedere referendum e la legge costituzionale viene senz'altro promulgata e pubblicata.

Il referendum costituzionale svolge una funzione di garanzia, essendo previsto a tutela delle minoranze alle quali è data la possibilità, se non coinvolte nell'approvazione parlamentare, di chiedere all'intero corpo elettorale di pronunciarsi sulla legge di revisione (o su altra legge costituzionale) voluta dalla maggioranza.

I limiti alla revisione costituzionale

Esistono, tuttavia, **limiti alla revisione costituzionale**, direttamente connessi al concetto di rigidità, che segnano il confine tra modificazioni della Costituzione (legittime) e mutamento della Costituzione (illegittimo).

L'unico **limite espresso** è stabilito all'art. 139 Cost., secondo cui «la forma repubblicana non può essere oggetto di revisione costituzionale».

Ma secondo la dottrina prevalente esistono anche **limiti impliciti**, ossia non espressamente individuati, bensì dipendenti dalle scelte fondamentali consacrate nella Costituzione repubblicana. Questi limiti coincidono con i **principi supremi dell'ordinamento costituzionale**, che la Corte costituzionale ha richiamato nella sent. n. 1146 del 1988. Ad esempio: il valore della dignità umana cui si riconnettono i diritti inviolabili; il principio della sovranità popolare; il principio pluralista; il principio di laicità dello Stato; il principio di eguaglianza; l'indefettibilità della tutela giurisdizionale dei diritti fondamentali. Sono quei principi che danno identità all'ordinamento costituzionale (appartengono «all'essenza dei valori supremi sui quali si fonda la Costituzione») e in quanto tali, se intaccati nel loro contenuto essenziale, darebbero luogo non a *revisione* ma appunto a *mutamento* costituzionale.

Limite logico alla revisione costituzionale è stato ritenuto, da parte di alcuni, lo stesso art. 138 Cost.: ciò si spiega perché la garanzia della rigidità non potrebbe logicamente essere raggirata abrogando la norma che la Costituzione pone a suo presidio. Secondo altri, tale limite varrebbe non tanto per l'attuale formulazione dell'art. 138 ma per i principi ad esso sottesi. Esso potrebbe essere modificato purché siano rispettati tre caratteri essenziali: procedimento che imponga un consenso al di là della maggioranza semplice; possibile coinvolgimento del corpo elettorale; decisione ponderata attraverso l'intervento ripetuto di ciascuna camera. Ad esempio, le leggi costituzionali istitutive delle commissioni bicamerali per le riforme nel 1993 e nel 1997 (v. cap. 16) modificarono il procedimento di cui all'art. 138 senza ridurne la rigidità.

Fra le riserve di legge costituzionale, sono caratterizzate da un procedimento che differisce in parte da quello dell'art. 138 le leggi costituzionali con cui sono adottati gli **statuti delle regioni speciali** (v. par. 16).

Una legge costituzionale rinforzata

Infine, un tipo di **legge costituzionale rinforzata** è quella prevista dall'art. 132.1 Cost. per la fusione di regioni ovvero la creazione di una regione nuova. Il procedimento si divide nelle seguenti fasi: *a*) iniziativa presa da tanti consigli comunali che rappresentino almeno un terzo delle popolazioni interessate; *b*) acquisizione del parere dei consigli regionali; *c*) approvazione della proposta con referendum a maggioranza delle popolazioni stesse; *d*) approvazione della legge costituzionale ai sensi dell'art. 138 Cost. (cioè della legge di revisione dell'art. 131 Cost., nel quale sono elencate le regioni). Le nuove regioni devono avere in ogni caso una popolazione non inferiore a un milione di abitanti.

8. LE FONTI DELL'UNIONE EUROPEA

Abbiamo già descritto nel capitolo 4 le fonti normative dell'Unione europea (o *fonti comunitarie*, ma dopo il Trattato di Lisbona non sono più formalmente chiamate così). E abbiamo anticipato alcune questioni fondamentali che esse pongono sotto il profilo giuridico, prima fra tutte quella del **fondamento**

costituzionale dell'assunzione da parte del nostro ordinamento degli obblighi derivanti dal diritto dell'Ue, alla quale va qui collegata la questione dei **rapporti tra fonti dell'Unione e fonti nazionali**.

Il primato del diritto dell'Unione

Le autorità amministrative e giurisdizionali italiane applicano il diritto dell'Unione in parte direttamente (nel caso dei **regolamenti**), in parte previo adeguamento dell'ordinamento interno (nel caso delle **direttive**); e lo fanno, come subito vedremo, *disapplicando* (o meglio: *non applicando*) il diritto italiano eventualmente incompatibile. Ciò in forza del **primato del diritto dell'Unione**, affermato dalla Corte di giustizia europea che lo considera un principio fondamentale insito nella specifica natura dei trattati. In talune sentenze della Corte di giustizia il primato delle norme Ue è fatto valere persino rispetto a disposizioni nazionali di rango costituzionale (ad esempio, rispetto a disposizioni della Costituzione tedesca, nella sentenza *Tanja Kreil*, causa C-285/98, del 2000).

Tenuto conto che la nostra Costituzione prevede un sistema chiuso di fonti primarie e tenuto conto che l'Italia ha ratificato e dato esecuzione ai trattati dell'Ue con legge ordinaria (come qualsiasi altro trattato), la domanda è: com'è possibile tutto ciò dal punto di vista dell'ordinamento giuridico italiano?

La copertura costituzionale dell'art. 11

A differenza di gran parte degli stati membri nei quali si è proceduto a periodiche revisioni costituzionali, nel nostro paese si è affermata, con l'avallo della Corte costituzionale, un'interpretazione secondo la quale l'art. 11 Cost. sarebbe sufficiente a consentire di stipulare trattati con cui ci si obbliga a **limitazioni di sovranità**. Come si è visto nel capitolo 3, infatti, quest'articolo recita così: «L'Italia... consente, in condizioni di parità con gli altri stati, alle limitazioni di sovranità necessarie a un ordinamento che assicuri la pace e la giustizia fra le nazioni; promuove e favorisce le organizzazioni internazionali rivolte a tale scopo». Il costituente in realtà non pensava all'integrazione europea (e neppure *poteva* dati i tempi); pensava piuttosto alle appena nate Nazioni Unite. Sta di fatto che l'aggancio all'art. 11 è parso sufficiente anche rispetto al notevole approfondimento dei vincoli europei, specie dopo il Trattato di Maastricht. Solo nel 2001, con la riforma del titolo V, è intervenuta una nuova formulazione dell'art. 117 Cost. che ha introdotto il riferimento ai **«vincoli derivanti dall'ordinamento comunitario»** e menzionato per la prima volta in Costituzione l'Unione europea (v. anche artt. 97 e 119, modificati nel 2012, con specifico riferimento ai vincoli Ue alle politiche di bilancio).

Gli unici limiti, o cosiddetti *controlimiti*, stabiliti dalla Corte costituzionale (sent. 232/1989), in linea con la giurisprudenza di altri paesi (ad es. Germania), sono quelli del rispetto dei **principi fondamentali** del nostro ordinamento costituzionale e dei **diritti inalienabili** della persona umana (quegli stessi che la Corte ha affermato costituire limiti alla revisione costituzionale, v. sopra). Si tratta di una clausola giurisprudenziale di salvaguardia che non ha avuto, finora, effetti concreti: l'ordinamento dell'Unione proclama a più riprese, come si è visto, principi e diritti in tutto analoghi se non coincidenti con quelli di cui la Corte esige il rispetto.

Rapporti tra fonti Ue e fonti interne

Il problema dei rapporti tra fonti europee e fonti interne ha avuto soluzione attraverso un lento e graduale processo evolutivo della giurisprudenza della Corte costituzionale, in un dialogo a distanza non privo di contrasti con la Corte di giustizia dell'Unione. Eccone le fasi cruciali.

- In un primo momento, considerandole fonti equiparate, la Corte costituzionale ritenne che i rapporti tra fonti europee (nella specie, il regolamento comunitario) e fonti interne (la legge ordinaria) dovessero essere letti alla luce del *criterio cronologico*, sicché l'atto più recente in ordine di tempo avrebbe dovuto prevalere su quello precedente (sent. 14/1964, antecedente alla prima pronuncia della Corte di giustizia che affermò il primato del diritto comunitario, la sentenza *Costa*, causa 6/64, del 1964).
- Successivamente il contrasto tra regolamento comunitario e legge fu risolto dalla Corte costituzionale affermando la necessità di sollevare questione di costituzionalità: per cui la Corte si riservò il compito di dichiarare l'*illegittimità costituzionale* delle norme interne incompatibili con le norme comunitarie per violazione indiretta dell'art. 11 Cost. (sent. 232/1975).
- Infine la Corte costituzionale si conformò alla giurisprudenza della Corte di giustizia (riaffermata nella sentenza *Simmenthal*, causa 106/77, del 1978), riconoscendo il primato del diritto comunitario. Di conseguenza, il contrasto tra diritto dell'Ue e diritto interno viene risolto sulla base del **principio di necessaria applicazione del regolamento dell'Unione da parte del giudice comune**. Quindi, se un giudice rileva il contrasto tra una disposizione di legge e un regolamento Ue, deve applicare il secondo e disapplicare la legge. Ha stabilito infatti la Corte che «l'effetto connesso con la sua vigenza è quello, non già di caducare, nell'accezione propria del termine, la norma interna incompatibile, bensì di impedire che tale norma venga in rilievo per la definizione della controversia innanzi al giudice nazionale», per cui il regolamento va «sempre applicato, sia che segua sia che preceda nel tempo le leggi ordinarie con esso incompatibili» (sent. 170/1984, nota come sentenza *Granital*). Si badi bene però: il principio di necessaria applicazione del regolamento Ue non implica che il diritto interno contrastante debba considerarsi come abrogato oppure invalido. Partendo dal presupposto che l'ordinamento dell'Unione e quello italiano sono ordinamenti *separati anche se coordinati*, secondo il criterio di separazione delle competenze (contrapposto al criterio gerarchico, fondato sulla concezione monista degli ordinamenti fatta propria dalla Corte di giustizia), la Corte costituzionale considera il diritto interno *semplicemente non applicabile* quando esiste una normativa europea. Gli atti fonte interni, così, vedono *sospesa* la propria efficacia formale *finché* in una certa materia permane il regolamento Ue; questa sospensione potrebbe cessare qualora l'Unione dovesse eliminare il proprio atto normativo.

Non applicazione del diritto interno incompatibile

Il caso delle direttive

Tutto ciò vale per i *regolamenti*. Per le *direttive* (escluso il caso delle direttive aventi efficacia diretta, cioè *autoapplicative* in quanto di per sé sufficientemente dettagliate: v. sent. 168/1991) occorre invece precisare che, dovendo essere recepite con atto normativo interno (dello Stato o della regione a seconda delle

rispettive competenze), esse avranno nel sistema delle fonti la collocazione che è propria dell'atto di recepimento (legge o regolamento). La Costituzione riconosce alle regioni il potere di attuare immediatamente le direttive (v. cap. 12). Poiché il mancato recepimento di una direttiva espone lo Stato a responsabilità nei confronti dell'Unione (e a responsabilità civile nei confronti dei singoli, secondo il principio generale stabilito dalla Corte di giustizia, sentenza *Francovich*, cause C-6/90 e C-9/90, del 1991), l'art. 117.5 Cost. prevede un potere sostitutivo statale in caso di inadempienza delle regioni.
Come conseguenza della separazione delle sfere di competenza tra diritto dell'Unione e diritto interno, la Corte costituzionale ha limitato fortemente la propria cognizione degli atti normativi europei, sia regolamenti sia direttive, in sede di giudizio di costituzionalità delle leggi *in via incidentale* (per i necessari riferimenti v. cap. 15). Nella sent. 28/2010, tuttavia, la Corte ha per la prima volta accolto una questione di legittimità costituzionale sollevata in via incidentale per contrasto con una direttiva comunitaria non munita di efficacia diretta. Il giudizio di costituzionalità su norme interne contrastanti con norme dell'Unione può essere svolto nell'ambito dei ricorsi *in via d'azione* sollevati dallo Stato o dalle regioni (v. sentt. 384/1994, 94/1995 e 406/2005). La Corte costituzionale può anche sollevare il *rinvio pregiudiziale* alla Corte di giustizia dell'Unione europea *ex* art. 267 Tfue (v. ord. 103/2008 in un giudizio in via d'azione e ord. 207/2013 in un giudizio in via incidentale).

9. LA LEGGE ORDINARIA DELLO STATO

La legge come fonte a competenza generale

La legge ordinaria dello Stato è *fonte a competenza generale*, sia pure nei limiti stabiliti dalla Costituzione: può disciplinare qualsiasi oggetto fatto salvo quanto è disciplinato direttamente dalla Costituzione stessa o da questa riservato a fonti diverse dalla legge. Ciò non è in contraddizione con l'art. 117 Cost., il quale elenca espressamente sia materie di competenza legislativa statale sia materie di competenza legislativa delle regioni, lasciando tutte quelle non elencate alla competenza residuale della legge regionale (v. par. 16). Quelle riservate alla legge dello Stato vanno infatti considerate materie che riguardano interessi e valori *generali*, riferiti al popolo italiano nella sua totalità, che si estendono su tutto il territorio nazionale. Sulla ripartizione delle competenze legislative torneremo nel paragrafo 6 del capitolo 12.
La legge è l'atto fonte abilitato a produrre norme primarie che la Costituzione all'art. 70 attribuisce alle Camere. L'art. 117.1 Cost. pone come limiti generali alla legislazione statale, oltre al rispetto della Costituzione, il rispetto dei vincoli derivanti dall'ordinamento dell'Unione europea, come si è visto nel precedente paragrafo, e di quelli derivanti dagli obblighi internazionali (v. par. 4 del cap. 6).

La riserva di legge: definizione

Alla legge la Costituzione affida importanti materie mediante la **riserva di legge**: tale istituto designa *i casi in cui disposizioni costituzionali attribuiscono la disciplina di una determinata materia alla sola legge* (nonché agli atti equiparati alla legge), *sottraendola così alla disponibilità di atti fonte ad essa subordinati, tra cui in primo luogo i regolamenti dell'esecutivo*. La riserva di legge è contraddistinta da due aspetti:

a) *aspetto negativo*, cioè il divieto di interventi da parte di atti diversi dalla legge;

b) *aspetto positivo*, cioè l'obbligo per la legge di intervenire nella materia riservata, sicché la legge non può spogliarsi di tale compito a favore di altri atti fonte. Ad esempio, illegittimo sarebbe, ai sensi dell'art. 10.2 Cost., il rinvio, anche se disposto dalla legge stessa, a un regolamento comunale per la disciplina dell'espulsione degli stranieri.

Le riserve di legge sono stabilite allo scopo di garantire il principio democratico (la legge è espressione della sovranità popolare e si forma attraverso un procedimento in cui è assicurato il pubblico dibattito) e, in generale, di tutelare i diritti fondamentali e il principio di eguaglianza (la legge dovrebbe infatti possedere i caratteri della generalità e dell'astrattezza).

Tipologia delle riserve

Ci sono vari tipi di riserve di legge. Si distinguono innanzitutto:

- **riserve assolute**, quando l'intera disciplina della materia è riservata alla legge, salvo solamente regolamenti di stretta esecuzione (ad es. le riserve in materia di libertà personale *ex* art. 13 Cost. e di sanzioni penali *ex* art. 25 Cost.). Regolamenti di stretta esecuzione sono, ad esempio, quelli che determinano gli elenchi delle sostanze stupefacenti o degli additivi alimentari vietati;
- **riserve relative**, quando alla legge spetta la disciplina essenziale o di principio della materia in modo da circoscrivere adeguatamente la discrezionalità dell'esecutivo nel dettare, mediante regolamento, la disciplina ulteriore di dettaglio (ad es. le riserve *ex* artt. 23, 41 e 97 Cost.).

Le riserve di legge si dicono invece **riserve rinforzate** quando la Costituzione stabilisce che l'intervento legislativo debba avvenire secondo certe procedure (ad es. all'art. 8); oppure che esso debba avere certi contenuti costituzionalmente prestabiliti (ad es. all'art. 16).

Le leggi in senso (solo) formale

Le leggi – come tutti gli atti normativi in genere – hanno come contenuto norme generali e astratte destinate ad alimentare, innovandolo, l'ordinamento giuridico. Tuttavia, vi sono casi in cui si verifica una dissociazione tra la *forma* (la legge) e i suoi *contenuti*. È il caso, ad esempio, delle **leggi di autorizzazione alla ratifica dei trattati internazionali** (v. cap. 3). Altrettanto valeva, fino alla riforma costituzionale del 2012, per la **legge di bilancio** che, pur avendo la forma della legge, in base al vecchio testo dell'art. 81 Cost. non poteva introdurre disposizioni innovative, essendo funzionale solo all'indirizzo e al controllo sul governo da parte del Parlamento (v. cap. 9). Per questo genere di leggi (che non innovano) si parla di **leggi in senso (solo) formale**.

Le leggi provvedimento

Frequente, inoltre, è il caso di atti la cui forma è la legge ma il cui contenuto, anziché norme generali e astratte, sono veri e propri atti amministrativi (v. cap. 13): il cui contenuto, in altre parole, non è il *prevedere* comportamenti da

ESEMPI A CONFRONTO DI LEGGI PROVVEDIMENTO E LEGGI DI PORTATA GENERALE

LEGGI PROVVEDIMENTO	LEGGI DI PORTATA GENERALE
«Gli immobili siti in Roma, via Nicola Salvi n. 68 e via Monte Oppio n. 12, già inseriti nelle procedure di vendita di cui al decreto-legge 25 settembre 2001, n. 351, convertito, con modificazioni, dalla legge 23 novembre 2001, n. 410, sono esclusi da dette procedure di vendita» *(art. 11-quinquies, comma 7, del d.l. 203/2005, introdotto dalla l. 248/2005).*	«Nell'ambito del processo di dismissione o di valorizzazione del patrimonio immobiliare statale, il Ministro del tesoro [...] può conferire o vendere a società per azioni, anche appositamente costituite, compendi o singoli beni immobili o diritti reali su di essi [...] per la loro più proficua gestione» *(art. 19, comma 1, della l. 448/1998).*
«Il Ministro della marina mercantile è autorizzato ad affidare a imprese o consorzi di imprese, enti istituti e tecnici specializzati, l'incarico di provvedere a tutto quanto occorra al fine di rimuovere i pericoli di inquinamento derivanti dal carico della motocisterna "Klearchos", di nazionalità greca, affondata nel mare territoriale, in prossimità dell'isola di Tavolara» *(art. 1, comma 1, della l. 431/1980).*	«Entro le zone di protezione ecologica si applicano, anche nei confronti delle navi battenti bandiera straniera e delle persone di nazionalità straniera, le norme del diritto italiano, del diritto dell'Unione europea e dei trattati internazionali in vigore per l'Italia in materia di prevenzione e repressione di tutti i tipi di inquinamento marino, ivi compresi l'inquinamento da navi e da acque di zavorra, l'inquinamento da immersione di rifiuti, l'inquinamento da attività di esplorazione e di sfruttamento dei fondi marini e l'inquinamento di origine atmosferica [...]» *(art. 2, comma 2, della l. 61/2006).*
«In previsione della ricorrenza del millenario dell'Abbazia della Santissima Trinità di Cava de' Tirreni nell'anno 2011 è disposta la realizzazione di un progetto per la valorizzazione culturale, ambientale, turistica e architettonica dell'Abbazia, per il recupero della sua memoria storica e per il rilancio della sua funzione civile e religiosa» *(art. 1, comma 1, della l. 92/2009).*	«Ai fini dei benefici previsti dalla presente legge, le diverse tipologie di architettura rurale [...] presenti sul territorio nazionale, sono individuate, con decreto avente natura non regolamentare del Ministro per i beni e le attività culturali, di concerto con i Ministri delle politiche agricole e forestali e dell'ambiente e della tutela del territorio, su proposta delle regioni interessate, previa intesa in sede di Conferenza unificata [...]» *(art. 1, comma 2, della l. 378/2003).*

Nota: In ogni riga sono confrontate norme provvedimento e norme generali incidenti su oggetti affini. Nella prima riga è indicato un esempio di norma provvedimento dichiarata costituzionalmente illegittima (sent. 267/2007).

permettere o vietare, ma il *provvedere* immediatamente alla cura di un determinato interesse. Si parla in questi casi di **leggi provvedimento** (v. gli esempi riportati nella tab.). Esse pongono vari problemi: in relazione al principio della generalità della legge (art. 3 Cost.), alla separazione della funzione legislativa e della funzione esecutiva-amministrativa (artt. 70 e 97 Cost.), al diritto alla tutela giurisdizionale contro provvedimenti che, in quanto contenuti in una legge, non possono essere impugnati direttamente dal cittadino (artt. 24 e 113 Cost.). Ciò nonostante, l'ammissibilità delle leggi provvedimento è stata riconosciuta dalla Corte costituzionale sulla base del presupposto che non esiste nel nostro ordinamento una *riserva di amministrazione* a favore del governo, ma di queste deve essere comunque valutata la legittimità costituzionale relativamente al loro specifico contenuto (v. sent. 137/2009).

Le leggi necessariamente generali

Leggi provvedimento devono ritenersi escluse in tutti i casi in cui la Costituzione richiede specificamente **leggi generali**: così all'art. 16, secondo cui limitazioni alla libertà di circolazione e soggiorno possono essere stabilite dalla legge «*in via generale* per motivi di sanità e di sicurezza»; all'art. 21, là dove in materia di libertà di stampa si prevede che la legge possa «stabilire, con *norme di carattere generale*, che siano resi noti i mezzi di finanziamento della stampa periodica»; all'art. 33, secondo cui spetta alla Repubblica dettare «le *norme generali* sull'istruzione». Un generale divieto di leggi provvedimento dovrebbe ritenersi esistente in materia di diritti fondamentali, ma non sono mancati casi concreti di segno opposto (ad es. la l. 17/1982 recante «attuazione dell'art. 18 della Costituzione» e «scioglimento dell'associazione denominata Loggia P2»).

10. ATTI NORMATIVI DEL GOVERNO EQUIPARATI ALLA LEGGE: I DECRETI LEGISLATIVI

La Costituzione, in deroga al principio di separazione dei poteri, attribuisce poteri normativi di rango primario al governo, che può adottare decreti legislativi e decreti legge. Tali atti normativi hanno la medesima forza della legge ordinaria (capacità di innovare il diritto oggettivo, competenza a disciplinare le materie che la Costituzione riserva alla legge, sottoposizione al controllo di costituzionalità).
La potestà normativa primaria del governo non è però né autonoma né ordinaria, in quanto la Costituzione richiede sempre l'intervento del Parlamento in funzione di garanzia del legittimo esercizio del potere governativo. Il governo, infatti, non può adottare decreti legislativi senza una previa legge di delegazione, mentre i decreti legge, adottati in casi straordinari di necessità e urgenza, hanno efficacia provvisoria e devono essere convertiti in legge dalle Camere.

Il procedimento di delegazione legislativa è un *procedimento duale* di produzione del diritto che vede protagonisti sia il Parlamento, cui spetta approvare mediante legge la delega, sia il governo, cui spetta approvare sulla base di quella legge il decreto delegato.

La legge di delegazione

La **legge di delegazione** ha la funzione di conferire al governo (e *solo* al governo) il potere di adottare atti aventi forza di legge (chiamati *decreti legislativi*). In base all'art. 76 Cost., essa deve:

- contenere l'individuazione dell'**oggetto (o degli oggetti, purché distinti) della delega chiaramente definito** (deve trattarsi cioè non di generiche *materie* ma appunto di specifici *oggetti*);

Principi e criteri direttivi

- stabilire i **principi** (ossia le norme generali o di principio di carattere sostanziale che regolano la materia) e i **criteri direttivi** (ossia le regole procedurali di carattere strumentale per l'esercizio in concreto del potere normativo delegato);

Il termine

- indicare il **termine** entro il quale la delega può (non deve) essere esercitata (deleghe senza scadenza non sono ammissibili perché ciò equivarrebbe di fatto alla rinuncia da parte del Parlamento di una propria funzione).

Per le leggi di delegazione vale inoltre il divieto di approvazione in commissione in sede legislativa (art. 72.4 Cost.).
Il **decreto legislativo** è l'atto che il governo adotta in attuazione della legge di delegazione, deliberato dal Consiglio dei ministri ed emanato dal presidente della Repubblica (art. 14 l. 400/1988).

IL PROCEDIMENTO DI PRODUZIONE NORMATIVA DELEGATA

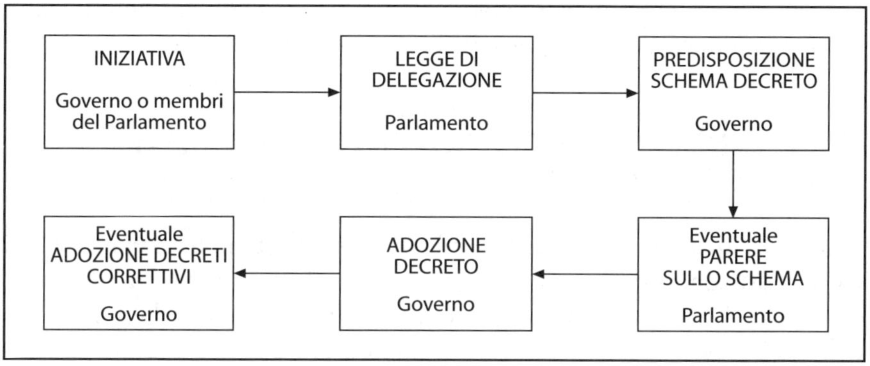

In genere le leggi di delegazione prevedono che il governo, prima di esercitare la delega, debba acquisire il *parere* delle competenti commissioni parlamentari o di apposite commissioni bicamerali (il parere parlamentare è obbligatorio per tutte le deleghe il cui termine ecceda i due anni). Talvolta la legge di delegazione attribuisce al governo la facoltà di adottare, *entro un termine successivo*, decreti *correttivi*, cioè modificativi e integrativi dei decreti legislativi già adottati sulla base della medesima delegazione. Ciò comporta che l'esercizio del potere conferito dal Parlamento non si esaurisce con l'adozione di quei decreti legislativi, ma si protrae fino alla scadenza di quel termine ulteriore.

Esistono *limiti* (impliciti) alle materie che il Parlamento può delegare al governo: in particolare, si ritengono sottratti alla possibilità di delega tutte quelle leggi che presuppongono l'*alterità politica*, ossia la necessaria distinzione dei ruoli tra Parlamento e governo (ciò che ricorre, ad esempio, nella maggior parte dei casi individuati nell'art. 72.4).

Nella prassi la delega legislativa, usata sempre più massicciamente, è diventata un procedimento a costante compartecipazione Parlamento-governo: nel senso che l'iniziativa è in genere governativa; poi il Parlamento discute e vara la legge di delegazione; quindi il governo predispone uno *schema* di decreto legislativo che deve essere esaminato dalle Camere; infine il governo delibera definitivamente, di solito accogliendo in larga misura le indicazioni parlamentari (anche se libero di non farlo), con la possibilità eventualmente di intervenire in seguito per «correggere» le disposizioni del decreto (v. fig.).

Delega di poteri in caso di guerra

Un particolare tipo di fonte delegata sono i **decreti del governo in caso di guerra** (art. 78 Cost.). Essi possono essere adottati dal governo previa deliberazione da parte del Parlamento dello *stato di guerra* (dichiarato dal presidente della Repubblica: art. 87 Cost.) e sulla scorta di un conseguente atto di conferimento dei «poteri necessari». L'atto di conferimento attribuisce al governo il potere di adottare atti con forza di legge che, comunque, non possono ritenersi abilitati a derogare a qualsiasi disposizione della Costituzione. A differenza della delega legislativa, i principi e i criteri direttivi possono non essere predeterminati, come pure la durata del conferimento, che tuttavia deve essere rapportato alla durata dello stato di guerra.

11. ATTI NORMATIVI DEL GOVERNO EQUIPARATI ALLA LEGGE: I DECRETI LEGGE

Il governo, quando ricorrano determinati presupposti, può adottare decreti legge. Essi sono *provvedimenti provvisori* con forza equiparata alla legge ordinaria, deliberati dal Consiglio dei ministri ed emanati dal presidente della Repubblica. Secondo una lettura rigorosa, i decreti legge dovrebbero contenere non già norme generali e astratte, bensì misure concrete e immediatamente applicabili (appunto *provvedimenti*). Tuttavia, nella prassi hanno assunto i più svariati contenuti, divenendo strumento di legislazione concorrente a quella ordinaria, al punto da indurre la Corte costituzionale a intervenire più volte.

Condizioni e limiti della decretazione d'urgenza

Potere non previsto in questa forma da alcun'altra costituzione, a eccezione di quella spagnola del 1978, la decretazione d'urgenza è circondata però da una serie di condizioni e limiti quanto al procedimento e all'efficacia dell'atto.
In base all'art. 77 Cost., il **decreto legge**:
• può essere adottato solo **«in casi straordinari di necessità e urgenza»**; tali presupposti, però, sono normalmente interpretati in senso ampio, non limitati solamente a eventi imprevisti ma anche a situazioni che, non potendo essere risolte mediante il procedimento legislativo parlamentare, richiedono a giudizio del governo interventi rapidi;
• deve essere presentato alle Camere per la **conversione in legge** lo stesso giorno in cui è adottato e le Camere, anche se sciolte, si riuniscono entro i successivi 5 giorni;
• dura solo 60 giorni e ha dunque **efficacia provvisoria**; se non è convertito in legge, la perde sin dall'inizio (decade *ex tunc*).
Integrano la disciplina dell'art. 77 le prescrizioni dell'art. 15 della l. 400/1988, che hanno natura di norme riproduttive di altrettanti principi costituzionali (esse sono infatti trasfuse nell'art. 77 Cost. 2016), in base alle quali i decreti legge *non possono*:
a) conferire deleghe legislative *ex* art. 76 Cost.;
b) provvedere nelle materie che l'art. 72.4 Cost. riserva all'approvazione dell'assemblea (ma in materia elettorale sono ritenuti legittimi decreti attinenti al procedimento preparatorio e allo svolgimento delle elezioni);
c) riprodurre le disposizioni di decreti legge dei quali sia stata negata la conversione in legge con il voto di una delle due Camere;
d) regolare i rapporti giuridici sorti sulla base di decreti legge non convertiti;
e) ripristinare l'efficacia di disposizioni dichiarate illegittime dalla Corte costituzionale per vizi non attinenti al procedimento.

IL PROCEDIMENTO DI PRODUZIONE NORMATIVA PER DECRETO LEGGE

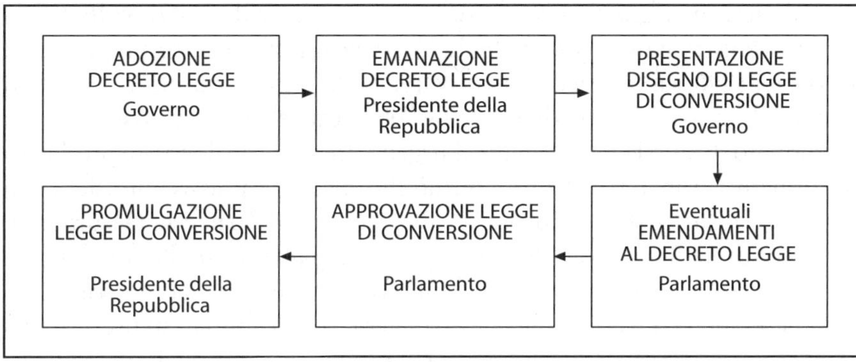

La l. 400/1988, inoltre, con una norma che – come si diceva – dovrebbe ritenersi implicita nella natura dei decreti legge, prevede che essi debbano recare misure di immediata applicazione, nonché avere un contenuto specifico, omogeneo e corrispondente al titolo.

La conversione in legge

Appena adottato dal governo, il decreto diventa oggetto di un apposito **disegno di legge di conversione** e in questa forma presentato alla Camera o al Senato (v. fig.). In pratica, il governo presenta un progetto formato da un solo articolo il cui contenuto è appunto la *conversione in legge* del decreto. La **legge di conversione** è l'atto mediante il quale il Parlamento si riappropria della funzione legislativa eccezionalmente esercitata dal governo. Si parla di *conversione* perché questo è il nome che si dà al procedimento attraverso il quale il titolare di un potere, in questo caso quello legislativo, sostituisce l'atto fonte adottato da un altro potere, il governo, che non ne è titolare: e ciò si fa con una legge ordinaria, dando luogo a *novazione della fonte*. In sede di conversione le Camere sono libere di apportare modifiche al testo del decreto; gli **emendamenti** approvati dalle Camere, però, hanno efficacia solo *pro futuro*, ossia dal giorno successivo a quello della pubblicazione della legge di conversione, salvo che questa non disponga diversamente. Insieme alla legge di conversione è pubblicato anche il testo coordinato del decreto legge, integrato cioè con le modifiche apportate dal Parlamento.

Decreti non convertiti: regolazione dei rapporti giuridici

L'ultimo comma dell'art. 77 Cost. stabilisce, infine, che qualora il decreto legge decada perché non convertito in legge, il Parlamento può adottare una **legge regolatrice** dei rapporti e delle situazioni che in fatto si sono determinate nel periodo di provvisoria vigenza dell'atto normativo del governo. Ciò al fine di evitare che la perdita di efficacia del decreto legge possa determinare incertezze interpretative o comunque situazioni di ingiustizia e disparità di trattamento tra i cittadini.

L'abuso della decretazione d'urgenza, specialmente dagli anni Settanta in avanti, produsse il fenomeno della **reiterazione dei decreti legge**, consistente nella riproduzione delle norme di un decreto non convertito in

La questione della reiterazione

altro decreto adottato alla scadenza del termine di decadenza di quello precedente. In effetti si ebbero decreti reiterati per decine di volte (il record fu ventitré volte), prima che la Corte costituzionale, con la sentenza n. 360 del 1996, sancisse il divieto di reiterazione, cioè di riprodurre lo stesso identico decreto allo scopo di protrarne l'efficacia nel tempo: prassi che aveva trasformato di fatto la decretazione d'urgenza in modo ordinario di produzione normativa primaria. La Corte affermò che una simile prassi contrastava con elementari principi costituzionali: la straordinarietà della necessità e urgenza, la provvisoria efficacia del decreto legge, la separazione delle funzioni tra Parlamento e governo. Nello stesso tempo la Corte ritenne legittimo ripresentare decreti non convertiti sullo stesso oggetto *solo se* fondati su presupposti nuovi o se caratterizzati da contenuti sostanzialmente diversi. In precedenza il Parlamento si era trovato con fino a sessanta o settanta decreti contemporaneamente in esame, buona parte dei quali appartenenti a «catene» di decreti successivi: quando alla fine l'ultimo della serie veniva convertito o abbandonato, l'ordinamento era già stato sottoposto a una lunga disciplina provvisoria, continuamente cangiante, con gravi problemi di individuazione della norma applicabile nel tempo ed evidente dispregio della certezza del diritto.

Mancanza dei presupposti

La Corte costituzionale, dopo essersi astenuta per decenni dal farlo, ha cominciato anche a esercitare un vero controllo sulla sussistenza degli stessi presupposti di legittimità del decreto legge: neanche il Parlamento può, con la legge di conversione, sanare un decreto evidentemente privo dei requisiti di straordinaria necessità e urgenza. In questo caso, infatti, il vizio originario del decreto si trasferisce sulla legge di conversione, rendendola illegittima (v. sentt. 171/2007 e 128/2008).

Uso necessario o abuso della decretazione?

Anche se il numero dei decreti legge è rimasto contenuto rispetto agli anni precedenti la sentenza 360/1996, portata e dimensione quantitativa dei decreti sono andate poi trasformandosi. L'urgenza politica di provvedere ha continuato a far aggio su qualsiasi altra considerazione, anche in casi in cui non vi era alcuna necessità di imporre norme di vigenza immediata. Da parte delle stesse Camere, nella virtuale impossibilità di impedire all'esecutivo di intervenire mediante decreto legge, si è preferito concordare modifiche e aggiunte di oggetti ulteriori in cambio del via libera alla conversione. Così la lunghezza media dei decreti adottati dal governo Prodi II (2006-2008), di 29 commi al momento della presentazione del disegno di legge di conversione, era diventata di 55 commi dopo il passaggio in Parlamento; col governo Berlusconi IV (2008-2011) si avevano decreti di 48 commi all'adozione, ma 79 alla conversione; col governo Monti (2011-2013) si passava da 76 commi a ben 121; col governo Letta (2013-2014) da 59 a 93 commi. Un fenomeno sistematico che illustra la lievitazione della decretazione d'urgenza, non sul piano del numero dei decreti ma della loro estensione, e quindi della materia coperta: a ciò ha corrisposto un'attività legislativa ordinaria sempre più limitata quantitativamente. I decreti hanno spesso perduto qualsiasi omogeneità e la stessa corrispondenza tra titolo e contenuto.

Proprio sotto quest'ultimo profilo un'importante novità è stata sancita ancora una volta dalla Corte costituzionale. Essa ha censurato l'uso considerato «improprio» del potere di conversione attribuito al Parlamento: nell'apportare modifiche a un decreto legge le Camere non ne possono alterare l'«omogeneità di fondo», introducendo emendamenti «del tutto estranei all'oggetto e alle finalità del testo originario» (v. sent. 22/2012). Questa giurisprudenza è stata confermata dalla sent. 32/2014 con la quale la Corte ha dichiarato l'illegittimità della *legge Fini-Giovanardi*, cioè delle modifiche al testo unico in materia di stupefacenti (con riferimento all'assunzione delle cosiddette droghe leggere) apportate attraverso emendamenti a un decreto legge del 2005 sulle Olimpiadi invernali di Torino; e dalla sent. 154/2015 con la quale è stata dichiarata illegittima una norma di interpretazione autentica inserita come emendamento a un decreto legge cosiddetto *milleproroghe* (quel decreto che si adotta alla fine di ogni anno allo scopo di disporre una serie di proroghe di termini previsti da svariate disposizioni di legge).

Uso improprio del potere di conversione

La riforma cost. 2016 modifica l'art. 77 sulla scia di quanto già previsto dalla l. 400/1988 (costituzionalizzazione dei limiti anzidetti) e di quanto affermato dalla giurisprudenza costituzionale (divieto di reiterare decreti legge non convertiti e divieto di introdurre con la legge di conversione disposizioni estranee al decreto legge).

12. IL REFERENDUM ABROGATIVO (RINVIO)

L'art. 75 Cost. prevede il referendum popolare per l'abrogazione, totale o parziale, di leggi e di atti aventi forza di legge (v. cap. 8). La dottrina prevalente include l'atto abrogativo referendario tra le fonti del diritto in quanto l'abrogare puramente e semplicemente non è mai un «non disporre», ma più precisamente un «disporre diversamente», e come tale esercizio di potestà normativa (come scrisse uno dei grandi giuspubblicisti italiani del Novecento, Vezio Crisafulli).

13. LE FONTI LEGISLATIVE «SPECIALIZZATE»

Quelle che qui denominiamo *fonti legislative specializzate* non costituiscono una categoria scientifica autonoma: sotto questa denominazione includiamo a fini espositivi fonti tra loro diverse, che nulla hanno in comune se non l'atipicità rispetto a tutte le altre fonti primarie (si parla in proposito anche di *fonti atipiche*). Sono specializzate quelle fonti caratterizzate dal fatto *a*) di essere chiamate a disciplinare determinate materie, *b*) di richiedere procedimenti di formazione particolari, *c*) di avere, pur appartenendo a un determinato tipo di fonte del diritto, una forza attiva o passiva rinforzata.

Atipicità delle fonti

Tra le fonti specializzate rientrano i seguenti atti legislativi:
- le **leggi di esecuzione dei Patti Lateranensi** che disciplinano i rapporti fra lo Stato e la Chiesa cattolica, la cui modificazione, se non accettata dalle due parti, richiede procedimento di revisione costituzionale (art. 7 Cost.);
- le **leggi che disciplinano i rapporti fra lo Stato e le altre confessioni religiose**, approvate sulla base di intese stipulate dal governo con le rappresentanze di ciascuna confessione (art. 8 Cost.);
- le **leggi di amnistia** (che estingue il reato) **e indulto** (che condona la pena o una parte di essa), deliberate a maggioranza dei due terzi dei componenti di ciascuna camera non solo nella votazione finale ma anche in ogni articolo (art. 79 Cost., come modificato nel 1992: prima della revisione costituzionale amnistia e indulto erano concessi dal presidente della Repubblica su legge di delegazione delle Camere);
- le **leggi che staccano una provincia o un comune da una regione per aggregarli a un'altra**, approvate sulla base di un referendum conclusosi con il voto favorevole della maggioranza delle popolazioni interessate (art. 132.2 Cost.);
- le **leggi che attribuiscono «ulteriori forme e condizioni particolari di autonomia» alle regioni ordinarie**, approvate dalle Camere a maggioranza assoluta dei componenti sulla base di un'intesa fra lo Stato e la regione interessata (art. 116.3 Cost.);
- i **decreti legislativi di attuazione degli statuti delle regioni speciali**, adottati dal governo sulla base di disposizioni contenute negli statuti stessi, previo parere (obbligatorio sempre, e anche vincolante nel caso della Regione Sicilia) di una commissione paritetica formata da tre esperti designati dal governo e tre dalla regione interessata (essi non presuppongono una legge di delegazione, ma costituiscono esercizio di una potestà normativa di carattere permanente);
- la **legge di attuazione del principio dell'equilibrio di bilancio**, prevista dall'art. 81.6 Cost., riformato nel 2012, il quale demanda *i*) la definizione del contenuto della legge di bilancio e *ii*) le norme fondamentali e i criteri per assicurare l'equilibrio tra entrate e spese, nonché la sostenibilità complessiva del debito delle amministrazioni pubbliche, a una legge approvata a maggioranza assoluta dei componenti di ciascuna camera, a sua volta nel rispetto dei principi definiti con legge costituzionale (v. art. 5 della stessa l. cost. 1/2012 che ha modificato l'art. 81).

La riforma cost. 2016 incide su diverse delle fonti specializzate di cui si è qui parlato, in conseguenza soprattutto del superamento del bicameralismo paritario (v. artt. 79, 81, 116, 132 Cost. 2016), e ne introduce di nuove (v. art. 70 Cost. 2016).

14. LE FONTI ESPRESSIONE DI AUTONOMIA DEGLI ORGANI COSTITUZIONALI

14.1. Regolamenti parlamentari

L'art. 64.1 Cost. stabilisce che «ciascuna camera adotta il proprio regolamento a maggioranza assoluta dei suoi componenti». I regolamenti parlamentari sono atti fonte di rango primario a competenza materiale riservata (**riserva di regolamento parlamentare**), in quanto attuano direttamente la Costituzione. Essi sono fonti del diritto non solo perché disciplinano l'organizzazione e le funzioni delle Camere, ma anche perché regolano i loro rapporti con altri organi e contengono norme che incidono su altri soggetti (si pensi alle previsioni che riguardano il rapporto fiduciario e la presenza dei rappresentanti del governo in Parlamento o a quelle relative ad audizioni, indagini conoscitive e inchieste parlamentari).

La riserva di regolamento parlamentare

I regolamenti delle due Camere prevedono a loro volta l'adozione, sempre a maggioranza assoluta, di **regolamenti parlamentari speciali** che disciplinano l'organizzazione e il funzionamento di particolari organi delle Camere (ad es. la giunta delle elezioni, v. cap. 9). Distinti da questi sono i **regolamenti di organizzazione** che disciplinano la gestione amministrativa degli apparati dei due rami del Parlamento (ad es. i regolamenti per la contabilità, l'ordinamento dei servizi e uffici, il personale). Approvati dall'ufficio di presidenza, essi sono gerarchicamente subordinati al regolamento dell'assemblea, che ne costituisce il fondamento.

Nonostante siano atti di rango primario, la Corte costituzionale ha escluso che i regolamenti parlamentari possano essere oggetto del sindacato di costituzionalità *ex* art. 134 Cost.: sia perché non menzionati espressamente nell'art. 134 e non riconducibili agli atti aventi forza di legge cui esso si riferisce, sia perché la Corte li considera espressione dell'autonomia costituzionalmente garantita al Parlamento (v. sent. 154/1985). La giurisprudenza costituzionale fa dunque discendere dalla posizione di autonomia delle Camere l'insindacabilità degli *interna corporis acta*, cioè degli atti interni considerati tradizionalmente di competenza esclusiva di ciascuna camera (v. anche sent. 379/1996).

Insindacabilità dei regolamenti parlamentari

14.2. Regolamenti degli altri organi costituzionali

Una potestà regolamentare relativa alla loro organizzazione e funzionamento è riconosciuta anche agli altri organi costituzionali, in base a previsioni legislative. Per quanto riguarda la **Corte costituzionale**, la l. 87/1953 prevede la possibilità che essa adotti un regolamento per disciplinare l'esercizio delle sue funzioni. La sua potestà regolamentare si può comunque collegare alla posizione della Corte nell'ordinamento e si può ritenere abbia quindi un (sia pur) indiretto fondamento costituzionale, tale da equipararla a quella dell'art. 64.

Per quanto riguarda la **presidenza della Repubblica**, la l. 1077/1948 prevede la possibilità di adottare regolamenti interni, ma solo in relazione all'organizzazione e funzionamento dell'apparato amministrativo servente, e non al più complessivo esercizio delle funzioni presidenziali, come previsto invece per la Corte costituzionale. Questo fa ritenere che tali regolamenti abbiano natura secondaria.

Ancora diverso è il caso dei regolamenti interni all'istituzione governo. In quanto organo posto al vertice dell'amministrazione dello Stato, gli atti di regolamentazione organizzativa previsti dalla legge (ad es. il regolamento interno del Consiglio dei ministri, previsto dalla l. 400/1988) hanno natura secondaria: e ciò anche alla luce della riserva di legge in materia di organizzazione del governo (art. 95.3 Cost.). Per quanto riguarda la **presidenza del Consiglio**, tuttavia, il d.lgs. 303/1999 prevede una generale autonomia organizzativa, contabile e di bilancio, che sembra richiamare l'autonomia riconosciuta a Camere e Corte costituzionale.

La giurisprudenza della Corte tende ad affermare, dal canto suo, l'esistenza di un regime di autonomia dei supremi organi costituzionali, in virtù di una presunta posizione comune costituzionalmente tutelata. Talune decisioni hanno infatti parificato i regolamenti della presidenza della Repubblica e, implicitamente, della Corte costituzionale a quelli parlamentari (v. sentt. 15/1969 e 129/1981).

15. LE FONTI REGOLAMENTARI

I regolamenti, fonti secondarie

I **regolamenti** sono *fonti secondarie del diritto, ossia subordinate a quelle primarie*. La denominazione include una categoria eterogenea di atti normativi di competenza del governo, dei ministri, degli organi centrali e periferici della pubblica amministrazione, nonché delle regioni e degli enti locali. Questi regolamenti non vanno confusi con altri atti normativi che hanno il medesimo *nomen iuris*: trattandosi di fonti subordinate alle fonti primarie, esse sono cosa del tutto diversa dai regolamenti dell'Unione europea e dai regolamenti parlamentari.

Alla potestà regolamentare fanno riferimento diverse disposizioni della Costituzione: in particolare, l'art. 87.5 (il presidente della Repubblica «emana... i regolamenti») e l'art. 117.6, il quale distribuisce la potestà regolamentare fra Stato, regioni ed enti locali. Inoltre, la funzione delle riserve di legge previste dalla Costituzione non può che essere quella di delimitare la sfera di competenza tra la legge e il regolamento.

Anche se le fonti secondarie non costituiscono un sistema chiuso come le fonti primarie (v. sopra), la potestà regolamentare, per essere legittimamente esercitata, deve trovare fondamento, ancorché generale, in una norma di legge che attribuisca al titolare il relativo potere (*principio di legalità*). Il contrasto tra norma di regolamento e norma di legge, poi, deve essere risolto dal giudice ordinario in base al *principio di preferenza della legge* con conseguente disapplicazione dell'atto regolamentare, mentre spetta al giudice amministrativo dichiarare l'invalidità del regolamento contrario alla legge e annullarlo con sentenza (v. cap. 13).

15.1. Regolamenti dell'esecutivo

Sono disciplinati dall'art. 17 della l. 400/1988, che distingue tra *regolamenti del governo*, *regolamenti ministeriali* e *regolamenti interministeriali*. A differenza di quanto si riteneva nel passato, è pacifico che la potestà regolamentare dell'esecutivo non debba essere prevista specificamente da una previa norma di legge, essendo sufficiente a legittimare l'adozione dei regolamenti il riconoscimento operato in via generale dalla legge, proprio in virtù dell'art. 17 della l. 400/1988.

I regolamenti governativi: tipi

(A) I **regolamenti governativi** sono approvati dal Consiglio dei ministri, sentito il parere del Consiglio di stato che deve pronunciarsi entro 90 giorni dalla richiesta, e sono emanati con la forma del decreto del presidente della Repubblica. Tutti i regolamenti devono essere sottoposti al visto e alla registrazione della Corte dei conti. Ne sono previsti di vario tipo:
- **regolamenti di esecuzione**, per rendere più agevole l'applicazione di leggi e decreti legislativi e di regolamenti dell'Unione europea;
- **regolamenti di attuazione e di integrazione**, per attuare e integrare leggi e decreti legislativi recanti norme di principio;
- **regolamenti indipendenti**, per disciplinare materie sulle quali manchi una normativa di rango legislativo, purché non si tratti di materia comunque riservata alla legge;
- **regolamenti di organizzazione**, per disciplinare organizzazione e funzionamento delle amministrazioni pubbliche sulla base della legge (riserva relativa);

I regolamenti di delegificazione

- **regolamenti di delegificazione** (**regolamenti autorizzati** o **delegati**), per disciplinare materie (non coperte da riserva assoluta di legge perché la riserva assoluta ammette *solo* regolamenti di *stretta esecuzione*) già oggetto di una normativa di rango legislativo, che viene sostituita dalla normativa regolamentare. I regolamenti di delegificazione svolgono appunto la funzione di ridurre l'area delle materie disciplinate dalla legge (ciò significa *de-legificare*). La loro adozione avviene secondo un procedimento diviso in tre fasi:

1. deliberazione della legge di autorizzazione del potere regolamentare, che deve determinare le norme generali regolatrici della materia oggetto di delegificazione; essa deve inoltre indicare (indipendentemente dal contenuto del successivo regolamento) le norme legislative la cui futura abrogazione è contestualmente disposta;

2. emanazione del regolamento di delegificazione (previo parere parlamentare);
3. abrogazione delle norme legislative vigenti, come disposto dalla legge di autorizzazione, ma l'*effetto abrogativo* si produce nel momento in cui entra in vigore il regolamento che disciplina *ex novo* la materia (in questo modo viene rispettato l'ordine gerarchico delle fonti: infatti l'abrogazione, anche se collegata al fatto dell'entrata in vigore del regolamento, è formalmente attribuita alla legge).

I regolamenti ministeriali

(B) Per i **regolamenti ministeriali** e **interministeriali** è necessaria un'apposita disposizione legislativa che *autorizzi* l'esercizio del potere regolamentare. I regolamenti ministeriali sono adottati nelle materie di competenza di un ministro o di autorità sottordinate al ministro; i regolamenti interministeriali sono adottati in materie di competenza di più ministri. Entrambi, peraltro, sono sempre *subordinati* ai regolamenti del governo e devono essere comunicati al presidente del Consiglio *prima* della loro emanazione, con decreto ministeriale o decreto interministeriale. Ai regolamenti ministeriali possono essere assimilati i regolamenti approvati con decreto del presidente del Consiglio dei ministri, che non sono espressamente previsti dalla l. 400/1988.

15.2. Regolamenti di altre autorità

L'ordinamento contempla l'attribuzione di un potere regolamentare ad altre autorità – quali per esempio le autorità portuali e i prefetti – e alle autorità amministrative indipendenti. In base all'art. 3.2 delle preleggi, il potere regolamentare di altre autorità «è esercitato nei limiti delle rispettive competenze, in conformità delle leggi particolari». Tali regolamenti, oltre a dover essere conformi alla legge, non possono dettare norme contrarie a quelle contenute nei regolamenti del governo (art. 4.2 preleggi). Sui *regolamenti deliberati da autorità indipendenti* si veda il capitolo 13.

16. LE FONTI DEL DIRITTO REGIONALE

Sono fonti di diritto delle regioni:
- gli statuti delle regioni ordinarie;
- le leggi regionali;
- i regolamenti regionali.

Diverso è il caso degli statuti delle regioni speciali, che sono fonti statali di rango costituzionale.

16.1. Statuti ordinari

Il procedimento di approvazione degli statuti ordinari

Degli statuti delle regioni ordinarie si parla nel capitolo 12. Anticipiamo che il loro procedimento di approvazione e revisione consta di due fasi, una necessaria, l'altra eventuale. La fase *necessaria* riguarda l'approvazione dello statuto da parte del consiglio regionale e avviene in due successive deliberazioni a distanza non inferiore di due mesi; in ogni deliberazione il testo dello statuto deve essere approvato dalla maggioranza assoluta dei componenti (art. 123.2 Cost.: invece l'art. 138 prevede l'approvazione a maggioranza qualificata *solo* nella seconda deliberazione). La fase *eventuale* riguarda l'intervento del corpo elettorale mediante referendum, sempre possibile (art. 123.3: invece l'art. 138 esclude il referendum in caso di approvazione a maggioranza dei due terzi nella seconda deliberazione).
I suoi contenuti, come vedremo, e la procedura aggravata fanno dello statuto regionale un atto fonte **a competenza specializzata** e **sovraordinato** rispetto alla legge regionale (v. sentt. 304/2002 e 372/2004). Spetta pertanto alla Corte costituzionale valutare la conformità della legge regionale rispetto alle disposizioni dello statuto, potendosi configurare in questo caso un'ipotesi di *incostituzionalità derivata* (lo statuto diventa *norma interposta*: v. ad es. la sent. 188/2011).

16.2. Legge regionale

È approvata nelle forme e nei modi previsti da ciascuno statuto regionale. Incontra gli stessi limiti generali previsti per la legge statale (comma 1 dell'art. 117 Cost.). L'art. 117, nel testo riformato nel 2001, dopo aver individuato le materie di *competenza esclusiva* della legge dello Stato (comma 2), provvede a elencare le materie di *competenza concorrente* tra lo Stato e le regioni (comma 3), stabilendo infine che alle regioni spetta la potestà legislativa *residuale*, cioè quella «in riferimento a ogni materia non espressamente riservata alla legislazione dello Stato» (comma 4).

La potestà legislativa regionale

Rinviamo per approfondimenti al capitolo 12: qui ci limitiamo a dire che l'art. 117.3 delimita gli ambiti di competenza concorrente attribuendo alle regioni la potestà legislativa nelle relative materie, salvo che per la «determinazione dei principi fondamentali», che è riservata alla legislazione dello Stato.
Quanto alla potestà legislativa residuale, l'assenza di qualsiasi limite nell'art. 117.4 sembrava accreditare la tesi che equipara, per forza normativa, la legge regionale alla legge statale. Questa tesi è stata tuttavia smentita dalla giurisprudenza della Corte costituzionale, che ha di fatto riaffermato alcuni importanti limiti, tra cui quello dell'*interesse nazionale*, che la Costituzione poneva all'esercizio della potestà legislativa regionale prima della riforma del 2001.

La riforma cost. 2016 abolisce la competenza concorrente: perciò resta solo la competenza esclusiva dello Stato (estesa a molte delle materie concorrenti) e la competenza delle regioni esercitata su alcune materie specificamente individuate e in via residuale; lo Stato, tuttavia, può intervenire anche nelle materie regionali quando lo richieda la tutela dell'unità giuridica o economica della Repubblica ovvero la tutela dell'interesse nazionale, che così viene espressamente reintrodotto nel testo costituzionale (v. art. 117 Cost. 2016).

16.3. Regolamenti regionali

L'organo titolare della potestà regolamentare

In base all'art. 117.6 Cost., la potestà regolamentare «spetta allo Stato nelle materie di legislazione esclusiva, salva delega alle regioni», mentre per tutte le altre materie essa spetta alle regioni (con la riforma cost. 2016, come si è detto, non vi rientrano più le materie di legislazione concorrente). Prima della l. cost. 1/1999 il consiglio regionale era titolare, oltreché della funzione legislativa, anche della potestà regolamentare. A seguito della modifica dell'art. 121.2 e 4 Cost. il consiglio regionale «esercita le potestà legislative attribuite alla regione», mentre il presidente della giunta «promulga le leggi ed emana i regolamenti regionali». Dal complesso di queste disposizioni si ricava che il potere regolamentare può essere attribuito alla giunta o al consiglio, secondo forme e modalità stabilite dallo statuto di ciascuna regione (v. sentt. 313, 324/2003 e 119/2006).
Quanto alla collocazione nel sistema delle fonti dei regolamenti regionali, essi sono subordinati sia alla legge statale sia a quella regionale. La Corte costituzionale ha chiarito che i regolamenti regionali non possono intervenire in materia di disciplina dell'organizzazione e dell'esercizio delle funzioni degli enti locali, anche qualora questi ultimi non abbiano provveduto con propri regolamenti (v. sent. 246/2006).

16.4. Statuti speciali

Una fonte di rango costituzionale

L'art. 116.1 Cost. stabilisce che il «Friuli-Venezia Giulia, la Sardegna, la Sicilia, il Trentino-Alto Adige/Südtirol e la Valle d'Aosta/Vallée d'Aoste dispongono di forme e condizioni particolari di autonomia, secondo i rispettivi statuti adottati con **legge costituzionale**». Il procedimento è quello dell'art. 138 Cost., ma con due differenze introdotte dalla l. cost. 2/2001:
1. quando la revisione dello statuto speciale è d'iniziativa del governo o d'iniziativa parlamentare, il progetto di legge costituzionale deve essere comunicato all'assemblea regionale, la quale ha due mesi di tempo per esprimere un proprio parere;
2. *non* si fa *comunque* luogo a referendum.

L'intenzione è quella di favorire revisioni statutarie promosse dalla regione speciale interessata, o con essa concordate, senza sottoporle all'*intero* corpo elettorale, e quindi facendo del Parlamento l'unico soggetto cui, in tal caso, è affidata la tutela dell'interesse nazionale (mentre un referendum potrebbe prestarsi a mettere una regione contro le altre).

17. LE FONTI DEGLI ENTI LOCALI

Sono fonti degli enti locali:
- gli statuti;
- i regolamenti.

Gli statuti e i regolamenti locali, già disciplinati dal testo unico sull'ordinamento degli enti locali (d.lgs. 267/2000, Tuel), hanno un fondamento, dopo la riforma costituzionale del 2001, negli artt. 114.2 e 117.6 Cost.

Approvazione degli statuti locali

- **Statuti**. Lo statuto costituisce l'*atto fondamentale* dell'organizzazione dell'ente locale (v. par. 8 del cap. 12). È previsto un procedimento aggravato di approvazione. Secondo l'art. 6 Tuel, lo statuto del comune è deliberato (e revisionato) dal consiglio comunale a maggioranza dei due terzi dei componenti. Se tuttavia tale maggioranza non viene raggiunta, il progetto di statuto è messo in votazione nelle sedute successive entro trenta giorni dalla prima ed è approvato se, in due successive deliberazioni, ottiene il voto favorevole della maggioranza assoluta dei consiglieri. Lo statuto della provincia, a seguito della l. 56/2014, è adottato dall'assemblea dei sindaci, su proposta del consiglio provinciale. La stessa legge disciplina l'adozione degli statuti delle città metropolitane e delle unioni di comuni.

- **Regolamenti**. Ogni ente locale, in base all'art. 117.6 Cost., dispone di potestà regolamentare «in ordine alla disciplina dell'organizzazione e dello svolgimento delle funzioni» che gli sono attribuite (ad es. in materie come l'urbanistica, l'igiene, la viabilità, la polizia municipale ecc.). La potestà regolamentare spetta al consiglio dell'ente locale; fanno eccezione i regolamenti comunali sull'ordinamento degli uffici e dei servizi, che sono adottati dalla giunta nel rispetto dei criteri generali stabiliti dal consiglio.

I limiti delle fonti locali

Lo statuto dell'ente locale incontra come limite solo la legge dello Stato, e in questo senso lo statuto non è una fonte primaria. Invece, i regolamenti locali incontrano limiti nella legge sia statale sia regionale: ciò in base al principio secondo cui l'organizzazione statutaria dell'ente locale si collega alla legge statale senza l'intermediazione della legge regionale, mentre i regolamenti locali devono rispettare anche le prescrizioni della legge regionale competente in materia.

18. LE FONTI ESPRESSIONE DI AUTONOMIA COLLETTIVA

Tra le fonti del diritto sono da annoverare anche fonti che, espressione dell'autonomia dei privati, sono tuttavia direttamente previste dalla Costituzione. Il presupposto perché siano considerate fonti del diritto è che esse: *a*) abbiano come contenuto norme generali e astratte, anche se riferite a determinate categorie sociali; *b*) siano abilitate a produrre atti con efficacia *erga omnes*; *c*) siano assistite, per l'osservanza dei loro precetti, da apparati dello Stato (cioè la possibilità di ricorso al giudice); *d*) abbiano il trattamento proprio delle fonti del diritto (v. par. 1).

I contratti collettivi nell'art. 39 Cost.

Fra queste fonti rientrerebbero i **contratti collettivi di lavoro**, destinati a disciplinare il rapporto di lavoro fra datori di lavoro e lavoratori. Infatti, l'art. 39 Cost. prevede che i *sindacati registrati* e dotati di personalità giuridica «possono, rappresentati unitariamente in proporzione dei loro iscritti, stipulare contratti collettivi di lavoro con efficacia obbligatoria per tutti gli appartenenti alle categorie cui il contratto si riferisce». Questa disposizione stabilisce una *riserva di competenza* per i contratti collettivi così stipulati, ferma restando la possibilità per la fonte legislativa di stabilire i principi inderogabili entro cui deve svolgersi l'autonomia contrattuale.

Inattuazione dell'art. 39 e tecniche usate per ottenere lo stesso fine

Tuttavia, all'art. 39 *non* è stata data attuazione per ragioni varie (negli anni Cinquanta per l'ostilità dei sindacati più piccoli che sarebbero stati penalizzati dalla rappresentanza proporzionale rispetto a quelli maggiori; negli anni Settanta perché la norma, attenuatasi la netta delimitazione fra categorie, è stata considerata troppo rigida rispetto alle esigenze delle dinamiche contrattuali). Il vuoto è stato riempito dai *contratti collettivi di diritto comune*, stipulati ai sensi del codice civile, che vincolano pertanto solo gli aderenti alle organizzazioni, imprenditoriali e sindacali, che li stipulano. Effetti non dissimili da quelli previsti dall'art. 39 si sono ottenuti grazie all'applicazione di quegli articoli del codice civile (artt. 2077 e 2113) che rendono invalide talune clausole dei contratti individuali difformi dal contratto collettivo. Ha concorso inoltre allo stesso esito la giurisprudenza che ha esteso tali contratti, in caso di controversia, anche ai soggetti non obbligati, sulla base dell'art. 36 Cost. che prevede il diritto del lavoratore a una *retribuzione proporzionata*, individuando nei contratti in questione la base per determinare il minimo contrattuale dovuto. Ma questi contratti *non possono* considerarsi *vere e proprie fonti del diritto*.

I contratti dei dipendenti pubblici

Potrebbero invece esserlo i contratti collettivi per la disciplina del lavoro nelle pubbliche amministrazioni: le procedure per la loro stipula sono fissate dalla legge (d.lgs. 165/2001); la legge stessa stabilisce le norme per la formazione del soggetto contraente pubblico (l'Aran) e i requisiti di rappresentatività delle organizzazioni sindacali per essere ammessi al tavolo negoziale; i contratti sono vincolanti per tutti i dipendenti pubblici; essi sono pubblicati sulla *Gazzetta Ufficiale*; è riconosciuta la possibilità di ricorso in cassazione per la loro violazione. Qui siamo in presenza, probabilmente, più che di un contratto, di una particolare *fonte del diritto negoziata*. Ma è un punto ancora aperto sia in dottrina sia in giurisprudenza.

19. LE FONTI «ESTERNE» RICONOSCIUTE

Costituiscono fonti del diritto nell'ordinamento italiano anche le fonti appartenenti a un *altro e distinto* ordinamento cui il nostro, in casi o per oggetti specifici, faccia **rinvio**. Ciò si ha quando, sulla base di determinati *criteri di collegamento* tra l'ordinamento interno e altri ordinamenti, si attribuisce a fonti normative esterne l'attitudine a produrre norme giuridiche nell'ordinamento interno. Tale effetto è possibile, però, solo in quanto l'ordinamento giuridico *riconosca*, e quindi legittimi, fonti esterne ovvero fonti di un altro ordinamento giuridico: queste sono le fonti esterne riconosciute.

Varie forme di rinvio

A questo proposito si parla di *rinvio mobile* o **rinvio alla fonte**, ossia del rinvio a tutte le norme che la fonte richiamata è in grado di produrre nel tempo, distinguendolo dal *rinvio fisso* o **rinvio alla disposizione**, quando il rinvio avviene nei confronti di una determinata disciplina storicamente individuabile, senza che le vicende che la riguardino assumano rilievo nell'ordinamento interno.

Un altro caso, ben diverso, di rinvio mobile o alla fonte è l'**adattamento automatico** alle norme del diritto internazionale generalmente riconosciute. Questo adattamento (come abbiamo visto nel cap. 3) è direttamente disposto dall'art. 10.1 Cost.: in virtù di questa disposizione costituzionale, il *fatto* dell'esistenza di consuetudini internazionali fa sì che quello stesso fatto sia produttivo delle corrispondenti norme anche nell'ordinamento italiano.

Costituisce invece un rinvio fisso o alla disposizione l'**ordine di esecuzione**, in genere dato con legge, attraverso il quale vengono recepite nell'ordinamento interno le norme contenute in trattati e accordi internazionali.

Le **norme interne di riconoscimento** sono vere e proprie *fonti sulla produzione*, così come le **fonti esterne richiamate** sono vere e proprie *fonti di produzione*. Secondo la dottrina tradizionale, le fonti esterne riconosciute, in quanto non deliberate dagli organi dello Stato, dal punto di vista del nostro ordinamento rileverebbero solo come fonti fatto e non come fonti atto. È evidente, però, che una simile lettura non solo tende a svalutare le fonti esterne riconosciute rispetto alle fonti interne, ma si risolve in un mero artifizio teorico, giustificabile solo se si assume che tutto il diritto coincide con il diritto dello Stato come ordinamento chiuso. Una simile lettura non corrisponde alle caratteristiche della nostra Costituzione, la quale afferma proprio il principio opposto di **apertura ad altri ordinamenti**.

I controlimiti

Rispetto a questa apertura, peraltro, vengono invocati i **controlimiti** derivanti dai principi fondamentali dell'ordinamento costituzionale e dai diritti inalienabili della persona: si tratta di limiti all'ingresso nell'ordinamento interno tanto delle norme internazionali generalmente riconosciute richiamate dall'art. 10.1 quanto delle norme contenute in trattati istitutivi di organizzazioni internazionali aventi gli scopi indicati dall'art. 11 Cost. o derivanti da tali organizzazioni (come si è visto nel par. 8 per i trattati e il diritto derivato dell'Unione europea; diversamente, per le norme Cedu v. par. 4 del cap. 6). Ad essi si è rifatta la Corte costituzionale nella sentenza n. 238 del 2014, forse la più citata e commentata della sua storia. In questa decisione la Corte ha affermato che l'accesso alla giustizia per chiedere un risarcimento da parte delle vittime di crimini di guerra e contro l'umanità (nel caso specifico, quelli commessi dai nazisti durante la Seconda guerra mondiale) è un diritto che non può essere del tutto sacrificato. Pertanto, la consuetudine internazionale sull'immunità dalla giurisdizione civile degli stati stranieri, anche in caso di gravi violazioni del diritto internazionale umanitario, la cui esistenza era stata affermata dalla Corte internazionale di giustizia dell'Onu (su ricorso della Germania), non può considerarsi entrata nell'ordinamento italiano. Non opera, rispetto a tali violazioni, il rinvio dell'art. 10.1: vi si oppone infatti il controlimite del principio della tutela giurisdizionale dei diritti inviolabili *ex* artt. 2 e 24 Cost. Conseguentemente la sent. 238/2014 ha dichiarato l'illegittimità della legge di esecuzione della Carta delle Nazioni Unite nella misura in cui, obbligando l'Italia a conformarsi alle decisioni della Corte internazionale di giustizia, imponeva al giudice italiano di negare la propria giurisdizione nelle cause per i danni subiti dalle vittime di quei crimini.

Il diritto internazionale privato

Norme interne che valgono come *fonti sulla produzione* sono anche le **norme di diritto internazionale privato** contenute nella l. 31 maggio 1995, n. 218. Questa legge, in particolare, individua le situazioni che, in ragione di taluni elementi di estraneità (nazionalità delle parti, luogo dei fatti, volontà delle parti ecc.), mettono in collegamento l'ordinamento italiano con altri ordinamenti distinti e, di conseguenza, permettono il riconoscimento delle fonti esterne abilitate a produrre diritto oggettivo per disciplinare quelle stesse situazioni, consentendo al giudice di individuare la norma che deve essere applicata alla fattispecie concreta. Le norme di diritto internazionale privato, come norme sulla produzione, operano un rinvio all'ordinamento straniero complessivamente considerato, dato che la legge straniera «è applicata secondo i propri criteri di interpretazione e di applicazione nel tempo».

Non tutte le norme straniere richiamate, peraltro, possono essere applicate: limiti sussistono sia quando, nonostante il rinvio, nel caso di specie insistono **norme italiane di necessaria applicazione**, sia quando gli effetti dell'applicazione della legge straniera sono contrari all'**ordine pubblico**, concetto generale col quale ci si riferisce a tutti quegli effetti indeterminabili a priori, i quali in concreto siano considerati eversivi delle basi stesse della convivenza sociale o in contrasto con la Costituzione (ad es. un eventuale divieto di matrimonio tra individui di razza o religione diversa).

20. LE FONTI FATTO

La consuetudine

La *fonte fatto* per eccellenza è la **consuetudine** (o *uso*), la quale consta di due elementi necessari:
- un comportamento ripetuto nel tempo (elemento materiale o *longa repetitio facti*);
- la convinzione da parte del corpo sociale che ripetere quel comportamento sia giuridicamente dovuto (elemento soggettivo o *opinio iuris ac necessitatis*).

Ove questa convinzione non vi fosse, saremmo di fronte a una semplice *prassi*, comportamento ripetuto ma senza che sia considerato vincolante, e dunque derogabile in qualsiasi momento.

Efficacia delle consuetudini

Secondo l'art. 8 delle preleggi, «nelle materie regolate dalle leggi e dai regolamenti, gli usi hanno efficacia solo in quanto siano da essi richiamati». Ciò significa che le norme consuetudinarie nei rapporti di diritto privato sono subordinate gerarchicamente alle fonti atto. Le consuetudini, per essere valide, devono essere o *secundum legem* (ossia conformi alle norme di legge o di regolamento), oppure *praeter legem* (ossia al di fuori di qualsiasi norma scritta, anche se si tratta di ipotesi alquanto rara, stante l'applicazione dello strumento dell'analogia). Sono vietate, e perciò invalide, le consuetudini *contra legem* (ossia in contrasto con norme legislative o regolamentari).

Le consuetudini costituzionali

Le fonti fatto *in materia costituzionale* integrano le norme costituzionali scritte, definendo la posizione e regolando l'attività degli organi costituzionali. Si tratta delle **consuetudini costituzionali**. Ciò significa che, «quando siano in armonia con il sistema costituzionale», si impongono a tutte le fonti subordinate, atti normativi primari compresi. Sotto questo profilo, le consuetudini possono costituire parametro di costituzionalità utilizzabile dalla Corte costituzionale (v. ad es. sentt. 129/1981 e 7/1996).

Tra le fonti fatto vengono ricomprese da taluno anche le **convenzioni costituzionali**, le quali peraltro rappresentano il tentativo di trasposizione nel nostro ordinamento di una categoria del diritto anglosassone (le *conventions of the constitution*) che ha caratteristiche del tutto simili alle consuetudini costituzionali. Cosa diversa sono invece le **norme di correttezza costituzionale**, che nel loro insieme costituiscono quello che si potrebbe definire il *galateo* dei rapporti fra organi costituzionali (e non hanno natura giuridica).

21. LE FONTI DI COGNIZIONE E I TESTI UNICI

Si definiscono **fonti di cognizione** *quegli atti, non aventi forza normativa (a differenza delle fonti di produzione), i quali sono volti esclusivamente a rendere conoscibile il diritto oggettivo*. In questo senso non si tratta di fonti in senso proprio. Nell'ambito delle fonti di cognizione bisogna poi distinguere tra quelle che hanno valore legale (come la *Gazzetta Ufficiale* e le altre pubblicazioni ufficiali) e quelle che hanno valore meramente conoscitivo. Fra queste ultime si segnala la banca dati *Normattiva*, creata per offrire gratuitamente su Internet tutto il complesso delle norme statali vigenti (nel testo originario, in quello vigente al momento della consultazione, in quello vigente in qualsiasi data intermedia).

21.1. La pubblicazione degli atti normativi

L'obbligo di pubblicazione

Tutti gli atti normativi, nessuno escluso, devono essere necessariamente pubblicati nelle forme previste dalla legge. Lo dispongono l'art. 73.3 Cost. (che è riferito alle leggi) e l'art. 10 delle preleggi (che è riferito anche ai regolamenti). Gli atti normativi statali sono pubblicati nella *Gazzetta Ufficiale della Repubblica italiana*. Gli atti normativi regionali sono pubblicati nel *Bollettino Ufficiale* di ciascuna regione. Gli atti normativi locali sono pubblicati mediante affissione all'*albo pretorio* dell'ente locale.

Il nostro ordinamento conosce una precisa disciplina delle modalità di promulgazione, emanazione e pubblicazione degli atti normativi. Le formule da usarsi per la **promulgazione** delle leggi costituzionali e delle leggi ordinarie dello Stato e per l'**emanazione** dei decreti legislativi, dei decreti legge e dei regolamenti sono contenute nel d.p.r. 1092/1985.

La Gazzetta Ufficiale

Il medesimo testo disciplina la **pubblicazione** sulla *Gazzetta Ufficiale* (serie generale), curata dal ministro della giustizia (il «guardasigilli»). Il ministro cura inoltre l'inserimento degli stessi atti e di tutti gli altri decreti (del presidente della Repubblica, del presidente del Consiglio dei ministri, dei singoli ministri, di altre autorità), nonché degli accordi internazionali e dei dispositivi delle sentenze della Corte costituzionale, nella *Raccolta ufficiale degli atti normativi della Repubblica italiana*.

Al solo scopo di darne notizia, la *Gazzetta Ufficiale* pubblica (in serie speciali): *a*) leggi e regolamenti delle regioni e delle province autonome; *b*) regolamenti e direttive dell'Unione europea. Inoltre, pubblica il testo integrale delle sentenze e ordinanze della Corte costituzionale e degli atti di promovimento del giudizio della Corte.

Denominazione degli atti normativi

Viene disciplinata anche la *denominazione* attribuita agli atti normativi. L'atto normativo espressione della funzione legislativa attribuita alle Camere viene *promulgato* col nome di *legge* dal presidente della Repubblica e pubblicato come tale; lo stesso vale per le *leggi costituzionali*. Invece gli atti normativi del governo (deliberati dal Consiglio dei ministri), quale che sia la loro natura, sono *emanati* sempre con decreto del presidente della Repubblica, ma vengono poi indicati con nomi diversi che corrispondono alla loro diversa natura: *decreto legislativo*, *decreto legge* e, nel caso dei regolamenti, *decreto del presidente della Repubblica*. Se si tratta di regolamenti non deliberati collegialmente dal Consiglio dei ministri, l'emanazione non avviene con decreto del presidente della Repubblica e la denominazione sarà quella di *decreto del presidente del Consiglio dei ministri* (se adottato e decretato

LA DENOMINAZIONE DEGLI ATTI NORMATIVI

Nome dell'atto	Abbreviazione
legge	l.
legge costituzionale	l. cost.
decreto legislativo	d.lgs.
decreto legge	d.l.
decreto del presidente della Repubblica	d.p.r.
decreto del presidente del Consiglio	d.p.c.m.
decreto ministeriale	d.m.
decreto interministeriale	d.i.

da questi), di *decreto ministeriale* (se adottato e decretato dal singolo ministro), di *decreto interministeriale* (se adottato e decretato insieme da più ministri). Il decreto legislativo e il decreto legge riportano nel preambolo l'indicazione, rispettivamente, della legge di delegazione sulla base della quale è stato adottato e delle circostanze straordinarie di necessità e urgenza che ne giustificano l'adozione (artt. 14-15 l. 400/1988).
In tutti i casi le leggi e gli altri atti normativi, primari e secondari, si citano indicando *giorno mese anno* della promulgazione o emanazione + il *numero*. Tutti questi atti sono numerati annualmente e in modo progressivo tenendo conto della *data di pubblicazione* (e *non* della data di approvazione). Le leggi costituzionali hanno una numerazione progressiva annuale propria.

L'entrata in vigore

Gli atti legislativi e regolamentari entrano in vigore di norma il quindicesimo giorno seguente alla loro pubblicazione (è il termine ordinario della *vacatio legis*, prevista al fine di dar tempo agli operatori del diritto di conoscere l'innovazione con anticipo sulla sua applicazione). L'atto stesso può però prevedere un termine diverso, più lungo o più breve: anche il giorno stesso in cui è pubblicato o quello successivo, com'è il caso dei decreti legge.

21.2. Testi unici e riordino normativo

Possono avere natura di fonti di cognizione oppure di vere e proprie fonti di produzione i **testi unici**, ossia i testi che raccolgono atti normativi preesistenti che, sebbene posti in tempi diversi, disciplinano una medesima materia, unificando e coordinando le norme prodotte da quegli atti (ad es. il «codice dei beni culturali e del paesaggio» di cui al d.lgs. 42/2004, o il testo unico «in materia ambientale» di cui al d.lgs. 152/2006). I testi unici sono propriamente destinati al riordino della legislazione vigente: cioè a eliminare o ridurre la disseminazione di norme sulla stessa materia in un numero eccessivo di leggi, allo scopo sia di facilitare gli operatori del diritto (e i cittadini tutti) nella reperibilità delle fonti, sia di favorire la coerenza dei successivi interventi modificativi o integrativi del legislatore. Per questo la redazione di testi unici è considerata prassi virtuosa da incentivare al massimo (l'esempio più recente sono i testi unici previsti dall'art. 16 della l. 124/2015).

Testi unici compilativi e normativi

È necessario distinguere, però, fra **testi unici compilativi** e **testi unici normativi**: i primi sono atti di natura amministrativa e hanno come fine esclusivamente quello di agevolare la *conoscenza* del diritto esistente in una certa materia; i secondi hanno natura di atti di *produzione* del diritto. Nel secondo caso il testo unico non si limita a raccogliere in un unico atto le norme vigenti, ma provvede ad armonizzare la legislazione modificando sostanzialmente la disciplina positiva. Dunque, mentre i testi unici *compilativi* si limitano a unificare la legislazione preesistente lasciandola immutata, senza sostituirsi agli atti fonte che l'avevano stabilita, i testi unici *normativi* innovano il diritto in essi raccolto e coordinato abrogando gli atti preesistenti.

La differenza applicativa è sostanziale: infatti, in caso di dubbio sulla norma da applicare (quella contenuta nel testo unico o quella nella fonte originaria?), l'interprete dovrà fare riferimento, nel caso dei testi unici compilativi, agli atti normativi corrispondenti; nel caso dei testi unici normativi, solo al testo unico, il quale dal momento della sua entrata in vigore diventa l'*unica* fonte delle norme in esso contemplate.

La diversa natura, conoscitiva o innovativa, giustifica le garanzie normalmente richieste per il procedimento di formazione dei testi unici normativi, che è quella propria delle fonti abilitate a produrre diritto oggettivo. I testi unici normativi sono deliberati dal governo nella forma di *decreti legislativi* sulla base di una *legge di delegazione* del Parlamento *ex* art. 76 Cost. (anche se spesso si tratta di una delega anomala, in quanto disposta senza fissazione di principi e criteri direttivi, che dovranno essere desunti dalla legislazione che si tratta di unificare). I testi unici compilativi, invece, sono deliberati dal governo sulla base non di una delega legislativa ma di una mera autorizzazione (prevista in via permanente dall'art. 17-*bis* della l. 400/1988).

Un diverso tentativo di razionalizzare il complesso normativo presente nel nostro ordinamento è stato condotto facendo ricorso a norme appositamente mirate alla riduzione del numero degli atti legislativi formalmente vigenti (chiamate per l'appunto *taglia-leggi*: v. art. 14 della l. 246/2005 e i successivi decreti legislativi 179/2009 e 212/2010).

SCHEMA RIASSUNTIVO DELLE FONTI DEL DIRITTO ITALIANO

TIPO DI FONTE	ORGANO TITOLARE DEL POTERE	EVENTUALE CONCORSO DI ALTRI ORGANI	TIPO DI PROCEDURA	CONTROLLO GIURISD.	CONCORSO DEL CORPO ELETTORALE
Legge costituzionale	Parlamento	—	Legislativa aggravata	Corte costituzionale (solo principi supremi)	Referendum eventuale
Legge ordinaria	Parlamento	—	Legislativa ordinaria	Corte costituzionale	Referendum eventuale abrogativo
Decreto legislativo	Governo	Parlamento per delegazione + eventuale parere su schemi	Delibera Cdm, decreto presidente della Rep.	Corte costituzionale	Referendum eventuale abrogativo
Decreto legge	Governo	Parlamento per conversione	Delibera Cdm, decreto presidente della Rep.	Corte costituzionale	Referendum eventuale abrogativo
Regolamento parlamentare	Ciascuna camera	—	Delibera a maggioranza assoluta	—	—
Regolamento governativo	Governo	Parere Consiglio di stato Visto Corte dei conti Parere eventuale del Parlamento	Delibera Cdm, decreto presidente della Rep.	Tribunali amministrativi	—
Regolamento ministeriale	Ministro	Parere Consiglio di stato Visto Corte dei conti	Decreto ministeriale o del presidente del Cdm	Tribunali amministrativi	—
Statuto regionale	Consiglio regionale	—	Legislativa aggravata	Corte costituzionale	Referendum eventuale
Legge regionale	Consiglio regionale	Consiglio delle autonomie locali	Legislativa come da statuto	Corte costituzionale	[Dipende da statuto regionale]
Regolamento regionale	Giunta o consiglio regionale	Consiglio delle autonomie locali	Delibera della giunta o del consiglio e decreto presidente della giunta	Tribunali amministrativi	[Dipende da statuto regionale]
Statuto locale	Consiglio comunale/ Assemblea dei sindaci/Conferenza metropolitana	—	Delibera aggravata	Tribunali amministrativi	—
Regolamento locale	Consiglio comunale/ provinciale/ metropolitano	—	Delibera consiliare	Tribunali amministrativi	[Dipende da statuto locale]

PAROLE CHIAVE

- Abrogazione
- Analogia
- Annullamento
- Antinomie normative
- Consuetudini
- Conversione
- Contratti collettivi di lavoro
- Costituzione
- Criterio cronologico
- Criterio della competenza
- Criterio gerarchico
- Decreti legge
- Decreti legislativi
- Delegazione legislativa
- Delegificazione
- Efficacia *ex nunc* ed *ex tunc*
- Fonte atto
- Fonte fatto
- Fonte primaria
- Fonte secondaria
- Fonti atipiche o specializzate
- Fonti di produzione
- Fonti sulla produzione
- Forza di legge
- Interpretazione
- Leggi costituzionali
- Leggi ordinarie statali
- Leggi regionali
- Potestà legislativa concorrente
- Potestà legislativa esclusiva
- Potestà legislativa residuale
- Principi fondamentali della materia
- Principi generali dell'ordinamento giuridico
- Principi supremi dell'ordinamento costituzionale
- Primato del diritto dell'Unione europea
- Promulgazione
- Pubblicazione
- Regolamenti del governo
- Regolamenti locali
- Regolamenti parlamentari
- Regolamenti regionali
- Revisione costituzionale
- Riserva di legge
- Statuti locali
- Statuti regionali
- Testi unici

FONTI

- Costituzione della Repubblica (artt. 7-8, 10-11, 64, 70-81, 87, 114, 116-117, 121, 123, 132, 138-139).
- R.d. 16 marzo 1942, n. 262 (Disposizioni sulla legge in generale, c.d. preleggi, artt. 1-16).
- D.p.r. 28 dicembre 1985, n. 1092 (Testo unico sulla promulgazione delle leggi e l'emanazione dei decreti del presidente della Repubblica).
- Legge 23 agosto 1988, n. 400 (Potestà normativa del governo, capo III).
- Legge 31 maggio 1995, n. 218 (Riforma del sistema italiano di diritto internazionale privato).
- D.lgs. 18 agosto 2000, n. 267 (Testo unico sull'ordinamento degli enti locali, Tuel).

PER APPROFONDIRE

- F. Modugno, *Appunti dalle lezioni sulle fonti del diritto*, Torino, Giappichelli, 2005.
- L. Paladin, *Le fonti del diritto italiano*, Bologna, Il Mulino, 2000.
- A. Pizzorusso, *Fonti del diritto*, in *Commentario del Codice Civile Scialoja-Branca*, a cura di F. Galgano, Bologna-Roma, Zanichelli-Il Foro Italiano, 2011.
- A. Ruggeri, *Fonti, norme, criteri ordinatori*, Torino, Giappichelli, 2009.
- F. Sorrentino, *Le fonti del diritto italiano*, Padova, Cedam, 2009.

PERCORSO DI AUTOVERIFICA

1. Che differenza c'è tra fonti di produzione e fonti sulla produzione del diritto?

2. Che differenza c'è tra fonti fatto e fonti atto?

3. In che senso il sistema delle fonti primarie è un sistema chiuso e il sistema delle fonti secondarie è un sistema aperto?

4. Quali sono i criteri di risoluzione delle antinomie normative?

5. Cosa significa interpretare il diritto? E a quali criteri di interpretazione si ricorre?

6. Quali sono le fonti di rango costituzionale?

7. Come si svolge il procedimento di revisione costituzionale?

8. Come sono definiti i rapporti fra fonti dell'Unione europea e fonti interne?

9. Cosa si intende per riserva di legge? E quali tipi di riserva di legge ci sono?

10. Quali sono gli atti normativi del governo equiparati alla legge?

11. Come si svolge il procedimento di delegazione legislativa?

12. Qual è il procedimento di formazione del decreto legge?

13. In cosa si distinguono i regolamenti di autonomia degli organi costituzionali?

14. Quali tipi di regolamenti del governo sono previsti dalla legge?

15. In particolare cos'è un regolamento di delegificazione?

16. Quali sono le fonti del diritto regionale?

17. Quali sono le fonti degli enti locali?

18. Possono essere considerati fonti del diritto i contratti collettivi di lavoro?

19. Cosa si intende per rinvio mobile e per rinvio fisso?

20. Cos'è una consuetudine? E qual è l'importanza delle consuetudini costituzionali?

21. Com'è disciplinata la pubblicazione delle fonti del diritto?

22. A cosa servono i testi unici?

CAPITOLO 6

I diritti fondamentali

Il catalogo dei diritti si è andato nel tempo arricchendo, tanto che si parla di una prima, di una seconda, di una terza e, ora, di una quarta generazione dei diritti. Alla tutela, anche multilivello, dei diritti fondamentali, espressione che tutti li contiene, è dedicato questo capitolo.

1. I DIRITTI FONDAMENTALI NELLO STATO MODERNO

Le dichiarazioni dei diritti

La formazione dello stato moderno è stata accompagnata da una serie di dichiarazioni dei diritti: dalla *Petition of Right* del 1628 al *Bill of Rights* del 1689 in Inghilterra, dalla Dichiarazione di Indipendenza americana del 4 luglio 1776 al *Bill of Rights* della Costituzione degli Stati Uniti (i primi dieci emendamenti del 1791). Tuttavia, il primo organico riconoscimento delle libertà fondamentali viene considerato la **Dichiarazione dei diritti dell'uomo e del cittadino**, con la quale i rappresentanti del popolo francese proclamarono nel 1789 «i diritti naturali, inalienabili e sacri dell'uomo». L'importanza rivestita dalla Dichiarazione è rafforzata dal valore giuridico che ad essa derivò dall'inserimento nella Costituzione del 3 settembre 1791, e successivamente richiamata nei preamboli di tutte le costituzioni francesi, inclusa l'attuale (1958).

La concezione moderna delle libertà fondamentali di cui è testimonianza la Dichiarazione si alimentò del pensiero filosofico giusnaturalistico del XVI e XVII secolo, il quale rivendicava il valore autonomo dell'individuo nei confronti dell'autorità dello stato (v. cap. 2). Di esso si fece interprete fino a tutta la prima metà dell'Ottocento la borghesia, applicando i principi del liberalismo classico (separazione dei poteri, supremazia della legge, preminenza del parlamento), con modalità diverse a seconda dei contesti storici.

I diritti civili

Si affermarono così i **diritti civili**, vale a dire quelle libertà fondate sulla rivendicazione per l'individuo di una sfera propria in cui potesse essere del tutto autonomo e indipendente rispetto allo stato: la **libertà personale**, la **libertà di domicilio**, le **libertà economiche** e il **diritto di proprietà**, la **libertà di manifestazione del pensiero**, la **libertà religiosa**. La **prima generazione** di diritti fu proprio quella rappresentata dai diritti intesi come *libertà dallo stato* o *libertà negative*.

Solo con l'emergere delle rivendicazioni proletarie, a partire dalla seconda metà dell'Ottocento, le libertà civili si rafforzarono e iniziò la lenta ma progressiva affermazione dei **diritti politici**, vale a dire i diritti di partecipazione alla vita dello stato: il **diritto di voto** (prima riservato a una ristretta classe di possidenti), il **diritto di associazione in partiti e sindacati**. Questa **seconda generazione** di diritti, intesi come *libertà nello stato* o *libertà positive*, coincise con l'evoluzione dello stato liberale in stato liberaldemocratico: non più monoclasse, caratterizzato cioè dall'egemonia di un'unica classe sociale, la borghesia, bensì pluriclasse, contraddistinto dall'affermarsi del ruolo politico e sociale del proletariato urbano.

Nella prima metà del Novecento, dopo la Prima guerra mondiale e la crisi degli anni Trenta (la Grande depressione), si rivendicò un sempre maggiore intervento statale con il fine di riequilibrare le disparità economiche (in nome del principio di eguaglianza sostanziale) e rendere accessibili alla collettività i **diritti sociali**, definiti anche diritti di **terza generazione**, intesi come *libertà attraverso lo stato*: il **diritto all'istruzione**, il **diritto alla salute**, il **diritto alla previdenza sociale**, il **diritto al lavoro**, il **diritto all'abitazione**.

I diritti sociali

Nella seconda metà del Novecento il processo di affermazione dei diritti non si è certo arrestato. Lo sviluppo culturale, economico e soprattutto tecnologico della società ha portato alla ribalta nuove domande di tutela individuali e collettive, portando l'individuo a reclamare forme di garanzia sempre più effettive e sofisticate. Per indicare le libertà rivendicate più di recente si utilizza l'espressione **nuovi diritti** (o diritti di **quarta generazione**). Essi riguardano soprattutto la dignità dell'uomo in un'accezione particolarmente ampia che tiene conto delle problematiche legate alla tutela dell'ambiente, all'informazione, alle nuove tecnologie informatiche, alla procreazione artificiale, alla bioetica (ad esempio: esiste un diritto a procreare utilizzando qualsiasi pratica di fecondazione assistita? Esiste un diritto al «suicidio assistito»?).

Una precisazione terminologica

Si deve ora fare una precisazione terminologica. Nel linguaggio corrente si utilizzano indifferentemente espressioni come *libertà costituzionali*, *diritti umani*, *diritti della persona*, *libertà pubbliche*. Si può però usare l'espressione onnicomprensiva **diritti fondamentali**, con la quale si indicano i diritti civili, politici, sociali, nonché i diritti di ultima generazione, che rappresentano il fondamento stesso dell'assetto costituzionale della Repubblica. Del resto distinzioni nette non sono possibili né utili, in quanto alcuni di questi diritti si prestano a classificazioni diverse: ad esempio, la libertà di associazione e

quella di riunione si presentano ora come diritti civili ora come diritti politici; la libertà di lavoro, a sua volta, può presentarsi ora come diritto civile ora come diritto sociale. È anche vero che il trattamento giuridico di questi diritti è spesso diverso: ciò spiega perché non tutta la dottrina concorda con una scelta terminologica che mette sullo stesso piano libertà diverse (ad es. il diritto di proprietà e altri diritti ritenuti di rango più elevato).
Si riserva invece l'espressione **diritti umani** ai diritti che l'ordinamento internazionale, attraverso le Nazioni Unite e altre organizzazioni, si sforza di riconoscere a tutti i popoli e a tutte le persone.

2. LE SITUAZIONI GIURIDICHE SOGGETTIVE

Una premessa: le tecniche di tutela

Al fine di tutelare i diritti fondamentali sono state utilizzate le categorie e tecniche che la scienza giuridica aveva elaborato per il diritto di proprietà (diritto soggettivo, soggetti titolari e oggetto del diritto, facoltà del titolare). Tali categorie e tecniche mantengono la loro utilità, ma non sempre riescono a cogliere la complessità dei diritti sociali, legati all'organizzazione delle pubbliche amministrazioni, o dei diritti di nuova generazione, e soprattutto esse non riescono a esaurire le forme di tutela necessarie per garantire le libertà fondamentali. Non basta, ad esempio, fare riferimento alla libertà religiosa se contemporaneamente non si verifica quale regime fiscale hanno le associazioni religiose, se alle varie confessioni è riconosciuta parità di trattamento, se il sentimento religioso ha uguale tutela penale; non basta proibire la censura o garantire comunque tutte le manifestazioni del pensiero, perché in tal modo viene garantita la libertà *di* stampa, non la libertà *della* stampa, che richiede garanzie istituzionali più ampie riferite anche alle imprese editoriali.
Da qui la necessità di assicurare ai diritti fondamentali una più complessa tutela attraverso specifiche e variegate «istituzioni per la garanzia delle libertà». Istituzioni di questo tipo, che coinvolgono il più generale assetto costituzionale, sono le diverse *autorità garanti*, istituite proprio allo scopo di realizzare più efficaci mezzi di tutela dei diritti dei cittadini: dai risparmiatori e azionisti agli utenti di pubblici servizi, dai cittadini che vogliono difendere la propria privacy ai soggetti coinvolti nei mezzi di comunicazione di massa (v. cap. 13).
Ma analizziamo i concetti che i giuristi usano per tracciare i confini dei diritti di libertà.

Capacità giuridica e capacità di agire

Sono **soggetti di diritto** coloro che godono della **capacità giuridica**, coincidente con l'attitudine a essere titolari di situazioni giuridiche (destinatari di norme giuridiche). Il nostro ordinamento riconosce come soggetti di diritto sia le **persone fisiche** (gli individui singolarmente presi) sia le **persone giuridiche** (che raccolgono una pluralità di individui, o di beni, unitariamente riconosciute come titolari di situazioni giuridiche e assimilate dall'ordinamento alle persone fisiche: associazioni, fondazioni, società).

In base agli artt. 1 e 2 del codice civile, la capacità giuridica si acquista, per quanto concerne le persone fisiche, al momento della nascita (mentre la **capacità di agire**, cioè di esercitare effettivamente i diritti di cui si è titolari o di assumere obblighi, si acquista di norma con la *maggiore età* e si può perdere al verificarsi di certe condizioni fissate dal codice, ad es. l'interdizione).

Le situazioni giuridiche nelle quali un soggetto può venirsi a trovare si dividono in:

- **situazioni giuridiche favorevoli** (poteri, diritti soggettivi, interessi legittimi);
- **situazioni giuridiche non favorevoli** (obblighi, doveri, soggezioni).

Il potere giuridico

Fra le prime, il **potere giuridico** è una situazione potenziale e astratta che consiste nella possibilità di ottenere determinati effetti giuridici: ad esempio, il potere di accedere alle cariche elettive in condizioni di eguaglianza, senza distinzioni di sesso (art. 51 Cost.); il potere di adottare determinati atti riconosciuto a questa o quella autorità pubblica; il potere di recedere da un'associazione.

Il diritto soggettivo

Il **diritto soggettivo** è, a differenza del potere, una situazione attuale e concreta che si determina quando l'ordinamento giuridico tutela l'interesse di un soggetto *in via diretta e immediata*. L'ordinamento riconosce al titolare del diritto soggettivo non solo determinate **facoltà**, ma anche la **pretesa** di condizionare il comportamento degli altri soggetti (ad esempio, il titolare di un diritto di proprietà che può disporre del bene in vario modo – venderlo, ipotecarlo ecc. – escludendo ogni altro soggetto dal godimento dello stesso).

I diritti si dividono a loro volta in: *a*) **diritti assoluti**; *b*) **diritti relativi**. Si definisce *assoluto* il diritto che obbliga *tutti* i soggetti dell'ordinamento a non intralciarne il godimento. Vi sono dunque inclusi i *diritti fondamentali* della persona, che impongono a soggetti pubblici e privati di astenersi da comportamenti che possano lederli. Si definisce invece *relativo* il diritto la cui soddisfazione dipende da un comportamento prescritto a un soggetto determinato (è il caso dei diritti che possono derivare da un contratto e si risolvono nell'ottenere una certa prestazione).

L'interesse legittimo

L'**interesse legittimo** designa una situazione soggettiva di vantaggio il cui titolare gode di poteri *strumentali* (può partecipare al procedimento amministrativo o può contrastare un atto dell'amministrazione) in vista del soddisfacimento di un proprio interesse. Mentre chi è portatore di un diritto soggettivo può farlo valere *direttamente e immediatamente*, chi è portatore di un interesse legittimo ha bisogno che esso coincida con uno specifico interesse pubblico. Ecco un esempio classico: l'interesse di un soggetto a che dalla graduatoria dei vincitori di un concorso cui egli partecipa siano esclusi coloro che non rispondono ai requisiti richiesti è tutelato *non* in quanto interesse di *quel* soggetto, bensì *in quanto coincidente con l'interesse pubblico* a che il reclutamento del personale della pubblica amministrazione avvenga nel rispetto dei requisiti previsti dalla legge. La distinzione tra diritto soggettivo e interesse legittimo, che in Costituzione è richiamata dagli artt. 24 e 113, si traduce – come vedremo nei capitoli 13 e 14 – nella ripartizione della tutela giurisdizionale tra giudice ordinario e giudice amministrativo.

Le situazioni giuridiche non favorevoli

Le tipiche situazioni giuridiche non favorevoli sono:

- gli **obblighi**, ovvero comportamenti che un soggetto deve tenere per rispettare un diritto altrui (ad es. l'obbligazione del conduttore di versare al locatore il canone di locazione);
- i **doveri**, ovvero comportamenti dovuti indipendentemente dall'esistenza di un corrispettivo diritto altrui, in funzione di uno specifico interesse; in particolare, si definiscono *doveri costituzionali* quelli previsti dalla Costituzione a tutela di un interesse collettivo (v. par. 28);
- le **soggezioni**, ovvero la situazione di chi è soggetto a un potere giuridico (ad es. la posizione dell'imputato in un processo, sottoposto a una serie di vincoli).

La dicotomia situazioni giuridiche favorevoli-situazioni giuridiche non favorevoli non esaurisce tutte le figure soggettive: l'ordinamento riconosce anche pretese da esercitare nell'interesse *altrui* (ad es. la patria potestà esercitata nell'interesse del minore).

3. CONDIZIONE GIURIDICA DEL CITTADINO E DELLO STRANIERO

Una volta chiarito cosa sono le *situazioni giuridiche soggettive*, va ora puntualizzato meglio chi ne sono i *titolari*. Occorre far ricorso al concetto di **cittadinanza** e alle nozioni di **cittadino** e di **straniero**.

Fu con la Rivoluzione francese che il concetto di *cittadino* acquistò una nuova valenza: non è cittadino soltanto chi appartiene alla comunità in contrapposizione a chi non vi appartiene (lo straniero appunto), ma piuttosto colui che, aboliti i titoli nobiliari e affermato lo stato di diritto, è diversamente dal suddito titolare di diritti civili e politici, nonché di doveri. Il cittadino diventa così la cellula prima della nazione: ovvero di un'entità geopolitica che si raffigura come omogenea per etnia, lingua, religione. Assume così valore giuridico il concetto di *popolo* (definito nel cap. 2 e nel cap. 8).

Ius sanguinis e *ius soli*

La tradizionale preferenza accordata al criterio della discendenza per determinare la cittadinanza di un individuo (lo *ius sanguinis*) risponde proprio alla volontà di tutelare la coesione etnico-culturale di una nazione. Riconoscere invece la titolarità della cittadinanza, tendenzialmente, a coloro che nascono sul territorio di uno stato (lo *ius soli*) risponde a una vocazione a fondare la coesione della comunità su valori condivisi e ad accogliere e includere nel corpo sociale gli immigrati dall'estero (è il caso degli Stati Uniti).

La legge che disciplina l'acquisto della cittadinanza è la l. 5 febbraio 1992, n. 91. Ecco come si diventa cittadini italiani:

Acquisto della cittadinanza italiana

• è cittadino italiano il figlio di un cittadino italiano, madre o padre (*ius sanguinis*), e anche chi nasce nel territorio della Repubblica da genitori ignoti, apolidi o che comunque non possano trasmettere la cittadinanza di un altro paese (*ius soli*, che come si vede ha applicazione solo residuale). Si parla di cittadinanza acquisita **per nascita**;
• è cittadino italiano il minore straniero adottato da un cittadino italiano, ovvero il minore riconosciuto come figlio da un cittadino (*iuris communicatio*), e ciò in ragione del valore costituzionale dell'unità della famiglia. Si parla di cittadinanza acquisita **per estensione** o **trasmissione**;
• può diventare cittadino italiano, sempre per estensione o trasmissione, il coniuge di cittadino che risiede legalmente in Italia, dopo il matrimonio, da almeno due anni;
• può diventare cittadino italiano, se lo richiede, lo straniero che dispone di determinati requisiti (è legalmente residente da almeno 10 anni; è cittadino dell'Unione europea ed è residente da almeno 4 anni; è apolide o rifugiato ed è residente da almeno 5 anni; è discendente di chi è stato cittadino italiano ed è residente in Italia da 3 anni). In tali casi la cittadinanza è attribuita su domanda, tramite decreto del presidente della Repubblica, sentito il Consiglio di stato, previo giuramento di essere fedeli alla Repubblica e di osservare la Costituzione e le leggi. Si parla di *naturalizzazione*, ossia di cittadinanza acquisita **per concessione**. Tuttavia, lo straniero discendente di chi è stato cittadino ha un vero e proprio diritto all'acquisto della cittadinanza, per **beneficio di legge**, se ha assunto un impiego al servizio dello Stato o se raggiunge la maggiore età in Italia essendovi legalmente residente da almeno 2 anni.

Altre norme della legge 91/1992 stabiliscono che:
• è sempre ammessa la **doppia cittadinanza**, nel senso che una persona può avere, oltre a quella italiana, anche la cittadinanza di un altro stato;

Perdita della cittadinanza

• si perde la cittadinanza **per espressa rinuncia** in caso di acquisto di un'altra cittadinanza e residenza all'estero; la si perde **di diritto** nel solo caso in cui il cittadino italiano che ha un rapporto di lavoro alle dipendenze di un altro stato ignori l'intimazione del governo italiano a cessarlo;
• è ammesso il **riacquisto** della cittadinanza per chi l'ha perduta con condizioni agevolate rispetto all'acquisto della cittadinanza per concessione.

La legislazione sulla cittadinanza che abbiamo descritto innova molto rispetto alla precedente, la quale risaliva al 1912, quando l'Italia era un paese di massiccia emigrazione; essa risale però, a sua volta, a un periodo tramontato in cui, fortemente ridimensionata l'emigrazione, l'Italia non era ancora diventata un paese di massiccia immigrazione. Nel 1992 gli stranieri residenti erano poco più di 600.000, dieci anni dopo sarebbero raddoppiati, vent'anni dopo si erano moltiplicati per sette e oggi superano i 5 milioni (l'8% della popolazione totale). La legge 91/1992 si caratterizza per aspetti importanti: il pieno accoglimento del principio di parità tra uomo e donna (ai fini dell'acquisto della cittadinanza da parte del figlio), l'accettazione

della doppia cittadinanza, le disposizioni volte a limitare l'apolidia, quelle dirette a favorire il riacquisto della cittadinanza (allo scopo di rilanciare i rapporti con le comunità italiane nel mondo), la facilitazione della concessione della cittadinanza ai cittadini dell'Unione europea. La legge non si pone affatto, invece, l'obiettivo dell'integrazione degli immigrati, a partire dai figli di stranieri nati o cresciuti in Italia, i quali eventualmente si sentano appartenenti alla comunità nazionale tanto da volerne far parte. Per questo nuove norme volte a facilitare l'acquisto della cittadinanza da parte degli stranieri non appartenenti all'Ue sono allo studio da tempo.
La Costituzione a sua volta stabilisce che:
• nessun cittadino può essere privato della cittadinanza per motivi politici (art. 22);
• il cittadino italiano può essere **estradato**, cioè consegnato a uno stato estero dove abbia compiuto un reato per essere sottoposto alla giustizia di quel paese, solo nelle ipotesi espressamente previste dalle convenzioni internazionali in materia (art. 26). Non è comunque ammessa l'estradizione per reati politici, a meno che non si sia commesso un delitto di *genocidio* (v. dopo). La Corte costituzionale ha inoltre dichiarato illegittima l'estradizione per reati puniti all'estero con la pena di morte (sent. 223/1996 relativa al *caso Venezia*).

L'estradizione del cittadino

Il cittadino italiano, proprio in quanto tale, è anche **cittadino dell'Unione europea** (sulla cittadinanza europea v. cap. 4).

La definizione di **straniero** si ricava per differenza: straniero è colui che non è cittadino italiano e non è apolide (ossia privo di cittadinanza); **extracomunitario** è colui che non è cittadino italiano o di altro stato appartenente all'Unione europea (lo sono ad es. i cittadini americani, giapponesi, svizzeri ecc.).
L'art. 10.2 Cost. stabilisce che «la condizione giuridica dello straniero è regolata dalla legge in conformità delle norme e dei trattati internazionali». Questa riserva di legge ha trovato attuazione solo a partire dalla metà degli anni Ottanta per cercare di regolamentare il fenomeno dell'immigrazione extracomunitaria, che stava iniziando ad assumere dimensioni consistenti.

Condizione giuridica dello straniero

La disciplina dell'ingresso, del soggiorno e dell'espulsione dello straniero (apolide compreso) si uniforma alla politica dell'Unione europea in materia, sulla base della *Convenzione di applicazione* (1990) *dell'Accordo di Schengen* (1985) relativo all'abolizione dei controlli alle frontiere interne. Il d.lgs. 25 luglio 1998, n. 286 («testo unico delle disposizioni concernenti la disciplina dell'immigrazione e norme sulla condizione giuridica dello straniero», *legge Turco-Napolitano*), modificato dalla legge 189/2002 (*legge Bossi-Fini*), riconosce:

Il testo unico sull'immigrazione

• allo straniero *comunque presente nel territorio*, dunque indipendentemente dalla regolarità della sua presenza, i **diritti fondamentali della persona umana** previsti dal diritto interno, dalle convenzioni internazionali e dai principi di diritto internazionale generalmente riconosciuti;

- allo straniero *regolarmente soggiornante* (ovvero in possesso del **permesso di soggiorno** per periodi di tempo determinati o della **carta di soggiorno** che invece consente una permanenza illimitata) i diritti civili riconosciuti al cittadino italiano, nonché il diritto di partecipare alla vita pubblica locale;
- a tutti i *lavoratori* stranieri *regolarmente soggiornanti* parità di trattamento e piena eguaglianza di diritti rispetto ai lavoratori italiani.

Allo straniero è inoltre garantita parità di trattamento con il cittadino relativamente alla tutela giurisdizionale dei diritti e degli interessi legittimi, nei rapporti con la pubblica amministrazione e nell'accesso ai pubblici servizi (lo straniero che richiede il permesso di soggiorno è tuttavia sottoposto a rilievi fotodattiloscopici, obbligatori per i cittadini italiani solo in caso di rilascio della carta d'identità elettronica).

Da tutto ciò consegue che la clausola di reciprocità di cui all'art. 16 delle preleggi («lo straniero è ammesso a godere dei diritti civili attribuiti al cittadino a condizione di reciprocità») può in pratica considerarsi superata: il fatto è che, all'epoca in cui fu fissata, lo Stato si poneva davanti allo straniero con un atteggiamento di grande cautela nel riconoscimento dei diritti.

La titolarità dei diritti fondamentali

In proposito la lettura della Costituzione invita a una riflessione: mentre la prima parte si intitola «diritti e doveri dei cittadini», il testo poi in alcuni casi riconosce diritti di libertà senza individuare il destinatario (è il caso della libertà personale, v. art. 13), in altri individua destinatari indeterminati (è il caso della libertà di manifestazione del pensiero riconosciuta a *tutti*, v. art. 21), in altri ancora individua categorie come i *cittadini* (v. ad es. artt. 16, 17 e 18), i *lavoratori* o uno specifico gruppo sociale (ad es. i genitori, gli indigenti, i capaci e meritevoli). Come abbiamo visto, il testo unico sull'immigrazione (art. 2) ha esteso il riconoscimento dei diritti civili attribuiti ai cittadini italiani anche agli stranieri regolari: esso può però subire le eccezioni previste dalla legge, in quanto non sempre è costituzionalmente garantito. Tuttavia, la Corte costituzionale ha evocato più volte l'*effetto espansivo* che deriva dal riconoscimento dei diritti inviolabili *ex* art. 2 Cost. (sentt. 199/1986 e 10/1993), giungendo ad affermare che lo straniero è titolare di «tutti i diritti fondamentali che la Costituzione riconosce spettanti alla persona» (sent. 148/2008). Esiste inoltre un «ambito inviolabile della dignità umana», per esempio il diritto alla salute, che deve essere riconosciuto agli stranieri anche se irregolarmente soggiornanti (sent. 269/2010). Per la stessa ragione non è legittimo che lo straniero extracomunitario che intenda contrarre matrimonio sia tenuto ad attestare la regolarità del soggiorno: la condizione di straniero non può essere di per sé causa di trattamenti peggiorativi per quanto riguarda i diritti inviolabili (tanto più che in questo caso si violerebbero anche, indirettamente, i diritti del cittadino: sent. 245/2011).

Diritto di asilo…

Allo straniero che lascia il proprio paese non per motivi di lavoro o di studio, ma perché *non può esercitare in modo effettivo* le libertà democratiche garantite dalla Costituzione italiana, l'art. 10.3 Cost. riconosce il **diritto di asilo**, inteso come vero e proprio diritto soggettivo. L'Italia, tuttavia, non si è mai dotata di una legge di attuazione della norma costituzionale sul diritto di asilo, né la giurisprudenza ha consolidato un orientamento uniforme in merito al contenuto di tale diritto. Una disciplina comune fra gli stati membri dell'Unione europea del diritto di asilo è prevista dal regolamento (Ue) n. 604/2013, noto come *regolamento di Dublino III*.

... e status di rifugiato

L'Italia, invece, apre le sue porte a coloro i quali abbandonano il proprio paese a causa del pericolo di essere perseguitati, ad esempio per il proprio credo religioso o per le proprie opinioni politiche o per il proprio orientamento sessuale. Questi possono chiedere **rifugio** sulla base della *Convenzione di Ginevra* del 1951 e del *Protocollo di New York* del 1967. Le norme che disciplinano l'attribuzione della qualifica di «rifugiato o persona altrimenti bisognosa di protezione internazionale» si trovano nel d.lgs. 251/2007 e nel d.lgs. 25/2008, che attuano le direttive comunitarie in materia, specificando e ampliando alcune disposizioni della Convenzione di Ginevra.

L'estradizione dello straniero

Infine, l'art. 10.4 Cost. permette, in un'ottica di collaborazione tra stati nella repressione dei reati comuni, l'**estradizione** dello straniero tranne che per reati politici, esclusione che non si applica, in base alla l. cost. 1/1967, per il reato di *genocidio* (qualsiasi atto posto in essere con l'obiettivo di distruggere in tutto o in parte un gruppo etnico, razziale, nazionale o religioso).

L'espulsione dello straniero

L'**espulsione** dello straniero (artt. 13-16 d.lgs. 286/1998) è un atto con cui si allontana il soggetto dal territorio italiano. È prevista:

a) come conseguenza dell'ingresso o del soggiorno illegale nel territorio nazionale o della pericolosità sociale dello straniero che sia delinquente abituale o indiziato di appartenere ad associazioni di tipo mafioso o terroristico;

b) a titolo di misura di sicurezza e a titolo di sanzione sostitutiva o alternativa alla detenzione, su ordine del giudice;

c) per motivi di ordine pubblico o sicurezza dello Stato, disposta dal ministro dell'interno.

Nel caso *a*) l'espulsione è disposta dal prefetto con decreto motivato immediatamente esecutivo, convalidato dal giudice di pace alla presenza di un difensore, contro cui è dato ricorso al tribunale in composizione monocratica. L'espulsione è eseguita dal questore tramite **accompagnamento alla frontiera** a mezzo della forza pubblica. Lo straniero irregolare può essere trattenuto in un **centro di identificazione ed espulsione**, per un periodo massimo di 90 giorni, con modalità tali da assicurare la necessaria assistenza e il pieno rispetto della sua dignità, in attesa dell'accompagnamento alla frontiera. Altra cosa è il **respingimento alla frontiera**, disposto dalla polizia di frontiera nei confronti degli stranieri che si presentano privi dei requisiti per l'ingresso.

Va infine ricordato che l'ingresso e il soggiorno illegale costituiscono tuttora un illecito penale (sanzionato da ammenda). Non è stata attuata la delega prevista dalla l. 67/2014 per trasformare il *reato di immigrazione clandestina*, che era stato introdotto dalla l. 94/2009, in semplice illecito amministrativo. Da qui le difficoltà delle procure territorialmente interessate, costrette ad aprire fascicoli per ciascuno degli immigrati illegalmente giunti nel nostro paese.

4. LA TUTELA INTERNAZIONALE DEI DIRITTI E L'ORDINAMENTO ITALIANO

Il Novecento è stato caratterizzato dall'**internazionalizzazione della tutela dei diritti umani**, attraverso la loro *positivizzazione* (cioè il riconoscimento espresso in convenzioni internazionali) e *giurisdizionalizzazione* (cioè la tutela dinanzi a tribunali internazionali). Di tale processo abbiamo parlato nel capitolo 3: qui ci interessano i riflessi sull'ordinamento italiano.

Alle convenzioni sui diritti umani si collegano due discusse problematiche:

- l'**azionabilità dei diritti** in esse previsti **nell'ordinamento interno**;
- la **posizione delle norme** da esse derivanti **nel sistema delle fonti**.

Azionabilità nell'ordinamento interno

Ci si chiede in primo luogo se tali convenzioni siano vigenti solo sul piano internazionale, e quindi attivabili solo nei rapporti tra stati per far valere eventuali inadempimenti, o se debbano ritenersi direttamente efficaci, e quindi suscettibili di tutela giurisdizionale, anche nell'ordinamento interno. Possono cioè essere riconosciuti nuovi diritti nell'ordinamento italiano sulla base delle convenzioni internazionali? La Corte di cassazione ha assunto in merito un atteggiamento oscillante: in alcune decisioni (v. cass. civ., sez. II, 10 marzo 1989, n. 1741) ha escluso radicalmente ogni operatività interna, mentre in altre (v. cass. civ., sez. un., 23 novembre 1988, n. 1191 e sez. III, 12 gennaio 1999, n. 254) ha distinto tra *norme di tipo precettivo*, azionabili sul piano interno, e *norme più generiche*, a ciò inidonee. Successivamente (v. cass. civ., sez. un., 26 gennaio 2004, nn. 1338-1341) ha riconosciuto la prevalenza e la diretta applicabilità dell'art. 6 della Cedu, nonché dell'interpretazione che ne dà la Corte europea dei diritti dell'uomo (v. dopo).

Posizione nel sistema delle fonti

Sul secondo punto, le convenzioni internazionali sui diritti umani, essendo recepite nell'ordinamento interno con leggi di esecuzione, hanno **formalmente il rango di una legge ordinaria**, per cui in applicazione del criterio cronologico sarebbero abrogabili da leggi successive che dispongano diversamente. Questa è stata la posizione tradizionale della Corte costituzionale, ribadita in più occasioni (v. per tutte la sent. 323/1989). Parte della dottrina, invece, ha cercato di sostenerne la «copertura costituzionale», richiamando alcune disposizioni della Costituzione: gli artt. 2, 10 e 11. Anche la giurisprudenza costituzionale sembrava aver mutato orientamento: nella sent. 10/1993 la Corte affermò che la legge di esecuzione di una convenzione sui diritti umani è «fonte riconducibile a una competenza atipica», dotata cioè di una particolare forza passiva: le norme internazionali introdotte nell'ordinamento italiano con la legge di esecuzione sarebbero perciò «insuscettibili di abrogazione o di modificazione da parte di disposizioni di legge ordinaria». Ciò venne implicitamente confermato dalla sent. 388/1999 in cui la Corte affermò che le convenzioni internazionali integrano il catalogo costituzionale dei diritti *in virtù del collegamento con l'art. 2 della Costituzione*.

Questo problema ha trovato soluzione nell'**art. 117.1 Cost.** (riformulato nel 2001). Esso dispone che la potestà legislativa dello Stato e delle regioni deve essere esercitata nel rispetto dei «**vincoli derivanti dagli obblighi internazionali**». Si tratta quindi di identificare in che modo possono tradursi questi vincoli.

Le norme Cedu dopo le sentenze della Corte cost.

Sulla questione sono intervenute le sentenze 348 e 349/2007 della Corte costituzionale con riferimento alla Cedu, come interpretata dalla Corte europea dei diritti dell'uomo: queste hanno stabilito che, in virtù dell'art. 117.1, le norme convenzionali, purché considerate compatibili con le norme della nostra Costituzione, si impongono alla legislazione nazionale. La conseguenza è che, in caso di contrasto tra una norma interna e una norma convenzionale, non risolvibile dal giudice comune per via interpretativa (ossia interpretando la legge in modo conforme alla Cedu), si pone una questione di legittimità costituzionale. Il giudice non può disapplicare la norma interna, ma deve denunciare il presunto contrasto alla Corte costituzionale (tra le pronunce di illegittimità v. ad es. sent. 113/2011). Le norme della Cedu funzionano così come *norme interposte*, grazie al rinvio (*rinvio mobile*, secondo la Corte) ad esse rivolto dal primo comma dell'art. 117.
La Corte costituzionale ha chiarito anche il modo come il giudice comune deve utilizzare la giurisprudenza della Corte europea dei diritti dell'uomo: nella sent. 49/2015 viene formulato un perentorio invito ai giudici italiani a non applicare pedissequamente e acriticamente le decisioni del giudice europeo, ma ad applicarle solo previa accurata analisi di ciascuna di esse sulla base di specifici elementi. Ne consegue – afferma la Corte costituzionale – che il giudice italiano può allontanarsi dalla linea interpretativa della Corte europea quando non vi sia un consolidato orientamento della sua giurisprudenza.
La giurisprudenza inaugurata dalle sentt. 348 e 349/2007 ha riguardato inizialmente la Cedu (poi invocata come parametro in numerose altre decisioni). Con la sent. 7/2013 essa è stata applicata alla *Convenzione sui diritti del fanciullo* del 1989. Si può altresì affermare che la stessa conclusione valga anche per altri trattati internazionali dai quali discendono obblighi legati alla tutela dei diritti fondamentali.

5. IL SISTEMA EUROPEO DI TUTELA DEI DIRITTI

La Cedu e la Corte dei diritti

Documento fondamentale per la tutela dei diritti è, come si è appena visto, la **Convenzione europea per la salvaguardia dei diritti dell'uomo e delle libertà fondamentali** (**Cedu**). L'elemento più rilevante della Cedu è il sistema di tutela giurisdizionale davanti alla **Corte europea dei diritti dell'uomo**. Istituita nel 1959, i suoi poteri sono stati ridisegnati dal protocollo n. 11, entrato in vigore il 1° novembre 1998, e dal protocollo n. 14, entrato in vigore il 1° giugno 2010. In base ad essi, la Corte può essere adita non soltanto dagli stati ma anche tramite **ricorsi individuali**, attivabili direttamente da persone fisiche, organizzazioni non governative o gruppi di privati contro uno stato contraente. Tali ricorsi, però, possono essere presentati solo dopo che si siano esauriti tutti i rimedi interni allo stato contro il quale si agisce. Dal 1959 al 1998 la Corte si era pronunciata su 837 casi; dal 1999 al 2015 i casi decisi sono stati 17.740. Le pronunce che hanno riguardato l'Italia sono state 2.336. La Corte ha condannato il nostro paese in 1.781 casi, il più delle volte per la violazione dell'art. 6 Cedu sul diritto a un equo processo (in particolare, la violazione del termine ragionevole di durata del processo ha rappresentato due terzi delle condanne).

La tutela dei diritti nell'Ue

La tutela dei diritti è anche oggetto della già ricordata **Carta dei diritti fondamentali dell'Unione europea**. Dopo il Trattato di Lisbona la Carta, ora espressamente richiamata dall'art. 6 Tue, ha acquisito lo stesso valore giuridico dei trattati. Il richiamo nell'art. 6 Tue dei diritti garantiti dalla Cedu e risultanti dalle tradizioni costituzionali comuni agli stati membri risale invece al Trattato di Maastricht, che a sua volta fece propria la giurisprudenza sviluppata dalla Corte di giustizia. Anche se i trattati istitutivi delle Comunità europee non contenevano alcun riferimento alla tutela dei diritti, la Corte di giustizia (a partire dalle sentenze *Stauder*, causa 29/69, del 1969 e *Internationale Handelsgesellschaft*, causa 11/70, del 1970) si era assunta il compito di consolidare e ampliare i *principi generali del diritto comunitario*, ricomprendendovi i diritti fondamentali ricavati dalla Cedu e dalle tradizioni costituzionali degli stati membri.

Il dialogo tra le Corti

I collegamenti fra i due sistemi di tutela a livello europeo sono tuttora in via di definizione. Tutti i 28 stati membri dell'Ue sono anche membri del Consiglio d'Europa e hanno sottoscritto la Cedu. Per questo la Corte di giustizia dell'Unione europea e la Corte europea dei diritti dell'uomo hanno da tempo instaurato – con le loro sentenze – un dialogo, in nome del tradizionale richiamo della Corte di giustizia al *patrimonio costituzionale comune*; nondimeno è possibile (e qualche volta è accaduto) che le decisioni delle due Corti si pongano in contrasto. Dopo il Trattato di Lisbona l'art. 6 Tue prevede che l'Unione aderisca alla Cedu: ciò spingerebbe sempre più la Corte del Lussemburgo a trattare la Convenzione come parte del sistema giuridico dell'Unione europea, e di conseguenza a ritenersi vincolata alle decisioni della Corte di Strasburgo. Tuttavia, l'adesione non è ancora avvenuta. Anzi, una proposta in tal senso, frutto di un complesso negoziato durato quasi tre anni, è stata valutata negativamente dalla Corte di giustizia: con il parere 2/13, reso il 18 dicembre 2014, l'accordo di adesione è stato ritenuto incompatibile in radice con i trattati Ue perché lesivo dell'autonomia stessa dell'Unione.

6. I DIRITTI INVIOLABILI NELL'ART. 2 COST.

Secondo l'art. 2 Cost., «la Repubblica riconosce e garantisce i **diritti inviolabili dell'uomo**, sia come singolo sia nelle formazioni sociali ove si svolge la sua personalità, e richiede l'adempimento dei doveri inderogabili di solidarietà politica, economica e sociale». È in base a tale disposizione che l'ordinamento tutela i diritti fondamentali, riconoscendo loro una priorità nel sistema dei valori costituzionali che li rende inviolabili sia dai **poteri pubblici** sia dai **privati**. I diritti inviolabili hanno le seguenti caratteristiche:

Caratteri dei diritti inviolabili

- **assolutezza** (possono essere fatti valere nei confronti di tutti);
- **inalienabilità** e **indisponibilità** (non possono essere trasferiti per atto di volontà di chi ne è titolare);
- **imprescrittibilità** (non esercitarli, anche per un tempo prolungato, non comporta l'estinzione, ossia la perdita di chi ne è titolare);
- **irrinunciabilità** (non vi si può rinunciare).

L'uso del termine «inviolabili», insieme al verbo «riconosce», evoca concezioni giusnaturalistiche secondo le quali i diritti non sarebbero *conferiti* dall'ordinamento ma da questo semplicemente *riconosciuti* in quanto preesistenti a ogni istituzione politica. È un tema che si incrocia con quello della giustificazione dello stato di cui abbiamo parlato nel capitolo 2 e che, ad esempio, si trova così riassunto nella Dichiarazione di Indipendenza degli Stati Uniti: «tutti gli uomini sono creati uguali e sono dotati dal loro Creatore di certi diritti inalienabili, fra i quali quelli alla vita, alla libertà e alla ricerca della felicità; per garantire questi diritti sono istituiti fra gli uomini i governi, i quali derivano i loro giusti poteri dal consenso dei governati...».
La dottrina prevalente, però, legata a una concezione positivistica e storicistica, tende a escludere una tale lettura dell'art. 2, sottolineando come la persona sia portatrice non di diritti preesistenti allo stato, ma di diritti tutelati da uno specifico ordinamento giuridico, storicamente dato. Lo stesso termine «inviolabili» va interpretato come un richiamo non al diritto naturale, ma all'*assoluta inderogabilità* dei diritti fondamentali, anche in caso di revisione costituzionale (v. cap. 5).
I diritti inviolabili sono riconosciuti a *tutti* gli uomini in quanto tali, non ai soli cittadini; alcuni competono anche al *nascituro* (ma devono essere contemperati con quelli della madre: v. par. 7).
Quanto al riferimento che l'art. 2 fa alle «**formazioni sociali**», esso significa che: *a*) i diritti del singolo sono tutelati anche all'*interno* delle formazioni sociali; *b*) la *titolarità* dei diritti inviolabili spetta anche alle formazioni sociali.

Principio personalista e principio pluralista

Sono così affermati due dei principi fondamentali della Costituzione: il **principio personalista**, in base al quale esiste una sfera della personalità fisica e morale di ogni uomo che non può essere lesa da alcuno, e il **principio pluralista**, che tutela l'*homme situé*, ossia l'uomo nelle relazioni sociali, e garantisce alle formazioni sociali i medesimi diritti degli individui. Il principio pluralista, oltre ad avere una formulazione generale nell'art. 2 (e nell'art. 18 sulla libertà di associazione), trova specificazione negli articoli dedicati alle formazioni sociali a rilevanza costituzionale: la famiglia, le minoranze linguistiche, le comunità religiose (v. parr. da 18 a 20), le organizzazioni sindacali (v. par. 22), i partiti politici (v. par. 12 del cap. 8).
In ordine all'art. 2 ci si è chiesti se siamo di fronte a un testo che intende riassumere le libertà poi elencate dagli artt. 13 e seguenti della Costitu-

zione, oppure a una clausola generale di tutela dei diritti inviolabili *al di là* di quelli espressamente previsti. La Corte costituzionale, dopo un iniziale rifiuto, ha fatto propria la seconda tesi (a partire dalla sent. 561 del 1987): per cui considera quella contenuta nell'art. 2 una **disposizione a fattispecie aperta** che assicura tutela costituzionale a nuovi diritti considerati come inviolabili dal corpo sociale, e perciò riconosciuti dal legislatore o dalla giurisprudenza o da convenzioni internazionali. Tale lettura dell'art. 2 (talvolta in correlazione con altri articoli) ha permesso alla Corte di ritenere costituzionalmente protetti: il *diritto alla vita* (sent. 223/1996), il *diritto alla libertà sessuale* (sent. 561/1987), il *diritto del minore a essere inserito in una famiglia* (sent. 183/1988), il *diritto alla privacy* (sent. 139/1990), il *diritto all'identità personale* (sent. 13/1994), il *diritto ad abbandonare il proprio paese* (sent. 278/1992), il *diritto alla libertà sociale* (ossia il diritto a svolgere liberamente un'attività di propria scelta: sent. 50/1998); il *diritto a costituire un'unione omosessuale* (sent. 138/2010); il *diritto del figlio a conoscere le proprie origini biologiche* (sent. 278/2013).

L'art. 2, disposizione a fattispecie aperta

Lo stesso legislatore ordinario ha in più occasioni richiamato l'art. 2 quale fondamento costituzionale di nuovi diritti che si accingeva a garantire: per esempio, il diritto a ottenere la correzione anagrafica per chi abbia mutato i propri caratteri sessuali (art. 1 l. 164/1982) e il diritto dell'operatore sanitario a essere esentato da pratiche abortive (art. 9 l. 194/1978).

Di seguito esaminiamo innanzitutto quelli che vengono chiamati «diritti della personalità»: accanto a diritti che trovano espresso riconoscimento in Costituzione, come il *diritto alla capacità giuridica*, il *diritto alla cittadinanza*, il *diritto al nome* (art. 22), sono stati individuati in particolare – sulla base della concezione aperta dell'art. 2 – i diritti che descriviamo nel paragrafo 7.

7. I DIRITTI DELLA PERSONALITÀ

7.1. Il diritto alla vita e all'integrità fisica

Il **diritto alla vita e all'integrità fisica** non è specificamente previsto in Costituzione, ma può considerarsi il primo dei diritti inviolabili dell'uomo riconosciuti dall'art. 2 (sent. 223/1996). È tutelato dalle leggi civili che consentono (e anzi incentivano) la donazione di sangue e il trapianto di organi, vietando però gli atti di disposizione del proprio corpo che cagionino una diminuzione permanente dell'integrità fisica del soggetto e che siano «altrimenti contrari alla legge, all'ordine pubblico o al buon costume» (art. 5 c.c.); nonché dalla legge penale che punisce i delitti contro la vita e l'incolumità individuale (non si può ad es. vendere un proprio organo).

Il divieto della pena di morte

Il diritto alla vita si può implicitamente trarre anche dall'art. 27.4 Cost. che *vieta la pena di morte*. Con la legge cost. 1/2007 è stata eliminata l'eccezione per i casi previsti dalle leggi militari di guerra, che già erano stati aboliti dal

codice penale militare con la l. 589/1994. Nell'ambito del Consiglio d'Europa, l'eccezione in tempo di guerra è stata abolita nel 2003 con l'entrata in vigore del protocollo n. 13 alla Convenzione europea dei diritti dell'uomo, giungendo così all'abolizione totale della pena di morte.
La Carta dei diritti fondamentali dell'Ue, nel tutelare il diritto alla vita e nel vietare la pena di morte (art. 2), afferma inoltre il divieto di pratiche eugenetiche dirette, attraverso la selezione di caratteri genetici considerati più favorevoli, a migliorare la specie umana (art. 3 sul diritto all'integrità della persona).

L'interruzione di gravidanza

La battaglia civile e politica pro o contro l'aborto ha messo in evidenza il tema della *titolarità* e, di conseguenza, della *garanzia* del **diritto alla vita del nascituro**: anche chi non è ancora nato gode di tale diritto. Infatti, nei paesi in cui viene riconosciuta alla donna la possibilità di interrompere la gravidanza, questa è permessa solo a condizioni precise ed entro un determinato periodo di tempo dal concepimento in modo da contemperare tutela della madre e tutela del nascituro. In Italia tale possibilità è rimessa alla libera determinazione della donna entro i primi 90 giorni, trascorsi i quali l'interruzione volontaria della gravidanza è possibile solo in caso di «grave pericolo per la vita» o «per la salute fisica o psichica» della donna (artt. 4-7 l. 194/1978). Da sottolineare che la Corte costituzionale da un lato ha affermato che la situazione giuridica del concepito deve collocarsi «sia pure con le particolari caratteristiche sue proprie» fra i diritti inviolabili tutelati dall'art. 2 Cost., dall'altro che esso *non è ancora persona* e quindi «non esiste equivalenza» con il diritto alla salute di chi *è già persona* (sent. 27/1975).

7.2. Il diritto all'onore e il diritto all'identità personale

Il **diritto all'onore**, ovvero la tutela dell'integrità morale della persona, del decoro, del prestigio, della reputazione, anche indipendentemente dalla veridicità dei comportamenti attribuiti al soggetto, è garantito penalmente (artt. 594-599 c.p. che puniscono i «delitti contro l'onore»). La Corte costituzionale definisce come diritti inviolabili: il diritto al proprio decoro, al proprio onore, alla propria rispettabilità e reputazione, alla propria immagine pubblica (sent. 38/1973).
Distinto da questi è il **diritto all'identità personale**, ovvero il «diritto a essere se stesso, inteso come rispetto dell'immagine di partecipe alla vita associata, con le acquisizioni di idee ed esperienze, con le convinzioni ideologiche, religiose, morali e sociali, che differenziano, e al tempo stesso qualificano, l'individuo». L'identità personale costituisce quindi «un bene per sé medesima, indipendentemente dalla condizione personale e sociale, dai pregi e dai difetti del soggetto, di guisa che a ciascuno è riconosciuto il diritto a che la sua individualità sia preservata» (sent. 13/1994).

In tal modo anche la tradizionale funzione del cognome quale segno identificativo della discendenza familiare si arricchisce di una distinta tutela, in quanto «strumento identificativo della persona» e dunque «parte essenziale e irrinunciabile della personalità». Elemento costitutivo del diritto all'identità personale è il diritto del figlio a uno *status filiationis*. Esso implica il diritto di agire per il riconoscimento della paternità e della maternità e di assumere il nome della propria discendenza familiare, con ciò che ne consegue (ad es. il diritto di ottenere il mantenimento, l'istruzione e l'educazione: sentt. 297/1996, 120/2001 e 494/2002).

Il diritto a conoscere le proprie origini

Il diritto all'identità personale comprende anche il **diritto alla ricerca delle proprie origini familiari** da parte del figlio adottivo, che deve però essere bilanciato con il diritto all'anonimato eventualmente esercitato dalla madre naturale. La Corte costituzionale ha pertanto dichiarato illegittima una disposizione della legge sull'adozione (l. 184/1983, intitolata dopo la riforma del 2001 «diritto del minore ad una famiglia»), nella parte in cui non consentiva alla persona adottata l'accesso alle informazioni relative alle sue origini senza una previa verifica giudiziale della persistenza della volontà della madre biologica a non essere nominata (sent. 278/2013).

Il diritto all'identità personale trova un parziale riconoscimento legislativo nella previsione del **diritto alla rettifica**, cioè il diritto di ciascuno a che il mezzo di informazione corregga eventuali affermazioni non veritiere sul proprio conto (art. 8 l. 47/1948).

7.3. Il diritto alla libertà sessuale

Il **diritto alla libertà sessuale**, inteso come diritto di disporre liberamente della propria sessualità, è uno dei modi essenziali di espressione della persona umana, definito dalla Corte costituzionale «un diritto soggettivo assoluto che va ricompreso tra le posizioni soggettive direttamente tutelate dalla Costituzione e inquadrato tra i diritti inviolabili che l'art. 2 impone di garantire» (sent. 561/1987). Una nutrita giurisprudenza della Corte di cassazione riconosce come «danno ingiusto» ogni lesione del diritto alla libertà sessuale, risarcibile quindi a prescindere da una condanna in sede penale e a prescindere sia da un danno economico sia dall'eventuale danno biologico (cass. civ., sez. I, 10 maggio 2005, n. 9801 e cass. civ., sez. III, 2 febbraio 2007, n. 2311).

Del riconoscimento di questo diritto è altresì espressione la legge 66/1996 che ha rubricato fra i delitti contro la libertà personale gli atti di violenza sessuale (art. 609-*bis* c.p.), prima ricompresi nei delitti contro la moralità pubblica. Essa ha modificato anche la norma che considerava reato la congiunzione carnale con un minorato psichico, richiedendo per integrare la fattispecie penale l'«abuso delle condizioni di inferiorità». Si è aperto così uno spazio all'affettività sessuale di chi è psichicamente minorato (tutelata poi dalla legge 18/2009 di ratifica ed esecuzione della *Convenzione sui diritti delle persone con disabilità*).

Orientamento sessuale

Collegato al diritto alla libertà sessuale è il **diritto al libero orientamento sessuale**, che si aggancia all'obiettivo del «pieno sviluppo della persona umana» (art. 3 Cost.) ed è riconosciuto dalla Carta dei diritti fondamentali dell'Ue (art. 21 sul divieto di qualsiasi forma di discriminazione, fra cui quelle fondate appunto sull'orientamento sessuale). La Corte costituzionale, con la sentenza n. 138 del 2010, ha respinto le questioni di costituzionalità contro quegli articoli del codice civile che, ai fini della celebrazione del matrimonio, presuppongono la diversità di genere dei coniugi, affermando che l'istituto del matrimonio richiamato dall'art. 29 Cost. è quello legato alla nozione tradizionale, cioè alla formazione di una famiglia imperniata su figure di sesso diverso. Tuttavia, nella stessa decisione la Corte ha chiarito che la Costituzione permette al legislatore di disciplinare le unioni tra persone dello stesso sesso in forme diverse dal matrimonio. L'unione omosessuale rientrerebbe nel concetto di *formazione sociale* ai sensi dell'art. 2 Cost.: da intendersi come «stabile convivenza tra due persone dello stesso sesso, cui spetta il diritto fondamentale di vivere liberamente una condizione di coppia, ottenendone – nei tempi, nei modi e nei limiti stabiliti dalla legge – il riconoscimento giuridico con i connessi diritti e doveri». Il legislatore, con la l. 20 maggio 2016, n. 76, ha quindi istituito l'«unione civile tra persone dello stesso sesso quale specifica formazione sociale». Non si tratta di una estensione del matrimonio alle coppie omosessuali, ma di un particolare negozio giuridico che peraltro recepisce buona parte dei diritti e degli obblighi già previsti nell'ambito dell'unione matrimoniale (ad es. il diritto al mantenimento e agli alimenti, il diritto alla pensione di reversibilità, il ricongiungimento familiare e l'acquisto della cittadinanza se una delle due persone unite civilmente è straniera, il congedo matrimoniale ecc.). A differenza delle persone che si sposano, è prevista la possibilità che le parti scelgano liberamente il cognome della famiglia. La l. 76/2016 non riconosce invece la possibilità di adottare figli nell'ambito della famiglia omogenitoriale. La giurisprudenza dei tribunali di merito, confermata anche dalla Corte di cassazione (v. cass. civ., sez. I, 22 giugno 2016, n. 12962), sulla base di una interpretazione «evolutiva» della vigente legge in materia di adozione (v. art. 44 l. 184/1983), ha tuttavia già ammesso in taluni casi l'adozione del figlio del partner (*stepchild adoption*) anche nelle coppie omosessuali, qualora in questo modo si realizzi il preminente interesse del minore.

Le unioni civili

Identità di genere

Diversa dal libero orientamento sessuale è l'**identità di genere**, intesa come diritto a scegliere il genere sessuale di appartenenza. Questa situazione soggettiva è riconosciuta dalla l. 164/1982 che disciplina la rettificazione di attribuzione di sesso risultante dai registri anagrafici, per effetto di una sentenza del tribunale. La Corte costituzionale (sent. 221/2015) ha precisato che la rettifica del sesso anagrafico può prescindere da un previo trattamento chirurgico.

Nel caso in cui uno dei coniugi cambi sesso, la legge prevedeva lo scioglimento automatico del vincolo matrimoniale. La Corte costituzionale ha dichiarato illegittima tale norma: l'unione tra persone del medesimo sesso (a seguito della modifica dei caratteri sessuali) è a tutti gli effetti una formazione sociale tutelata dall'art. 2 Cost. La cessazione automatica degli effetti civili del matrimonio, infatti, comporterebbe la cancellazione di «un pregresso vissuto, nel cui contesto quella coppia ha maturato reciproci diritti e doveri» (sent. 170/2014). Come aveva già affermato nel caso delle unioni omosessuali nella sent. 138/2010, la Corte ha tuttavia escluso che questa particolare formazione sociale possa essere equiparata all'unione matrimoniale prevista dall'art. 29 Cost., che presuppone invece l'eterosessualità dei coniugi; per questo ha invitato il legislatore a introdurre «una forma alternativa (e diversa) dal matrimonio» di tutela della condizione giuridica dei soggetti coinvolti. La l. 76/2016 prevede ora che, in caso di rettificazione anagrafica di sesso, ove i coniugi abbiano manifestato la volontà di non sciogliere il matrimonio, si abbia l'automatica instaurazione dell'unione civile tra persone dello stesso sesso.

7.4. Il diritto alla riservatezza

Il **diritto alla riservatezza**, cioè alla segretezza e all'intimità della vita privata (in relazione a convinzioni, comportamenti, immagini), concerne una delle richieste di protezione più acute emerse nella società contemporanea. La Costituzione non contiene una disciplina esplicita del diritto alla riservatezza, ma anche in questo caso la sua tutela passa attraverso il riconoscimento dei diritti inviolabili dell'uomo, nonché attraverso il riconoscimento dell'inviolabilità del domicilio e delle comunicazioni (v. parr. 8 e 9). Inoltre, l'ordinamento italiano riconosce il diritto alla riservatezza in base all'art. 8 della Cedu e alla *Convenzione di Strasburgo* del 1981.

Il Garante della *privacy*

Nel 1996, a seguito della direttiva 95/46/Ce, è stato istituito il **Garante per la protezione dei dati personali** (l. 675/1996). Infatti il *diritto alla privacy* (la nozione fu elaborata per la prima volta negli Stati Uniti nel 1890), espressione ormai entrata a far parte del linguaggio quotidiano, è costantemente minacciato dallo sviluppo delle nuove tecnologie e dei mezzi di comunicazione: si pensi alle telecamere poste in luoghi pubblici, alle banche dati di proprietà pubblica e privata che raccolgono le più diverse informazioni su ogni individuo, ai dati raccolti e diffusi su Internet. Per questo si parla anche di **diritto all'autodeterminazione informativa** (o informatica) e di *habeas data*, evocando l'espressione *habeas corpus*: ovvero il diritto di controllare la circolazione delle informazioni personali (quindi, di essere informati sul trattamento dei propri dati, di avere accesso ai dati raccolti, di correggerli, di chiederne la cancellazione: v. art. 7 d.lgs. 196/2003, «codice in materia di protezione dei dati personali»).

Fra i dati meritevoli di protezione vi sono soprattutto quelli che la legge chiama **dati sensibili**, capaci cioè di rivelare l'origine razziale ed etnica, le convinzioni religiose e politiche, lo stato di salute, le abitudini sessuali delle persone: essi non possono essere raccolti senza il consenso scritto dell'interessato e la previa autorizzazione del Garante.
Particolarmente delicata è la questione dei **limiti al diritto alla riservatezza**: la legge opera un *bilanciamento* tra il diritto alla riservatezza e la libertà di manifestazione del pensiero, il diritto all'informazione, il diritto di cronaca e la libertà di stampa (v. par. 12).

IL CATALOGO DEI DIRITTI

Dopo aver esaminato i diritti della personalità e rinviando al capitolo 8 l'esame dei diritti politici, esaminiamo adesso partitamente quello che può considerarsi il catalogo dei diritti *espressamente riconosciuti* nella Costituzione.
Tali diritti, per ragioni espositive, possono così raggrupparsi:

- diritti relativi alla sicurezza personale;
- diritti a esprimersi, a ricercare, a insegnare;
- diritti associativi;
- diritti delle formazioni sociali;
- diritti attinenti ai rapporti economici;
- diritti sociali.

I diritti relativi alla sicurezza personale

8. LA LIBERTÀ PERSONALE

(A) La prima libertà garantita al singolo è la **libertà personale**, che l'art. 13 Cost. dichiara inviolabile, senza chiarirne il contenuto. L'espressione *libertà personale* è infatti alquanto generica. Dilatando il suo contenuto fino a farla coincidere con la *libertà della persona* si opera una inutile duplicazione dell'art. 2 Cost. Essa va quindi letta con riferimento alle misure che sono vietate nel secondo comma dell'art. 13, vale a dire la **detenzione**, l'**ispezione** e la **perquisizione personale**. Così delimitato il campo, resta però da interpretare l'espressione «né qualsiasi altra restrizione della libertà personale» che, per evitare una tautologia nella definizione della stessa, rende necessario ricorrere a elementi extratestuali. La definizione è necessaria anche al fine di distinguerla da altre libertà, per esempio la libertà di circolazione e soggiorno

I provvedimenti restrittivi della libertà personale

di cui sono differenti i titolari e differenti le autorità competenti ad adottare eventuali provvedimenti restrittivi (v. par. 9).

La libertà personale, prima di tutto, non ammette atti di **coercizione fisica**, siano essi posti in essere dalla polizia (giudiziaria o di sicurezza) o dal privato. Sono estranei dunque alla sua sfera il ritiro o la sospensione della patente (sent. 6/1962) e la visita fiscale sul lavoratore assente per malattia (sent. 23/1975), mentre vi ricadono i prelievi ematici coattivi a scopo probatorio (sent. 238/1996) e il trattenimento finalizzato all'espulsione dello straniero irregolare (sent. 105/2001). Vi è poi una seconda dimensione che si fonda sul criterio della **degradazione giuridica**: possono ritenersi lesive della libertà personale misure che, pur non consistenti in forme di coercizione fisica, incidono negativamente, degradandola, sulla personalità morale e sulla dignità della persona umana (sent. 11/1956 sulla vecchia misura dell'ammonizione; sent. 27/1959 sulla sorveglianza speciale). La Corte costituzionale ha comunque escluso che atti coercitivi di scarsa incidenza (ad es. i rilievi segnaletici, dattiloscopici e fotografici: sent. 30/1962) o che non danno luogo a prolungate privazioni della libertà (ad es. l'accompagnamento coattivo di chi, legalmente invitato a comparire in giudizio, si sottragga a tale obbligo: sent. 13/1972) rientrino nella sfera protetta dall'art. 13 e, pertanto, nell'ambito della riserva di giurisdizione (debbano cioè essere disposti dal giudice, v. dopo).

Libertà personale vs. libertà morale

La libertà personale non include altresì la **libertà morale**, ossia la libertà dell'individuo di determinare autonomamente i propri comportamenti: cosa diversa dal divieto di violenza morale di cui all'art. 13.4, espressamente riferita a chi è in stato di «restrizione di libertà». D'altra parte, affermare una libertà morale dell'individuo nei confronti dello Stato non si concilierebbe col potere degli organi statali di imporre ai singoli determinati comportamenti sotto minaccia di sanzione.

La riserva di legge assoluta

(B) La Costituzione ammette **restrizioni della libertà personale**, ma «nei soli *casi* e *modi* previsti dalla *legge*» (art. 13.2). Il richiamo ai *modi*, oltre che ai *casi*, fa ritenere si tratti di una **riserva di legge assoluta**. La materia, in altre parole, è del tutto sottratta alle fonti normative secondarie, salvo regolamenti di stretta esecuzione (v. cap. 5). La Costituzione nulla dice invece sui presupposti e sugli interessi che permettono al legislatore di prevedere tali restrizioni (si parla di «vuoto di fini»): questi devono essere rinvenuti nell'ordinamento costituzionale (in primo luogo negli artt. 25 e 27 Cost.). I «casi» coincidono con i «reati» di cui all'art. 25.2 (cioè quelli previsti da una legge entrata in vigore prima che il fatto sia stato commesso) e con i presupposti delle «misure di sicurezza» di cui al terzo comma dello stesso articolo (tali sono le misure limitative della libertà personale adottate sulla base della pericolosità sociale del reo). Ma la Costituzione non si limita a devolvere al legislatore la competenza a configurare qualsiasi comportamento come reato: determina anche **limiti sostanziali alla penalizzazione**. Li possiamo così riassumere:

Limiti sostanziali alla penalizzazione

• il **principio di tassatività e determinatezza** del precetto penale. La condotta vietata va prevista e formulata dal legislatore in modo chiaro, affinché tutti abbiano la piena consapevolezza dell'illecito da non commettere, e in modo da consentire, a chi si trovi accusato, di difendersi. Così il requisito della determinatezza del fatto-reato, sotteso all'art. 25.2, si lega al diritto di difesa garantito dall'art. 24 Cost. (v. sent. 34/1995). Esso implica inoltre il **divieto di interpretazione analogica** delle norme penali (art. 14 preleggi);
• il **principio della personalità della responsabilità penale** (art. 27.1). La legge non può ascrivere al soggetto il fatto d'altri, non imputabile al soggetto stesso. Una deroga a tale principio è ammessa solo in sede civile (v. artt. 2047-2054 c.c.);
• il **principio di colpevolezza**, in base al quale sono punibili solo le condotte materiali collegate a un *atteggiamento soggettivo di colpevolezza* nelle forme del *dolo* (quando l'evento è voluto) o della *colpa* (quando l'evento è dovuto a negligenza, imprudenza o imperizia, v. art. 43 c.p.). Se è vero che «l'imputato non è considerato colpevole sino alla condanna definitiva» (art. 27.2), è anche vero che con tale condanna è accertata in modo definitivo una colpevolezza. In questa ottica si pone anche il **principio dell'irretroattività** delle norme penali (art. 25.2);
• il **principio di offensività e lesività** del reato. Poiché il ricorso alla sanzione penale può colpire beni protetti dalla Costituzione (libertà personale e dignità sociale della persona condannata), per costituire reato il fatto deve, a sua volta, pregiudicare un bene o un interesse costituzionalmente tutelato o connesso ad altri beni costituzionali (per questo non si può punire la mera mendicità: v. sent. 519/1995).

Accanto ai principi costituzionali in materia di diritto penale sostanziale, richiamiamo qui le norme costituzionali sul processo penale (il **giusto processo**, di cui all'art. 111 Cost.), il quale può sfociare, come è ovvio, in decisioni che colpiscono la libertà personale: se ne parla nel capitolo 14.

La riserva di giurisdizione

(C) Alla *riserva di legge* si aggiunge la seconda garanzia della libertà personale, la **riserva di giurisdizione**: nessuna restrizione è consentita «se non per atto motivato dell'autorità giudiziaria» (art. 13.2), in genere il *giudice che procede*, in limitati casi il pubblico ministero. È tuttavia ammessa, «in casi eccezionali di necessità e urgenza, indicati tassativamente dalla legge», una competenza dell'«autorità di pubblica sicurezza» (di natura surrogatoria e condizionata alla convalida del giudice): si tratta delle ipotesi dell'**arresto in flagranza di reato** e del **fermo di indiziati di reato** (v. artt. 380 e 384.3 c.p.p.), che devono essere «comunicati entro quarantotto ore all'autorità giudiziaria» e convalidati dalla medesima nelle successive quarantotto ore, pena la revoca e la perdita d'efficacia (art. 13.3). È questa la versione moderna dell'*habeas corpus* (principio risalente in Inghilterra alla *Magna Charta Libertatum* del 1215 e riaffermato dall'*Habeas Corpus Act* del 1679): l'ordine impartito dal giudice all'autorità di polizia di presentargli, entro un termine perentorio, chi si trovi in stato di restrizione, indicando i motivi del provvedimento. La garanzia della riserva di giurisdizione è corredata dal requisito della **motivazione** del provvedimento restrittivo, in attuazione del principio in base al quale «tutti i provvedimenti giurisdizionali devono essere motivati» (art. 111.6); inoltre la persona colpita da misura limitativa della libertà personale può *sempre* ricorrere in cassazione «per violazione di legge» (art. 111.7).

Misure di sicurezza...

(D) La Costituzione consente anche restrizioni alla libertà personale giustificate da *esigenze di sicurezza*. Infatti, l'art. 25 contempla, accanto alle pene, le **misure di sicurezza**, sottoponendo anch'esse al principio di legalità. Le misure di sicurezza detentive (v. art. 215.2 c.p.) sono volte a neutralizzare la pericolosità del soggetto e svolgono perciò una funzione di *difesa sociale*. Si affiancano alle pene, nelle quali è preminente la funzione retributiva (siccome hai fatto questo, ti infliggo una certa pena). La pericolosità è tuttavia agganciata al fatto-reato dal quale è desunta.

... e misure di prevenzione

Altra cosa sono le **misure di prevenzione**, previste dalle leggi di polizia. Anch'esse, come le misure di sicurezza, sono tese a impedire la commissione di reati da parte di soggetti ritenuti socialmente pericolosi, ma diversamente dalle misure di sicurezza *prescindono* da un precedente reato (sono *ante* o *praeter delictum*). Tali misure consistono in limitazioni alla libertà personale (rimpatrio con foglio di via obbligatorio, sorveglianza speciale, obbligo di soggiorno in un determinato comune). La Corte costituzionale ha considerato legittimo questo impianto normativo che deriva dal codice penale del 1930, dal testo unico delle leggi di pubblica sicurezza del 1931 e da leggi successive (l. 1423/1956), affermando che l'ordinato svolgimento dei rapporti sociali deve essere tutelato, oltre che da norme repressive dei fatti-reato, anche da un apparato di misure preventive contro il pericolo del loro verificarsi futuro (sentt. 27/1959 e 23/1964). Esse sono ora disciplinate dal d.lgs. 159/2011 («codice delle leggi antimafia e delle misure di prevenzione»).

Misure restrittive, anche se non sempre riconducibili a forme di prevenzione, sono attualmente previste, ad esempio, nei confronti di chi appartenga a frange estremiste del tifo sportivo (divieto di accesso a luoghi in cui si tengono manifestazioni sportive, con obbligo eventuale di comparire presso gli uffici di polizia: l. 401/1989) e a carico di chi detenga illecitamente sostanze stupefacenti (sospensione della patente di guida, del porto d'armi o del passaporto, fermo amministrativo del ciclomotore, divieto di frequentare determinati locali pubblici: d.p.r. 309/1990).

La custodia cautelare

(E) Un'ulteriore forma di restrizione è la **custodia cautelare**. Oltre alla **reclusione** susseguente a condanna, la carcerazione è prevista anche *prima* che la responsabilità penale sia *definitivamente* acclarata, affinché il tempo necessario alla conclusione del processo non impedisca alla funzione giurisdizionale di conseguire gli scopi cui tende. La Costituzione dà per implicita tale esigenza là dove fa riferimento alla «carcerazione preventiva» per rimettere al legislatore la determinazione del limite alla sua durata (art. 13.5). Naturalmente l'interesse pubblico che giustifica la carcerazione preventiva (che il codice di procedura penale denomina *custodia cautelare*) deve comunque coniugarsi col **principio della presunzione di non colpevolezza** dell'imputato, di cui costituisce un'eccezione (sia pure prevista dalla stessa Costituzione). Le misure cautelari personali, tra cui appunto la custodia cautelare in carcere, sono disposte, qualora ricorrano *gravi indizi di colpevolezza*, in tre casi: possibile inquinamento delle prove, pericolo di fuga, rischio di reiterazione del reato (v. artt. 273-275 c.p.p.). Nella scelta delle misure applicabili, il giudice deve osservare i **principi di adeguatezza** e **proporzionalità**, disponendo la misura meno gravosa per l'imputato tra quelle idonee a garantire le esigenze cautelari (v. sent. 109/1994).

Trattamento del detenuto e funzioni della pena

(F) **Trattamento del detenuto e funzioni della pena**. La Costituzione, nel vietare ogni **violenza fisica e morale** sulle persone private della libertà personale (art. 13.4) e nell'escludere che le pene possano consistere in **trattamenti contrari al senso di umanità** (art. 27.3), individua il contenuto minimo del trattamento del detenuto. Così viene integrata la *ratio* del divieto della pena di morte statuito dall'art. 27.4. Nonostante l'Italia sia tra i paesi che hanno ratificato la *Convenzione contro la tortura e altre pene o trattamenti crudeli, disumani o degradanti* (l. 498/1988), non è stato ancora introdotto nel nostro ordinamento uno specifico reato di tortura (v. a tal proposito la sentenza della Corte europea dei diritti dell'uomo *Cestaro c. Italia* del 7 aprile 2015). Quanto alla pena, essa ha in primo luogo uno scopo di *prevenzione generale*: deve cioè dissuadere la generalità dei consociati dal commettere reati. Ha poi uno scopo di *prevenzione speciale* nei confronti del reo. Ha infine la funzione di «*tendere* alla *rieducazione* del condannato» (così l'art. 27.3), sempre che vi sia l'adesione del condannato al processo rieducativo (v. sent. 313/1990). Diverso è il problema della **misura della pena**, cioè della proporzione rispetto al disvalore del reato commesso, che la Corte costituzionale sottopone al vaglio di ragionevolezza (v. sent. 373/1996).

La questione delle carceri

La Corte europea dei diritti dell'uomo (sentenza *Torreggiani c. Italia* dell'8 gennaio 2013) ha giudicato che le condizioni di grave sovraffollamento degli istituti di pena italiani provocano, in violazione dell'art. 3 Cedu (divieto di trattamenti inumani e degradanti), una sofferenza dei detenuti che va oltre il naturale senso di sofferenza di chi non dispone più della libertà personale. Anche la Corte costituzionale, pur respingendo una questione di legittimità posta da alcuni tribunali di sorveglianza che richiedevano la possibilità di differimento della pena in caso di sovraffollamento, ha affermato che «non sarebbe tollerabile l'eccessivo protrarsi dell'inerzia legislativa» in ordine a un così grave problema (sent. 279/2013). Il governo ha messo in atto alcune misure per ridurre il fenomeno (tra cui i decreti «svuota carceri», v. d.l. 78/2013 e d.l. 146/2013, diretti soprattutto a estendere l'applicazione delle misure alternative al carcere e dei benefici penitenziari, nonché la previsione di rimedi risarcitori in favore dei detenuti, v. d.l. 92/2014).

Il bilanciamento fra le esigenze di sicurezza e la tutela del diritto alla salute del detenuto, pur non implicando il differimento automatico dell'espiazione della pena per i malati di Aids, richiede che la valutazione sia affidata al giudice (sentt. 70/1994, 438 e 439/1995), tenuto a privilegiare «esigenze di natura umanitaria» (sent. 264/2009). Un corretto bilanciamento richiede altresì che la sospensione delle regole ordinarie di trattamento (la detenzione di massima sicurezza prevista dall'art. 41-*bis* dell'ordinamento penitenziario) deve essere sindacabile dal giudice, allo scopo di verificare che il provvedimento non sia incompatibile con il diritto alla salute del detenuto (ord. 390/2002).

9. LA LIBERTÀ DI CIRCOLAZIONE E SOGGIORNO. LA LIBERTÀ DI ESPATRIO

L'art. 16.1 Cost. riconosce la libertà, per ogni **cittadino**, di muoversi sul territorio italiano e di fissare, in qualunque parte di esso, la propria **dimora** (luogo di soggiorno temporaneo) o la propria **residenza** (luogo di soggiorno abituale, risultante dal registro anagrafico del comune d'appartenenza). Il riconoscimento della libertà di circolazione e soggiorno ai soli cittadini non implica che essa debba essere negata a stranieri e apolidi: la legge ordinaria può riconoscerla anche ad altre categorie di soggetti, potendo però legittimamente prevedere maggiori restrizioni rispetto ai cittadini.

Un regime particolare compete ai **cittadini dell'Unione europea**, i quali godono del «diritto di stabilimento», ossia la facoltà di scegliere liberamente dove svolgere sul territorio di uno dei paesi Ue la propria attività lavorativa, e del diritto al libero ingresso nei paesi che fanno parte dello spazio Schengen (v. d.lgs. 30/2007).

Riserva di legge rinforzata

La libertà di circolazione e soggiorno è garantita dall'art. 16.1 con una **riserva di legge rinforzata**: essa, infatti, può essere soggetta solo alle «limitazioni che la legge stabilisce **in via generale per motivi di sanità o di sicurezza**». Provvedimenti tipici *ex* art. 16.1 sono i cordoni sanitari, eventualmente istituiti per prevenire pericoli per la salute pubblica (ad es. il rischio che si propaghi una epidemia).

La libertà di circolazione e soggiorno è stata riconosciuta per la prima volta dalla Costituzione: lo Statuto albertino non conteneva alcuna disposizione al riguardo, considerandola una facoltà implicita nella libertà personale. La scelta del costituente di dedicare a tale libertà un autonomo articolo derivò dall'esperienza del Ventennio fascista, durante il quale fu spesso limitata sia per combattere la fuga dalle campagne delle popolazioni rurali sia per controllare gli avversari politici (si pensi alla misura del *confino* prevista dal testo unico delle leggi di pubblica sicurezza). Di qui, in Costituzione, la specificazione del **divieto di ogni restrizione per ragioni politiche**.

Differenza fra libertà di circolazione e libertà personale

Nonostante la Costituzione tuteli la libertà di circolazione e soggiorno in un articolo a sé, distinto da quello relativo alla libertà personale, non sempre è chiara la differenza tra l'una e l'altra: infatti, la diversità delle garanzie apprestate dagli artt. 13 e 16, nonché la loro diversa titolarità, richiedono una precisa delimitazione del campo di applicazione delle due libertà. È necessario cioè distinguere i casi in cui un'apparente limitazione della libertà di circolazione e soggiorno concretizzi invece una violazione della libertà personale, imponendo così il rispetto delle più ampie garanzie richieste dall'art. 13. Ebbene, si deve ritenere che siamo in presenza di una violazione della libertà personale ogni volta che un provvedimento, pur limitando materialmente la libertà di movimento, comporti una lesione della personalità e dignità del destinatario (il citato criterio della *degradazione giuridica*). Tale interpretazione è corroborata dalla locuzione «in via generale», che sembra proprio suggerire l'illegittimità di ogni provvedimento *ad personam* adottato con le garanzie dell'art. 16 invece che dell'art. 13. Ad esempio, un provvedimento di *coprifuoco* adottato nei confronti di un'intera collettività incide sulla libertà di circolazione, mentre un provvedimento adottato nei confronti del *sorvegliato speciale* è da ritenersi restrittivo della libertà personale. Il primo può essere adottato dall'*autorità amministrativa* (il prefetto), il secondo deve essere adottato dall'*autorità giudiziaria.*

La giurisprudenza della Corte costituzionale ha interpretato l'espressione «in via generale» quale richiamo al principio di eguaglianza *ex* art. 3 Cost. (sent. 68/1964) e la formula «motivi di sicurezza» come riguardante non solo l'incolumità fisica degli individui ma l'ordinato vivere civile (sent. 2/1956). Palese è l'intendimento della Corte di non delegittimare le misure di prevenzione, fondate sulla valutazione della pericolosità di singoli soggetti, che continuano a essere adottate con le garanzie dell'art. 16: si pensi, ad esempio, al **rimpatrio con foglio di via obbligatorio**, con cui si vieta a un soggetto ritenuto pericoloso per la sicurezza pubblica o per la pubblica moralità di rientrare nel comune dal quale è stato allontanato.

La giurisprudenza costituzionale riconduce, invece, l'**accompagnamento alla frontiera** dello straniero irregolare non tra le misure restrittive della sola libertà di circolazione e soggiorno, bensì tra quelle incidenti anche sulla libertà personale (per il suo carattere di «immediata coercizione» fisica), per le quali l'art. 13 impone la riserva di giurisdizione (sentt. 105/2001 e 222/2004).

Espatrio ed emigrazione

L'art. 16.2 garantisce la **libertà di espatrio**, ossia la libertà «di uscire dal territorio della Repubblica e di rientrarvi, salvo gli obblighi di legge» (l'accertamento di eventuali responsabilità penali o l'adempimento dei doveri che competono ai genitori con figli minorenni). Con questa disposizione costituzionale viene per la prima volta garantita una libertà prima scarsamente tutelata. Nel periodo statutario, infatti, il rilascio del passaporto era rimesso alla discrezionalità dell'autorità amministrativa, mentre in quello fascista l'espatrio senza passaporto configurava addirittura un reato. Al contrario, nell'ordinamento

repubblicano il **rilascio del passaporto** è un **diritto soggettivo**, non essendo subordinato ad alcuna valutazione discrezionale: l'autorità amministrativa, salvo appunto gli obblighi di cui sopra, *deve* rilasciarlo (l. 1185/1967).
Vicina alla libertà di espatrio è la **libertà di emigrazione**, tutelata dall'art. 35.4 Cost.: si differenzia dalla prima per le motivazioni che ne stanno alla base (una forma di tutela del diritto al lavoro).
La Corte costituzionale (sent. 278/1992) ha infine riconosciuto tra i diritti inviolabili *ex* art. 2 Cost. il **diritto ad abbandonare il proprio paese**, in simmetria con l'art. 13 della Dichiarazione universale dei diritti dell'uomo che proclama «il diritto di ogni uomo di lasciare qualsiasi paese, compreso il proprio e di ritornare nel proprio paese».

10. LA LIBERTÀ DI DOMICILIO

L'art. 14 Cost., come avviene nelle moderne costituzioni, tutela la libertà di domicilio quale prolungamento della libertà personale, cioè come **proiezione spaziale della persona**, indipendentemente dal titolo giuridico che lega il domicilio al soggetto (proprietà, locazione ecc.). Tanto stretto è il legame con la libertà personale che il costituente ha esteso alla libertà di domicilio le **garanzie previste nell'art. 13**, prescrivendo così che le limitazioni tipizzate nella norma costituzionale (**ispezioni**, **perquisizioni**, **sequestri**) possano avvenire solo nei casi e modi previsti dalla legge (*riserva di legge*), per atto motivato dell'autorità giudiziaria (*riserva di giurisdizione*), tranne i casi di necessità e urgenza indicati tassativamente dalla legge.

Stesse garanzie della libertà personale

Le **perquisizioni domiciliari**, ad esempio, vengono disposte con decreto motivato dell'autorità giudiziaria quando vi è fondato motivo di ritenere che il corpo del reato o cose pertinenti al reato si trovino in un determinato luogo o lì possa essere eseguito l'arresto dell'imputato (v. art. 247 c.p.p.). Solo nei casi di flagranza del reato o di ricerca di evasi ovvero in altri casi previsti da leggi speciali (ad es. in materia di stupefacenti o riciclaggio), gli ufficiali di polizia giudiziaria possono procedere alla perquisizione domiciliare, ma è sempre richiesta la successiva convalida dell'autorità giudiziaria (v. art. 352 c.p.p.).
Problemi particolari ha posto l'art. 41 del testo unico delle leggi di pubblica sicurezza, che prevede la possibilità per la polizia giudiziaria di compiere perquisizioni e sequestri in locali in cui si sospetti la presenza di armi e munizioni. La Corte costituzionale, tuttavia, ha fatto rientrare anche tale ipotesi nell'ambito della disciplina dell'art. 14: essa è subordinata all'esistenza di indizi concreti e all'obbligo di inviare i verbali all'autorità giudiziaria ai fini della conseguente convalida (v. sentt. 173/1974 e 110/1976).

Cosa significa domicilio

Punto chiave è il significato da attribuire al termine *domicilio*. Questo presenta diversi significati a seconda del settore normativo considerato: civile, penale, fiscale. Tra questi, l'art. 14 costituzionalizza la **nozione penale di domicilio**, definito nell'art. 614 c.p. quale *privata dimora*: la libertà di domicilio è dun-

que tutelata dalla Costituzione in qualunque luogo, isolato dall'ambiente esterno, in cui la persona, in base a qualunque titolo giuridico, abbia diritto di rinchiudersi per coltivare i propri interessi e affetti o la propria attività professionale (dunque: un'abitazione, un capannone industriale, una roulotte e anche un'auto, come riconosciuto dalla Corte costituzionale nella sent. 88/1987; ma non il davanzale di una finestra, v. sent. 149/2008).
Tuttavia, per tutelare altri interessi costituzionalmente preminenti come la salute (art. 32) o la riscossione dei tributi (art. 53), il terzo comma dell'art. 14 introduce deroghe alle garanzie di cui sopra: così gli accertamenti e le ispezioni per **motivi di sanità** e **di incolumità pubblica** o **a fini economici e fiscali** sono regolati da leggi speciali. Permane dunque la garanzia della riserva di legge: ciò che può venire meno è la necessità di un atto motivato dell'autorità giudiziaria (v. sent. 10/1971). Esempi sono rappresentati dalle ispezioni e dai prelievi di campioni nei controlli sulla produzione di alimenti (l. 283/1962) e dalle ispezioni degli ufficiali di polizia tributaria (l. 4/1929).

11. LA LIBERTÀ E LA SEGRETEZZA DELLA CORRISPONDENZA E DI OGNI ALTRA FORMA DI COMUNICAZIONE

L'art. 15 Cost. garantisce a tutti la libertà di comunicare con uno o più **destinatari determinati**, escludendo gli altri: chi, infatti, comunichi con una collettività indeterminata, senza la volontà di escludere i terzi, non è tutelato dall'art. 15, bensì dall'art. 21 Cost. che riconosce la libertà di manifestazione del pensiero (v. par. che segue). La libertà della corrispondenza non era tutelata nello Statuto albertino, se non parzialmente nella sola forma dell'inviolabilità del segreto epistolare. La Costituzione invece introduce, accanto alla tutela della **segretezza**, anche l'affermazione della **libertà di ogni comunicazione** e le dichiara inviolabili, differenziandosi dalle costituzioni di diversi altri paesi che non garantiscono la libertà di comunicazione in modo autonomo rispetto alla libertà di manifestazione del pensiero, né prevedono la tutela di *tutte* le forme di comunicazione.

Doppia riserva di legge e di giurisdizione

Limitazioni alla libertà e alla segretezza delle comunicazioni sono soggette alla duplice garanzia della **riserva di legge** e della **riserva di giurisdizione**, con **esclusione di qualunque intervento dell'autorità di pubblica sicurezza** (con la sola eccezione per gli ufficiali di polizia giudiziaria di sospendere per quarantotto ore l'inoltro di oggetti di corrispondenza: v. art. 353 c.p.p.). Questa scelta, che rende la libertà di comunicazione maggiormente tutelata rispetto a quella personale e a quella di domicilio, nasce sia dalla difficoltà di ipotizzare casi di urgenza analoghi a quelli previsti dagli artt. 13 e 14, sia dall'opportunità di tutelare la segretezza delle comunicazioni del terzo (destinatario o mittente rispetto alla persona sottoposta a indagini), che inevitabilmente rischierebbe di risultare lesa (v. sentt. 34/1973 e 366/1991). Coerentemente con tale impianto, la legislazione vigente in materia di **se-**

questro di corrispondenza e **intercettazione di conversazioni o comunicazioni** prevede che sia sempre necessario l'intervento preventivo dell'autorità giudiziaria in sede penale, vale a dire il giudice delle indagini preliminari su richiesta del pubblico ministero (v. artt. 254 e 266-271 c.p.p.). In particolare, le intercettazioni sono consentite solo per determinati reati, qualora ricorrano *gravi indizi di reato* e siano *assolutamente indispensabili ai fini della prosecuzione delle indagini*, per una durata di quindici giorni prorogabili per successivi periodi della stessa durata fino alla fine delle indagini preliminari.

Le intercettazioni

Diverso, invece, è il caso dei **tabulati**, ovvero i dati esteriori delle comunicazioni telefoniche (utenze chiamate e chiamanti, orari e durata delle telefonate, ma anche spostamenti personali del possessore di apparecchio di telefonia mobile). Infatti, ricondotti dalla giurisprudenza costituzionale all'ambito applicativo dell'art. 15 (v. sent. 81/1993), per la loro acquisizione l'attuale disciplina legislativa richiede solo un decreto motivato del pubblico ministero (v. art. 132 d.lgs. 196/2003).

Una disciplina particolare delle intercettazioni (anche ambientali) come misura per contrastare il terrorismo internazionale è stata introdotta dall'art. 5 del d.l. 374/2001, per acquisire informazioni volte a *prevenire* la commissione di reati. In questi casi è prevista l'autorizzazione del solo procuratore della Repubblica, su richiesta del ministro dell'interno o dell'autorità di pubblica sicurezza; il loro contenuto non è comunque utilizzabile nel processo penale, ma solo a fini investigativi.

Reti informatiche e Internet

Problemi sorgono in relazione all'applicabilità delle garanzie *ex* art. 15 alle nuove forme di comunicazione tramite **reti informatiche** (in particolare tramite Internet): la l. 547/1993 le ha equiparate a quelle tradizionali, estendendo ad esse la disciplina penale dei delitti contro l'inviolabilità dei segreti (v. art. 623-*bis* c.p.). Tuttavia, se si pensa al complesso dei servizi forniti dalla rete, appare chiara la necessità di verificare, nelle singole applicazioni, la sussistenza del requisito della determinatezza dei soggetti coinvolti. Se tale determinatezza è infatti evidente per servizi come la posta elettronica (*e-mail*) e gli indirizzari elettronici (*mailing list*), sembra però esserlo meno nel caso della partecipazione a gruppi di discussione in rete (*newsgroup* e *forum*) e a forme di comunicazione collettiva a distanza (*chat room*). Ancor diverso, potenzialmente, è il caso dei *social network*. In ogni caso, le concrete modalità di utilizzo dei servizi in rete sono spesso limitate sul piano contrattuale, attraverso la previsione di forme di controllo e intervento da parte degli stessi gestori in presenza di comportamenti non conformi alle finalità e agli obblighi specificamente sottoscritti.

I diritti a esprimersi, a ricercare, a insegnare

12. LA LIBERTÀ DI MANIFESTAZIONE DEL PENSIERO E LA LIBERTÀ DI INFORMAZIONE

(A) L'art. 21 Cost. riconosce a tutti «il diritto di manifestare liberamente il proprio pensiero con la parola, lo scritto e ogni altro mezzo di diffusione». Lo sviluppo storico della libertà di manifestazione del pensiero (definita dall'art. 11 della Dichiarazione francese del 1789 «uno dei più preziosi diritti dell'uomo») ha coinciso con l'affermarsi dello stato liberale, per divenire uno dei caratteri essenziali dei moderni ordinamenti liberaldemocratici. L'assunto che ne sta alla base è il portato delle filosofie razionalistiche che si svilupparono tra il XVII e il XVIII secolo: se ogni essere umano è diverso dall'altro, conseguentemente è diversa la realtà che ciascuno percepisce, come diverse sono le verità di cui ciascuno è portatore. Non esiste una verità assoluta conosciuta con certezza dagli uomini; alla verità ci si può avvicinare attraverso il confronto di verità relative. Se da un lato è indubbio il carattere individualistico della libertà di espressione (l'individuo esprime se stesso e la propria personalità nel modo che più gli è congeniale), dall'altro ne è altrettanto chiaro il carattere sociale poiché la libera discussione e il confronto sono suscettibili di migliorare la vita della comunità.

Le filosofie razionalistiche

Il riconoscimento della libertà di espressione sarebbe parziale se ad esso non si accompagnasse la libertà di scelta del mezzo attraverso cui esprimersi. In base all'art. 21, chiunque può far conoscere a **destinatari indeterminati** (se fossero *determinati* si ricadrebbe nella libertà di comunicazione) le proprie o altrui idee, opinioni, sentimenti, nel solo rispetto degli altri valori costituzionali, attraverso i più vari mezzi e comportamenti: dalla parola orale a quella scritta, dalla musica alla pittura e così via.

Le libertà di scegliere il mezzo

L'art. 21 tutela anche il **diritto al silenzio**, il diritto cioè a non esprimere il proprio pensiero, che peraltro rappresenta quella libertà di non fare che è insita nel riconoscimento di ogni libertà.

(B) La libertà di manifestazione del pensiero incontra due tipi di limiti:
- un unico **limite esplicito**, previsto dall'ultimo comma dell'art. 21 Cost., il *buon costume*;
- una serie di **limiti impliciti**, derivanti dall'esigenza di tutelare altri diritti costituzionali o altri beni di rilevanza costituzionale.

Il concetto di **buon costume** che la giurisprudenza costituzionale e la dottrina hanno adottato è tratto dal codice penale: si intende per *buon costume* il *comune senso del pudore e della pubblica decenza secondo il sentimento medio della comunità* (una concezione che può allargarsi fino a proteggere lo sviluppo psichico e morale del minore, *ex* artt. 30 e 31 Cost.). La contrarietà al sentimento del pudore non dipende «dall'oscenità di atti o di oggetti in sé

Il limite del buon costume

considerata, ma dall'offesa che può derivarne al pudore sessuale, considerato il *contesto* e le *modalità* in cui quegli atti o quegli oggetti sono compiuti o esposti» (v. sent. 368/1992). Se invece il buon costume venisse individuato nella morale corrente, secondo la concezione accolta nel codice civile, verrebbe repressa ogni manifestazione del pensiero non conformista, ossia non coerente con l'opinione pubblica prevalente (v. sent. 9/1965). L'art. 21, infatti, protegge proprio il pensiero anticonformista e il diritto di critica in ogni sua forma.

La libertà dell'arte

Terreno di prova, non sempre agevole, del limite del buon costume è quello dell'espressione artistica. Fino a dove si spinge la **libertà dell'arte**? Come si applica ad essa quel limite? Il fatto che la Costituzione dedichi all'arte una specifica disposizione (art. 33.1) sembra giustificare la tesi, fatta propria dall'art. 529 c.p., secondo cui l'opera d'arte *non è mai* oscena (e l'osceno non è mai opera d'arte).

Diversa disciplina è prevista a seconda del mezzo. Per gli *stampati* non è ammessa alcuna forma di controllo *preventivo* (non esiste *censura*), ma solo la possibilità di eventuale sequestro *successivo* alla pubblicazione. Invece la l. 21 aprile 1962, n. 161 stabilisce controlli preventivi sugli spettacoli pubblici cinematografici (affidati per il parere vincolante ad apposite commissioni di revisione istituite presso la direzione generale per il cinema del ministero dei beni culturali), sostanzialmente allo scopo di individuare le *pellicole da vietare ai minori* di 14 o di 18 anni. Specifiche disposizioni regolano la trasmissione televisiva dei film vietati ai minori, per la quale sono previste limitazioni orarie e tecniche (v. l. 203/1995 e art. 34 d.lgs. 177/2005).

I limiti impliciti

I limiti impliciti si desumono dalla lettura dell'intero testo costituzionale in materia di diritti: il concetto base è che il godimento di una libertà da parte di un soggetto non può tradursi nell'avvilimento della libertà di un altro soggetto o nella lesione di un bene di rilevanza costituzionale. Ecco dunque che la libertà di manifestazione del pensiero, esercitata per esempio attraverso il diritto di cronaca, deve misurarsi ed essere bilanciata:

a) con i **diritti della personalità** (si pensi ai reati che, a protezione dell'onorabilità e della reputazione, puniscono l'ingiuria e la diffamazione *ex* artt. 594 e 595 c.p.);

b) con diritti di natura civilistica come il **diritto d'autore e delle opere dell'ingegno** (l. 633/1941);

c) con il divieto di **pubblica apologia di reato** (il caso, secondo la Corte costituzionale, di chi elogia un delitto o il suo autore andando al di là della «manifestazione di pensiero pura e semplice» e tenendo un «comportamento concretamente idoneo a provocare la commissione di delitti», v. sent. 65/1970);

d) con il divieto di **vilipendio** della Repubblica, delle istituzioni costituzionali, della bandiera, che la Corte, con una giurisprudenza tormentata, distingue tuttora dalla legittima critica, anche violenta (v. sent. 20/1974, nonché la disciplina introdotta dalla l. 85/2006 in materia di «reati di opinione»).

(C) La libertà di manifestazione del pensiero implica anche la **libertà di informazione**: la Dichiarazione universale dei diritti dell'uomo riconosce sia il **diritto a informare** sia il **diritto a informarsi** sia il **diritto a essere informati**, cioè il diritto di «cercare, ricevere e diffondere informazioni» (art. 19).
La Costituzione *non* prevede in modo esplicito il *diritto all'informazione*: esso è stato definito nel suo contenuto dalla giurisprudenza della Corte costituzionale, recepita e sviluppata dal legislatore. Nella sent. 112/1993 la Corte ha affermato: «la Costituzione, all'art. 21, riconosce e garantisce a tutti la libertà di manifestare il proprio pensiero con qualsiasi mezzo di diffusione e tale libertà ricomprende tanto il diritto di informare, quanto il diritto a essere informati, i quali, in ragione del loro contenuto, si traducono direttamente in diritti soggettivi dell'individuo di carattere assoluto».
Presupposto indispensabile della libertà di informazione è che la vita istituzionale e politica dell'ordinamento sia improntata a un **regime di pubblicità** nel quale le notizie di cui sia vietata la divulgazione siano l'eccezione, a tutela di beni e interessi costituzionalmente garantiti. Questo, in particolare, accade in relazione alla **disciplina dei segreti** che l'ordinamento prevede. Tra questi, si ricordano: il *segreto professionale*, il *segreto aziendale* e il *segreto industriale*, tutti in qualche modo riconducibili alla libertà di impresa tutelata dall'art. 41 Cost.; ma anche il *segreto d'ufficio*, a tutela del buon andamento e dell'imparzialità dell'attività amministrativa *ex* art. 97 Cost.; il *segreto investigativo*, a tutela (tra l'altro) del doveroso perseguimento dei reati *ex* art. 112 Cost.; il *segreto di stato*, collegato al dovere di difesa della Patria di cui all'art. 52 Cost.

I segreti

In particolare, risultano coperti dal **segreto di stato**, ai sensi della legge 124/2007, «gli atti, i documenti, le notizie, le attività e ogni altra cosa la cui diffusione sia idonea a recare danno all'integrità della Repubblica, anche in relazione ad accordi internazionali, alla difesa delle istituzioni poste dalla Costituzione a suo fondamento, all'indipendenza dello Stato rispetto agli altri stati e alle relazioni con essi, alla preparazione e alla difesa militare dello Stato».

(D) Il contenuto dell'art. 21 risulta inevitabilmente datato per quanto riguarda i **mezzi di diffusione** del pensiero da esso considerati. Infatti:

La stampa

- l'unico mezzo di informazione espressamente evocato è la **stampa** (non viene nominata neppure la radio che pure era stata strumento di propaganda politica tanto negli Usa, quanto nell'Italia fascista e nella Germania nazista);
- non si garantisce, insieme alla **libertà *di* stampa**, anche la **libertà *della* stampa**. In altre parole, mentre è garantita la libertà di stampa rispetto ai possibili interventi censori del potere pubblico, ben poco è previsto per garantire la trasparenza e il pluralismo dell'informazione: si prevede solo, al quinto comma, che «siano resi noti i mezzi di finanziamento della stampa periodica», se la legge lo stabilisce.

La disciplina cui la stampa è sottoposta si può così riassumere:

1. la pubblicazione a mezzo stampa non è soggetta a controlli preventivi da parte di alcuna autorità pubblica (ad es. autorizzazioni o censure);

2. si può ordinare il sequestro di una pubblicazione solo se ricorre una fattispecie di delitto espressamente prevista dalla legge sulla stampa (**riserva di legge rinforzata**) e solo in forza di un atto motivato dell'autorità giudiziaria (**riserva di giurisdizione**);
3. la pubblicazione deve rispettare i limiti alla libertà di manifestazione del pensiero di cui si è detto (v. sent. 293/2000);
4. la legge sulla stampa (l. 47/1948) prevede che ogni stampato deve indicare il luogo e l'anno della pubblicazione, nonché il nome e domicilio dello stampatore e, se esiste, dell'editore; i giornali (quotidiani) e i periodici devono essere previamente registrati presso la cancelleria del tribunale del luogo dove sono pubblicati e devono avere un direttore responsabile iscritto all'albo dei giornalisti;
5. la legge sull'editoria (l. 416/1981), dando attuazione all'art. 21.5, richiede che le imprese editoriali, sottoponibili a controlli da parte dell'autorità garante, rendano pubblico l'assetto proprietario ed evitino di avere una posizione dominante sul mercato attraverso la concentrazione di testate.

Il sistema radiotelevisivo

Privi di esplicita disciplina costituzionale sono invece gli altri moderni mezzi di comunicazione di massa, e in particolare il **sistema radiotelevisivo**. Esso ha subito una graduale evoluzione normativa. Inizialmente, in base alle disposizioni contenute nel codice postale del 1936, era stato affidato in *regime di monopolio* allo Stato. Con la sent. 59/1960 la Corte aveva riconosciuto la legittimità costituzionale del monopolio statale, giustificando l'esclusione in questo ambito dell'iniziativa economica privata sulla base dell'art. 43 Cost.: ciò in considerazione sia della natura di servizio pubblico essenziale rivestita dal sistema radiotelevisivo, sia della limitatezza dei canali disponibili e degli alti costi del servizio. Permanendo questi presupposti, solo lo Stato avrebbe potuto svolgerlo «in più favorevoli condizioni di obbiettività, imparzialità, completezza e di continuità in tutto il territorio nazionale». La Corte ne ribadì la permanenza ancora con la sent. 225/1974 (ma v. anche sent. 226/1974 che dichiarò illegittimo il monopolio delle trasmissioni via cavo). Dopo pochi anni si arrivò prima alla *liberalizzazione delle trasmissioni private via etere in ambito locale* (v. sent. 202/1976), poi in *ambito nazionale* (v. sent. 826/1988), sostanzialmente per il venir meno del presupposto della limitatezza dei canali disponibili. Di fatto, peraltro, le radio e le televisioni private si erano già imposte prima che una legislazione compiuta venisse a disciplinare il settore.

La disciplina legislativa dal 1990 ad oggi

Infatti, la regolamentazione della radiotelevisione avvenne solo con la l. 6 agosto 1990, n. 223 (*legge Mammì*), ispirata al **principio del pluralismo delle voci** quale valore costituzionale fondamentale, alla stregua del quale devono essere contemperati gli opposti interessi: la riserva allo Stato del servizio pubblico, la liberalizzazione a favore dei privati. La l. 223/1990 prevedeva: *a*) un sistema radiotelevisivo a *carattere misto* pubblico-privato; *b*) *limiti* alle *concentrazioni nel settore* televisivo con tetto pari al 25% delle reti nazionali previste; *c*) *limiti* alla *concentrazione tra imprese radiotelevisive ed editoriali*, nonché alla *concentrazione tra imprese radiotelevisive e concessionarie pub-*

blicitarie; *d*) poteri di controllo affidati a un'*autorità garante*.
Il limite in base al quale nessun soggetto poteva risultare titolare di più del 25% del numero delle reti previste (non casualmente corrispondente, in presenza di 12 concessioni disponibili, al numero di reti della Rai, l'impresa radiotelevisiva controllata dal ministero dell'economia, e al numero di reti Fininvest/Mediaset, il principale gruppo privato nel mercato televisivo italiano) fu però dichiarato illegittimo dalla Corte costituzionale per violazione del principio del pluralismo delle voci e del diritto all'informazione (sent. 420/1994).
Il Parlamento approvò quindi la l. 31 luglio 1997, n. 249 (*legge Maccanico*). Essa stabilì nuove regole in materia di posizione dominante nel sistema radiotelevisivo e istituì l'**Autorità per le garanzie nelle comunicazioni**, con compiti di controllo e vigilanza anche su radiodiffusione ed editoria. Anche in questo caso intervenne tuttavia la Corte costituzionale con la sent. 466/2002, che dichiarò l'illegittimità della legge per la mancata previsione di una scadenza certa e non prorogabile per porre termine alla situazione censurata a suo tempo con la sentenza del 1994.

L'Agcom

A questo punto, anche per rispondere agli sviluppi del diritto comunitario da una parte e della tecnologia dall'altra, veniva approvata dal Parlamento – dopo un rinvio del presidente della Repubblica (il quale sul tema aveva inviato un messaggio alle Camere già nel settembre 2002) – la l. 3 maggio 2004, n. 112 (*legge Gasparri*), in base alla quale è stato poi emanato un testo unico (d.lgs. 177/2005). La legge stabiliva il percorso per la conversione delle trasmissioni dalla tecnica analogica alla *tecnica digitale terrestre* e modificava le norme a tutela della concorrenza e del mercato, ora fondate su un tetto (dal 10 al 20% a seconda dei casi) calcolato come percentuale non già di canali disponibili ma del fatturato complessivo del *sistema integrato delle comunicazioni* (inteso come il settore economico che include stampa, editoria anche elettronica, radio e televisione, cinema, pubblicità esterna, sponsorizzazioni). Per la prima volta si è permesso agli editori della stampa di entrare nel mercato televisivo e a quelli della tv (ma per i soggetti più grandi permane a tutt'oggi il divieto) di entrare in quello della stampa. Successivamente è intervenuta una nuova legge di riforma della Rai e del servizio pubblico (l. 28 dicembre 2015, n. 220).

13. LA LIBERTÀ DI RELIGIONE E LA LIBERTÀ DI COSCIENZA

Nell'alveo della libertà di pensiero si collocano anche la **libertà di religione** e la **libertà di coscienza**: tanto la Dichiarazione universale dei diritti dell'uomo (art. 18) quanto la Cedu (art. 9) e la Carta dei diritti fondamentali dell'Ue (art. 10), infatti, le proclamano in un unico articolo. Nella decisione *Kokkinakis c. Grecia* del 25 maggio 1993 la Corte europea dei diritti dell'uomo ha ribadito che la libertà di religione è uno dei fondamenti delle società democratiche, bene prezioso anche per gli atei, gli agnostici e gli indifferenti.

La libertà religiosa

La Costituzione dedica alla libertà di religione l'art. 19: esso garantisce la **libertà religiosa come libertà di fede** e **come libertà di pratica religiosa**. Invece lo Statuto albertino riconosceva la religione cattolica come sola religione dello Stato, mentre gli altri culti esistenti erano solo *tollerati*. Nell'ordinamento repubblicano si assicura a chiunque la libertà di professare la propria fede religiosa in qualsiasi forma, sia *individualmente* sia, ed è questa l'innovazione maggiore rispetto allo Statuto, *collettivamente*, di farne propaganda e praticarne il culto in privato o in pubblico nel solo rispetto del **buon costume**. A questo è rivolto anche l'art. 20 Cost., relativo agli enti ecclesiastici.

La libertà di non credere

Anche qui l'affermazione della libertà implica la garanzia del suo aspetto negativo: la **libertà di coscienza dei non credenti** (v. sentt. 117/1979, 234/1984, 149/1995, 334/1996, tutte relative al *giuramento*). Parte della dottrina sostiene, al contrario, che la libertà dell'ateo di esprimere le proprie convinzioni nei confronti della religione sia tutelata dall'art. 21, non dall'art. 19.

Oggi è in particolare la *libertà di culto* a essere sempre più al centro dell'attenzione, in società multietniche e, molto più di un tempo, multireligiose. Essa rappresenta un terreno di prova tutt'altro che agevole per il pluralismo religioso: si pensi ad aspetti come la costruzione di luoghi di culto, al riconoscimento di giorni di astensione dal lavoro diversi dalla domenica, al diritto di indossare in luoghi pubblici segni religiosi distintivi come il velo islamico e così via. Sulle comunità religiose si veda il paragrafo 20.

14. LA LIBERTÀ DELLA RICERCA SCIENTIFICA

La Costituzione afferma la **libertà della scienza** (art. 33.1) e affida alla Repubblica il compito di **promuovere** lo sviluppo della ricerca scientifica e tecnica (art. 9.1).

Il riconoscimento della libertà della scienza impone una serie di riflessioni: sul suo contenuto; sulla scelta del costituente di dedicarvi una disposizione autonoma rispetto all'art. 21; sull'individuazione dei limiti alla ricerca scientifica, da stabilirsi comunque con legge. Per dare sostanza ai contorni apparentemente evanescenti di questa libertà occorre riferirsi ad altri principi e valori costituzionalmente protetti: per esempio, il principio personalista e la dignità e integrità umana; il principio pluralista in relazione ai contenuti e ai mezzi della ricerca, cui ripugna qualunque forma di *scienza ufficiale* consueta agli stati totalitari o agli stati confessionali.

Le biotecnologie

Ma quali sono i confini della scienza? Essi vanno cercati solo nell'etica ovvero possono incontrare limiti giuridici? Problemi nuovi pone la diffusione delle **biotecnologie**, ossia quel complesso di tecniche scientifiche multidisciplinari che mirano a incidere sui processi biologici della materia vivente in campo umano, animale e vegetale, intervenendo sul patrimonio genetico. Si tratta del tentativo della scienza di porre sotto controllo e ridefinire le caratteristiche della struttura biologica della vita e della natura, al fine di trarne beni o servizi utili all'uomo. Tra tali tecniche vanno annoverati i metodi di **procreazione medicalmente assistita**, i quali scindono la riproduzione umana dall'atto sessuale, fino a prescindere dall'esistenza di un legame genetico. La materia è stata disciplinata dalla l. 19 febbraio 2004, n. 40, che ha introdotto vincoli particolarmente stringenti: divieto di tecniche di tipo *eterologo*, cioè usando gameti di soggetti estranei alla coppia; accesso limitato a «coppie di maggiorenni di sesso diverso, coniugate o conviventi, in età potenzialmente fertile, entrambi viventi»; creazione di non più di tre embrioni destinati a un unico e contemporaneo impianto. La legge è stata però dichiarata illegittima dalla Corte costituzionale su più punti. Da principio, la sent. 151/2009 ha fatto cadere il limite dei tre embrioni, consentendo al medico di valutare caso per caso, in relazione alle condizioni soggettive e alla salute della donna che si sottopone alle tecniche di procreazione assistita, quanti embrioni produrre e quanti impiantarne di volta in volta. Successivamente, la sent. 162/2014 ha fatto cadere il divieto di fecondazione eterologa, ritenendolo incompatibile con il diritto della coppia di diventare genitori e formare una famiglia. Più in generale, la Corte ha ritenuto che non sussistessero interessi di rilievo costituzionale idonei a giustificare il differente trattamento riservato alla fecondazione eterologa rispetto a quella di tipo omologo. Inoltre, la sent. n. 96/2015 ha esteso l'accesso alle tecniche di procreazione assistita anche alle coppie fertili ma portatrici di gravi patologie geneticamente trasmissibili, ammettendo in questi casi la diagnosi pre-impianto. Di conseguenza, la sent. 229/2015 ha eliminato la sanzione penale prevista per la selezione degli embrioni, sempre che la selezione sia volta a evitare l'impianto di embrioni affetti da gravi malattie genetiche.

La procreazione assistita

Problemi etici e giuridici pone la questione della **clonazione**, nelle due forme della clonazione *riproduttiva* (cioè la produzione di copie geneticamente identiche di esseri umani) e *terapeutica* (cioè la produzione di *cellule staminali* per trattare varie patologie). La prima è vietata dalla *Convenzione sui diritti dell'uomo e sulla biomedicina di Oviedo* del 1997 e dal *Protocollo addizionale* del 1998, recepiti con l. 145/2001, nonché dall'art. 3 della Carta dei diritti fondamentali dell'Ue. Quanto alla seconda, la l. 40/2004 prevede il divieto di «qualsiasi sperimentazione» sugli embrioni umani a fini terapeutici, salvo che la ricerca non sia finalizzata alla tutela della salute e allo sviluppo degli embrioni stessi, e vieta comunque interventi di clonazione «sia a fini procreativi sia di ricerca». Questo divieto solleva dubbi di costituzionalità. Se è vero infatti che la libertà della scienza va bilanciata con la tutela di valori costituzionali di pari livello, come la dignità della persona, è altrettanto vero che l'embrione non è considerato dall'ordinamento giuridico italiano persona. La Corte costituzionale ha tuttavia salvato il divieto di ricerca scientifica sugli embrioni non più impiegabili a fini procreativi, ritenendo che spetti al legislatore il compito di trovare un punto di equilibrio tra la tutela dell'embrione e le ragioni del progresso scientifico (sent. 84/2016, che riprende quanto sostenuto dalla Corte europea dei diritti dell'uomo nella sentenza *Parrillo c. Italia* del 27 agosto 2015).

La clonazione e la ricerca sugli embrioni

Gli Ogm

Con riferimento alla tutela dell'ambiente vengono in rilievo le applicazioni biotecnologiche in campo agricolo e più precisamente l'impiego degli Ogm, **organismi geneticamente modificati** (ossia organismi vegetali il cui materiale genetico è stato modificato in modo diverso da quanto avviene in natura, mediante incrocio o ricombinazione genetica). Si tratta di specie vegetali molto più resistenti ai fattori ambientali esterni; tuttavia non si conoscono ancora a pieno le conseguenze del loro utilizzo sulla salute dell'uomo e sulla salvaguardia dell'ambiente. La loro lavorazione e commercializzazione, in base alla normativa europea e al *Protocollo di Cartagena alla Convenzione sulla diversità biologica* del 2000, recepito con l. 27/2004, è improntata al *principio di precauzione*, per evitare i possibili rischi nei casi in cui non siano del tutto esclusi effetti dannosi.

15. LE LIBERTÀ DELLA E NELLA SCUOLA. DIRITTO ALL'ISTRUZIONE E DIRITTO ALLO STUDIO

L'art. 33.1 Cost., oltre a garantire la libertà dell'arte e della scienza, ne garantisce anche il libero insegnamento.

La libertà di insegnamento

La **libertà di insegnamento** (o libertà *nella* scuola), come attività finalizzata all'educazione e alla diffusione della cultura, attiene sia ai mezzi sia ai contenuti dell'insegnamento stesso e gode di una tutela specifica rispetto alla libertà di manifestazione del pensiero. Essa non è subordinata ai soli limiti previsti per la libertà di espressione: oltre al limite del buon costume, il suo esercizio deve tener conto di altri valori costituzionalmente tutelati, che assumono particolare rilievo considerata la delicatezza dei compiti educativi del docente (ad es. la pari dignità della persona umana). Non vi è invece un dovere di adesione all'ordinamento vigente che possa, se violato, comportare l'esclusione dall'insegnamento (come accade ad es. in Germania). La libertà di insegnamento riconosciuta al docente della scuola pubblica deve estrinsecarsi in un'attività tecnica, discrezionale nelle modalità, ma rispettosa degli obiettivi che il legislatore ha posto e rispetto ai quali la comunità nazionale deve sentirsi garantita. Più delicata è la questione per le *scuole private*, in quanto tale libertà deve conciliarsi con i percorsi formativi propri di quelle istituzioni scolastiche.

La libertà di istituire scuole

La Costituzione affida allo Stato il compito non solo di stabilire le «norme generali sull'istruzione», ma anche di istituire «scuole statali per tutti gli ordini e gradi» (art. 33.2), prevedendo inoltre «un esame di stato per l'ammissione ai vari ordini e gradi di scuole o per la conclusione di essi» (art. 33.5). Il diritto di istituire «scuole e istituti di educazione» è parimenti riconosciuto a enti e privati (art. 33.3). Le scuole private hanno il diritto di ottenere la parità con quelle pubbliche: ad esse la legge assicura «piena libertà» e ai loro alunni «un trattamento scolastico equipollente a quello degli alunni di scuole statali» (art. 33.4).

La libertà di scegliere tra scuole

Accanto alla **libertà nella scuola** è dunque prevista la **libertà della scuola**: non solo nel senso che possono coesistere scuole private e scuole pubbliche (e scuole private parificate), ma anche che l'alunno è libero di scegliere tra scuola pubblica e scuola privata. In base all'art. 33.3, il **diritto di istituire scuole private** deve essere esercitato **«senza oneri per lo Stato»**. Sin dai lavori della Costituente ci si è divisi fra quanti ritengono che l'espressione *senza oneri per lo Stato* sancisca un preciso divieto di finanziare le scuole private e quanti invece sostengono che le sovvenzioni statali siano, a certe condizioni, possibili. La legislazione sia statale sia regionale tende ad aggirare il problema prevedendo sistemi diversificati di finanziamento non direttamente delle scuole private (essendo vietato dalla Costituzione) ma delle famiglie, attraverso contributi per far fronte alle spese scolastiche presso strutture pubbliche o private (v. ad es. l. 62/2000).

Nel creare le scuole pubbliche lo Stato deve seguire i criteri indicati dall'art. 34 Cost.: la scuola deve essere *a*) **aperta** a tutti, *b*) **obbligatoria** «per almeno otto anni», *c*) **gratuita**.

Il **diritto all'istruzione** non comprende solamente il diritto riconosciuto a tutti di accedere al sistema scolastico, ma deve essere inteso come diritto a ricevere un'adeguata istruzione ai fini della formazione della personalità e dell'assolvimento dei compiti sociali della persona, ed è strettamente legato al modo in cui il sistema scolastico è organizzato in concreto. Non a caso è sempre stato vivace il conflitto sull'assetto, pubblico o privato, della scuola.

Il diritto allo studio

A questo fine la Costituzione garantisce, nell'ambito del diritto all'istruzione, il **diritto allo studio**: secondo l'art. 34.3 Cost., «i capaci e i meritevoli, anche se privi di mezzi, hanno diritto di raggiungere i gradi più alti degli studi». Ciò significa che devono essere garantiti i mezzi finanziari necessari per rendere effettivo, anche in relazione agli obiettivi di cui all'art. 3.2 Cost., il diritto allo studio per coloro che, pur avendone le attitudini, non sarebbero altrimenti in grado di proseguire gli studi (art. 34.4 Cost.).

Le università

In base all'art. 33.6 Cost., le **università** (come le istituzioni di alta cultura e le accademie) hanno il diritto di darsi ordinamenti autonomi nei limiti stabiliti dalle leggi dello Stato. L'autonomia universitaria non è rivolta a tutelare interessi corporativi, bensì a garantire sia la libertà dell'insegnamento sia la libertà della ricerca scientifica (che devono tra loro, nelle università, essere strettamente connesse: sent. 14/1983). Essa si traduce, oltre che in specifiche garanzie per la libertà di insegnamento e di ricerca dei singoli docenti, nel potere di ogni università di darsi uno statuto e di governarsi autonomamente attraverso organi accademici formati in prevalenza dagli stessi docenti e ricercatori (sent. 1017/1988). La riserva di legge *ex* art. 33.6 è stata, tuttavia, più volte violata nella prassi attraverso limiti all'autonomia universitaria posti sulla base di regolamenti governativi o ministeriali. Una complessiva riforma, contenente ulteriori vincoli all'autonomia delle università, è stata approvata con la l. 30 dicembre 2010, n. 240 e i successivi decreti legislativi (*legge Gelmini*): essa riguarda l'organizzazione delle università, il reclutamento (concorsi) e le carriere dei docenti, il diritto allo studio e le procedure di valutazione dei singoli atenei nel tentativo di migliorare qualità ed efficienza delle università italiane.

I diritti associativi

16. LA LIBERTÀ DI RIUNIONE

La libertà di riunione è garantita dall'art. 17 Cost. ai soli **cittadini** (fermo restando che è legittimo estenderla a livello legislativo agli stranieri). La *ratio* di questa limitazione va cercata nel legame storico tra il riconoscimento della libertà di riunione e la tutela del diritto di esercitare legittime pressioni sui pubblici poteri. Non è un caso che tale libertà sia stata riconosciuta per la prima volta al tempo della Rivoluzione francese, con il limite del necessario svolgimento della riunione **pacificamente e senz'armi** (introdotto dalla Costituzione del 1791), e nel *Bills of Rights* statunitense del 1791 (che tutela il «diritto dei cittadini di riunirsi in forma pacifica»).

Cosa si intende per riunione

Preliminarmente occorre definire cosa si intenda per *riunione*: essa costituisce il *radunarsi volontario in luogo e tempo predeterminati di una pluralità di persone che perseguono uno scopo comune prestabilito*. Non sono quindi tutelati gli **assembramenti**, cioè le confluenze casuali in luogo pubblico di persone che non perseguono uno scopo prestabilito. Lo sono invece i *cortei* e le *processioni*, da considerarsi quali **riunioni in movimento**: simili manifestazioni possono essere sottoposte a prescrizioni sul percorso che tengano conto dell'uso delle vie pubbliche per soddisfare altri interessi costituzionalmente rilevanti (ad es. la mobilità dei cittadini).

Il primo comma dell'art. 17 indica un limite di ordine generale all'esercizio della libertà di riunione: non può svolgersi in modo non pacifico, ossia in modo violento contro persone o cose, né vi possono partecipare persone armate. Qualora si verifichi la seconda ipotesi, la pubblica autorità non procederà automaticamente allo scioglimento della riunione, ma allontanerà, eventualmente arrestandoli, solo coloro che risultino armati, per tutelare il diritto a riunirsi degli altri partecipanti. La legge aggiunge a questo il divieto dell'uso di caschi protettivi o di qualunque altro mezzo atto a rendere difficoltoso il riconoscimento della persona (art. 5 l. 152/1975).

Riunioni private, aperte al pubblico, pubbliche

Nei due commi successivi la Costituzione adotta la tradizionale distinzione tra **riunioni** che si svolgono **in luogo privato** (più semplicemente definite riunioni private), **riunioni in luogo aperto al pubblico** e **riunioni in luogo pubblico**. Per *luogo aperto al pubblico* deve intendersi un qualsiasi luogo, materialmente separato dall'esterno, l'accesso al quale, pur consentito a una generalità di soggetti, sia regolabile da chi ne ha la disponibilità giuridica (ad es. uno stadio, un teatro, un cinema). I primi due tipi di riunioni sono equiparati per quanto concerne la disciplina: non è richiesto preavviso all'autorità di pubblica sicurezza. Nel caso invece di una riunione in luogo pubblico (una strada, una piazza), potenzialmente più pericolosa per l'ordine pubblico, è necessario, almeno tre giorni prima del suo svolgimento (a norma dell'art. 18 del testo unico di pubblica sicurezza), comunicarne la data al questore. Questi potrà vietarla solo per **«comprovati motivi di sicurezza e di incolumità pubblica»**.

Fondamentale è l'uso del termine *comprovati*. Da esso infatti si deduce che:

1. la motivazione fornita dall'autorità di pubblica sicurezza deve essere specifica in riferimento al caso di specie e non semplicemente riproduttiva della formula costituzionale;

2. proprio la necessaria specificità della motivazione comporta che il divieto possa riguardare solo singole riunioni;

3. devono sussistere concrete, non solo teoriche, possibilità di turbamento dell'ordine pubblico.

Il *preavviso*, diverso dalla richiesta di autorizzazione prevista in altri ordinamenti (ad es. Gran Bretagna e Stati Uniti), *non* è però *condizione di legittimità* della riunione (v. sentt. 90/1970 e 11/1979), per cui la sua omissione non ne giustifica di per sé lo scioglimento. Se mai, è fonte di responsabilità, giuridicamente sanzionabile, per i promotori.

Le riunioni elettorali

Un regime di particolare favore è previsto per le **riunioni elettorali**, impropriamente definite *comizi*, per le quali non è previsto l'obbligo di preavviso e il cui svolgimento è garantito dalla norma penale che punisce l'impedimento o la turbativa di una riunione di propaganda elettorale (art. 99 d.p.r. 361/1957). Questo tipo di riunione incontra un peculiare limite temporale: per garantire all'elettore una fase di riflessione, non può avere luogo nel giorno delle elezioni e in quello che le precede (art. 9 l. 212/1956).

17. LA LIBERTÀ DI ASSOCIAZIONE

La libertà di associazione fu a lungo osteggiata specie dopo la Rivoluzione francese, ostile a tutto ciò che si interponesse fra cittadino e stato: del resto essa era stata una reazione all'*ancien régime*, tradizionalmente caratterizzato dal prevalere del privilegio e delle giurisdizioni particolari, legate al ceto di appartenenza. Emblematica è al riguardo la legge Le Chapelier (14 giugno 1791) che vietò le associazioni operaie e gli scioperi.

In Italia il disfavore verso la libertà di associazione si trasformò, nel periodo fascista, in repressione: si ricordino, ad esempio, lo scioglimento dei partiti politici e il divieto di costituire sindacati. Si dovette attendere la Costituzione repubblicana che, facendo proprie le storiche rivendicazioni operaie e cattoliche, finalmente garantì la libertà di associazione dedicandovi l'art. 18.

Cosa si intende per associazione

Per *associazione* si intende *un'organizzazione di individui, legati dal perseguimento di un fine comune e, soprattutto, da un vincolo che, pur non attenendo all'ordinamento statale, presenta natura giuridica.* Proprio l'esistenza, tra gli associati, di tale **vincolo giuridicamente rilevante** è l'elemento più caratteristico dell'associazione rispetto alla riunione, nonostante la distinzione fra l'una e l'altra si fondi tradizionalmente sulla **tendenziale stabilità** della prima e la temporaneità della seconda. In base all'art. 18, ai cittadini è riconosciuta:

- la **libertà *di* associazione**, ossia la possibilità di costituire associazioni senza la necessità di permessi o autorizzazioni;
- la **libertà *delle* associazioni**, ossia la possibilità di formare un numero indefinito di associazioni, anche perseguenti lo stesso scopo;
- la **libertà *negativa* di associazione**, per cui nessuno può essere costretto ad aderire a un'associazione (implicita in ogni libertà è, come s'è già visto, la facoltà di *non* esercitarla).

A tal proposito suscitano problemi le **associazioni obbligatorie**, l'adesione alle quali è imposta per l'esercizio di determinate attività: ordini professionali e federazioni sportive, per esempio. Secondo la Corte costituzionale tali fattispecie non sono illegittime se necessarie per perseguire fini pubblici, a loro volta costituzionalmente garantiti (v. sentt. 69/1962, 71/1963, 25/1968, 239/1984, 248/1997).

I limiti della libertà di associazione

Quanto ai **limiti**, l'art. 18.1 vieta l'esercizio della libertà di associazione per il perseguimento di fini vietati ai singoli dalla legge penale, garantendo implicitamente che non possono esistere per le associazioni limiti di scopo non previsti anche per l'individuo: sono quindi ammesse *tutte* le associazioni, *purché non aventi fini vietati ai singoli dalla legge penale*. Sono ammesse anche le associazioni che si pongano in contrasto con i valori costituzionali, in forza dell'art. 21 che consente di manifestare qualsiasi opinione. Diversa è la soluzione scelta dalla Costituzione tedesca, che vieta le associazioni «dirette contro l'ordinamento costituzionale o contro il principio della comprensione fra i popoli».

Dopo le misure legislative introdotte a seguito degli attacchi terroristici negli Stati Uniti (11 settembre 2001), a Madrid (11 marzo 2004) e Londra (7 luglio 2005), il codice penale vieta comunque le «associazioni che si propongono il compimento di atti di violenza con finalità di *terrorismo* o di *eversione dell'ordine democratico*» (art. 270-*bis*, inserito nel codice insieme ad altre fattispecie antiterrorismo: v. d.l. 374/2001 e d.l. 144/2005, nonché d.l. 7/2015 e l. 153/2016).

Inoltre, sono previsti due limiti specifici. L'art. 18.2 vieta:

Le associazioni segrete

a) le **associazioni segrete**. La l. 17/1982, con la quale fu sciolta la loggia massonica P2, specifica, con norma di carattere generale, che non è la segretezza in sé (intesa come occultamento dei membri, delle attività o della stessa esistenza dell'associazione) a essere vietata in un'associazione, ma la segretezza unita al fine di condizionare i pubblici poteri, interferendo «sull'esercizio delle funzioni di organi costituzionali, di amministrazioni pubbliche... di servizi pubblici essenziali». La *ratio* della disposizione, dunque, *non* è quella di *pre-*

cludere il perseguimento di tali fini, ma di *evitare che essi vengano perseguiti nella segretezza*, creando poteri occulti alternativi a quelli democraticamente eletti, in contrasto con la trasparenza che la dialettica democratica richiede; *b*) le **associazioni** che perseguono, anche indirettamente, *scopi politici mediante organizzazioni* **di carattere militare**. Il d.lgs. 43/1948 (norma di diretta attuazione della Costituzione: v. sent. 5/2014) esplicita che per associazioni aventi un'organizzazione di carattere militare si intendono quelle caratterizzate da una struttura gerarchica di tipo militare, con relativo inquadramento in «corpi, reparti o nuclei», non necessariamente unita all'uso di armi. Lo scopo sotteso al divieto, che preclude ad associazioni così organizzate *solo* il perseguimento di finalità politiche, è ancora una volta quello di tutelare la libera dialettica democratica che sarebbe lesa da organizzazioni potenzialmente violente, come era accaduto in Italia durante il fascismo con l'opera intimidatoria delle camicie nere. Memore di ciò, la legge vieta l'adozione di qualsiasi *uniforme* da parte di associazioni aventi finalità politiche. La Corte costituzionale ha comunque escluso che tale divieto si applichi agli Schützen, l'associazione dei tiratori tirolesi, non essendo collegata ad alcun partito politico (sent. 26/1976).

Le associazioni a carattere militare

Le formazioni sociali a rilevanza costituzionale

18. LA FAMIGLIA

La Costituzione considera la famiglia quale «**società naturale fondata sul matrimonio**» (art. 29.1). Nonostante la dottrina cattolica più integralista abbia dedotto da tale formulazione l'idea della famiglia come realtà che il diritto positivo deve limitarsi a riconoscere, la dottrina maggioritaria ammette un'incisiva regolamentazione giuridica, escludendo comunque interventi troppo invasivi quali per esempio quelli previsti dal codice civile del 1942. Il legislatore fascista, infatti, considerando la famiglia la struttura basilare della nazione, strumento di realizzazione della politica demografica del regime, aveva previsto una disciplina che ne mortificava la natura di comunità fondata sull'intimità e sugli affetti.

La famiglia legittima

Anche la Costituzione, come la legislazione precedente, mostra un *favor* per la **famiglia legittima**, fondata cioè sul matrimonio, e non sulla convivenza di fatto. Per **matrimonio** deve intendersi sia il matrimonio **civile** sia quello **concordatario** (introdotto dalla l. 810/1929), celebrato secondo il diritto canonico, al quale vengono riconosciuti effetti civili a seguito della trascrizione nei registri dello stato civile. Ma la Costituzione prende in considerazione anche la **famiglia di fatto**: l'art. 30.1 stabilisce il diritto-dovere dei genitori di mantenere, istruire ed educare i figli «anche se nati fuori dal matrimonio»; l'art. 30.3 impone alla legge di assicurare ai figli nati fuori dal matrimonio ogni tutela giuridica e sociale «purché compatibile con i diritti dei membri

Le convivenze

della famiglia legittima»; l'art. 31 tutela la maternità, l'infanzia e la gioventù e non limita tali garanzie alla famiglia legittima (v. sentt. 99, 203 e 464/1997, 166/1998, 250/2000). La l. 219/2012 e il d.lgs. 154/2013 hanno eliminato la distinzione, recepita nel codice civile, tra figli «legittimi» e figli «naturali» (o illegittimi), introducendo lo stato unico di filiazione e allargando il vincolo di parentela del figlio nato al di fuori del matrimonio nei confronti delle persone che partecipano allo stipite da cui discendono i genitori.

A queste garanzie si aggiunge la generale tutela che l'art. 2 riconosce alle «formazioni sociali» ove si svolge la personalità dei singoli, tra le quali rientrano anche le convivenze di fatto, compresa la convivenza di coppie omosessuali (v. sent. 138/2010, già citata nel par. 7). La stessa Carta dei diritti fondamentali dell'Ue (art. 9), garantendo il diritto di costituire una famiglia, ne demanda la definizione e regolamentazione alle legislazioni nazionali. Il legislatore italiano, con la l. 76/2016, ha regolamentato sia le unioni civili tra persone dello stesso sesso sia le convivenze di fatto tra persone (di sesso diverso o dello stesso sesso) «unite stabilmente da legami affettivi di coppia e di reciproca assistenza morale e materiale».

L'eguaglianza dei coniugi

Ulteriore principio in materia di famiglia è quello dell'**eguaglianza morale e giuridica dei coniugi** (art. 29.2). Il principio ha trovato attuazione con la l. 151/1975 di riforma del diritto di famiglia, che ha soppresso la potestà maritale e affermato la parità tra coniugi (comunione legale dei beni, potestà di entrambi i genitori sui figli).

Il cognome dei figli

La Corte costituzionale, nella sent. 61/2006, aveva invitato il legislatore a rivedere la norma che assegna automaticamente il solo cognome del padre ai figli, non più coerente con i principi dell'ordinamento e con il valore costituzionale dell'eguaglianza fra uomo e donna. Il mancato intervento del Parlamento ha poi portato alla condanna dell'Italia da parte della Corte europea dei diritti dell'uomo, la quale ha giudicato irragionevolmente discriminatoria la disciplina che non consente ai genitori di assegnare al figlio il solo cognome materno (*Cusan e Fazzo c. Italia* del 7 gennaio 2014).

19. LE MINORANZE LINGUISTICHE

La tutela dell'art. 6 Cost.

Le **minoranze linguistiche** sono tutelate dall'art. 6 Cost., il quale si limita però a sancire un principio generale, senza indicare né le popolazioni garantite né gli strumenti di tutela e rinviando alla legge la loro definizione. L'attuazione dell'art. 6 si è avuta solo con la l. 15 dicembre 1999, n. 482 («norme in materia di tutela delle minoranze linguistiche storiche»). In essa vengono elencati i destinatari della normativa (popolazioni di lingua albanese, catalana, croata, francese, franco-provenzale, friulana, greca, ladina, occitana, sarda, slovena, tedesca) demandando alle province la delimitazione degli ambiti territoriali di applicazione della disciplina. Vengono poi indicate le misure di tutela delle lingue di minoranza, fra le quali:

a) l'uso della lingua nelle scuole come oggetto di apprendimento e strumento di insegnamento;
b) l'uso della lingua per l'attività degli organi comunali, nelle pubbliche amministrazioni, nei procedimenti davanti al giudice di pace (oltre che nel processo penale, come già previsto dall'art. 109 c.p.p.);
c) la toponomastica («toponimi conformi alle tradizioni e agli usi locali» possono essere aggiunti a quelli ufficiali);
d) il ripristino del nome o cognome nella lingua originaria.
Come ha sottolineato la Corte costituzionale (sent. 159/2009), la l. 482/1999 si fonda «non solo sulla valorizzazione delle lingue e delle culture minoritarie, ma anche sulla preservazione del patrimonio linguistico e culturale della lingua italiana» (e infatti il primo articolo proclama l'italiano «lingua ufficiale della Repubblica»). Una legge specifica tutela la minoranza linguistica slovena della Regione Friuli-Venezia Giulia (l. 38/2001). L'Italia ha inoltre ratificato la *Convenzione Unesco sulla protezione e promozione della diversità delle espressioni linguistiche* del 2005 (l. 19/2007). Ulteriori disposizioni di tutela delle minoranze linguistiche si rintracciano negli statuti delle regioni speciali (in particolare, quelli della Valle d'Aosta/Vallée d'Aoste e del Trentino-Alto Adige/Südtirol).

20. LE COMUNITÀ RELIGIOSE

La Costituzione disciplina i rapporti dello Stato con le diverse comunità religiose distinguendo a seconda che si tratti della Chiesa cattolica (art. 7) o delle altre confessioni (art. 8).
In base all'art. 7:

Stato e Chiesa cattolica

• la Chiesa cattolica è riconosciuta come **ordinamento giuridico originario**, non istituito cioè nell'ambito di un altro ordinamento ma nato per forza propria, che trae da sé la propria validità; con ciò la Costituzione pone lo Stato e la Chiesa sullo stesso piano («ciascuno nel proprio ordine, indipendenti e sovrani»);
• i rapporti istituzionali tra i due ordinamenti sono disciplinati dai Patti Lateranensi (stipulati l'11 febbraio 1929), il richiamo dei quali non implica una *costituzionalizzazione* dei Patti ma la necessità di una **legge rinforzata** per la loro modificazione (richiedendo il previo accordo tra lo Stato e la Santa Sede).

Le confessioni acattoliche

Per quanto riguarda le *altre* confessioni religiose (quelle diverse dalla cattolica), l'art. 8 prevede:
• l'**autonomia organizzativa** delle confessioni nel rispetto dell'ordinamento giuridico italiano;
• la definizione dei rapporti istituzionali tra le confessioni e lo Stato mediante **intese**, che sono recepite con legge.
L'art. 8 contiene inoltre, nel primo comma, una disposizione relativa a tutte le confessioni religiose, definite «egualmente libere davanti alla legge».

LE INTESE CON LE CONFESSIONI RELIGIOSE

Riferimento legislativo	Titolo	Confessione
Legge 11 agosto 1984, n. 449	Norme per la regolazione dei rapporti tra lo Stato e le chiese rappresentate dalla Tavola Valdese	**Valdesi**
Legge 22 novembre 1988, n. 516	Norme per la regolazione dei rapporti tra lo Stato e l'Unione italiana delle Chiese cristiane avventiste del 7° giorno	**Avventisti**
Legge 22 novembre 1988, n. 517	Norme per la regolazione dei rapporti tra lo Stato e le Assemblee di Dio in Italia	**Pentecostali**
Legge 8 marzo 1989, n. 101	Norme per la regolazione dei rapporti tra lo Stato e l'Unione delle Comunità ebraiche	**Ebrei**
Legge 12 aprile 1995, n. 116	Norme per la regolazione dei rapporti tra lo Stato e l'Unione Cristiana Evangelica Battista d'Italia	**Battisti**
Legge 29 novembre 1995, n. 520	Norme per la regolazione dei rapporti tra lo Stato e la Chiesa Evangelica Luterana	**Luterani**
Legge 30 luglio 2012, n. 126	Norme per la regolazione dei rapporti tra lo Stato e la Sacra Arcidiocesi d'Italia ed Esarcato per l'Europa Meridionale	**Ortodossi**
Legge 30 luglio 2012, n. 127	Norme per la regolazione dei rapporti tra lo Stato e la Chiesa di Gesù Cristo dei Santi degli ultimi giorni	**Mormoni**
Legge 30 luglio 2012, n. 128	Norme per la regolazione dei rapporti tra lo Stato e la Chiesa apostolica in Italia	**Apostolici**
Legge 31 dicembre 2012, n. 245	Norme per la regolazione dei rapporti tra lo Stato e l'Unione Buddhista Italiana	**Buddisti**
Legge 31 dicembre 2012, n. 246	Norme per la regolazione dei rapporti tra lo Stato e l'Unione Induista Italiana, Sanatana Dharma Samgha	**Induisti**
Legge 28 giugno 2016, n. 130	Norme per la regolazione dei rapporti tra lo Stato e l'Istituto Buddista Italiano Soka Gakkai	**Buddisti**

Nota: L'intesa con la Congregazione cristiana dei Testimoni di Geova (firmata il 4 aprile 2007) non è stata ancora approvata con legge.

Significativamente, non viene sancita l'eguaglianza delle diverse confessioni nel trattamento giuridico ma l'**eguaglianza nella libertà**. Questa affermazione, pur escludendo una totale equiparazione delle diverse confessioni, che potrebbe anzi mortificare le peculiarità di ognuna di esse, garantisce loro la possibilità di esercitare, senza limitazioni e a parità di condizioni, ogni libertà, e in particolare quella religiosa *ex* art. 19 (v. par. 13). Fra le confessioni diverse dalla cattolica, il fatto di non aver stipulato un'intesa con lo Stato *ex* art. 8.3 non può costituire motivo di discriminazione. Le intese, infatti, non possono essere «una condizione imposta dai poteri pubblici alle confessioni per usufruire della libertà di organizzazione e di azione loro garantita dal primo e dal secondo comma dello stesso art. 8, né per usufruire di norme di favore» (sent. 346/2002, con la quale la Corte costituzionale dichiarò l'illegittimità di una legge regionale che limitava l'erogazione di contributi per edifici di culto alle sole confessioni con intesa; v. anche sent. 63/2016). Il principio di *eguale libertà* di tutte le confessioni è stato invece oggetto di un'interpretazione fortemente discriminatoria: la Corte costituzionale legittimò in passato una tutela penale rinforzata della religione cattolica, che si traduceva di fatto in una limitazione della libertà religiosa delle altre confessioni. Ciò avveniva applicando il *criterio quantitativo*: tale disparità sarebbe stata cioè giustificata dal fatto che la religione cattolica fosse professata dalla maggioranza dei cittadini. Ma dopo l'Accordo del 1984, che ha definitivamente abrogato il principio della religione cattolica come religione di Stato, la giurisprudenza costituzionale ha mutato orientamento sulla base del **principio di laicità**, considerato un principio supremo del nostro ordinamento, inteso non come indifferenza verso il fenomeno religioso ma come equidistanza verso tutte le confessioni religiose (v. sentt. 203/1989 e 149/1995). La Corte ha pertanto dichiarato incostituzionali quelle fattispecie penali che assicuravano un trattamento di favore: sintomatica è la sent. 508/2000 sull'illegittimità del reato di vilipendio della religione cattolica, dopo decenni di giurisprudenza contraria (v. inoltre sentt. 440/1995, 327/2002 e 168/2005). Con la l. 85/2006 è stata prevista una disciplina comune per i reati commessi nei confronti di qualsiasi confessione religiosa.

Laicità e simboli religiosi

Recentemente la questione dell'obbligatorietà dell'esposizione del crocifisso negli istituti scolastici pubblici, prevista da norme regolamentari precedenti alla Costituzione (v. r.d. 965/1924 e r.d. 1297/1928), ha fornito nuovi elementi di riflessione sui confini del principio di laicità. Il Consiglio di stato (sez. VI, sent. n. 556/2006), su ricorso di una coppia di genitori che chiedeva la rimozione del crocifisso dalle aule di una scuola media, ha confermato tale obbligo. La Corte costituzionale, tuttavia, non ha ancora colto l'occasione per pronunciarsi in merito (v. ord. 389/2004). La Corte europea dei diritti dell'uomo, invece, nella sentenza *Lautsi c. Italia* del 3 novembre 2009, ha ritenuto l'esposizione del crocifisso nelle aule scolastiche contraria alla Cedu, per contrasto con l'art. 9 (libertà di religione) e con l'art. 2 del prot. n. 1 (diritto dei genitori a educare i figli secondo le proprie convinzioni religiose). Ma con sentenza del 18 marzo 2011, in sede di appello su ricorso del governo italiano, la Corte europea ha ribaltato la precedente decisione di condanna. Partendo dal presupposto che non vi è una nozione comune di laicità a livello europeo, e ancor più in relazione alla questione dei simboli religiosi, il mantenimento di una «tradizione» che contempla l'esposizione del crocifisso ricade nel margine di apprezzamento dello stato, mentre la Corte riserva il proprio intervento a quei casi in cui si configurino sensibili forme di indottrinamento a danno delle minoranze.

I diritti attinenti ai rapporti economici

21. LA PROPRIETÀ PRIVATA E L'INIZIATIVA ECONOMICA PRIVATA

21.1. Il diritto di proprietà

La costituzione economica

L'art. 42 Cost. costituisce una delle norme fondamentali della **costituzione economica**, ossia di quell'insieme di norme, comprese nel titolo III della parte I, dedicate alla disciplina dei rapporti economici. Esse concernono il lavoro: artt. 35-38; l'organizzazione sindacale e lo sciopero: artt. 39-40; l'impresa e la proprietà: artt. 41-44.

La tutela costituzionale della proprietà privata ha rilievo decisivo perché sulla piena garanzia di questo istituto si sono fondate le costituzioni liberali e le codificazioni civilistiche conseguenti, superando gli ultimi residui feudali e riallacciandosi alla tradizione romanistica.

Le garanzie della proprietà privata

Il primo comma dell'art. 42 afferma che «la proprietà è pubblica o privata», senza ulteriori specificazioni circa l'intensità della sua tutela (contrariamente all'art. 29 dello Statuto albertino che definiva *inviolabili* tutte le proprietà, «senza alcuna eccezione»). Il secondo comma afferma poi che «**la proprietà privata è riconosciuta e garantita dalla legge**, che ne determina i modi di acquisto, di godimento e i limiti allo scopo di assicurarne la funzione sociale e di renderla accessibile a tutti».

Secondo parte della dottrina, con quest'ultima disposizione il costituente avrebbe inteso devolvere al legislatore ordinario la determinazione dell'intera disciplina riguardante la proprietà, al punto tale da poterla limitare a sua totale discrezione. Tale interpretazione, tuttavia, non tiene in debito conto quanto emerge dall'analisi complessiva del testo costituzionale. In primo luogo non valorizza a sufficienza il contenuto dello stesso articolo (la proprietà privata deve essere comunque «riconosciuta e garantita dalla legge»). In secondo luogo bisogna considerare le altre disposizioni costituzionali che garantiscono e disciplinano diverse forme di proprietà privata: le *imprese* e le *aziende* di cui parlano gli artt. 43 e 46, la *proprietà terriera* (art. 44), la *proprietà diretta coltivatrice* e la *proprietà dell'abitazione* (art. 47.2).

La riserva di legge resterebbe però solo una garanzia formale se non si individuasse un contenuto minimo del diritto di proprietà. Secondo alcuni, esso andrebbe rintracciato nella definizione dell'art. 832 c.c., in base al quale il proprietario ha «diritto di godere e disporre delle cose in modo pieno ed esclusivo». Tuttavia, la disposizione del codice civile è anteriore alla Costituzione e, soprattutto, non ha un significato univoco. Il canone interpretativo utilizzato dalla Corte costituzionale è invece quello della «**funzione sociale**» della proprietà privata, intesa come clausola dalla *doppia* natura limitativa. Infatti, da un lato essa serve a legittimare le limitazioni della proprietà pri-

La funzione sociale della proprietà

vata ove sia necessario garantire altri diritti o valori costituzionali; dall'altro, serve a vincolare il legislatore, il quale può imporre limitazioni alla proprietà privata solo se stabilite allo scopo appunto di assicurarne la funzione sociale (v. sent. 167/1999).

La ragionevolezza delle scelte del legislatore è sottoposta al vaglio della Corte costituzionale anche con riferimento al terzo comma dell'art. 42, in base al quale «la proprietà privata può essere, nei casi previsti dalla legge, e salvo indennizzo, espropriata per motivi di interesse generale». Si tratta di uno dei temi di politica legislativa più delicati e sensibili, visti gli interessi in gioco. Per **espropriazione** si intende *quel provvedimento amministrativo mediante il quale il titolare di un diritto di proprietà su di un bene viene privato delle facoltà che gli competono a favore di un diverso soggetto, solitamente (ma non esclusivamente) pubblico*. La Corte costituzionale ha inoltre fatto rientrare nell'ambito applicativo dell'art. 42.3 altri provvedimenti in grado di «diminuire» in modo sensibile il diritto di proprietà, stabilendo che anch'essi impongono **indennizzo** (v. sent. 6/1966 sull'illegittimità di una norma di legge che non prevedeva l'indennizzo per la costituzione di servitù militari).

L'espropriazione

L'indennizzo non deve corrispondere all'*integrale* risarcimento del danno economico arrecato dall'espropriazione, ma va comunque quantificato in modo *congruo*, *serio* e *adeguato*, e non deve quindi consistere in una cifra dal carattere *meramente simbolico* o *irrisorio* rispetto al valore del bene espropriato: si deve trattare, in sostanza, di una «equa indennità» (l'espressione della Corte è «serio ristoro»: v. sentt. 5/1980 e 283/1993; v. anche sent. 348/2007 che, tenendo conto della giurisprudenza della Corte europea dei diritti dell'uomo, ha dichiarato illegittime talune disposizioni in materia edilizia che prevedevano «criteri di calcolo fissi e indifferenziati»).

21.2. Il diritto di iniziativa economica

L'art. 41 Cost. tutela l'**iniziativa economica privata**, libertà che trova nel diritto di proprietà un presupposto logico, e contemporaneamente la sottopone a limiti. Dalla lettura di questo articolo si trae che il costituente ha voluto delineare un sistema economico in cui l'iniziativa non è soltanto pubblica, né soltanto privata. In tal senso è chiara la statuizione del terzo comma, dove si afferma che la legge può indirizzare e coordinare **«a fini sociali»** tanto l'«attività economica pubblica» quanto quella «privata», le quali vengono così a porsi in posizione di pari subordinazione all'attività regolativa pubblica. Dall'affermazione del primo comma che «l'iniziativa economica privata è libera» si trae la garanzia che neppure la legge può obbligare il privato a intraprendere una qualsiasi attività di natura economica.

Iniziativa privata e utilità sociale

Rispetto alle altre libertà costituzionalmente garantite, però, la Costituzione ha approntato forme di tutela meno intense. Basti pensare alla «**utilità sociale**», contemplata dall'art. 41.2, rispetto alla quale l'iniziativa privata nel suo svolgersi non può porsi «in contrasto», ovvero ai menzionati «fini sociali» verso i quali la legge può indirizzare e coordinare l'attività economica. Se quindi l'iniziativa economica (e cioè la scelta di intraprendere, attraverso l'organizzazione di determinati mezzi, una certa attività) è da ritenersi libera, il concreto svolgimento dell'attività che ne deriva incontra i suddetti limiti negativi (necessari, come l'utilità sociale) e positivi (eventuali, come l'effettiva adozione di forme di indirizzo e coordinamento). Ciò non implica che il dispiegarsi dell'iniziativa economica privata sia in alcun modo positivamente vincolato o programmato a prescindere da un'esplicita disposizione di legge. In altre parole, l'attività economica dei privati non è complessivamente «funzionalizzata» dalla Costituzione. Tutt'al più l'art. 41 conferisce al legislatore il compito di ricercare, caso per caso, il giusto equilibrio tra l'esercizio della libertà di iniziativa economica privata e altri valori costituzionalmente rilevanti.

Le imprese nazionalizzate

L'art. 43 Cost. stabilisce che «a fini di utilità generale la legge può **riservare originariamente o trasferire**, mediante espropriazione e salvo indennizzo, allo Stato, a enti pubblici o a comunità di lavoratori o di utenti, determinate imprese o categorie di imprese, che si riferiscano a servizi pubblici essenziali o a fonti di energia o a situazioni di monopolio e abbiano carattere di preminente interesse generale». Questa disposizione non significa che sia possibile, in modo incondizionato, destinare allo Stato specifici settori economici nazionali. Le *nazionalizzazioni* o le *collettivizzazioni* costituiscono una soluzione per casi particolari, comunque sottoposta a riserva di legge rinforzata, alla luce dei requisiti che la legge stessa deve rispettare. Ciò perché, in primo luogo, l'espropriazione può essere disposta solo per soddisfare «fini di utilità generale»; inoltre, essa va indennizzata; infine, deve concernere *servizi pubblici essenziali* o *fonti di energia* o *situazioni di monopolio* aventi *carattere di preminente interesse generale*.

Sotto quest'ultimo profilo va sottolineato come il principio di concorrenza e le regole del libero mercato non siano state sufficientemente valorizzate dal costituente. Infatti, sulla scorta della previsione ora richiamata, la legge potrebbe sostituire una situazione di monopolio privato con una di monopolio pubblico, anziché stimolare l'imprenditoria privata. Tuttavia, il ricorso all'art. 43 è stato estremamente ridotto nella storia della Repubblica. L'unico caso di nazionalizzazione fu quello relativo all'istituzione dell'Enel, con il trasferimento alla mano pubblica di tutte le imprese produttrici di energia elettrica (l. 1643/1962).

Il quadro europeo e l'economia di mercato

La ricostruzione della libertà di iniziativa economica privata deve tenere conto della disciplina a livello di Unione europea, fondata sul «principio di un'**economia di mercato** aperta e in libera concorrenza» (art. 119 Tfue) e caratterizzata da regole comuni riguardanti la **libera circolazione di**

capitali, **merci**, **servizi**, **lavoratori** e la **concorrenza** tra le imprese all'interno del mercato unico. Per effetto degli obblighi assunti dall'Italia nei confronti dell'Ue, sono stati varati provvedimenti, soprattutto a partire dagli anni Novanta, che hanno portato all'apertura del mercato, in alcuni casi procedendo alla privatizzazione di importanti settori dell'economia in mano pubblica (tra gli altri, la telecomunicazione, la produzione di gas ed energia elettrica, le banche e, in parte, i servizi pubblici locali); in altri casi stabilendo regole sia per evitare il formarsi di «posizioni dominanti» – suscettibili di limitare l'effettivo sviluppo dell'iniziativa economica privata in regime di concorrenza – sia per evitare «intese restrittive» fra imprese ai danni dei consumatori e degli utenti. A tale scopo, con la l. 10 ottobre 1990, n. 287 è stata istituita l'**Autorità garante della concorrenza e del mercato** (v. cap. 13), che opera in stretta cooperazione con la Commissione europea.

L'Autorità antitrust

22. LA LIBERTÀ SINDACALE E IL DIRITTO DI SCIOPERO

Le associazioni sindacali

In linea con la previsione generale di cui all'art. 18 Cost., una disciplina specifica è prevista per i **sindacati**, chiamati a svolgere compiti di tutela degli interessi professionali di categoria degli associati. Sorti all'inizio del secolo scorso, inizialmente per la tutela dei lavoratori, oggi associano in distinte organizzazioni sia i lavoratori sia i datori di lavoro. L'art. 39.1 Cost. tutela la libertà di organizzazione sindacale e ne garantisce la pluralità (rifiutando il sindacato unico imposto dall'organizzazione corporativa fascista).

L'art. 39.2 prevede che «ai sindacati non può essere imposto altro obbligo se non la loro registrazione presso uffici locali o centrali, secondo norme di legge». Condizione per la registrazione dei sindacati è che i loro statuti «sanciscano un ordinamento interno a base democratica» (art. 39.3). In capo ai sindacati registrati è riconosciuta la possibilità di stipulare contratti collettivi di lavoro «con efficacia obbligatoria per tutti gli appartenenti alle categorie» alle quali essi si riferiscono (art. 39.4). Tuttavia tali previsioni, come si è detto nel capitolo 5, sono rimaste inattuate.

Lo sciopero come diritto

L'art. 40 Cost. tutela il **diritto di sciopero**, ovvero l'astensione programmata di uno o più lavoratori dall'attività lavorativa. A differenza di quanto accadeva sotto il regime fascista che sanzionava penalmente lo sciopero, esso viene configurato non solo come attività lecita ma come **diritto**, sia pure da esercitare «nell'ambito delle leggi che lo regolano».

Del diritto di sciopero possono avvalersi certamente i **lavoratori subordinati** (pubblici e privati) e, con soluzioni che sono state contestate, anche quelli **autonomi**, ma non gli imprenditori.

Diversa è la **serrata**, cioè la chiusura totale o parziale dell'impresa da parte del datore di lavoro, considerata manifestazione lecita ma non vero e proprio *diritto* (v. sentt. 29/1960, 141/1967, 222/1975). Questo significa che l'imprenditore che ricorre alla serrata non è perseguibile penalmente, ma deve risarcire i lavoratori per la mancata prestazione lavorativa.

La disposizione dell'art. 40 è stata considerata immediatamente precettiva e, stante l'inerzia del legislatore a delimitare i margini entro i quali l'astensione collettiva dal lavoro fosse esercitabile, è stata la Corte costituzionale a modellare i confini e, conseguentemente, il contenuto del diritto di sciopero con una serie di pronunce che hanno progressivamente abrogato le fattispecie incriminatrici contenute nel codice penale (tale giurisprudenza è ben riassunta nelle sentt. 1/1974 e 4/1977). Dapprima venne dichiarata illegittima la norma contenuta nell'art. 502 c.p., che contemplava l'illiceità penale dello sciopero per finalità contrattuali (sent. 29/1960). In tal modo si è affermata la tutela costituzionale dello **sciopero economico**, ossia quello posto in essere dai lavoratori per qualsiasi tipo di rivendicazione di natura salariale o *lato sensu* economica. Successivamente la Corte riconobbe la legittimità dello sciopero anche per la tutela di interessi che esorbitino da finalità strettamente economiche, purché «non comprometta funzioni o servizi pubblici essenziali, aventi carattere di preminente interesse generale» (v. sentt. 31/1969, che annullò parzialmente l'art. 330 c.p., e 125/1980, in relazione alla funzione giurisdizionale).

Finalità del diritto di sciopero

Venne poi dichiarato legittimo lo sciopero esercitato per **finalità politiche**, a condizione che non sia diretto a «sovvertire l'ordinamento costituzionale» ovvero a «impedire o ostacolare il libero esercizio dei poteri legittimi» (v. sentt. 290/1974, relativa all'art. 503 c.p., e 165/1983, relativa all'art. 504 c.p.).

Ulteriori limiti all'esercizio del diritto di sciopero sono stati individuati dalla Corte nella garanzia delle libertà civili, politiche o sociali e dei diritti costituzionalmente garantiti ai singoli. Il diritto di sciopero è perciò esercitabile solo in modo pacifico e include la libertà del lavoratore di *non* prendere parte allo stesso.

Sulla scorta della giurisprudenza ora richiamata lo sciopero deve essere qualificato come un **diritto soggettivo** (tutelabile davanti al giudice) dei **lavoratori** in quanto tali, ovvero della **persona umana**, poiché, pur condizionato dall'esistenza di un rapporto lavorativo, esso è costituzionalmente legittimo anche se indetto per sostenere le rivendicazioni di altri lavoratori nei confronti dei loro datori di lavoro (lo *sciopero di solidarietà*: v. sent. 123/1962, concernente l'art. 505 c.p.).

Lo sciopero nei servizi pubblici essenziali

La l. 12 giugno 1990, n. 146, nell'abrogare definitivamente gli artt. 330 e 333 c.p., ha specificamente indicato i **limiti allo sciopero nei servizi pubblici essenziali** (sanità, igiene pubblica, protezione civile, trasporti pubblici, amministrazione della giustizia, musei ecc.), in quanto questi servizi influiscono sulla fruizione e sulla garanzia dei diritti della persona costituzionalmente tutelati. Per tale motivo, oltre all'obbligo di preavviso, deve essere assicurata l'erogazione delle «prestazioni indispensabili», il cui mancato rispetto è fonte di sanzioni disciplinari irrogabili in capo ai lavoratori tenuti a fornirle (v. sent. 171/1996 sul caso particolare dello sciopero degli avvocati). La legge prevede anche la possibilità di **precettazione**, da parte delle autorità di governo centrali e periferiche, dei lavoratori in sciopero in caso di mancato rispetto di tali disposizioni.

I diritti sociali

23. IL DIRITTO AL LAVORO

Come si è visto nel capitolo 2, l'affermazione dei diritti sociali ha segnato il passaggio dallo stato liberale di diritto allo stato liberaldemocratico nella forma dello stato sociale. I diritti sociali incidono profondamente sulla forma di stato della Repubblica italiana, definita dall'art. 1.1 Cost. «Repubblica fondata sul lavoro». La Costituzione contempla tutta una serie di disposizioni che tutelano specifici diritti sociali: il diritto al lavoro; il diritto all'assistenza sociale per gli inabili sprovvisti di mezzi e il diritto alla previdenza in caso di infortunio, malattia, invalidità, vecchiaia e disoccupazione involontaria; il diritto alla salute (sul diritto all'istruzione e il diritto allo studio v. par. 15). I diritti sociali, intesi come *diritti di prestazione*, valgono come pretesa del singolo affinché la Repubblica intervenga per renderli effettivi, impegnando le necessarie risorse finanziarie cui è strettamente legata la loro soddisfazione.

La Repubblica «fondata sul lavoro»

Il primo dei diritti sociali garantiti dalla Costituzione è dunque il diritto al lavoro, che trova riconoscimento negli stessi principi fondamentali. L'art. 4.1 Cost. afferma: «la Repubblica **riconosce** a tutti i cittadini il **diritto al lavoro** e **promuove** le condizioni che rendano **effettivo** questo diritto». La disposizione dell'art. 4.1 come tutte le disposizioni costituzionali, ha natura *precettiva*, ma poiché richiede l'intervento dei pubblici poteri per rendere effettivo il diritto al lavoro, è anche **norma promozionale** che li vincola a perseguire una politica di piena o maggiore occupazione. Ma un *diritto al posto di lavoro*, tutelato in forma di diritto soggettivo, non è configurabile nel nostro ordinamento, il quale garantisce la «libertà di professione» (art. 4.2) e la libertà di iniziativa economica privata (art. 41.1), accogliendo i principi del libero mercato anche in materia di lavoro, pur se attenuati dalla possibilità di intervento pubblico per finalità sociali (v. sent. 45/1965, nella quale si è negato che il diritto al lavoro possa consistere nel «diritto a conseguire un'occupazione e a conservare il posto di lavoro»).

Il diritto al lavoro come norma precettiva e promozionale

Accanto all'accezione del diritto al lavoro quale obiettivo che la Repubblica deve perseguire, vi sono altri significati di natura precettiva.

Il primo è rappresentato dalla **libertà** del cittadino di scegliere l'**attività lavorativa o professionale** da esercitare. Ciò costituisce una forma di garanzia sia del lavoro autonomo sia di quello subordinato, con esclusione delle attività imprenditoriali (tutelate invece dall'art. 41 Cost.). Essa si sostanzia in due

La libertà di scelta dell'attività lavorativa

ulteriori posizioni soggettive: *i*) la libertà di non subire limitazioni irrazionali nell'accesso al lavoro; sono invece ammissibili limiti volti a verificare l'idoneità degli aspiranti a praticare determinate professioni (v. sent. 61/1965); *ii*) la libertà di esercitare un lavoro o una professione adeguati alle proprie capacità, che dovrebbe garantire al cittadino, una volta assunto, la possibilità di esercitare le mansioni corrispondenti alle proprie abilità lavorative (v. sent. 194/1976).

La disciplina dei licenziamenti

Il secondo significato è attinente alla fase risolutiva del rapporto di lavoro (subordinato) ed è costituito dal **diritto del lavoratore a non essere licenziato in modo arbitrario** (v. sent. 331/1988). Ciò implica che il licenziamento non possa verificarsi se non in presenza di una «giusta causa» o un «giustificato motivo» (l. 604/1966). L'art. 18 della l. 300/1970 prevede l'*obbligo di reintegrazione nel posto di lavoro*, disposta dal giudice, del lavoratore illegittimamente licenziato nell'azienda con più di quindici dipendenti. Quest'ultima disposizione, tuttavia, non si applica più ai rapporti di lavoro disciplinati dalla l. 183/2014 (e dai successivi decreti legislativi: cosiddetto *Jobs Act*). Essa ha introdotto il «contratto a tutele crescenti» in relazione all'anzianità di servizio, escludendo in caso di licenziamento illegittimo la possibilità della reintegrazione nel posto di lavoro tranne per alcuni specifici casi di licenziamento *disciplinare* e per i licenziamenti *discriminatori*. Per i licenziamenti *economici*, invece, la reintegrazione viene sostituita con un indennizzo monetario pari a un certo numero di mensilità dell'ultima retribuzione (v. d.lgs. 23/2015). In questo modo il legislatore ha superato, per i nuovi assunti, la disposizione dell'art. 18 della l. 300/1970.

Vi sono altri diritti sociali legati al diritto al lavoro (artt. 35-38 Cost.), che costituiscono una specificazione del più generale diritto di cui all'art. 4 e si riferiscono in via principale, se non esclusiva, al lavoro subordinato. Ad esempio, il diritto del lavoratore a una **giusta retribuzione**, ossia «*proporzionata* alla qualità e quantità del suo lavoro» e comunque «*sufficiente* ad assicurare a sé e alla famiglia un'esistenza libera e dignitosa» (art. 36.1): diritto che si articola quindi in due momenti distinti, l'adeguatezza della retribuzione rispetto alle prestazioni svolte e la congruità della stessa per vivere una vita dignitosa (v. sent. 36/1980).

La giusta retribuzione

Il diritto a riposo e ferie

Vi è poi il diritto al **riposo settimanale** e alle **ferie** (art. 36.3), entrambi retribuiti e ai quali il lavoratore non può rinunciare (v. sentt. 76/1962 e 452/1991). Sono altresì diritti soggettivi perfetti e immediatamente azionabili i diritti delle donne e dei minori alla *parità di trattamento* nell'attività lavorativa (art. 37.1 e 3). Resta invece condizionato all'intervento legislativo il diritto degli inabili e minorati all'istruzione e all'avviamento professionale (art. 38.3).

Il costituente all'art. 35.1 aveva affermato che «la Repubblica tutela il lavoro in tutte le sue forme e applicazioni»: sicuramente aveva in mente, accanto al lavoro autonomo, il lavoro dipendente tradizionale. Ma l'espressione è felice e si presta a coprire le nuove forme di prestazioni lavorative sviluppatesi

Il lavoro flessibile

in anni recenti, caratterizzate da elevata flessibilità (contratti a termine, a progetto, *part time*, lavoro interinale e altre tipologie). Tali contratti sono stati disciplinati organicamente dalla l. 30/2003 (*legge Biagi*), considerati favorevolmente per la capacità di rispondere alle esigenze delle imprese e nel contempo di creare più occupazione. Essi si fondano però su una limitata stabilità che si accompagna a tutele previdenziali altrettanto limitate (si parla di forme di *lavoro precario*). Si pone allora un problema di più integrale attuazione dell'art. 38.2 Cost. per assicurare il diritto di chi lavora ai mezzi necessari in caso di infortunio, malattia, invalidità, vecchiaia e anche disoccupazione involontaria.

Gli ammortizzatori sociali

Le recenti riforme del mercato del lavoro hanno altresì affrontato il tema degli *ammortizzatori sociali*. Si tratta di quel complesso di misure e prestazioni a sostegno del reddito dei lavoratori che si trovano nella condizione di disoccupati o sospesi dal lavoro, in precedenza riservate ai lavoratori di determinati settori protetti con contratto a tempo indeterminato. Nel nostro ordinamento il classico strumento di sostegno al reddito in caso di sospensione o riduzione dell'attività lavorativa a causa di transitorie situazioni eccezionali è la *cassa integrazione guadagni ordinaria*, misura temporanea erogata dall'Inps a favore dei lavoratori di imprese operanti ad esempio nel settore industriale. A questa misura si sono aggiunte nel corso del tempo la *cassa integrazione guadagni straordinaria*, in caso di crisi aziendali di lunga durata o di riorganizzazione o ristrutturazione aziendale, e la *cassa integrazione guadagni in deroga*, di cui beneficiano eccezionalmente soggetti che presentano requisiti diversi da quelli richiesti dalla cassa integrazione ordinaria. Il d.lgs. 148/2015 ha riordinato gli ammortizzatori sociali in costanza di rapporto di lavoro (trattamenti di integrazione salariale ordinari, straordinari e in deroga). Il d.lgs. 22/2015 ha inoltre previsto la «nuova assicurazione sociale per l'impiego», quale misura di sostegno al reddito per i lavoratori subordinati in caso di perdita del lavoro, e l'«indennità di disoccupazione per i lavoratori con rapporto di collaborazione coordinata».

Inoltre, nel tentativo di conciliare la flessibilità del mercato del lavoro con la sicurezza sociale del lavoratore (*flexicurity*), il *Jobs Act* ha ridisegnato il modello delle politiche del lavoro, affidando alla neoistituita Agenzia nazionale per le politiche attive il coordinamento dei servizi per l'impiego, che svolgono la funzione di formare il lavoratore aiutandone la ricollocazione sul mercato (v. d.lgs. 150/2015).

24. IL DIRITTO ALL'ASSISTENZA E ALLA PREVIDENZA

Le prestazioni assistenziali e previdenziali

L'art. 38 Cost. garantisce l'assistenza e la previdenza sociale. Il primo comma garantisce l'**assistenza sociale** nei confronti di «*ogni cittadino* inabile al lavoro e sprovvisto di mezzi necessari per vivere», mentre il secondo comma assicura ai *lavoratori* la **previdenza sociale** in caso di «infortunio, malattia, invalidità e vecchiaia, disoccupazione involontaria» mediante l'erogazione di pensioni, assegni o assicurazioni contro gli infortuni. L'assistenza viene erogata di norma sulla base di esigenze personali del beneficiario che spetta alla pubblica amministrazione (comuni e regioni, secondo la legislazione vigente) valutare discrezionalmente. La previdenza, invece, viene erogata da appositi «organi e istituti predisposti o integrati dallo Stato» (art. 38.4), secondo parametri oggettivi che fanno riferimento all'appartenenza a determinate categorie, agli anni di anzianità maturati e così via.

La giurisprudenza costituzionale (v. sentt. 22/1969 e 160/1974) considera norme precettive tanto il primo quanto il secondo comma dell'art. 38, i quali attribuiscono **diritti soggettivi perfetti**, giudizialmente azionabili. Se il diritto all'*assistenza* compete al cittadino *solo* in quanto inabile e sprovvisto dei mezzi necessari a un'esistenza decorosa (sulla base delle disposizioni di legge che accertino questa condizione), il diritto alla *previdenza* spetta al lavoratore in quanto tale, a prescindere dalla natura dell'attività lavorativa esercitata (nel settore pubblico o privato: v. sent. 238/1988); entrambi i diritti, poi, devono essere garantiti in maniera *uniforme* (v. sent. 336/1989) e senza operare discriminazioni irragionevoli tra categorie (v. sentt. 2/1978 e 116/1990).

Si tratta di diritti sociali che hanno per oggetto la pretesa di fruire di determinate prestazioni di **sicurezza sociale**, il cui livello minimo di tutela deve essere garantito dai pubblici poteri, ma può essere integrato attraverso il ricorso a privati (l'assistenza privata, «libera» ai sensi del quinto comma dell'art. 38, e la previdenza volontaria di natura complementare e integrativa).

Se è vero che questi diritti possono essere garantiti anche da forme private di assistenza e previdenza, il peso maggiore per renderli effettivi grava sulle casse pubbliche. Tocca quindi al legislatore contemperare la tutela dei bisogni sottesi all'art. 38 con le *disponibilità finanziarie* della Repubblica. A partire dagli anni Novanta, proprio per esigenze di bilancio, il **sistema pensionistico** è stato riformato più volte (da ultimo con la *riforma Fornero* contenuta nel d.l. 201/2011, che ha alzato sensibilmente l'età pensionabile). Queste riforme, in particolare, hanno introdotto la disciplina delle pensioni complementari e integrative, che possono essere sottoscritte dall'interessato in modo da affiancarle alle tradizionali forme di previdenza obbligatoria, e modificato il metodo di calcolo della pensione passando dal sistema *retributivo* (importo pensionistico calcolato secondo una percentuale delle ultime retribuzioni) a quello *contributivo* (ammontare della pensione rapportato ai contributi che il lavoratore ha effettivamente versato nell'arco dell'intera vita professionale). Il sistema contributivo, oltre che maggiormente sostenibile sul piano finanziario, appare più equo poiché elimina le distorsioni che il sistema retributivo creava tra diverse generazioni: trattamenti favorevoli per i pensionati attuali, ma con costi elevati a carico delle generazioni future. Naturalmente, la determinazione delle prestazioni è soggetta al sindacato della Corte costituzionale in base al parametro della ragionevolezza (v. sent. 17/1995).

Le riforme del sistema pensionistico

25. IL DIRITTO ALLA SALUTE

La salute come diritto fondamentale

Il **diritto alla salute** è tutelato dall'art. 32 Cost. che lo definisce «fondamentale diritto dell'individuo» e anche «interesse della collettività». Pur essendo un tipico diritto sociale, ha una *natura assimilabile a quella dei diritti di libertà*, poiché presuppone la titolarità di uno status personale e naturale – la salute – che non può essere messo a repentaglio né dai singoli né dai poteri pubblici né da altri soggetti privati. Ecco perché il diritto alla salute, in quanto volto a preservare l'integrità fisica e psichica dell'individuo nei confronti di *tutti*, deve essere considerato come un *diritto soggettivo perfetto*, azionabile quindi dinanzi al giudice senza la necessità dell'intervento del legislatore. Esso ricomprende non solo l'interesse alle cure in caso di malattia, ma anche l'interesse a condizioni di vita e di lavoro che non mettano in pericolo la salute (sotto questo profilo ricomprende il *diritto a un ambiente salubre*). La Corte di cassazione ha più volte affermato che la salvaguardia della salute rappresenta un diritto primario e assoluto della persona dal quale scaturisce il diritto al risarcimento di eventuali danni; e ha riconosciuto anche la risarcibilità del *danno biologico* (il danno non valutabile rispetto al patrimonio del danneggiato, vale a dire la lesione alla salute fisica e psichica dell'attore: v. cass. civ., sez. un., 21 marzo 1973, n. 796). In casi sempre più numerosi la tutela della salute come diritto a un ambiente salubre (v. cass. civ., sez. un., 6 ottobre 1979, n. 5172) ha portato all'adozione di provvedimenti d'urgenza *ex* art. 700 c.p.c., inclusi provvedimenti inibitori nei confronti delle pubbliche amministrazioni (v. cass. civ., sez. un., 20 febbraio 1992, n. 2092).

Il Servizio sanitario nazionale

Il legislatore, per parte sua, dopo aver esteso la tutela della salute dei lavoratori anche in via preventiva con apposite norme contenute nello statuto dei lavoratori (art. 9 l. 300/1970), ha dato attuazione piena al diritto alla salute con l'istituzione del **Servizio sanitario nazionale** (l. 23 dicembre 1978, n. 833). Oltrepassando la stessa lettera del primo comma dell'art. 32 (che circoscrive la gratuità delle cure ai soli *indigenti*), ha costruito un servizio di tipo *universale*, proclamando la necessità di garantire il mantenimento e il recupero della salute fisica e psichica di tutta la popolazione «senza distinzione di condizioni individuali o sociali». Resta fermo, tuttavia, che il diritto alle prestazioni sanitarie, come gli altri diritti sociali, deve essere sottoposto a *bilanciamento*, cioè deve essere compatibile con le esigenze di equilibrio della finanza pubblica (v. sentt. 304/1994 e 309/1999).

Il diritto ai trattamenti sanitari

Strumentale rispetto alla salvaguardia della salute è il **diritto a ricevere i trattamenti sanitari**, che è desumibile da tre specifiche statuizioni contenute nell'art. 32: *a*) in primo luogo, il diritto alla salute, implicando le attività terapeutiche miranti a prevenire e curare la malattia, presuppone appunto il diritto a ricevere i trattamenti sanitari necessari; *b*) secondariamente, è previsto il diritto degli indigenti a «cure gratuite»; *c*) infine, nel disporre il divieto di *trattamenti sanitari obbligatori* «se non per disposizione di legge» e nel «rispetto della persona umana», ne discende la libertà del singolo di scegliere se ricevere o meno

le cure (e quindi l'obbligo per il medico di acquisire il «consenso informato» del paziente). Solo in casi eccezionali, tassativamente indicati dalla legge, possono essere previsti trattamenti sanitari obbligatori a tutela della collettività (vaccinazioni o forme di isolamento per combattere malattie epidemiche).
Più complesso è il caso in cui i trattamenti riguardino la tutela della salute della stessa persona affetta da malattie psichiche. Dopo l'approvazione della l. 180/1978 (*legge Basaglia*) sono stati aboliti i ricoveri coatti dei malati di mente nei manicomi, sostituiti da trattamenti ambulatoriali o ricoveri volontari, ma sono state mantenute forme di ricovero coatto qualora sia necessario che il trattamento si svolga in una struttura ospedaliera. Tali misure sono circondate di particolari garanzie e sono adottate previa convalida del giudice tutelare.
Anche la legislazione di contrasto alle tossicodipendenze (d.p.r. 309/1990, più volte modificato) prevede, in determinati casi, l'obbligo di sottoporsi a programmi e percorsi terapeutici la cui inosservanza può essere sanzionata in via amministrativa.
Fermo restando il *diritto del paziente a rifiutare le cure* (anche esponendosi al rischio di morte: v. cass. civ., sez. III, 22 maggio 2008, n. 23676), rimangono aperti alcuni rilevanti problemi: può il genitore rifiutare il trattamento terapeutico ritenuto dai medici necessario per un minore? Il problema si è posto nel caso dei testimoni di Geova che per motivi legati alla loro fede rifiutano le trasfusioni di sangue. In tali casi la giurisprudenza dei tribunali dei minori è orientata a nominare, spesso con provvedimenti di urgenza, un tutore cui demandare ogni decisione in ordine al trattamento sanitario.

L'accanimento terapeutico

E ancora: in che misura è consentito l'«accanimento terapeutico» nei confronti di chi non è in grado di dare il proprio consenso al proseguimento delle cure? Da diversi anni si discute del *testamento biologico*, vale a dire una formale **dichiarazione anticipata di volontà** della persona, riconosciuta per legge, relativa ai trattamenti sanitari cui vuole o non vuole essere sottoposta nel caso in cui si trovasse in condizione di non poter manifestare una volontà libera e consapevole. Diversi gli scogli – non solo di natura etica – che hanno finora impedito il varo di una disciplina. Non solo viene contestata la possibilità di manifestare in anticipo il rifiuto di un trattamento, con valore vincolante per il medico, ma soprattutto ci si pone questa domanda: l'idratazione e l'alimentazione artificiale, pur costituendo un trattamento sanitario, costituiscono in sé una forma di accanimento terapeutico?
Altra questione che si pone è cosa fare nel caso in cui il paziente non abbia manifestato alcuna volontà documentata (come nel noto caso di Terri Schiavo negli Stati Uniti). In Italia una sentenza della Corte di cassazione

Il caso Englaro

(cass. civ., sez. I, 16 ottobre 2007, n. 21748), in riferimento al caso di Eluana Englaro, in stato vegetativo permanente da quindici anni, ha deciso che il giudice può, su istanza del tutore, autorizzare l'**interruzione del trattamento sanitario** in presenza di due circostanze concorrenti: *a*) che «la condizione di stato vegetativo del paziente sia irreversibile, senza alcuna sia pur minima possibilità, secondo standard scientifici internazionalmente riconosciuti, di recupero della coscienza e delle capacità di percezione»; *b*) che «sia univocamente accertato, sulla base di elementi tratti dal vissuto del paziente, dalla sua personalità e dai convincimenti etici, religiosi, culturali e filosofici che ne orientavano i comportamenti e le decisioni, che questi, se cosciente, non avrebbe prestato il suo consenso alla continuazione del trattamento». Ove l'uno o l'altro presupposto non sussista, deve invece essere negata l'autorizzazione dovendosi dare «incondizionata prevalenza al diritto alla vita, indipendentemente dalla percezione, che altri possano avere, della qualità della vita stessa». La decisione suscitò polemiche tanto da indurre Camera e Senato a sollevare un (inedito) conflitto di attribuzione nei confronti della Corte di cassazione, sulla base della convinzione che questa non avesse interpretato il diritto vigente ma creato nuovo diritto. La Corte costituzionale, tuttavia, lo dichiarò inammissibile in quanto i provvedimenti censurati avevano tutte le caratteristiche degli atti giurisdizionali, con efficacia solo per il caso di specie (ord. 334/2008).

26. IL DIRITTO ALL'ABITAZIONE

Il diritto all'abitazione è riconosciuto dalla Dichiarazione universale dei diritti dell'uomo (art. 25) e dal Patto internazionale relativo ai diritti economici, sociali e culturali (art. 11). Ma il **diritto alla casa**, nella sua accezione più pregnante di *diritto a ottenere un alloggio*, inteso cioè quale pretesa di natura giuridica avente per oggetto l'acquisto in proprietà o la locazione di un'abitazione, non costituisce in realtà un autentico diritto. L'art. 47.2 Cost., infatti, non può essere richiamato per individuare un diritto all'abitazione distinto dal diritto di «proprietà dell'abitazione» (v. sent. 252/1983). Esso costituisce piuttosto un **interesse preminente di rilevanza costituzionale**, rivolto a soddisfare un'*esigenza* di carattere *primario*, che impegna tutti i pubblici poteri alla sua tutela attraverso un'adeguata politica economica e finanziaria (v. sent. 49/1987).

Un diritto all'alloggio?

In alcune decisioni la Corte costituzionale ha invece qualificato come un vero e proprio diritto la pretesa all'abitazione, in quanto *situazione giuridica strumentale* rispetto ad altre condizioni oggettive di bisogno. La Corte, in particolare, ha riconosciuto il diritto all'abitazione del convivente *more uxorio*, quale diritto inviolabile della persona *ex* art. 2 Cost. a garanzia di un'esistenza dignitosa per il singolo e per i propri figli (sentt. 404/1988 e 559/1989), e il diritto all'acquisto della prima abitazione per i giovani lavoratori subordinati, poiché diretto ad assicurare «condizioni minime di sussistenza» (sent. 217/1988).

27. I DIRITTI CONTRO I DIRITTI

La Costituzione riconosce e garantisce, come si è visto, una pluralità di diritti, i quali tuttavia possono entrare in conflitto fra loro. I conflitti possono essere di due tipi:

- conflitti tra diritti fondamentali (ad es. tra il diritto di cronaca e il diritto alla riservatezza);
- conflitti tra diritti e beni collettivi (ad es. tra libertà di iniziativa economica e tutela dell'ambiente o tra libertà di riunione e tutela dell'incolumità pubblica).

I limiti alle libertà

I limiti ai diritti, di norma, sono espressamente previsti da singole disposizioni costituzionali (**limiti espressi**): come abbiamo visto, la libertà di manifestazione del pensiero non può essere contraria al buon costume; la libertà di circolazione e soggiorno può essere limitata in via generale dalla legge per motivi di sanità e di sicurezza; la libertà di impresa non può svolgersi in contrasto con l'utilità sociale, e via dicendo.

Ovviamente la problematica dei limiti ai diritti non si risolve nei soli casi in cui la Costituzione provvede in maniera esplicita. Ciò perché l'esistenza stessa di una pluralità di diritti, richiamando una celebre affermazione di Kant, ha come conseguenza che il diritto di uno trova il proprio limite nel diritto dell'altro (**limiti impliciti**). Fu proprio la prima sentenza della Corte costituzionale (la 1/1956) ad affermare che «il concetto di limite è insito nel concetto di diritto... nell'ambito dell'ordinamento le varie sfere giuridiche devono di necessità limitarsi reciprocamente, perché possano coesistere nell'ordinata convivenza civile». In questi casi, infatti, i diritti e i beni collettivi in conflitto devono essere bilanciati innanzitutto dal legislatore, nel dettare una determinata disciplina giuridica, nonché, nell'esercizio del controllo di costituzionalità delle leggi, dal giudice costituzionale.

Il bilanciamento dei diritti in conflitto

Il **bilanciamento dei diritti** avviene nel rispetto delle regole seguenti:

1. deve riguardare conflitti tra diritti e beni aventi il *medesimo rango costituzionale*, vale a dire i beni tutelati devono possedere una rilevanza costituzionale (ad es. sent. 91/1964 che ritenne di pari rango l'interesse alla riscossione dei tributi e la libertà di domicilio);

2. deve essere svolto in modo tale che il sacrificio subito da un diritto sia *ragionevole* e *proporzionato*, ossia non eccessivo (ad es. sent. 27/1975 che, nel bilanciamento tra tutela del concepito e salute della madre dichiarò illegittima la norma incriminatrice dell'aborto di donna consenziente anche nel caso di gravidanza nociva per l'integrità psico-fisica della madre);

3. deve essere tale da preservare comunque il *contenuto essenziale* del diritto sacrificato (ad es. sent. 27/1998 nella quale la Corte affermò che ad essa spetta «garantire la misura minima essenziale di protezione delle situazioni soggettive che la Costituzione qualifica come diritti, misura minima al di sotto della quale si determinerebbe, con elusione dei precetti costituzionali, la violazione di tali diritti»).

Il bilanciamento dei diritti implica che nessun diritto può avere, in astratto, una posizione di supremazia gerarchica. Come ha affermato la Corte costituzionale intervenendo sulla vicenda dello stabilimento siderurgico dell'Ilva di Taranto, in cui erano in gioco sia la libertà di impresa sia il diritto al lavoro sia il diritto alla salute, «tutti i diritti fondamentali tutelati dalla Costituzione si trovano in rapporto di integrazione reciproca e non è possibile pertanto individuare uno di essi che abbia la prevalenza assoluta sugli altri... Se così non fosse, si verificherebbe l'illimitata espansione di uno dei diritti, che diverrebbe *tiranno* nei confronti delle altre situazioni giuridiche costituzionalmente riconosciute e protette, che costituiscono, nel loro insieme, espressione della dignità della persona» (sent. 85/2013).

28. I DOVERI COSTITUZIONALI

Nella Costituzione non vi sono solo diritti: vi sono anche doveri, anche se questi occupano un posto sicuramente meno centrale, come in tutte le carte costituzionali che si sono succedute dalla fine del Settecento.

Ciò non deve stupire perché, diversamente da quanto era avvenuto per le civiltà antiche, il costituzionalismo moderno si affermò proprio in nome di un'inarrestabile esigenza di imporre limiti al potere, assicurando prima di ogni altra cosa la garanzia dei diritti di coloro che da sudditi si stavano per l'appunto trasformando in cittadini. Con la modernità e col costituzionalismo liberaldemocratico nasce una contrapposizione fra individuo e società che in precedenza non c'era: la singola persona umana non era considerata nella sua autonomia, ma concepita esclusivamente come elemento della comunità sociale della quale faceva parte. In altre parole, non esistevano diritti dell'individuo rivendicabili in quanto tali.

Costituzionalismo e affermazione dei diritti

Come abbiamo visto nel paragrafo 1, la battaglia per l'affermazione dei diritti non si è più fermata, sia perché nel tempo e nello spazio i detentori del potere politico hanno invariabilmente mostrato una tendenza a trascurarli quando non a violarli in forme talora brutali, sia perché lo sviluppo della società mai ha cessato e presumibilmente mai cesserà di tradurre le aspettative delle persone in pretese di riconoscimento di nuovi diritti. Dalle dichiarazioni delle rivoluzioni settecentesche alle convenzioni internazionali contemporanee, l'enfasi non poteva dunque che essere sui diritti da affermare, difendere, tutelare, promuovere. La Costituzione francese del 5 fruttidoro dell'anno III (1795), la prima a introdurre una «déclaration des droits et des devoirs», è così rimasta isolata.

La Costituzione italiana raccoglie invece il messaggio di uno dei padri dell'Unità che nel XIX secolo aveva propugnato l'edificazione di una comunità nazionale fondata sui reciproci doveri degli associati. Giuseppe Mazzini, autore del pamphlet *I doveri dell'uomo* (pubblicato nel 1860), riteneva che l'insistenza sui diritti individuali avesse privato le persone della protezione che i vincoli sociali loro assicuravano. Il rischio che vedeva, nello stato monoclasse della borghesia trionfante, era di ridurre la fruizione dei diritti solo a una classe privilegiata di cittadini: di qui l'importanza che egli poneva, al contrario, sulla necessità di «un principio educatore superiore che guidi gli uomini al meglio, che insegni loro la costanza nel sacrificio, che li vincoli ai loro fratelli senza farli dipendenti dall'idea d'un solo o dalla forza di tutti». Questo principio, diceva Mazzini, «è il *dovere*», a partire dal dovere di «combattere l'ingiustizia». Il pensiero mazziniano si fondava su concezioni giusnaturalistiche, classiste e cristiane, le quali, aggiornate, sarebbero state ben presenti nell'Assemblea costituente.

I doveri nella Costituzione italiana

Si spiega dunque perché l'intera prima parte della Costituzione si intitoli «diritti e doveri dei cittadini» e perché, pur in misura assai più ridotta rispetto ai diritti, siano numerosi i richiami a quelli che chiamiamo nel loro complesso *doveri costituzionali*. Si tratta in alcuni casi di principi generali di ordine prima di tutto morale, in altri di precisi doveri giuridici, in altri ancora di obblighi di prestazione che è legittimo imporre ora ai cittadini ora a tutti senza distinzione. D'altra parte, anche se alcuni doveri non sono facilmente traducibili in precise regole di comportamento effettivamente e concretamente sanzionabili, non si tratta di disposizioni solo esortative o decorative: a queste disposizioni la Corte costituzionale può fare riferimento nel decidere sulla legittimità, per esempio in punto di ragionevolezza, di specifiche norme impositive di obblighi, al di là di quanto già espressamente previsto in Costituzione. Sebbene sia stretto il collegamento fra diritti e doveri, il nostro ordinamento costituzionale non accetta né la primazia dei diritti sui doveri, né quella dei doveri sui diritti.

Esaminiamo adesso i singoli richiami che la Costituzione fa ai doveri, partendo da quelli contenuti nei «principi fondamentali». Il primo si ritrova nell'art. 2, il quale è costituito da un comma unico: come si è visto nel paragrafo 6, esso afferma che la Repubblica (cioè l'ordinamento nella sua interezza e in tutte le sue componenti istituzionali) «riconosce e garantisce i diritti inviolabili dell'uomo» e contestualmente «richiede l'adempimento dei **doveri inderogabili di solidarietà politica, economica e sociale**». È evidente che sta alla legge individuare le forme specifiche attraverso le quali ognuno, in questo caso sia cittadino sia non cittadino, è chiamato ad adempiere a quei doveri. In ogni caso la formula impiegata si riferisce a concetti ampi, a «principi» più che a «regole» in senso stretto.

I doveri inderogabili nell'art. 2

La giurisprudenza costituzionale ha fatto talvolta riferimento ai doveri inderogabili richiamati dall'art. 2. Nella sent. 164/1985 la Corte ha collegato il *dovere di solidarietà politica* al dovere di difesa della Patria, peraltro espressamente sancito dall'art. 52.1 Cost. (v. dopo). In alcune sentenze ha evocato il *dovere di solidarietà sociale*, per esempio ritenendo che esso giustificasse l'estensione dell'equo canone ai conviventi ancorché non sposati, diversamente da quanto la legge allora prevedeva (sent. 404/1988); ovvero facendovi rientrare il caso di una persona che, tenuta per legge a occupare stabilmente la casa per la quale aveva ottenuto un mutuo agevolato, si era trasferita allo scopo di assistere il padre infermo (sent. 19/1994). In un'altra sentenza la Corte ha sottolineato che il diritto a rettificare l'attribuzione della propria identità sessuale, conferito dalla legge, va rispettato dagli altri membri della collettività sempre in nome del dovere di solidarietà sociale (sent. 161/1985).

Anche nel caso dei doveri ci si può chiedere se l'art. 2 sia da considerare clausola riassuntiva dei doveri menzionati esplicitamente in Costituzione, o sia da considerare invece clausola aperta all'individuazione di nuovi doveri inderogabili. La conclusione prevalente è che a un ampliarsi dei diritti di libertà non possa non corrispondere un ampliarsi dei doveri, i quali però, allorché incidano su libertà coperte da riserva di legge, devono essere necessariamente previsti dalla legge (v. sentt. 252/1983).

Il lavoro come dovere

Un secondo richiamo compare all'art. 4: la logica di questa disposizione costituzionale è analoga alla precedente. Se il primo comma dell'art. 4 parla di *diritto al lavoro* che viene riconosciuto a tutti i cittadini con un preciso mandato a promuoverne l'effettività, il secondo comma afferma il **dovere di ciascun cittadino** di «svolgere, secondo le proprie possibilità e la propria scelta, **un'attività o una funzione che concorra al progresso materiale o spirituale della società**», cioè molto semplicemente fare qualcosa di utile. La valenza esortativa della formula è evidente, e infatti si è discusso se si tratti di un dovere morale oppure di un dovere anche giuridico. Inoltre c'è il riferimento alle «proprie possibilità» e alla «propria scelta». Resta che la disposizione potrebbe, per esempio, rendere costituzionalmente legittima una norma di legge che subordinasse la corresponsione di un assegno di inserimento nel mondo del lavoro o un assegno di disoccupazione allo svolgimento, appunto, di compiti che il legislatore consideri socialmente utili, ovvero al non rifiuto di un lavoro che venga concretamente offerto.

I doveri dei genitori

Venendo ai doveri che si ritrovano nella parte prima della Costituzione, l'art. 30.1 afferma il **dovere** (e diritto) **dei genitori di mantenere, istruire ed educare i propri figli** (indipendentemente se siano nati all'interno o al di fuori del matrimonio: specificazione oggi del tutto superata, ma che alla fine degli anni Quaranta del secolo scorso aveva ancora un significato pregnante). Anche in questo caso l'endiadi è diritto-dovere, con la differenza che il costituente ha ritenuto di premettere il dovere al diritto. Questa disposizione si traduce in un obbligo preciso. Vi è sul punto una giurisprudenza in evoluzione, destinata a mutare col mutare del contesto sociale. Basti pensare al seguente quesito: fino a che età del figlio il genitore è obbligato dalla legge a mantenerlo, ovvero in relazione all'emergere di quali circostanze quest'obbligo può considerarsi assolto o esaurito? Fermo l'obbligo, sta al legislatore disciplinarlo nel rispetto di quella ragionevolezza senza la quale è agevole immaginare l'intervento del giudice costituzionale. Va aggiunto peraltro che, in coerenza con quanto sancito dall'art. 30.1, l'art. 34.2 Cost. prevede l'obbligatorietà e la gratuità dell'istruzione (almeno per otto anni a partire dalla prima elementare). Si tratta di un'estrinsecazione del dovere e di una limitazione del diritto dei genitori di educare i figli, diritto che i genitori non possono esercitare impedendo ai figli di frequentare la scuola. Entrambi questi riferimenti rientrano nel titolo II della parte prima sui «rapporti etico-sociali».

Diversi sono i doveri che si rintracciano all'interno del titolo IV sui «rapporti politici», intendendosi come tali quelli che riguardano il cittadino (e in parte ben più limitata, in questo caso, il non cittadino) e la comunità politica organizzata di cui questi fa parte. Sono: il *dovere del cittadino di difesa della Patria* (art. 52); il *dovere di tutti di concorrere alle spese pubbliche* (art. 53); il *dovere dei cittadini di fedeltà alla Repubblica* e *di osservanza della Costituzione e delle leggi*; il *dovere dei cittadini cui siano affidate funzioni pubbliche di adempierle con disciplina e onore* (art. 54).

Il dovere di difesa della Patria

Seguendo l'ordine del titolo IV, il primo **dovere** è quello **«sacro» di difesa della Patria** (affermato al comma 1 dell'art. 52); di tale solenne affermazione è corollario il *dovere di prestare il servizio militare* nei limiti e nei modi stabiliti dalla legge (comma 2 dell'art. 52). Esso è a sua volta considerato dalla giurisprudenza costituzionale specificazione del più generico dovere di fedeltà alla Repubblica. La Corte costituzionale ne ha trattato con una certa frequenza negli anni Settanta e Ottanta prima e dopo l'approvazione della legge che riconobbe il *diritto all'obiezione di coscienza* (la l. 772/1972, poi sostituita dalla l. 230/1998): tematica oggi superata dall'abolizione del servizio militare obbligatorio di leva (attuata dal 1° gennaio 2005, con la contestuale trasformazione del servizio civile obbligatorio alternativo alla leva in servizio civile volontario). Secondo la Corte, la difesa della Patria «rappresenta un dovere collocato al di sopra di tutti gli altri», che «trascende e supera lo stesso dovere del servizio militare» (sent. 53/1967). In virtù di tale presupposto, essa ha distinto i due doveri e le relative sfere di applicazione, considerando «il dovere di difesa inderogabile, nel senso che nessuna legge potrebbe farlo venir meno», mentre il servizio militare viene considerato solo un obbligo *nella misura in cui così preveda la legge*, vale a dire in base alla volontà del Parlamento (sent. 164/1985). Così la Corte respingeva l'eccezione di costituzionalità contro la legge sull'obiezione di coscienza del 1972. Sulla base di questa interpretazione è stato possibile, per l'appunto, abolire, o più precisamente sospendere, la leva obbligatoria: fermo restando che, all'occorrenza, la legge potrebbe reintrodurla (come in effetti è avvenuto in altri ordinamenti, ad esempio negli Stati Uniti dove la leva è stata volontaria o obbligatoria a fasi alterne dal 1776 ad oggi). Resta in piedi sempre e comunque il dovere di difesa della Patria come «condizione prima della conservazione della comunità nazionale», cioè della sua esistenza stessa, dovere da assolvere in forme diverse, non necessariamente in armi o inquadrati militarmente (anche attraverso attività di impegno sociale, dalle quali è irragionevole escludere gli stranieri regolarmente soggiornanti: sent. 119/2015).

Il dovere tributario

Quanto al **dovere di concorrere alle spese pubbliche** (comma 1 dell'art. 53), va osservato che esso incombe non solo sui cittadini ma su *tutti* e nella misura della *capacità contributiva* di ciascun soggetto. Per tale si intende «una capacità economica adeguata all'obbligazione tributaria» (sent. 5/1964); essa impone «al legislatore, oltre all'obbligo di non disporre prestazioni che siano in contrasto con i principi fondamentali sanciti dalla Costituzione a tutela della persona, altresì l'obbligo di commisurare il carico tributario in modo uniforme nei confronti dei vari soggetti», a parità di situazione economica (sent. 92/1963). D'altra parte, il meccanismo attraverso il quale i soggetti contribuenti sono chiamati a devolvere parte della propria ricchezza al sostegno delle spese pubbliche, cioè il *sistema tributario*, deve essere caratterizzato da *progressività* (comma 2 dell'art. 53). Quel concorso, cioè, deve essere *non proporzionale* ma *crescente*, in percentuale, al crescere della ricchezza colpita dal tributo (a differenza di quanto prevedeva l'art. 25 dello Statuto albertino). Già si delineavano, nel 1947, le politiche di *welfare* e di redistribuzione del reddito attraverso l'intermediazione dello stato, volte a perseguire equità e giustizia sociale (solidarietà ed eguaglianza sostanziale, come chiede la Costituzione stessa agli artt. 2 e 3). Va anche aggiunto che dottrina e giurisprudenza ritengono che la progressività vada garantita *complessivamente* dal sistema tributario, non per ogni singola imposta (sarebbero altrimenti illegittime imposte come quella sul valore aggiunto, l'Iva).

Il dovere di fedeltà alla Repubblica

Venendo al **dovere di «essere fedeli alla Repubblica e di osservarne la Costituzione e le leggi»** (comma 1 dell'art. 54), esso è obbligo primario per tutti i cittadini (tanto che la l. 91/1992 prevede che l'efficacia del decreto di concessione della cittadinanza agli stranieri naturalizzati italiani sia subordinata al giuramento di fedeltà). Formule analoghe in altri ordinamenti (ad esempio in Germania) sono a fondamento di una legislazione posta a «protezione della democrazia», fino a escludere dalla vita politica partiti portatori di ideologie contrarie ai principi costituzionali e dall'impiego pubblico (in particolare dall'insegnamento) persone della cui «fedeltà costituzionale» vi sia ragione di dubitare. Peraltro, la Costituzione tedesca sancisce anche il *diritto di resistenza* di ogni cittadino contro chiunque tenti di sopprimere l'ordinamento costituzionale (in mancanza di altri rimedi).

I doveri di chi esercita funzioni pubbliche

Da noi si ritiene che il dovere di fedeltà, in quanto *dovere politico*, non possa essere invocato a fondamento di limitazioni alle libertà costituzionalmente garantite. Tuttavia il secondo comma dell'art. 54, rivolto a coloro che esercitano **funzioni pubbliche**, con formula non molto lontana da quella della Costituzione tedesca (che è di un anno successiva), da un lato richiama il **dovere** ulteriore **di adempierle con disciplina e onore**, dall'altro prevede che la legge possa imporre uno specifico giuramento (che può ben includere l'impegno di fedeltà alla Repubblica). Le cariche pubbliche e le categorie professionali tenute al giuramento (formulato in modo diverso) sono numerose, a partire dal capo dello Stato e dai membri del governo, passando per i consiglieri delle regioni a statuto speciale, i giudici della Corte costituzionale, i magistrati, vari funzionari della pubblica amministrazione, i sindaci. Non giurano, invece, i professori universitari e tutto il personale della scuola (per non limitarne la libertà di insegnamento e di ricerca), nonché, fra i titolari di cariche elettive, i parlamentari: ciò è anche per reazione all'obbligo di giurare

fedeltà alla corona previsto in epoca statutaria, integrato dal giuramento di fedeltà al fascismo imposto nel 1931.
Sul voto come «dovere civico», previsto dall'art. 48 Cost., si veda il paragrafo 2 del capitolo 8.

29. IL PRINCIPIO DI EGUAGLIANZA

29.1. Eguaglianza e libertà

L'eguaglianza formale e quella sostanziale

La Costituzione, all'art. 3, stabilisce due principi fondamentali:
1. «tutti i cittadini hanno pari dignità sociale e sono eguali davanti alla legge, senza distinzione di sesso, di razza, di lingua, di religione, di opinioni politiche, di condizioni personali e sociali» (principio di **eguaglianza formale**);
2. «è compito della Repubblica rimuovere gli ostacoli di ordine economico e sociale, che, limitando di fatto la libertà e l'eguaglianza dei cittadini, impediscono il pieno sviluppo della persona umana e l'effettiva partecipazione di tutti i lavoratori all'organizzazione politica, economica e sociale del paese» (principio di **eguaglianza sostanziale**).
Queste due solenni affermazioni sono figlie di una tradizione che unisce l'intera esperienza del costituzionalismo dallo stato liberale di diritto allo stato liberaldemocratico, in particolare nella sua dimensione di stato sociale. L'eguaglianza formale è propria della cultura liberale che riconosce la condizione di *eguaglianza nei punti di partenza*, intesa come pari opportunità per tutti. Così si esprimevano i primi documenti costituzionali, nel proclamare che «tutti gli uomini nascono egualmente liberi e indipendenti e hanno dei diritti naturali e inerenti alla loro persona, di cui non possono per qualsiasi convenzione privarsi o spogliare i loro discendenti» (art. 1 della Dichiarazione dei diritti della Virginia, 1776); oppure che «gli uomini nascono e rimangono liberi ed eguali nei diritti. Le distinzioni sociali non possono essere fondate che sulla base dell'utile comune» (art. 1 della Dichiarazione dei diritti dell'uomo e del cittadino, 1789). L'eguaglianza sostanziale, invece, evoca la concezione socialista dell'*eguaglianza nei risultati*, che impone allo stato di intervenire nella struttura economica della società al fine di rimuovere le situazioni di diseguaglianza esistenti di fatto. È un'espressione che richiama comunque un'attività volta alla **promozione dell'eguaglianza**.

Eguaglianza e libertà

Il primo aspetto su cui occorre riflettere è il rapporto che corre tra eguaglianza e libertà. In astratto, libertà ed eguaglianza costituiscono due valori antitetici, in quanto il massimo di libertà vuol dire anche il massimo di diversità, mentre la ricerca a tutti i costi dell'eguaglianza può portare alla limitazione delle libertà individuali. La libertà rimanda a una situazione relativa a un soggetto, l'eguaglianza a una relazione tra più soggetti: si è liberi in quanto si ha il potere di compiere determinate azioni; si è eguali non in sé ma rispetto a qualcun altro. Nei moderni stati liberaldemocratici la carica antinomica

dei due concetti è risolta conciliandoli dialetticamente (né identità né opposizione, ma reciproco sostegno), essendo entrambi indispensabili al pieno sviluppo della persona umana.
Nella Costituzione italiana la tensione tra i principi di libertà e di eguaglianza è risolta negli artt. 2 e 3: da un lato, in nome del riconoscimento dei diritti inviolabili dell'uomo, preesistenti all'organizzazione statale, le libertà non costituiscono un privilegio di pochi, ma devono essere riconosciute egualmente a tutti; dall'altro, in nome dell'eguaglianza, l'esercizio delle libertà può e deve essere disciplinato per realizzare situazioni di (più) eguale godimento dei diritti.

29.2. I significati di eguaglianza (art. 3.1)

Dall'art. 3.1 Cost. è possibile ricavare differenti significati del principio di eguaglianza, che possiamo così elencare:

- eguaglianza davanti alla legge (riguarda l'*efficacia* della legge);
- eguaglianza come divieto di discriminazione (riguarda il *contenuto* della legge);
- eguaglianza come divieto di distinzioni o parificazioni irragionevoli (riguarda la *ragionevolezza* della legge).

(A) **Eguaglianza davanti alla legge** significa che la legge si applica a *tutti*. Il principio fu esaurientemente formulato nel preambolo della Costituzione francese del 3 settembre 1791, dove si affermava che nel nuovo ordinamento «non c'è più nobiltà, né paria, né distinzioni ereditarie, né distinzioni per ordini, né regime feudale, né giustizie patrimoniali, né alcuno dei titoli, denominazioni, prerogative che ne derivano, né alcun ordine di cavalleria, né alcuna delle corporazioni o decorazioni per le quali si richiedevano prove di nobiltà, o che presupponevano distinzioni per nascita, né alcun'altra superiorità oltre quella dei pubblici funzionari nell'esercizio delle loro funzioni. Non c'è più né venalità, né ereditarietà in alcun ufficio pubblico. Non c'è più, in nessuna parte del territorio della Nazione e per nessun individuo, alcun privilegio, né eccezione al diritto comune di tutti i Francesi». Insomma: i soggetti di una comunità politica non possono essere distinti in ragione dell'appartenenza a una casta, a un ceto, a un ordine, tanto meno possono essere trattati diversamente a seconda della loro dislocazione sul territorio.

Eguaglianza e generalità della legge

Il principio di eguaglianza, sotto questo profilo, costituisce l'altra faccia del **principio della generalità della legge** (v. cap. 5): infatti, l'art. 6 della Dichiarazione del 1789 aveva affermato che «la legge è l'espressione della volontà generale... Essa deve essere la stessa per tutti, sia che protegga, sia che punisca. Tutti i cittadini sono eguali ai suoi occhi...». In questa accezione il principio di eguaglianza riguarda perciò l'**efficacia della legge**. Non a caso nei tribunali si trova trascritta la formula «la legge è eguale per tutti». Di conseguenza sono vietate, in linea di massima, le leggi *ad personam* e le leggi speciali, ossia quelle che provvedono con riferimento a determinati soggetti o situazioni.

Nella Costituzione italiana corollari del principio di eguaglianza formale sono il principio di **imparzialità della pubblica amministrazione** (v. cap. 13) e il principio di **terzietà del giudice** (v. cap. 14).

Eguaglianza e cittadinanza

L'art. 3 riferisce il principio di eguaglianza ai *cittadini*. Tuttavia è pacifico che, al di là della lettera dell'art. 3, il principio di eguaglianza riguardi *tutti*, **cittadini** e **stranieri**: esso non ammette distinzioni in relazione al godimento dei diritti inviolabili dell'uomo; non si esclude però che la condizione di straniero possa giustificare un diverso trattamento (sentt. 104/1969 e 62/1994). Inoltre, si deve ritenere che il principio di eguaglianza valga nei confronti di tutti i soggetti dell'ordinamento giuridico, siano essi **persone fisiche** o **persone giuridiche** (sent. 87/1992).

(B) **Eguaglianza come divieto di discriminazione**. L'art. 3.1 individua direttamente talune fattispecie tipiche che *non* possono essere assunte a motivo di differenziazione: ciò vale non solo per coloro che sono chiamati ad applicare la legge (giudici e pubbliche amministrazioni), bensì anche e soprattutto per il legislatore. Sotto questo profilo il principio di eguaglianza riguarda, oltre che l'efficacia, il **contenuto della legge**.

Le discriminazioni vietate

Il divieto di discriminazione concerne:

- **il sesso**. La legge non può distinguere le persone in ragione del sesso: uomini e donne devono essere trattati in modo eguale. Si pensi alla sent. 173/1983 con la quale la Corte costituzionale dichiarò illegittimo il divieto di insegnare nelle scuole materne per gli uomini. Si pensi inoltre alla giurisprudenza costituzionale in materia di diritto di famiglia (prima della riforma del 1975), nei casi in cui l'ordinamento distingueva la posizione del marito da quella della moglie: ad es. la sent. 126/1968 con cui venne dichiarato illegittimo il reato di adulterio della moglie (mentre non era punito l'analogo comportamento del marito). Lo stesso divieto, insieme a quello connesso alle condizioni personali, vale anche contro discriminazioni basate sull'*orientamento sessuale* e sull'*identità di genere*;
- **la razza**. È vietato introdurre e praticare discriminazioni, dirette e anche indirette (comportamenti neutri solo in apparenza), sulla base della razza o dell'origine etnica. Si vedano la l. 654/1975 di ratifica ed esecuzione della *Convenzione internazionale sulla eliminazione di tutte le forme di discriminazione razziale* del 1965, che impegnava gli stati a rendere punibili tali comportamenti; la l. 205/1993, nota come *legge Mancino*, di conversione del d.l. 122/1993, che introdusse una nuova normativa antidiscriminatoria; e il d.lgs. 215/2003 di attuazione della direttiva 2000/43/Ce per la parità di trattamento tra le persone indipendentemente da razza e origine etnica, con precise forme di tutela;

• **la lingua**. La legge non può fare distinzioni in base alla lingua conosciuta dai soggetti dell'ordinamento, salvo le norme che tutelano le minoranze linguistiche riconosciute;
• **la religione**. La legge non può fare distinzioni in base alla religione professata. Si pensi all'art. 5 del vecchio Concordato tra Stato e Chiesa che vietava l'accesso ai pubblici uffici ai sacerdoti apostati (che avevano rinunciato al sacerdozio);
• **le opinioni politiche**. È un divieto di discriminazione che deve essere messo in relazione alla libertà di manifestazione del pensiero, nonché al diritto di associazione in partiti politici. Il rilievo che assumono le opinioni politiche deve essere anche valutato alla stregua del dovere di fedeltà alla Repubblica e di osservanza della Costituzione e delle leggi e del dovere di adempiere le funzioni pubbliche con disciplina e onore;
• **le condizioni personali e sociali**. Mentre con riferimento alle condizioni *sociali* si può rinviare al contenuto storico del principio di eguaglianza, sulle condizioni *personali* occorre distinguere: esse possono implicare sia il divieto di leggi *ad personam*, sia il divieto di leggi che identificano determinate caratteristiche della persona per introdurre una disciplina discriminatoria. Si pensi alla sent. 163/1993 con la quale la Corte costituzionale dichiarò illegittima una legge che, in materia di accesso al ruolo di ufficiale dei vigili del fuoco, stabiliva una statura minima indifferenziata per uomini e donne, non corrispondente a ciò che accade in natura (1,65 metri per un uomo è sotto la media, per una donna sopra, cosa di cui il legislatore deve tener conto).

Le deroghe al divieto di discriminazione

Con riferimento a tutte queste fattispecie tipiche, la Costituzione ha posto una **presunzione di illegittimità costituzionale**. Presunzione che, tuttavia, *non è assoluta*, nel senso che devono essere fatte salve le deroghe espressamente previste dalla Costituzione, nonché quelle derivanti dall'applicazione del principio di ragionevolezza della legge. Ma l'onere di dimostrare la ragionevolezza incombe sul legislatore. Tra queste deroghe rientrano: l'art. 6, il quale, nel tutelare le minoranze linguistiche, giustifica trattamenti differenziati degli appartenenti alle comunità alloglotte rispetto alla generalità dei consociati; in relazione alla religione, gli artt. 7 e 8, che regolano i rapporti tra Stato e confessioni religiose; quelle disposizioni che prevedono una speciale tutela nei confronti della madre lavoratrice (art. 37 Cost.), estesa dalla Corte costituzionale anche al padre, e nei confronti degli inabili e dei minorati (art. 38 Cost.). In tutti questi casi la Costituzione consente di derogare al divieto di discriminazione in ragione della tutela di determinati interessi di rilievo costituzionale, che può essere assicurata solo attraverso interventi legislativi differenziati.

(C) **Eguaglianza come divieto di distinzioni o parificazioni irragionevoli**. L'eguaglianza giuridica, come si diceva, è un concetto di natura relazionale, nel senso che si è eguali o diversi rispetto a qualcun altro, in rapporto a questo o quel parametro di misura. Questo significa che il giudizio di costituzionalità diretto ad accertare la violazione del principio di eguaglianza, a differenza

Il giudizio trilaterale di eguaglianza

della struttura binaria propria di tutti i giudizi di legittimità costituzionale (v. cap. 15), ha carattere *triangolare*, ossia poggia su tre elementi necessari: *a*) la norma impugnata per violazione del principio di eguaglianza (norma oggetto), *b*) la norma parametro (cioè l'art. 3 Cost.), *c*) la norma che fa da termine di paragone (*tertium comparationis*). Se la Corte costituzionale individua nell'ordinamento una ragione che giustifica il diverso trattamento, la violazione del principio di eguaglianza è esclusa; se, invece, ritiene che nessuna ragione sussista per distinguere la situazione disciplinata dalla norma oggetto di impugnazione, la Corte la dichiara illegittima.

L'eguaglianza come eguaglianza ragionevole

Il principio di eguaglianza in senso formale, in altre parole, non significa che tutti devono essere trattati allo stesso modo dalla legge, ma più propriamente che *la legge deve trattare in modo eguale situazioni ragionevolmente eguali e in modo diverso situazioni ragionevolmente diverse*. Il principio di eguaglianza va quindi inteso come **principio di eguaglianza ragionevole**, in virtù del quale ogni parificazione o distinzione di trattamento deve essere razionalmente giustificata: le ragioni giustificative possono essere tratte dalle caratteristiche delle situazioni raffrontate, dal tipo di rapporto intercorrente tra le due norme, dall'esistenza di un interesse o un valore costituzionale che deve essere garantito. Se dall'analisi della motivazione emerge «una carenza di *causa* o *ragione* della disciplina introdotta, allora e solo allora potrà dirsi realizzato un vizio di legittimità costituzionale della norma, proprio perché fondato sulla *irragionevole* e per ciò stesso arbitraria scelta di introdurre un regime che finisce per omologare fra loro situazioni diverse o, al contrario, per differenziare il trattamento di situazioni analoghe» (sent. 89/1996; v. anche sent. 325/2005). In definitiva: il principio di eguaglianza ragionevole vieta **leggi ingiustificatamente discriminatorie** e, per converso, **leggi ingiustificatamente parificatorie**.

Esempi di leggi *ingiustificatamente discriminatorie* si hanno quando la Corte costituzionale sanziona il diseguale trattamento di soggetti che invece avrebbero dovuto essere equiparati, con l'effetto di estendere il trattamento di favore ai soggetti discriminati dalla legge: v. la sent. 529/1988 che, in materia di trattamento contro gli infortuni sul lavoro, ha eliminato qualsiasi disparità fra uomini e donne; e le sentenze che hanno parificato il trattamento pensionistico di differenti categorie di prestatori di lavoro (sentt. 255/1982, 236/1985, 154/1987 sugli appartenenti a diverse forze di polizia; sent. 518/1987 sugli insegnanti non di ruolo equiparati a tutti gli altri dipendenti statali non di ruolo).

Quanto alle leggi *ingiustificatamente parificatorie*, esemplare è la pronuncia di illegittimità del *solve et repete*, cioè l'istituto in base al quale chi avesse voluto contestare la correttezza di un accertamento fiscale avrebbe dovuto prima pagare il tributo (*solvere*) e solo *dopo* far ricorso per avere giustizia (*repetere*). Discriminando coloro che non potevano pagare perché privi di sostanze, cioè non distinguendo tra contribuente ricco e contribuente povero, la legge violava il principio di eguaglianza ragionevole per arbitraria parificazione di situazioni diverse (sent. 21/1961).

29.3. La promozione dell'eguaglianza (art. 3.2)

Il fondamento del secondo comma dell'art. 3 sta nella consapevolezza che la sola eguaglianza formale non basta. Infatti, la realtà dei rapporti materiali presenta situazioni di profonda diversità: perciò la Costituzione richiede che siano poste in essere attività volte a *promuovere l'eguaglianza*. La struttura logica della disposizione, frutto del compromesso tra le forze politiche presenti nell'Assemblea costituente, è molto complessa. Essa individua:

Il secondo comma dell'art. 3

a) un **compito**, spettante alla «Repubblica», che consiste nella rimozione degli «ostacoli di ordine economico e sociale» che *di fatto* limitano la libertà e l'eguaglianza;

b) un **fine**, che consiste nel «pieno sviluppo della persona umana» e nella «effettiva partecipazione di tutti i lavoratori all'organizzazione politica, economica e sociale del paese».

Il compito spetta alla *Repubblica*, e cioè non esclusivamente allo *Stato apparato* ma a tutti i soggetti appartenenti allo *Stato comunità*. Quanto ai destinatari della disposizione, essi vanno individuati in tutti i soggetti che versano in condizioni di deficit di libertà ed eguaglianza. L'intervento che si richiede non è soltanto diretto alla redistribuzione delle risorse secondo i moduli di azione dello *stato sociale*, ma sono altresì legittimati *singoli interventi correttivi di diseguaglianze di fatto*. In questo senso la disposizione riassume le specifiche previsioni costituzionali a favore delle categorie e dei soggetti meno protetti: i figli nati fuori del matrimonio (art. 30), le famiglie numerose (art. 31), gli studenti capaci e meritevoli ma privi dei mezzi per raggiungere i più alti gradi degli studi (art. 34), i lavoratori subordinati (art. 36), la donna lavoratrice (art. 37), gli inabili al lavoro e i minorati (art. 38), la piccola e media proprietà coltivatrice (art. 44), gli artigiani (art. 45). Il compito di promuovere l'eguaglianza si colloca così in una posizione intermedia tra egualitarismo (a ciascuno secondo i suoi bisogni) ed eguaglianza delle opportunità (a ciascuno secondo i suoi meriti).

Correggere le diseguaglianze di fatto

A ciò deve provvedere il legislatore mediante misure dirette al riequilibrio delle posizioni: le **azioni positive**, tra le quali gli interventi volti a realizzare pari opportunità tra i sessi. Le norme raccolte nel d.lgs. 11 aprile 2006, n. 198 («codice delle pari opportunità tra uomo e donna»), ad esempio per realizzare la parità nel lavoro o per promuovere l'imprenditoria femminile, nel favorire la posizione della donna rispetto a quella dell'uomo, sono giustificate proprio con l'esigenza di colmare situazioni di storica inferiorità sociale ed economica. Un altro esempio di azione positiva sono le misure per la parità di accesso all'interno dei consigli di amministrazione delle società quotate in borsa e delle società pubbliche (l. 120/2011 sulle *quote rosa*).

Le azioni positive

La Corte costituzionale solo raramente utilizza il principio di eguaglianza sostanziale in sede di giudizio di legittimità costituzionale (v. ad es. la sent. 290/1974 sullo sciopero politico, citata nel paragrafo 22, e la sent.

193/1976 sull'edilizia popolare): ciò si spiega con il fatto che gli interventi previsti dall'art. 3.2 impongono una mediazione consapevole che spetta innanzitutto agli organi legislativi. Ma le stesse esigenze di riequilibrio sono tutelate dalla Corte costituzionale in altro modo, senza fare riferimento all'eguaglianza sostanziale. Si pensi, ad esempio, alla decisione sul *solve et repete* citata sopra, oppure alla giurisprudenza costituzionale che ha esteso benefici assicurativi, previdenziali o inerenti il rapporto di lavoro da categorie protette a categorie escluse.

Le quote elettorali

Importante è la giurisprudenza della Corte costituzionale sulle **quote elettorali** in favore delle donne. Nella sentenza 422/1995 la Corte dichiarò illegittime le disposizioni sia della legge elettorale comunale e regionale (limite ai candidati di uno stesso sesso in ciascuna lista, non più di due terzi), sia di quella per la Camera (candidature alternate per sesso in liste bloccate). Disse la Corte che, in base all'art. 3.2 Cost., le misure di riequilibrio di posizioni eventualmente svantaggiate non potevano determinare *direttamente* un certo risultato, ma dovevano limitarsi a predisporre i mezzi affinché i soggetti svantaggiati potessero raggiungerlo. L'appartenenza all'uno o all'altro sesso non poteva diventare requisito di eleggibilità e lo stesso doveva dirsi della possibilità di essere candidati. Per questo essa considerò in contrasto con la Costituzione le norme che imponevano «qualsiasi forma di quote in ragione del sesso dei candidati». Né la Corte ritenne di distinguere fra i casi, invero assai diversi, in cui all'elettore restava comunque la scelta con il voto di preferenza (comuni e regioni) da quello in cui non era possibile esprimere preferenze (Camera), per cui – effettivamente – l'ordine in lista determinava, a seconda dei seggi spettanti alla lista, l'elezione dei candidati.

Le pari opportunità nella Costituzione

La Costituzione è stata modificata proprio al fine di superare questa giurisprudenza, considerata troppo restrittiva: l'art. 117.7 Cost. impone dal 2001 alle regioni il compito di «promuovere la **parità di accesso** tra donne e uomini alle cariche elettive»; la l. cost. 1/2003 ha modificato il primo comma dell'art. 51 Cost. (accesso dei due sessi alle cariche elettive «in condizioni di eguaglianza») con l'aggiunta delle parole: «a tale fine la Repubblica promuove con appositi provvedimenti le **pari opportunità** tra donne e uomini». Ulteriori riferimenti all'equilibrio di genere nella rappresentanza sono introdotti dalla riforma cost. 2016 (v. artt. 55 e 122 Cost. 2016).

In effetti, già nella sent. 49/2003 la Corte, pur ribadendo i principi affermati nel 1995, li aveva integrati affermando che: *a*) le disposizioni costituzionali fanno del riequilibrio della rappresentanza di genere un vero e proprio *obbligo*; *b*) la legislazione elettorale può, e deve, perseguire tale fine; *c*) disposizioni che impongano la presenza nelle liste elettorali di candidati di entrambi i sessi sono ammissibili, e anzi devono esser tali da incidere sulla realizzazione dell'obiettivo costituzionale del riequilibrio. Con quella sentenza la Corte ha legittimato espressamente le *quote* (poi sperimentate nelle elezioni per il Parlamento europeo: v. l. 90/2004). Successivamente, con la sent. 4/2010 la Corte ha riconosciuto come legittimo il sistema della doppia preferenza di

genere previsto nella legge elettorale della Regione Campania: ossia l'obbligo per l'elettore, in caso di espressione di entrambe le preferenze, di indicare un candidato uomo e una candidata donna, con annullamento della seconda scelta se riferita a persona dello stesso sesso della prima.
La doppia preferenza di genere è assurta via via a regola generale, estesa a tuti i tipi di elezione, prevista com'è dalla l. 215/2012 per le *comunali*, dalla l. 65/2014 per le *europee*, dalla l. 52/2015 per la *Camera*, nonché dalla l. 20/2016 per le *regionali* (v. cap. 8). Tutte queste leggi, inoltre, dettano norme per la composizione delle liste, imponendo limiti alla percentuale di candidati dello stesso stesso che possono essere inserite nelle liste, e anche norme sull'ordine di lista dei candidati dell'uno e dell'altro sesso.

I DIRITTI FONDAMENTALI NELLA COSTITUZIONE, NELLA CEDU E NELLA CARTA DELL'UE

CATALOGO DEI DIRITTI	COST.	CEDU	CARTA UE
DIRITTI DELLA PERSONALITÀ			
■ Diritto alla vita e all'integrità fisica		art. 2	artt. 2-3
■ Diritto alla riservatezza e all'autodeterminazione informativa		art. 8	artt. 7-8
DIRITTI RELATIVI ALLA SICUREZZA PERSONALE			
■ Libertà personale	art. 13	art. 5	art. 6
■ Libertà di circolazione e soggiorno	art. 16	art. 2 (prot. n. 2)	art. 45
■ Libertà di domicilio	art. 14	art. 8	art. 7
■ Libertà e segretezza della corrispondenza	art. 15	art. 8	art. 7
■ Diritto a un giusto processo	art. 111	art. 6	art. 47
DIRITTI A ESPRIMERSI, A RICERCARE, A INSEGNARE			
■ Libertà di manifestazione del pensiero e diritto all'informazione	art. 21	art. 10	art. 11
■ Libertà di religione e di coscienza	art. 19	art. 9	art. 10
■ Libertà di ricerca scientifica e dell'arte	art. 33		art. 13
■ Libertà della e nella scuola, diritto all'istruzione, diritto allo studio	artt. 33-34	art. 2 (prot. n. 1)	art. 14
DIRITTI ASSOCIATIVI			
■ Libertà di riunione	art. 17	art. 11	art. 12
■ Libertà di associazione	art. 18	art. 11	art. 12
DIRITTI DELLE FORMAZIONI SOCIALI			
■ Famiglia	artt. 29-31	art. 12	art. 9
■ Minoranze linguistiche	art. 6		art. 22
■ Comunità religiose	artt. 7-8, 19	art. 9	art. 10
DIRITTI ATTINENTI AI RAPPORTI ECONOMICI			
■ Iniziativa economica privata, libertà di impresa	art. 41		art. 16
■ Proprietà privata	art. 42	art. 1 (prot. n. 1)	art. 17
■ Sindacati	art. 39	art. 11	art. 12
■ Diritto di sciopero	art. 40	art. 11	art. 28
DIRITTI SOCIALI			
■ Diritto al lavoro	art. 4		art. 15
■ Diritto alla salute	art. 32		art. 35
■ Diritto all'assistenza e alla previdenza	art. 38		art. 34
DIRITTI POLITICI			
■ Diritto di voto e diritto di essere votato ed eletto	artt. 48, 51	art. 3 (prot. n. 1)	artt. 39-40
■ Diritto di associazione in partiti politici	art. 49		art. 12
■ Diritto di petizione	art. 50		art. 44
■ Diritto di iniziativa legislativa	art. 71		
■ Diritto di iniziativa referendaria	artt. 75, 138		

Nota: Sui diritti sociali nell'ambito del Consiglio d'Europa si veda la Carta sociale europea riveduta del 1996, entrata in vigore nel 1999.

PAROLE CHIAVE

- Associazioni
- Bilanciamento dei diritti
- Capacità di agire
- Capacità giuridica
- Chiesa cattolica
- Circolazione e soggiorno
- Cittadinanza
- Confessioni religiose
- Corrispondenza e comunicazione
- Corte europea dei diritti dell'uomo
- Diritti civili
- Diritti della personalità
- Diritti di prestazione
- Diritti fondamentali
- Diritti inviolabili dell'uomo
- Diritti politici
- Diritti sociali
- Diritto alla vita
- Diritto di famiglia
- Diritto soggettivo
- Divieto di discriminazione
- Domicilio
- Doveri inderogabili
- Eguaglianza formale
- Eguaglianza sostanziale
- Formazioni sociali
- Identità personale
- Iniziativa economica
- Informazione
- Interesse legittimo
- Lavoro
- Libertà sessuale
- Manifestazione del pensiero
- Nuovi diritti
- Obblighi internazionali
- Persone fisiche e giuridiche
- Principio di ragionevolezza
- Principio personalista
- Principio pluralista
- *Privacy*
- Proprietà
- Quote elettorali
- Restrizioni della libertà personale
- Ricerca scientifica
- Riserva di giurisdizione
- Riserva di legge assoluta e riserva di legge rinforzata
- Riunioni
- Salute
- Scuola
- Sindacati
- Situazioni giuridiche favorevoli
- Situazioni giuridiche non favorevoli
- Straniero

FONTI

- Costituzione della Repubblica (artt. 10, 26, 1-54, 111, 113, 117).
- Convenzione europea per la salvaguardia dei diritti dell'uomo e delle libertà fondamentali [Roma, 4 novembre 1950, Cedu], e relativi Protocolli.
- Carta dei diritti fondamentali dell'Unione europea [Nizza, 7 dicembre 2000].
- Legge 5 febbraio 1992, n. 91 (Norme sulla cittadinanza).
- D.lgs. 25 luglio 1998, n. 286, e successive modificazioni (Testo unico sull'immigrazione).

PER APPROFONDIRE

- A. Barbera, *Principi fondamentali: art. 2*, in *Commentario della Costituzione italiana*, a cura di G. Branca, Bologna, Zanichelli, 1975.
- P. Caretti, *I diritti fondamentali*, Torino, Giappichelli, 2011.
- M. Cartabia (a cura di), *I diritti in azione*, Bologna, Il Mulino, 2007.

- A. Cassese, *I diritti umani oggi*, Roma-Bari, Laterza, 2015.
- R. Nania e P. Ridola (a cura di), *I diritti costituzionali*, voll. I-III, Torino, Giappichelli, 2006.
- A. Pace, *Problematica delle libertà costituzionali. Parte generale*, Padova, Cedam, 2003.

PERCORSO DI AUTOVERIFICA

1. In che senso si parla di diritti di prima, seconda, terza, quarta generazione?
2. Quali sono le situazioni giuridiche soggettive?
3. Che differenza c'è fra diritto soggettivo e interesse legittimo?
4. Cosa prevede la legislazione italiana sulla cittadinanza?
5. Cosa prevede la legislazione italiana sulla condizione dello straniero e sull'immigrazione?
6. Quali sono i caratteri dei diritti inviolabili riconosciuti e garantiti dall'art. 2?
7. Quali sono i diritti della personalità costituzionalmente protetti?
8. Quali problematiche pongono le convenzioni internazionali sui diritti?
9. Qual è il contenuto e quali sono le garanzie della libertà personale?
10. Quali sono le differenze fra libertà personale e libertà di circolazione e soggiorno?
11. Qual è il contenuto e quali sono le garanzie della libertà di domicilio?
12. Quali sono le garanzie della libertà e segretezza della corrispondenza e delle comunicazioni?
13. Qual è il contenuto e quali sono i limiti della libertà di manifestazione del pensiero?
14. Qualche cenno sulla disciplina della stampa e della radiotelevisione?
15. Come viene garantita dalla Costituzione la libertà religiosa?
16. Quali problemi etici e giuridici sono legati alla libertà di ricerca scientifica?
17. In cosa si distinguono la libertà della scuola e la libertà nella scuola?
18. Qual è il contenuto della libertà di riunione? E in quali casi può essere limitata?
19. Qual è il contenuto della libertà di associazione? E in quali casi può essere limitata?
20. Come viene tutelata la famiglia dalla Costituzione?
21. Come sono disciplinati i rapporti fra Stato e Chiesa cattolica? E i rapporti con le altre confessioni religiose?
22. Cosa afferma la Costituzione sul diritto di proprietà?
23. Qual è la tutela costituzionale della libertà di iniziativa economica?
24. Con quali finalità e con quali limiti è tutelato il diritto di sciopero?
25. In cosa si contraddistinguono i diritti sociali? E quali diritti sociali contempla la Costituzione?
26. Quali sono le norme costituzionali sul diritto al lavoro?
27. Come viene tutelato dalla Costituzione il diritto alla salute?
28. Quali sono i doveri previsti dalla Costituzione?
29. Quali significati contiene il principio di eguaglianza in senso formale?
30. Cosa si intende per eguaglianza in senso sostanziale? Alcuni esempi di azioni positive?

CAPITOLO 7

Le forme di governo

Il modo in cui vengono individuati i soggetti ai quali è riconosciuta la capacità giuridica di esercitare la funzione di guida politica, nonché il modo in cui essi operano: questo è ciò che chiamiamo forma di governo. Si tratta allora di vedere come si classificano le forme di governo e come si inquadra la forma di governo italiana.

1. LA FUNZIONE DI INDIRIZZO POLITICO E I SOGGETTI DELLE DECISIONI POLITICHE

Secondo i canoni del costituzionalismo moderno, la funzione di individuare i fini politici e tradurli in comandi generali e astratti (leggi), la funzione di eseguire tali comandi, in via amministrativa, e infine la funzione di garantirne l'applicazione in caso di controversie o contestazioni, in via giurisdizionale, è opportuno siano attribuite a organi diversi, allo scopo di evitare quell'eccessiva concentrazione di potere che aveva tipicamente caratterizzato lo stato assoluto. È questo il senso della classica **separazione dei poteri** legislativo, esecutivo e giudiziario teorizzata da Locke e Montesquieu.

La separazione dei poteri nello stato moderno

Nel tempo, tuttavia, si è compreso che una netta distinzione è davvero opportuna e possibile solo per la funzione giurisdizionale, la cui caratteristica sta proprio nella *terzietà* dei soggetti che la esercitano: senza terzietà non ci possono essere né indipendenza né imparzialità e mancano i presupposti stessi perché si rinunci a farsi giustizia da sé (su questo v. cap. 14). Così non è, invece, per le altre due funzioni, legislativa ed esecutiva-amministrativa. E se anche a una netta distinzione si può puntare, negli ordinamenti storicamente affermatisi non si hanno esempi di separazione integrale fra gli organi che di esse sono (almeno in prevalenza) titolari: neppure in quegli ordinamenti che si sono originariamente fondati sulla separazione dei poteri (il riferimento è agli Stati Uniti, v. dopo).

L'indirizzo politico

Guidare verso il perseguimento di determinati fini di carattere generale una comunità politica – vale a dire imprimere ad essa un determinato *indirizzo politico* – comporta poter incidere sia sulla produzione dei comandi normativi sia sulla loro successiva esecuzione. Guidare politicamente una comunità, se non vuol dire esercitare entrambi i poteri (di fare le leggi e di attuarle), vuol dire certamente influire in misura determinante sull'uno e sull'altro: ed è ciò che fanno, per l'appunto, i governi a tutti i livelli (v. anche capp. 11 e 12). Le *politiche pubbliche* richiedono l'esercizio coordinato sia di attività esecutive-amministrative.

Aspetti strutturali e funzionali della forma di governo

Il modo come, in un determinato ordinamento, viene organizzato ed esercitato il potere politico, e il modo come si arriva a individuare i soggetti ai quali è riconosciuta, di diritto e di fatto, la capacità di esercitare in tutte le forme lecite la **funzione di indirizzo politico**, è ciò che si usa chiamare **forma di governo**: da intendersi, per quel che si è appena detto, in senso lato, e non con riferimento solo al potere esecutivo-amministrativo. Naturalmente il giurista studierà in particolare l'assetto strutturale-formale della forma di governo (ovvero la disciplina giuridica delle modalità di esercizio del potere politico): ma non trascurerà gli aspetti funzionali e il contesto sotteso a tale assetto, ovvero il **sistema politico** e ciò che lo influenza (a partire dal sistema elettorale, v. cap. 8). E questo proprio perché negli ordinamenti democratici contemporanei, organizzati sulla base del principio della sovranità popolare, il potere a ciascun livello di governo (nazionale, regionale, locale) tende a presentarsi non diviso, ma appunto tendenzialmente unificato intorno all'indirizzo politico legittimato dal voto dei cittadini.

La forma di governo: definizione

Riassumendo: la *forma di governo attiene al modo come fra gli organi di una comunità politica organizzata si distribuisce il potere di indirizzarla verso determinati fini generali* (fini politici). La teoria delle forme di governo costituisce pertanto il tentativo di classificare i diversi ordinamenti, secondo tipologie che nascono dall'osservazione, in base alla ripartizione del potere d'indirizzo politico fra gli organi costituzionali (capo dello stato, governo, parlamento).

2. LE FORME DI GOVERNO: STORIA ED EVOLUZIONE

Le forme di governo nella storia

Le forme di governo possono essere studiate *diacronicamente* (cioè nella loro evoluzione storica) e *sincronicamente* (cioè con riferimento a un momento dato). A noi qui interessa il contesto attuale, ma l'approccio storico è in ogni caso indispensabile perché le istituzioni di oggi sono figlie di quelle di ieri e anche le tipologie e gli stessi termini oggi in uso sono l'evoluzione di concetti che, pur superati dai fatti, vengono dal passato. La moderna classificazione delle forme di governo si è sviluppata nella cornice dello stato ottocentesco, liberale e nazionale. Ciò spiega perché l'elemento al quale è stata attribuita maggiore importanza è il regime giuridico dei rapporti in primo luogo fra capo dello stato e assemblee parlamentari, in secondo luogo fra capo dello stato, assemblee e governo.

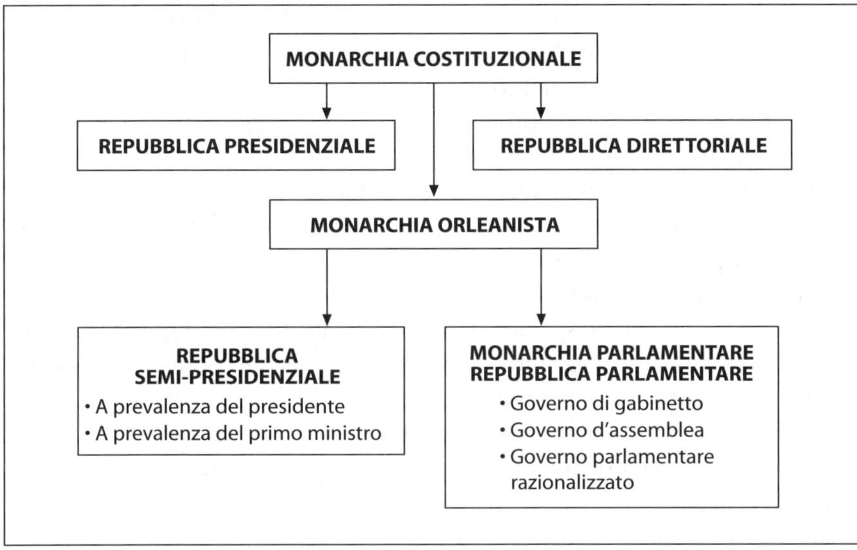

La monarchia costituzionale

In un immaginario albero genealogico (v. fig.) il modello primigenio è quello della monarchia inglese che fra Sei e Settecento, a seguito della Gloriosa Rivoluzione, si fa, da assoluta quale anch'essa era, **monarchia costituzionale**. Sappiamo già che l'Inghilterra non aveva e tuttora non ha una costituzione scritta. Nondimeno essa si è data nel corso dei secoli un ordinamento costituzionale, il quale si andò caratterizzando per il progressivo affermarsi della supremazia del parlamento: sia come limite all'esercizio arbitrario del potere regio sia come fonte di legittimazione della stessa dinastia (in caso di trono vacante fu un atto del parlamento a stabilire chi dovesse regnare). In questa fase i poteri dello stato erano concepiti come separati: nel senso che nel luogo della rappresentanza elettiva (la Camera dei Comuni) si facevano sentire interessi diversi e contrapposti rispetto a quelli della corona e della grande nobiltà fondiaria di cui era espressione la camera alta (la Camera dei Lord, ereditaria); il potere di governo, invece, spettava al re che agiva attraverso i suoi consiglieri (ministri).

L'idea dei poteri separati di Locke e Montesquieu avrebbe avuto successo nella Francia rivoluzionaria della fase monarchica e in tutta l'Europa continentale della Restaurazione. Ancor prima, sarebbe stata seguita dagli uomini che a Filadelfia stesero nel 1787 la più antica costituzione scritta in vigore, quella americana. Un re gli americani non lo avevano e non intendevano certamente darselo dopo essersi liberati dalla «tirannia» del re britannico: così pensarono di eleggere un presidente. Inoltre, dal momento che essi, non avendo potuto cogliere l'evoluzione in corso in Inghilterra, ritenevano, sbagliando, che il governo di sua maestà fosse del tutto separato dal parlamento, delinearono in termini di separazione anche i rapporti fra quel presidente (nel quale l'esecutivo si identificava) e il Congresso (cioè il loro parlamento bicamerale). Così vollero che in nessun caso il presidente potesse mandare

Le origini del governo presidenziale: gli Stati Uniti

a casa il Congresso e che questo non potesse liberarsi del presidente, salvo l'ipotesi di messa in stato di accusa (*impeachment*). Tutto ciò, per la prima volta, scrissero in un documento solenne, la Costituzione degli Stati Uniti, modificabile solo secondo un procedimento assai complesso (dunque rigida). Anche per questo la separazione dei poteri è rimasta fino ai giorni nostri caratteristica distintiva del **governo presidenziale**.

Le origini del governo parlamentare: l'Inghilterra

Al contrario, proprio in quell'Inghilterra cui i costituenti americani avevano ritenuto di ispirarsi, la monarchia costituzionale già nella seconda metà del Settecento e più ancora nell'Ottocento, specie dopo la riforma elettorale del 1832, si era evoluta verso quello che sarebbe stato chiamato **governo parlamentare** nella sua versione **monista**, nel quale l'indirizzo politico dipendeva ormai solo dal rapporto fra governo e parlamento. Il governo parlamentare nella versione **dualista** era invece quello delle origini, nel quale l'indirizzo politico era determinato anche dal capo dello stato, cioè dalla corona almeno fino al XX secolo.

Tre furono gli elementi cruciali di tale evoluzione:

1. all'interno del governo di sua maestà emerse la figura del **primo ministro**. Si trattò all'inizio del ministro divenuto interlocutore privilegiato del re quando salì al trono, nel 1714, Giorgio I, fondatore della casa degli Hannover. Tedesco, senza alcuna conoscenza dell'inglese e poco interessato ai problemi di governo del Regno Unito, affidò l'esercizio delle sue funzioni ai ministri, evitando altresì di partecipare alle riunioni del consiglio dei ministri (del resto se ne stava a Osnabrück buona parte dell'anno, e lì morì). Fu sul finire del regno di Giorgio I che si affermò la figura del primo grande *premier*, Robert Walpole (dal 1721 al 1742);

Il rapporto fiduciario, cuore del governo parlamentare

2. facendo ricorso all'istituto dell'*impeachment* (o anche solo alla minaccia di farvi ricorso) la Camera dei Comuni pose le basi del **rapporto fiduciario** che col tempo divenne un vero e proprio istituto costituzionale, per cui il governo non poteva continuare a esercitare le sue funzioni se gli veniva a mancare la *fiducia* del parlamento; infatti, il re si trovò a dover nominare primi ministri graditi ai Comuni, pena il rischio di vederseli mettere in stato d'accusa;

3. la Camera dei Comuni progressivamente si organizzò in due **fazioni contrapposte**, come i banchi sui quali sedevano (e siedono tuttora), gli uni di fronte agli altri, i suoi componenti, fautori e avversari del governo di sua maestà, (la *maggioranza* e l'*opposizione*); esse diventeranno nel corso dell'Ottocento via via sempre più simili ai partiti attuali.

L'evoluzione in Inghilterra...

Già nella seconda metà del XX secolo uno dei più geniali interpreti della costituzione non scritta inglese, il giornalista-costituzionalista Walter Bagehot (fondatore del celeberrimo settimanale «The Economist»), descriveva la forma di governo del Regno Unito sotto la regina Vittoria (figura dal rilevante ruolo simbolico ma, come egli la definì, pur sempre «una vedova in pensione») come fondata sulla prevalenza del primo ministro, titolare effettivo del cruciale potere di sciogliere la Camera dei Comuni e indire nuove elezioni: dunque non la regina ma il primo ministro era il vero detentore del potere politico.

... e in Europa continentale

In Europa continentale un'evoluzione simile si verificò attraverso un percorso assai più lungo e accidentato nel quale il ruolo delle costituzioni scritte fu decisivo. Il riferimento rimase sempre l'ordinamento inglese quale si *credeva* di conoscere. Infatti, dopo gli sconvolgimenti provocati dalla Rivoluzione francese, l'epoca della Restaurazione portò al tentativo di importare la costituzione inglese. Si guardò però ancora alla versione monarchico-costituzionale; governo del re separato dalle assemblee parlamentari; bicameralismo con una camera di nomina regia; potere legislativo in condominio fra corona e parlamento. Ma la borghesia, nel suo sforzo di portare nelle istituzioni il primato che ormai stava conquistando nella società, usò la camera elettiva per influire anche sul governo di sua maestà, costretto sempre di più a rispondere politicamente ad essa.

Il parlamentarismo dualista

In Francia, con la Costituzione del 1830 (voluta da Luigi Filippo d'Orléans), si affermò un assetto che fu chiamato **monarchico orleanista**, caratterizzato da un marcato **dualismo**: nel senso che il governo rispondeva *sia* al re *sia* al parlamento. Fu un equilibrio, relativamente instabile, che caratterizzò altri ordinamenti (fra cui, come vedremo, anche quello italiano), in una fase in cui la rappresentanza parlamentare non aveva ancora dietro di sé la forza del suffragio universale. A lungo, fino oltre la Prima guerra mondiale, si protrasse la convinzione che il *vero* parlamentarismo fosse necessariamente dualista, cioè fondato su due pilastri: la rappresentanza (il luogo dove gli interessi sociali contrapposti trovavano chi se ne facesse interprete) da un lato, la corona (simbolo dell'unità nazionale e garante degli interessi supremi dello stato) dall'altro.

Nel continente europeo, in altre parole, il parlamentarismo fu *dualista* per un periodo di oltre mezzo secolo dopo che era già diventato *monista* nella sua patria d'origine, l'Inghilterra (monista perché il governo rispondeva appunto solo alla maggioranza parlamentare).

Le costituzioni del Primo dopoguerra

Fra la Prima e la Seconda guerra mondiale il costituzionalismo conobbe una fase di grande fervore: il crollo degli imperi centrali (Germania, Austria-Ungheria) e dell'impero russo aveva portato alla nascita di nuovi stati nazionali, i quali si dettero tutti costituzioni nuove di zecca. Fu la stagione della **razionalizzazione del parlamentarismo**: così chiamata perché costituì il tentativo di disciplinare giuridicamente i rapporti fra gli organi costituzionali secondo modalità che riecheggiassero il parlamentarismo inglese. Ma vi furono anche costituzioni che rilanciarono il dualismo: per esempio, dualista fu la Costituzione tedesca di Weimar del 1919, e così anche quella finlandese (1919) e, in misura più limitata, quella austriaca (con le modifiche del 1929 al testo del 1920). Esse erano caratterizzate dal fatto di avere sia i caratteri del governo parlamentare (cioè il rapporto fiduciario governo-parlamento) sia un capo dello stato direttamente elettivo, dotato di attribuzioni giuridiche rilevanti, in grado di influire a sua volta sulle scelte politiche fondamentali. Si trattava, *ante litteram*, del *governo semi-presidenziale*.

Le origini del governo semi-presidenziale

Le costituzioni del Secondo dopoguerra

All'indomani della Seconda guerra mondiale si ebbero in Europa varie ondate di nuove costituzioni: la prima nella seconda metà degli anni Quaranta (Francia, Germania, Italia); la seconda negli anni Settanta (Grecia, Portogallo, Spagna); la terza negli anni Novanta (dopo la fine del dominio sovietico nell'Europa centro-orientale e la scomparsa dell'Unione Sovietica). Diverso fu il caso della trasformazione della Quarta repubblica francese in Quinta repubblica (dal 1958): vista a tanti anni di distanza, fu quasi un ripensamento rispetto alle soluzioni del 1946. Queste erano state nel segno di un parlamentarismo monista, fondato però sulla prevalenza dell'assemblea rappresentativa e sul ruolo dominante dei partiti politici, e non sul circuito corpo elettorale-primo ministro (come nel parlamentarismo monista inglese). Così la Quarta repubblica aveva riprodotto lo schema proprio della Terza che l'aveva preceduta (1875-1940). Invece la soluzione voluta dal generale Charles de Gaulle, dodici anni dopo, fu marcatamente dualista: al vertice dell'esecutivo si stabiliva una ripartizione d'influenza fra presidente della Repubblica e primo ministro. Fu proprio guardando ad essa che si cominciò a parlare di **governo semi-presidenziale**, sottolineando il forte ruolo del presidente (oltretutto, dal 1962 eletto direttamente dal popolo).

La V Repubblica francese

Le altre esperienze, invece, furono fino al 1990 orientate in direzione monista, con la parziale eccezione del Portogallo: tutti governi parlamentari con una netta prevalenza della figura del primo ministro. Da quest'ultimo punto di vista, l'eccezione è stata proprio l'esperienza del governo parlamentare in Italia.

I paesi ex socialisti

Successivamente si è assistito, specie in Europa orientale, a un ritorno a soluzioni dualiste, con un ruolo incisivo e politicamente rilevante affidato al capo dello stato, giustificate sia dalla mancanza di una tradizione democratica sia dalla debolezza dei neonati sistemi partitici (si pensi alla Russia). In alcuni, peraltro, questa tendenza appare recessiva e va crescendo il ruolo dei primi ministri (si vedano i casi di Bulgaria, Polonia, Romania).

3. LE FORME DI GOVERNO: TIPOLOGIA

Tornando alla definizione di *forma di governo* proposta nel paragrafo 1, se la forma di governo attiene al modo in cui si distribuisce il potere di indirizzo politico, cioè il potere di indirizzare l'ordinamento verso certi fini generali piuttosto che altri, *dal punto di vista giuridico* ciò dipende dalle attribuzioni degli organi costituzionali e dai rapporti fra di essi, quali disciplinati dalla costituzione e dalle leggi. L'attenzione è rivolta principalmente, se non esclusivamente, agli aspetti strutturali e formali: in base a questi si è delineata una *tipologia delle forme di governo* che si può definire classica o tradizionale.

La dinamica delle forme di governo

Tuttavia, nel loro effettivo modo di operare, le forme di governo vengono fortemente condizionate dal sistema partitico e dalla cultura politica che si affermano in ciascun paese: come conseguenza, all'interno della stessa classificazione giuridico-formale trovano collocazione ordinamenti i quali nella concreta realtà mostrano caratteristiche di funzionamento molto diverse. Basti pensare, ad esempio, all'esperienza italiana: la forma di governo italiana è indiscutibilmente parlamentare, ma nei fatti ha funzionato in modo assai diverso rispetto ai governi parlamentari di altri paesi. Al di là della contrapposizione maggioranza-opposizione tendenzialmente *bipolare* affermatasi anche in Italia, del resto occasionalmente accantonata per la necessità di inedite coalizioni a seguito di elezioni *non decisive*, emerge la rilevanza della cultura politica: il modo di interpretare il governo di coalizione, cioè sorretto non da uno solo ma da una pluralità di partiti, è radicalmente diverso in Italia (dove tutto è oggetto di negoziato e campagna elettorale permanente) e altrove (dove patti di coalizione puntualissimi e articolati vengono osservati alla lettera nel quadro della più leale collaborazione fra alleati). Si pensi in Germania alla formazione del governo Merkel nel 2013, di «grande coalizione» fra democristiani e socialdemocratici, o nel Regno Unito alla formazione del governo Cameron nel 2010, fra conservatori e liberaldemocratici. In ogni caso, tutto ciò dimostra che è necessario andare al di là del dato strettamente giuridico e tenere anche conto degli aspetti *dinamici* delle forme di governo, cioè della prassi, dei comportamenti concreti degli attori politico-istituzionali. Resta fermo che, come per le altre comparazioni proposte in questo manuale, il contesto presupposto è comune: quello delle sole *forme di stato democratiche di derivazione liberale*. In tale contesto la tipologia classica o tradizionale è quella illustrata dalla figura seguente.

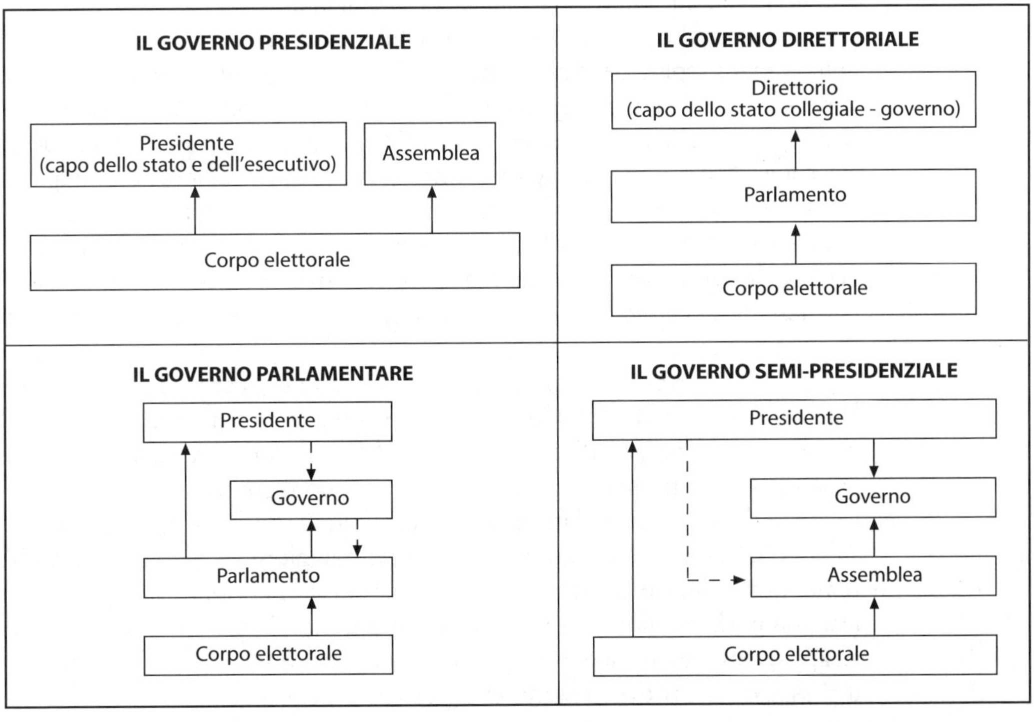

• **Forma di governo presidenziale**. Si chiama così perché titolare del potere esecutivo è in prima persona il presidente: si tratta dunque, per definizione, di una forma di governo a *direzione monocratica* (governa cioè un organo costituito da una sola persona). Il modello di riferimento è quello degli **Stati Uniti d'America**, quale delineato dalla Costituzione del 1787 che ha conosciuto solo piccole modifiche. Il presidente, anche se la sua elezione avviene per il tramite di *grandi elettori*, a loro volta eletti in ciascuno dei cinquanta stati, è scelto direttamente dal corpo elettorale. Il corpo elettorale elegge altresì il Congresso, formato dalla Camera dei rappresentanti e dal Senato. Vige un regime di separazione dei poteri per cui da un lato il legislativo non può sfiduciare il presidente, dall'altro il presidente non può sciogliere le assemblee. Entrambi gli organi – esecutivo e legislativo – convivono perciò fino alla conclusione del proprio mandato. Esiste il procedimento parlamentare di messa in stato di accusa, che può determinare la perdita dell'ufficio presidenziale, ma ci vuole una maggioranza molto alta e non si traduce (o non si dovrebbe tradurre) in un giudizio di responsabilità di tipo politico ma penale. Le leggi le fa il Congresso e il presidente ha in materia poteri limitati: ha solo un potere di *veto* (può cioè rimandare una legge al Congresso; questo può riapprovarla, ma con la maggioranza dei due terzi); inoltre, il presidente deve esercitare il suo esteso potere di nomina (ministri, alti funzionari, ambasciatori, giudici) con il parere favorevole del Senato, necessario anche ai fini dell'autorizzazione alla ratifica dei trattati (in tal caso occorrono i due terzi dei voti). La logica istituzionale è quella dei pesi e contrappesi (*checks and balances*: un potere controlla e condiziona l'altro).

Il modello americano

Pesi e contrappesi

Dal momento che gli elettori eleggono, come si è visto, presidente e Congresso come organi separati e distinti (per di più a scadenze diverse), la principale variabile nella dinamica della forma di governo presidenziale è che si può dare (e in concreto ciò frequentemente si verifica) il caso del *governo diviso*: questo si ha quando il presidente appartiene a un partito, quello democratico o quello repubblicano, mentre l'altro partito detiene la maggioranza in entrambe o una delle Camere. Se ciò accade, il presidente non può che cercare un qualche accomodamento con la maggioranza congressuale o parte di essa, senza di che non potrà realizzare il suo programma in alcuna delle parti che dipendono dall'approvazione del Congresso.

Va aggiunto, tuttavia, che nel modello americano la ricerca di compromessi legislativi fra presidente e Congresso è la norma anche quando il partito del presidente è il partito di maggioranza del Congresso: infatti, la teoria e la prassi del governo presidenziale non prevedono il *governo di partito* caratteristico delle forme parlamentari (tipicamente il modello inglese), fondate sulla collaborazione fra un governo e una maggioranza parlamentare che rispondono allo stesso partito politico. Per questo nel Congresso americano i singoli parlamentari godono di notevole autonomia: e il presidente, anche se appartengono al suo stesso partito, deve comunque contrattare con loro il passaggio dei provvedimenti che gli stanno a cuore.

• **Forma di governo parlamentare**. Si chiama così perché l'esecutivo è espressione del parlamento. Si tratta della forma di governo largamente più diffusa, specie in Europa. È anche, diciamo subito, una forma di governo che conosce molte varianti perché è fortemente condizionata dalla prassi. L'esecutivo è in genere nominato da un organo terzo, il capo dello stato. Tale nomina può prescindere dall'investitura parlamentare (Regno Unito), precederla (Italia) o seguirla (Germania, Spagna). Inoltre, in alcuni casi il voto parlamentare riguarda il primo ministro, in altri il governo nel suo complesso. Quali che siano le modalità di investitura, l'esecutivo dipende dalla disponibilità del parlamento a mantenerlo in vita. Infatti, il parlamento – votando in qualsiasi momento la *sfiducia* al governo – può obbligarlo a dimettersi. In questo senso il governo, anche se assume i suoi poteri senza un iniziale voto parlamentare, non può restare in carica senza il sostegno implicito del parlamento. Questa è la ragione per la quale tutte le forme di governo parlamentare, nessuna esclusa, prevedono la possibilità di *scioglimento* del parlamento prima della scadenza naturale: lo scioglimento è l'unico modo per evitare la paralisi del sistema nel caso in cui il parlamento non sia in grado di sostenere (con la *fiducia esplicita* o *implicita*) alcun governo. Il modello di riferimento è quello del **Regno Unito**, chiamato anche *Westminster*, dal nome del palazzo dove ha sede il Parlamento britannico, o *governo di gabinetto*, ma da tempo non è più l'unico.

L'investitura parlamentare

Il ricorso a elezioni anticipate

Il modello Westminster

Nella forma di governo parlamentare il capo dello stato (ereditario o più spesso rappresentativo) ha funzioni prevalentemente cerimoniali, simboliche o comunque relativamente limitate: ma anche su questo vi è varietà. Si va appunto da casi come quelli delle residue monarchie nelle quali il re o la regina non hanno più alcun peso politico, a casi come quelli di alcune repubbliche parlamentari nelle quali il capo dello stato assume un ruolo non indifferente, per esempio perché è titolare del potere di nomina del capo del governo o perché concorre o addirittura determina lo scioglimento del parlamento. Il potere di scioglimento, per lo più, è attribuito di diritto o di fatto al capo del governo, ma non senza alcuni limiti. Proprio nel Regno Unito è stata approvata nel 2011 una legge in base alla quale lo scioglimento non è più prerogativa regia (e dunque del primo ministro), ma conseguenza dell'impossibilità di formare un nuovo governo entro due settimane dall'approvazione di una mozione di sfiducia oppure della decisione assunta dalla Camera dei Comuni a maggioranza dei due terzi dei componenti (quindi, salvo casi eccezionali, col necessario consenso dell'opposizione).

L'esecutivo nelle forme di governo parlamentari è collegiale, ma in gran parte degli ordinamenti al suo interno emerge con compiti di direzione politica la figura del *primo ministro* (il cancelliere in Germania, il presidente del governo in Spagna). Si presenta in tal caso come forma di governo *a direzione* tendenzialmente *monocratica*.

Il primo ministro

Dove invece la figura del primo ministro non si è affermata né per i poteri che la costituzione assegna al vertice dell'esecutivo né in via di prassi (come il presidente del consiglio dei ministri nella Francia della Quarta repubblica e in Italia fino agli anni Novanta, e giuridicamente tuttora), la direzione tende a essere *collegiale* e il presidente del consiglio è solo un *primus inter pares*.

L'influenza del sistema dei partiti

Fra tutte le forme di governo, quella parlamentare è la forma di governo maggiormente sensibile al formato e alla meccanica del sistema partitico (che influenza ed è a sua volta influenzato dal sistema elettorale). Infatti, a seconda del numero dei partiti e della dinamica competitiva fra gli stessi, si possono dare casi nei quali le elezioni assumono carattere immediatamente decisivo, di fatto assicurando l'investitura di chi governerà. Si immagini un sistema con due soli partiti rilevanti (o due coalizioni) in competizione uno contro l'altro: è chiaro che quello che vince le elezioni, ottenendo la maggioranza dei seggi in parlamento, esprimerà nella persona del suo leader il capo del governo e darà vita a un governo da questi guidato, che poi sosterrà per l'intera legislatura. In tal modo, come si vede, si realizza quella continuità fra partito, maggioranza ed esecutivo che viene chiamata anche *governo di partito*: ed ecco la radicale differenza col governo presidenziale (nel quale, invece, il presidente non dispone «automaticamente» della maggioranza parlamentare). Si possono tuttavia dare anche casi nei quali le elezioni non permettono ciò, perché nessun partito o coalizione conquista la maggioranza dei seggi parlamentari, e allora il governo nascerà solo a seguito di trattative post-elettorali fra i partiti.

La dinamica descritta determina, a parità di contesto giuridico-formale, conseguenze rilevanti sul ruolo del capo dello stato e del primo ministro: determina cioè la misura del concorso del primo al processo di formazione del governo (mera registrazione dell'esito elettorale oppure mediazione più o meno attiva in vista delle necessarie intese) e il grado di legittimazione politica del secondo (ben diversa a seconda che sia di fatto espressione del voto popolare oppure di successivi accordi fra partiti).

• **Forma di governo semi-presidenziale**. Si chiama così perché combina alcune caratteristiche della forma di governo presidenziale e di quella parlamentare, ma chi ne inventò il nome ritenne di porre l'accento sul ruolo del presidente. In essa un capo dello stato direttamente eletto dal corpo elettorale e dotato di importanti attribuzioni di natura politica convive con un esecutivo guidato da un primo ministro e legato al parlamento da rapporto fiduciario. Il modello di riferimento è la **Francia della Quinta repubblica**. Qui i poteri del presidente includono tutti quelli dei capi di stato dei regimi parlamentari, cui si aggiungono altri incisivi poteri, soprattutto nell'ambito della politica estera, e la stessa presidenza del consiglio dei ministri (in Francia lo presiede il presidente della Repubblica, non il primo ministro); i più importanti tra questi poteri possono essere esercitati senza che la Costituzione preveda obbligo di controfirma da parte del primo ministro (per cui si tratta di attribuzioni proprie del capo dello

Il modello francese

stato). Dal punto di vista giuridico-formale, come nel modello presidenziale, presidente e parlamento sono eletti dal corpo elettorale separatamente: in questo caso, invece, il presidente ha il potere di condizionare la durata del parlamento (con lo scioglimento) e il parlamento ha il potere di far dimettere il governo (con la sfiducia). Accanto al presidente vi è il governo, che è di nomina presidenziale e al tempo stesso responsabile davanti al parlamento, per cui si può dire che l'esecutivo è *a direzione* non monocratica ma *duale*.

Anche il governo semi-presidenziale, nella sua dinamica, tende a orientarsi secondo più modalità di funzionamento, che dipendono dal contesto politico-elettorale, e in particolare dalla coincidenza o meno della maggioranza espressa dal voto presidenziale e dal voto parlamentare. Si può infatti verificare sia uniformità (presidente e maggioranza parlamentare sono espressione dello stesso schieramento) sia difformità (essi sono espressione di opposti schieramenti: la destra vince le elezioni presidenziali, mentre è la sinistra a vincere le elezioni parlamentari o viceversa). In caso di uniformità, si verifica in genere una sostanziale prevalenza del presidente (con attenuazione, comunque, della direzione duale dell'esecutivo). In caso di difformità, si ha la *coabitazione* fra un presidente e un primo ministro di partiti diversi, che presenta qualche somiglianza col *governo diviso* del modello americano (con esaltazione, invece, di una dinamica duale). Ne consegue la necessità di trovare giorno per giorno un *modus vivendi* che permetta di conciliare indirizzi politici diversi quando non contrapposti, fino al momento in cui si tornerà al voto per l'una e per l'altra carica. La grande differenza col governo presidenziale sta però nel fatto che l'esecutivo è comunque «a due teste» (presidente-primo ministro) e nella possibilità per il presidente di indire le elezioni anticipate.

La coabitazione

Anche se alcuni studiosi hanno ritenuto questo modello dotato di una utile flessibilità, proprio in Francia la Costituzione è stata modificata nel 2000 per ridurre i casi di coabitazione, uniformando la durata della carica presidenziale a quella dell'Assemblea nazionale. Facendo inoltre eleggere l'Assemblea nazionale subito dopo l'elezione del presidente della Repubblica, si conta sull'alta probabilità che gli elettori, a distanza di poche settimane, si pronuncino nella stessa direzione politica (come è infatti avvenuto nelle tre successive elezioni del 2002, 2007 e 2012).

• **Forma di governo direttoriale**. È chiamata così con riferimento al nome che fu dato nella Francia rivoluzionaria fra 1795 e 1799 all'organo collegiale titolare del potere esecutivo. Il «direttorio» è al tempo stesso vertice del governo e vertice dello stato, come il presidente nelle forme di governo presidenziali. Diversamente da quelle, questo collegio non è eletto dai cittadini direttamente, bensì dal parlamento. Ciò, tuttavia, non determina l'instaurarsi di alcun rapporto fiduciario: infatti il parlamento, pur esprimendo il governo, non può successivamente sfiduciarlo e obbligarlo a dimettersi, a differenza di ciò che accade nelle forme di governo parlamentari. A sua volta l'esecutivo non ha alcun potere di condizionare il mandato parlamentare che dura sempre fino al termine (l'istituto dello scioglimento anticipato del parlamento non esiste). Il modello di riferimento è oggi quello della **Svizzera**, la cui Assemblea federale elegge il Consiglio federale, formato da sette componenti. All'interno dell'organo di governo non vi è alcuna gerarchia: la carica di presidente (di semplice rappresentanza) dura un anno ed è a rotazione. Si tratta appunto di una forma di governo a *direzione collegiale*. L'Assemblea deve eleggere il Consiglio in modo che siano equamente rappresentate le diverse regioni e comunità linguistiche che compongono la Confederazione elvetica.

Il modello svizzero

Il governo direttoriale funziona secondo la dinamica della *democrazia consensuale*, alla quale concorrono insieme forze politiche dagli ideali e dai programmi assai diversi, a volte teoricamente inconciliabili, ma tutte coinvolte nella co-gestione del governo (nel caso svizzero, i principali quattro o cinque partiti). Proprio per questo si tratta di un modello non facilmente riproducibile là dove i partiti tendano a dividersi secondo una dinamica competitiva che prevede la periodica alternanza al governo.

• **Altre tipologie**. Ferma la tipologia tradizionale, vi sono studiosi che hanno ritenuto di proporre tipologie aggiuntive. In particolare, si è parlato di *forma di governo del primo ministro* (o anche *premierato*) e di *forma di governo a premier direttamente elettivo*. In entrambi i casi ci si riferisce a una forma di governo nella quale la figura del primo ministro è particolarmente forte (perché nomina e revoca i ministri, perché è il solo titolare del rapporto fiduciario, perché ha il potere di indire elezioni anticipate, perché in altri termini ha poteri che gli consentono di determinare l'indirizzo politico del governo). Nel secondo caso l'investitura del primo ministro avviene attraverso l'elezione popolare diretta. La differenza principale sta nella maggiore rigidità della seconda ipotesi, dovendosi presumere che una eventuale sfiducia al primo ministro non possa che comportare automatico scioglimento del parlamento (nell'altra, invece, si può anche pensare – sia pure come eccezione – a forme di sostituzione parlamentare del primo ministro). Si tratta in sostanza di tentativi di «replicare» il *modello Westminster*, cioè il classico governo parlamentare di tipo inglese, facendo ricorso a soluzioni giuridico-costituzionali elaborate a tale specifico scopo.

Il premierato

4. LA FORMA DI GOVERNO IN ITALIA: PROFILI STORICI

L'ordinamento statutario come monarchia costituzionale

L'ordinamento statutario del Regno di Sardegna nacque nel 1848 con i caratteri giuridici della **monarchia costituzionale**: immediatamente, però, esso iniziò a svilupparsi in direzione del governo parlamentare. I presidenti del Consiglio, di nomina regia, infatti, e massimamente Cavour, giudicarono utile avvalersi del sostegno dell'assemblea elettiva per meglio perseguire il proprio indirizzo, se del caso anche contro le interferenze regie sempre in agguato; ma si resero conto al tempo stesso che avrebbero potuto valersi della copertura regia per tenere a bada fazioni parlamentari frammentate, rissose, quasi mai capaci di fornire un supporto continuo, fermo e affidabile (i partiti non esistevano ancora).

Il ruolo della corona

Nei periodi di crisi (per esempio, dopo la sconfitta contro l'Austria nel 1849, col proclama di Moncalieri; durante la fase culminante dell'unificazione nel 1859-1860; negli anni subito successivi per fronteggiare la rivolta contadina nel Mezzogiorno; in occasione della presa di Roma nel 1870; nella crisi di fine secolo di fronte ai moti popolari; al momento di cambiare alleanze per entrare nella Prima guerra mondiale nel 1915; quando si trattò di liquidare Mussolini e il fascismo nel 1943) la corona non mancò mai di intervenire pesantemente e scelse presidenti del Consiglio fra i propri fedelissimi, per lo più militari, dunque anche gerarchicamente subordinati al re (da Lamarmora a Pelloux a Badoglio). Non solo: il re sempre ebbe l'ultima parola nella nomina dei ministri più importanti e sempre concorse alle scelte di politica estera e militare. Fino all'avvento del fascismo il regime italiano fu, in altre parole, un **governo parlamentare dualista** che corrispondeva alle teorizzazioni del parlamentarismo in voga, come si è visto, a cavallo fra Ottocento e Novecento, quando si riteneva che dell'intervento regio non si potesse proprio fare a meno.

La tradizione dualista alla Costituente

Questa visione dualista riemerse anche in Assemblea costituente nel 1946-1947. Qui vi furono forze politiche, maggioritarie, convinte che la forma di governo dovesse orientarsi in senso marcatamente monista (con i partiti come fattore trainante e unificante del rapporto governo-parlamento); ma anche altre che volevano fare del presidente della Repubblica la figura di riferimento in grado di sopperire, ove necessario, alle temute carenze del sistema partitico. Le seconde, pur minoritarie, pensavano a un dualismo ancora più accentuato e ottennero che al capo dello stato fossero attribuiti importanti poteri. Siccome peraltro la controfirma sarebbe stata prevista per *tutti* gli atti presidenziali, si crearono le premesse di un'ambiguità di fondo: si trattava di poteri *veramente* presidenziali (come volevano i fautori del dualismo) o di poteri *solo formalmente* presidenziali (come volevano i fautori del monismo)? L'esperienza avrebbe insegnato, col tempo, che non si trattava comunque di poteri trascurabili: in particolare, per quel che interessa qui, il potere di nomina del presidente del Consiglio e il potere di sciogliere le Camere, entrambi in grado di condizionare struttura e funzionamento del governo parlamentare. Come si vedrà, essi possono essere esercitati in modo più o meno incisivo a seconda del contesto politico e dello stato dei rapporti fra i partiti. Quando questi rapporti sono particolarmente difficili, il ruolo del presidente della Repubblica si allarga a dismisura, svelando le potenzialità dualiste implicite nel sistema (v. cap. 10).

5. LA FORMA DI GOVERNO IN ITALIA: LA COSTITUZIONE E LA PRASSI

L'ordine del giorno Perassi disatteso

All'Assemblea costituente era stato approvato, in sede di sottocommissione il 5 settembre 1946, un ordine del giorno presentato da Tomaso Perassi, insigne giurista, col quale si faceva la scelta del governo parlamentare, ma si diceva anche che questo avrebbe dovuto essere integrato da strumenti giuridici che valessero a evitare le «degenerazioni del parlamentarismo». Nonostante ciò, il testo della nostra Costituzione risultò al riguardo particolarmente lacunoso, limitandosi allo stretto essenziale: quasi fosse preciso intendimento del costituente affidare le scelte d'indirizzo al libero e mutevole dispiegarsi dei rapporti fra i partiti.

Di ciò si parla ampiamente nel capitolo 11: qui ricordiamo solo che, secondo la Costituzione, è il presidente della Repubblica a nominare il presidente del Consiglio, senza alcuna indicazione sul procedimento da seguire; questo è rimesso tutto intero alla prassi (che è restata quella statutaria delle consultazioni con i rappresentanti delle forze politiche parlamentari). Il governo necessita della fiducia di *entrambe* le Camere, ma entra in carica già col giuramento davanti al presidente della Repubblica. Ciascuna camera può approvare una *mozione di sfiducia* alla sola condizione che sia presentata da un decimo dei componenti e col solo vincolo che non sia votata all'improvviso (occorre attendere tre giorni). Il voto comporta pubblica assunzione di responsabilità da parte del singolo parlamentare (per questo avviene in forma palese e per appello nominale: cioè chiamando i parlamentari uno dopo l'altro in ordine alfabetico), ma basta la *maggioranza semplice* (cioè quella di chi vota, purché voti la metà più uno dei componenti). Si può rilevare che la previsione costituzionale dell'espressa fiducia iniziale da parte di ciascuna camera rende in Italia più difficile la formazione di governi di minoranza, diversamente da ciò che avviene in altri paesi.

Quanto ai rapporti interorganici fra presidente del Consiglio, ministri e Consiglio dei ministri, rinviamo di nuovo al capitolo 11, ricordando qui che nessun elemento decisivo che conduca a una qualche preminenza del presidente del Consiglio è rinvenibile in Costituzione. Sicché si può ben dire che, nella Costituzione e nella prassi, la forma di governo italiana non era riconducibile alla tipologia del **governo parlamentare a direzione monocratica**. Unica eccezione fu il periodo del centrismo degasperiano (1948-1953), quando il presidente del Consiglio Alcide De Gasperi era anche il *leader* indiscusso del partito di maggioranza relativa, la Dc.

L'eccezione dei governi De Gasperi

Successivamente, pur avendo la stessa Dc guidato il governo quasi ininterrottamente dal 1953 al 1992 (salvo gli anni 1981-1982 e 1983-1987), mai, se non per pochi mesi, il presidente del Consiglio fu anche il *leader* del partito che forniva la grandissima parte della classe dirigente politica e amministrativa. Sempre, inoltre, i governi furono *governi di coalizione* o, comunque, si fondarono su una maggioranza parlamentare composita che raggiunse anche sei o sette gruppi diversi. A ciò si aggiunga il dividersi della Dc in correnti organizzate in concorrenza tra loro. Ciascun ministro rispondeva più al proprio partito e alla propria corrente che non al presidente del Consiglio, per cui quest'ultimo raramente riusciva a garantire quell'unità di indirizzo che pure l'art. 95 Cost. a lui affida. Ciò aveva ridotto la nostra forma di governo a un singolare esempio di **governo a direzione plurima dissociata** (secondo l'espressione di Cheli e Spaziante).

L'instabilità dei governi

Si trattò altresì di governi assai instabili (durata media 11 mesi, che scendevano a 9 mesi tenendo conto della durata delle crisi di governo): la classe di governo non mutava, ma gli equilibri partitici alla base della formazione dei governi erano sempre in discussione e sempre in gioco. Formato un governo, i partiti che lo sostenevano senza mai identificarsi del tutto con esso subito si mettevano al lavoro per indebolirlo e per sostituirlo con un altro rappresentativo di equilibri sia pure solo in parte nuovi e diversi, che ovviamente ciascuno cercava di spostare a proprio vantaggio. A ciò era non solo funzionale, ma indispensabile un forte rapporto autonomo con l'opinione pubblica in senso lato e con i gruppi di interesse in particolare: per questo i ministri tendevano a fare prima di tutto la politica del proprio partito, poi, nella misura in cui risultasse compatibile, quella generale. Vi furono eccezioni, naturalmente, provocate in genere da spinte esterne e, soprattutto, dal quadro dei rapporti internazionali. Mancanza di una direzione monocratica e instabilità cronica caratterizzarono fino all'inizio degli anni Novanta anche tutti gli altri livelli di governo (regioni, province, comuni). Ciò dette luogo, attraverso le assemblee rappresentative di cui si esaltava una presunta centralità, a un sistema integralmente affidato alla mediazione dei partiti e dei loro gruppi dirigenti ai vari livelli, non senza una forte tendenza centralizzatrice che portò, in molti casi, a decidere a Roma chi dovesse essere eletto presidente di una regione o sindaco di un grande o medio comune.

6. LA FORMA DI GOVERNO IN ITALIA: LE TRASFORMAZIONI

La crisi della forma di governo italiana

Il funzionamento della forma di governo quale descritto nel paragrafo precedente cominciò a manifestare segni di crisi nella seconda metà degli anni Settanta. Anticipando quanto è detto nel capitolo 16, tentativi di invertire una tendenza degenerativa attraverso appropriate riforme istituzionali furono avviati già negli anni Ottanta, ma furono tardivi e largamente inefficaci. Superato il vincolo internazionale che comportava l'esigenza, sempre condivisa dalla gran parte degli elettori, di impedire il prevalere in Italia di forze politiche troppo influenzate dall'Unione Sovietica, nuovi valori e nuove necessità si fecero sentire alla fine degli anni Ottanta, stimolati anche dalla crescente competitività fra sistemi-paese all'interno della Comunità europea. Governabilità e stabilità cominciarono a essere percepite come condizioni indispensabili di sviluppo, difficilmente compatibili con il *governo a direzio-*

ne plurima dissociata di cui s'è parlato. Nella dimostrata indisponibilità dei partiti dell'epoca a innovare le istituzioni, si avviò un tentativo di riforma fondato sugli strumenti giuridici che si potevano rinvenire in Costituzione, usati per così dire ai limiti delle loro potenzialità. Si fece così ricorso alla strategia dei referendum popolari per costringere il parlamento dei partiti a cambiare, partendo dalla regola base della politica nelle democrazie rappresentative, tanto più se parlamentari: il sistema elettorale. Trasformando in maggioritario il sistema proporzionale su cui quella forma di governo si era fondata si pensava di poter perseguire più scopi: *a*) instaurare una competizione bipolare per permettere l'investitura popolare del governo; *b*) imporre un salutare ricambio di classe politica; *c*) porre fine al correntismo che minava dall'interno i partiti e ne complicava i reciproci rapporti; *d*) moralizzare la vita pubblica; *e*) semplificare il sistema dei partiti.

Dal proporzionale al maggioritario

Ancorché parziali per definizione, le innovazioni elettorali non mancarono in effetti di influire fortemente sul funzionamento della forma di governo e sull'interpretazione stessa delle disposizioni costituzionali: sia nel 1994 sia nel 1996 sia, ancor più, nel 2001 una maggioranza e un presidente del Consiglio emersero con sufficiente nitidezza dal voto; così anche nel 2006 e nel 2008 con la legge elettorale nel frattempo nuovamente modificata. La logica della *competizione politica* è così diventata decisamente *bipolare*, sia pure fra resistenze mai del tutto superate (a causa della logica competitiva all'interno delle stesse coalizioni, fra partiti alla ricerca di quella «visibilità» di cui nessuna forza politica riesce a fare a meno).

Il rafforzamento del presidente del Consiglio

Una somma di ulteriori fattori, alcuni già delineatisi in precedenza, hanno concorso nel contempo a rafforzare la figura del presidente del Consiglio come mai era avvenuto prima: *a*) il costante raffronto con gli altri ordinamenti simili al nostro; *b*) l'esigenza di dare all'azione di governo la necessaria continuità e stabilità d'indirizzo; *c*) la legislazione sulla presidenza del Consiglio (la l. 400/1988); *d*) il ruolo cruciale del presidente del Consiglio in sede europea; *e*) l'accentuarsi della personalizzazione delle campagne elettorali, culminata prima con l'inserimento dei nomi dei candidati a presidente del Consiglio nei simboli delle coalizioni sulle schede (Berlusconi-Rutelli nel 2001), poi nell'indicazione formalmente prevista dalla l. 270/2005 del «capo della coalizione» (Prodi-Berlusconi nel 2006, Berlusconi-Veltroni nel 2008); *f*) l'affermarsi alle elezioni, per ben tre volte (1994, 2001, 2008), di maggioranze guidate da un leader particolarmente influente, Silvio Berlusconi, riconosciuto quale capo indiscusso del suo partito e della coalizione. Hanno poi influito i modelli di governo ai diversi livelli sub-nazionali: tutti incentrati, dal 1993, sull'elezione diretta di sindaci e presidenti. Ciò non era invece possibile a livello nazionale, nella perdurante assenza di modifiche agli artt. 92 e 94 Cost.: qui, per perseguire obiettivi analoghi, si è percorsa la strada della bipolarizzazione prima collegio per collegio con il sistema maggioritario uninominale, poi mediante il premio alla coalizione più votata (v. cap. 8), con esiti inevitabilmente più incerti e soprattutto meno duraturi.

Si può dire quindi che l'ordinamento italiano si è andato orientando verso **governi di legislatura a direzione monocratica**, fondati su coalizioni formate prima del voto e dal voto poi legittimate. Questa evoluzione, sufficientemente coerente fino al 2011, è stata messa in dubbio dalla crisi del governo Berlusconi IV, seguita dalla formazione di un governo «tecnico» e dall'esito senza vincitori delle elezioni del 2013, imponendo faticosissime convergenze tra forze politiche presentatesi in contrapposizione l'una all'altra.
Le riforme approvate durante il governo Renzi, a loro volta, non toccano direttamente la forma di governo. Tuttavia, la riforma costituzionale del 2016 limita il rapporto fiduciario alla sola Camera dei deputati, nel quadro di una trasformazione del ruolo del Senato; la nuova legge elettorale del 2015 attribuisce il premio alla lista più votata e non più alla coalizione, proprio per evitare il formarsi di coalizioni raccogliticce buone a vincere ma non a governare. In questo modo i governi di legislatura dovrebbero divenire la regola.

PAROLE CHIAVE

- Direzione collegiale
- Direzione monocratica
- Dualismo
- Forma di governo
- Governo del primo ministro
- Governo di legislatura a direzione monocratica
- Governo direttoriale
- Governo parlamentare
- Governo presidenziale
- Governo semi-presidenziale
- Indirizzo politico
- Monarchia costituzionale
- Monarchia orleanista
- Monismo
- Parlamentarismo razionalizzato
- Rapporto fiduciario
- Scioglimento anticipato
- Separazione dei poteri
- Sistema politico

FONTI

- Costituzione della Repubblica.

PER APPROFONDIRE

- A. Barbera e C. Fusaro, *Il governo delle democrazie*, Bologna, Il Mulino, 2009.
- L. Elia, *Governo (forme di)*, voce in *Enciclopedia del diritto*, vol. XIX, Milano, Giuffrè, 1970.
- M. Luciani, *Governo (forme di)*, voce in *Enciclopedia del diritto*, *Annali*, vol. III, Milano, Giuffrè, 2010.
- S. Merlini e G. Tarli Barbieri, *Il governo parlamentare in Italia*, Torino, Giappichelli, 2011.
- C. Mortati, *Le forme di governo*, Padova, Cedam, 1973.

PERCORSO DI AUTOVERIFICA

1. Qual è il senso della separazione dei poteri?
2. Cosa si intende per forma di governo?
3. Qual è stata l'evoluzione delle forme di governo nella storia delle istituzioni politiche?
4. Perché alcune forme di governo sono definite moniste? E perché altre sono definite dualiste?
5. Qual è la tipologia classica delle forme di governo?
6. Dove e quando nasce il governo presidenziale e quali sono i suoi caratteri?
7. Dove e quando nasce il governo parlamentare e quali sono i suoi caratteri?
8. Qual è la dinamica nella prassi concreta delle diverse forme di governo parlamentare?
9. Dove e quando nasce il governo semi-presidenziale e quali sono i suoi caratteri?
10. Dove e quando nasce il governo direttoriale e quali sono i suoi caratteri?
11. Cosa si intende per governo a direzione monocratica, a direzione duale e a direzione collegiale?
12. Qual è stata l'evoluzione storica della forma di governo italiana dall'Unità alla Costituente?
13. Quale evoluzione ha avuto la forma di governo in epoca repubblicana?
14. Quali sono state le trasformazioni più recenti della forma di governo in Italia?

CAPITOLO 8

La sovranità popolare

È nell'art. 1 della Costituzione che si trova l'affermazione del carattere democratico della Repubblica e del principio della sovranità popolare. Il capitolo è dedicato al popolo che, votando, elegge e decide, nonché alle altre forme di partecipazione diretta.

1. LA SOVRANITÀ APPARTIENE AL POPOLO

«La sovranità appartiene al popolo, che la esercita nelle forme e nei limiti della Costituzione»: così recita il secondo comma dell'art. 1 Cost. e raramente una carta costituzionale ha voluto affermare in modo più netto il principio della **sovranità popolare**. Altre costituzioni usano termini simili, ma non così chiari: si parla di sovranità che «spetta» al popolo, che «è» del popolo, che «risiede» nel popolo e, assai spesso, che «emana» dal popolo. Molte costituzioni della seconda metà del XX secolo riprendono, in genere con formule meno nitide, quella della nostra Costituzione. Come attestano i lavori dell'Assemblea costituente, fu scritta così per dire che: *a*) il popolo è il *titolare in senso giuridico* della sovranità; *b*) il popolo mantiene della sovranità continuativamente il *possesso* (nozione del diritto civile che indica un potere di fatto su una determinata cosa); *c*) il popolo non può rinunciare alla sovranità e non può dunque trasferirla a nessun singolo individuo e a nessuna parte di sé. Ne può naturalmente delegare l'*esercizio*: e non sarebbe possibile il contrario dal momento che una democrazia di grandi numeri non può non affidarsi, in larga misura, a meccanismi rappresentativi.

Il popolo come fonte di legittimazione di ogni potere

Una simile affermazione della sovranità popolare va letta, perciò, innanzitutto nel senso che l'ordinamento italiano si fonda sul principio che il popolo costituisce la fonte di legittimazione di ogni potere costituito. L'organizzazione dello Stato e degli altri enti politici deve basarsi su tale criterio di legittimazione. Inoltre, alcuni dei poteri disciplinati dalla Costituzione restano affidati al popolo o, più esattamente, a quella parte del popolo cui l'ordinamento riconosce la capacità giuridica politica, il **corpo elettorale**. A quella parte è riservata l'effettiva possibilità di decidere direttamente o concorrere a decidere su questioni politiche di fondo: secondo la formula (sviluppata dal francese Burdeau) della *democrazia governante*, formula secondo la quale, appunto, è il popolo stesso ad assumersi in prima persona la responsabilità del proprio destino.

Nel contesto storico dell'Italia che aveva appena superato il fascismo, porre la sovranità del popolo alla base dell'ordinamento costituzionale significava voler sancire nel modo più solenne il rovesciamento dell'impostazione statolatra che si era affermata nel Ventennio (v. capp. 2 e 16). Ma significava anche prendere le distanze dalla teoria liberale ottocentesca che aveva parlato di **sovranità nazionale**, fondata sull'idea che i membri della camera elettiva, per quanto scelti a suffragio ristretto dalla sola borghesia, rappresentassero legittimamente la volontà della Nazione. Il principio della sovranità popolare non vuol dire che lo Stato come persona giuridica non mantenga la sua posizione di supremazia all'interno dell'ordinamento: lo Stato è uno degli strumenti (ma non il solo) della volontà popolare. Ci sono altri soggetti attraverso i quali il popolo fa valere la sua volontà: *a*) quelli dotati di autonomia riconosciuta dalla Costituzione (regioni ed enti locali); *b*) gli enti sovranazionali; *c*) il libero associarsi in partiti politici e in altre organizzazioni (ad es. i sindacati); e ci sono gli strumenti di partecipazione popolare (fra cui gli istituti di *democrazia diretta*).

Oltre la sovranità nazionale

Questo capitolo è specificamente dedicato alle forme attraverso le quali il popolo esercita la sovranità di cui è titolare: le elezioni di ogni ordine e grado; i diversi tipi di referendum; i partiti e gli altri istituti di partecipazione politica (da non confondersi con quella amministrativa, v. cap. 13).

Ma cosa si intende per *popolo*? Come abbiamo visto a proposito degli elementi costitutivi dello stato, il popolo in senso giuridico è, molto semplicemente, l'insieme di tutti coloro che sono legati all'ordinamento giuridico da un vincolo particolare che si chiama **cittadinanza** (sulla disciplina della cittadinanza si veda il par. 3 del cap. 6). L'insieme dei cittadini costituisce il popolo. Invece la **popolazione** è l'insieme di tutti coloro che si trovano entro i confini di un qualsiasi ente territoriale (siano essi cittadini, stranieri o apolidi): si tratta di una nozione che non appartiene tanto al diritto quanto ad altre scienze (e in particolare a quelle demografiche). Il **popolo**, dunque, per un verso è parte della popolazione che si trova nel territorio di uno stato; per un altro verso non si trova tutto dentro i confini dello stato, ma può anche risiedere all'estero, cioè fuori dai confini statali (concorrendo a formare la popolazione di un altro stato).

Popolazione, popolo, nazione

Diverso ancora è il concetto di **nazione**, che identifica non un rapporto giuridico ma un vincolo sociale e, a volte, politico: quello che unifica e accomuna per tradizioni, storia, lingua, religione, origini etniche un insieme di persone fisiche. La grande affermazione dello stato nazionale che ha caratterizzato l'Ottocento in Europa, con una tendenza a far coincidere confini statali e confini nazionali, può indurre in errore. A ben vedere sono molti, invece, gli ordinamenti statali che al loro interno hanno più nazionalità e vi sono nazionalità divise in più ordinamenti statali. In Italia vi sono varie minoranze etnico-linguistiche, prima fra tutte quella tedesca dell'Alto Adige/Südtirol; e d'altra parte, minoranze italiane vivono nei confini di altri stati (per esempio, gli italiani d'Istria che vivono in Croazia e Slovenia). Va detto che nella nostra Costituzione è presente la nozione, per questo motivo giuridicamente rilevante, di «italiani non appartenenti alla Repubblica», con riferimento a coloro che, pur di nazionalità italiana, cittadini della Repubblica non sono: la legge può garantire loro, in relazione all'ammissione agli uffici pubblici e all'elezione alle cariche rappresentative, lo stesso trattamento dei cittadini (art. 51.2).

I diritti politici

Il vincolo di cittadinanza determina un vero e proprio **status giuridico**, vale a dire una somma di diritti e di doveri che da esso derivano: i *diritti* e i *doveri politici*, in particolare, di cui al titolo IV della parte I della Costituzione (artt. 48-54: elettorato attivo, associazione partitica, petizione, accesso ai pubblici uffici e alle cariche elettive; difesa della Patria, concorso alle spese pubbliche, fedeltà alla Repubblica e osservanza della Costituzione e delle leggi), sono quelli più direttamente legati alla cittadinanza. Invece si deve ritenere che i diritti e i doveri di cui ai titoli I, II e III della parte I della Costituzione (artt. 13-47) per lo più si applichino a *tutti*, anche a coloro che cittadini non sono (con eccezioni, ma su questo argomento v. cap. 6).

2. IL POPOLO CHE VOTA

Che si voti per eleggere o che si voti per deliberare direttamente, il nostro ordinamento conosce alcune norme di carattere generale che disciplinano questa essenziale forma di esercizio della sovranità. Del diritto di voto tratta innanzitutto la Costituzione all'art. 48, il quale stabilisce quattro principi fondamentali:

1. sono *elettori* tutti i cittadini che hanno la maggiore età (individuata da una legge a parte e, infatti, tendente a mutare nel tempo: era 21 anni fino al 1975, da allora è 18 anni);
2. specifiche *limitazioni* al diritto di voto possono essere previste, ma solo dalla legge, per «indegnità morale» ovvero per chi non ha la capacità di agire ovvero ancora come pena accessoria in caso di sentenza penale definitiva;
3. il voto è circondato da una serie di *garanzie* ed è definito «dovere civico»;
4. l'esercizio del diritto di voto di chi *risiede all'estero* è disciplinato in forme speciali.

Cittadinanza ed elettorato

• Il primo punto (art. 48.1) riprende la tradizionale identificazione fra cittadinanza ed elettorato. Questa ha cominciato a essere rimessa in discussione in tempi recenti. Ci si chiede, infatti, se persone che *non* hanno la cittadinanza ma risiedono stabilmente nel territorio dello stato, adempiendo ai doveri che la loro residenza comporta (a partire da quelli fiscali) e condividendo le conseguenze delle decisioni pubbliche assunte dagli organi rappresentativi, non debbano essere considerate membri della comunità politica nella quale vivono, e dunque vedersi riconosciuto il diritto di voto. Secondo chi sostiene questa tesi, minoritaria, l'art. 48 al primo comma si limiterebbe a garantire, con norma costituzionale, il diritto di voto dei cittadini, senza che ciò ne impedisca l'estensione, con legge ordinaria, a coloro che cittadini non sono. Già adesso per le elezioni comunali, in attuazione del diritto Ue, la legge estende l'**elettorato attivo** (il diritto di votare) e l'**elettorato passivo** (il diritto di candidarsi e quindi di essere votati) a tutti i cittadini non italiani dell'Unione europea. Inoltre, la legge prevede che i cittadini non italiani dell'Ue possono scegliere di votare ed essere candidati in Italia per il Parlamento europeo. L'art. 11 Cost. consente comunque, in questo caso, di derogare all'art. 48.

Elettorato attivo e passivo

Limitazioni al diritto di voto

• Per quel che riguarda il secondo punto (art. 48.4), la legge (art. 2 d.p.r. 223/1967) prevede che non godano dell'elettorato attivo (e neanche di quello passivo, che è conseguenza della titolarità del primo): *a*) coloro che sono sottoposti a misure di prevenzione (applicate ad es. nei confronti di appartenenti ad associazioni mafiose); *b*) coloro che sono sottoposti alle misure di sicurezza previste dal codice penale, detentive o non detentive (ad es. il divieto di soggiorno in un certo comune); *c*) coloro che sono stati condannati all'interdizione perpetua o temporanea dai pubblici uffici (nel secondo caso finché la pena dura). Si tenga conto, d'altra parte, che nel nostro ordinamento l'iscrizione nelle liste elettorali per tutti i tipi di elezione è effettuata *d'ufficio* e in modo permanente: al cittadino non si chiede di attivarsi in alcun modo (riceve la tessera elettorale a casa), le liste sono costantemente aggiornate e possono votare tutti coloro che compiono l'età prevista entro il giorno in cui si vota. L'*anagrafe elettorale* è tenuta dai comuni, anche se resta una funzione statale.

Voto personale, uguale, libero e segreto

• Quanto alle garanzie (art. 48.2), la Costituzione vuole che il voto sia **personale** (cioè che esso debba essere espresso da ciascun cittadino di persona: infatti si ritiene che il voto per delega non sia legittimo; la legge prevede che, sulla base di certificati medici che attestino l'impossibilità di votare senza l'assistenza di un'altra persona, è possibile farsi accompagnare, ma l'elettore è presente di persona e nessuno può fare da accompagnatore per più di un elettore); **uguale** (nel senso che non sarebbe legittimo il voto *plurimo* o *multiplo*, cioè consentire a particolari categorie di elettori di esprimere un voto che vale più di uno o di votare più volte: in altre parole, il principio di eguaglianza del voto opera nella fase in cui viene espresso ma, ha chiarito la Corte costituzionale (sent. 429/1995), non si estende al risultato delle elezioni); **libero** (nel senso che esso deve essere esente da qualsiasi forma di costrizione, e perciò protetto dalla legge la quale vieta infatti, presso le sezioni elettorali, qualsiasi forma di propaganda che invece a una certa distanza dal seggio resta ammessa; e libero anche nel senso che deve essere garantita la libera formazione delle opinioni degli elettori); **segreto** (ciò costituisce da sempre il baluardo più sicuro e il presupposto stesso di un voto libero per ragioni che non c'è bisogno di richiamare: al punto che è vietato portare all'interno della cabina elettorale telefoni cellulari o altre apparecchiature che permettano di fotografare la scheda votata).

Il voto come dovere civico

• Il riferimento nel secondo comma dell'art. 48 all'esercizio del voto come **dovere civico** è il frutto del compromesso che permise di superare una delle contese più aspre durante il dibattito sulla materia elettorale nel periodo costituente. Erano allora in ballo concezioni diverse relative alla posizione dell'individuo nella società e nell'ordinamento e, al contempo, interessi e aspettative contrastanti delle diverse forze politiche. Si disputava fra chi concepiva il voto come un *diritto* dell'individuo e chi lo concepiva, prevalentemente o anche, come una *funzione* (cioè un potere che si *deve* esercitare in quanto membri della collettività), e dunque un dovere il cui mancato adempimento avrebbe addirittura giustificato sanzioni. Specie dopo il riconoscimento del diritto di voto alle donne, i partiti come la Dc, meno organizzati e meno capaci di mobilitazione rispetto a quelli della sinistra marxista, ritenevano indispensabile «obbligare» i cittadini ad andare a votare. Comunisti e socialisti (per ragioni contingenti), qualunquisti e liberali (per ragioni ideali) la pensavano invece in modo diametralmente opposto. La formula «dovere civico» fu introdotta quale invito al legislatore ordinario a provvedere, senza che ciò costituisse però un vincolo giuridico. Questo invito fu accolto, ma con sanzioni assai blande (menzione del non voto nel certificato di buona condotta, pubblicazione negli albi comunali dei nomi di coloro che non avevano votato). Nel 1993 fu soppresso il riferimento al voto come «obbligo». Il voto è qualificato dalla legge «un dovere civico e un diritto di tutti i cittadini, il cui libero esercizio deve essere garantito e promosso dalla Repubblica» (art. 4 d.p.r. 361/1957).

Il voto degli italiani all'estero

• Infine, il terzo comma dell'art. 48 è stato introdotto dalla l. cost. 1/2000. Con esso si è voluto demandare alla legge una disciplina speciale e derogatoria (rispetto all'interpretazione del comma 2) per i **cittadini italiani residenti all'estero**. Questi ovviamente hanno sempre goduto del diritto di voto, ma la distanza dall'Italia rendeva eccezionalmente oneroso il suo esercizio, dovendo tornare nel comune di iscrizione nelle liste elettorali. D'altra parte, mentre la legislazione per le elezioni europee prevede l'allestimento di sezioni elettorali nei paesi dell'Unione dove i nostri concittadini vivono o si trovano per motivi di studio o lavoro, lo stesso non è possibile per le grandi comunità italiane del Nord e Sud America (sia per il numero degli aventi diritto sia per i rapporti con le autorità sovrane locali). Sicché l'unica soluzione è apparsa il voto per corrispondenza, il quale peraltro, anche se con tutte le possibili garanzie, non può assicurare interamente la personalità del suffragio. Di qui l'esigenza di una previsione costituzionale che invece lo rendesse legittimo (v. anche cap. 9). È stato infine affrontato il problema di come permettere l'esercizio del diritto di voto ai cittadini *temporaneamente* all'estero. Norme specifiche sono state previste dal 2006 per il personale militare e di polizia in missione, mentre la l. 52/2015 ha esteso la possibilità di votare per corrispondenza a tutti i cittadini che si trovano, per un periodo di almeno tre mesi, in un paese estero per motivi di lavoro, studio (Erasmus) e cure mediche, inclusi i familiari conviventi.

3. IL POPOLO CHE ELEGGE

Per quanto l'ordinamento costituzionale italiano preveda forme di decisione popolare diretta (v. par. 10), la nostra resta una democrazia prevalentemente *rappresentativa*, come tutte le democrazie moderne le quali si distinguono da quelle antiche perché non hanno confini cittadini, ma ben più ampi (per numero di elettori e per territorio).

Il corpo elettorale

Il fatto che sovrano sia considerato il popolo comporta che, a tutti i livelli di governo in cui scelte di natura politica devono essere compiute, quella parte del popolo cui l'ordinamento riconosce la capacità di partecipare alle decisioni collettive (il **corpo elettorale**) lo può fare, oltre che in forma diretta, anche e soprattutto attraverso la selezione di propri rappresentanti. I rappresentanti, a loro volta, eserciteranno, legittimati dall'investitura popolare che hanno ricevuto, le funzioni che l'ordinamento attribuisce all'organo di cui sono chiamati a essere componenti. Si noti che potrebbero esistere modalità di scelta diverse dall'**elezione**. In effetti, nella storia delle istituzioni antiche si sono avuti molti esempi di meccanismi di selezione qualitativa dei candidati e di scelta tramite sorteggio. Nella Firenze del Tre e Quattrocento si faceva proprio così mediante la tecnica chiamata dell'*imborsamento*: l'elezione avveniva in due fasi, lo *squittinio* (progenitore del nostro scrutinio), che consisteva nel selezionare i nomi da *imborsare* (mettere in una sacca o borsa), e la successiva estrazione dalla borsa (o *tratta*).

Le cariche pubbliche elettive

Anche a Venezia il sistema fu a lungo simile. I moderni ordinamenti politici rifuggono invece da meccanismi di selezione delle cariche pubbliche affidati al caso e preferiscono la selezione elettorale fra candidati che non si differenziano solo per le doti personali quanto, soprattutto, per la *diversa connotazione politica*: cioè per le cose che dicono di voler fare, per il modo come vogliono farle, per le idee, gli interessi e i valori che intendono rappresentare. Di tutto ciò i partiti e i loro simboli sono la rappresentazione.
Nel nostro ordinamento il corpo elettorale elegge, attualmente:

- i **membri del Parlamento europeo** spettanti all'Italia;
- i **deputati** e i **senatori**;
- i **presidenti delle regioni** (salvo diversa previsione statutaria) e i **consiglieri regionali**;

- i **sindaci** e i **consiglieri comunali**, inclusi i sindaci e i consiglieri delle città metropolitane ove lo statuto lo preveda;
- i **consiglieri circoscrizionali** nei comuni in cui siano previste le circoscrizioni, nonché i consiglieri municipali (in caso di fusione di più comuni e istituzione del municipio sub-comunale).

Fino al 2011 il corpo elettorale eleggeva anche i presidenti delle province e i consiglieri provinciali, per i quali è stata invece introdotta l'elezione indiretta. Lo stesso è previsto per l'elezione dei senatori dalla riforma cost. 2016.

Circa 100.000 cariche elettive

Si tratta, in tutto, di circa centomila cariche elettive fra sindaci e presidenti di regione e componenti di assemblee rappresentative, per cinque diversi livelli di governo, scelti sulla base di normative diverse. Per quanto ciò susciti talvolta reazioni infastidite e polemiche, non è una circostanza insolita o che differenzia il nostro da altri ordinamenti: sia per ragioni storiche sia per le peculiarità degli organi da eleggere, quasi dappertutto le formule elettorali dei vari livelli territoriali si differenziano almeno in parte le une dalle altre. In ogni caso, come poi vedremo, è sempre possibile rintracciare alcuni elementi comuni.

Il fenomeno elettorale, dunque, è un fenomeno imponente anche nella sua dimensione quantitativa, oltre a essere qualitativamente decisivo per un ordinamento fondato sulla sovranità popolare. Ad esso è consacrato un complesso normativo altrettanto imponente che costituisce nel suo insieme la **legislazione elettorale**, della quale il **sistema elettorale**, con particolare riferimento ai meccanismi applicati per trasformare i voti espressi dagli elettori in seggi, è solo una parte.

La legislazione elettorale

In realtà la legislazione elettorale comprende, per proporre un elenco che valga da esempio: *a*) la disciplina delle modalità di indizione delle elezioni (chi, quando, secondo quale procedimento); *b*) la disciplina dell'elettorato attivo e passivo (v. sopra); *c*) le modalità tecnico-operative di esercizio del voto; *d*) le modalità con le quali si presentano le candidature; *e*) la disciplina delle campagne elettorali e della propaganda politica in genere; *f*) la disciplina del finanziamento delle campagne elettorali e dell'attività dei partiti; *g*) le modalità di allestimento e presidio delle sezioni elettorali; *h*) il procedimento elettorale nelle altre sue fasi fino allo scrutinio con assegnazione e conteggio dei voti espressi; *i*) la formula elettorale di ciascun tipo di elezione; *l*) l'apparato di tutela nel caso di eventuali contestazioni relative a qualsiasi fase del procedimento, dal momento dell'indizione dei *comizi elettorali* (cioè delle elezioni in una certa data) fino alla proclamazione degli eletti; *m*) le modalità di sostituzione di coloro che, proclamati eletti, cessino per qualsiasi ragione dalla carica (*surroghe* o *supplenze*).

Noi ci occupiamo ora dei sistemi elettorali in generale e dei sistemi elettorali italiani relativi rispettivamente *a*) alle elezioni parlamentari (o «politiche» per antonomasia), *b*) alle elezioni regionali, *c*) alle elezioni comunali (o «amministrative»), *d*) alle elezioni europee, delle quali descriveremo la formula nei paragrafi da 5 a 8.

4. I SISTEMI ELETTORALI: CONCETTI GENERALI

Sistema elettorale: definizione

Un **sistema elettorale** (o più esattamente una **formula elettorale**) *consiste in un meccanismo per trasformare in seggi i voti che il corpo elettorale esprime.* Occorre però distinguere *a*) l'elezione di organi monocratici (composti da una sola persona) da *b*) l'elezione di organi collegiali (composti da una pluralità di persone).

Eleggere uno solo

Quando si tratta di eleggere una sola persona (è il caso ad es. del sindaco), la cosa è piuttosto semplice: si può stabilire che vince chi ottiene più voti, cioè la maggioranza relativa, ovvero il sistema che gli anglosassoni chiamano *plurality* o anche *first past the post* (in Italia così viene eletto il sindaco nei comuni sino a 15.000 abitanti). In alternativa si possono stabilire delle condizioni: per esempio, che vince chi prende *non solo* più voti di qualsiasi altro candidato, ma *almeno* una certa quota minima dei voti complessivi. Se questa quota è fissata nella metà più uno di coloro che votano, il sistema si chiama allora della maggioranza assoluta, ovvero *majority*; in alternativa può anche essere fissata una quota minima più bassa (45%, 40%...); in entrambi i casi ciò impone che si stabilisca cosa fare nel caso che nessun candidato la raggiunga. In genere si procede a un secondo turno: allora si deve stabilire anche *quali* dei candidati del primo turno partecipano al secondo. Se la partecipazione è limitata ai primi due, siamo davanti a un *ballottaggio* (in Italia così viene eletto il sindaco nei comuni con oltre 15.000 abitanti). Se non si vuole limitare la partecipazione a due, si può stabilire un altro numero qualsiasi (i primi tre o i primi quattro), oppure una percentuale di voti minimi (partecipano al secondo turno tutti coloro che ottengono ad es. almeno il 10 o il 15% dei voti). In ogni caso si è di fronte a un *esito maggioritario* del voto: *a vincere è una parte sola, quella cui appartiene chi alla fine risulta l'unico eletto.*

Eleggere un organo collegiale

Quando si tratta di eleggere non un organo monocratico ma un organo *collegiale*, si può in teoria immaginare una formula che permetta a una parte sola di vincere: per esempio, si fanno votare *liste di candidati* e quella che ottiene più voti elegge l'*intero* organo. Ma ciò andrebbe contro il principio del pluralismo proprio degli stati liberaldemocratici. Al contrario ci si attende che l'organo collegiale sia *rappresentativo* della collettività, sotto il profilo territoriale e sotto il profilo politico. In altre parole, si cerca di fare in modo che non tutti gli eletti vengano dallo stesso territorio o siano espressione dello stesso partito. Questa capacità di rappresentare può essere ottenuta, a seconda del numero di forze politiche in campo e della distribuzione dei consensi degli elettori, sia con *formule maggioritarie* sia con *formule proporzionali.*

Formule maggioritarie: la definizione

- Le **formule maggioritarie** sono quelle *in base alle quali chi prende più voti conquista l'intera posta in palio, che si tratti di un solo seggio o di più seggi.* Se, ad esempio, per eleggere un collegio formato da 100 componenti si fanno votare gli elettori in altrettanti *collegi uninominali* (che eleggono ciascuno un solo candidato), si può in genere garantire il pluralismo politico, oltre – ovviamente – alla rappresentanza del territorio di ogni collegio. È quello

che avviene nei paesi che da tempo adottano formule di questo tipo in una delle due principali varianti:
a) *plurality*, in base alla quale il seggio lo vince chi ottiene più voti in ciascun collegio uninominale (Regno Unito, Stati Uniti; in Italia così venivano eletti tre quarti dei deputati e dei senatori dal 1994 al 2005);
b) *majority* a doppio turno eventuale, in base alla quale il seggio lo vince chi nel collegio ottiene la metà più uno dei voti, per cui se nessuno consegue questo risultato, si procede a una seconda votazione fra i primi due o fra coloro che hanno riportato un certo numero di voti (in Francia pari al 12,5% degli aventi diritto al voto).
Tali formule possono perfino avvicinare un risultato proporzionale se i partiti (o le coalizioni) che competono sono solo due, presenti in tutti i collegi uninominali.

Formule proporzionali: la definizione

• Le **formule proporzionali**, invece, sono quelle che *ripartiscono i seggi da assegnare in proporzione ai voti ottenuti da ciascun partito*. Se i seggi sono 100 e i voti validi 10 milioni in tutto, il partito che riceve 2 milioni di voti ottiene 20 seggi. In questo caso, più che il contesto politico, è la formula matematica che garantisce il risultato proporzionale. Non garantisce invece la rappresentanza territoriale, che può però essere assicurata grazie ad altre tecniche (anziché assegnare tutti i seggi in un collegio unico, dividendoli in più circoscrizioni *plurinominali*; oppure usando la formula proporzionale per stabilire il numero complessivo di seggi cui un partito ha diritto, ma individuando poi gli eletti sulla base di candidature in collegi uninominali: era il sistema vigente nelle nostre province).
Le formule matematiche per ripartire i seggi proporzionalmente sono decine e ciascuna dà esiti in qualche modo diversi: fermo lo stesso risultato elettorale (stessi voti a ciascun partito), una formula può avvantaggiare in termini di seggi i partiti con meno voti e svantaggiare quelli con più voti, o viceversa. Inoltre, se si vuol ridurre il numero dei partiti rappresentati (per limitare la *frammentazione*), si può stabilire che il partito che non ottiene *almeno* una certa percentuale prestabilita di voti (ad es. il 5%, come in Germania) non partecipi alla distribuzione dei seggi (è la *soglia di sbarramento*, utilizzata anche da noi in misura diversa a seconda del tipo di elezione). Va aggiunto che, se si applica il riparto proporzionale dei seggi ad ambiti territoriali dove si eleggono pochi rappresentanti, l'effetto può essere il medesimo di un forte sbarramento: per esempio, se coloro che devono essere eletti in una certa circoscrizione sono solo 5, è chiaro che chi ottiene meno del 15-20% dei voti ha pochissime possibilità di avere almeno un eletto. Ecco spiegato perché una formula proporzionale può produrre, se applicata appunto in circoscrizioni piccole, un notevole vantaggio per i partiti maggiori (e perciò un effetto poco proporzionale, come succede in Spagna, dove oltretutto la formula adottata non produce *resti*: dunque non ci sono voti non utilizzati nelle singole circoscrizioni da recuperare sul piano nazionale, come accadeva invece in Italia con la legge elettorale della Camera dei deputati in vigore fino al 1993).

La soglia di sbarramento

Maggioritario vs. proporzionale

In genere i fautori delle formule maggioritarie sostengono che queste favoriscono l'individuazione di un partito o una coalizione vincenti e quindi di una maggioranza, dunque la *governabilità*, mentre i critici sostengono che ciò non avviene sempre o comunque avviene a spese della *rappresentatività*; viceversa i fautori delle formule proporzionali sostengono che solo queste permetterebbero la formazione di assemblee fedelmente rappresentative, mentre i critici sostengono che ciò si traduce in assemblee frammentate e incapaci di garantire il necessario sostegno al governo. In realtà molto dipende dal sistema partitico, dal numero di partiti che si presentano e dal carattere della competizione. Basti pensare al caso inglese: per decenni il sistema *plurality* con collegi uninominali ha prodotto maggioranze e governi formati da *un solo* partito, finché nel 2010 l'esito elettorale ha reso obbligata la formazione di un governo di coalizione, formato da *due* partiti e non da uno solo. Ma nel 2015 si è tornati al governo di un solo partito.

I sistemi misti

I sistemi elettorali che cercano di conciliare principio maggioritario e principio proporzionale, nel tentativo di evitare gli svantaggi di entrambi unendone i vantaggi, vengono chiamati *misti*. Proprio in Italia sono state introdotte formule che, pur nell'ambito di un sistema a base proporzionale, garantiscono la «costruzione» elettorale di una maggioranza nell'assemblea rappresentativa o il suo rafforzamento: queste formule ricorrono all'attribuzione di un *premio* in seggi volto a far sì che chi prende nel complesso più voti ottiene *comunque* la maggior parte dei seggi da assegnare (55%, 60%, 65% del totale, a seconda dei casi). In altri termini, si vuole che il risultato maggioritario non sia affidato al caso, ma sia certo e assicurato per legge (sistema *majority-assuring*). È appunto quanto la legislazione elettorale italiana più recente ha previsto ai diversi livelli di governo, ma dopo la sent. 1/2014 ciò è possibile, almeno per l'elezione del Parlamento, solo a una precisa condizione (un quorum minimo per il vincitore). Come vedremo, la Corte costituzionale ha infatti affermato che la rappresentatività dell'assemblea non può essere sacrificata alla governabilità, attraverso il meccanismo del premio, in misura eccessiva.

Proporzionale con premio di maggioranza

5. LE ELEZIONI PARLAMENTARI

5.1. Evoluzione delle formule elettorali e giurisprudenza costituzionale

Nulla prevede la Costituzione in ordine alla formula elettorale da usare, lasciata – si è sempre ritenuto – alla discrezionalità del legislatore. Fu questa una esplicita intenzione dei padri costituenti, i quali, pur nella grande maggioranza favorevoli a formule proporzionali, erano altresì convinti che non fosse opportuno cristallizzare un metodo specifico: il contesto avrebbe potuto cambiare e consigliare soluzioni via via diverse. Così è appunto successo: le leggi elettorali sono andate mutando nel tempo.

Con riguardo all'elezione delle Camere, la prima legge elettorale dopo l'entrata in vigore della Costituzione (1948) fu basata su due diverse formule proporzionali (con scrutinio di lista alla Camera, in collegi uninominali al Senato). Poi fu introdotto, per la sola Camera, un premio di maggioranza a vantaggio del partito o coalizione che avesse ottenuto la metà più uno dei voti (1953). Tale sistema, che peraltro non produsse effetti dato il mancato raggiungimento del quorum per l'assegnazione del premio, fu subito abbandonato con il ritorno alla precedente formula (elezioni dal 1958 al 1992). Dopo quarant'anni si ebbero due nuove leggi elettorali per Camera e Senato le quali assegnavano tre quarti dei seggi in altrettanti collegi uninominali con formula maggioritaria di tipo *plurality*; il residuo quarto, assegnato con formula proporzionale, era costruito in modo da avvantaggiare i partiti che avessero vinto meno seggi uninominali (1993). Questo sistema, che prevedeva anche uno sbarramento del 4% per l'assegnazione dei seggi proporzionali (alla Camera dove, a differenza del Senato, l'elettore aveva a disposizione due voti distinti, per il candidato nel collegio uninominale e per la lista nella parte proporzionale), fu utilizzato tre volte (1994, 1996, 2001). Nel 2005 fu approvata una legge di tipo proporzionale con premio (con la previsione di un unico premio nazionale alla Camera e di una pluralità di premi regionali al Senato) la quale, anche a seguito di una decisione della Corte costituzionale, è stata infine sostituita – per la Camera – dalla legge 52/2015 (la quinta legge elettorale in epoca repubblicana, la quarta se non si tiene conto della parentesi del 1953).

Le leggi elettorali dal 1948 ad oggi

È stato con la **sentenza n. 1 del 2014** che la Corte ha infatti ritenuto che dall'ordinamento costituzionale si dovessero ricavare principi che vincolerebbero la discrezionalità legislativa in materia elettorale. Quella sentenza conferma che non esiste un modello di sistema elettorale imposto dalla Costituzione e che il Parlamento può scegliere il sistema che ritiene più idoneo. Aggiunge tuttavia che anche rispetto alle leggi elettorali la Corte costituzionale può, e deve, valutare la ragionevolezza e la proporzionalità delle norme in esse previste. Giudicando alcune delle norme della legge elettorale del 2005 manifestamente irragionevoli e sproporzionate, la Corte incise radicalmente sull'allora vigente sistema elettorale, giungendo a produrne uno diverso. La sent. 1/2014 aveva ad oggetto le modifiche al testo unico per l'elezione della Camera (d.p.r. 30 marzo 1957, n. 361) e al testo unico per l'elezione del Senato (d.lgs. 20 dicembre 1993, n. 533) introdotte dalla l. 21 dicembre 2005, n. 270, applicata in tre successive elezioni (2006, 2008, 2013).

La legge elettorale dopo la sent. 1/2014

Abbandonato il sistema prevalentemente uninominale maggioritario, nel 2005 si era deciso di tornare a un sistema su base *interamente proporzionale* (come prima del 1993), fortemente corretto, tuttavia, da un *premio di maggioranza* (di entità variabile). Le formule elettorali erano identiche per entrambe le Camere, ma applicate ad ambiti territoriali diversi. Alla Camera, ripartiti i seggi proporzionalmente, chi avesse ottenuto più voti degli altri (una singola lista o una coalizione di liste) avrebbe ottenuto comunque 340 seggi. Si alterava così la proporzionalità della ripartizione inizialmente effettuata. Si era

La riforma elettorale del 2005

ritenuto invece che, nel caso del Senato, l'attribuzione di un premio nazionale non fosse compatibile con l'art. 57.1 Cost. che vuole il Senato «eletto a base regionale»: ecco perché la previsione di tanti premi quante le regioni (il 55% dei seggi assegnati in ogni regione). Mentre, dunque, alla Camera la lista o la coalizione più votata otteneva una maggioranza certa (i 340 seggi su 630), al Senato l'esito era casuale, frutto della sommatoria dei premi distribuiti regione per regione. Era quindi ben possibile che il vincitore alla Camera non vincesse anche al Senato, con i conseguenti problemi per la governabilità.

L'assegnazione del premio

La sentenza 1/2014 della Corte costituzionale venne a incidere sul meccanismo descritto, dichiarando l'incostituzionalità del premio di maggioranza a causa dell'assenza di una soglia minima di voti per competere all'assegnazione del premio stesso. Secondo la Corte, un siffatto meccanismo è «tale da produrre un'alterazione profonda della composizione della rappresentanza democratica»: se il legislatore decide per un sistema a base proporzionale non può poi tradire le legittime aspettative degli elettori con meccanismi che ne snaturino la logica di funzionamento (con questa affermazione, peraltro, si ammettevano implicitamente eventuali leggi maggioritarie).

Va detto che nelle tre elezioni in cui si è votato con questo sistema esso aveva dato luogo a esiti diversi: nel 2006, nel confronto fra due coalizioni molto ampie con dentro praticamente tutti i partiti, la coalizione vincente aveva ottenuto il 49,8% dei voti alla Camera, ma era riuscita a prevalere al Senato solo grazie ai seggi assegnati nella circoscrizione estero; nel 2008 si erano confrontate due coalizioni formate ciascuna da due soli partiti e la coalizione vincente alla Camera, col 46,8%, aveva prevalso nettamente anche al Senato; nel 2013, in un contesto non più *bipolare* ma *tripolare*, il premio alla Camera era stato vinto da una coalizione che aveva ottenuto il 29,5% (con un premio di ben 144 seggi), risultando solo maggioranza relativa al Senato.

Le liste bloccate

L'altro aspetto su cui incise la sentenza della Corte concerneva la scelta degli eletti che, in base alla l. 270/2005, avveniva attraverso *liste bloccate* (contenenti anche fino a una cinquantina di nomi). In altre parole, i seggi spettanti a ciascuna di esse erano assegnati ai candidati secondo l'ordine di lista stabilito dai presentatori (partiti o movimenti), senza possibilità di intervento dell'elettore. Secondo la Corte, invece, l'elettore deve potersi esprimere anche sui candidati individualmente valutati, oltre che sulla lista nel suo complesso, in blocco appunto. Da qui la dichiarazione di incostituzionalità delle norme per l'elezione dei deputati e dei senatori che non consentivano di esprimere una *preferenza* per i candidati al fine di determinarne l'elezione. Così la Corte reintroduceva il voto di preferenza che era stato usato per l'ultima volta alla Camera nel 1992 e che al Senato non c'era mai stato.

Le liste bloccate erano uno degli aspetti più impopolari della legge elettorale del 2005 che, si diceva, privando l'elettore della facoltà di scelta, avrebbe prodotto un *parlamento di nominati*. Se di questo si può parlare, ma l'espressione è impropria (sempre di eletti si tratta), ciò derivava principalmente dalla possibilità prevista dalla legge di essere candidati anche in tutte le circoscrizioni: con liste bloccate e controllo delle opzioni di coloro che erano eletti in più circoscrizioni, i vertici dei partiti erano in grado di determinare, *a posteriori*, l'elezione di diversi candidati preferiti rispetto ad altri.

5.2. Elezione della Camera dei deputati

La riforma elettorale del 2015

Nel corso della XVII legislatura il Parlamento ha varato la nuova legge elettorale della Camera (l. 6 maggio 2015, n. 52). Nulla è stato invece fatto per il Senato, nella prospettiva di una profonda riforma del sistema bicamerale. La riforma cost. 2016 prevede infatti la trasformazione del Senato in un'assemblea di rappresentanza delle istituzioni territoriali, non più eletta direttamente dal corpo elettorale (ne parliamo ampiamente nei capp. 9 e 16).

La nuova legge elettorale della Camera costituisce un'incisiva riforma di quella del 2005, volta a superare alcuni difetti che essa aveva manifestato e – soprattutto – a tener conto della sent. 1/2014. Anche la l. 52/2016 è una *legge elettorale a base proporzionale* di tipo *majority-assuring*, tale cioè da assicurare a chi vince le elezioni una maggioranza assoluta di seggi. La si può descrivere così (v. anche l'esempio).

- I seggi da assegnare sono suddivisi su *base territoriale*: 618 seggi sono ripartiti in 20 circoscrizioni corrispondenti alle regioni; il riparto dei seggi fra le circoscrizioni avviene in base al numero degli abitanti quali risultano dall'ultimo censimento (art. 56.4 Cost.); a questi vanno aggiunti i 12 seggi assegnati nella circoscrizione estero (v. dopo). In Valle d'Aosta/Vallée d'Aoste, che elegge un solo deputato, e in Trentino-Alto Adige/Südtirol, che elegge 11 deputati, si applicano però disposizioni specifiche. Invece, i 606 assegnati nelle altre diciotto circoscrizioni sono a loro volta ripartiti in 100 **collegi plurinominali**, determinati in proporzione al numero di seggi assegnati a ogni circoscrizione (ci sono circoscrizioni con un solo collegio e circoscrizioni con più collegi, da 2 fino a 17 nella circoscrizione Lombardia, quella più grande: v. d.lgs. 122/2015). I collegi plurinominali eleggono da un minimo di 3 a un massimo di 9 deputati.
- In ciascun collegio plurinominale concorrono **liste di candidati**; le liste sono formate da un numero di candidati non inferiore alla metà e non superiore al totale dei seggi assegnati a ogni collegio. Ciascuna lista ha un **capolista**, il cui nome è riportato sulla scheda accanto al simbolo della lista; il capolista (e solo il capolista) può essere candidato in più collegi plurinominali, fino a dieci collegi in tutto. Sono previste le seguenti norme volte a promuovere la rappresentanza di genere, pena l'inammissibilità delle liste: i candidati sono presentati in ordine alternato di genere; nel complesso dei candidati di ogni lista nell'intera circoscrizione nessuno dei due sessi può essere rappresentato in misura superiore al 50%; nel complesso dei collegi della circoscrizione

non può essere presente più del 60% di candidati capolista dello stesso sesso. La legge è così rigorosa che obbliga a presentare candidati supplenti onde garantire l'equilibrio di genere (nel caso in cui un candidato o una candidata, ad esempio, rinunci all'ultimo momento).

• Diversamente dalla legge elettorale del 2005, *non* sono permesse coalizioni fra liste (fermo restando che è sempre possibile presentare liste singole con candidati appartenenti a più partiti). Resta l'obbligo di indicare il nome del «capo della forza politica» e di depositare il programma elettorale.

• L'elettore vota per la lista che preferisce. Ha inoltre la possibilità di esprimere *due preferenze* per candidati diversi dal capolista, purché le esprima per una donna e per un uomo o viceversa (se sceglie due donne o due uomini, la seconda preferenza è annullata).

• I seggi che spettano a ciascuna lista sono determinati *a livello nazionale* con formula proporzionale (si utilizza il metodo del quoziente naturale e dei più alti resti). È prevista una **soglia di sbarramento**: non concorrono all'assegnazione dei seggi le liste che ottengono meno del 3% dei voti validi.

Premio e ballottaggio eventuale

• Vince le elezioni la lista che ottiene più voti sul piano nazionale (sommando i voti ottenuti *in tutte le 20 circoscrizioni*) o quella che, tra le due liste più votate, prevale in un eventuale ballottaggio. Se la lista più votata ha ottenuto non meno del 40% dei voti validi, si verifica se essa ha conseguito – in base alla ripartizione proporzionale dei seggi – almeno 340 seggi. Se tale riscontro dà esito negativo, le vengono attribuiti *comunque* 340 seggi, che sono pari al 54% del totale dei seggi della Camera: è questo il **premio** (cioè la differenza tra 340 e il numero di seggi che avrebbe ottenuto su base strettamente proporzionale). Se la lista più votata ha ottenuto invece meno del 40% dei voti validi, si procede a un **secondo turno di ballottaggio**, al quale la lista che ha avuto più voti partecipa insieme alla lista che è arrivata seconda (anche tra primo e secondo turno, che si svolge nella seconda domenica successiva, sono escluse coalizioni fra liste). Alla lista che vince il ballottaggio sono attribuiti i 340 seggi. In tutti i casi (premio assegnato al primo o al secondo turno) i seggi in più sono sottratti a tutte le altre liste ammesse a partecipare al riparto (quelle che hanno avuto almeno il 3%, fra le quali sono quindi ripartiti proporzionalmente i restanti seggi calcolando il quoziente di minoranza).

• Con formule matematiche piuttosto complesse i seggi alla fine attribuiti a ciascuna lista vengono distribuiti nelle circoscrizioni e nei collegi plurinominali (in modo da far sì che ciascuna circoscrizione e ciascun collegio abbia i seggi nel numero previsto dalla legge). In ogni collegio, se una lista ottiene un seggio, è *eletto il capolista* (come se si trattasse di un collegio uninominale); se una lista ha diritto a più di un seggio, dopo il capolista viene eletto il candidato o la candidata *con più voti di preferenza*.

• Nelle circoscrizioni Valle d'Aosta/Vallée d'Aoste e in Trentino-Alto Adige/Südtirol, come si diceva, si applicano disposizioni specifiche: nella prima il seggio è uno solo e quindi maggioritario (è eletto il candidato che ottiene più voti); nella seconda 8 seggi sono assegnati in collegi uninominali con formula maggioritaria *plurality* e gli altri 3 con formula proporzionale. I voti espressi nelle due circoscrizioni speciali sono comunque computati a livello nazionale ai fini del raggiungimento del quorum del 40% e della soglia del 3%. Per questo è previsto il collegamento fra candidati uninominali e liste: nel numero di seggi conseguiti dalla lista che ha vinto le elezioni si computano pertanto i candidati eletti collegati alla lista medesima (ad essa sono attribuiti, in caso di assegnazione del premio, anche 2 dei 3 seggi proporzionali del Trentino-Alto Adige/Südtirol).

Si discute ancora se la legge elettorale del 2015 rispetta i principi affermati dalla giurisprudenza costituzionale nella sent. 1/2014. Rispetto alla legge elettorale del 2005 vanno sottolineati i seguenti elementi: è stato introdotto un robusto quorum (il 40%) per l'assegnazione del premio; in caso di mancato raggiungimento del quorum la parola torna al corpo elettorale con il ballottaggio, sistema che risponde a logiche diverse da quello precedente a un solo turno; rimane una soglia di sbarramento, ma è assai contenuta (il 3%), inferiore a quella prevista per il Parlamento europeo (v. par. 8); sono previsti collegi piccoli, sicché viene garantita l'esigenza di conoscibilità dei candidati da parte dell'elettore; il capolista è eletto automaticamente, ma gli ulteriori eletti della stessa lista non sono «bloccati», essendo stato introdotto il voto di preferenza; infine, se è vero che il capolista può candidarsi in più collegi (fino a dieci), una simile strategia, utile ai partiti minori che hanno difficoltà a eleggere i loro leader non potendo prevedere i collegi più sicuri, accresce il numero degli eletti grazie alle preferenze. La Corte costituzionale potrà essere chiamata a pronunciarsi sulle nuove norme elettorali: una disposizione transitoria della riforma cost. 2016 consente a una minoranza parlamentare di sottoporre la l. 52/2015 a giudizio di costituzionalità, con ricorso da presentare entro dieci giorni dall'entrata in vigore della riforma e successiva decisione della Corte entro trenta giorni. Questioni di legittimità costituzionale contro la nuova legge elettorale sono state nel frattempo già sollevate davanti ai tribunali e trasmesse alla Corte.

La circoscrizione estero

Per quel che riguarda infine la **circoscrizione estero**, che elegge 12 deputati (v. l. 27 dicembre 2001, n. 459 e d.p.r. 2 aprile 2003, n. 104), si utilizza una formula proporzionale (metodo del quoziente naturale), con voto di preferenza per uno o due candidati della lista prescelta (senza distinzione di genere). Applicata a pochi seggi suddivisi in quattro ripartizioni continentali (Europa con Federazione Russa e Turchia; America del Nord e del Centro; America del Sud; resto del mondo), la formula attribuisce notevoli vantaggi alle liste maggiori e risulta, di fatto, inevitabilmente disproporzionale.

APPLICAZIONE DELLA FORMULA DI ASSEGNAZIONE DEI SEGGI PER LA CAMERA

1. *Determinazione della cifra elettorale nazionale (tra parentesi la cifra elettorale nazionale senza i voti espressi nelle due circoscrizioni speciali), individuazione delle liste ammesse, riparto provvisorio dei seggi tra le liste ammesse (esclusi i seggi attribuiti nelle due circoscrizioni speciali)*

Quoziente elettorale naturale: 36.403.000 : 606 = 60.070

Lista Viola	13.400.000	35,2%	(13.112.000)	218
Lista Gialla	11.000.000	29,0%	(10.848.000)	180 + 1 resto = 181
Lista Azzurra	8.900.000	23,4%	(8.801.000)	146 + 1 resto = 147
Lista Rossa	2.300.000	6,0%	(2.249.000)	37
Lista Bianca	1.400.000	3,7%	(1.393.000)	23
Lista Indaco	700.000	1,9%	(698.000)	–
Lista Nera	300.000	0,8%	(299.000)	–

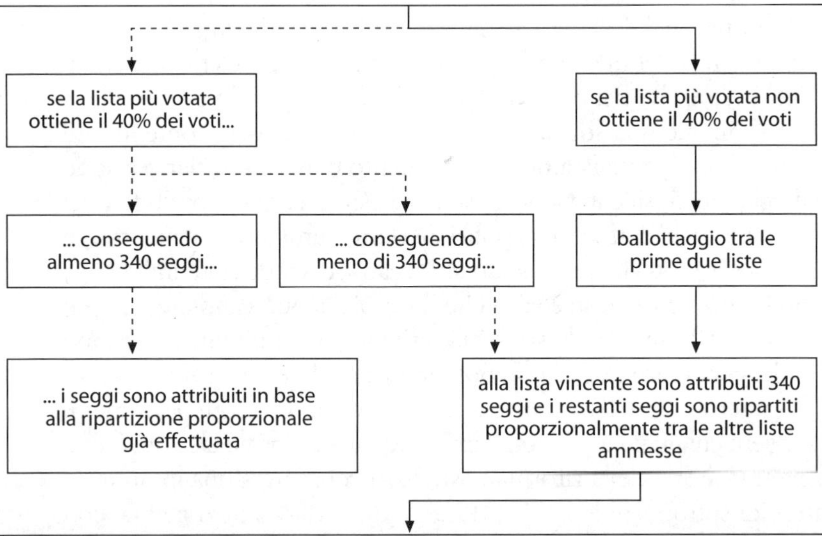

2. *Turno di ballottaggio tra le liste che hanno ottenuto le due maggiori cifre elettorali nazionali, riparto definitivo dei seggi tra le liste ammesse*

Ipotesi A): lista Viola vincente al ballottaggio; 8 dei 12 seggi attribuiti nelle due circoscrizioni speciali assegnati alla lista Viola, 3 alla lista Gialla, 1 alla lista Azzurra
Quoziente elettorale di minoranza: 23.291.000 : 274 = 85.003

Ipotesi B): lista Gialla vincente al ballottaggio; 4 dei 12 seggi attribuiti nelle due circoscrizioni speciali assegnati alla lista Gialla, 7 alla lista Viola, 1 alla lista Azzurra
Quoziente elettorale di minoranza: 25.555.000 : 271 = 94.298

Ipotesi A)		Ipotesi B)	
Lista Viola	332 (+ 8) = 340	Lista Gialla	336 (+ 4) = 340
Lista Gialla	127 + 1 resto (+ 3) = 131	Lista Viola	139 (+ 7) = 146
Lista Azzurra	103 + 1 resto (+ 1) = 105	Lista Azzurra	93 (+ 1) = 94
Lista Rossa	26	Lista Rossa	23 + 1 resto = 24
Lista Bianca	16	Lista Bianca	14

3. *Distribuzione nelle singole circoscrizioni dei seggi assegnati alle liste ammesse, attribuzione nei singoli collegi plurinominali dei seggi spettanti alle liste, proclamazione degli eletti in ciascun collegio a partire dal candidato capolista e successivamente in ragione del numero di preferenze ottenute da ciascun candidato*

5.3. Elezione del Senato della Repubblica

Il sistema elettorale del Senato è quello che rimane della legge del 2005 a seguito della decisione di illegittimità della Corte costituzionale. Cancellato il premio di maggioranza, si tratta di un sistema proporzionale con riparto regionale dei seggi (309, ai quali si sommano 6 seggi assegnati nella circoscrizione estero) e con una elevata soglia di sbarramento. Nel sistema risultante dalla sent. 1/2014, in realtà, sopravvivono soglie differenziate per le liste che si coalizzano con altre (3%) e per le liste che si presentano da sole (8%). Il mantenimento di una soglia ridotta per le liste coalizzate appare peraltro illogico perché la possibilità di coalizzarsi, incentivata dalla differenziazione delle soglie, era stata prevista in funzione della competizione per il premio, ora soppresso. Cancellate le liste bloccate, l'elettore può esprimere una preferenza allo scopo di determinare la successione degli eletti. Questo sistema è destinato a non essere applicato, se il referendum popolare confermerà la riforma cost. 2016 approvata dal Parlamento.

6. LE ELEZIONI REGIONALI

La competenza legislativa elettorale delle regioni

In base all'art. 122.1 Cost., modificato nel 1999, la *competenza in materia di sistema elettorale* delle regioni a statuto ordinario *spetta alla legge regionale*, sia pure nei limiti dei *principi fondamentali* stabiliti dalla legge dello Stato. La legge statale di principio (l. 165/2004) prescrive alle regioni *a*) l'individuazione di un sistema elettorale che agevoli la formazione di stabili maggioranze nel consiglio regionale, assicurando altresì la rappresentanza delle minoranze, e *b*) la contestualità dell'elezione del presidente della giunta e del consiglio. Analoghi principi si ricavano dalla preesistente normativa statale, confermata in via transitoria dall'art. 5 della l. cost. 1/1999, la quale prevede l'elezione diretta del presidente della giunta abbinata all'elezione del consiglio sulla base delle disposizioni contenute nella l. 108/1968 e nella l. 43/1995. Descriviamo qui questa normativa, con l'avvertenza che, per quanto si è detto, essa è stata sostituita nelle diverse regioni (ma non ancora in tutte) da altrettante leggi regionali.

È vero peraltro che, il più delle volte, le nuove leggi adottate dalle regioni hanno toccato solo aspetti limitati della disciplina statale e, comunque, tutte quante rispecchiano la logica di fondo del sistema elettorale da essa previsto. Perciò è ancora utile conoscerla, almeno nelle sue grandi linee.

Tale disciplina, dunque, si basa sull'**elezione diretta del presidente della giunta regionale**, cui consegue *per legge* l'attribuzione della maggioranza consiliare alle forze politiche che si sono presentate insieme al presidente eletto. Infatti, la legge **proporzionale** del 1968 è stata modificata nel 1995 prevedendo, accanto alle liste provinciali, una lista regionale il cui capolista è il candidato alla presidenza della giunta; la lista regionale contiene un numero di candidati pari a un quinto dei componenti del consiglio e vi si attinge per attribuire un **premio di maggioranza**. Caratteristiche essenziali del sistema sono:

La disciplina statale transitoria

- si vota su una scheda unica per il presidente e per il consiglio e in un turno unico;
- ciascun candidato presidente è obbligatoriamente collegato con una o più liste provinciali, oltre a capeggiare una propria lista regionale;
- l'elettore può votare *i*) il candidato presidente da solo; *ii*) il candidato presidente e una delle liste provinciali alla quale è collegato; *iii*) il candidato presidente e una delle liste provinciali alla quale *non* è collegato (*voto disgiunto*); *iv*) una lista provinciale da sola (in tal caso il voto si intende implicitamente espresso anche per il candidato presidente con cui è collegata); l'elettore può inoltre esprimere un *voto di preferenza* all'interno della lista provinciale, scrivendo il nome di uno dei suoi candidati consiglieri;
- il candidato presidente che ottiene più voti è eletto; con il presidente viene eletta l'intera lista regionale (20% dei seggi), nel caso in cui le liste collegate abbiano ottenuto meno della metà del totale dei seggi consiliari; nel caso in cui abbiano ottenuto un numero di seggi pari o superiore alla metà del consiglio, viene eletta solo mezza lista regionale (10% dei seggi); al fine di assicurare al presidente eletto una maggioranza del 55% dei consiglieri delle liste collegate (o del 60% se è stato eletto con almeno il 40% dei voti), è prevista l'assegnazione eventuale di seggi aggiuntivi (in tal caso aumentando il numero complessivo dei consiglieri). Quest'ultima disposizione non è però più applicabile dopo che il legislatore statale ha imposto un tetto al numero di consiglieri che ciascuna regione può prevedere nel proprio statuto ed eleggere (art. 14 d.l. 138/2011 e art. 2 d.l. 174/2012).

Obiettivo di questo sistema, combinando elezione diretta del presidente e composizione su base proporzionale del consiglio, è appunto quello di garantire la governabilità e al tempo stesso far salvo un ampio pluralismo della rappresentanza: c'è una soglia del 3%, ma essa non vale per le liste che si coalizzano attorno a un candidato presidente che ottenga almeno il 5%.

I sistemi elettorali regionali

Rispetto al sistema sopra descritto, le leggi elettorali regionali (v. tabella) hanno introdotto alcune varianti quali l'abolizione della lista regionale (con attribuzione del premio nell'ambito dei seggi assegnati nelle circoscrizioni provinciali), l'innalzamento o una diversa modulazione delle soglie di sbarramento, la doppia preferenza di genere (ora espressamente prevista dalla legge statale di principio). Alcune regioni hanno abolito la possibilità di voto disgiunto (Abruzzo, Calabria, Marche, Umbria). Solo in Toscana è stato introdotto il ballottaggio per l'elezione del presidente della giunta nel caso in cui nessun candidato superi il 40% dei voti. In nessuna regione (tranne le Marche) è prevista una soglia minima per ottenere il premio di maggioranza. L'assenza di un quorum nelle elezioni regionali è stata

LE LEGGI ELETTORALI DELLE REGIONI A STATUTO ORDINARIO

REGIONE	N. CONSIGLIERI (+ PRES. GIUNTA)	ULTIME ELEZIONI	LEGGE ELETTORALE
Abruzzo	30	25 maggio 2014	l.r. 9/2013
Basilicata	20	17 novembre 2013	disciplina statale
Calabria	30	23 novembre 2014	l.r. 1/2005, mod. da l.r. 4/2010, l.r. 8/2014, l.r. 19/2014
Campania	50	31 maggio 2015	l.r. 4/2009
Emilia-Romagna	49	23 novembre 2014	l.r. 21/2014
Lazio	50	24 febbraio 2013	l.r. 2/2005
Liguria	30	31 maggio 2015	disciplina statale
Lombardia	79	24 febbraio 2013	l.r. 17/2012
Marche	30	31 maggio 2015	l.r. 27/2004, mod. da l.r. 5/2015
Molise	20	24 febbraio 2013	disciplina statale
Piemonte	50	25 maggio 2014	disciplina statale
Puglia	50	31 maggio 2015	l.r. 2/2005, mod da l.r. 7/2015
Toscana	40	31 maggio 2015	l.r. 51/2014
Umbria	20	31 maggio 2015	l.r. 2/2010, mod. da l.r. 4/2015
Veneto	50	31 maggio 2015	l.r. 5/2012, mod. da l.r. 1/2015

ritenuta dalla Corte costituzionale (sent. 193/2015 sulla legge elettorale della Lombardia) questione meramente ipotetica, e quindi irrilevante, perché in quel caso il premio era stato attribuito a una coalizione di liste collegate a un presidente eletto con un numero non esiguo di voti (oltre il 40%).
Per quanto riguarda le regioni a statuto speciale, esse hanno sempre avuto competenza in materia di elezione dei consigli regionali e, dopo la l. cost. 2/2001, anche di elezione del presidente della regione (v. par. 12 del cap. 12).

7. LE ELEZIONI COMUNALI

La legislazione elettorale degli enti locali è materia di *competenza esclusiva dello Stato* (art. 117.2 lett. *p*) Cost.). La disciplina delle elezioni comunali si ritrova nel testo unico sull'ordinamento degli enti locali (d.lgs. 18 agosto 2000, n. 267, Tuel). Essa è caratterizzata dall'**elezione diretta del sindaco**, che venne introdotta nel 1993.
In realtà le formule previste sono due: *a*) quella relativa ai comuni maggiori (oltre i 15.000 abitanti), *b*) quella relativa ai comuni minori (fino a 15.000 abitanti). La caratteristica principale di entrambe è che combinano l'elezione diretta con una composizione del consiglio comunale che garantisce al sindaco eletto una sicura maggioranza numerica, rispettando la proporzionalità interna alle liste che lo sostengono e alle liste che restano in minoranza. Descriviamo ora la prima formula, e poi segnaliamo cosa differenzia la formula dei comuni fino a 15.000 (che sono la gran parte, ovviamente).

Comuni oltre i 15.000 abitanti

Gli elementi essenziali della formula dei **comuni maggiori** sono dunque:
- scheda unica per eleggere sindaco e consiglio; la scheda è divisa in due

parti, da una parte i candidati a sindaco, dall'altra la lista o le liste per il consiglio cui ogni candidato sindaco ha l'obbligo di collegarsi;

- facoltà per l'elettore di votare *i*) solo per un candidato sindaco; *ii*) per il sindaco e per una delle liste collegate; *iii*) solo per la lista (in questo caso il voto «ricade» sul candidato sindaco ad essa collegato); per un candidato sindaco e per una lista *non* collegata (altro caso di *voto disgiunto*); al voto di lista si può aggiungere il voto di preferenza per uno o anche due candidati (ma di genere diverso) compresi nella lista;
- per essere eletti sindaco occorre conseguire la maggioranza assoluta dei voti validi; se ciò non accade si ricorre a un *secondo turno di ballottaggio* fra i due candidati più votati, i quali possono collegarsi ad altre liste (cosa che spesso non avviene se il candidato teme che la sua immagine possa risultare danneggiata da accordi con forze politiche che lo avevano avversato al primo turno);
- il candidato eletto garantisce alle liste collegate, salvo casi marginali, una maggioranza del 60% dei seggi consiliari, mentre il resto dei seggi va alle minoranze; i seggi sono ripartiti in proporzione ai voti ottenuti dalle liste all'interno delle due quote di maggioranza e di minoranza (con la *formula d'Hondt*); la soglia di sbarramento è il 3%, che però viene elusa dalle liste appartenenti a coalizioni che abbiano superato la stessa soglia.

Comuni fino a 15.000 abitanti

Nei **comuni minori**, invece, ciascun candidato sindaco è collegato a *una lista sola*; si vota in *un solo turno*; il candidato che prende più voti è eletto e ciò comporta l'elezione dei due terzi dei consiglieri fra i candidati della sua lista; gli altri seggi sono ripartiti, in proporzione ai voti ricevuti, fra le altre liste; c'è il voto di preferenza (ma la doppia preferenza di genere c'è solo nei comuni sopra i 5.000 abitanti).

Elezioni circoscrizionali

Quanto alle **circoscrizioni**, previste solo nei comuni molto grandi, le modalità di elezione dei relativi consigli sono affidate dalla legge allo statuto del comune: in mancanza si applicano le norme relative ai comuni con più di 15.000 abitanti.

Va infine osservato che la riduzione del numero dei consiglieri comunali, attuata a partire dal 2011, finisce per sortire un indiretto effetto di sbarramento in quanto, come spiegato al paragrafo 4, con meno eligendi sale automaticamente la percentuale minima di voti necessari a conseguire almeno un eletto.

Dell'elezione (indiretta) degli organi provinciali e metropolitani parliamo nel paragrafo 8 del capitolo 12.

8. LE ELEZIONI EUROPEE

La legge elettorale italiana per il Parlamento europeo è la meno recente fra le leggi elettorali vigenti nel nostro ordinamento (l. 24 gennaio 1979, n. 18). Ed è quella che più si avvicinava a una legge elettorale proporzionale pura, che

ESEMPIO DI RIPARTO DEI 73 SEGGI PER IL PARLAMENTO EUROPEO

Totale voti di tutte le liste	***33.100.000***	*% sui voti validi*	*Seggi con quoziente intero (71 su 73)*	*Resti utili per attribuire i 2 seggi ancora da assegnare*	*Seggi (totale 73)*
Voti delle liste sopra 4% da considerare	***29.200.000***	diviso per 73 = 400.000 quoziente	voti di lista diviso quoziente	voti di lista – (quoziente per seggi interi)	seggi interi + resti
Viola	**11.550.000**	34,89	: 400.000 = 28	350.000 (1° resto)	28 + 1 = 29 eletti
Bianchi	**9.300.000**	28,09	: 400.000 = 23	100.000	23 + 0 = 23 eletti
Verdi	**3.650.000**	11,02	: 400.000 = 9	50.000	9 + 0 = 9 eletti
Neri	**2.700.000**	8,15	: 400.000 = 6	200.000 (2° resto)	6 + 1 = 7 eletti
Rossi	**2.000.000**	6,04	: 400.000 = 5	nessun resto utile	5 eletti
Gialli	**1.300.000**	3,92	non partecipa al riparto		nessun eletto
Ciclamino	**1.000.000**	3,02	non partecipa al riparto		nessun eletto
Amaranto	**800.000**	2,41	non partecipa al riparto		nessun eletto
Altri	**1.000.000**	(3,02)	non partecipano al riparto		nessun eletto

consentiva anche a liste con meno dell'1% dei voti di ottenere un seggio. Dal 2009 non è più così, perché è stata introdotta una significativa soglia di sbarramento.

Proporzionale con soglia di sbarramento

La formula funziona in questo modo:

- i seggi da assegnare sono 73, ripartiti in cinque grandi circoscrizioni pluriregionali (Nord-Ovest, Nord-Est, Centro, Sud, Isole) con un numero di abitanti assai diverso l'una dall'altra; è possibile candidarsi nella stessa lista anche in tutte le circoscrizioni;
- in ciascuna lista circoscrizionale i candidati dello stesso sesso non possono superare la metà e i primi due in ordine di lista devono essere di sesso diverso;
- si applica la formula del quoziente naturale e dei più alti resti;
- non la si applica però circoscrizione per circoscrizione, ma al complesso dei voti ottenuti sul piano nazionale dalle varie liste e ciascuna lista deve ottenere almeno il 4% per partecipare al riparto dei seggi;
- l'elettore può esprimere fino a tre preferenze, ma se ne utilizza più di una queste devono essere espresse per candidati di sesso diverso.

9. LA LEGISLAZIONE ELETTORALE «DI CONTORNO»

Nel paragrafo 3 abbiamo elencato tutto ciò che fa parte in senso lato della legislazione elettorale. Dopo aver descritto le formule elettorali per i diversi livelli di governo, esaminiamo qui gli aspetti più rilevanti di quella che viene definita **legislazione elettorale di contorno** (vale a dire tutto ciò che non attiene alla formula elettorale in senso stretto).

- In ordine alla *presentazione delle liste di candidati*, pur essendo formalmente previsto l'obbligo di sottoscrizione da parte di un certo numero di elettori di entità rapportata alla popolazione delle circoscrizioni elettorali, sono però state introdotte deroghe così ampie (a vantaggio delle forze politiche già rappresentate al momento del voto, finanche le più piccole) da far sì che quell'obbligo abbia effetto solo per le formazioni che si presentano per la prima volta (v. art. 18-*bis* d.p.r. 361/1957 e art. 12 l. 18/1979).

• In ordine alla responsabilità delle diverse *fasi del procedimento elettorale*, essa è affidata in parte al ministero dell'interno, in parte ai comuni, in parte a organi istituiti di volta in volta (le sezioni elettorali, costituite dal presidente di seggio e dagli scrutatori, e gli uffici elettorali, che sono formati da magistrati).

• In ordine alle eventuali *contestazioni* concernenti il procedimento elettorale, occorre distinguere fra elezioni politiche e gli altri tipi di elezione. Per le prime, al fine di salvaguardare l'autonomia parlamentare, la competenza è attribuita dalla Costituzione alle stesse Camere (v. cap. 9). Per le altre elezioni la competenza è invece affidata al giudice amministrativo (v. artt. 126-132 d.lgs. 104/2010). Qualora tuttavia si disputi di diritti (elettorato attivo o passivo), e non del procedimento elettorale, la competenza è del giudice ordinario.

Le campagne elettorali

• La disciplina delle **campagne elettorali** (v. l. 4 aprile 1956, n. 212 e l. 10 dicembre 1993, n. 515) prevede disposizioni che regolano la *propaganda elettorale* a mezzo stampa e radiotelevisiva e le altre forme di propaganda (affissione dei manifesti e riparto degli spazi sui tabelloni allestiti dai comuni), il «silenzio elettorale» nel giorno prima delle elezioni, i limiti alle *spese elettorali* dei candidati e dei partiti, la tipologia e le forme di pubblicità di tali spese, la figura del *mandatario elettorale* (che ogni candidato deve nominare, unico tramite legittimo di raccolta dei finanziamenti attraverso l'apertura di un apposito conto corrente), le forme di controllo e le sanzioni, con l'istituzione di un *collegio di controllo sulle spese elettorali* presso la Corte dei conti e di un *collegio regionale di garanzia elettorale* presso ogni corte d'appello, i rimborsi elettorali ai partiti (di cui è stata decisa l'abolizione dal 2017, v. par. 12). Tetti alle spese elettorali sono previsti, oltre che per le elezioni politiche, per quelle regionali (v. l. 43/1995), del Parlamento europeo e nei comuni sopra i 15.000 abitanti (v. l. 96/2012).

• Inoltre, una legge specifica (v. l. 22 febbraio 2000, n. 28, legge sulla *par condicio*, la cui applicazione è causa di vivacissime polemiche) disciplina la *parità di accesso ai mezzi di informazione* fra le varie liste durante le campagne elettorali, e anche al di fuori di esse. Si tratta di una normativa particolarmente rigida che, fra l'altro, limita fortemente gli spot in tv, forma di propaganda considerata in grado di suggestionare l'elettore, e vieta la diffusione dei risultati di sondaggi sulle intenzioni di voto nei 15 giorni che precedono le elezioni.

10. IL POPOLO CHE DELIBERA: I REFERENDUM

Come si è già notato, il nostro ordinamento prevede alcune forme di decisione popolare diretta mediante **referendum**. Del resto, mediante referendum venne presa la decisione fondamentale alla base della Costituzione italiana: quello con il quale, il 2 giugno 1946, i cittadini elettori, per la prima volta uomini e donne, scelsero la Repubblica (v. cap. 16).
E in effetti, alla Costituente, numerose furono le tipologie di referendum proposte e prese concretamente in esame. Dopo una discussione piuttosto accesa si optò per le forme più limitate delle quali diciamo più avanti (che, nella prassi, si riveleranno comunque suscettibili di ampio utilizzo e capaci di determinare conseguenze politiche assai rilevanti).

La votazione referendaria e i suoi effetti

Il referendum consiste in una votazione sulla base di un quesito che viene sottoposto alla valutazione del corpo elettorale in forme varie e con effetti diversi. Vi sono referendum che hanno carattere meramente *consultivo*: come un *parere*, che per ragioni politiche non è peraltro agevole disattendere (e ciò può dipendere dall'entità della maggioranza che ha prevalso); e referendum che si possono definire *decisivi* o *deliberativi*, che incidono di per sé sull'ordinamento. La caratteristica di tutti i referendum è che, come dicono i politologi, sono giochi *a somma zero*: nel senso che la volontà di coloro che prevalgono diventa la volontà del popolo senza mediazioni (ovvero «chi vince vince tutto, chi perde perde tutto»). È, in altre parole, un procedimento decisionale che non ammette compromessi e vie di mezzo, come può invece accadere, e spesso accade, nelle assemblee rappresentative. È dunque particolarmente appropriato quando si impongono scelte nette, da prendere o lasciare. Sotto questo aspetto si può dire che esso si è rivelato nell'ordinamento italiano uno strumento di compensazione e riequilibrio rispetto a un sistema politico-istituzionale caratterizzato da un tasso di mediazione partitica, e conseguente paralisi decisionale, che aveva pochi eguali nel quadro delle democrazie contemporanee.

I referendum nell'ordinamento italiano

La Costituzione prevede due tipi di referendum di ambito nazionale: il **referendum costituzionale** e il **referendum abrogativo**. Altri referendum previsti dalla Costituzione, che coinvolgono solo parte del corpo elettorale, riguardano la modificazione territoriale delle regioni. Caratteristica dei primi due è che essi possono essere promossi anche su *iniziativa popolare* (*referendum dal basso*), diversamente da quanto avviene in ordinamenti (ad es. Francia) nei quali solo gli organi costituzionali hanno questo potere (*referendum dall'alto*).

10.1. Referendum costituzionale (art. 138)

È un tipo di referendum *approvativo* o *confermativo*. Può essere promosso entro tre mesi dalla pubblicazione (a fini solo notiziali, senza data e numero e senza formula di promulgazione) di una legge costituzionale, nel caso in cui questa non sia stata approvata nella seconda deliberazione dalla maggioranza dei due terzi dei componenti di ciascuna camera. Titolari del potere di richiedere il referendum sono:

Chi può chiedere il referendum costituzionale

a) un quinto dei componenti della Camera o del Senato;
b) cinquecentomila elettori;
c) cinque consigli regionali.

Quando ciò accade, l'**Ufficio centrale per il referendum** costituito presso la Corte di cassazione (composto da tre presidenti di sezione e tre consiglieri anziani) decide con ordinanza sulla legittimità della richiesta. Successivamente il presidente della Repubblica, previa deliberazione del Consiglio dei ministri, indice il referendum in una data fra il 50° e il 70° giorno dal decreto di indizione. Il testo del quesito è quello che si legge nella tabella.
Possono prendere parte alla votazione referendaria i cittadini maggiorenni. Quale che sia il numero dei partecipanti, se la legge viene approvata dalla maggioranza dei voti validi, il presidente della Repubblica la promulga. Se prevalgono i «no», la legge non è promulgata ed è come se il Parlamento non l'avesse mai approvata. A differenza del referendum abrogativo (v. dopo) non è previsto un *quorum strutturale*: e ciò dipende dal fatto che in questo caso si tratta di concorrere a prendere una decisione, non di incidere su una normativa già vigente. La disciplina del procedimento si trova nella legge sui referendum (l. 25 maggio 1970, n. 352).
Tutte le leggi costituzionali fino al 2001 sono state approvate con la maggioranza dei due terzi; ovvero con quella assoluta, ma senza che venisse chiesto il referendum. Con la legge di revisione del titolo V della parte II della Costituzione approvata dal Parlamento l'8 marzo 2001, invece, si è avuto un concorso di richieste da parte non solo dei parlamentari contrari alla riforma ma anche di quelli favorevoli (in quell'occasione si stabilì che il referendum poteva essere indetto solo una volta decorsi per intero i tre mesi previsti, anche se uno dei soggetti titolari lo aveva nel frattempo già richiesto).

I referendum costituzionali svolti

Il primo referendum costituzionale si è così tenuto il 7 ottobre 2001. Vi hanno partecipato il 34% degli aventi diritto, il 64,2% dei quali si è espresso per il «sì». Un secondo referendum, promosso su richiesta sia di un quinto dei membri di ciascuna camera sia delle regioni sia dei cittadini elettori, si è tenuto il 25 giugno 2006, avente per oggetto la revisione della parte II della Costituzione che il Parlamento aveva approvato il 16 novembre 2005. La partecipazione ha raggiunto il 53% degli aventi diritto; i «no» hanno prevalso con il 61,3% dei voti validi. Un terzo referendum è quello promosso da un quinto dei membri di ciascuna camera, con separate richieste da parte dei gruppi di maggioranza e di opposizione, e dai cittadini elettori sulla legge di revisione approvata dal Parlamento il 12 aprile 2016 «per il superamento del bicameralismo paritario, la riduzione del numero dei parlamentari, il contenimento dei costi di funzionamento delle istituzioni, la soppressione del Cnel e la revisione del titolo V della parte II della Costituzione».

TIPOLOGIA DEI REFERENDUM

REFERENDUM COSTITUZIONALE (ART. 138.2-3 COST.)	REFERENDUM ABROGATIVO (ART. 75 COST.)	REFERENDUM PER LA MODIFICAZIONE TERRITORIALE DELLE REGIONI (ART. 132 COST.)
«Approvate il testo della legge costituzionale concernente ... [titolo] approvato dal Parlamento e pubblicato nella *Gazzetta Ufficiale* n. ... del ... [data]?»	«Volete voi che sia abrogata la legge ... [data], n. ..., [titolo]?» *oppure* «Volete voi che siano abrogati gli artt. ... commi ... limitatamente alle parole ... della legge ... [data], n. ..., [titolo]?»	«Volete che la regione ... sia fusa con la regione ... per costituire insieme un'unica regione?» *oppure* «Volete che il territorio della provincia o del comune sia separato dalla regione ... per formare regione a sé stante ... o per entrare a far parte integrante della regione ...?»

10.2. Referendum abrogativo (art. 75)

Fu l'unica forma di referendum *legislativo* che la Costituente si risolse a introdurre, come disse Meuccio Ruini, allo scopo preciso di evitare che il Parlamento assumesse il carattere di *unico* organo sovrano. In compenso furono introdotti i limiti che ora vedremo. Il referendum abrogativo consiste nel chiedere al corpo elettorale se vuole che sia abrogata una legge *per intero*, ovvero che sia abrogata limitatamente a *parti di essa*, che nel caso andranno analiticamente specificate (articoli o commi o anche singole frasi o parole); al referendum viene data una denominazione, riprodotta sulla scheda, che sintetizza e «traduce» il quesito. Titolari del potere di richiederlo sono:

Chi può chiedere il referendum abrogativo

a) cinquecentomila elettori;
b) cinque consigli regionali.

Non può richiederlo una minoranza parlamentare (come invece per il referendum costituzionale). Ciò perché il referendum abrogativo riguarda un atto legislativo di rango ordinario che esprime un indirizzo politico di maggioranza, che non può essere rimesso continuamente in discussione dalla minoranza.

Anche la disciplina di questo procedimento referendario è contenuta nella l. 352/1970. Essa è però più complessa, in quanto la Costituzione prevede una serie di **limiti** sotto forma di oggetti che non possono essere sottoposti a referendum: il che ha determinato l'esigenza di prevedere un meccanismo di verifica dell'**ammissibilità** delle richieste presentate, che la l. cost. 1/1953 (art. 2) ha affidato alla **Corte costituzionale**. Invece, di garantire la *legittimità* del procedimento (raccolta delle firme degli elettori, che deve avvenire in un arco temporale non superiore a tre mesi; verifica del numero e della validità delle firme, o delle deliberazioni consiliari, che devono essere approvate a maggioranza assoluta; verifica della formulazione tecnico-giuridica del quesito) si occupa l'Ufficio centrale per il referendum presso la Corte di cassazione (v. sopra).

Limiti all'ammissibilità

Ai sensi dell'art. 75.2 Cost., sono *inammissibili* i referendum aventi ad oggetto:
- leggi **tributarie**;
- leggi di **bilancio**;
- leggi di **amnistia e indulto**;
- leggi di **autorizzazione alla ratifica dei trattati internazionali**.

I divieti stabiliti dall'art. 75.2, tuttavia, non esauriscono i limiti all'ammissibilità del referendum abrogativo. **Limiti ulteriori**, al di là della lettera dell'art. 75, sono stati individuati dalla giurisprudenza della Corte costituzionale, a partire dalla fondamentale sentenza n. 16 del 1978, interpretando il testo (*limiti impliciti*) e lo spirito (*limiti logici*) della Costituzione.

I limiti elaborati dalla giurisprudenza costituzionale

Così costituiscono, secondo la Corte, limiti ulteriori all'ammissibilità del referendum abrogativo:
- la **Costituzione** e le **leggi formalmente costituzionali**, per le quali l'art. 138 prevede un procedimento diverso e aggravato rispetto alla legge ordinaria;
- le **leggi a contenuto costituzionalmente vincolato**, ossia quelle per le quali la Costituzione detta l'unica disciplina possibile, senza lasciare margini di scelta al legislatore, sicché la loro eliminazione per via referendaria avrebbe il senso di un'abrogazione, indiretta, di una disposizione costituzionale (ad es. inammissibile è stato considerato il referendum abrogativo di alcune parti della legge sull'aborto, che costituirebbe fonte di tutela minima del diritto alla salute imposta dall'art. 32 Cost.: sent. 35/1997);
- le **leggi a contenuto «comunitariamente» vincolato**, ossia quelle per le quali la discrezionalità del legislatore è vincolata al rispetto del diritto dell'Unione europea (ad es. la Corte ha ritenuto inammissibili richieste in materia di contratti di lavoro a tempo determinato e parziale, perché l'abrogazione delle norme interne avrebbe reso inadempiente lo Stato italiano rispetto all'obbligo di attuare alcune direttive comunitarie: sentt. 41 e 45/2000);
- gli **atti legislativi ordinari aventi forza passiva rinforzata**, ossia le fonti specializzate in ragione della loro particolare competenza, la cui adozione deve seguire procedimenti più complessi di quello ordinario (atti che, non potendo essere abrogati da fonti legislative ordinarie in virtù di una speciale copertura costituzionale, tanto meno possono essere caducati per via referendaria: ad es. le leggi modificative dei Patti Lateranensi, stante la copertura dell'art. 7 Cost.);
- le **leggi collegate strettamente a quelle escluse dall'art. 75.2 Cost.**, le quali devono considerarsi parimenti ricomprese nel divieto (così, accanto alle *leggi di autorizzazione alla ratifica*, anche le *leggi di esecuzione* dei trattati internazionali: sentt. 27/1997 e 31/2000; accanto alle *leggi di bilancio*, anche le *leggi finanziarie* e le *leggi collegate alla manovra finanziaria*; sentt. 2/1994 e 6/2015);
- le **leggi obbligatorie o necessarie**, ossia quelle che devono necessariamente esistere nell'ordinamento perché direttamente previste dalla Costituzione (ad es. la stessa legge sulle modalità di attuazione del referendum

cui rinvia l'art. 75.5 Cost.) ma che, a differenza delle leggi a contenuto costituzionalmente vincolato, lasciano libero il legislatore quanto alla relativa disciplina. Le due categorie, pur concettualmente distinte, tendono però a confondersi nella giurisprudenza in un'unica categoria di leggi collegate strettamente a disposizioni costituzionali (leggi che «non possono essere soppresse senza con ciò ledere principi costituzionali»: v. sentt. 17/1997, 42 e 49/2000, 45/2005).

La giurisprudenza sui referendum elettorali

In quest'ultimo ambito si colloca la discussione a proposito dei **referendum su leggi elettorali**: leggi *necessarie* per il funzionamento degli organi costituzionali, ma a contenuto libero, potendo il legislatore scegliere tra molteplici sistemi di elezione. La Corte costituzionale ha dichiarato inammissibili richieste di abrogazione totale, ritenendo l'eliminazione delle leggi elettorali in contrasto con il principio di continuità degli organi costituzionali (di cui impedirebbe il regolare rinnovo, con conseguente paralisi del sistema). Le leggi elettorali, ha affermato la Corte, possono invece essere sottoposte a referendum quando la richiesta colpisca solo alcune disposizioni (abrogazione parziale) e a condizione che la disciplina che residua dopo l'abrogazione permetta comunque agli organi costituzionali di poter funzionare (*autoapplicatività* della normativa *di risulta*). Così, ad esempio, la Corte ha ritenuto *inammissibile* un referendum sulla legge per l'elezione del Csm proprio perché la richiesta aveva ad oggetto l'intera legge (sent. 29/1987); ma ha ritenuto *ammissibile* il referendum sulla legge elettorale della Camera che colpiva le sole disposizioni in base alle quali l'elettore poteva esprimere più voti di preferenza, in quanto effetto dell'abrogazione sarebbe stato di ridurre la scelta dei candidati a un'unica preferenza, senza che risultassero impedimenti alla costante operatività dell'organo costituzionale (sent. 47/1991). Questa giurisprudenza ha reso possibile il referendum che nel 1993 «trasformò» da proporzionale a maggioritaria la legge elettorale del Senato (sent. 32/1993). Con la sent. 13/2012 la Corte ha escluso che il vuoto derivante dall'abrogazione referendaria possa essere colmato dalla «reviviscenza» della precedente legislazione elettorale abrogata dalla legge sottoposta a referendum.

La formulazione del quesito

A tutto questo vanno aggiunti i limiti all'ammissibilità che riguardano la *formulazione* del quesito referendario. Al fine di garantire la libera e consapevole espressione del voto, la richiesta deve essere **omogenea**, **chiara e univoca**. Il requisito dell'omogeneità è soddisfatto quando la domanda consente la scelta tra un'alternativa secca – l'eliminazione o il mantenimento di una certa disciplina – rispetto alla quale è possibile rispondere con un «sì» o con un «no». È, di contro, inammissibile una richiesta referendaria che contiene una *pluralità di domande eterogenee* che impediscono una scelta univoca. Così, nella citata sentenza del 1978, non fu ritenuta ammissibile la richiesta di abrogazione relativa a quasi cento articoli del codice penale aventi ad oggetto materie disparate (dalla pena dell'ergastolo ai reati commessi a mezzo stampa, dalla rivelazione dei segreti di stato all'interruzione

LIMITI ALL'AMMISSIBILITÀ DEL REFERENDUM ABROGATIVO

Oggetti sui quali non è ammesso il referendum (art. 75.2 Costituzione)	Ulteriori ragioni di inammissibilità ex giurisprudenza della Corte	Ragioni di inammissibilità legate alla formulazione del quesito ex giurisprudenza della Corte
• Leggi tributarie • Leggi di bilancio • Leggi di amnistia e di indulto • Leggi che autorizzano la ratifica di trattati internazionali	• Costituzione e leggi costituzionali • Leggi a contenuto costituzionalmente vincolato • Leggi a contenuto «comunitariamente» vincolato • Leggi strettamente collegate alle leggi di cui all'art. 75.2 • Leggi «obbligatorie» o «necessarie»	• Mancanza di omogeneità, chiarezza e univocità del quesito • Assenza dal quesito di una «manifesta e chiara alternativa» • Pluralità di domande eterogenee non riconducibili a una matrice razionalmente unitaria • Quesito introduttivo di discipline completamente diverse

di pubblico servizio), e anche quella concernente l'intero codice penale militare. In entrambi i casi la Corte giudicò che era impossibile estrarre un quesito comune e razionalmente unitario. Allo stesso modo, fu giudicata inammissibile la richiesta relativa all'art. 842 del codice civile (passaggio nel fondo altrui per l'esercizio della caccia e della pesca), per il fatto che il quesito avrebbe inciso su due ipotesi distinte (caccia e pesca): ciò avrebbe precluso all'elettore favorevole all'abrogazione solo dell'una o dell'altra di operare una scelta tra le due (sent. 28/1987).

In buona sostanza la Corte ritiene una richiesta omogenea quando il quesito sottoposto agli elettori, qualora riguardi una pluralità di disposizioni, è riconducibile a un *unitario principio abrogativo* in grado di tenerle tutte insieme. L'omogeneità della richiesta, dunque, diventa il presupposto per un quesito chiaro: un quesito è chiaro quando l'elettore è in grado di capire qual è l'oggetto dell'abrogazione, quali ne sono le conseguenze e qual è il fine che si intende perseguire. Per questo la Corte valuta anche, da una parte, che il quesito sia idoneo al conseguimento del fine voluto dai promotori del referendum (non sono ammissibili richieste abrogative «da cui non consegue alcun utile risultato» o che propongono all'elettore «una falsa alternativa»: sentt. 36 e 43/2000, 5/2015); dall'altra, che il fine non sia perseguito in modo contrario alla natura dell'istituto referendario, trasformandolo surrettiziamente in un tipo di referendum, quello *propositivo*, che l'ordinamento non contempla (non sono ammissibili richieste che, mediante una tecnica di «taglia e cuci», producono risultati innovativi del tutto estranei al contesto normativo: sentt. 36/1997, 38, 40 e 50/2000, 43/2003).

La Corte costituzionale ha dunque molto esteso i limiti previsti dall'art. 75 Cost.: dal 1972 al 2016, chiamata a giudicare su 156 richieste, non ne ha ammesse 76 (quasi la metà).

Indizione del referendum

Una volta che la Corte costituzionale abbia dichiarato *ammissibile* la richiesta referendaria (v. fig.), il presidente della Repubblica, previa deliberazione del Consiglio dei ministri, indice il referendum che si deve tenere fra il 15 aprile e il 15 giugno. Non si può però tenere lo stesso anno delle elezioni parlamentari, dal momento che non si possono presentare richieste nei dodici mesi anteriori alla scadenza delle Camere, e se esse sono sciolte anticipatamente, il referendum eventualmente già previsto slitta all'anno successivo.

Il quorum strutturale

Perché la consultazione abbia un esito favorevole all'abrogazione non è sufficiente che i «sì» prevalgano sui «no», ma deve aver partecipato la **metà più uno degli aventi diritto**: è il *quorum strutturale* previsto dalla Costituzione (art. 75.4). Il costituente ritenne che per sovvertire una decisione del Parlamento ci volesse una pronuncia popolare condivisa da una parte rilevante del corpo elettorale e non sostenuta solo da una minoranza attiva (tanto che decise di aumentare il quorum in un primo momento fissato in due quinti).

Esito del referendum

L'Ufficio centrale per il referendum proclama il risultato del referendum: se è favorevole, il presidente della Repubblica emana un decreto col quale dichiara l'avvenuta abrogazione. Essa ha effetto dal giorno dopo la pubblicazione sulla *Gazzetta Ufficiale*, ma può essere ritardata fino a 60 giorni dallo stesso decreto presidenziale, previa delibera del Consiglio dei ministri (allo scopo, evidentemente, di dare un breve margine di tempo per fronteggiare al meglio le conseguenze di un possibile vuoto legislativo). Anche il prevalere dei «no» produce un effetto: non si può proporre referendum sulle medesime disposizioni prima che siano passati 5 anni. Il divieto non si applica se il quorum non è stato raggiunto: in questo caso, semplicemente, la consultazione *non è valida*. Solo se la consultazione raggiunge il quorum è previsto un rimborso ai comitati promotori (art. 1.4 l. 157/1999).

La l. 352/1970 prevede che il procedimento referendario è interrotto, in qualsiasi momento, qualora venga approvata una legge che abroga le norme oggetto della richiesta. Tuttavia la Corte costituzionale, nella sent. 68/1978, ha stabilito che questa previsione non si applica in caso di nuova disciplina che non modifichi *principi ispiratori* e *contenuti essenziali* di quella sottoposta a referendum. In tal caso l'Ufficio centrale per il referendum modifica il quesito abrogativo e lo «trasferisce» sulla nuova normativa: così i promotori vengono tutelati da abrogazioni fittizie, varate al solo fine di aggirare la richiesta referendaria. Un esempio di trasferimento si è avuto nel 2011, quando l'Ufficio centrale – presa in esame la l. 75/2011 di conversione del d.l. 34/2011, che aveva abrogato e sostituito le norme per le quali era stato chiesto e ammesso il referendum in materia di produzione di energia nucleare – ha disposto che il referendum si tenesse lo stesso ma sulle nuove norme, ritenute non tali da modificare la sostanza di quelle originarie. Un esempio di interruzione del procedimento referendario si è avuto invece nel 2016 con i referendum in materia di estrazione di petrolio e gas (tranne che per uno dei sei quesiti presentati, trasferito sulla nuova normativa).

Il trasferimento del quesito

IL PROCEDIMENTO DEL REFERENDUM ABROGATIVO

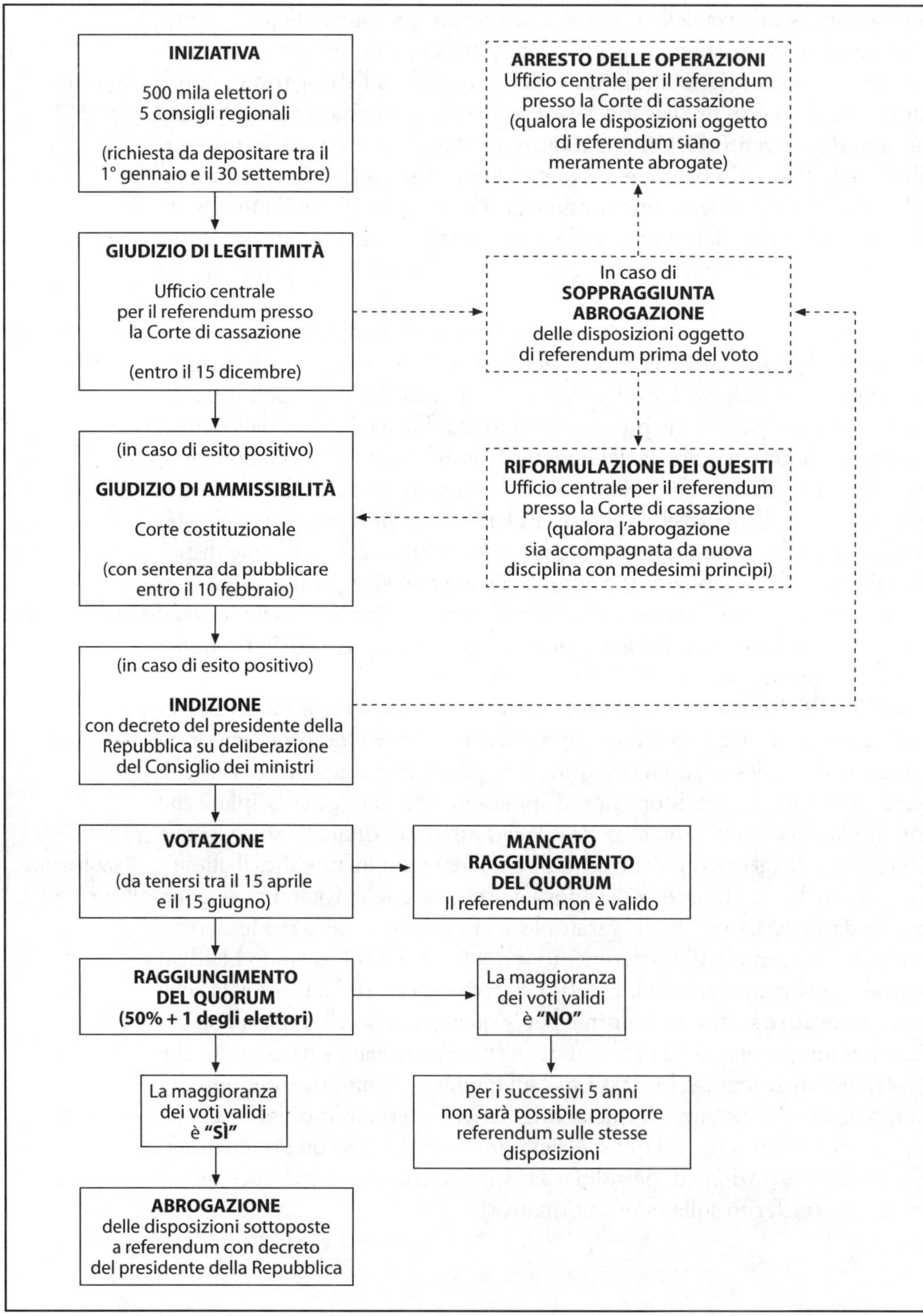

10.3. Referendum relativi a modificazioni territoriali (art. 132)

Ve ne sono di due tipi: *a)* il referendum che, in caso di voto favorevole, costituisce il presupposto di una *legge costituzionale* per la fusione di più regioni o per la costituzione di una nuova regione (art. 132.1); *b)* il referendum che, in caso di voto favorevole, costituisce il presupposto di una *legge ordinaria* che consente a una provincia o a un comune di staccarsi da una regione e aggregarsi a un'altra (art. 132.2). Le modalità attuative sono disciplinate sempre dalla l. 352/1970.

10.4. Referendum regionali e locali

Altri referendum sono previsti a livello di regioni ed enti locali, disciplinati dai rispettivi statuti. I referendum regionali debbono avere ad oggetto «leggi e provvedimenti amministrativi della regione» (art. 123.1 Cost.); i referendum locali «materie di esclusiva competenza locale» (art. 8 Tuel).
Un referendum confermativo eventuale è previsto per l'approvazione degli statuti delle regioni ordinarie (art. 123.3 Cost.); nelle regioni speciali per l'approvazione delle «leggi statutarie» (v. capp. 5 e 12).

10.5. Altri referendum

Un singolare referendum che può essere definito *di indirizzo* si tenne nel 1989 in occasione delle elezioni europee: oggetto fu il conferimento al Parlamento europeo di un mandato costituente (a stendere la costituzione europea). Non previsto dalla Costituzione, fu necessario varare una legge costituzionale introduttiva di tale consultazione *una tantum* (l. cost. 2/1989). Si espresse a favore l'88% degli elettori, ma senza conseguenze concrete.

11. IL REFERENDUM ABROGATIVO NELLA PRASSI

Storia dei referendum dal 1974

Il primo referendum abrogativo si ebbe solo nel maggio 1974. Vent'anni dopo l'entrata in vigore della Costituzione il Parlamento non aveva ancora approvato la legge di attuazione dell'art. 75. L'approvazione della più volte richiamata l. 352/1970 si dovette all'intesa politica che indusse il maggior partito dell'epoca (la Dc) a non opporre l'ostruzionismo contro la legge che avrebbe introdotto il divorzio nel nostro ordinamento (in cambio fu garantita la possibilità di fare appunto appello al corpo elettorale). Da allora i referendum svolti sono stati numerosissimi, facendo della democrazia italiana quella che in Europa ha fatto più di frequente ricorso a tale strumento, Svizzera (considerata la patria della democrazia diretta) a parte.

Il fenomeno referendario segna letteralmente la storia costituzionale e politica italiana per tre decenni: manifestazioni di logoramento appaiono evidenti, tuttavia, dopo i referendum del 1995. Falliscono per non raggiungimento del quorum sei consultazioni referendarie di seguito (1997, 1999, 2000, 2003, 2005, 2009), mentre ciò era accaduto solo una volta in precedenza (1990). Molto si può dire dell'eccezionale duttilità di uno strumento di mobilitazione e partecipazione che si è prestato a ogni sorta di impiego. Ecco alcuni degli aspetti più propriamente giuridici emersi attraverso una prassi così ricca.

• La disputa intorno all'ammissibilità delle richieste referendarie che ha inevitabilmente trascinato la Corte costituzionale al centro di accese polemiche politiche, originate da una giurisprudenza che ha allargato a dismisura i limiti posti dal costituente, ricorrendo a criteri talvolta contraddittori e tali da rendere il giudizio di ammissibilità del tutto imprevedibile.

• La questione dei vincoli determinati dalla decisione referendaria nei confronti del legislatore e, quindi, del rispetto dell'esito del referendum, palesemente disatteso in alcuni casi: può il Parlamento decidere in modo diverso e opposto, ed eventualmente dopo quanto tempo dalla consultazione popolare? Una risposta è venuta dalla Corte costituzionale con la sent. 199/2012, nella quale ha dichiarato illegittima una legge proprio per violazione della volontà referendaria.

• La questione della proponibilità di referendum aventi natura formalmente abrogativa ma di fatto *propositiva* (grazie all'abile ritaglio delle disposizioni contenute nel testo di legge, usato quasi come un vocabolario dal quale attingere termini utili a costruire un nuovo testo): questione sulla quale, come si è visto, la Corte costituzionale si è pronunciata per negare l'ammissibilità di alcuni quesiti proprio in ragione del loro «carattere manipolativo o surrettiziamente propositivo». Nel caso dei referendum elettorali, la Corte ne ha invece accettato il carattere «intrinsecamente e inevitabilmente manipolativo», unico modo di conciliare ammissibilità e natura «obbligatoria o necessaria» delle leggi elettorali.

Ipotesi di revisione dell'istituto

• L'opportunità di aggiornare l'istituto sotto diversi profili: *a*) la successione temporale del procedimento, dal momento che la dichiarazione di inammissibilità giunge quando la raccolta delle firme, sforzo organizzativo considerevole, è già avvenuta; *b*) il numero delle firme richieste (da taluno considerato eccessivo, da altri troppo basso); *c*) l'introduzione di un tetto al numero di richieste che si possono sottoporre al voto nella stessa tornata (si è votato fino a dodici referendum contemporaneamente); *d*) l'eliminazione o la riduzione del *quorum strutturale*.

L'esistenza del quorum finisce per attribuire un indebito vantaggio ai sostenitori del «no», tanto più in un contesto di partecipazione elettorale fortemente decrescente. Accade infatti che può bastare convincere un numero relativa-

RISULTATI DEI REFERENDUM ABROGATIVI

Anno	Numero quesiti	Quorum	Esito [oggetto]
1974	1	Sì	Respinto [divorzio]
1978	2	Sì	Respinti [fermo di polizia, finanziamento partiti]
1981	5	Sì	Respinti [fermo di polizia, ergastolo, porto d'armi, aborto]
1985	1	Sì	Respinto [punto di contingenza]
1987	5	Sì	Approvati [responsabilità giudici, reati ministeriali, nucleare]
1990	3	No	Non validi [caccia, pesticidi]
1991	1	Sì	Approvato [abolizione preferenze plurime per elezione Camera]
1993	8	Sì	Approvati [legge elettorale Senato, finanziamento partiti, ministeri agricoltura, turismo, pp.ss., nomine bancarie, droga, ambiente]
1995	12	Sì	Approvati 5 [materie sindacali, privatizzazione Rai, soggiorno obbligato], respinti 7 [televisioni, pubblicità, liberalizzazione commercio, legge elettorale comunale]
1997	7	No	Non validi [privatizzazioni, caccia, carriere magistrati, incarichi extragiudiziari, ordine giornalisti, ministero politiche agricole, obiezione coscienza]
1999	1	No	Non valido [abolizione parte proporzionale legge elettorale Camera]
2000	7	No	Non validi [abolizione parte proporzionale legge elettorale Camera, rimborsi elettorali, separazione funzioni magistrati, elezione Csm, incarichi extragiudiziari, licenziamenti, trattenute sindacali]
2003	2	No	Non validi [statuto dei lavoratori, elettrodotti]
2005	4	No	Non validi [procreazione assistita]
2009	3	No	Non validi [leggi elettorali Camera e Senato]
2011	4	Sì	Approvati [servizi pubblici locali, servizio idrico integrato, nucleare, legittimo impedimento]
2016	1	No	Non valido [trivellazioni in mare]
Totale	**67**	**9 sì** **8 no**	**23 approvati** (34%), **16 respinti** (24%), **28 non validi** (42%)

mente basso di elettori a disertare le urne per portare alla sconfitta quella che altrimenti sarebbe una nettissima maggioranza: emblematico il caso del referendum sulla legge elettorale della Camera nel 1999 che ebbe oltre 21 milioni di «sì», pari al 43% degli aventi diritto, percentuale di elettori maggiore di quella risultata decisiva, per il «sì» o per il «no», in quindici diversi referendum. Ma nel 1999, appunto, il quorum, per poche decine di migliaia di voti, non fu raggiunto e il referendum risultò perciò invalido: lo stesso si è poi verificato, in misura ben più accentuata, nelle quattro tornate referendarie successive (la partecipazione scese tra il 2000 e il 2009, indipendentemente dalle questioni poste, fino al 24%). I referendum del 2011 raggiunsero invece il quorum, anche grazie al fatto che uno dei quesiti chiedeva di fermare il ritorno all'energia nucleare a pochi mesi dal disastro della centrale giapponese di Fukushima. Ma poi il referendum del 2016 sulle trivellazioni al largo delle coste italiane ha visto di nuovo la partecipazione fermarsi al 31%. In definitiva, con l'eccezione del 2011, non si hanno più referendum validi da oltre vent'anni.

Non sono dunque venute meno le ragioni che giustificano il tentativo di rilanciare l'istituto referendario mediante opportuni aggiornamenti. È quello che prevede la riforma cost. 2016 introducendo due novità: una sorta di *referendum abrogativo rafforzato* (ferma la disciplina vigente, nel caso di raccolta di ottocentomila firme invece di cinquecentomila il quorum scenderebbe alla metà più uno dei votanti alle ultime elezioni politiche) e il *referendum propositivo e di indirizzo* (da disciplinarsi con una successiva legge costituzionale).

12. IL POPOLO CHE PARTECIPA: I PARTITI

I cittadini hanno a disposizione altri strumenti per influenzare le scelte collettive, esercitando anche così la loro sovranità. Di alcuni istituti (come l'iniziativa legislativa e la petizione), la cui rilevanza concreta è alquanto limitata, parliamo nel paragrafo che segue. Qui ci soffermiamo sull'associazionismo a fini politici generali, al quale la nostra Costituzione dedica un articolo specifico, con riferimento ai **partiti politici** (art. 49).

Nascita dei partiti moderni

Il partito moderno è sorto nell'ultimo scorcio dell'Ottocento (quando la partecipazione politica era cosa riservata a ceti ristretti) e si è affermato nelle forme del partito di massa (cioè in grado di mobilitare moltissimi cittadini) all'inizio del Novecento. Modello fu il partito socialdemocratico tedesco. Non deve stupire che per primi nacquero i partiti socialisti: essi organizzarono i lavoratori e i ceti meno abbienti disposti a partecipare alla politica e imposero all'attenzione pubblica i loro bisogni. Questo modello sarebbe stato imitato per difendere interessi destinati ad affermarsi come generali. I partiti conobbero, anche in Italia, una prima fase in cui furono controllati o semplicemente tollerati come un male inevitabile. In una seconda fase divennero strumento per impadronirsi dello stato e imporre la propria ideologia a tutto l'ordinamento. In particolare, l'organizzazione totalitaria del potere fascista, così come quella comunista, si basò sul partito unico: chi guidava il partito guidava anche l'intera organizzazione dello stato.

La fine del fascismo comportò l'immediato ritorno al pluralismo partitico: e sui partiti politici, prima di tutto, si fondò il nuovo ordinamento costituzionale (v. cap. 16). Non può sorprendere, dunque, l'attenzione del costituente ai partiti, né il ruolo che essi hanno sempre mantenuto, pur se investiti periodicamente da critiche assai forti e pur risultando tradizionalmente molto in basso, fra i soggetti sociali o istituzionali, nei sondaggi di opinione (in Italia come e forse più che altrove: ma il fenomeno è universale).

Natura giuridica dei partiti

La natura giuridica dei partiti nel nostro ordinamento è del tutto peculiare: espressione della società (sono certo una delle *formazioni sociali* di cui parla l'art. 2 Cost.), pur essendo semplici associazioni di fatto, ricoprono un ruolo rilevante ai fini della funzionalità stessa dell'ordinamento costituzionale (per questo il costituente non ha ritenuto sufficiente il più generale art. 18 sulla libertà di associazione). Ciò è tanto vero che le difficoltà del sistema partitico si sono costantemente riflesse sul funzionamento della forma di governo (sul punto v. cap. 7).

La disciplina costituzionale dei partiti

L'art. 49 ha come destinatari i **cittadini**, ai quali riconosce il diritto «ad associarsi liberamente in partiti per concorrere con metodo democratico a determinare la politica nazionale». Di questa formulazione vanno messi in evidenza due aspetti:

- il primo è che, secondo la Costituzione, *non* sono i partiti che concorrono a determinare la politica nazionale; sono i cittadini che, tutti insieme, partecipano a questa funzione sovrana di indirizzo, avendo il diritto di avvalersi anche dello strumento specifico della libera associazione in partiti;
- il secondo è che il concorso alla determinazione della politica nazionale deve avvenire con *metodo democratico*.

Il fatto che i partiti siano garantiti dalla Costituzione nella prospettiva del diritto dei cittadini ad associarsi e vadano perciò considerati «organizzazioni proprie della società civile» (non poteri dello Stato) è stato ribadito espressamente dalla Corte costituzionale (ord. 79/2006).

La norma costituzionale sui partiti fu collocata, non a caso, nel titolo IV della parte prima (rapporti politici), subito dopo l'articolo relativo al diritto di voto. Il costituente era perfettamente conscio di introdurre un'innovazione rispetto alle carte costituzionali dell'epoca e volle richiamare specificamente tale forma associativa sia in considerazione del ruolo che i partiti avevano assunto nella ricostruzione democratica sia nella prospettiva di attribuire ai partiti una funzione istituzionale riconosciuta e disciplinata dalla legge. Su questo secondo aspetto, tuttavia, intesa non ci fu, per ragioni ideologiche e perché forti erano i timori di interferenze dello stato nella vita dei partiti. Tutti erano d'accordo sul ruolo dei partiti, ma non sulla loro sottoposizione a vincoli di natura ideologico-programmatica e a forme di controllo pubblico (a differenza di quanto si stabilì nell'art. 39 per i sindacati, anche se poi non attuato, *non* fu prevista la registrazione obbligatoria e il conseguente riconoscimento della personalità giuridica). Così il dibattito finì col vertere su come si dovesse interpretare il riferimento nell'art. 49 al **metodo democratico**.

Partiti e metodo democratico

L'intenzione del costituente, chiarita dalla discussione, era che con questa espressione ci si riferisse ai rapporti fra i partiti, cioè al carattere di leale competizione per il consenso degli elettori che la lotta politica avrebbe dovuto avere (condizione di qualsiasi democrazia liberale), e non all'organizzazione interna di ciascun partito. In altre parole: il partito deve rispettare il metodo democratico *nei rapporti esterni*, ma può essere organizzato senza selezione democratica della dirigenza e senza procedure democratiche di decisione *al suo interno*. Tutto ciò può ben apparire contraddittorio. La sostanza era che i partiti non avevano appunto alcuna intenzione di sottoporre a controlli i propri statuti e la propria attività in una fase di scarsa reciproca legittimazione. Questa scelta non era priva di saggezza se si considera quanto difficili siano i rapporti fra partiti al governo e partiti all'opposizione e, soprattutto, se si considerano le polemiche che potrebbe provocare un troppo frequente coinvolgimento della magistratura nelle vicende interne dei partiti.

Le democrazie protette

La scelta, inoltre, di non sottoporre a sindacato i fini del partito politico distingue il nostro da altri ordinamenti nei quali si è compiuta la scelta opposta, dando vita a una *democrazia protetta*, così chiamata perché in nome della difesa della sua natura democratica prevede anche istituti non coerenti con i principi della democrazia liberale. Fra questi, forme di controllo sullo stesso diritto a esistere di certe forze politiche: in base all'art. 21 della Costituzione tedesca, il Tribunale costituzionale può essere chiamato a decidere sulla legittimità di partiti che «per le loro finalità o per il comportamento dei loro aderenti si prefiggano di attentare all'ordinamento costituzionale libero e democratico o di sovvertirlo o di mettere in pericolo l'esistenza della Repubblica federale tedesca» (in forza di tale norma furono dichiarati fuori legge il partito neonazista e il partito comunista). Nell'ordinamento italiano vi è una sola eccezione: la XII disp. trans. e fin. vieta la riorganizzazione «sotto qualsiasi forma» del disciolto partito fascista (v. l. 645/1952, applicata solo nel 1973 per lo scioglimento del movimento «Ordine nuovo»).

Il finanziamento dei partiti

Tranne casi eccezionali, gli *interna corporis* dei partiti sono stati sempre tutelati: vertenze civili hanno accompagnato tuttavia scissioni e altre trasformazioni di singole forze partitiche (a chi il patrimonio, a chi il simbolo elettorale?), mentre alcuni controlli di natura strettamente finanziaria sono stati introdotti quale corrispettivo delle diverse forme di **finanziamento pubblico dell'attività dei partiti** che si sono succedute a partire dagli anni Settanta. La materia è stata oggetto di numerosi interventi legislativi e di più referendum. Nonostante la volontà popolare espressa in un referendum abrogativo del 1993 contro il finanziamento pubblico dei partiti, varie leggi avrebbero successivamente aumentato i contributi pubblici sotto forma di *rimborsi elettorali*. Di «rimborsi» tali contributi avevano in realtà solo il nome: non erano commisurati in alcun modo alle spese elettorali effettivamente sostenute, erano di notevole consistenza ed erano corrisposti anno per anno, così da costituire un finanziamento pubblico del tutto simile a quello abrogato per via referendaria. La normativa era caratterizzata inoltre dalla larghezza con la quale si riconosceva il diritto al rimborso, sicché essa ha finito per costituire anche uno dei maggiori fattori di frammentazione del sistema politico (v. l. 157/1999).

L'abolizione del finanziamento pubblico

Alcune inchieste giudiziarie sulla gestione fraudolenta dei rimborsi elettorali hanno portato a una complessiva riforma nel senso del superamento del finanziamento pubblico *diretto*. Con la l. 6 luglio 2012, n. 96 i fondi che venivano corrisposti ai partiti in proporzione ai voti ottenuti nelle elezioni della Camera, del Senato, dei consigli regionali e del Parlamento europeo sono stati prima dimezzati (la quota erogata ogni anno, sommati i quattro fondi, si riduceva da 182 milioni di euro a 91 milioni). Con il d.l. 28 dicembre 2013, n. 149 (convertito dalla l. 13/2014) i fondi sono stati ulteriormente ridotti (68 milioni nel 2014, 45 milioni nel 2015, 23 milioni nel 2016), fino a prevederne la completa cessazione nel 2017.

In base al d.l. 149/2013, i partiti si finanziano:
a) attraverso contribuzioni volontarie fiscalmente agevolate, cioè *erogazioni liberali* di privati che danno diritto a detrazioni fiscali (la detrazione, pari al 26% per importi compresi tra 30 e 30 mila euro, è generosa, ma lo stesso è ora previsto per le donazioni alle Onlus); esiste però un limite al finanziamento privato dei partiti: nessuno può corrispondere a un partito più di 100 mila euro l'anno;
b) attraverso contribuzioni indirette sulla base delle scelte espresse dai cittadini, che hanno la facoltà di destinare il *2 per mille della propria imposta sul reddito* a favore di un partito rappresentato in Parlamento; è previsto però un tetto alle risorse destinate ai partiti, e perciò sottratte all'erario (17,1 milioni nel 2016, 25,1 milioni dal 2017).
Con la l. 96/2012 sono stati rafforzati gli obblighi di rendicontazione e i controlli, non più solo formali ma sostanziali, sono stati affidati a un nuovo organismo composto da cinque magistrati (tre della Corte dei conti, uno della Corte di cassazione, uno del Consiglio di stato), con sede presso la Camera dei deputati. Questo organismo, con il d.l. 149/2013, ha assunto il nome di *Commissione di garanzia degli statuti e per la trasparenza e il controllo dei rendiconti dei partiti politici*, alla quale è stato appunto attribuito anche il compito di controllare la conformità alla legge degli statuti dei partiti (cioè verificare che nello statuto siano disciplinati gli oggetti elencati dalla legge: composizione degli organi, cadenza dei congressi, diritti e doveri degli iscritti, misure disciplinari nei loro confronti, modalità di selezione delle candidature e così via). È prevista la pubblicazione dello statuto nella *Gazzetta Ufficiale*. Il decreto, sulla base di una interpretazione aggiornata del «metodo democratico» prescritto dalla Costituzione, ha così introdotto i primi elementi per una regolamentazione giuridica dei partiti: tali requisiti di democraticità interna valgono tuttavia solo per i partiti che intendono usufruire dei benefici di cui si è detto, e che sono per questo iscritti in un apposito registro.

Partiti e gruppi parlamentari

Altro aspetto cruciale dell'organizzazione partitica è stato a lungo il rapporto fra **partito** e **gruppo parlamentare**, di cui parleremo nel prossimo capitolo. Nel nostro ordinamento i partiti politici si sono affermati prima nella società e poi nelle istituzioni, diversamente da quanto era accaduto altrove (ad es. in Inghilterra). La presa dei partiti sulle istituzioni è stata nel Secondo dopoguerra fortissima, penetrante, invasiva di tutti gli ambiti decisionali a ogni livello di governo. Non a caso si è parlato di **partitocrazia**, espressione intesa a denunciare l'eccessivo potere dei partiti e la loro tendenza a impadronirsi delle istituzioni rappresentative, occupando tutti i posti di potere, e dunque, in ultima analisi, sostituendosi ad esse (il termine fu coniato da Giuseppe Maranini a metà del secolo scorso).

Partiti e coalizioni

Anche per reazione a questo fenomeno degenerativo, nella transizione degli anni Novanta i partiti su cui si era costruita e consolidata la democrazia italiana dal 1943 si sono sfaldati e trasformati. Ne è nato un sistema molto

frammentato e dall'incerto consolidamento, nel quale la legislazione elettorale ha introdotto attori nuovi, le **coalizioni**, cui le forze politiche sono fortemente incentivate (ma la legge elettorale del 2015, come abbiamo visto nel par. 5, compie una diversa scelta, riservando il premio di maggioranza a una lista singola, e dunque di norma a un partito). Si fa avanti anche la prassi di far partecipare gli elettori alla cruciale fase della selezione dei candidati, con ricorso a *elezioni primarie*, indette da coalizioni o da singoli partiti.
In anni recenti, in presenza di assemblee rappresentative quasi polverizzate, si è misurata quanto preziosa, proprio per il buon funzionamento delle istituzioni, fosse la funzione svolta da organizzazioni in grado di superare le eccessive tendenze individualistiche, corporative, municipalistiche, comunque settoriali, in nome del perseguimento di progetti politici di respiro generale. Tanto più che a questo pluralismo esasperato non sembra corrispondere maggiore democraticità interna, bensì piuttosto, nella più parte dei casi, debolezza programmatica e organizzativa e tatticismo esasperato al servizio di piccole *élites* decise a sopravvivere a sé stesse, costi quel che costi. Ma anche qualora il sistema partitico tornasse a un equilibrio stabile, la società è così profondamente mutata che non è possibile pensare che i partiti di massa e d'integrazione sociale, nell'era di Internet e della globalizzazione, possano risuscitare nelle forme che ebbero nelle prime fasi della vicenda costituzionale italiana.

13. ALTRI ISTITUTI DI PARTECIPAZIONE POLITICA

La petizione

Tutti i cittadini, anche individualmente, possono rivolgere **petizioni** alle Camere. La petizione è una delle forme più antiche di rapporto fra cittadini (anzi sudditi) e autorità, ed è stata mantenuta dall'art. 50 Cost. con espressa esclusione, però, di azioni a sostegno di interessi puramente personali (com'era invece nella prassi statutaria ispirata al modello inglese). Infatti si parla di petizioni rivolte a «chiedere provvedimenti legislativi o esporre comuni necessità». I regolamenti delle Camere dispongono che siano esaminate in commissione. Ma naturalmente, in una moderna democrazia fondata su ben altri meccanismi di mediazione delle esigenze dei cittadini, è difficile che le petizioni abbiano seguito: poche volte (nell'intera storia repubblicana) le necessità che rappresentavano sono state raccolte in un progetto di legge successivamente approvato. È il caso dell'abolizione del requisito della buona condotta per l'accesso ai concorsi pubblici, decisa dal Parlamento nel 1984 recependo una petizione in tal senso.

L'iniziativa legislativa popolare

Un altro strumento di cui dispongono i cittadini è l'**iniziativa legislativa popolare**: in base all'art. 71.2 Cost., cinquantamila elettori possono presentare un progetto di legge a una delle due Camere. Il procedimento è disciplinato dalla legge sui referendum, che prevede un periodo massimo di sei mesi per la raccolta delle firme degli elettori. La camera cui il progetto è presentato provvede a verificare le firme e ad accertare la regolarità dell'iniziativa. Nei

regolamenti parlamentari si prevede che, diversamente dagli altri progetti di legge, quelli di iniziativa popolare non decadono a fine legislatura e non devono pertanto essere ripresentati. Non prevedono però alcuna garanzia circa le successive fasi dell'iter legislativo. Ciò spiega perché la loro influenza sia stata molto limitata. Una sola misura legislativa di rilievo può considerarsi effettivamente imposta tramite il ricorso a questo istituto: la legge sui quadri intermedi che nel 1985 modificò l'art. 2095 del codice civile introducendo nell'elenco delle categorie di prestatori di lavoro subordinato, dopo i dirigenti e prima di impiegati e operai, appunto i quadri.
La riforma cost. 2016 innova la disciplina dell'iniziativa legislativa popolare: da un lato, vengono aumentate le firme richieste da cinquantamila a centocinquantamila; dall'altro, vengono garantite la discussione e la deliberazione conclusiva sulle proposte di legge popolare nei tempi, forme e limiti stabiliti dai regolamenti parlamentari. Nell'art. 71 Cost. 2016 si fa riferimento, oltre al referendum propositivo e di indirizzo di cui si è già accennato, ad «altre forme di consultazione, anche delle formazioni sociali», che dovranno essere successivamente definite dal legislatore.

PAROLE CHIAVE

- Circoscrizione estero
- Corpo elettorale
- Democrazia diretta
- Democrazia rappresentativa
- Elettorato attivo
- Elettorato passivo
- Elezione diretta del presidente della regione
- Elezione diretta del sindaco
- Elezioni
- Giudizio di ammissibilità
- Giudizio di legittimità
- Maggioritario
- *Majority*
- Partito politico
- *Plurality*
- Popolo
- Premio di maggioranza
- Proporzionale
- Referendum abrogativo
- Referendum costituzionale
- Sistema elettorale misto
- Soglia di sbarramento
- Uninominale
- Voto

FONTI

- Costituzione della Repubblica (artt. 1, 48-51, 56-58, 71, 75, 87, 98, 117, 122-123, 132, 138).
- Legge cost. 11 marzo 1953, n. 1 (Giudizio di ammissibilità dei referendum abrogativi, art. 2).
- Legge cost. 22 dicembre 1999, n. 1 (Norme transitorie sul sistema elettorale e la forma di governo delle regioni ordinarie, art. 5).
- Legge cost. 31 gennaio 2001, n. 2 (Norme transitorie sul sistema elettorale e la forma di governo delle regioni speciali).
- D.p.r. 30 marzo 1957, n. 361 (Testo unico delle leggi sull'elezione della Camera).

- D.p.r. 20 marzo 1967, n. 223 (Testo unico delle leggi per la disciplina dell'elettorato attivo).
- Legge 17 febbraio 1968, n. 108 (Norme per l'elezione dei consigli regionali).
- Legge 25 maggio 1970, n. 352 (Norme sui referendum e sull'iniziativa legislativa del popolo).
- Legge 24 gennaio 1979, n. 18 (Elezione dei membri del Parlamento europeo spettanti all'Italia).
- Legge 10 dicembre 1993, n. 515 (Disciplina delle campagne elettorali).
- D.lgs. 20 dicembre 1993, n. 533 (Testo unico delle leggi sull'elezione del Senato).
- Legge 23 febbraio 1995, n. 43 (Nuove norme per l'elezione dei consigli regionali).
- Legge 3 giugno 1999, n. 157 (Nuove norme in materia di rimborso delle spese elettorali).
- Legge 22 febbraio 2000, n. 28 (Parità di accesso ai mezzi di informazione durante le campagne elettorali).
- D.lgs. 18 agosto 2000, n. 267 (Testo unico sull'ordinamento degli enti locali, Tuel).
- Legge 27 dicembre 2001, n. 459 (Voto degli italiani all'estero).
- Legge 21 dicembre 2005, n. 270 (Modifiche alle norme per l'elezione della Camera e del Senato).
- Legge 20 febbraio 2009, n. 10 (Modifiche alla legge per l'elezione dei membri italiani del Parlamento europeo).
- Legge 6 luglio 2012, n. 96 (Riduzione dei contributi pubblici in favore dei partiti e misure per garantire la trasparenza e i controlli dei rendiconti).
- D.l. 28 dicembre 2013, n. 149 (Abolizione del finanziamento pubblico diretto e disposizioni per la trasparenza e democraticità dei partiti).
- Legge 6 maggio 2015, n. 52 (Disposizioni in materia di elezione della Camera dei deputati).

PER APPROFONDIRE

- G. Baldini e A. Pappalardo, *Sistemi elettorali e partiti nelle democrazie contemporanee*, Roma-Bari, Laterza, 2004.
- A. Barbera e C. Fusaro, *Maggioranza (principio di)*, voce in *Enciclopedia delle scienze sociali*, vol. V, Roma, Treccani, 1996.
- A. Barbera e A. Morrone, *La repubblica dei referendum*, Il Mulino, Bologna, 2003.
- R. D'Alimonte e C. Fusaro (a cura di), *La legislazione elettorale italiana*, Bologna, Il Mulino, 2008.
- M. Luciani, *Art. 75. Il referendum abrogativo*, in *Commentario della Costituzione*, a cura di G. Branca e A. Pizzorusso, Bologna-Roma, Zanichelli-Il Foro Italiano, 2005.

PERCORSO DI AUTOVERIFICA

1. Come va interpretata l'affermazione costituzionale della sovranità popolare?
2. Quali sono le norme fondamentali in materia di diritto di voto?
3. Cosa si intende nel suo complesso per legislazione elettorale?
4. Come si distinguono le formule elettorali?
5. Come funzionavano le formule di Camera e Senato secondo la legge elettorale del 2005?
6. Cosa ha affermato la Corte costituzionale nella sentenza del 2014 sulle leggi elettorali delle Camere?

7. Come funziona la formula per l'elezione della Camera dei deputati secondo la legge elettorale del 2015?

8. Quali sono gli elementi che caratterizzano i sistemi elettorali per le regioni?

9. Come si possono sintetizzare i sistemi elettorali per i comuni?

10. Quali sono le caratteristiche della legge elettorale per le europee?

11. Quali aspetti in particolare sono disciplinati dalla legislazione elettorale di contorno?

12. Quali tipi di referendum sono previsti nel nostro ordinamento?

13. Qual è la disciplina del referendum costituzionale?

14. Qual è la disciplina del referendum abrogativo?

15. Quali sono i limiti di ammissibilità del referendum abrogativo in base alla Costituzione? E in base alla giurisprudenza della Corte costituzionale?

16. Sono ammissibili secondo la Corte referendum abrogativi di leggi elettorali?

17. Qual è stata la prassi del referendum abrogativo dal 1974 ad oggi?

18. Qual è la disciplina costituzionale dei partiti politici?

19. Come sono finanziati i partiti?

20. Quali altri istituti di partecipazione diretta sono previsti?

CAPITOLO 9

Il Parlamento

I parlamenti contemporanei sono organi di estrazione elettiva che esercitano una molteplicità di funzioni, tutte legate alla loro natura politico-rappresentativa. Il capitolo illustra origini e ruolo dei parlamenti, storia, organizzazione e funzionamento di quello italiano.

1. ALLE ORIGINI DEI PARLAMENTI

I parlamenti di ieri

I parlamenti di oggi sono organi assai diversi rispetto a quelli cui fu per la prima volta dato quel nome, oltre ottocento anni fa: quei primi «parlamenti» erano riunioni di baroni e nobili, allora gli unici immaginabili interlocutori del re, che questi appunto «convocava a parlamento» per consultarli, per chiedere loro risorse (in danaro, derrate, materiali, uomini), per comunicare le sue decisioni, per rendere giustizia (per «dichiarare» il diritto, non per «produrlo»). Si trattava di incontri occasionali, senza periodicità né durata definite, e all'inizio senza garanzie per chi vi partecipava. La trasformazione di queste assemblee in qualcosa di vagamente simile a ciò che noi conosciamo avvenne dapprima in Inghilterra e durò vari secoli. Essa fu segnata dalla successiva conquista *a*) di guarentigie per i membri dell'assemblea, *b*) del potere di liberarsi dei funzionari del re colpevoli di qualche misfatto ai loro danni, *c*) della garanzia di essere convocati periodicamente, *d*) del diritto di autoconvocarsi, *e*) del potere di stabilire quali materie trattare. Quando il parlamento inglese conquistò il potere di stabilire l'ordine di successione al trono (con l'*Act of Settlement* del 1701), questa può essere considerata la nascita del parlamento moderno che si proclamava *sovrano*. Già da tre secoli esso si era diviso in due camere, assumendo carattere bicamerale: da una parte i conti, i vescovi e i titolari di antiche baronie (*House of Lords*); dall'altra i rappresentanti delle città e poi della borghesia (*House of Commons*).

Origini del bicameralismo

Nel corso del Settecento il parlamento inglese affermò poco a poco un suo potere fondamentale: quello di influire sulla scelta, da parte del re, dei ministri, e in particolare del *primo ministro*. Così, accanto al potere di fare le leggi, anche il potere di condizionarne l'esecuzione venne progressivamente sottratto alla corona a vantaggio del parlamento, e in particolare di quel ramo che rappresentava la parte più larga della società, la Camera dei Comuni (o camera bassa). Fino a buona parte dell'Ottocento si trattò pur sempre della rappresentanza di una parte limitatissima della società; nel XX secolo, col suo progressivo inarrestabile allargamento sfociò, in tempi diversi nei vari paesi, nel *suffragio universale*, prima solo maschile, poi anche femminile. In Inghilterra tutto ciò portò anche alla definitiva preminenza della Camera dei Comuni, dovuta proprio alla sua maggiore capacità rappresentativa, formalmente sancita dal *Parliament Act* del 1911 che ridimensionò il ruolo della Camera dei Lord (o camera alta, da quel momento diventata la «seconda camera»).

Parlamenti e partiti

Con il suffragio universale i parlamenti diventarono assemblee espressione di tutta la società e crocevia istituzionale dello *stato democratico di derivazione liberale* (prima del suffragio universale non si può parlare di democrazia in senso moderno). Nello stesso periodo (fine Ottocento, inizi Novecento) nasceva il partito politico di massa che avrebbe profondamente caratterizzato tutto il secolo scorso.

La capacità di rappresentare la società era stata la primigenia funzione dei parlamenti. Se non che essa si rivelò presto difficile a conciliarsi con un'altra funzione: quella di colonna portante del potere esecutivo. L'esecutivo si era fino ad allora storicamente identificato con il re (non si dimentichi che alla fine del XIX secolo in Europa c'erano solo monarchie, eccezion fatta per Francia e Svizzera): infatti, i parlamenti nei secoli precedenti avevano affermato il proprio ruolo in conflitto costante con la monarchia. Ciò spiega la tendenza, in quel periodo, a concepire in modo rigido la separazione dei poteri: serviva a evitare che i ministri del re potessero condizionare troppo i rappresentanti della nazione. Ma poi, come si è visto, i parlamenti, a partire da quello inglese, affermarono tutti, sia pure in forme e tempi diversi, il potere di influire sulla formazione dell'esecutivo. Fino al punto in cui il regime monarchico costituzionale, dopo la lunga fase detta *dualista*, diventò regime parlamentare di tipo *monista* perché l'esecutivo dipendeva ormai, prima di tutto, dal rapporto fiduciario instaurato col parlamento (v. cap. 7).

Il suffragio universale, la democratizzazione delle istituzioni, il ruolo assunto dai partiti politici, tuttavia, finirono col ridimensionare il ruolo delle assemblee rappresentative e la loro capacità di essere davvero la sede che decide le sorti del governo. Queste passarono in parte nelle mani dei partiti, in parte in quelle dei cittadini elettori (che col voto decidevano a chi attribuire la maggioranza dei seggi parlamentari e, in definitiva, il governo). Ciò accadde in molti paesi, e in primo luogo, come al solito, in Inghilterra. In questo modo il governo, di fatto, diventò il «comitato direttivo» in grado di guidare l'attività del parlamento: stabiliva cosa dovesse fare, dettandone l'ordine del giorno, e come, imponendo le proprie proposte e permettendo ai parlamentari della sua maggioranza tutt'al più di integrarle o correggerle. Progressivamente la stessa funzione legislativa venne ridimensionata sia a vantaggio del potere normativo dell'esecutivo sia, più di recente, a vantaggio di autorità di regolazione aventi natura solo indirettamente rappresentativa. In compenso le assemblee diventarono la sede dove, davanti all'opinione pubblica, si rappresentava lo scontro politico fra chi governa e chi si oppone attraverso l'azione dei gruppi parlamentari, i veri protagonisti dei parlamenti del Novecento; e riscoprirono una funzione di controllo su ciò che fa (o non fa) la pubblica amministrazione e di informazione su ciò che, più in generale, avviene nella società.

Il governo, comitato direttivo del parlamento

2. IL PARLAMENTO IN ITALIA FINO ALLA COSTITUENTE

Il parlamento statutario

Quale previsto dalla Costituzione del 1948, il nostro parlamento è il diretto erede del parlamento dell'Italia monarchica, il quale a sua volta altro non era che il parlamento subalpino istituito dallo Statuto del 1848 (v. cap. 16). Quello statutario era un parlamento bicamerale costituito da una camera sede della rappresentanza nazionale (la **Camera dei deputati**, caratterizzata per molti decenni da un suffragio particolarmente ristretto: il 2% della popolazione fino al 1882, circa il 7-8% fino al 1913) e di una camera tutta di nomina regia (il **Senato**, i cui membri erano nominati a vita). Fino a dopo la Prima guerra mondiale tutti i parlamenti furono bicamerali e, se si fa eccezione per Stati Uniti e Svizzera da un lato, Belgio e (dal 1875) Francia dall'altro, una delle due camere fu sempre espressione monarchica: in tutta l'Europa continentale si trattò di un voluto contrappeso nei confronti della camera elettiva, costruito a partire dalla carta costituzionale francese della Restaurazione borbonica del 1814 sul modello della Camera dei Lord inglese. Proprio alla carta francese, nella versione del 1830, avevano guardato gli estensori dello Statuto del Regno di Sardegna.

Un bicameralismo diseguale

Quello statutario era stato pensato come bicameralismo *differenziato* (nel quale cioè i due rami avessero funzioni in parte diversificate, oltre a essere formati in modo radicalmente diverso), ma anche tendenzialmente *paritario*, senza cioè che un ramo dovesse prevalere sull'altro. E tuttavia la forza del principio rappresentativo si fece subito sentire: infatti, fu sempre alla Camera dei deputati che i governi si rivolsero per ottenere sostegno politico, sin dagli esordi dell'esperienza statutaria; e fu dunque con la Camera sola che essi instaurarono il rapporto fiduciario, mentre si applicava la regola secondo la quale «il Senato non fa crisi» (non poteva cioè determinare la cessazione dalle funzioni dell'esecutivo). Inoltre, furono quasi sempre i governi a suggerire al re le personalità (fra quelle elencate nella lista dell'art. 33 St.) da nominare senatori; e se ne avvalsero a piene mani per le «informate», cioè periodiche iniezioni di uomini di stretta fiducia governativa, volte a garantire l'esecutivo (prima che il re) sulla remissività senatoriale al suo indirizzo. Sicché si può dire senz'altro che il **bicameralismo** statutario fu, alla resa dei conti, *non paritario* e *diseguale* (oltre che *differenziato*).

La Camera dei fasci e delle corporazioni

Durante il fascismo il parlamento conobbe prima l'asservimento al «capo del governo» e al partito nazionale fascista, poi la soppressione della Camera dei deputati, trasformata in **Camera dei fasci e delle corporazioni**, non più espressione del corpo elettorale ma degli organi di partito e corporativi. Il regime rifiutava l'idea stessa che le istituzioni rispecchiassero il pluralismo politico e immaginava di farne il luogo dove, fermo il dogma dell'infrangibile unità dello Stato e soppresse perciò le distinzioni politiche, tutte le categorie sociali ed economiche concorressero alla funzione legislativa.

Il futuro parlamento all'Assemblea costituente

Quando all'**Assemblea costituente** si pose la questione di come organizzare il futuro parlamento, alcune forze politiche, convinte della necessità di rifondare lo Stato rompendo l'accentramento politico-amministrativo che aveva caratterizzato l'Unità d'Italia, ritenevano che una delle due camere dovesse diventare la sede di rappresentanza delle nuove autonomie territoriali. Altre forze, invece, ritenevano che sede della rappresentanza potesse essere una sola camera: se il sovrano è uno (il popolo), non era immaginabile che esso poi si dividesse in più organi in grado di rappresentarlo. Dietro queste impostazioni teoriche c'erano preoccupazioni e aspettative diverse: alcuni non volevano un bicameralismo che fosse di intralcio a incisive trasformazioni del sistema economico-sociale (i comunisti), altri volevano in ogni caso una suddivisione della rappresentanza in due rami diversi capaci di controllarsi l'un l'altro, anche grazie a un processo legislativo più ponderato (e, presumibilmente, moderato: i democristiani).

Quale bicameralismo?

Dunque, una cosa sola era pacifica: il Senato del Regno era scomparso per sempre dopo il referendum del 2 giugno 1946 (col quale era stata abolita la monarchia). Per il resto, gli uni volevano un **parlamento monocamerale**, gli altri un **parlamento** ancora **bicamerale**. Questi ultimi, a loro volta, si dividevano su quale bicameralismo introdurre: v'erano quanti proponevano varianti diverse di rappresentanza degli enti regionali, quanti suggerivano di tener conto della rappresentanza di interessi e delle competenze che l'appartenenza a determinate categorie poteva assicurare, quanti – infine – speravano di recuperare in uno almeno dei due rami il sistema elettorale uninominale in vigore fino al 1919, da loro preferito al sistema proporzionale che premiava i partiti di massa. Restava poi da vedere, sulla base del criterio rappresentativo scelto, quali funzioni attribuire alle due camere.

Il compromesso fu raggiunto dando ragione a coloro che volevano due camere, ma tacitando nel contempo i timori dei monocameralisti con la scelta di rendere sia la Camera dei deputati sia il Senato della Repubblica espressione della sovranità popolare. Nella configurazione del Senato si venne incontro, in modestissima misura, ai fautori della rappresentanza su base regionale (v. art. 57 Cost.), a coloro che ne volevano fare una camera di riflessione (v. artt. 58 e 59 Cost.) e a coloro che volevano eleggerlo col sistema dei collegi uninominali (con l'approvazione di un ordine del giorno Nitti, che però venne di fatto eluso nella legge elettorale per il Senato poi approvata dalla Costituente, v. l. 29/1948).

La nascita del bicameralismo paritario e indifferenziato

Tutto ciò premesso, se ne dedusse, quasi come cosa inevitabile, l'identità di funzioni: se tutte e due le camere avessero dovuto essere espressione della volontà del popolo, come si poteva pensare di conferire ad esse compiti diversi? Ecco come si spiega la natura di bicameralismo **paritario** e **indifferenziato**, ovvero anche, secondo la formula tradizionale, *perfetto* (non nel senso di «immune da difetti», ma nel senso che appunto si fonda su due camere poste sullo stesso piano), appena attenuata dalla diversa durata (6 anni per il Senato, 5 per la Camera). Questa peraltro non trovò applicazione perché ci si rese subito conto che avrebbe ulteriormente complicato le cose (a causa del fatto che le due Camere sarebbero state elette, dopo la prima volta, in tempi sfalsati): così, prima si provvide a due scioglimenti definiti «tecnici» del Senato, in modo che potesse essere rinnovato insieme alla Camera (nel 1953 e nel 1958); poi si modificò l'art. 60 Cost. prima delle elezioni del 1963, portando la durata del Senato a 5 anni.

La più limitata rappresentatività del Senato

Anche la natura paritaria delle due Camere potrebbe essere discussa alla luce del principio democratico, uno dei principi supremi dell'ordinamento costituzionale: infatti, il Senato non solo ha un piccolo numero di senatori che non sono elettivi, ma soprattutto rappresenta ben sette classi annuali di cittadini in meno (non concorrono a eleggerlo coloro che, pur avendo la maggiore età, hanno meno di 25 anni). Se dunque resta un punto fermo l'identità di funzioni, difficilmente si può negare che la rappresentatività, e quindi la legittimazione, del Senato siano per volontà del costituente inferiori rispetto a quelle della Camera dei deputati. Per eleggere il Senato, nelle elezioni del 2013, hanno avuto titolo a concorrere 46 milioni di cittadini contro i 50 milioni e mezzo di cittadini elettori della Camera. La differenza dell'età di voto, insieme alle differenze nel meccanismo di trasformazione dei voti in seggi (v. cap. 8), possono comportare equilibri politici diversi nelle due Camere, con effetti sulla funzionalità della forma di governo, in caso di elezioni nelle quali si fronteggino partiti o coalizioni di consistenza analoga (come è successo, in modi diversi, nel 1994, 1996, 2006 e 2013).

La riforma cost. 2016 si caratterizza proprio per il superamento del bicameralismo paritario e indifferenziato, attraverso la trasformazione del Senato in una camera di rappresentanza delle istituzioni territoriali (ne parliamo alla fine del capitolo nel par. 19).

3. COM'È COMPOSTO IL PARLAMENTO ITALIANO

Il Parlamento italiano è un **organo costituzionale complesso** perché formato da due Camere: la **Camera dei deputati** che consta di 630 componenti, tutti eletti dai cittadini maggiorenni (che abbiano cioè compiuto 18 anni), e il **Senato della Repubblica** che consta di 315 componenti eletti dai cittadini che abbiano compiuto 25 anni, più un piccolo numero di senatori a vita, di cui 5 nominati dal presidente della Repubblica «per altissimi meriti nel campo sociale, scientifico, artistico e letterario» e tutti coloro che sono stati presidenti della Repubblica, salvo che vi rinuncino (artt. 55-59 Cost.).

L'elezione avviene a **suffragio universale e diretto**: a suffragio *universale* perché il diritto di voto è riconosciuto a tutti i cittadini; *diretto* nel senso che devono ritenersi escluse forme di elezione di secondo grado (cioè assemblee elette non dai cittadini direttamente ma da un corpo elettorale ristretto, ancorché a sua volta eletto dai cittadini). Per le norme sull'**elettorato attivo** si rimanda al capitolo 8.

Chi può essere eletto

Quanto all'**elettorato passivo**, diverso anch'esso per età, possono essere eletti tutti i cittadini che abbiano compiuto nel giorno delle elezioni i 25 anni per la Camera dei deputati e i 40 anni per il Senato della Repubblica, e che siano elettori, i quali cioè non siano incorsi in una limitazione del diritto di voto.

La legge *ex* art. 65.1 Cost. prevede casi di **incompatibilità** e di **ineleggibilità**. In termini generali, sussiste incompatibilità quando la legge vieta di detenere contemporaneamente due cariche o uffici; si parla di ineleggibilità quando il cittadino, in ragione della carica o dell'ufficio che ricopre al momento della candidatura o che aveva ricoperto entro termini stabiliti dalla legge, non può essere eletto.

Incompatibilità

I casi di incompatibilità con la carica parlamentare sono contenuti nella l. 60/1953. Alcune incompatibilità sono stabilite dalla Costituzione stessa (artt. 65.2 per i componenti dell'altra camera, 122.2 per i componenti dei consigli e delle giunte regionali, 135.6 per i giudici costituzionali). Incompatibili sono anche le cariche di deputato o senatore e parlamentare europeo (l. 78/2004). Chi incorre in una situazione di incompatibilità è tenuto a optare per una delle due cariche.

Ineleggibilità

I casi di ineleggibilità sono contenuti nel d.p.r. 361/1957. Fra gli ineleggibili (a meno che non abbiano cessato dalle funzioni non oltre 6 mesi prima della scadenza della legislatura o entro 7 giorni dallo scioglimento anticipato): presidenti di provincia, sindaci di comuni oltre i 20.000 abitanti, capo e vicecapo della Polizia di Stato, capi di gabinetto di ministri, prefetti e viceprefetti, funzionari di polizia, ufficiali superiori delle Forze armate, diplomatici, coloro che in proprio o come rappresentanti legali di società private realizzano opere per lo Stato o forniscono servizi o beni oppure ancora hanno ricevuto concessioni o autorizzazioni di notevole valore economico che importino l'obbligo di specifici adempimenti, rappresentanti e amministratori di società sussidiate dallo Stato e volte al profitto, nonché i relativi consulenti legali (esclusi però i dirigenti di cooperative). I magistrati non possono essere eletti a meno che non si trovino in aspettativa (non esercitando dunque le funzioni) e comunque mai dove queste funzioni hanno esercitato nei 6 mesi prima della candidatura (anche se non eletti, non possono poi tornare a esercitarle dove furono candidati). Come si vede da questi cenni, si tratta di una disciplina complessa, in larga parte antiquata e pensata per un contesto diverso dall'attuale. Qualora sia accertata una causa di ineleggibilità, essa comporta l'annullamento dell'elezione (sul quale decide ciascuna camera, v. par. 7). La Corte costituzionale (sent. 277/2011) è intervenuta dichiarando illegittima la prassi parlamentare più recente di consentire il cumulo dei mandati per i casi di ineleggibilità *sopravvenuta* (ad es. per il deputato o senatore eletto sindaco di comune oltre i 20.000 abitanti).

Incandidabilità

Cosa diversa è invece l'**incandidabilità**. Non espressamente prevista dalla Costituzione, è stata originariamente introdotta per le elezioni regionali e amministrative (a partire dalla l. 55/1990) ed è stata poi estesa alle elezioni parlamentari dal d.lgs. 235/2012 (*legge Severino*). L'incandidabilità non può essere rimossa dall'interessato e deriva dalla legge. Essa preclude la possibilità stessa di esercitare il diritto di elettorato passivo, come se mancasse un requisito necessario. Vi incorre chi abbia subito una condanna definitiva a una pena detentiva di almeno due anni per reati di particolare allarme sociale indicati dalla legge e anche per delitti non colposi per i quali sia previsto il minimo edittale di quattro anni; dura almeno sei anni ovvero il doppio dell'eventuale interdizione dai pubblici uffici inflitta al condannato a titolo di sanzione integrativa (sommandosi alla stessa interdizione); in taluni casi (abuso dei poteri o violazione dei doveri connessi al mandato elettivo) la durata è aumentata di altri due anni fino a otto. L'incandidabilità comporta la cancellazione dalla lista dei candidati; se sopravviene nel corso del mandato, spetta alla camera decidere sulla decadenza dalla carica parlamentare (come nel caso del senatore Silvio Berlusconi, dichiarato decaduto nel novembre 2013).

I 630 deputati e i 315 senatori sono eletti sulla base delle leggi elettorali di cui abbiamo parlato nel capitolo precedente.

I senatori a vita

Quanto ai **senatori a vita**, essi hanno inciso poco, fino a tempi recenti. La durata della carica presidenziale che è di 7 anni, insieme al fatto che può essere eletto solo chi abbia compiuto 50 anni (v. artt. 84-85 Cost.), fa sì che i senatori ex presidenti della Repubblica siano non più di due o tre. Per quelli di nomina presidenziale, l'art. 59 Cost. è stato interpretato nel senso che essi devono essere *in tutto* cinque, e non che *ciascun* presidente durante il proprio mandato ne possa comunque nominare cinque. Questa è stata anche la prassi (salvo il periodo delle presidenze Pertini e Cossiga, 1978-1992). Si veda la tabella: per quasi la metà si tratta di uomini politici di primo piano. Il voto dei senatori a vita può tuttavia risultare, in circostanze particolari, decisivo (come accadde nel 1994 quando il primo governo Berlusconi conseguì la fiducia del Senato sul filo del rasoio e nel 2006 con il secondo governo Prodi), il che pone indubbiamente problemi alla luce del principio di sovranità popolare (art. 1.2 Cost.).

I SENATORI A VITA DI NOMINA PRESIDENZIALE

Presidente	N. senatori nominati	Nomi
Einaudi	7	Guido Castelnuovo, Arturo Toscanini, Pietro Canonica, Gaetano De Sanctis, Pasquale Iannaccone, Carlo Alberto Salustri (Trilussa), Luigi Sturzo
Gronchi	2	Giuseppe Paratore, Umberto Zanotti Bianco
Segni	3	Cesare Merzagora, Ferruccio Parri, Meuccio Ruini
Saragat	4	Vittorio Valletta, Eugenio Montale, Giovanni Leone, Pietro Nenni
Leone	1	Amintore Fanfani
Pertini	5	Leo Valiani, Eduardo De Filippo, Camilla Ravera, Norberto Bobbio, Carlo Bo
Cossiga	5	Giovanni Spadolini, Giovanni Agnelli, Giulio Andreotti, Francesco De Martino, Paolo Emilio Taviani
Scalfaro	–	
Ciampi	5	Rita Levi Montalcini, Emilio Colombo, Mario Luzi, Giorgio Napolitano, Sergio Pininfarina
Napolitano	5	**Mario Monti**, Claudio Abbado, **Elena Cattaneo**, **Renzo Piano**, **Carlo Rubbia**
Mattarella	–	

Nota: In neretto i senatori a vita di nomina presidenziale in carica al 31 agosto 2016. Ad essi vanno aggiunti i senatori a vita di diritto (ex presidenti della Repubblica): Carlo A. Ciampi e Giorgio Napolitano.

Gli eletti nelle circoscrizioni estero

I 12 deputati e i 6 senatori eletti nelle **circoscrizioni estero** rappresentano i cittadini che non risiedono in Italia. In questo modo, con la riforma degli artt. 56 e 57 Cost. (intervenuta con l. cost. 1/2001), si è inteso rendere effettivo quel diritto al voto che, in quanto cittadini, i residenti all'estero avevano sempre avuto, ma difficilmente potevano esercitare a causa della necessità di sottoporsi a un viaggio spesso oneroso. In compenso si è ritenuto di «isolare» questi elettori, riservando ad essi i seggi che si son detti (sottratti al numero complessivo di 630 e 315) ed evitando che i loro voti confluiscano con quelli dei residenti nel territorio nazionale. La soluzione trova qualche esempio simile in altri ordinamenti, ma costituisce, concettualmente, una rottura rispetto alla tradizionale continuità fra rappresentanza, popolo, territorio (si tratta di cittadini, in ogni caso alcuni milioni di persone, che per lo più hanno anche una seconda cittadinanza, possono esercitare il diritto di voto anche per parlamenti di altri paesi e quasi mai pagano tasse in Italia). A conferma della particolare natura delle circoscrizioni estero, la l. 459/2001 ha previsto che solo chi risiede e vota all'estero può essere candidato.
D'altra parte, l'aver garantito una rappresentanza dei residenti all'estero sia alla Camera sia al Senato non ha fatto che confermare il carattere paritario e indifferenziato del bicameralismo italiano nel quale le due Camere restano sostanzialmente indistinguibili. La principale differenza consiste nella già ricordata minor rappresentatività del Senato.

4. LA DURATA IN CARICA

Durata quinquennale e divieto di proroga

Le Camere durano in carica 5 anni e non possono essere prorogate se non per legge nel solo caso in cui il paese sia in stato di guerra (art. 60 Cost.). Tale previsione va letta insieme all'art. 78 Cost., il quale attribuisce alle Camere stesse il potere di deliberare lo *stato di guerra*. Ciò significa che non è presupposto sufficiente per una proroga delle Camere un semplice intervento, anche armato, riconducibile a una delle frequenti operazioni intraprese dall'Italia nel quadro delle Nazioni Unite o della Nato. Il divieto di proroga risponde a una regola costante degli ordinamenti rappresentativi: verrebbe eluso il principio cardine del periodico rinnovo delle cariche, infatti, se gli organi rappresentativi potessero protrarre discrezionalmente il proprio mandato.

I poteri delle Camere, peraltro, sono prorogati fino al momento in cui non si riuniscono le nuove Camere: e ciò all'ovvio scopo di far sì che sia in ogni caso garantita la continuità nell'esercizio delle funzioni parlamentari (art. 61 Cost.: la prima riunione deve avvenire entro 20 giorni dalle elezioni, le quali a loro volta devono avvenire non oltre 70 giorni dalla cessazione delle precedenti Camere, ma in base alla legge elettorale non prima di 45 giorni). Non si pensi all'attività ordinaria, ma per esempio al caso (ben possibile) in cui il governo adotti un decreto legge: eventualità nella quale è obbligato dall'art. 77 Cost. a presentare alle Camere «anche se sciolte» il disegno di legge per la conversione il giorno stesso. Spetterà poi ad esse valutare se procedere subito, ovvero lasciare che se ne occupino le nuove Camere con il rischio che il decreto decada. Questo istituto si chiama **prorogatio**: viene dal diritto romano e serve a coprire il «vuoto» che potrebbe altrimenti verificarsi nell'esercizio di funzioni affidate a organi per i quali l'ordinamento prevede la periodica sostituzione delle persone fisiche che vi sono preposte. La *prorogatio* non va confusa con la **proroga**, che invece consiste nello spostamento in avanti di un termine disposto per legge.

Prorogatio vs. proroga

Le Camere, o anche una sola delle Camere, possono essere **sciolte in anticipo** (art. 88 Cost.: ma su questo punto cruciale, attinente ai poteri del presidente della Repubblica, v. il cap. 10).

5. IL PARLAMENTO IN SEDUTA COMUNE

L'art. 55.2 Cost. prevede che le Camere assolvano insieme ad alcune funzioni, riunite in seduta comune. Il **Parlamento in seduta comune**, formato appunto dai membri delle due Camere, si riunisce sempre nell'aula della Camera dei deputati (per ovvie ragioni logistiche), ai soli scopi già definiti in Costituzione. Le funzioni affidate al Parlamento in seduta comune sono quasi esclusivamente elettive. Ciò ha fatto ritenere che si tratti di un semplice *collegio elettorale*, con la conseguenza che nella prassi non sono stati ammessi dibattiti prima del voto. Il Parlamento in seduta comune:

Funzioni del Parlamento in seduta comune

• elegge, con il concorso dei delegati regionali, il presidente della Repubblica (art. 83.1 e 2 Cost.) e assiste al suo giuramento (art. 91 Cost.); lo può mettere in stato d'accusa (art. 90.2 Cost.);
• elegge un terzo dei componenti del Consiglio superiore della magistratura (art. 104.4 Cost.);
• elegge un terzo dei componenti della Corte costituzionale (art. 135.1 Cost.), nonché i 45 cittadini fra i quali estrarre i giudici aggregati ai fini del giudizio d'accusa contro il presidente della Repubblica (art. 135.7 Cost.).

Il Parlamento in seduta comune è presieduto dal presidente della Camera; da ufficio di presidenza funge quello della Camera (art. 63.2 Cost.); anche il regolamento è quello della Camera, come prevedono gli stessi regolamenti parlamentari (il che appare logico dato che non avrebbe senso imporre alla presidenza l'uso di un regolamento diverso da quello che conosce, anche se non è esclusa la possibilità che l'organo si dia norme proprie). È sempre il presidente della Camera a indire l'elezione del nuovo presidente della Repubblica (artt. 85.2 e 86.2 Cost.). Tutto ciò non comporta preminenza di un ramo del Parlamento sull'altro, ma risponde forse alla volontà del costituente di sottolineare l'equilibrio fra le due Camere, stante il fatto che supplente del presidente della Repubblica è il presidente del Senato (art. 86.1 Cost.). In realtà, la scelta appare razionale: tanto più che nelle sedute comuni il peso della Camera dei deputati si accentua, dal momento che due componenti su tre sono per l'appunto deputati. Questa è una delle ragioni aggiuntive che spiegano perché l'organo vota sempre e solo a *maggioranza qualificata*.

6. ORGANIZZAZIONE E FUNZIONAMENTO DELLE DUE CAMERE

Il diritto parlamentare

L'**organizzazione** e il **funzionamento** delle due Camere sono disciplinati da fonti costituzionali e da fonti di autonomia parlamentare (a partire dai regolamenti di ciascuna camera): il complesso di tali disposizioni, nonché delle consuetudini e delle prassi instauratesi, costituiscono quella branca del diritto costituzionale che va sotto il nome di **diritto parlamentare**.

Le regole fondamentali del diritto parlamentare sono stabilite dalla Costituzione. Esse sono le seguenti.

• Ciascuna camera elegge fra i suoi componenti **presidente** e **ufficio di presidenza** (art. 63.1 Cost., v. par. 8).

I regolamenti parlamentari

• Ciascuna camera adotta il proprio **regolamento** e lo fa a *maggioranza assoluta* dei propri componenti (art. 64.1 Cost.). Nel rispetto di quanto direttamente disposto dalla Costituzione, organizzazione e funzionamento di ciascuna camera sono oggetto di una *riserva di regolamento parlamentare*, nel senso che si tratta di una materia che non può essere disciplinata da altra fonte di rango sub-costituzionale (v. anche cap. 5). Si garantisce così l'autonomia della Camera dei deputati nei confronti del Senato e viceversa (così non sarebbe se fosse la legge, che è atto bicamerale, a disciplinare tale materia), e si afferma, come negli altri casi in cui la Costituzione prevede una maggioranza speciale, la necessità che le regole parlamentari siano condivise da un numero di deputati o senatori più ampio di quello che è richiesto per le decisioni ordinarie (se la maggioranza fosse quella semplice, potrebbero essere decise da una minoranza che si trovi a essere maggioranza per le altrui assenze). I regolamenti parlamentari vigenti risalgono entrambi al 1971, ma numerose sono state le successive modifiche.

La pubblicità delle sedute

• Le **sedute** sono sempre **pubbliche**, a meno che non sia deliberata la seduta segreta (art. 64.2 Cost.). Le sedute segrete sono nella prassi rarissime, dal momento che la pubblicità è connaturata al ruolo stesso delle assemblee rappresentative. Per ogni seduta vengono redatti un processo verbale e i resoconti sia in forma sintetica (*sommari*) sia in forma integrale (*stenografici*), che sono immediatamente disponibili sui siti Internet delle Camere. Il pubblico è ammesso ad assistere e le sedute sono in diretta audio-video su Internet e sul satellite (non così le sedute delle commissioni, per le quali tuttavia può essere di volta in volta autorizzata la trasmissione a circuito chiuso).

I quorum

• Le decisioni di ciascuna camera sono di norma assunte con il voto favorevole della **maggioranza dei presenti** (chiamata *quorum funzionale*), purché sia presente la maggioranza dei loro componenti (chiamata *quorum strutturale* o **numero legale**, art. 64.3 Cost.). Il numero legale è particolarmente elevato: la metà più uno dei componenti, salvo congedi autorizzati (ad es. alla Camera dei Comuni inglese è di soli 40 membri). Quando manca il numero legale (che si presume ci sia sempre, salvo verifica del contrario), le deliberazioni non sono valide. In quel caso il presidente d'assemblea decide se sospendere la seduta per un'ora oppure toglierla, rinviandola al giorno successivo.

Il *quorum funzionale* per l'approvazione di una proposta è quello della maggioranza *semplice*, costituita dalla metà più uno di coloro che *votano* (in un collegio di 100 componenti, se i votanti fossero ad esempio 80, la maggioranza sarebbe 41), salvo che la Costituzione preveda una maggioranza più ampia, cioè *qualificata*. La più piccola delle maggioranze qualificate è quella *assoluta*, costituita dalla metà più uno non di coloro che votano ma di coloro che *compongono* il collegio (su 100, sono 51).

A conferma dell'incidenza che possono avere i regolamenti parlamentari, si deve sottolineare che alla Camera coloro che, presenti, dichiarano di astenersi *non* vengono considerati al fine di stabilire se il *quorum funzionale* è stato raggiunto; al Senato invece sì, per cui mentre alla Camera gli astenuti concorrono a formare il *quorum strutturale* ma *non* quello funzionale, al Senato vengono considerati per calcolare sia l'uno sia l'altro, con l'effetto che astenersi è come votare contro (se, su 100 presenti, 45 votassero a favore e 35 contro e 20 si astenessero, la maggioranza sarebbe, secondo la regola della Camera 41, mentre secondo la regola del Senato 51 e la proposta sarebbe pertanto respinta). In altre parole, al Senato una deliberazione è adottata se raggiunge la maggioranza di coloro che *partecipano al voto*, astenuti compresi (considerati appunto partecipanti al voto). E quindi i senatori che volendosi astenere non vogliono però influire sulla votazione, devono necessariamente assentarsi dall'aula.

• I **componenti del governo** hanno diritto di assistere alle sedute e di essere ascoltati ogni volta che lo richiedano; hanno altresì l'*obbligo* di farlo se richiesti, secondo le regole classiche dei regimi parlamentari fondati sul rapporto fiduciario (art. 64.4 Cost.).

7. LO STATUS GIURIDICO DEI PARLAMENTARI

La Costituzione disciplina poi il complesso dei diritti e dei doveri che formano lo specifico **status giuridico dei parlamentari**.

• Non si può appartenere a entrambe le Camere (art. 65.2 Cost.). In base al testo unico delle leggi elettorali (d.p.r. 361/1957), la candidatura contestuale alla Camera e al Senato determina la nullità dell'elezione.

La verifica dei poteri

• I titoli in base ai quali una persona diventa parlamentare (elezione, nomina presidenziale nel caso dei senatori a vita) e il sopraggiungere nel corso del mandato di cause di incompatibilità, ineleggibilità o incandidabilità sono giudicati dalle stesse Camere, ciascuna per i propri membri (**verifica dei poteri**, art. 66 Cost.). Ciò ha spesso sollevato polemiche. L'intrinseca politicità di qualsiasi attività parlamentare incide sulle decisioni assunte in una materia delicata come le eventuali contestazioni elettorali (coinvolgenti anche le posizioni soggettive di terzi): non a caso in molti ordinamenti questa materia è affidata alla magistratura ordinaria oppure ai tribunali costituzionali.

Il divieto del vincolo di mandato

• Ogni parlamentare rappresenta l'intera nazione ed esercita le sue funzioni senza rispondere ad altri che alla propria coscienza. Il **divieto del vincolo di mandato** (art. 67 Cost.) è uno di quei principi ereditati dall'epoca classica del costituzionalismo a cavallo fra Sette e Ottocento (fino alla Rivoluzione francese la rappresentanza era suddivisa per «stati», i rappresentanti erano cioè anche giuridicamente obbligati ad agire nell'interesse dello «stato», ovvero della classe che li aveva inviati). Esso acquistò una valenza diversa con la nascita del partito politico di massa, strumento di rappresentanza democratica di tutto il popolo, e con l'organizzazione delle assemblee in gruppi parlamentari corrispondenti ai partiti presenti nella società, in grado di controllare le candidature alle elezioni e dunque di condizionare l'atteggiamento del singolo parlamentare (cosa del resto necessaria per il funzionamento di organi collegiali assai numerosi). Si pose così in passato la questione se fosse lecito, per esempio, pretendere la previa consegna di dimissioni in bianco per permettere al gruppo parlamentare di liberarsi di membri scomodi o in dissenso così radicale da non poter essere tollerati (considerate invece illegittime nel nostro ordinamento). Più recentemente, in un'epoca non di forza ma di debolezza dei partiti, si è posta la questione di cosa sia possibile fare perché il parlamentare eletto nell'ambito di una certa forza politica o coalizione non si avvalga poi dell'assenza del vincolo di mandato per cambiare gruppo o perfino schieramento (comportamento percepito come censurabile perché inteso come tradimento del mandato politico, non giuridico, ricevuto dagli elettori).

L'indennità

• Ogni parlamentare riceve un'**indennità** stabilita per legge (art. 69 Cost.), come in tutte le moderne assemblee rappresentative, a differenza però del parlamento dello stato monoclasse ottocentesco che respingeva l'idea stessa del professionismo politico (la gratuità del mandato, ad esempio, era prevista dallo Statuto albertino). La misura dell'indennità è stabilita dall'ufficio di presidenza di ciascuna camera, entro un tetto che per legge è lo stipendio dei magistrati con funzioni di presidente di sezione della Corte di cassazione (l. 1261/1965). Ad essa si aggiungono svariati benefici (viaggi gratuiti, assistente parlamentare, diaria per il soggiorno a Roma, assegno di reinserimento a fine mandato, trattamento pensionistico basato sul sistema contributivo che dal 2012 ha sostituito il vitalizio). I parlamentari sono tenuti a depositare: l'elenco di tutti i beni immobili e delle azioni e quote di società di cui siano proprietari e l'ultima dichiarazione dei redditi; essi devono anche comunicare la situazione patrimoniale e reddituale del coniuge, dei figli e dei parenti entro il secondo grado, se questi vi consentono (l. 441/1982).

Le immunità

• Ogni parlamentare gode di una serie di **immunità** (art. 68 Cost.). L'origine storica di queste prerogative stava nella necessità di tutelare i membri del parlamento dal potere regio. Oggi si vuole da un lato garantire il libero esercizio delle funzioni parlamentari, dall'altro evitare il rischio di prevaricazioni da parte del potere giudiziario. Le immunità si distinguono in:

1. insindacabilità (*ex* art. 68.1). Per come votano e per ciò che dicono «nell'esercizio delle loro funzioni» i parlamentari non possono essere in alcun modo chiamati a rispondere (in nessuna sede, penale, civile o amministrativa); ove sorga contestazione nel corso di un processo, il giudice ha l'obbligo di sospenderlo per chiedere alla camera di appartenenza se, nella circostanza, si applichi l'art. 68.1 (v. art. 3 l. 140/2003);

2. inviolabilità (*ex* art. 68.2 e 3). I parlamentari non possono subire alcuna forma di limitazione della libertà personale, di domicilio e di comunicazione, a meno che la camera di appartenenza non la autorizzi (arresto o detenzione, perquisizione personale o domiciliare, intercettazione di conversazioni o comunicazioni, sequestro di corrispondenza: v. artt. 4-6 l. 140/2003). Al riguardo esistono però eccezioni: *i*) il caso in cui il parlamentare sia colto nell'atto di commettere un delitto per il quale l'arresto *in flagranza* è obbligatorio, e *ii*) il caso in cui abbia subito una condanna detentiva passata in giudicato. Questa disciplina risale alla revisione costituzionale del 1993: in precedenza occorreva un'autorizzazione anche solo per *procedere* contro un parlamentare. Non è più così: il magistrato procede contro un parlamentare come contro qualsiasi altro cittadino.

La Corte costituzionale e l'insindacabilità

Relativamente alla prerogativa dell'insindacabilità delle opinioni espresse, la questione è come si debba interpretare l'espressione «nell'esercizio delle funzioni»: il deputato o il senatore che, nel corso di una trasmissione televisiva o in un articolo di giornale, usa espressioni che un cittadino giudica lesive della propria dignità, suscettibili di integrare la fattispecie del reato di *diffamazione*, sta «esercitando le sue funzioni» oppure no? La tendenza delle due Camere è stata sempre estensiva: ciò ha provocato numerosi conflitti di attribuzione fra magistratura e Camere che sono sfociati in una giurisprudenza restrittiva da parte della Corte costituzionale (a partire dalle sentt. 10 e 11/2000). Secondo questa giurisprudenza, deve esistere un «nesso funzionale» fra attività parlamentare e cose dette o scritte fuori dalle Camere (dunque insindacabilità in relazione ad esse): questo si realizza *solo* quando quelle cose costituiscano la riproduzione di atti tipici o interventi parlamentari. Nel caso in cui la Corte giudichi che così non sia, essa annulla la deliberazione di insindacabilità della Camera o del Senato e così permette che il processo riprenda. Secondo la Corte, le prerogative dei membri del Parlamento *non sono un privilegio personale*, ma sono funzionali alla tutela dell'autonomia e della libertà di ciascuna camera (sent. 120/2004).

8. GLI ORGANI DELLE CAMERE

Le due Camere sono organizzate in modo sostanzialmente uguale sulla base di quanto dettano i rispettivi regolamenti, i quali, come abbiamo visto, sono fonti di diretta attuazione della Costituzione, e dunque fonti di rango primario. Vediamo ora quali sono gli organi delle Camere.

I presidenti delle Camere

• Il **presidente** dell'assemblea ha il compito di rappresentare all'esterno la camera e di assicurare sia il corretto e ordinato svolgimento dei suoi lavori sia il buon andamento dell'amministrazione interna; fa osservare il regolamento e dirige le sedute (dà la parola, mantiene l'ordine, chiarisce l'oggetto e il significato delle votazioni e ne annuncia l'esito). È coadiuvato da alcuni vicepresidenti e, per le funzioni amministrative, dai questori; per il processo verbale è assistito dai segretari. Il presidente è eletto a maggioranza qualificata e, sin da quando Francesco Crispi nel 1876 ordinò di cancellare il proprio nome dall'elenco dei deputati per la chiamata delle votazioni, la presidenza è stata interpretata, sia pure con eccezioni, come magistratura imparziale votata appunto al corretto funzionamento della camera (proprio per questo ai presidenti delle Camere sono oggi attribuiti poteri di nomina di alcune autorità indipendenti, v. cap. 13). In epoca repubblicana, dal 1976 al 1994, si sono avuti (ma solo alla Camera, non al Senato) presidenti eletti fra personalità del maggior partito di opposizione; questa prassi si è poi interrotta a partire dalla XII legislatura e il presidente è sempre stato un parlamentare eletto in uno dei partiti della coalizione maggioritaria, in considerazione dei suoi rilevanti poteri sulla programmazione dei lavori. Resta però che la sua investitura non instaura alcun rapporto fiduciario, tanto è vero che non esiste nessuno strumento regolamentare per obbligare il presidente alle dimissioni (come si è visto nel 2010 in seguito ai contrasti tra il presidente della Camera Fini e la maggioranza di governo).

L'ufficio di presidenza

• L'**ufficio di presidenza** (al Senato **consiglio di presidenza**), composto in modo da rappresentare tutti i gruppi parlamentari (v. dopo), ha compiti amministrativi (delibera il progetto di bilancio, nomina su proposta del presidente il segretario generale, cioè il vertice dell'amministrazione), compiti attinenti alla disciplina interna (decide su eventuali sanzioni proposte dal presidente) e compiti di natura politico-organizzativa (decide in ordine alla formazione dei gruppi e sulla composizione delle commissioni). L'ufficio di presidenza ha potere normativo interno relativamente a tutto ciò che riguarda l'amministrazione, la contabilità e il bilancio della camera (*regolamenti minori*).

La conferenza dei capigruppo e l'organizzazione dei lavori

• La **conferenza dei presidenti dei gruppi** (dei «capigruppo») assiste il presidente in relazione a tutto ciò che riguarda l'organizzazione dei lavori dell'assemblea. È composta, come dice il nome, dai presidenti di tutti i gruppi parlamentari e il governo può sempre inviarvi un proprio rappresentante. In particolare, decide il *programma dei lavori*, il *calendario* e l'*ordine del giorno* delle singole sedute: cosa si fa e quando, cioè l'agenda parlamentare, il che è assolutamente essenziale per qualsiasi assemblea. Infatti il tempo d'aula ha un valore immediatamente politico. In base al tempo a disposizione la maggioranza può approvare le proposte da cui dipende l'attuazione del programma di governo; in base al tempo a disposizione l'opposizione e le minoranze possono sollevare argomenti sui quali mettere in imbarazzo governo e maggioranza o addirittura imporre parte dell'agenda. La conferenza delibera all'unanimità al Senato e a maggioranza qualificata dei tre quarti alla Camera (con voto ponderato, che tiene conto cioè del numero di componenti che ciascun gruppo ha). Nel caso in cui non sia in grado di decidere, provvede da solo il presidente, il quale deve però tenere conto di ciò che propongono il governo e la maggioranza, riservando comunque una quota di tempo a ciò che chiedono i gruppi di opposizione (al Senato è necessario il voto dell'assemblea sulla proposta del presidente).

Le giunte

• Alcuni organi collegiali svolgono funzioni specifiche: la **giunta per il regolamento** dà pareri al presidente quando si tratta di interpretare il regolamento e assolve a un fondamentale ruolo di proposta ai fini della sua modifica; la **giunta delle elezioni** svolge il lavoro istruttorio nei confronti dell'aula in ordine alle contestazioni contro la regolarità delle elezioni e alla verifica dei titoli di ammissione degli eletti e delle cause sopraggiunte di incompatibilità, ineleggibilità e incandidabilità; la **giunta delle autorizzazioni a procedere** riferisce in ordine all'applicazione dell'art. 68 Cost. quando l'autorità giudiziaria richieda provvedimenti nei confronti di parlamentari (al Senato vi è un'unica **giunta delle elezioni e delle immunità**); infine, solo alla Camera, un **comitato per la legislazione** a composizione paritetica maggioranza-opposizione ha il compito di esprimere pareri in ordine alla qualità, omogeneità, semplicità e chiarezza delle proposte in esame.

Le commissioni permanenti

• Le **commissioni permanenti**, attualmente in numero pari a 14, suddivise in base all'oggetto della loro competenza (affari costituzionali; giustizia; affari esteri; difesa; bilancio, tesoro e programmazione; finanze; cultura, scienza e istruzione; ambiente, territorio e lavori pubblici; trasporti, poste e telecomunicazioni; attività produttive, commercio e turismo; lavoro; affari sociali; agricoltura; politiche dell'Unione europea), svolgono funzioni essenziali e costituzionalmente necessarie (v. art. 72.1 Cost.): ai fini sia del procedimento di formazione delle leggi, sia delle procedure di indirizzo, di controllo e di informazione. Tali funzioni possono attenere alla sola fase istruttoria (che si conclude con relazioni e testi inviati all'assemblea: in particolare il «testo base» della proposta di legge che verrà discusso e votato in aula) e anche all'intero procedimento (come nel caso dei progetti di legge approvati direttamente in commissione ovvero dell'approvazione di strumenti di indirizzo ovvero ancora dello svolgimento di indagini conoscitive). I componenti delle commissioni sono designati dai singoli gruppi parlamentari e la composizione deve rispecchiare la proporzione dei gruppi, per cui ogni gruppo avrà in commissione un peso commisurato alla percentuale di parlamentari che ad esso aderiscono. Ciò significa che i gruppi che sono maggioranza in assemblea lo sono necessariamente anche in commissione, e quelli che sono minoranza in assemblea lo sono pure in commissione. Per questo la maggioranza, se così reputa opportuno, è in grado di eleggere i presidenti di tutte le commissioni permanenti (invece, per la composizione dell'ufficio di presidenza della commissione, il voto è *limitato*, vale a dire ciascun componente vota per un numero di candidati inferiore ai posti disponibili, per cui vengono eletti anche rappresentanti dei gruppi di minoranza). La presidenza della commissione ha notevole rilevanza perché è il presidente che la rappresenta e la convoca e, oltre a presiederla, ha il compito di riferire in assemblea (compito che in genere delega nominando un relatore fra i componenti della commissione). Nella prassi l'interpretazione del ruolo ha sempre unito alla garanzia del buon andamento dei lavori e di spazi alle minoranze anche l'impegno all'attuazione del programma governativo.

Le commissioni speciali

• Ciascuna camera può inoltre istituire **commissioni speciali** o *ad hoc* con compiti specifici, prassi un tempo seguita per istruire progetti particolarmente complessi (ma oggi vi si ricorre raramente data la già eccessiva moltiplicazione delle sedi di lavoro parlamentare). Ciascuna camera può altresì istituire **commissioni d'inchiesta** (art. 82 Cost., v. par. 13).

Le commissioni bicamerali

• Infine, esistono numerose **commissioni bicamerali**, cioè costituite da un numero uguale di deputati e senatori, per svolgere funzioni che spettano a entrambi i rami del Parlamento evitando duplicazioni e dualismi. Due di queste sono previste in Costituzione o da legge costituzionale: la *commissione per le questioni regionali* (art. 126.1 Cost.) e il *comitato per i procedimenti d'accusa* (contro il presidente della Repubblica, v. cap. 10). Le altre commissioni bicamerali sono istituite per legge e hanno carattere vuoi permanente vuoi temporaneo.
Fra le prime: la *commissione per l'indirizzo generale e la vigilanza dei servizi radiotelevisivi*; la *commissione di controllo degli enti di previdenza e assistenza sociale*; il *comitato di controllo sull'attuazione dell'Accordo di Schengen*; la *commissione per l'infanzia e l'adolescenza*. Un organo molto importante è il **comitato parlamentare per la sicurezza della Repubblica**, composto da 5 deputati e 5 senatori, cui è affidata la funzione di controllo sui servizi segreti e sull'uso da parte del governo del segreto di stato, per legge presieduto da un parlamentare dell'opposizione (artt. 30-38 l. 124/2007).
Fra le commissioni a carattere temporaneo: le già richiamate *commissioni d'inchiesta* (nella versione bicamerale) e le *commissioni consultive*, istituite da leggi di delegazione, che hanno il compito di esprimersi sugli schemi di decreti legislativi predisposti dal governo (v. cap. 5).

I gruppi parlamentari

• Hanno caratteri diversi dagli altri organi fin qui descritti, ma un ruolo determinante per lo stesso modo d'essere dei parlamenti contemporanei, i **gruppi parlamentari**. Nati nel Parlamento italiano nel 1920, dopo l'introduzione della legge elettorale proporzionale, sono espressamente richiamati in Costituzione (v. artt. 72.3 e 82.2). I gruppi parlamentari, strumento di organizzazione della presenza dei **partiti politici** all'interno delle assemblee, sono definiti dai regolamenti delle Camere «associazioni di parlamentari» e «soggetti necessari al funzionamento della camera»; sono dotati di un proprio statuto o regolamento.
Ciascun eletto, entro un paio di giorni dalla prima seduta della camera di appartenenza, «deve» dichiarare a quale gruppo appartiene; se non lo fa, viene assegnato al «gruppo misto». Il numero minimo prescritto è di 20 deputati e 10 senatori: i regolamenti prevedono deroghe per gruppi che rappresentino partiti organizzati su tutto il territorio nazionale (ma solo se *autorizzati* dall'ufficio di presidenza). Invece è permessa la costituzione, all'interno del gruppo misto, di «componenti politiche». Fino agli inizi degli anni Novanta a ognuno dei partiti tradizionali del sistema politico italiano corrispondeva un omologo gruppo parlamentare; gruppi cui non corrispondeva un partito erano l'eccezione. Più recentemente si sono formati anche gruppi composti da eletti di partiti diversi, ma nell'ambito della stessa coalizione. Dal momento che i regolamenti prevedono il requisito numerico come prevalente per la formazione di un gruppo parlamentare, in alcune legislature si è registrata una moltiplicazione dovuta a scissioni dei gruppi. A seguito delle

elezioni del 2008 la questione era parsa ridimensionarsi: nella XVI legislatura i gruppi inizialmente costituitisi in ciascuna camera risultavano solo cinque (oltre al gruppo misto); successivamente però alcune scissioni facevano salire il loro numero a sette. Anche nel corso della XVII legislatura i gruppi sono lievitati e nell'agosto 2016 risultano nove, due in più rispetto alla composizione iniziale (oltre al misto, a sua volta notevolmente lievitato).

Camere organizzate per gruppi e dai gruppi

Il ruolo dei gruppi è stato esaltato dai regolamenti del 1971: sono i presidenti dei gruppi (sia riuniti nella *conferenza dei capigruppo* sia a nome del proprio gruppo, nella misura in cui rappresentano un certo numero di parlamentari) a far valere una serie di prerogative sull'andamento dei lavori, sui dibattiti e sulle votazioni; sono i gruppi a designare i componenti di altri organi (a partire dalle *commissioni*); è ai gruppi, prima che ai singoli, che le Camere riconoscono risorse (locali, attrezzature, personale, contributi). Ma, soprattutto, è il *tempo d'aula* (cioè, di fatto, la facoltà di intervenire), risorsa fondamentale, ad essere ripartito fra i gruppi; inoltre, in alcune fasi del procedimento, relatori e governo a parte, interviene di norma un solo parlamentare per ogni gruppo, da questo designato; una parte assai limitata del tempo disponibile è assegnata invece a coloro che intervengono *a titolo personale* (cui rimangono in genere uno o due minuti ciascuno).

9. LE FUNZIONI DELLE CAMERE

In Costituzione non esiste un catalogo delle funzioni del Parlamento, né una esplicita definizione del suo ruolo: funzioni e ruolo si ricavano dall'intera parte II sull'ordinamento della Repubblica, oltre che, naturalmente, dalla storia del Parlamento italiano e, più in generale, del costituzionalismo moderno. A ben vedere, il termine «funzione» può essere impiegato sia in senso strettamente tecnico-giuridico sia in senso lato istituzionale.

Nel primo caso ci si riferisce a quei *poteri che un organo ha il dovere* di esercitare in vista del soddisfacimento di interessi non suoi propri, ma di terzi o dell'intera collettività. In questa accezione la Costituzione affida alle Camere l'esercizio della **funzione legislativa** (anche se essa non è esercitata solo dallo Stato, v. art. 117), alla quale non a caso dedica intera una delle due sezioni (tredici articoli) del titolo I sul Parlamento, attribuendola a entrambi i rami («la funzione legislativa è esercitata collettivamente dalle due Camere», come recita l'art. 70). Il procedimento legislativo è descritto nel successivo paragrafo.

Nel secondo caso ci si riferisce più genericamente al ruolo che l'organo assume nell'ordinamento costituzionale, derivante dal complesso di poteri che gli sono attribuiti. Compiti del Parlamento in seduta comune a parte, altre e non meno rilevanti funzioni derivano dal **rapporto fiduciario** (v. art. 94 Cost.) e da tutti i poteri e tutte le facoltà che le Camere possono esercitare, in base alla Costituzione e ai loro regolamenti, direttamente o indirettamente connesse sia all'esercizio della funzione legislativa sia al rapporto fiduciario con il governo. Si parla così di **funzione di indirizzo**, di **funzione di controllo**, di **funzione di informazione** (v. parr. 13 e 14).

10. IL PROCEDIMENTO LEGISLATIVO

Il procedimento diviso in fasi

Il **procedimento legislativo** consta di diversi momenti o fasi:
a) fase dell'**iniziativa**;
b) fase **istruttoria**, comunque affidata alle commissioni;
c) fase **deliberativa**, che si svolge a sua volta secondo tre procedure diverse;
d) fase della **promulgazione**, affidata al presidente della Repubblica;
e) fase della **pubblicazione**.
Qui si esaminano le prime tre, quelle propriamente parlamentari.

I titolari dell'iniziativa

• **Iniziativa**. Titolari dell'iniziativa legislativa sono *a*) il governo e, naturalmente, *b*) ciascun membro del Parlamento (art. 71.1 Cost.), nonché *c*) il popolo mediante proposta firmata da almeno cinquantamila elettori (art. 71.2 Cost.), *d*) ciascun consiglio regionale (art. 121.2 Cost.), *e*) il Consiglio nazionale dell'economia e del lavoro (art. 99.3 Cost.). Mentre i parlamentari possono presentare proposte di legge alla sola camera cui appartengono, gli altri titolari dell'iniziativa hanno facoltà di scelta senza limitazione alcuna. In realtà il governo, la cui iniziativa è di gran lunga la principale (v. tab. a fine capitolo), tende a presentare le proprie proposte sulla base di un complesso di considerazioni di natura politica, nonché sulla base di intese riservate coi gruppi parlamentari e con gli stessi presidenti delle Camere: tenendo conto, per esempio, della camera dove è lecito attendersi migliore o al contrario più difficile accoglienza, dell'affollamento del calendario, della circostanza che proposte sul medesimo oggetto sono già in corso di esame.

L'istruttoria in commissione

• **Assegnazione in commissione e scelta del procedimento**. L'istruttoria in commissione non è fase che possa essere evitata, essendo esplicitamente richiamata dall'art. 72.1 Cost. Dunque ogni progetto, redatto in articoli secondo la forma tipica della legge, viene assegnato dal presidente a una delle commissioni permanenti a seconda delle rispettive competenze per materia. Una o più delle altre commissioni possono essere chiamate a esprimere un **parere**; il parere di alcune commissioni, per questo definite «filtro», è richiesto quasi sempre e ha effetti sul procedimento (ad esempio, il parere della commissione bilancio sugli oneri e sulla copertura finanziaria dei progetti di legge diventa vincolante nel caso di procedimento in sede legislativa o in sede redigente, v. dopo). Il ruolo delle commissioni dipende dal tipo di procedimento prescelto. Esistono tre diversi procedimenti, che possono in parte intersecarsi fra loro: nel senso che è possibile che nel corso dell'esame della proposta si deliberi di passare da un procedimento all'altro.

Il procedimento in sede referente

• Il **procedimento normale** o **in sede referente** è quello che attribuisce alla commissione un compito esclusivamente istruttorio, in vista del seguito in aula. Il presidente della commissione, o più spesso un relatore da lui nominato, riferisce sul progetto e la commissione svolge l'istruttoria acquisendo tutti i necessari elementi informativi (su aspetti quali la necessità di una legge, la conformità alla Costituzione e alle norme Ue, gli obiettivi perseguiti e la congruità dei mezzi individuati, la chiarezza del testo, gli oneri e le coperture: su quest'ultimo aspetto anche sulla base della *relazione tecnica* che può chiedere al governo). Quindi la commissione discute il progetto in via generale e poi lo esamina articolo per articolo. Infine perviene a un testo che invia all'assemblea, al quale sono allegati i pareri delle altre commissioni, dando mandato al relatore di riferire oralmente o mediante la presentazione di una relazione scritta (a quella di maggioranza si aggiunge, in genere, almeno una relazione di minoranza, salvo che tutti i gruppi concordino sul testo predisposto).

Il procedimento in sede redigente

• Alla commissione può essere invece conferito il compito di formulare un testo semi-definitivo: cioè un testo che, approvato dalla commissione, l'aula voterà come tale senza possibilità di proporre e votare modifiche (prendere o lasciare). Si tratta del **procedimento misto** o **in sede redigente**.

Il procedimento in sede legislativa

• Infine, in attuazione di quanto prevede l'art. 72.3 Cost. (ed è un modello che è stato ripreso solo dalla Costituzione spagnola del 1978), se non vi si oppongono il governo oppure un decimo dei componenti della camera o un quinto di quelli della competente commissione, progetti di legge che non riguardino questioni di speciale rilevanza generale (ma ci sono state clamorose eccezioni) possono essere esaminati e anche approvati in commissione, senza passare dall'assemblea. È il **procedimento in sede legislativa** o **deliberante**, il quale dunque è di fatto possibile solo quando vi è un largo consenso (se non sui contenuti specifici di un progetto, perlomeno sull'opportunità che sia discusso e approvato). Un tempo la gran parte delle leggi veniva approvata proprio in commissione in sede legislativa; oggi il fenomeno è più limitato, in conseguenza della trasformazione in senso bipolare del sistema politico. L'art. 72.4 Cost. esclude questo procedimento per alcune materie (costituzionale ed elettorale, delegazione legislativa, autorizzazione alla ratifica di trattati internazionali, bilancio: materie per le quali vi è *riserva d'assemblea*); i regolamenti delle Camere ne escludono altre ancora (ad es. conversione dei decreti legge).

L'esame in assemblea

• **Discussione in aula**. Se il procedimento seguito è quello normale, l'esame in assemblea del progetto di legge predisposto dalla commissione in sede referente, accompagnato da una o più relazioni, si sviluppa attraverso tre momenti. Innanzitutto si apre la **discussione generale**, nel corso della quale i deputati o i senatori dibattono appunto sulle linee generali del progetto in esame. Salvo deliberazione in contrario (approvazione di *questioni pregiudiziali* o *sospensive*), si passa poi alla fase dell'**esame e votazione articolo per articolo**, nel corso della quale si discute e si vota su ciascun articolo in cui il progetto è ripartito e sugli *emendamenti* presentati, cioè le proposte di modifica al testo degli articoli (votando, nell'ordine, gli emendamenti *soppressivi*, quelli *modificativi* e quelli *aggiuntivi*, e quindi l'articolo come eventualmente emendato); seguono infine le **dichiarazioni di voto finale**, con le quali i rappresentanti dei gruppi rendono noto come si esprimeranno sul testo cui l'assemblea è pervenuta, e la **votazione finale** sull'intero progetto di legge.

La trasmissione da un ramo all'altro

• **Messaggio all'altra camera ed eventuale *navette*.** Se il progetto è approvato, previo *coordinamento formale* del testo, esso viene trasmesso con apposito *messaggio* al presidente dell'altra camera. Questa dovrà approvare il progetto nella stessa identica formulazione: qualsiasi modificazione comporta il ritorno alla camera che lo aveva approvato per prima, senza che vi sia alcuna procedura formale per interrompere questo «su e giù» che infatti si usa chiamare col termine francese ***navette*** (che indica la spola del telaio che va e viene in continuazione). I regolamenti prevedono procedimenti abbreviati in seconda lettura: nel senso che la camera alla quale è stato rinviato il progetto riesamina soltanto ciò che è cambiato (vale in diritto parlamentare la regola generale *ne bis in idem*, ossia non si rimette in discussione quello su cui ci si è già pronunciati). Ma naturalmente, se vi sono difficoltà politiche, questo non impedisce ulteriori modificazioni del testo e, appunto, la *navette*. Nel caso in cui invece il progetto sia già stato approvato nello stesso testo dall'altra camera, allora il messaggio attestante l'*approvazione conforme* di entrambe le Camere va al presidente della Repubblica per la *promulgazione* (con potere di *rinvio*, v. cap. 10) e al ministro della giustizia per la *pubblicazione* (v. cap. 5).

Procedimenti speciali

• **Procedimenti legislativi speciali.** I regolamenti parlamentari disciplinano procedimenti legislativi speciali, in varia misura diversi da quello ordinario appena descritto, per alcuni oggetti: 1) esame dei **disegni di legge di conversione di decreti legge** (con la previsione di termini particolarmente stringenti e limiti alla facoltà di proporre emendamenti, che dovrebbero essere strettamente attinenti alla materia: v. par. 11 del cap. 5); 2) esame dei **progetti di legge costituzionale** (non sono emendabili in seconda deliberazione: v. dopo); 3) esame del **disegno di legge di bilancio** (per il quale è prevista una *sessione* interamente dedicata: v. par. 11); 4) esame della **legge di delegazione europea** e della **legge europea** (con le quali si provvede all'attuazione della normativa Ue: v. par. 12).

Esame delle leggi costituzionali

• Le **leggi costituzionali** sono approvate secondo il procedimento dell'art. 138 Cost. (descritto nel par. 7 del cap. 5). Taluni importanti aspetti del procedimento di approvazione sono specificati nei regolamenti parlamentari.

Prima di tutto essi prevedono letture alternate tra la Camera e il Senato, e non letture consecutive da parte di ciascuna camera: in questo modo il procedimento si abbrevia, ove i gruppi parlamentari lo vogliano. Inoltre è previsto che la seconda lettura da parte di ciascuna camera abbia ad oggetto il progetto già approvato in prima lettura *nel suo complesso*. In seconda lettura non si votano quindi i singoli articoli e non si possono proporre emendamenti.

11. IL CICLO ANNUALE DI BILANCIO

Come abbiamo visto all'inizio di questo capitolo, alle origini stesse dei parlamenti vi fu la negoziazione delle risorse che il re richiedeva ai baroni, ai nobili e poi ai rappresentanti delle città. Alla fine del Settecento la Rivoluzione americana fu condotta per rivendicare il fondamentale principio *no taxation without representation*. Ancor oggi si tratta di una funzione essenziale di tutte le assemblee rappresentative che ogni anno votano il bilancio di previsione, cioè il documento presentato dal governo che contiene l'elenco delle uscite previste per l'anno successivo e quindi delle entrate per finanziarle.

L'art. 81 Cost.

Nella Costituzione italiana è l'art. 81 che detta le disposizioni in materia di bilancio. Esso è stato riformato nel 2012. Oltre all'*annualità della legge di bilancio* (e del *rendiconto consuntivo*), l'art. 81 stabilisce il **principio dell'equilibrio delle entrate e delle spese** e limita il *ricorso all'indebitamento*, che è consentito solo per fronteggiare le conseguenze di un ciclo economico negativo o «al verificarsi di eventi eccezionali» (in tal caso previa autorizzazione delle Camere con voto a maggioranza assoluta). È altresì previsto che ogni legge che le Camere si accingano ad approvare, la quale comporti oneri aggiuntivi di qualsiasi genere, deve indicare i mezzi per farvi fronte (in modo da rispettare gli equilibri predeterminati a suo tempo), ossia la *copertura finanziaria* che può essere soddisfatta sia con nuove entrate sia con taglio di spese prima previste. Nel caso (oggi improbabile) in cui il bilancio non sia approvato entro il 31 dicembre, il Parlamento può concedere per non oltre quattro mesi l'*esercizio provvisorio*, con il quale si autorizza il governo a impegnare (cioè spendere) risorse mese per mese in misura non superiore a un dodicesimo di quelle previste dal bilancio dell'anno precedente. Infine, l'art. 81 riserva a un'apposita *fonte specializzata* il contenuto della legge di bilancio e le norme per garantire l'equilibrio tra entrate e spese (questa fonte è la l. 243/2012).

La disciplina del ciclo di bilancio

Il **ciclo annuale di bilancio** è disciplinato dalla l. 31 dicembre 2009, n. 196, come modificata dalla l. 7 aprile 2011, n. 39. Ulteriori modifiche sono state introdotte dalla l. 4 agosto 2016, n. 163, dando attuazione alla citata legge specializzata (v. dopo). Questa disciplina ha adeguato strumenti e tempi della programmazione economica e finanziaria alle sempre più stringenti regole dell'Unione europea, che sono state adottate per rafforzare il coordinamento delle politiche economiche e di bilancio degli stati membri. Il rafforzamento delle regole europee è diventato negli ultimi anni un'esigenza indispensabile di fronte alla crisi della moneta unica e alle difficoltà della finanza pubblica di diversi paesi dell'eurozona (il nostro incluso). Fra la normativa dell'Unione, vanno qui richiamati i regolamenti (Ue) n. 1175/2011 e n. 473/2013: il primo ha istituito il «semestre europeo per il coordinamento delle politiche economiche», il secondo il «calendario di bilancio comune».

In questo modo si è dato vita a un vero e proprio ciclo di bilancio coordinato Ue-Italia (v. tab.) che prende avvio, in Italia, sulla base delle linee guida di politica economica e di bilancio formulate nel primo trimestre dell'anno a livello Ue, che fissano le priorità strategiche e gli orientamenti dell'Unione rivolti ai singoli stati membri. Perciò il governo, entro il 10 aprile, sottopone alle Camere il *documento di economia e finanza* che fa il punto sulla situazione economico-finanziaria del paese e contiene il *programma di stabilità* (con l'indicazione degli obiettivi di finanza pubblica per i successivi tre anni) e il *programma nazionale di riforma* (con l'indicazione delle riforme strutturali da realizzare per promuovere la crescita e l'occupazione). Acquisite le deliberazioni parlamentari, il governo invia il documento a Bruxelles entro aprile. Successivamente il governo, con riferimento all'esercizio dell'anno precedente, predispone il *rendiconto generale dello Stato*, che viene presentato entro giugno insieme all'eventuale *disegno di legge di assestamento* per riportare i conti, in caso appunto di scostamenti, in linea con le previsioni. Entro luglio il Consiglio Ue, su proposta della Commissione, si pronuncia sul programma di stabilità e sul programma nazionale di riforma con l'adozione di raccomandazioni, eventualmente suggerendo modifiche e correzioni specifiche per far sì che i programmi siano in linea con gli obiettivi fissati dall'Unione.

Il documento di economia e finanza

A questo punto, anche sulla base delle grandezze macroeconomiche conosciute (siamo a due terzi circa dell'anno solare), il governo, entro il 27 settembre, presenta la *nota di aggiornamento del documento di economia e finanza* che fissa i nuovi obiettivi programmatici e recepisce le raccomandazioni approvate in sede europea. Perciò il governo, entro il 20 ottobre, presenta il *disegno di legge di bilancio* che reca la manovra di finanza pubblica: questa si compone di un unico testo nel quale, come previsto dalla l. 243/2012, sono confluite la *legge di stabilità* e la *legge del bilancio di previsione* (annuale e pluriennale). La manovra di finanza pubblica è sintetizzata e illustrata nel *documento programmatico di bilancio* inviato alla Commissione europea (su questo è previsto che la Commissione esprima un parere entro novembre).

La manovra di finanza pubblica e la sessione di bilancio

Da fine ottobre a fine dicembre, dunque, ciascuna camera dedica una sessione apposita alla discussione e votazione della legge di bilancio. Si tratta della **sessione di bilancio**, disciplinata dai regolamenti parlamentari con la previsione di termini precisi e cadenzati e di limiti agli emendamenti.

La legge di bilancio

La **legge di bilancio** si compone a sua volta di due sezioni. La **prima sezione** riprende i contenuti della legge di stabilità (strumento che dal 2010 aveva sostituito la *legge finanziaria*): essa determina il livello massimo del ricorso al mercato finanziario e del saldo netto da finanziare (cioè la differenza tra le entrate e le

CICLO DI BILANCIO COORDINATO UE-ITALIA (SU FONDO GRIGIO CIÒ CHE RIGUARDA LA UE; SU FONDO BIANCO CIÒ CHE RIGUARDA L'ITALIA)

Scadenza	Adempimento	Di che si tratta
novembre-dicembre	La Commissione presenta l'analisi annuale sulla crescita (priorità generali per l'economia europea) e la relazione sul meccanismo di allerta (squilibri macroeconomici nei singoli stati).	
gennaio-marzo	Il Consiglio adotta conclusioni rispetto all'analisi annuale sulla crescita e alla relazione sul meccanismo di allerta. La Commissione adotta relazioni sulla situazione macroeconomica di ciascun paese. Il Consiglio europeo approva le priorità strategiche e gli orientamenti rivolti ai singoli paesi.	
10 aprile	Il governo presenta alle Camere il documento di economia e finanza (Def).	Analizza l'andamento dell'economia e dei conti pubblici, con le relative previsioni tendenziali, e contiene il programma di stabilità e il programma nazionale di riforma.
30 aprile	Il governo presenta alla Commissione e al Consiglio Ue il programma di stabilità e il programma nazionale di riforma.	Indicano gli obiettivi programmatici per il triennio, in particolare per la riduzione del debito pubblico, la ripartizione per livelli di governo degli obiettivi, le ipotesi di riforma strutturale.
30 giugno	Il governo presenta alle Camere il rendiconto generale dello Stato.	Si tratta del bilancio consuntivo relativo all'anno precedente e perciò non è uno strumento di programmazione.
	Il governo presenta alle Camere il disegno di legge di assestamento.	Anch'esso non è strumento di programmazione: è la legge con la quale, eventualmente, il governo propone di riportare i conti in linea con gli obiettivi per l'anno in corso.
luglio	Dopo che la Commissione ha valutato i programmi di stabilità e di riforma (maggio) e dopo che il Consiglio ha discusso le proposte della Commissione (giugno), il Consiglio europeo approva le raccomandazioni specifiche per paese.	
27 settembre	Il governo presenta alle Camere la nota di aggiornamento del Def.	Aggiorna le previsioni macroeconomiche e indica i nuovi obiettivi anche sulla base delle raccomandazioni Ue.
20 ottobre	Il governo presenta alle Camere il disegno di legge di bilancio. Il governo presenta inoltre alla Commissione europea il documento programmatico di bilancio.	Il disegno di legge di bilancio serve a perseguire gli obiettivi del Def nel triennio (prima sezione) e a recepire le entrate e le uscite del bilancio di previsione (seconda sezione). Il documento programmatico di bilancio riassume i contenuti della manovra predisposta con il disegno di legge.
novembre	La Commissione Ue adotta un parere sul documento programmatico di bilancio.	
31 gennaio	Il governo presenta alle Camere i disegni di legge collegati alla manovra di finanza pubblica.	Sono le proposte di legge che contengono le riforme strutturali volte a conseguire gli obiettivi fissati.

spese); dispone l'eventuale aumento o riduzione dell'imposizione fiscale, i fondi destinati al rinnovo dei contratti pubblici, le misure correttive delle varie leggi di cui è necessario (se del caso) ridurre l'onere. Insomma, contiene le disposizioni volte a far sì che il bilancio corrisponda agli obiettivi programmatici e ha carattere innovativo. Non possono però essere previste «norme di delega, di carattere ordinamentale o organizzatorio, né interventi di natura localistica o microsettoriale». Gli interventi di natura strutturale dovrebbero invece essere individuati nei *disegni di legge collegati alla manovra finanziaria* (indicati sin da aprile nel documento di economia e finanza). I disegni di legge collegati vanno presentati entro il gennaio successivo, quando il ciclo di bilancio dell'anno solare comincia a muovere i suoi primi passi in ambito europeo. La **seconda sezione** riprende i contenuti della legge del bilancio di previsione: attraverso la «fotografia» delle entrate e delle spese come previste (e modificate) dalla prima sezione, essa autorizza l'amministrazione dello Stato a riscuotere le entrate e disporre le spese indicate.

12. LA LEGGE DI DELEGAZIONE EUROPEA E LA LEGGE EUROPEA

A partire dalla l. 86/1989 è stato istituito un apposito strumento legislativo con cui viene assicurato il periodico adeguamento dell'ordinamento interno agli obblighi derivanti dall'ordinamento dell'Unione europea: questo strumento si chiamava, fino alla l. 234/2012, *legge comunitaria*. La legge del 1989 (nota come *legge La Pergola*), dopo decenni di cronici ritardi nell'attuazione della normativa comunitaria, riorganizzò le modalità attraverso le quali appunto l'ordinamento italiano si adegua al diritto dell'Unione (abrogando le norme non compatibili, recependo gli atti, a partire dalle direttive, non direttamente applicabili e in genere predisponendo le norme di esecuzione degli obblighi che l'appartenenza all'Unione continuamente produce). Sulla base di un procedimento a cadenza annuale ispirato al modello della legge di bilancio, la legge comunitaria, presentata dal governo, solo in piccola parte attuava gli obblighi Ue in via diretta, mentre in relazione alla gran parte di essi affidava al governo il compito di farlo adottando decreti legislativi o regolamenti.

L'adempimento annuale degli obblighi Ue

Diversamente da quanto avviene per l'esame della manovra annuale di bilancio, anche se i regolamenti parlamentari hanno disciplinato con specifiche disposizioni il procedimento di esame della legge comunitaria, non è stata però prevista una «sessione» con la garanzia di tempi certi per l'approvazione in assemblea. In effetti, il ritmo annuale è stato rispettato solo raramente, sicché alcune leggi comunitarie hanno riguardato non uno ma più anni, o comunque sono state approvate con notevole ritardo. In questo modo lo scopo stesso dell'istituzione di una legge *ad hoc*, cioè evitare che lo Stato italiano incorra in procedure di infrazione per mancato adempimento degli obblighi Ue, finiva per venire vanificato (e infatti si è spesso provveduto al di fuori della legge comunitaria adottando le misure necessarie per decreto legge). Si è arrivati così, con la l. 24 dicembre 2012, n. 234, a una complessiva riforma delle «norme generali sulla partecipazione dell'Italia alla formazione e all'attuazione della normativa e delle politiche dell'Unione europea» (con riferimento, come si vede, non solo alla *fase discendente* di cui si parla qui, ma anche alla *fase ascendente* del processo decisionale dell'Unione, v. par. 18).

Dalla legge comunitaria a due distinte leggi

La l. 234/2012 ha istituito al posto della legge comunitaria due distinti strumenti legislativi: il **disegno di legge di delegazione europea** e il **disegno di legge europea**, che il governo presenta alle Camere entro il mese di febbraio (con la possibilità di presentare, entro il mese di luglio, un altro disegno di legge per il secondo semestre dell'anno). La legge di delegazione europea contiene in particolare: *a*) disposizioni per il conferimento al governo di deleghe legislative per l'attuazione delle direttive europee (*ex* art. 76 Cost.); *b*) disposizioni che autorizzano il governo a recepire le direttive in via regolamentare nelle materie non coperte da riserva assoluta di legge (*ex* art. 17.2 l. 400/1988); *c*) disposizioni che individuano i principi fondamentali nel rispetto dei quali le regioni esercitano la propria competenza normativa per recepire gli atti dell'Unione (*ex* art. 117.3 Cost.). La legge europea reca invece la modifica o l'abrogazione di disposizioni statali in contrasto con gli obblighi Ue e tutte le disposizioni necessarie per dare attuazione agli atti dell'Unione. La riforma del 2012 ha cercato così di circoscrivere il rischio di ritardi eccessivi separando ciò che dovrebbe poter essere agevolmente approvato (per lo più deleghe legislative), affidato appunto alla legge di delegazione europea, e il resto (norme di diretta attuazione del diritto Ue, in particolare a seguito dell'avvio da parte della Commissione di procedure di infrazione o di sentenze della Corte di giustizia), affidato alla legge europea.

13. LE PROCEDURE DI INDIRIZZO

Le Camere concorrono a determinare l'indirizzo politico in forme svariate. La *funzione di indirizzo* consiste nell'indicare, innanzitutto al governo, ma non solo ad esso, cosa si deve fare e soprattutto a quale fine, nel rispetto di quali principi, privilegiando quali interessi. Ogni decisione parlamentare risponde a un certo indirizzo. Il contenuto delle leggi che il Parlamento approva risponde all'indirizzo di cui sono interpreti governo e maggioranza. Accanto agli indirizzi espressi in forma di legge, le Camere concorrono alla determinazione dell'indirizzo politico generale e compiono più specifiche scelte di indirizzo facendo ricorso a strumenti diversi.

Gli strumenti del rapporto fiduciario

I principali sono quelli che riguardano il rapporto fiduciario: dunque, il dibattito e la votazione sulla **mozione di fiducia** al nuovo governo; i dibattiti e le votazioni sulle eventuali **questioni di fiducia** poste dal governo; i dibattiti e le votazioni sulle eventuali

mozioni di sfiducia presentate dall'opposizione (su tutto ciò v. il par. 17 di questo capitolo e il cap. 11).
Le Camere utilizzano altri strumenti allo scopo di specificare e integrare l'indirizzo politico generale: sono le *mozioni*, le *risoluzioni* e gli *ordini del giorno di istruzione al governo.*

Le mozioni

• Le **mozioni** sono lo strumento che serve a *provocare una deliberazione* su un qualsiasi argomento (poniamo la questione dello smaltimento dei rifiuti in alcune regioni): le Camere possono votare una mozione che chiede al governo di muoversi in una direzione piuttosto che in un'altra. Esse sono esaminate e votate con procedure in tutto simili a quelle dei progetti di legge (quindi discussione sulle linee generali, esame degli emendamenti, dichiarazioni di voto e votazione, eventualmente per parti separate). Va da sé che quando entrambe le Camere approvano due mozioni uguali o dal contenuto analogo, queste assumono una forza politica particolarmente forte (così quando una camera, a causa di un'occasionale sconfitta della maggioranza, approva una mozione che da questa non è condivisa, accade che la maggioranza ne approvi una opposta nell'altra camera per neutralizzare la prima). Dal punto di vista giuridico, peraltro, l'inottemperanza del governo nei confronti di una mozione in null'altro si traduce se non in opportunità politica per attivare ulteriori e più stringenti strumenti parlamentari (soprattutto la mozione di sfiducia che, dovendo essere motivata, potrebbe in astratto ben richiamare una precedente mozione che l'esecutivo abbia mancato di rispettare).

Le risoluzioni

• La **risoluzione** ha le stesse finalità della mozione, ma ciò che cambia sono le circostanze in cui può essere presentata: come atto di indirizzo che *conclude un dibattito*, per esempio originato da **comunicazioni del governo** (cioè da dichiarazioni che un rappresentante del governo fa in aula su temi di particolare rilievo o attualità: per esempio, essendo stato chiamato a riferire su come ha affrontato il problema dello smaltimento dei rifiuti); ovvero come tipico atto di indirizzo che può essere presentato e votato in commissione (s'intende solo in ordine agli affari di sua competenza: si dice allora che la commissione opera **in sede politica**). Ogni singolo parlamentare può presentare una risoluzione, a differenza delle mozioni che richiedono un numero minimo di proponenti (o la firma di un presidente di gruppo).

Gli ordini del giorno

• Gli **ordini del giorno di istruzione al governo** sono in genere presentati nel corso dell'esame di un progetto di legge o anche di una mozione e costituiscono certamente l'atto di indirizzo più blando, che spesso traduce, con l'assenso del governo, emendamenti che non siano stati da questo accettati, una sorta di promessa a futura memoria (per esempio, si vota una legge sulla sanità e, non potendosi approvare un emendamento che introduce le cure dentali a carico del servizio sanitario, si approva un ordine del giorno che invita il governo a studiare quando una simile innovazione potrebbe essere varata e come finanziarla: nulla muterà nell'immediato, l'intento politico è chiaro). Ad esse il singolo parlamentare o i gruppi potranno far riferimento, ma il contesto nel quale possono essere proposti ne ridimensiona molto il significato.

Governo, maggioranza e opposizione

È chiaro che i margini entro cui ciascuna camera può muoversi nell'integrare l'indirizzo politico generale sono nella realtà circoscritti dai termini del rapporto fra governo e maggioranza. O la questione è considerata irrilevante o poco rilevante dal governo, e allora questo lascia la sua maggioranza «libera» di pronunciarsi come crede, se del caso anche unendo i suoi voti a quelli dell'opposizione; oppure la maggioranza presenta sin dal primo momento un atto d'indirizzo concordato col governo, quando da esso addirittura non stimolato allo scopo di avere più forza nel perseguirlo; se neppure questo è il caso, il governo si adopererà perché, quanto meno *prima* che sia posto in votazione, l'atto assuma contenuti in qualche modo riconducibili al proprio indirizzo, cioè al proprio apprezzamento di ciò che è opportuno fare. Mentre se l'atto di indirizzo è proposto dalla sola opposizione, è altrettanto chiaro che la maggioranza (con o senza stimoli da parte del governo) farà in modo che esso sia accantonato o sostituito con altro diverso o, semplicemente, respinto. Su ognuna di queste deliberazioni, va da sé, il governo può porre la questione di fiducia.

Attenzione: tutto ciò non rende in alcun modo «inutile» la funzione dell'opposizione, la quale *non* consiste nel riuscire a far approvare documenti rispondenti a un indirizzo politico diverso da quello del binomio governo-maggioranza, *bensì* nel conquistarsi lo spazio parlamentare (e quindi se l'argomento interessa, anche sui mezzi di informazione) per attirare l'attenzione dell'opinione pubblica sulla bontà delle proprie proposte e sui danni che a suo avviso provocano le scelte della maggioranza. Stesso scopo i parlamentari di opposizione possono perseguire presentando progetti di legge, senza alcuna speranza che siano approvati, e forse neppure discussi (a meno di non essere inclusi dai loro capigruppo fra gli argomenti cui dedicare quella quota del tempo parlamentare che all'opposizione comunque spetta), ma con la possibilità di farli conoscere e apprezzare dagli elettori, in alternativa a quelli del governo.

14. LE PROCEDURE DI CONTROLLO E INFORMAZIONE

Le Camere dispongono di molteplici strumenti per esercitare *funzioni di controllo e di informazione*. Si tratta di strumenti di portata diversa, alcuni nella disponibilità del singolo parlamentare, altri delle commissioni, altri ancora dell'intera assemblea.

Fra i primi, le *interrogazioni* e le *interpellanze*, entrambe rivolte per definizione al governo, sono diverse nel contenuto e negli effetti.

Le interrogazioni

• Le **interrogazioni** consistono in una domanda per iscritto (in genere al ministro competente) per chiedere informazioni o conferma di informazioni già note, alla quale il governo risponde in forma orale o scritta. L'interrogante deve limitarsi a dire se è soddisfatto della risposta o no, e perché, in pochi minuti. Non si apre alcun dibattito. I regolamenti prevedono lo svolgimento di *interrogazioni a risposta immediata* (una volta alla settimana e in diretta televisiva: è il *question time*, con il presidente del Consiglio o i ministri competenti che rispondono in tre minuti a interrogazioni presentate il giorno precedente e illustrate in aula per un minuto, con diritto di replica per altri due minuti).

Le interpellanze

• Le **interpellanze**, invece, sono domande per sapere dal governo perché si è comportato in un certo modo e cosa intende fare in ordine a questo o quell'aspetto della sua politica. Esse preludono a un giudizio politico. Infatti, l'interpellante può illustrarle, può replicare più a lungo che nel caso dell'interrogazione, può presentare una mozione (v. sopra) per innescare un dibattito vero e proprio (cui quindi anche gli altri parlamentari possono partecipare), al termine del quale la camera detta suoi indirizzi.

Audizioni e indagini conoscitive

• Quanto alle commissioni, in particolare esse possono:
a) svolgere **audizioni**, chiedendo che i ministri vengano a riferire su qualsiasi questione politica e amministrativa o che i ministri facciano intervenire i dirigenti pubblici che da loro dipendono;
b) chiedere al governo **relazioni** sull'esecuzione delle leggi e su come ha dato attuazione agli strumenti di indirizzo approvati dalla camera;
c) disporre **indagini conoscitive**, cioè serie coordinate di audizioni, che sono stenografate e si concludono con un documento, cui invitare qualsiasi persona reputata in grado di fornire elementi che possano risultare utili.
Non c'è persona che, a titolo personale o in rappresentanza di istituzioni, enti, associazioni, imprese, le commissioni non possano ascoltare in una forma o nell'altra.

Le commissioni di inchiesta

• La Costituzione prevede la possibilità per le Camere di istituire **commissioni d'inchiesta**. L'art. 82 stabilisce che queste:
a) abbiano per oggetto *materie di pubblico interesse*;
b) siano composte in modo da rispecchiare la *proporzione dei gruppi*;
c) dispongano degli *stessi poteri* e siano sottoposte alle *stesse limitazioni dell'autorità giudiziaria*.
Le commissioni d'inchiesta costituiscono lo strumento di controllo più incisivo, avvalendosi dei poteri dell'autorità giudiziaria (per cui le persone da ascoltare non sono meramente «invitate», ma «convocate» e devono intervenire a pena di essere accompagnate dalle forze dell'ordine). Ciò è vero considerata anche l'eco che esse necessariamente finiscono con l'avere: purché l'oggetto individuato sia di effettiva rilevanza politica e il numero

LE COMMISSIONI PARLAMENTARI D'INCHIESTA DALLA I ALLA XVII LEGISLATURA (1948-2016)

I leg.	Camera	Sulla disoccupazione
	Camera	Sulla miseria
II leg.	Bicamerale	Sulle condizioni dei lavoratori
III leg.	Bicamerale	Sulla cosiddetta «anonima banchieri»
	Bicamerale	Sulla costruzione dell'aeroporto di Fiumicino
	Bicamerale	Sulla mafia in Sicilia [anche nella IV, V, VI leg.]
	Camera	Sui limiti posti alla concorrenza in campo economico
IV leg.	Bicamerale	Sul disastro del Vajont
	Senato	Sul funzionamento dell'Inps
V leg.	Bicamerale	Sugli eventi del giugno-luglio 1964 (c.d. Sifar)
	Bicamerale	Sulla criminalità in Sardegna
VI leg.	Bicamerale	Sui trattamenti retributivi e normativi (c.d. giungla retributiva) [anche nella VII leg.]
VII leg.	Bicamerale	Sulla fuga di sostanze tossiche avvenuta nello stabilimento Icmesa
	Bicamerale	Sulle commesse di armi e mezzi di uso militare [anche nella VIII leg.]
	Bicamerale	Sugli interventi nella valle del Belice [anche nella VIII leg.]
VIII leg.	Bicamerale	Sulla strage di via Fani e sul sequestro e assassinio di Aldo Moro
	Bicamerale	Sul caso Sindona e sulle responsabilità politiche e amministrative a esso eventualmente connesse
	Bicamerale	Sulla loggia massonica P2 [anche nella IX leg.]
IX leg.	Camera	Sui risultati della lotta al terrorismo e sulle cause che hanno impedito l'individuazione dei responsabili delle stragi [bicamerale nella X, XI, XII, XIII leg.]
	Camera	Sui «fondi neri» dell'Iri e delle società collegate e sulle connesse responsabilità amministrative e politiche
X leg.	Bicamerale	**Sulla mafia e sulle altre associazioni criminali similari** [anche nella XI, XII, XIII, XIV, XV, XVI, XVII leg.]
	Bicamerale	Sull'attuazione degli interventi per la ricostruzione e lo sviluppo dei territori della Basilicata e della Campania colpiti dai terremoti del novembre 1980 e febbraio 1981
	Camera	Sulla condizione giovanile
	Senato	Sulla dignità e condizione sociale dell'anziano
	Senato	Sulle condizioni di lavoro nelle aziende
	Senato	Sul caso della filiale di Atlanta della Bnl [anche nella XII leg.]
XII leg.	Bicamerale	Sull'attuazione della politica di cooperazione con i paesi in via di sviluppo
	Bicamerale	Sull'Azienda di Stato per gli interventi nel mercato agricolo
	Camera	Sulla vicenda dell'Acna di Cengio
	Camera	Sul ciclo dei rifiuti e sulle attività illecite ad esso connesse
	Senato	Sul fenomeno del c.d. caporalato
	Senato	Sulle strutture sanitarie
XIII leg.	Bicamerale	Sul dissesto della Federazione italiana dei consorzi agrari
	Bicamerale	**Sul ciclo dei rifiuti e sulle attività illecite a esso connesse** [anche nella XIV, XV, XVI, XVII leg.]
	Camera	Sulle responsabilità per la tragedia del Cermis
	Senato	Sul sistema sanitario
XIV leg.	Bicamerale	Sull'affare Telekom Serbia
	Bicamerale	Sul dossier Mitrokhin e l'attività di intelligence italiana
	Bicamerale	Sulle cause dell'occultamento di fascicoli relativi ai crimini nazifascisti
	Camera	Sulla morte di Ilaria Alpi e Mirian Hrovatin
	Senato	Sull'efficacia e l'efficienza del Servizio sanitario nazionale [anche nella XV e XVI leg.]
	Senato	Sulle cause dell'inquinamento del fiume Sarno
	Senato	Sugli effetti dell'utilizzo dell'uranio impoverito [anche nella XV e XVI leg.]
	Senato	**Sugli infortuni sul lavoro (c.d. morti bianche)** [anche nella XV, XVI, XVII leg.]
XV leg.	Camera	Sugli errori in campo sanitario e sulle cause dei disavanzi sanitari regionali [anche nella XVI leg.]
XVI leg.	Camera	**Sui fenomeni della contraffazione e della pirateria in campo commerciale** [anche nella XVII leg.]
XVII leg.	Bicamerale	**Sul rapimento e sulla morte di Aldo Moro**
	Camera	**Sul sistema di accoglienza, identificazione ed espulsione dei migranti**
	Camera	**Sugli effetti dell'utilizzo dell'uranio impoverito**
	Camera	**Sulla morte del militare Emanuele Scieri**
	Senato	**Sul fenomeno delle intimidazioni nei confronti degli amministratori locali**
	Senato	**Sulle cause del disastro del traghetto Moby Prince**

delle commissioni contemporaneamente operanti sia limitato. L'inchiesta parlamentare verte sempre su questioni scottanti e, in genere, viene di fatto imposta dall'opposizione e dall'opinione pubblica per inchiodare alle sue responsabilità l'amministrazione e chi la guida o l'ha guidata politicamente (ministri o governo nel suo complesso). L'inchiesta può anche servire per far luce su vicende mai chiarite o per approfondire la conoscenza di fenomeni sociali che preoccupano la collettività nazionale. Le commissioni possono essere istituite da ciascuna camera con propria delibera, ma sono spesso istituite mediante legge allo scopo di prevedere una composizione bicamerale e (in qualche caso) di attribuire alla commissione stessa poteri che vadano al di là di quelli spettanti all'autorità giudiziaria (ad es. in materia di segreto). Si veda l'elenco aggiornato alla XVII legislatura (le attuali commissioni sono evidenziate in neretto).

15. ALTRE FUNZIONI DELLE CAMERE

Le Camere si trovano in limitati casi ad assolvere compiti che, per la loro natura, sono per lo più attribuiti ad altri poteri dello Stato: **funzioni giurisdizionali** e **funzioni amministrative**. Si tratta, peraltro, quasi sempre di attribuzioni che alle Camere sono assegnate per garantire l'esercizio pienamente libero delle loro funzioni tipiche.

Funzioni giurisdizionali

Quando ciascuna camera decide in ordine alle **contestazioni relative al procedimento elettorale** (*ex* art. 66 Cost.), svolge una funzione di tipo giurisdizionale: nel solo caso delle elezioni politiche tale oggetto è sottratto al giudice comune, perché il costituente ritenne di tutelare prioritariamente l'assoluta indipendenza del Parlamento in ordine a decisioni attinenti la sua composizione (v. sent. 259/2009). Ciascuna camera poi esercita la **autodichia**, cioè la giurisdizione domestica sui ricorsi contro gli atti e i provvedimenti in materia di personale adottati dall'amministrazione interna, riguardanti i dipendenti delle Camere e anche soggetti terzi, come nelle controversie in materia di appalti. Tali ricorsi sono decisi da organi interni istituiti dagli uffici di presidenza, escludendo anche in questo caso la competenza del giudice ordinario o amministrativo (v. sent. 120/2014 e ord. 137/2015).

Funzioni amministrative

A parte l'**autonomia amministrativa**, **contabile e di bilancio** di cui ciascuna camera gode, alcune leggi attribuiscono a commissioni parlamentari bicamerali funzioni in senso lato amministrative, cioè di gestione diretta: per esempio, le «tribune elettorali» e l'accesso ai programmi di informazione e comunicazione politica del servizio pubblico radiotelevisivo sono decisi non dall'emittente, bensì dalla *commissione parlamentare per l'indirizzo generale e la vigilanza dei servizi radiotelevisivi*.

16. LA PROGRAMMAZIONE DEI LAVORI E I SISTEMI DI VOTAZIONE

A partire dai regolamenti del 1971 i lavori parlamentari sono improntati al metodo della **programmazione**: nel senso che sono cadenzati secondo criteri concordati dalla conferenza dei capigruppo, su proposta del governo, della maggioranza e dell'opposizione. Solo nel 1997, peraltro, il principale strumento tecnico che permette la concreta applicazione della programmazione è stato esteso dal solo ambito della *sessione di bilancio* (dove fu introdotto nel 1983) a tutta l'attività d'aula: si tratta del **contingentamento dei tempi**. I procedimenti in assemblea devono concludersi entro una data prefissata, sicché, decisa questa e decise le sedute che i presidenti dei gruppi si dichiarano disposti a tenere, il tempo disponibile è ripartito in quote fra governo, relatori, rappresentanti dei gruppi, eventuali parlamentari che intervengono a titolo personale, in modo da far sì che effettivamente, il tal giorno alla tale ora, la decisione finale venga assunta. Va da sé che, essendo le assemblee la sede dove si sviluppa il confronto politico, i casi di deroga a questa regola o di sforamento dei tempi sono relativamente frequenti. Va aggiunto che alla Camera il contingentamento *non* si applica ai disegni di legge di conversione di decreti legge. Ciò ha indotto la presidenza dell'assemblea ad affermare il proprio dovere di passare direttamente alla votazione finale, indipendentemente dalla conclusione delle precedenti fasi d'esame (eventualmente anche senza votazione sugli emendamenti), così da garantire la decisione nei termini previsti dalla Costituzione: la cosiddetta *ghigliottina* (in pratica usata una sola volta, nel gennaio 2014, poiché l'annuncio dell'intenzione di ricorrervi ha sempre fatto rientrare i tentativi di dilatare i tempi per impedire la conversione, mentre al Senato la ghigliottina è espressamente prevista dal regolamento). Resta il fatto però che, da quando il contingentamento è diventato norma, i **calendari** (che sono la traduzione in un'agenda di tre settimane della programmazione generale dei lavori stabilita per due o tre mesi) trovano per lo più attuazione, il che naturalmente si traduce in un rilevante vantaggio per la funzionalità delle assemblee e, di conseguenza, per il governo e la sua maggioranza.

Il contingentamento dei tempi

Come si vota

Lo stesso si può dire a proposito delle **modalità di votazione**, in particolare grazie alla riforma dei regolamenti che, nel 1988, ridimensionò drasticamente l'ambito di applicazione, un tempo generale, del voto segreto. Oggi la stragrande maggioranza delle numerosissime votazioni (migliaia e migliaia l'anno) avvengono sempre a **scrutinio palese** (a meno che non riguardino persone oppure diritti fondamentali della Costituzione, nonché alla Camera anche le leggi elettorali), con o senza la registrazione di come ciascun parlamentare ha votato: questa c'è sempre nella votazione finale. Ciò rende impossibili «imboscate» al governo da parte di parlamentari della sua stessa maggioranza (i cosiddetti franchi tiratori), come accadeva di frequente in passato, e obbliga singoli e gruppi ad assumersi apertamente le proprie responsabilità. L'effetto stabilizzante nei confronti dell'intero rapporto governo-parlamento è stato notevole e il rafforzamento del governo altrettanto forte. Basti pensare che, ai tempi del voto segreto, il governo veniva messo in minoranza cinquanta o sessanta volte l'anno: un dato inimmaginabile in altri regimi parlamentari. Si deve aggiungere, però, che il Parlamento italiano non funziona come i parlamenti delle democrazie parlamentari più consolidate. Chi è all'opposizione tende con frequenza a far ricorso all'**ostruzionismo**: cioè l'utilizzo esasperato di tutte le facoltà previste dal regolamento allo scopo di ritardare o impedire che l'assemblea deliberi. Si tratta di una pratica che appartiene alla tradizione delle assemblee rappresentative, la quale si giustifica come volontà di resistenza estrema da parte delle minoranze quando sono in discussione i valori più alti e le regole fondamentali della convivenza sociale e dei rapporti istituzionali. Nella più recente prassi italiana, invece, si fa ostruzionismo nella convinzione che compito dell'opposizione non sia tanto presentare all'opinione pubblica soluzioni diverse e un indirizzo politico alternativo a quello della maggioranza, quanto ostacolare il governo nel perseguimento del programma sul quale pure ha ricevuto la fiducia delle Camere e prima ancora quella degli elettori. A tal fine si fa largo uso, per esempio, della possibilità di presentare centinaia e addirittura migliaia di emendamenti (paradossale e inedito è il caso verificatosi durante l'esame della riforma costituzionale del 2016 quando furono presentati oltre ottanta milioni di emendamenti prodotti grazie a un software informatico). Altro espediente ostruzionistico è quello di sollecitare continue verifiche del numero legale (ne sono state contate fino a cinquecento in tre giorni). Così, stante il *quorum strutturale* previsto, si obbliga la maggioranza a presidiare l'aula fisicamente, assicurando da sola la continua presenza della metà più uno dei membri della camera senza alcun concorso delle minoranze. Ciò impone un notevole sforzo, tanto più se si considera che la maggioranza, in quanto tale, detiene cariche parlamentari e di governo (presidenze di commissione, incarichi di ministro e sottosegretario per le quali nel nostro ordinamento non vige incompatibilità) che assorbono energie e obbligano a essere presenti altrove, anche nell'altra camera. Naturalmente l'ostruzionismo è usato spesso anche per ottenere l'attenzione dei mezzi di informazione.

L'ostruzionismo

17. IL GOVERNO IN PARLAMENTO

Nelle forme di governo parlamentari contemporanee la posizione del governo in parlamento si è rafforzata a seguito non solo di specifiche prassi e comportamenti politici, ma anche dell'attribuzione all'esecutivo di prerogative giuridiche riconosciute da fonti di diritto costituzionale e di diritto parlamentare: cioè strumenti e facoltà di cui il governo può avvalersi affinché le assemblee sostengano la realizzazione del suo programma. Il parlamentarismo, infatti, necessita per definizione della collaborazione fra i due soggetti del rapporto fiduciario (governo e parlamento) ovvero, nei fatti, fra il governo (e in particolare il primo ministro) e la sua maggioranza.

Per decenni in Italia non è stato così; e tuttora la posizione del governo in parlamento è meno forte di quella dei governi di altri paesi europei. Ne abbiamo parlato in termini generali nel capitolo 7. Qui basti ricordare che la Costituzione conferisce al governo ben poche prerogative in relazione all'andamento dei lavori parlamentari: l'art. 64.4 dà ai membri del governo il diritto di partecipare a qualsiasi riunione e di far udire la propria voce in qualsiasi momento; l'art. 72.3 permette al governo di ottenere, in qualsiasi fase del procedimento legislativo, che sia seguito quello normale; l'art. 77, attribuendogli il potere di decretazione d'urgenza, conferisce al governo la possibilità di incidere sull'ordine del giorno delle Camere; l'art. 94.2 e 5 pone alcune condizioni volte a evitare attacchi a sorpresa contro il governo; infine, l'art. 94.4 chiarisce che il governo non ha l'obbligo giuridico di dimettersi se viene battuto da un semplice voto contrario. Sono poi proprio i regolamenti parlamentari a disciplinare aspetti importanti del rapporto fiduciario, a partire da un istituto tipico del governo parlamentare che in Costituzione non trovò disciplina, la *questione di fiducia*.

Le prerogative del governo

La questione di fiducia

La **questione di fiducia** consiste *nell'annuncio formale fatto dal governo, nell'imminenza di una qualsiasi votazione parlamentare, che esso la considera tanto rilevante ai fini del proprio indirizzo che si dimetterà nel caso in cui l'assemblea si pronunci negativamente*. Utilizzata senza soluzione di continuità sin dal 1848, tanto da far ritenere che si tratti di una *consuetudine costituzionale*, incontrò una disciplina piuttosto restrittiva nei regolamenti del 1971. Il complesso delle modificazioni apportate ai regolamenti, a partire dagli anni Ottanta del secolo scorso, ha notevolmente rafforzato la posizione del governo, assecondando negli anni più recenti le trasformazioni del sistema elettorale e del sistema politico. In questo senso si può dire che, attraverso la riforma dei regolamenti, si sono compiuti alcuni passi in direzione del rinnovamento del governo parlamentare in Italia: succedaneo utile di quel rinnovamento che non si è fatto a livello costituzionale. Oggi il governo può, direttamente o attraverso i gruppi di maggioranza, determinare i quattro quinti dell'*agenda parlamentare* (un quinto restando riservato ai gruppi di opposizione); può ragionevolmente contare, grazie al contingentamento dei tempi come metodo ordinario, sul fatto che tale agenda sia in linea di massima portata a compimento; può verificare giorno per giorno la compattezza della sua maggioranza grazie al fatto che quasi tutte le votazioni sono a scrutinio palese; può porre la questione di fiducia con minori vincoli rispetto al passato; può meglio difendere il contenuto delle proprie proposte per le limitazioni che sono state via via introdotte alla facoltà di proporre o votare emendamenti.

Dal punto di vista della prassi, il ricorso alla questione di fiducia nel corso dell'esame di progetti di legge si è fatto negli anni sempre più frequente. Da occasionale (poche volte all'anno) la posizione della fiducia è divenuta uno strumento di uso costante (a cadenza pressoché mensile: così, ad esempio, con i governi Prodi II, Berlusconi IV e Letta, mentre con il governo Monti la media è stata di quattro voti di fiducia al mese; nei primi ventinove mesi del governo Renzi i voti di fiducia sono stati 62). Inoltre il suo uso, pur criticato autorevolmente anche dal presidente della Repubblica, abbinato ai cosiddetti *maxi-emendamenti* (emendamenti ciascuno sostitutivo non di singoli articoli o parti di articoli, ma di decine o addirittura centinaia di articoli), ha finito con l'attribuire al governo una specie di *voto bloccato* (prendere o lasciare l'intero articolato con un voto solo). Infatti, la votazione sulla fiducia ha la priorità rispetto al voto su tutti gli altri emendamenti, i quali – approvata la fiducia – decadono automaticamente (ed ecco perché è utilizzata sia per obbligare la maggioranza a votare come il governo chiede sia per combattere l'ostruzionismo dell'opposizione). È vero comunque che, il più delle volte, il maxi-emendamento del governo recepisce le modifiche già discusse e approvate in commissione nel corso dell'esame in sede referente. In conclusione si può dire che il governo, purché possa contare su una maggioranza non disposta a rischiare le elezioni anticipate, ha nella questione di fiducia lo strumento più efficace per realizzare il proprio programma legislativo.

La fiducia sui maxi-emendamenti

18. IL PARLAMENTO E I SUOI RAPPORTI CON ALTRI ORGANI E SOGGETTI

• **Presidente della Repubblica.** Il Parlamento in seduta comune (col concorso dei delegati regionali) lo elegge e ne ascolta il giuramento; ne riceve i messaggi, eventualmente discutendoli; ad esso trasmette le leggi approvate per la promulgazione e ne riceve l'eventuale rinvio (che può superare riapprovando la legge anche nel medesimo testo); i presidenti dei gruppi parlamentari sono ascoltati dal presidente della Repubblica in vista della nomina del presidente del Consiglio; i presidenti delle Camere sono ascoltati anche in vista dello scioglimento delle Camere stesse; il Parlamento può mettere in stato di accusa il presidente, ma non può sindacarne l'attività.

• **Corte costituzionale.** Il Parlamento elegge un terzo dei giudici costituzionali (oltre la lista da cui estrarre gli eventuali giudici aggregati); le leggi del Parlamento sono sottoposte al controllo di costituzionalità e, in caso di sentenza che ne dichiara l'illegittimità, la Corte costituzionale informa le Camere perché provvedano, se lo ritengono opportuno (art. 136.2 Cost.); il Parlamento, tramite uno o più commissari eletti fra i suoi componenti, sostiene l'accusa nei confronti del presidente della Repubblica davanti alla Corte in composizione integrata.

• **Magistratura.** Il Parlamento elegge un terzo dei componenti del Consiglio superiore della magistratura; può esercitare funzioni di indirizzo e di controllo sul modo come il ministro della giustizia (dal quale riceve una *relazione annuale sull'amministrazione della giustizia*) provvede all'organizzazione e al funzionamento dei servizi necessari all'esercizio della giurisdizione da parte dei magistrati; ciascuna camera è chiamata a decidere sulle eccezioni di insindacabilità delle opinioni espresse dai parlamentari nell'esercizio delle funzioni e sulle richieste di provvedimenti restrittivi della libertà personale a carico dei propri componenti.

• **Regioni**. La Costituzione ha previsto una commissione parlamentare per le questioni regionali che viene sentita in caso di scioglimento di un consiglio regionale o di rimozione di un presidente di regione; i regolamenti parlamentari hanno aggiunto altri compiti consultivi (pareri sui progetti di legge riguardanti le materie di competenza regionale). In base all'art. 11 della l. cost. 3/2001, la commissione può essere integrata con rappresentanti delle regioni (e degli enti locali). L'intenzione era, in attesa di una riforma del bicameralismo, di colmare una delle lamentate lacune dell'ordinamento italiano (l'assenza delle regioni quali enti esponenziali degli interessi territoriali a livello parlamentare: unica loro attribuzione essendo la facoltà dei consigli regionali di presentare proposte di legge alle Camere, ma non concorrendo altrimenti all'esercizio della funzione legislativa). Tuttavia, questa disposizione non è stata attuata dai regolamenti delle due Camere.

• **Unione europea**. La produzione normativa dell'Unione ha l'effetto sia di sottrarre ambiti di competenza agli organi nazionali, innanzitutto al Parlamento, sia di far discendere obblighi di adeguamento della normativa interna. Per questo i regolamenti parlamentari hanno previsto specifiche procedure di indirizzo e di controllo sull'attività governativa in ambito europeo. In entrambe le Camere è istituita una commissione permanente «politiche dell'Unione europea» con compiti relativi: *a*) all'esame in sede referente della legge di delegazione europea e della legge europea; *b*) all'esame in sede consultiva degli schemi di atti del governo attuativi di direttive Ue e di tutti i progetti di legge per i profili di compatibilità con la normativa europea; *c*) all'esame in sede politica degli atti e dei progetti di atti dell'Unione. Qualsiasi commissione può invitare per audizioni membri del Parlamento europeo e commissari europei. Le Camere, dunque, partecipano sia alla *fase ascendente* sia alla *fase discendente* del processo normativo dell'Unione. Ai fini della partecipazione alla fase ascendente sono stabiliti dalla l. 234/2012 una serie puntuale di obblighi informativi da parte del governo (trasmissione di atti e documenti in corso di esame, comunicazioni prima e dopo le riunioni del Consiglio europeo, relazioni annuali). È inoltre prevista la possibilità per le Camere di chiedere al governo di porre in sede di Consiglio dell'Unione una *riserva di esame parlamentare*. Le nostre Camere, infine, come ciascun parlamento nazionale degli stati membri dell'Unione secondo quanto previsto dai trattati (art. 12 Tue e prot. n. 2), possono esprimere un parere nel caso in cui ritengano che un progetto legislativo dell'Ue non sia conforme al *principio di sussidiarietà*.

• **Organi ausiliari** e **autorità indipendenti**. Le Camere si avvalgono di pareri, studi e indagini del Consiglio nazionale dell'economia e del lavoro, il quale è anche titolare dell'iniziativa legislativa. La Corte dei conti «riferisce direttamente» alle Camere sui riscontri che esegue (art. 100.2 Cost.) e può essere invitata a fornire elementi informativi alle commissioni parlamentari; essa inoltre presenta relazioni annuali sulla gestione di tutti gli enti comunque sovvenzionati dallo Stato. Relazioni al Parlamento presentano per obbligo di legge ogni anno le diverse autorità indipendenti. Il Parlamento partecipa in vario modo al procedimento di nomina delle autorità (attraverso l'espressione di pareri o la nomina da parte dei presidenti delle Camere o eleggendo i loro componenti).

19. IL PARLAMENTO SECONDO LA RIFORMA COSTITUZIONALE DEL 2016

La riforma cost. 2016 (sulla quale, nel suo complesso, v. cap. 16) ha come elemento caratterizzante il superamento del modello di bicameralismo scelto dal costituente. Scartata una volta di più la scelta monocamerale, si è ritenuto che il Parlamento debba continuare ad essere costituito da due Camere che, pur mantenendo entrambe lo stesso nome, abbiano – d'ora in poi – composizione e funzioni diverse. Il modello adottato dalla riforma è cioè quello di un bicameralismo **non paritario** e **differenziato**.

La riforma del bicameralismo

Alla Camera dei deputati spetta la rappresentanza del corpo elettorale nella sua interezza, organizzata in forze politiche in competizione fra loro su tutto il territorio nazionale. Per questo la Camera diventa il solo ramo del Parlamento titolare del rapporto fiduciario con il governo, della funzione di indirizzo politico e della funzione di controllo dell'operato del governo. Per la stessa ragione la Camera, di norma, ha l'ultima parola nell'esercizio della funzione legislativa.

Il Senato della Repubblica, invece, diventa la **camera di rappresentanza delle istituzioni territoriali**. Esso esercita le funzioni che specifichiamo più avanti, in considerazione delle quali è composto da membri eletti tutti indirettamente. Organo ad elezione indiretta, il nuovo Senato è escluso dal rapporto fiduciario e non è più soggetto a scioglimento. Va aggiunto che la trasformazione del Senato si collega strettamente con la riforma delle disposizioni del titolo V sulla ripartizione delle competenze legislative fra Stato e regioni (v. art. 117 Cost. 2016). Nel momento in cui la potestà legislativa dello Stato viene rafforzata in maniera assai netta (con il ridimensionamento delle materie di competenza legislativa regionale e anche attraverso una «clausola di supremazia» che consente al Parlamento, su proposta del governo, di intervenire nelle stesse materie regionali), gli enti sub-statali vengono chiamati a rappresentare a livello parlamentare gli interessi delle comunità territoriali di riferimento (appunto per il tramite del nuovo Senato).

Seguendo l'ordine di questo capitolo, ecco le principali innovazioni della riforma cost. 2016 che, in caso di approvazione referendaria, caratterizzeranno il Parlamento a partire dalla XVIII legislatura.

La nuova composizione del Senato

• **Composizione del Parlamento**. La composizione della Camera dei deputati non cambia. Il Senato è composto da 95 membri eletti dai consigli regionali (e delle province autonome): 74 fra i consiglieri regionali; 21 fra i sindaci, uno per regione (e provincia autonoma). I senatori sono ripartiti fra le regioni in proporzione alla loro popolazione, ma assegnando a ciascuna regione almeno due senatori (in base all'ultimo censimento, il numero varia da 2 a 14). Fanno inoltre parte del Senato gli ex presidenti della Repubblica (come ora) e fino a 5 senatori nominati per 7 anni dal presidente della Repubblica (non più a vita). Consiglieri regionali e sindaci eletti senatori mantengono l'incarico rispettivamente di componente del consiglio e di vertice dell'amministrazione locale. Ogni consiglio regionale elegge i senatori con metodo proporzionale, tenendo conto delle indicazioni espresse in occasione delle ultime elezioni regionali (con il sistema elettorale che sarà definito da una legge successiva: in via transitoria si applica il sistema previsto dall'art. 39 del testo di legge costituzionale).

• **Durata in carica**. La durata in carica della Camera dei deputati non cambia. La durata in carica dei senatori coincide con quella dei consigli regionali dai quali sono stati eletti all'indomani delle elezioni regionali: questo significa che il nuovo Senato è un organo continuo, destinato ad essere rinnovato parzialmente mano a mano che si susseguono, in tempi diversi, le elezioni nelle diverse regioni.

• **Parlamento in seduta comune**. Il Parlamento in seduta comune cambia per numero dei componenti, che è ovviamente ridotto e non prevede più, in occasione dell'elezione e giuramento del presidente della Repubblica, la partecipazione dei delegati eletti dai consigli regionali (ora rappresentati dai senatori). Quanto alle funzioni, perde quella di eleggere cinque giudici della Corte costituzionale: questi saranno eletti separatamente dalle due Camere.

• **Organizzazione e funzionamento delle due Camere**. Ai regolamenti parlamentari è attribuito il compito di garantire i diritti delle minoranze e, nel caso del solo regolamento della Camera dei deputati, disciplinare diritti e doveri delle opposizioni (solo alla Camera appunto perché titolare in esclusiva del rapporto fiduciario, la «camera politica» nella quale si confrontano governo e opposizioni). Al regolamento del Senato della Repubblica è attribuito il compito di individuare i casi in cui l'assunzione di cariche negli organi del Senato potrà essere limitata in ragione delle funzioni di governo regionali e locali esercitate dal senatore-consigliere o sindaco; nonché le modalità di esame dei disegni di legge trasmessi dalla Camera. In una delle disposizioni transitorie del testo di legge costituzionale si specifica che i regolamenti vigenti continueranno ad applicarsi, in quanto compatibili, fino al varo di quelli riformati. Ci si deve peraltro attendere che al Senato sarà elaborato un regolamento integralmente nuovo data la profonda trasformazione dell'organo, e data l'esigenza di uno stretto coordinamento con i regolamenti dei consigli regionali. Occorrerà garantire le condizioni perché i senatori-consiglieri possano materialmente svolgere entrambe le funzioni: e in pratica prevedere che le riunioni di assemblee e commissioni avvengano secondo calendari «a incastro» prefissati e concordati.

• **Status giuridico dei parlamentari.** Solo i deputati rappresentano la nazione, non più i senatori (che rappresentano le istituzioni territoriali). Rimane però il divieto del vincolo di mandato: quindi i senatori terranno conto degli input delle istituzioni di appartenenza, ma individualmente nella propria autonomia. Nulla cambia circa il giudizio sui titoli di ammissione dei componenti delle due Camere, salvo specificare nel caso dei senatori che della cessazione dalla carica elettiva regionale o locale e della conseguente decadenza da senatore il Senato non potrà che prendere atto. Quanto all'indennità parlamentare, essa spetta solo ai deputati, mentre i senatori avranno l'indennità per la carica rivestita a livello territoriale (consigliere regionale o sindaco, del resto in parte connesse dalla riforma: v. art. 122 Cost. 2016). Nessuna indennità è al momento prevista per i senatori di nomina presidenziale. I senatori godono delle stesse immunità dei deputati (non cambia l'art. 68 Cost.). Per espressa disposizione costituzionale si afferma inoltre il dovere dei membri del Parlamento di partecipare alle sedute dell'aula e delle commissioni, ora previsto dai regolamenti parlamentari.

• **Organi delle Camere.** Scompare la commissione bicamerale per le questioni regionali, in quanto le sue funzioni sono attribuite al Senato.

• **Funzioni delle Camere.** Le funzioni della Camera restano le attuali, con l'aggiunta dell'elezione di tre giudici costituzionali. Il nuovo Senato esercita funzioni di raccordo fra lo Stato e gli enti territoriali, nonché l'Unione europea; concorre all'esercizio della funzione legislativa (in una serie limitata di casi ancora paritariamente, su tutto il resto con semplice potere di proposta rispetto a decisioni spettanti in via definitiva alla sola Camera); partecipa alle decisioni dirette alla formazione e all'attuazione degli atti normativi e delle politiche dell'Unione europea; valuta le politiche pubbliche e l'attività delle pubbliche amministrazioni; verifica l'impatto delle politiche dell'Unione europea sui territori; concorre all'espressione di pareri sulle nomine di competenza del governo nei casi previsti dalla legge e alla verifica dell'attuazione delle leggi dello Stato. Il Senato, inoltre, elegge due giudici costituzionali.

Leggi approvate con procedimento bicamerale…

• **Procedimento legislativo.** Sono previsti due tipi di procedimento legislativo (oltre a due varianti): *a*) leggi *bicamerali*, cioè approvate da entrambe le Camere con ruolo paritario, specificamente individuate non per materia ma per tipologia dal primo comma dell'art. 70 Cost. 2016 (tutte le leggi costituzionali, e inoltre: le leggi di attuazione delle disposizioni costituzionali concernenti la tutela delle minoranze linguistiche, i referendum popolari e le altre forme di consultazione di cui all'art. 71.4; le leggi che determinano l'ordinamento, la legislazione elettorale, gli organi di governo, le funzioni fondamentali dei comuni e delle città metropolitane e le disposizioni di principio sulle forme associative dei comuni; la legge che stabilisce le norme generali, le forme e i termini della partecipazione dell'Italia alla formazione e all'attuazione della normativa e delle politiche dell'Unione europea; la legge che determina i casi di ineleggibilità e incompatibilità con l'ufficio di senatore di cui all'art. 65.1; le leggi di cui agli artt. 57.6 sull'elezione del Senato, 80 secondo periodo sulla ratifica dei trattati dell'Unione europea, 114.3 sull'ordinamento di Roma capitale, 116.3 sull'attribuzione di ulteriori forme e condizioni particolari di autonomia alle regioni ordinarie, 117.5 e 9 sulla partecipazione delle regioni alla formazione e attuazione del diritto dell'Unione europea e sugli accordi internazionali delle regioni, 119.6 sul coordinamento della finanza pubblica e del sistema tributario, 120.2 sui poteri sostitutivi dello Stato nei confronti di regioni ed enti locali, 122.1 sui principi fondamentali del sistema elettorale regionale, 132.2 sul passaggio di comuni ad altra regione); *b*) leggi *monocamerali*, cioè approvate dalla Camera (tutte le altre). Riguardo a queste il Senato, entro un termine determinato (dieci giorni), può decidere di esaminarle e può quindi proporre modifiche (entro i successivi trenta giorni): sulle modifiche, però, alla fine decide sempre la Camera. Una variante riguarda le leggi che applicano la clausola di supremazia statale dell'art. 117.4 Cost. 2016. In questo caso la Camera deve votare a maggioranza assoluta nel caso in cui le proposte di modifica del Senato siano a loro volta state deliberate a maggioranza assoluta. L'altra variante riguarda le leggi di bilancio, il cui esame da parte del Senato è obbligatorio, ma il termine per proporre modifiche è ridotto della metà (quindici giorni).

... e leggi approvate con procedimento monocamerale

I disegni di legge del tipo *a*) possono essere presentati sia alla Camera sia al Senato; gli altri sono presentati alla Camera, inclusi i disegni di legge di conversione di decreti legge (anche quando il procedimento da seguire è quello bicamerale, mentre per l'esame di quelli monocamerali l'art. 77 Cost. 2016 prevede termini specifici). Il Senato può tuttavia richiedere alla Camera di procedere all'esame di un disegno di legge, sul quale la Camera deve poi pronunciarsi entro sei mesi. Viene inoltre introdotta la facoltà per il governo di chiedere il *voto a data certa* per i disegni di legge che considera essenziali per l'attuazione del proprio programma, secondo modalità e limiti stabiliti dal regolamento della Camera: in tal caso l'iter deve concludersi entro 70 o 85 giorni (si conta così di ridurre il ricorso alla decretazione d'urgenza, fra le altre cose); sono comunque escluse le leggi ad approvazione bicamerale e le leggi in materia elettorale, di autorizzazione alla ratifica di trattati internazionali, amnistia e indulto, attuazione dell'art. 81.

• **Procedure di indirizzo, di controllo e di informazione**. Le funzioni di indirizzo politico e di controllo dell'operato del governo, come si è detto, spettano alla sola Camera dei deputati (tutto ciò che riguarda le votazioni fiduciarie, dunque, non si applica più al Senato). Una novità riguarda le commissioni d'inchiesta: ferma la disciplina che si applica alla Camera, il nuovo Senato può istituire commissioni d'inchiesta soltanto su materie di pubblico interesse che concernono le autonomie territoriali. Inoltre, così come previsto per le commissioni in sede legislativa, solo le commissioni d'inchiesta istituite dalla Camera sono composte in modo da rispecchiare la proporzione fra i gruppi (che alla Camera restano ovviamente a base partitica, mentre il Senato potrà prevedere altre forme organizzative su basi diverse). Il Senato, inoltre, può svolgere attività conoscitive e formulare osservazioni su atti o documenti all'esame della Camera.

Si deve infine aggiungere che, in base a una disposizione finale del testo di legge costituzionale, le amministrazioni della Camera e del Senato – da subito – dovranno integrarsi mediante servizi comuni e impiego coordinato delle risorse umane e strumentali. Viene perciò prevista l'istituzione del ruolo unico dei dipendenti del Parlamento e l'adozione di uno statuto unico del personale dipendente.

LA PRODUZIONE LEGISLATIVA PER INIZIATIVA (DALLA XIV ALLA XVII LEGISLATURA, 2001-2016)

TIPOLOGIA	XIV (59 MESI)	XV (24 MESI)	XVI (58 MESI)	XVII (40 MESI)
Leggi di iniziativa governativa	538	99	296	192
Leggi di iniziativa parlamentare	138	13	80	43
Leggi di iniziativa regionale	–	–	2	1
Leggi di iniziativa mista[a]	10	–	13	2
Totale	**686** (11,6/mese)	**112** (4,7/mese)	**391** (6,7 mese)	**238** (5,9/mese)

[a] Testi unificati di progetti governativi e parlamentari, e/o regionali, e/o popolari, e/o del Cnel.

LA PRODUZIONE LEGISLATIVA PER TIPO DI FONTE (DALLA XIV ALLA XVII LEGISLATURA, 2001-2016)

TIPOLOGIA	XIV	%	XV	%	XVI	%	XVII	%
Leggi	686	57,6	112	43,4	391	52,7	238	50,2
Decreti legislativi[a]	289	24,2	97	37,6	233	31,3	156	33,0
Decreti legge	217	18,2	49	19,0	119	16,0	80	16,8
Totale	**1.192**		**258**		**743**		**474**	

[a] Decreti legislativi attuativi di leggi delega e di direttive europee, ai quali vanno aggiunti i decreti legislativi di attuazione degli statuti speciali (33 nella XIV, 18 nella XV, 24 nella XVI, 17 nella XVII).

L'INIZIATIVA LEGISLATIVA (CAMERA + SENATO, DALLA XIV ALLA XVII LEGISLATURA, 2001-2016)

TIPOLOGIA	XIV	%	XV	%	XVI	%	XVII	%
Iniziativa governativa	707	7,5	285	5,3	482	5,4	329	5,3
Iniziativa parlamentare	8.637	91,6	5.062	93,9	8.399	93,6	5.771	93,1
Iniziativa regionale	54	0,6	18	0,4	67	0,7	60	1,0
Iniziativa popolare	34	0,3	20	0,4	27	0,3	38	0,6
Iniziativa del Cnel	1	–	4	–	2	–	4	–
Totale	**9.433**		**5.389**		**8.977**		**6.202**	

TEMPI MEDI PER L'APPROVAZIONE DELLE LEGGI (DALLA XIV ALLA XVII LEGISLATURA, 2001-2016)

TIPOLOGIA	XIV	XV	XVI	XVII
Iniziativa parlamentare	503	(183)	530	474
Iniziativa governativa	158	(120)	79	169
Leggi ordinarie	237	(172)	182	250
Conversione di decreti legge	41	35	23	43

Nota: I dati relativi alla XV legislatura (ad eccezione dei decreti legge) sono tra parentesi perché il lettore consideri che, data la sua durata, i tempi medi (n. giorni) sono necessariamente ridotti e non comparabili con i tempi delle legislature durate l'intero quinquennio o quasi (come le altre).

LA DECRETAZIONE D'URGENZA (2001-2016)

DECRETI	XIV (2001-2006)	XV (2006-2008)	XVI (2008-2013)	XVII (2013-2016)
All'esame	2	5	–	2
Respinti	1	1	2	–
Decaduti	22	13	15	12
Approvati	201	32	106	66
Totale	**226** (3,8/mese)	**51** (2,1/mese)	**123** (2,1/mese)	**80** (2,2/mese)

Osservazioni: Dalle cinque tabelle presentate si può rilevare che, se l'iniziativa parlamentare è quella più numerosa, la gran parte delle leggi approvate sono in realtà d'iniziativa del governo (circa l'80%). In secondo luogo, la legge va ridimensionandosi in relazione al numero dei decreti legislativi (legislazione delegata). I decreti legge hanno assunto un andamento intorno ai 30 all'anno. Restano alti i tempi di approvazione di una legge, specie se di iniziativa parlamentare. I decreti legge, invece, hanno tempi di conversione abbastanza veloci (media intorno ai 40 giorni).

Fonte: Siti della Camera dei deputati e del Senato della Repubblica, con nostre elaborazioni.

PAROLE CHIAVE

- Bicameralismo
- Camera dei deputati
- Commissioni bicamerali
- Commissioni di inchiesta
- Commissioni permanenti
- Contingentamento dei tempi
- Diritto parlamentare
- Funzione di controllo e informazione
- Funzione di indirizzo
- Funzione legislativa
- Giunte
- Gruppi parlamentari
- Immunità
- Incandidabilità
- Incompatibilità
- Ineleggibilità
- Iniziativa legislativa
- Insindacabilità
- Interpellanza
- Interrogazione
- Mandato imperativo
- Mozione
- *Navette*
- Ostruzionismo
- Parlamento in seduta comune
- Presidenti delle Camere
- Procedimento in sede legislativa
- Procedimento in sede redigente
- Procedimento in sede referente
- Procedure fiduciarie
- Programmazione dei lavori
- Proroga e *prorogatio*
- Questione di fiducia
- *Quorum* funzionale e strutturale
- Regolamento parlamentare
- Risoluzione
- Scrutinio palese o segreto
- Senato della Repubblica
- Senatori a vita
- Sessione di bilancio

FONTI

- Costituzione della Repubblica (artt. 55-82, 83, 85-88, 90-91, 94, 96, 99-100, 104, 126, 135-136, 138).
- Regolamento della Camera dei deputati [18 febbraio 1971, e successive modificazioni].
- Regolamento del Senato della Repubblica [17 febbraio 1971, e successive modificazioni].
- Legge 13 febbraio 1953, n. 60 (Incompatibilità parlamentari).
- D.p.r. 30 marzo 1957, n. 361 (Ineleggibilità, artt. 6-10).
- Legge 31 ottobre 1965, n. 1261 (Indennità spettante ai parlamentari).
- Legge 20 giugno 2003, n. 140 (Disposizioni per l'attuazione dell'art. 68 della Costituzione).
- Legge 31 dicembre 2009, n. 196 (Legge di contabilità e finanza pubblica).
- Legge 24 dicembre 2012, n. 243 (Disposizioni per l'attuazione dell'art. 81, sesto comma, della Costituzione).
- D.lgs. 31 dicembre 2012, n. 235 (Testo unico sull'incandidabilità).

PER APPROFONDIRE

- A. Barbera, *I parlamenti*, Roma-Bari, Laterza, 2015.
- L. Gianniti e N. Lupo, *Corso di diritto parlamentare*, Bologna, Il Mulino, 2013.
- A. Mannino, *Diritto parlamentare*, Milano, Giuffrè, 2010.
- T. Martines, G. Silvestri, C. De Caro, V. Lippolis e R. Moretti, *Diritto parlamentare*, Milano, Giuffrè, 2011.
- A. Mastropaolo e L. Verzichelli, *Il parlamento*, Bologna, Il Mulino, 2006.

PERCORSO DI AUTOVERIFICA

1. Quali sono le origini storiche dei parlamenti moderni?
2. Qualche cenno sulla storia del Parlamento italiano?
3. Qual è la natura del bicameralismo adottato dalla Costituzione?
4. Quali sono le differenze fra i due rami del Parlamento?
5. Come è composta la Camera dei deputati? E come è composto il Senato?
6. Cosa si intende per incompatibilità, per ineleggibilità e per incandidabilità?
7. Chi sono i senatori a vita?
8. Che differenza c'è fra proroga e *prorogatio*?
9. Quali sono le funzioni del Parlamento in seduta comune?
10. Quali sono le fonti del diritto parlamentare?
11. Quali sono le norme costituzionali sull'organizzazione e funzionamento delle Camere?
12. Quali sono le norme costituzionali sullo status giuridico dei parlamentari?
13. Di quali immunità godono i membri del Parlamento?
14. Qual è il ruolo del presidente di assemblea?
15. Qual è il ruolo della conferenza dei presidenti dei gruppi?
16. Quali funzioni svolgono le giunte parlamentari?
17. Quali funzioni svolgono le commissioni permanenti?
18. Cosa sono le commissioni bicamerali?
19. Qual è il ruolo dei gruppi parlamentari?
20. Come si svolge il procedimento di formazione della legge?
21. In cosa si distinguono i vari tipi di procedimento legislativo?
22. Come è disciplinato il ciclo annuale di bilancio?
23. Con quali modalità è assicurato l'adempimento degli obblighi dell'Unione europea?
24. Quali sono le procedure di indirizzo?
25. Quali sono le procedure di controllo e di informazione?
26. Cosa sono le commissioni di inchiesta?
27. Come sono organizzati i lavori parlamentari?
28. Con quali modalità si vota?
29. Cos'è l'ostruzionismo?
30. Di quali prerogative dispone il governo in parlamento?

CAPITOLO 10

Il presidente della Repubblica

Questo capitolo è dedicato alla figura del presidente della Repubblica: come viene eletto, quali sono le sue attribuzioni e le sue responsabilità, qual è la prassi che, attraverso gli undici presidenti che l'Italia ha avuto dal 1948 ad oggi, ne caratterizza il ruolo nella nostra forma di governo parlamentare.

1. ALLE ORIGINI DELLA FIGURA PRESIDENZIALE

Il capo dello stato

Ogni ordinamento statale conosce una figura istituzionale che lo rappresenta nella sua interezza e nella sua unità: sia nei confronti degli altri stati, cioè nell'ordinamento internazionale, sia al suo interno. Questa figura si usa chiamare **capo dello stato**, espressione che richiama l'idea di un soggetto che sta in posizione più alta di tutti: e in effetti, fino a tempi relativamente recenti, le funzioni di capo dello stato si sono identificate con quelle proprie dei sovrani. Capo dello stato era per definizione il re (e viceversa). Oggi non è più così, anche se le monarchie restano numerose: circa un quarto degli stati.

Presidenti e monarchi

In rari casi capo dello stato è un organo collegiale (in Svizzera, ad esempio, vertice dell'ordinamento è il Consiglio federale, e nondimeno anche nella Confederazione elvetica uno dei sette membri del Consiglio funge a rotazione da presidente). Quasi sempre capo dello stato è un organo monocratico, costituito cioè da una sola persona. Il capo dello stato può essere:

a) un *presidente della repubblica* di estrazione rappresentativa, cioè eletto direttamente dal corpo elettorale oppure indirettamente da un collegio a sua volta elettivo;

b) un *monarca* di estrazione ereditaria, cioè figlio o figlia (a seconda delle leggi di successione vigenti) di colui o di colei che è stato re o è stata regina, oppure titolare di altra carica nobiliare (ad es. il granduca del Lussemburgo) o altro titolo ancora (ad es. l'imperatore del Giappone).

Fino al 1875, quando la Francia tornò repubblica, in Europa, Svizzera a parte, c'erano solo monarchie. Ancora oggi, dei 28 stati membri dell'Ue, 7 sono monarchie (Belgio, Danimarca, Lussemburgo, Paesi Bassi, Regno Unito, Spagna, Svezia). Ma, almeno in Europa, i capi di stato ereditari hanno da gran tempo perduto (con la trasformazione dello stato liberale in stato liberaldemocratico), se non formalmente certo sostanzialmente, le loro attribuzioni di natura politica, proprio perché mancano di legittimazione rappresentativa. Lo stesso non si può dire, invece, dei capi di stato di derivazione direttamente o indirettamente rappresentativa.

Il ruolo presidenziale nelle forme di governo

In qualche paese questi ultimi sono espressamente dotati di importanti attribuzioni, in quanto presidenti che sono titolari del potere esecutivo oppure che lo sono in relazione a certe materie (per esempio, la politica estera e la politica militare, ultimo ambito nel quale gli stessi monarchi esercitarono influenza): è il caso delle repubbliche presidenziali e semi-presidenziali (sulle forme di governo v. cap. 7).

In altri paesi, titolari di poteri propri della tradizione delle monarchie costituzionali, i presidenti si trovano talvolta a utilizzarli quando a ciò li inducano le circostanze politiche contingenti: è il caso di alcune repubbliche parlamentari. Per lo più, invece, ciò non accade e il ruolo presidenziale assume le caratteristiche di mera rappresentanza tipiche oggi dei capi di stato ereditari. Talvolta è la costituzione stessa ad affidare al presidente compiti di arbitro o di garante del funzionamento delle istituzioni, più spesso la prassi: con gradi di attivismo e concorso a funzioni politiche che tendono a variare nel tempo e nelle diverse realtà, a seconda del contesto politico. Per fare un esempio: ben diverso è il ruolo presidenziale a seconda che le elezioni esprimano una maggioranza, un governo e una personalità che guidi l'una e l'altro (questo è stato il caso della Repubblica federale tedesca nel Secondo dopoguerra), ovvero che alle elezioni faccia seguito una lenta, faticosa e sempre provvisoria composizione di equilibri mai stabili (questo è stato per vari decenni il caso italiano).

2. IL PRESIDENTE DELLA REPUBBLICA: ELEZIONE E DURATA IN CARICA

Elezione del presidente

Il presidente della Repubblica **viene eletto dal Parlamento in seduta comune** integrato da 58 **delegati regionali** (tre per ciascuna regione eletti dal consiglio regionale con voto limitato, in modo da assicurare la presenza di un delegato di minoranza; la Valle d'Aosta/Vallée d'Aoste ne ha uno solo). Così dispone l'art. 83.1 e 2 Cost., il quale al terzo comma richiede una maggioranza in ogni caso qualificata: nelle prime tre votazioni essa è di due terzi del collegio, che è composto dunque di 1.003 componenti più i senatori a vita; dalla quarta votazione in poi è la maggioranza assoluta dei componenti. Accantonata l'ipotesi dell'elezione popolare a suffragio universale, anche come soluzione nel caso

LE ELEZIONI DEL PRESIDENTE DELLA REPUBBLICA

DATA	PRESIDENTE ELETTO	SCRUTINIO	VOTI	SOSTEGNO DICHIARATO
4.5.1948	LUIGI EINAUDI	4	518 (59%)	Dc, Pli, Msi, Pdium, Psi, Pci
29.4.1955	GIOVANNI GRONCHI	4	658 (79%)	Dc, Psi, Psdi, Pri, Pci
6.5.1962	ANTONIO SEGNI	9	443 (53%)	Dc, Pli, Msi, Pdium
28.12.1964	GIUSEPPE SARAGAT	21	646 (69%)	Dc, Psi, Psdi, Pri, Pci
26.12.1971	GIOVANNI LEONE	23	518 (52%)	Dc, Psdi, Pri, Pli, Msi
8.7.1978	SANDRO PERTINI	16	832 (84%)	Dc, Psi, Psdi, Pri, Pli, Pci
24.6.1985	FRANCESCO COSSIGA	1	752 (77%)	Dc, Psi, Psdi, Pri, Pli, Pci
25.5.1992	OSCAR L. SCALFARO	16	672 (67%)	Dc, Psi, Psdi, Pri, Pli, Pds
13.5.1999	CARLO A. CIAMPI	1	707 (71%)	tutti tranne Ln e Rc
10.5.2006	GIORGIO NAPOLITANO	4	543 (54%)	Ulivo, Rc, Idv, Pdci, Fdv, Rnp, Udeur
20.4.2013	GIORGIO NAPOLITANO	6	738 (74%)	Pd, Pdl, Sc, Ln
31.1.2015	SERGIO MATTARELLA	4	665 (66%)	Pd, Ap, Sc, Sel

Legenda: Dc (Democrazia cristiana), Psi (Partito socialista), Psdi (Partito socialdemocratico), Pri (Partito repubblicano), Pli (Partito liberale), Msi (Movimento sociale italiano), Pdium (Partito democratico di unità monarchica), Pci (Partito comunista italiano), Pds (Partito democratico della sinistra), Ln (Lega nord), Rc (Rifondazione comunista), Ulivo (Democratici di sinistra + La Margherita), Idv (Italia dei valori), Pdci (Partito dei comunisti italiani), Fdv (Federazione dei verdi), Rnp (Rosa nel pugno), Udeur (Unione democratici per l'Europa), Pd (Partito democratico), Pdl (Popolo della libertà), Sc (Scelta civica) , Ap (Area popolare), Sel (Sinistra ecologia libertà).

in cui il Parlamento non fosse stato in grado di eleggere il presidente con la maggioranza dei due terzi, si volle includere una rappresentanza delle regioni in modo da allargare la base di legittimazione di un presidente chiamato dall'art. 87 Cost. a rappresentare l'unità nazionale (v. par. 3).

Unico requisito è essere un cittadino che abbia compiuto i 50 anni di età e goda dei diritti politici e civili. Va da sé che la carica non è compatibile con nessun'altra (art. 84.1 e 2 Cost.). Non vi è limite al numero dei mandati.

Nella prassi delle elezioni del presidente si registra notevole varietà (v. tab.). Il costituente voleva assicurare al presidente eletto, nella misura del possibile, un grado di consensi particolarmente elevato. Veniva vista con favore un'investitura che andasse al di là dei confini della maggioranza politica (erano allora e restano oggi difficili da immaginare, non solo nel contesto italiano, maggioranze di governo tali da raggiungere oltre il 66%): se questa non fosse stata però trovata nell'arco di qualche giorno, si sarebbe proceduto a maggioranza assoluta. La necessità di una maggioranza comunque non ristretta va valutata in connessione con le singole funzioni attribuite al presidente e, soprattutto, con il suo ruolo di capo dello Stato e rappresentante dell'unità nazionale.

Un mandato di sette anni

La **durata** della carica è **7 anni** (art. 85.1 Cost.), uguale a quella fissata dalle leggi costituzionali francesi del 1875 per il presidente della Terza repubblica (uno dei riferimenti, insieme alla Costituzione francese del 1946, per gran parte dei nostri padri costituenti). È una durata notevolmente lunga (superata solo da quella dei giudici costituzionali, che è 9 anni: v. art. 135 Cost.). Ciò lo svincola da legami politici immediati con l'organo che lo elegge: in nessun caso un presidente potrebbe essere rieletto dalle medesime assemblee parlamentari e da delegati dei medesimi consigli regionali.

Il presidente gode di un assegno personale e di una dotazione finanziaria, entrambi fissati per legge (art. 84.3 Cost.). La legge 1077/1948, oltre alla determinazione dell'assegno e della dotazione (rivalutati dalla l. 372/1985), ha istituito un apparato amministrativo autonomo che risponde direttamente al presidente, il **segretariato generale della presidenza della Repubblica**. Tale apparato consta di un segretario generale, che è posto a capo di una struttura organizzata in uffici (ai quali sono preposti i consiglieri del presidente: affari giuridici, affari diplomatici, affari militari ecc.) e servizi (cerimoniale, personale, tenute e giardini ecc.) nella quale lavorano circa 1.700 persone (circa 800, compresi i corazzieri, sono addetti alla sicurezza). Il bilancio annuo è di 224 milioni di euro (2016), secondo i critici troppo alto rispetto a quello delle omologhe amministrazioni dei capi di stato di altri paesi, non solo a regime parlamentare, ma in diminuzione rispetto agli anni precedenti. Per disciplinare la propria organizzazione e amministrazione interna la presidenza esercita un potere regolamentare (v. cap. 5).

L'apparato amministrativo

Qualora il presidente non sia in grado di adempiere *temporaneamente* alle sue funzioni per qualsiasi ragione (visita all'estero, malattia, intervento chirurgico), esse passano al presidente del Senato della Repubblica (art. 86.1 Cost.): l'istituto viene chiamato **supplenza**. È vero che tale istituto finisce col caricare di un certo peso la figura del presidente del Senato. Tuttavia pare pacifico che il supplente debba attenersi a un'interpretazione particolarmente misurata del proprio ruolo. Ci si è per esempio chiesti se il presidente del Senato nell'esercizio della supplenza possa effettuare consultazioni in vista della formazione del governo, affidare incarichi e firmare decreti di nomina ovvero ancora sciogliere le Camere. La risposta va cercata nel buon senso e nel rispetto del buon funzionamento delle istituzioni. È infatti evidente che quando si tratta di una semplice visita all'estero, ancorché prolungata, il supplente farà bene a limitarsi ad atti di «ordinaria amministrazione», astenendosi da qualsiasi iniziativa non strettamente concordata col presidente (e in ogni caso è da ritenersi altamente inopportuno che si lasci coinvolgere in attività di particolare delicatezza politica). Se la causa è una grave malattia o un serio intervento che lasci però sperare in una ripresa delle funzioni (senza che si configuri perciò l'ipotesi di cui all'art. 86.2 Cost.: indizione dell'elezione per sostituire il presidente in caso di **impedimento permanente**, oltre che di morte o dimissioni), si può anche pensare a un pieno esercizio della supplenza.

La supplenza

L'impedimento permanente

Nessuna norma dice chi e come può constatare l'impedimento quando non possa essere il presidente stesso, come normalmente accade, a dichiararlo e a firmare un proprio decreto col quale affida le funzioni al presidente del Senato. Quando il presidente Segni fu colto da ictus nell'agosto 1964, l'impedimento venne constatato *d'intesa* dai presidenti delle due Camere e dal presidente del Consiglio, il che avviò la supplenza. La stessa procedura, sulla base di un ordine del giorno della Camera condiviso dall'opposizione, stava per essere seguita, previ accertamenti medici, per dichiarare l'*impedimento permanente* quando, dopo quattro mesi, giunse una lettera di dimissioni alla cui firma il segretario generale della presidenza della Repubblica dichiarò di avere assistito.

Le dimissioni

Si sono dimessi, oltre a Segni nel 1964, altri tre presidenti: Leone, a seguito di una dura campagna per mai accertate scorrettezze commesse prima del mandato presidenziale (1978); Cossiga, in polemica con i maggiori partiti per le critiche ricevute (1992)); Napolitano, dopo ventuno mesi dall'inizio del suo secondo mandato (2015). Alcuni presidenti si sono dimessi con lieve anticipo, quando già il nuovo presidente era stato eletto, allo scopo di accelerare la successione (Pertini nel 1985, Scalfaro nel 1999, Ciampi nel 2006, lo stesso Napolitano dopo la rielezione nel 2013).

Il presidente che cessa dalla carica, salvo in caso di destituzione da parte della Corte costituzionale (v. par. 4), diventa **senatore di diritto a vita**, a meno che vi rinunzi: la rinuncia fu prevista per dargli modo, se così volesse, di ricandidarsi a cariche elettive (art. 59.1 Cost.).

In base alla riforma cost. 2016, è ancora il Parlamento in seduta comune a eleggere il presidente della Repubblica, ma senza i delegati regionali (del nuovo Senato rappresentativo delle istituzioni territoriali fanno già parte 74 consiglieri regionali). La composizione del collegio che elegge il presidente è ridotta, non contando i senatori di nomina presidenziale e di diritto, a 725 membri. Muta anche il quorum per l'elezione dopo i primi tre scrutini: dal quarto è richiesta la maggioranza dei tre quinti dei componenti (invece che la maggioranza assoluta) e, dal settimo, la maggioranza dei tre quinti dei votanti (senza tener conto di chi non partecipa alla votazione). Inoltre, supplente in caso di impedimento diventa il presidente della Camera.

3. LE ATTRIBUZIONI DEL PRESIDENTE DELLA REPUBBLICA

Una funzione di garanzia

Secondo la Costituzione italiana, il presidente della Repubblica è il **capo dello Stato** e il **rappresentante dell'unità nazionale** (art. 87.1): si tratta di una figura che, come si evince dal modo di elezione, *non* ha *funzioni di indirizzo politico* bensì, secondo la dottrina prevalente, *funzioni di garanzia*. Ciò trova conferma nel regime della responsabilità del presidente, poiché per il costituzionalismo moderno esercizio del potere politico e responsabilità non debbono essere disgiunti.

Dal momento che nessun'altra definizione si ritrova nella Costituzione, la figura del presidente va ricostruita sulla base delle attribuzioni giuridiche che essa gli riconosce e della prassi che si è affermata dal 1948 in poi. Si tratta di un'operazione non facile a causa delle inadeguatezze del testo costituzionale, il quale al presidente assegna poteri rilevantissimi e largamente incidenti sull'esercizio sia delle funzioni esecutive, sia delle funzioni legislative, sia delle funzioni giurisdizionali: ma con il corollario, per nulla marginale, dell'art. 89 Cost., in base al quale gli atti del presidente *non* sono riconosciuti come *validi*

L'obbligo di controfirma

se non sono controfirmati da un componente del governo. La **controfirma ministeriale** è nelle origini istituto monarchico corrispettivo della *inviolabilità* della figura del sovrano: proprio in quanto questi non era sottoponibile a sindacato sotto alcun profilo, i ministri, cioè i più alti funzionari da lui nominati e suoi più diretti collaboratori, firmando gli atti del re assumevano su di sé ogni responsabilità giuridica.

Ora, l'art. 89 fa riferimento alla necessaria controfirma dei *ministri proponenti* «che ne assumono la responsabilità» (e per gli atti di valore legislativo *anche* del presidente del Consiglio dei ministri: promulgazione di leggi, rinvio di leggi, emanazione di decreti legislativi e decreti legge). Questo riferimento ai ministri *proponenti* sembra quasi indicare che non si tratti di atti propri del presidente: tanto che si ritiene che ci si trovi di fronte a un vero e proprio errore, anche perché nel testo del progetto sottoposto all'Assemblea costituente c'era scritto, invece, ministri *competenti* (e in questo senso viene di solito interpretato, anche dalla Corte costituzionale: v. la sent. 200/2006, su cui torneremo dopo). La questione non è irrilevante, perché la controfirma potrebbe assumere, in un caso, significato implicito di proposta, e nell'altro, di mera assunzione di corresponsabilità e in qualche modo di controllo, alla stregua di una garanzia giuridico-costituzionale (dovendosi escludere in ogni caso che possa avere il valore che aveva in epoca statutaria, quando la responsabilità dei ministri serviva a «coprire» quella della corona, per definizione «inviolabile»).

Come distinguere gli atti presidenziali?

Sta di fatto che la previsione dell'obbligo di controfirma per *tutti* gli *atti* del presidente, nessuno escluso, secondo il modello dello Statuto albertino, ha confuso le cose, e spiega perché da oltre sessant'anni si disputa intorno al carattere, *sostanziale* o meramente *formale*, di molti dei suoi poteri.

I problemi che si pongono sono i seguenti. Quali delle numerose attribuzioni presidenziali previste dalla Costituzione sono tali solo perché il presidente è capo dello Stato, e dunque una serie di atti sono a lui *formalmente* intestati, ma sono *in realtà* deliberati da altro organo costituzionale, per esempio dal Consiglio dei ministri (atti quindi governativi)? Quali atti, invece, pur controfirmati, devono ritenersi suoi propri, cioè frutto di una *sua* discrezionale valutazione (atti quindi presidenziali in senso stretto)? Quali, infine, devono ritenersi frutto di un *concorso* di volontà, quella sua e quella del governo (atti duali o complessi)? Come si fa a discernere gli uni dagli altri nel silenzio, al riguardo, della Costituzione? Come si fa ad accertare quali forme di influenza discreta e informale un meccanismo del genere permette? Come si fa, in particolare, se si tiene conto che la prassi, anche per talune fra le attribuzioni più rilevanti, non è univoca, per cui una stessa tipologia di atti è stata considerata ora governativa ora presidenziale? Come ha detto la Corte costituzionale nella sentenza citata, la controfirma «assume un diverso valore a seconda del tipo di atti di cui rappresenta il completamento».

Tutto ciò spiega l'arbitrarietà di molte ricostruzioni, influenzate da circostanze contingenti e dalle preferenze istituzionali dei singoli studiosi, ma anche l'oggettiva difficoltà degli sforzi della dottrina. E giustifica il fatto che ciascuno degli undici presidenti succedutisi dal 1948 ad oggi abbia interpretato a suo modo il ruolo presidenziale, con maggiore o minore attivismo, con maggiore o minore invadenza nella sfera politica.

I poteri presidenziali

Andando in ordine, sulla base di un riparto meramente funzionale, ecco i poteri che la Costituzione attribuisce al presidente della Repubblica (con l'avvertenza che alcune ripetizioni sono inevitabili, dato che lo stesso atto può concorrere all'esercizio di funzioni distinte).

- In ordine alla *rappresentanza esterna*. Il presidente **accredita** e riceve i rappresentanti diplomatici; **ratifica** i trattati (eventualmente su autorizzazione delle Camere: art. 87.8); **dichiara** lo stato di guerra (deliberato dalle Camere: art. 87.9); effettua visite ufficiali all'estero, sempre accompagnato da un componente del governo, di solito il ministro degli affari esteri.
- In ordine all'*esercizio delle funzioni parlamentari*. Il presidente **nomina** fino a cinque senatori a vita (art. 59.2); può convocare le Camere in via straordinaria (art. 62.2); indice le elezioni e fissa la prima riunione delle nuove Camere (art. 87.3); può **inviare messaggi** alle Camere (art. 87.2); può **sciogliere** le Camere o una di esse, non potendolo però fare negli ultimi sei mesi del mandato, a meno che essi non coincidano con gli ultimi sei mesi della legislatura (art. 88).
- In ordine alla *funzione legislativa*. Il presidente **promulga** le leggi approvate dal Parlamento (artt. 73.1 e 87.5) e può con messaggio motivato (cioè spiegandone le ragioni in un messaggio che accompagna l'atto di **rinvio**) chiedere una nuova deliberazione, essendo tuttavia obbligato a promulgare in caso che questa ci sia (art. 74); **autorizza** la presentazione alle Camere dei disegni di legge del governo (art. 87.4); **emana** gli atti del governo aventi forza di legge (art. 87.5).
- In ordine alla *funzione esecutiva e di governo-indirizzo*. Il presidente **nomina** il presidente del Consiglio e, su proposta di questo, i ministri (art. 92.2) e conduce a tal fine le consultazioni che ritiene utili e che la prassi gli suggerisce; accoglie il giuramento del governo (art. 93) e ne accetta le dimissioni; **autorizza** la presentazione dei disegni di legge del governo (art. 87.4); **emana** i decreti legislativi e i decreti legge, nonché i regolamenti del governo (art. 87.5); nomina i funzionari dello Stato di grado più elevato (art. 87.7); conferisce le onorificenze della Repubblica (art. 87.12); ha il **comando** delle forze armate e **presiede** il Consiglio supremo di difesa (art. 87.9); dispone con decreto motivato lo scioglimento di consigli regionali e la rimozione di presidenti di regione (art. 126.1), nonché lo scioglimento di consigli comunali e provinciali (artt. 141 e 143 d.lgs. 267/2000); inoltre, emana una lunga serie di atti amministrativi, raggruppati in ventinove tipologie, ovvero tutti quelli deliberati dal Consiglio dei ministri (art. 1 l. 13/1991).
- In ordine all'*esercizio della sovranità popolare*. Il presidente **indice**, oltre che le elezioni delle nuove Camere (art. 87.3), anche i referendum previsti

dalla Costituzione (art. 87.6); inoltre, dichiara l'avvenuta abrogazione della legge sottoposta a referendum in caso di esito favorevole e può procrastinare fino a 60 giorni l'entrata in vigore dell'abrogazione stessa (art. 37 l. 352/1970).

• In ordine all'*esercizio della giurisdizione costituzionale, ordinaria e amministrativa*. Il presidente **nomina** un terzo dei giudici della Corte costituzionale (art. 135.1); **presiede** il Consiglio superiore della magistratura (artt. 87.10 e 104.2); può concedere la **grazia** e commutare le pene (art. 87.11); inoltre, adotta i decreti che decidono i ricorsi straordinari contro gli atti amministrativi (art. 14 d.p.r. 1199/1971).

Non è difficile riconoscere una serie di attribuzioni che sono dirette figlie delle prerogative regie (il potere di firma sugli atti deliberati dal governo; il potere di grazia; il ricorso straordinario: ma il previsto parere del Consiglio di stato è vincolante); altre che si sono «trasformate» o che comunque assumono nel contesto repubblicano un significato diverso (la nomina di alcuni senatori; la nomina del presidente del Consiglio e il potere di scioglimento delle Camere: ma qui dovendo tenere conto del voto popolare e della posizione dei partiti; la promulgazione delle leggi con facoltà di rinvio al posto della sanzione regia, che però era considerata come partecipazione attiva del re alla funzione legislativa: infatti il rinvio, anche senza che i rilievi presidenziali siano accolti, può essere superato dal Parlamento approvando di nuovo lo stesso testo a maggioranza semplice); altre ancora che non esistevano nell'ordinamento statutario (la nomina dei giudici della Corte costituzionale; la presidenza del Csm, organo sul quale v. il cap. 14; la presidenza del Csd, sul quale v. più avanti in questo paragrafo).

Atti senza necessità di controfirma

Vi sono anche alcuni «atti» che si ritiene il presidente possa compiere *senza controfirma*: può dimettersi; può fare dichiarazioni informali in pubbliche occasioni, senza impegnare l'istituzione che rappresenta, ma come semplice manifestazione di sue personali opinioni (le cosiddette **esternazioni**), il che naturalmente non le rende irrilevanti data l'inevitabile influenza di qualsiasi pronuncia che provenga da sì alta carica (di qui l'opportunità di un'estrema parsimonia nell'esternare, sottovalutata da alcuni presidenti); esercita le funzioni di presidente degli organi collegiali su indicati (Csm e Csd); conferisce l'incarico di formare il governo (ma poi il decreto di nomina viene controfirmato dal presidente del Consiglio entrante). Come si vede, non è molto.

Attribuzioni e ruolo del presidente

Ora chiunque si rende conto, leggendo l'elenco proposto sopra, che siamo di fronte ad attribuzioni di rilevanza molto diversa:

1. vi sono alcune attribuzioni il cui esercizio è formalmente o sostanzialmente obbligato (il presidente *deve* promulgare la legge riapprovata dalle Camere dopo il rinvio: la sola eccezione immaginabile è nel caso in cui, per i gravi contenuti della legge, promulgare configurerebbe da parte del presidente un attentato alla Costituzione; il presidente difficilmente può non firmare i decreti presidenziali relativi alla gran parte degli atti che con tale veste devono entrare a far parte dell'ordinamento);

2. vi sono altre attribuzioni che certamente riservano al presidente uno spazio di valutazione discrezionale, per esempio proprio il rinvio alle Camere di una legge da esse approvata (nella prassi vuoi per ragioni formali vuoi per ragioni di palese incostituzionalità vuoi, secondo i più, anche per motivi di merito: in 68 anni si sono avuti 60 rinvii, il più delle volte per difetto di copertura finanziaria *ex* art. 81.3 Cost.), o l'invio di messaggi alle Camere (pur usato di rado: ad es. durante la presidenza Napolitano soltanto una volta, nell'ottobre 2013);
3. vi sono infine attribuzioni che si possono definire di altissima valenza politica, in grado di influenzare se non condizionare il circuito dell'indirizzo politico che in un regime parlamentare si snoda dal corpo elettorale al Parlamento al governo, per tornare, ogni volta che la legislatura è scaduta o che si rende necessario anticiparne la scadenza, al corpo elettorale (di tutto ciò si parla nel par. 6 di questo capitolo e nel cap. 11).

L'esercizio del potere di grazia

Un esempio di dove possa portare l'irrisolta ambiguità del testo costituzionale in materia di attribuzioni presidenziali è venuto dalla controversia sull'esercizio del **potere di grazia** e sul rispettivo ruolo del capo dello Stato e del ministro della giustizia. L'iniziativa della grazia spetta in effetti sia al ministro sia, per prassi consolidata, allo stesso presidente. Tuttavia la necessità della controfirma ha permesso al ministro di bloccare il provvedimento nel caso in cui non lo condividesse. Per decenni le grazie concesse sono state moltissime, nell'ordine di diverse centinaia all'anno: un vero e proprio strumento di politica giudiziaria e carceraria, attratto naturalmente nell'ambito della funzione esecutiva. Dalla riforma del codice di procedura penale del 1989 in poi le grazie concesse si sono drasticamente ridotte a poche decine l'anno. Ciò concorre a spiegare perché il conflitto di attribuzione sollevato dal presidente Ciampi contro il ministro della giustizia nel 2005 è stato risolto dalla sent. 200/2006 nel senso di ritenere la grazia «una potestà decisionale del capo dello Stato quale organo *super partes*»: proprio in quanto essa viene considerata «eccezionale strumento destinato a soddisfare straordinarie esigenze di natura umanitaria». Di qui l'affermazione che non spetta al ministro impedire che il procedimento di concessione abbia corso e che il presidente adotti la sua decisione in merito. Dunque, ecco un esempio di atto *sostanzialmente* oltre che *formalmente* presidenziale in base alla giurisprudenza costituzionale.

La presidenza del Consiglio supremo di difesa

Un discorso a parte giustifica, in un contesto internazionale nel quale l'Italia assume ricorrentemente responsabilità di rilievo (v. par. 5 del cap. 3), il **Consiglio supremo di difesa**: organo presieduto dal capo dello Stato e composto dal presidente del Consiglio, da cinque ministri e dal capo di stato maggiore della difesa, avente la funzione di discutere linee generali strategiche e impiego delle forze armate (v. artt. 2-9 d.lgs. 66/2010). Di questo organo è stata rafforzata la capacità operativa e accentuata la dipendenza organizzativa e funzionale dalla presidenza della Repubblica (rispetto al governo). Con il presidente Napolitano è aumentata la frequenza e la regolarità delle riunioni (almeno tre all'anno). Il Csd, da mero organo di informazione e consultazione, si è evoluto

in protagonista attivo e determinante della politica di sicurezza nazionale: nel 2003 (presidenza Ciampi) in relazione alla natura e ai limiti dell'intervento in Iraq; nel 2011, a fronte di un governo e un Parlamento a dir poco esitanti, per decidere la partecipazione italiana all'intervento in Libia; nel 2013 in ordine alla questione del numero di aerei F35 da acquistare. In tutti i casi evocati il concorso diretto del presidente della Repubblica all'esercizio di funzioni non altrimenti definibili se non come di indirizzo politico è parso evidente.
La riforma cost. 2016 non tocca i poteri presidenziali, se non per alcune modifiche conseguenti al nuovo assetto bicamerale (v. artt. 59, 74, 87, 88 Cost. 2016). Anche nel nuovo Senato restano cinque componenti nominati dal presidente della Repubblica: questi non sono più senatori a vita, ma durano in carica 7 anni. Con la trasformazione del Senato, che diventa un organo continuo rinnovato parzialmente di volta in volta, si prevede che il potere di scioglimento possa essere esercitato nei confronti della sola Camera dei deputati, unica titolare del rapporto fiduciario. Una novità è introdotta sul potere di rinvio delle leggi alle Camere qualora esso riguardi la legge di conversione di un decreto legge: per impedire la decadenza del decreto alla scadenza del termine di 60 giorni, in caso di rinvio presidenziale si danno al Parlamento 30 giorni ulteriori per la conversione.

4. LA RESPONSABILITÀ DEL PRESIDENTE DELLA REPUBBLICA

L'art. 4 dello Statuto albertino affermava che «la persona del re è sacra e inviolabile». Nella Costituzione repubblicana non esiste, ovviamente, una prerogativa del genere. Essa però prevede trattamenti diversificati, rispetto agli altri cittadini, per coloro che, a partire dal presidente della Repubblica, ricoprono determinate cariche: non a titolo di personale privilegio (come nel caso degli antichi sovrani), ma per garantire l'autonomia e la libertà nell'assolvimento delle funzioni che ad essi sono attribuite.

I reati presidenziali

L'art. 90 Cost. stabilisce così una forma di **irresponsabilità** del presidente per tutti gli atti compiuti nell'esercizio delle sue funzioni, a meno che non si sia macchiato di due reati (di fatto costruiti dal costituente stesso, che in parte li riprese dalla Costituzione cecoslovacca del 1920): si tratta dell'**alto tradimento** e dell'**attentato alla Costituzione**. La prima ipotesi vuole identificare la fattispecie di una collusione con potenze straniere; la seconda vuole identificare non già qualsiasi violazione della carta costituzionale (altrimenti anche l'adozione con decreto presidenziale di un atto successivamente dichiarato incostituzionale potrebbe comportare una responsabilità del presidente), ma solo quelle violazioni che siano tali da mettere a repentaglio caratteri essenziali dell'ordinamento. Anche se nel codice penale possono essere rintracciate fattispecie alle quali ricondurre queste ipotesi (v. ad es. l'art. 283 c.p.), ciò non è necessario: il Parlamento in seduta comune e la Corte costituzionale rappresentano l'unico giudice degli eventuali atti e fatti ascritti al presidente e della loro suscettibilità a integrare le fattispecie dell'art. 90.

Il procedimento d'accusa

Il procedimento per far valere la responsabilità del capo dello Stato per alto tradimento e attentato alla Costituzione si articola in due fasi:

- la prima, intrinsecamente politica, è la **messa in stato di accusa** da parte del Parlamento in seduta comune con voto a maggioranza assoluta;
- la seconda, di carattere giurisdizionale, è il **giudizio della Corte costituzionale**, in questo caso integrata da 16 componenti estratti da un elenco di 45 nomi compilato dallo stesso Parlamento in seduta comune ogni 9 anni (art. 135.7 Cost.); ciò indica l'intenzione del costituente di assicurare un giudizio che tenga comunque conto della valenza politica di casi del genere, ma nel quale i giudici siano precostituiti.

La messa in stato d'accusa

Il procedimento di accusa parlamentare si articola a sua volta in due fasi: l'istruttoria e la decisione (v. artt. 12-13 l. cost. 1/1953 e artt. 5-12 l. 219/1989). L'istruttoria è condotta dal **comitato parlamentare per i procedimenti d'accusa**, organo bicamerale cui spetta il compimento di una prima serie di indagini in relazione alle denunce (da chiunque presentate) trasmesse dal presidente della Camera: interrogatori di testimoni e assunzione di prove. Tale attività preliminare può concludersi o con un provvedimento di *archiviazione per manifesta infondatezza* delle accuse, o con una *relazione* da presentare al Parlamento in seduta comune contenente le *conclusioni* cui è giunto il comitato, *favorevoli o contrarie all'accusa*. Dopo l'atto di accusa, con decisione della Corte costituzionale, il presidente della Repubblica può essere *sospeso dalla carica in via cautelare*. La sospensione è condizione per sottoporre il presidente a intercettazioni telefoniche, in mancanza della quale, a mente della giurisprudenza costituzionale (sent. 1/2013), esse non sono in alcun caso ammesse.

Il giudizio della Corte costituzionale

Il giudizio della Corte costituzionale in composizione integrata si divide in tre fasi procedimentali: l'istruttoria, il dibattimento e la decisione. Attraverso l'*istruttoria*, condotta dal presidente della Corte o da uno o più giudici da lui delegati, si acquisiscono tutti gli elementi di prova ritenuti utili per la decisione (fra cui l'interrogatorio dell'imputato). Successivamente si apre il *dibattimento*, durante il quale le parti (i commissari parlamentari per l'accusa, gli avvocati del presidente per la difesa), in contraddittorio tra loro, discutono sulle risultanze dell'istruttoria e fanno le loro richieste. La Corte si riunisce quindi in camera di consiglio per la *decisione* finale, che potrà essere di assoluzione o di condanna (v. l. 20/1962).

In caso di condanna potranno essere applicate le pene fino alla misura massima prevista dalla legislazione vigente al momento della commissione dei fatti. Inoltre potranno essere applicate le sanzioni civili, amministrative e costituzionali (la **destituzione**) adeguate al caso (v. art. 15 l. cost. 1/1953). La *sentenza* così emessa è *definitiva e non può essere impugnata* in alcun modo, ad eccezione delle ipotesi di *revisione* (la revisione, che non comporta un nuovo giudizio sui medesimi fatti, è ammessa solo se dovessero emergere elementi nuovi, prima non considerati perché non conosciuti, suscettibili di provare la non colpevolezza del presidente: v. art. 29 l. 20/1962).

I precedenti in questa delicata materia sono assai limitati. In un contesto politico particolarmente acceso, anche a seguito di vivaci e polemiche esternazioni presidenziali, un'indagine da parte del comitato parlamentare (nella prospettiva di una improbabile messa in stato d'accusa) fu avviata nel 1991 nei confronti dell'allora presidente Cossiga, per essere poi archiviata. Al di là delle sue intemperanze, nel caso di Cossiga si sarebbe corso il rischio di strumentalizzare a fini politici un istituto proprio della giustizia penale costituzionale.

In anni recenti, nel fuoco della polemica politica accentuata dal faticoso apprendimento della democrazia maggioritaria, lo spettro della messa in stato d'accusa è stato a volte evocato da politici e giornalisti poco misurati a fronte di scelte presidenziali sgradite (promulga, rifiuta di promulgare ecc.): ma senza assumere, fortunatamente, alcuna consistenza al di là di qualche titolo sui giornali. Resta che, sotto questo aspetto in particolare, la figura presidenziale conferma i suoi caratteri di ambiguità. Infatti, se si lascia da parte quella *responsabilità politica diffusa* che si fonda sulla critica da parte di commentatori e opinionisti, e magari da parte della dottrina giuridica, cui certo il presidente della Repubblica come qualsiasi figura pubblica non può (e non deve) sfuggire, è chiaro che la nostra Costituzione prevede una sostanziale *irresponsabilità politica* del presidente. Ciò a meno di non voler considerare la possibilità di non rieleggerlo come strumento per far valere una responsabilità del genere. In effetti, la Costituzione non prevede limiti alla rielezione del presidente uscente e corrispettivamente vieta l'esercizio del potere di scioglimento negli ultimi sei mesi di mandato, ma non sembra che tali elementi possano considerarsi sufficienti a far presumere una responsabilità politica implicita in una carica di durata tanto lunga.

La irresponsabilità politica del presidente

La responsabilità extrafunzionale

È invece pacifico che il presidente risponda come ogni altro cittadino per tutte le azioni compiute *fuori* dell'esercizio delle sue funzioni, cioè tutte quelle che nulla hanno a che vedere con il suo incarico istituzionale e che potrebbe compiere (o aver compiuto anche prima del mandato). La dottrina si è talora domandata cosa fare in tali circostanze, in assenza di qualsiasi previsione di rango costituzionale o ordinario, dal momento che immaginare un presidente indagato o sotto processo, tanto più per qualche infrazione minore, non appare ragionevole. L'autonomia del presidente, infatti, potrebbe essere lesa da eventuali indagini arbitrarie e tendenziose. Alla Costituente il presidente della Commissione per la Costituzione Meuccio Ruini disse che, se si fosse trattato di piccolezze, la magistratura non vi avrebbe dato corso o avrebbe atteso la fine del mandato; se si fosse trattato di reato serio, si sarebbe potuto configurare un impedimento e, magari, l'opportunità di dimissioni. Nel caso del presidente Scalfaro (1993) fu escogitata la strada della *improcedibilità*. Il reato ipotizzato (peculato) non era veniale, ma il presidente espressamente escluse ogni ipotesi di dimissioni; né si ebbe alcuna iniziativa parlamentare. Le indagini furono interrotte (senza l'adozione di un atto formale) e, dopo la fine del mandato, furono concluse nel 2001 con l'archiviazione per insussistenza dei fatti.

In un altro caso l'ex presidente Cossiga sollevò conflitto di attribuzione in merito a una sentenza riguardante il procedimento civile instaurato contro di lui da cittadini ritenutisi diffamati da dichiarazioni fatte durante il mandato presidenziale. Legittimazione a sollevare il conflitto a parte (riconosciuta dalla Corte costituzionale anche a colui che presidente non è più), si disputava sia sulla nozione di «esercizio delle funzioni presidenziali» (per chiarire se qualsiasi esternazione potesse ritenersi coperta dall'art. 90 oppure se vi dovesse essere un preciso nesso fra cose dette ed esercizio di tali funzioni, come per l'insindacabilità dei parlamentari *ex* art. 68, e la Corte stabilì proprio questo) sia sull'organo deputato a valutare la sussistenza, eventualmente, di quel nesso funzionale: potere che spetta all'autorità giudiziaria (v. sent. 154/2004).

5. IL PRESIDENTE DELLA REPUBBLICA NELLA PRASSI

Una figura strutturalmente ambigua

Le vicende della storia politico-istituzionale repubblicana hanno accentuato la difficoltà a ricostruire in modo convincente il ruolo di una figura, quale quella del capo dello Stato, che si può considerare strutturalmente ambigua: dovrebbe rappresentare l'*unità nazionale*, ma alcuni dei poteri che la Costituzione gli attribuisce sono tali da farne, all'occorrenza, uno dei protagonisti di scelte fortemente incidenti sull'indirizzo politico (dalla nomina del presidente del Consiglio allo scioglimento delle Camere). Tale ambiguità si deve anche al fatto che, come si diceva, la carta costituzionale, imponendo la controfirma per tutti gli atti presidenziali, ha rinunciato a chiarire nitidamente quali, fra i molti che il presidente adotta, sono da considerare atti *suoi propri* e quali invece frutto della volontà di *altri* organi costituzionali che egli ha il compito solo di rappresentare all'esterno (limitandosi, al più, a una funzione di mero controllo formale: il regolamento governativo da emanare è stato effettivamente deliberato dal Consiglio dei ministri nelle forme prescritte dalla legge? Il ricorso straordinario è stato effettivamente deciso secondo quanto prevede la legge?).

D'altro canto, si badi bene, anche per gli atti che più evidentemente appaiono solo formalmente presidenziali, il semplice fatto che un concorso qualsivoglia del presidente sia richiesto può portare a meccanismi informali di pressione o influenza di cui poco o nulla si sa, con scarso rispetto del principio non scritto del costituzionalismo secondo il quale potere e responsabilità devono andare insieme. Per esempio, si è talvolta parlato anche sui giornali, ma senza riscontri ufficiali, di atti deliberati dal Consiglio dei ministri accolti al Quirinale con informali quanto fermi inviti a ripensarci. In altri casi il dissenso presidenziale è emerso pubblicamente attraverso studiate prese di posizione critiche o richieste di modificazioni, o perfino col rifiuto di firma (si pensi al decreto legge relativo al caso Englaro nel febbraio 2009: su questo v. par. 25 del cap. 6).

Il presidente come contropotere

In sintesi, è oggi difficile sottrarsi alla constatazione che il presidente della Repubblica si è ormai evoluto in un *contropotere di influenza*, il quale opera come soggetto autonomo, potere politico fra i poteri politici, anche se non soggetto partitico, titolare di un proprio indipendente indirizzo.

È facile intendere che, regole di correttezza e di galateo costituzionale a parte (le quali comunque suggeriscono accomodamenti volti a evitare clamorosi conflitti fra organi costituzionali: il presidente del Consiglio cui un presidente della Repubblica opponesse ingiustificati e immotivati dinieghi all'adozione di determinati atti governativi potrebbe sollevare conflitto di attribuzione davanti alla Corte costituzionale, con conseguenze immaginabili), molto, se non tutto, dipende dalla rispettiva forza politica del governo da una parte e del presidente dall'altra. Fermo restando che il governo non può non godere della fiducia delle Camere, in che misura il presidente del Consiglio deve la sua nomina alla mediazione presidenziale o all'esito pressoché diretto del voto popolare? Qual è la tenuta della maggioranza parlamentare che sorregge il governo: si tratta di una maggioranza sufficientemente omogenea e compatta o di una maggioranza divisa e raccogliticcia? Quali consensi il governo registra nel paese: è sulla cresta dell'onda o su di esso si addensano nubi minacciose? Ancora: la legislatura è all'inizio, oppure nel bel mezzo del mandato, oppure siamo già nella fase finale con le elezioni che si avvicinano?

La prassi dei presidenti: Einaudi

Ciò considerato, si possono capire le ragioni per le quali i nostri presidenti si sono trovati a interpretare ruoli via via diversi. Il primo presidente costituzionale **Luigi Einaudi** si trovò a operare in una fase politica in cui la maggioranza centrista fu coesa e compatta, diretta da una personalità forte come Alcide De Gasperi, che fino al 1953 fu in grado di guidare sia il paese sia il partito di maggioranza relativa. Il funzionamento della nostra forma di governo rassomigliava allora al modello britannico.

Gronchi, Segni, Saragat

Quando il centrismo, politicamente sconfitto nel 1953, cominciò a mostrare la corda e si delineò l'ipotesi di apertura a sinistra, fu la volta di **Giovanni Gronchi**. In un contesto instabile, spinto da parte della dottrina che riteneva così di interpretare correttamente la Costituzione, egli si fece protagonista di interventi pesanti sia in politica estera sia in politica interna. Fu suo il primo tentativo di varare un governo che rispondesse più al presidente che ai partiti (governo Tambroni, 1960), ma ciò fu possibile perché i partiti non esprimevano una maggioranza coesa; e quando questi si accorsero del pericolo che non la democrazia, forse, ma il loro ruolo avrebbe corso, si ricompattarono e imposero le loro scelte.

Ne seguì per un quindicennio, con le presidenze di **Antonio Segni** e **Giuseppe Saragat**, un forte ridimensionamento di qualsiasi velleità presidenzialista.

Da Leone a Pertini

La crisi della VI legislatura (1972-1976) e, soprattutto, della VII legislatura (1976-1979) si riverberò rapidamente sulla figura presidenziale: il presidente **Giovanni Leone** fu costretto a dimettersi (ma il suo coinvolgimento negli scandali di cui fu accusato mai venne provato), mentre il successore, **Sandro Pertini**, socialista, volle interpretare il proprio ruolo stabilendo un rapporto diretto con l'opinione pubblica. Pertini fu il primo presidente dell'era mediatica, si può dire. Ma fu anche un presidente che compì scelte innovative e assunse decisioni che incisero sull'indirizzo politico: ancora una volta perché la crisi dei tradizionali equilibri partitici si era ormai delineata. Così nominò per la prima volta presidente del Consiglio un non democristiano, il repubblicano Giovanni Spadolini che era alla guida di un partito del 3%, con 16 deputati e 6 senatori. Pertini concorse poi attivamente a selezionare i ministri di almeno un paio di governi, non rinunciando a porre informali veti.

La presidenza Cossiga

Il presidente **Francesco Cossiga** trovò una situazione inizialmente più tranquilla: il pentapartito (Dc con Psi, Psdi, Pri e Pli) appariva in grado di guidare il paese. Ma quando anche questo entrò in crisi, alla fine degli anni Ottanta, Cossiga cercò di farsi promotore di un cambiamento istituzionale di cui tutti parlavano da dieci anni senza risultati. Probabilmente il suo fu l'ultimo salvagente lanciato al sistema dei partiti che si era instaurato fin dal 1948: anche a causa di alcuni suoi eccessi verbali, il tentativo fu scambiato per qualcosa di diverso e, del resto, sulle riforme non vi era consenso, sicché non solo non portò a nulla ma suscitò reazioni aspre, fino all'avvio, per ragioni diverse, di un procedimento per la messa in stato d'accusa.

La presidenza Scalfaro

Con la presidenza di **Oscar Luigi Scalfaro** le grandi potenzialità della figura presidenziale si rivelarono in tutta la loro estensione. Drammatica fu la XI legislatura (1992-1994), per la delegittimazione del vecchio sistema politico incapace di riformarsi, per la crisi finanziaria, per i tanti parlamentari sotto processo; e drammatica fu anche la XII legislatura (1994-1996), sia per le conseguenze del voto con le nuove leggi elettorali sia per la breve durata (solo 7 mesi) del governo di centro-destra guidato da Silvio Berlusconi. Alla caduta di quel governo fece seguito la scelta presidenziale (istituzionalmente rilevantissima) di non assecondare le richieste di scioglimento delle Camere, ma di procedere alla formazione di un governo, che riuscì a ottenere la fiducia delle Camere, formato esclusivamente da non parlamentari e con programma dettato dal presidente della Repubblica (governo Dini). Con l'avvio della XIII legislatura e il formarsi di una maggioranza sufficientemente ampia di centro-sinistra, Scalfaro limitò molto le proprie iniziative. Dovette fronteggiare però nuove critiche per non aver usato e anzi avere escluso lo scioglimento, quando il governo Prodi, venuto meno il sostegno d'uno dei partiti che gli avevano dato la fiducia, andò per due volte in crisi (1997-1998), e per aver proceduto, dopo la seconda crisi, alla nomina di un governo sostenuto da una pur diversa maggioranza di centro-sinistra (governo D'Alema).

Il settennato di Ciampi

I sette anni di **Carlo Azeglio Ciampi** furono per un verso agevolati dal fatto che la XIV legislatura si era caratterizzata per l'ampiezza della maggioranza uscita dal voto del 2001, per un altro resi difficili dall'asprezza dello scontro fra maggioranza e opposizione, con frequenti invocazioni da parte degli uni e degli altri di interventi presidenziali a tutela di questa o quella interpretazione della Costituzione. Parco nei messaggi (uno solo), Ciampi fece pure uso limitato del potere di rinvio (otto casi), senza rinunciare a rinvii politicamente assai delicati (per esempio, in materia di sistema radiotelevisivo e di ordinamento giudiziario). In più occasioni il presidente non esitò a esercitare un'influenza preventiva sul procedimento legislativo, così finendo col condizionare l'esercizio del potere di rinvio (nel senso che il presidente i cui informali suggerimenti siano fatti propri dal Parlamento più difficilmente può poi decidere il rinvio alle Camere). Raramente un presidente ha conservato nel tempo, come accadde a Ciampi, una così alta popolarità e al tempo stesso la fiducia delle forze politiche: al punto che, se avesse assecondato le tante proposte fattegli, sarebbe stato sicuramente rieletto. Egli invece non accettò, motivando la sua scelta con l'inopportunità di innovare la prassi consolidata del mandato unico.

La presidenza Napolitano

Quanto alla presidenza di **Giorgio Napolitano**, emerge innanzitutto che si è trattato del primo caso in cui un presidente è stato rieletto dopo il primo mandato (2006-2013). Come lui stesso aveva preannunciato nel discorso di insediamento per il secondo mandato, Napolitano ha deciso di porvi anticipatamente fine nel gennaio 2015, ritenendo di aver assolto al compito che si era dato nell'accettare la rielezione. Va detto che Napolitano aveva reiteratamente dichiarato, come Ciampi, di essere contrario alla rielezione. Ma aveva poi accettato di fronte alla richiesta delle principali forze politiche, data la situazione di stallo venutasi a creare nell'aprile 2013 a seguito delle elezioni politiche del febbraio precedente. Egli aveva peraltro subordinato la sua disponibilità da un lato all'impegno delle stesse forze politiche a realizzare quelle riforme alle quali da tempo le aveva chiamate (elettorali e costituzionali prima di tutto), dall'altro alla propria personale capacità di resistenza.

In linea di continuità con i predecessori, Napolitano si è espresso con grande frequenza su temi di attualità, facendo ampio ricorso a quelle esternazioni che caratterizzano il ruolo del capo dello Stato nell'ordinamento italiano. Una caratteristica della sua presidenza è stata inoltre quella di una insistita trasparenza: i comunicati stampa del Quirinale si sono arricchiti di informazioni rispetto al passato. Il presidente ha spesso accompagnato le decisioni politicamente più rilevanti con dichiarazioni volte a spiegare, anzi motivare, le scelte compiute: ad esempio, la firma di decreti legge controversi o la promulgazione di leggi particolarmente contrastate, cioè la scelta di non rinviarle alle Camere anche nel caso di leggi ritenute non pienamente soddisfacenti ma non al punto da ravvisare «motivi evidenti e gravi per chiedere una nuova deliberazione» (come affermò a proposito della riforma dell'università nel 2010).

Eletto la prima volta nel 2006, Napolitano si è trovato ad affrontare fasi diverse della sempre difficile e instabile vita politica italiana: una legislatura breve, la XV, che lo ha obbligato subito a uno scioglimento anticipato («la decisione più impegnativa e grave affidata dalla Costituzione al presidente della Repubblica», come lui la definì, v. anche par. seguente); una legislatura che era parsa incanalata su binari di sicura stabilità, la XVI, ma che si è poi rivelata assai tempestosa a causa dello sfaldarsi della maggioranza di centro-destra uscita dal voto dell'aprile 2008 e anche dell'acuirsi della crisi finanziaria ed economica nel corso del 2011; infine, una legislatura, la XVII, nata con equilibri parlamentari così difficilmente traducibili in una qualsiasi maggioranza da imporre prima la sua rielezione e costringerlo poi, come nel biennio 2011-2012, a farsi maieuta della governabilità minima necessaria, in altre parole a spingere riluttanti forze politiche che si erano contrapposte in campagna elettorale a faticose intese di governo. In effetti, il governo Monti nel 2011 e il governo Letta nel 2013 molto hanno dovuto al capo dello Stato sia in relazione alla scelta dei ministri sia in relazione alla definizione del programma di governo. Si aggiungano altre vicende critiche del rapporto fiduciario come quelle dell'autunno 2010, quando dalla maggioranza che aveva vinto le elezioni nel 2008, guidata dal presidente del Consiglio Berlusconi, si distaccarono una quarantina di parlamentari al seguito del presidente della Camera Fini; e quelle dell'autunno 2013, quando dalla maggioranza formatasi nell'aprile precedente uscì il partito di Berlusconi.

La formazione dei governi Monti e Letta

La strutturale difficoltà delle forze politiche a interpretare virtuosamente la forma di governo parlamentare, aggravata da difetti intrinseci alla legislazione elettorale (con particolare riferimento a quella in vigore dal 2005 al 2013), ha reso il capo dello Stato oggetto molto spesso di pressanti sollecitazioni, se non vere e proprie «campagne», volte a influenzarne l'esercizio dei poteri più delicati. Ciò si aggiunge all'esercizio di quella funzione maieutica di cui s'è parlato, concorrendo a rendere sempre più sfumata e labile la distinzione fra la figura del presidente rappresentante dell'unità nazionale delineata dalla Costituzione e la figura di un presidente portatore di un proprio indirizzo politico, pur fondato sull'autonomo e imparziale apprezzamento dei supremi interessi della nazione. Questo spiega perché Napolitano, nei suoi nove anni di presidenza, è parso voler accentuare la propria *responsabilità diffusa* di fronte ai cittadini e agli altri organi costituzionali, dando puntualmente conto di ogni suo atto.

Nell'appassionato discorso pronunciato al momento del secondo giuramento Napolitano aveva richiamato ancora una volta l'intero Parlamento al dovere di procedere alle riforme. Il presidente, quasi novantenne, si dimise alla vigilia dell'approvazione della nuova legge elettorale e quando la riforma costituzionale sembrava avviata verso l'approvazione. Nel gennaio 2015, al quarto scrutinio, il Parlamento in seduta comune eleggeva nuovo presidente della Repubblica il giudice costituzionale **Sergio Mattarella**, già parlamentare per sette legislature e quattro volte ministro (porta il suo nome la *legge*

L'elezione di Mattarella

Mattarella, la riforma elettorale prevalentemente maggioritaria approvata all'indomani del referendum del 18 aprile 1993, di cui fu relatore).

6. IL POTERE DI SCIOGLIMENTO DELLE CAMERE

Sul **potere di scioglimento** delle Camere, e in particolare sul suo esercizio, è necessario dire alcune parole in più.

Alla Costituente se ne discusse molto. In ultimo si decise di circondare l'istituto di una cautela significativa che si aggiunge all'obbligo di controfirma (del presidente del Consiglio): il presidente della Repubblica deve consultare previamente i presidenti delle due Camere, il cui parere non è però vincolante (art. 88.1 Cost.). Inoltre egli non può esercitare il potere di scioglimento negli ultimi sei mesi di mandato (il **semestre bianco**: art. 88.2), limite in genere interpretato come indicazione che si trattasse di un potere presidenziale in senso stretto (perciò non si volle correre il rischio che il presidente vi potesse far ricorso sperando in nuove Camere disposte a rieleggerlo).

Nella storia costituzionale lo scioglimento del parlamento è un potere che i capi di stato ereditari, i monarchi assoluti di un tempo e i loro successori nelle monarchie costituzionali, hanno sempre avuto: naturalmente, mentre un tempo era il re a decidere anche *sostanzialmente* lo scioglimento, dall'avvento del governo parlamentare non è più così e il potere di proporre lo scioglimento (con la certezza di ottenerlo) è del governo e, in particolare, del primo ministro (come ad esempio avviene in Spagna). In Svezia, addirittura, la Costituzione del 1974 lo ha attribuito direttamente al governo.

La prassi degli scioglimenti anticipati

Il potere di convocare elezioni anticipate, accortamente usato, è un fondamentale strumento di stabilizzazione del governo parlamentare: la sola minaccia di farvi ricorso serve più che non l'uso di esso, perché ai parlamentari in carica non piace mai il rischio legato a nuove elezioni. Proprio per questo è uno strumento «politico» per eccellenza. Nei primi anni di vita della Costituzione, in coerenza con la prassi statutaria, lo scioglimento fu considerato un potere governativo, ma fu usato solo per ricondurre la durata del Senato a quella della Camera. Dagli anni Settanta in poi divenne un potere usato sempre più spesso (1972, 1976, 1979, 1983, 1987) e condizionato dalla volontà dei principali partiti (inclusa la maggior opposizione, il Pci).

Un potere sostanzialmente presidenziale?

A partire dagli anni Novanta è parso evolvere verso un potere sostanzialmente presidenziale: in questa direzione hanno spinto le difficoltà a sperimentare e applicare la democrazia maggioritaria da parte di un sistema partitico in continua evoluzione e mai veramente assestatosi. Il presidente Scalfaro, nel 1994, sciolse le Camere, contro l'avviso di gran parte dei parlamentari, motivando lo scioglimento col varo della nuova legge elettorale e con i risultati delle ultime elezioni amministrative dalle quali era emerso un quadro politico radicalmente mutato. Egli, invece, *non* vi fece ricorso un anno dopo, a seguito della crisi del primo governo Berlusconi; promosse la formazione del governo Dini e sciolse le Camere all'inizio del 1996 quando giudicò ristabilite le condizioni minime di parità tra le forze in campo, a seguito del varo di un decreto legge sulla *par condicio* nei mezzi di comunicazione; nell'autunno del 1998 mostrò di non essere disposto ad assecondare eventuali richieste di scioglimento da parte del presidente del Consiglio Prodi, indebolendolo e ponendo le premesse per la sua caduta.

Il presidente Ciampi esercitò il suo mandato in una fase in cui la democrazia maggioritaria era parsa decollare (la XIII legislatura vide, se non la continuità governativa, almeno quella della maggioranza di centro-sinistra; la XIV vide piena continuità sia pure con due governi del centro-destra, il secondo e il terzo governo Berlusconi). Perciò non dovette assumere decisioni in merito.

Lo scioglimento secondo Napolitano

Quanto al presidente Napolitano, non potè che sciogliere anticipatamente la XV legislatura, dopo soli ventidue mesi, una volta registrata l'impossibilità di un'intesa tra le forze di maggioranza e di opposizione (febbraio 2008, a seguito della crisi del secondo governo Prodi). Nella XVI legislatura, al momento delle dimissioni del quarto governo Berlusconi, convinto dell'inopportunità di uno scioglimento in un momento di grave sfiducia dei mercati verso il nostro paese, promosse la formazione di un governo di tecnici (senza parlamentari) guidato dal professor Mario Monti e sostenuto dalle principali forze politiche, con lo scopo di fronteggiare l'emergenza finanziaria ed economica (novembre 2011). Infine, nella XVII legislatura, appena rieletto e non più limitato dal semestre bianco, mostrò tuttavia di non prendere in considerazione ipotesi di elezioni anticipate fino a che il Parlamento non avesse varato la riforma della legge elettorale e quella della seconda parte della Costituzione.

Anche per lo scioglimento, come per le altre attribuzioni presidenziali, vale la regola che nessun atto del presidente è valido in assenza di controfirma. Ciò giustifica opinioni dottrinali diverse e ha permesso prassi altrettanto diverse e legittime. La tesi dello scioglimento come potere governativo non è certo suffragata dall'esperienza repubblicana: essa presuppone un funzionamento del governo parlamentare in senso monista con salde e omogenee maggioranze guidate da leader in grado di imporre di fatto, all'occorrenza, lo scioglimento. La tesi dello scioglimento come potere presidenziale, specie negli ultimi vent'anni, come si è visto, ha avuto invece importanti riscontri ed è stata espressamente rivendicata dal presidente stesso, come ha fatto Napolitano in varie occasioni. Essa è sostenuta da quanti, nel quadro di una interpretazione sostanzialmente dualista della forma di governo italiana, ritengono che il presidente della Repubblica possa e debba esercitare funzioni di garanzia attiva al fine di assicurare quel buon funzionamento del governo parlamentare che i partiti non riescono a garantire. La logica istituzionale che sottende questa concezione presenta elementi di similarità con le forme di governo semi-presidenziali.

Naturalmente, riconoscere come *sostanzialmente* presidenziali poteri che sono intrinsecamente di natura politica rende più difficile permettere che il capo dello Stato sia percepito come *rappresentante dell'unità nazionale* (la sola funzione generale che la Costituzione evoca), perché l'esercizio di quei poteri lo immettono nel circuito delle scelte politiche più delicate. Al tempo stesso, impedisce anche di attribuire al presidente del Consiglio, diversamente da ciò che accade in altre democrazie parlamentari europee, uno strumento, il potere di scioglimento, che tanto più con assemblee divise fra una molteplicità di gruppi può concorrere in modo decisivo a favorire la stabilità e la funzionalità dei governi.

PAROLE CHIAVE

- Capo dello Stato
- Controfirma
- Elezione del presidente della Repubblica
- Esternazioni
- Irresponsabilità politica
- Potere di scioglimento
- Poteri presidenziali
- Presidenza della Repubblica
- Reati presidenziali
- Rinvio delle leggi alle Camere
- Supplenza
- Unità nazionale

FONTI

- Costituzione della Repubblica (artt. 59, 62, 73-74, 83-91, 92-93, 104, 126, 134-135).
- Legge cost. 11 marzo 1953, n. 1 (Accusa contro il presidente della Repubblica, artt. 12-15).
- Legge 9 agosto 1948, n. 1077 (Assegno e dotazione del presidente della Repubblica).
- Legge 25 gennaio 1962, n. 20 (Norme sui procedimenti e giudizi d'accusa).
- Legge 5 giugno 1989, n. 219 (Nuove norme in tema di reati *ex* art. 90 Cost., artt. 5-12).
- Legge 12 gennaio 1991, n. 13 (Atti amministrativi da adottarsi in forma di d.p.r.).
- D.lgs. 15 marzo 2010, n. 66 (Codice dell'ordinamento militare).
- Regolamento parlamentare per i procedimenti di accusa [7-28 giugno 1989].

PER APPROFONDIRE

- A. Baldassarre e C. Mezzanotte, *Gli uomini del Quirinale*, Roma-Bari, Laterza, 1985.
- C. Fusaro, *Italia: un Presidente contropotere d'influenza*, in AA.VV., *Presidenti della Repubblica*, a cura di G. Passarelli, Torino, Giappichelli, 2010.
- S. Galeotti e B. Pezzini, *Presidente della Repubblica*, voce in *Digesto delle discipline pubblicistiche*, vol. XI, Torino, Utet, 1996.
- G. Mammarella e P. Cacace, *Il Quirinale*, Roma-Bari, Laterza, 2011.
- M. Tebaldi, *Il Presidente della Repubblica*, Bologna, Il Mulino, 2005.

PERCORSO DI AUTOVERIFICA

1. Chi è e quale posizione ha il capo dello Stato negli ordinamenti monarchici e in quelli repubblicani?

2. Come viene eletto il presidente della Repubblica?

3. Quali sono i requisiti e la durata della carica presidenziale?

4. Cos'è l'istituto della supplenza?

5. Qual è il significato della controfirma degli atti del presidente della Repubblica?

6. Perché si distinguono atti formalmente e atti sostanzialmente presidenziali? Alcuni esempi?

7. Quali sono le attribuzioni del presidente della Repubblica in ordine alle diverse funzioni?

8. Quali fra le attribuzioni presidenziali possono essere definite di alta valenza politica?

9. In che misura il presidente risponde degli atti compiuti nell'esercizio delle funzioni?

10. Come si svolge il procedimento d'accusa nei confronti del presidente?

11. Come viene definita dalla Costituzione la figura del presidente della Repubblica?

12. Perché si sostiene che la figura presidenziale abbia caratteri di ambiguità?

13. Qualche cenno sul ruolo presidenziale nella prassi dei presidenti eletti fra il 1948 e il 2015?

14. Cosa prevede la Costituzione sul potere di scioglimento delle Camere e come è cambiata la prassi al riguardo?

CAPITOLO 11

Il governo della Repubblica

Il governo non è solo il vertice dell'apparato amministrativo dello stato: le sue funzioni in tutti gli ordinamenti contemporanei vanno molto oltre. Questo capitolo descrive composizione, organizzazione e funzionamento del governo italiano, il procedimento di formazione e le crisi di governo.

1. ALLE ORIGINI DEI MODERNI ESECUTIVI

Il governo come potere esecutivo

Secondo la tradizionale tripartizione dei poteri, il potere esecutivo spetta al governo; anzi, il **governo** *è* il **potere esecutivo**. In effetti, il concetto può essere usato sia in senso oggettivo, cioè con riferimento all'attività esecutiva, sia in senso soggettivo, cioè con riferimento all'organo o agli organi cui tale attività è affidata. La funzione esecutiva – espressione inadeguata, come specificheremo più avanti, a riassumere le complesse funzioni di un governo – si chiama così perché consiste nel porre in essere attività concrete in attuazione di scelte più generali e di indirizzo. Secondo il costituzionalismo moderno fra Sette e Ottocento, la legge del parlamento aveva proprio nel governo il suo primo e immediato destinatario. I ministri del re e l'intera sua amministrazione (salvo in alcuni ambiti considerati comunque riservati, ad es. tutto ciò che riguardava l'organizzazione interna) dovevano agire secondo la legge, nei limiti della legge, rispettandola ma anche «eseguendola» (vale a dire ubbidendo alla volontà di quello che si andava affermando come il nuovo sovrano, in quanto rappresentante della nazione).

Il governo come vertice dell'amministrazione

Potere esecutivo voleva e vuole dire, quindi, anche **amministrazione**: di quella statale il governo è appunto il vertice. In linea di massima, amministrare significa tradurre *continuativamente* in decisioni puntuali aventi ben individuati destinatari le scelte, che di regola sono generali e astratte, del legislatore. Significa farlo in nome di interessi generali che, secondo un'impostazione che si affermò nel XIX secolo ed è arrivata fino a noi, giustificano l'obbedienza che a tali decisioni si deve, almeno fino al momento in cui non siano state annullate (v. capp. 5, 13 e 15).

Il governo e le politiche pubbliche

In sintesi, dunque, si può dire che la funzione esecutiva comprende un'ampia pluralità di attività riconducibili, con maggiore o minore immediatezza, alle scelte politiche di fondo espresse sia in forma legislativa sia in forma non legislativa. Il governo – potere esecutivo e vertice dell'amministrazione – costituisce l'organo che più di ogni altro promuove, elabora e, in parte direttamente, realizza le **politiche pubbliche** (queste possono essere definite come i programmi di azione che un'autorità pubblica progetta e cerca di attuare per perseguire i fini che, per scelta appunto politica, essa stessa o altra autorità ha selezionato).

La nascita dei governi moderni

La progressiva attribuzione della funzione esecutiva a un organo *ad hoc* avvenne in Inghilterra a cominciare dalla seconda metà del Seicento: accanto al re emerse un gruppo composto da un ristretto numero di suoi personali consiglieri che di fatto finirono col sostituire il consiglio privato della corona, all'epoca considerato il vertice dell'esecutivo, il quale, essendo formato da oltre trecento persone, non poteva assolvere a quel tipo di attività. Nel corso del secolo successivo si registrarono due passaggi decisivi, sempre in Inghilterra: da un lato il *primo ministro* divenne il tramite permanente e privilegiato fra membri del governo e re; dall'altro questo gruppo di consiglieri del re affermò progressivamente una certa autonomia rispetto alla stessa corona, in rapporto col parlamento. Tale processo culminò a metà dell'Ottocento quando i rapporti fra re, primo ministro, governo, parlamento e corpo elettorale assunsero caratteristiche simili a quelle che oggi conosciamo (v. cap. 7).
Sul continente europeo, dove i processi costituzionali scontavano un notevole ritardo rispetto al Regno Unito, i governi, stretti fra il parlamento che dettava loro le sue leggi e il monarca che ancora non si rendeva conto che le basi del suo potere si stavano implacabilmente erodendo (e dunque dislocandosi altrove), faticarono non poco ad affermarsi come effettivi organi di vertice dell'amministrazione pubblica e organi costituzionali autonomi (distinti dal re). Questo, in particolare, fu il caso del Regno di Sardegna e dell'Italia unitaria: al governo fu difficile anche disporre delle basi giuridiche per esercitare le sue funzioni, e ciò valeva soprattutto per il presidente del Consiglio dei ministri. Il presidente del Consiglio non fu considerato altro che un *primus inter pares*, continuamente distratto, rispetto alle più alte funzioni di indirizzo politico, dall'esigenza di assicurare a sé e al suo governo le condizioni minime di sopravvivenza all'interno di assemblee frantumate in fazioni costruite sul notabilato e, tutt'al più, intorno a generiche e mutevoli piattaforme politiche. L'avvento dei partiti politici organizzati, uniti da un collante ideale e da un progetto di governo, cambiò poi le cose.
Il fenomeno della relativa debolezza del governo, a fronte di compiti nuovi, non era però solo italiano. Dappertutto il secolo XX fu così caratterizzato da una tendenza al rafforzamento degli esecutivi. La Prima guerra mondia-

le (1914-1918) portò a una forte concentrazione di potere a vantaggio dei governi, esaltando le tendenze dirigistiche. Poi l'affermarsi del suffragio universale fece giungere nelle istituzioni rappresentative la voce di tutti gli strati sociali che reclamavano la soluzione dei guasti provocati dal conflitto. Nella stessa direzione spinse la Grande depressione degli anni Trenta. Gli Stati Uniti sperimentarono per la prima volta un massiccio intervento pubblico nell'economia (col *New Deal*); l'Europa continentale, invece, si rivelò in gran parte incapace di coniugare rafforzamento dell'esecutivo e democrazia e batté la scorciatoia autoritaria. In questa chiave si può interpretare il fascismo in Italia, nelle cui strategie istituzionali si ritrovano, accanto a scelte brutalmente autoritarie, altre che saranno poi in parte riprese e che appunto volevano rispondere alla domanda di governo più forte (si pensi al riconoscimento della preminenza del capo del governo, all'attribuzione al governo del potere di decretazione d'urgenza, alla prima disciplina organica della sua potestà regolamentare, all'istituzione di enti pubblici con finalità economiche e di politica industriale).

Il rafforzamento degli esecutivi nel XX secolo

Da allora sono passati oltre tre quarti di secolo e dal 1948 vige un'altra costituzione, ma il problema della funzionalità del governo in Italia si è trascinato fino ad oggi sia per ragioni giuridiche sia, soprattutto, per ragioni politiche. Alla Costituente, pur nella piena e preoccupata consapevolezza di alcuni protagonisti, non si ritenne di porre le basi costituzionali per un serio rafforzamento dell'esecutivo e molto si confidò nella capacità del sistema partitico di fare da supporto efficace al governo del paese. Il fatto è che il governo italiano ha avuto per decenni nel rapporto inadeguato col Parlamento, un parlamento bicamerale paritario al quale la Costituzione del '48 lo vuole legato da doppio rapporto fiduciario, il suo punto di maggiore criticità. In realtà il Parlamento è stato, e in larga misura resta tutt'oggi, la sede di rappresentanza, prima che dei cittadini e degli interessi, dei partiti politici. Ed è stato proprio il rapporto governo-partiti il tallone d'Achille del nostro sistema politico-istituzionale e la causa della prolungata debolezza dell'esecutivo.

Il problema della funzionalità del governo in Italia

In Italia come altrove, e lo abbiamo visto sopra, da sempre l'esecutivo non è affatto meramente tale. Le sue funzioni vanno molto al di là della semplice attuazione ed esecuzione del comando legislativo, tanto più in una forma di governo parlamentare che si fonda sulla necessaria collaborazione fra poteri titolari in prevalenza, ma non a titolo esclusivo, di funzioni diverse. Così il governo concorre all'esercizio della funzione legislativa in posizione privilegiata, non solo perché è uno dei titolari dell'iniziativa, ma perché di fatto la gran parte delle leggi approvate sono quelle che esso presenta e asseconda in Parlamento. Il governo può poi adottare norme legislative immediatamente vigenti, sia pure a titolo provvisorio, attraverso la decretazione d'urgenza e co-legifera col Parlamento attraverso la delegazione legislativa, l'uso delle quali si è fatto in anni recenti così intenso da soppiantare gran parte della legislazione ordinaria (v. capp. 5 e 9). Insomma, sempre di più il governo esercita funzioni di coordinamento generale e di indirizzo politico, sempre di più il rapporto fiduciario che lo lega alle Camere va inteso come assenso all'indirizzo che esso propone, legittimato dal consenso degli elettori. In ciò il governo è stato indiscutibilmente rafforzato dalla trasformazione in direzione bipolare del sistema politico, grazie a riforme elettorali volte ad assicurare il formarsi di maggioranze parlamentari relativamente sicure.

Inoltre, il governo è anche (e soprattutto), come si è già detto, il vertice dell'apparato amministrativo statale: ogni branca dell'amministrazione dello Stato ha al suo vertice un ministro ai cui indirizzi settoriali risponde, mentre l'intera amministrazione risponde a quelli generali fissati dal Consiglio dei ministri e tradotti in direttive dal presidente del Consiglio. In questo quadro il governo esercita il suo potere normativo regolamentare.

Infine, la legge conferisce all'esecutivo ampi poteri di auto-organizzazione nel senso di una maggiore flessibilità e, ci si dovrebbe attendere, di una maggiore capacità operativa. Sicché è lecito affermare che il governo cui non venga a mancare la linfa essenziale del sostegno dell'opinione pubblica e dei partiti e, al tempo stesso, una sufficiente continuità, nella prospettiva del governo di legislatura, ha i mezzi per realizzare il suo programma.

2. IL GOVERNO ITALIANO: ORGANIZZAZIONE E FUNZIONI

Il governo come organo complesso

Nell'ordinamento italiano il governo, come il Parlamento, è un **organo complesso**, cioè un organo a sua volta costituito da altri organi. Secondo l'art. 92.1 Cost., il **governo della Repubblica** è composto da un organo collegiale e da una pluralità di organi individuali:

- presidente del Consiglio dei ministri;
- ministri;
- Consiglio dei ministri (l'organo collegiale costituito dal primo, che lo presiede, e dai secondi).

Il governo nella Costituzione

La disciplina del governo si trova nel titolo III della parte II della Costituzione e in una serie di leggi che vi hanno dato attuazione. A parte i numerosi riferimenti che lo riguardano in rapporto con altri organi e soggetti (Parlamento, presidente della Repubblica, regioni ed enti locali), la Costituzione dedica al governo solo cinque articoli che costituiscono, secondo un'opinione largamente prevalente e da condividersi, una delle parti meno felici della nostra carta. Ciò è dovuto sia alla stringatezza del testo sia alla mancanza di chiarezza nell'identificazione delle rispettive responsabilità all'interno di un organo che, come si è appena visto, fu concepito come complesso. Per dirla in breve, i costituenti non ritennero né di individuare una nitida gerarchia all'interno del governo (sicché i presidenti del Consiglio solo di recente hanno potuto assumere, e in misura parziale e limitata, quel ruolo guida che il capo dell'esecutivo tende ad avere in tutti i regimi parlamentari); né di riconoscere all'esecutivo nel suo complesso quei poteri di cui avrebbe avuto bisogno per

assolvere adeguatamente alle sue funzioni (con conseguente difficoltà da parte di tutti i governi a tradurre in scelte effettive il programma preannunciato); né infine ritennero di rafforzarlo nella sua stabilità (con conseguente bassissima durata media e impossibilità di realizzare progetti di medio e lungo periodo). Il discorso appartiene alla problematica più generale della forma di governo e dell'evoluzione delle istituzioni italiane (v. capp. 7 e 16).
L'articolo cruciale che qui ci interessa è l'art. 95 Cost., che va letto insieme alla legislazione sul governo (v. l. 23 agosto 1988, n. 400 e d.lgs. 30 luglio 1999, n. 303). Esso cerca di risolvere nel modo che segue la questione dei rapporti fra gli organi che compongono il governo.

Attribuzioni del presidente del Consiglio

• Il **presidente del Consiglio** ha un compito di *direzione* della politica generale del governo, della quale porta personale responsabilità politica. In particolare:
1. al presidente spetta *mantenere* l'unità dell'indirizzo politico e amministrativo (*non* lo determina, perché si ritiene sia il Consiglio dei ministri, l'organo collegiale, a fissarlo: infatti la legge dice che il presidente impartisce ai ministri direttive «in attuazione delle deliberazioni del Consiglio dei ministri»);
2. a tale fine può *promuovere* e *coordinare* l'attività dei ministri (manca, come si vede, qualsiasi posizione di supremazia: anche se la legge dice che può sospendere l'adozione di qualsiasi atto da parte di un ministro per sottoporlo al Consiglio dei ministri e può altresì concordare con i ministri eventuali dichiarazioni pubbliche, ogniqualvolta queste riguardino la politica generale del governo, potere che solo più di recente ha cominciato ad assumere un qualche significato concreto);
3. il suo potere giuridico chiave, *ex* art. 92.2 Cost., è la proposta al presidente della Repubblica dei nomi dei ministri da nominare (ma non la loro revoca: su questo v. il par. successivo e il par. 6);
4. solo su sua iniziativa può essere posta la questione di fiducia dinanzi alle Camere;
5. controfirma ogni atto deliberato dal Consiglio (e in questo senso può esercitare un potere di condizionamento) e presenta alle Camere i disegni di legge d'iniziativa governativa;
6. ha l'alta direzione e la responsabilità generale della politica dell'informazione per la sicurezza, ha il potere di apporre il *segreto di stato*, nomina i direttori dei servizi di intelligence (art. 1 l. 124/2007);
7. promuove e coordina l'azione del governo nei rapporti con il sistema delle autonomie regionali e locali;
8. promuove e coordina l'azione del governo nell'Unione europea ed è responsabile dell'attuazione degli impegni assunti in ambito europeo.

La presidenza del Consiglio

Il presidente del Consiglio, che un tempo aveva un semplice ufficio presso il Palazzo del Viminale, sede del ministero dell'interno, ha sede in Palazzo Chigi: vi si trasferì il 29 marzo 1961 con una solenne cerimonia nel quadro delle celebrazioni del centenario dell'Unità d'Italia. È dotato di una struttura composta di numerosi dipartimenti, uffici e servizi (questi ultimi sono le unità di base; gli uffici comprendono più servizi; i dipartimenti comprendono più uffici) e diverse migliaia di dipendenti e collaboratori. Questa struttura ha il nome di **presidenza del Consiglio** (*ex* art. 95.3 Cost.), gode di autonomia contabile e di bilancio (rispetto a tutte le altre amministrazioni statali) e di autonomia organizzativa (può essere riorganizzata ogni volta che il presidente del Consiglio cambia).

Attribuzioni del Consiglio dei ministri

• Il **Consiglio dei ministri**, del quale pure quasi nulla dice la Costituzione, *determina* la politica generale del governo (cioè tutto ciò che va al di là della competenza settoriale del singolo ministro), assume tutte le deliberazioni relative all'indirizzo politico e dirime eventuali conflitti di competenza fra ministri. In particolare, il Consiglio decide:
1. sulla proposta del presidente del Consiglio di porre la questione di fiducia;
2. sugli indirizzi di politica internazionale ed europea;
3. sulla presentazione dei disegni di legge e su tutti gli atti normativi (decreti legge, decreti legislativi, regolamenti governativi);
4. sulle nomine al vertice di enti, istituti o aziende di competenza dell'amministrazione statale;
5. sui ricorsi alla Corte costituzionale contro una legge regionale e sui conflitti di attribuzione contro un altro potere dello Stato o una regione;
6. sull'annullamento straordinario, a tutela dell'unità dell'ordinamento, di atti amministrativi illegittimi (incisivo potere che il governo può esercitare nei confronti degli atti non solo dell'amministrazione statale, ma anche degli enti locali *ex* art. 138 d.lgs. 267/2000).

Il regolamento del Consiglio dei ministri

Un regolamento adottato con decreto del presidente del Consiglio disciplina le riunioni del Consiglio dei ministri (d.p.c.m. 10 novembre 1993): in particolare, le modalità di inserimento all'ordine del giorno (fissato ovviamente dal presidente del Consiglio) delle varie questioni, la convocazione di riunioni preparatorie, il contenuto dei verbali (che non indicano come i singoli componenti hanno votato ma solo l'esito finale), il seguito delle iniziative legislative governative (per evitare che i singoli ministri nel corso dei lavori parlamentari assumano decisioni non coordinate).

Ministri e ministeri

• I singoli **ministri** costituiscono il vertice delle amministrazioni cui sono preposti. Essi rispondono insieme («collegialmente») degli atti del Consiglio dei ministri e ciascuno («individualmente») degli atti dei rispettivi ministeri. Attualmente i ministeri sono 13 (l'elenco è nel d.lgs. 30 luglio 1999, n. 300: v. cap. 13).
Tuttavia, al momento della formazione del governo possono essere nominati altri ministri che *non sono a capo di alcun ministero*, ma esercitano funzioni attribuite alla presidenza del Consiglio, a loro *delegate* dal presidente del Consiglio che ne resta il titolare, in genere posti a capo di un apposito dipartimento (ad es. ministri con delega per le riforme istituzionali, per i rapporti

con il Parlamento, per gli affari regionali, per le politiche europee, per la pubblica amministrazione, per la semplificazione, per le pari opportunità). Sono questi i **ministri senza portafoglio** (quelli per la cui attività il bilancio dello Stato non prevede specifici capitoli di spesa): essi siedono peraltro a pieno titolo in Consiglio dei ministri al pari dei ministri che di portafoglio sono dotati.

I ministri senza portafoglio

Non esiste una precisa linea di demarcazione fra ciò che appartiene alla politica generale del governo e ciò che ha carattere settoriale (e dunque ricade nella responsabilità del singolo ministro). Una questione sicuramente settoriale, quando su di essa si accentra l'attenzione della pubblica opinione, può agevolmente assurgere al rango di questione di politica generale e giustificare così l'attrazione nell'orbita del Consiglio dei ministri e dell'attività di direzione del presidente del Consiglio. Come pure può accadere il contrario: e cioè che una questione di carattere generale sia degradata a questione settoriale perché così suggerisce l'equilibrio politico del momento. Molto, se non tutto, finisce col dipendere dalla forza, non giuridica ma politica, del presidente del Consiglio: come dire, dalla concreta capacità del presidente di imporre le sue valutazioni sulle cose che sono di competenza sua e del Consiglio dei ministri e sulle cose che è opportuno lasciare alla competenza del singolo ministro. Si spiega così perché, per decenni, quel coordinamento e quella omogeneità nell'azione complessiva dell'esecutivo siano di fatto venuti a mancare, al punto che negli anni Settanta si ebbe a definire, con espressione felice, il governo italiano un esecutivo «a direzione plurima dissociata» (v. cap. 7).

• La l. 400/1988 prevede anche una serie di **organi costituzionalmente non necessari** che integrano la composizione dell'organo complesso governo. Si tratta di:

Altri organi del governo

a) uno o più **vicepresidenti del Consiglio dei ministri**, cioè ministri ai quali, su proposta del presidente, il Consiglio attribuisce la funzione di supplenza in caso di assenza del presidente stesso (spesso nominati per ragioni politiche, cioè allo scopo di attribuire rilievo a partiti della coalizione di governo diversi da quello cui appartiene il presidente del Consiglio);

b) i **sottosegretari di stato** presso la presidenza del Consiglio e ciascun ministero, i quali hanno il compito di coadiuvare il presidente o il ministro e, su sua delega, esercitare determinate funzioni che a lui appartengono (in particolare, assicurare l'obbligatoria presenza del governo ai lavori parlamentari). Uno dei sottosegretari alla presidenza del Consiglio viene nominato **segretario del Consiglio dei ministri** ed è responsabile del verbale: per questo è l'unico sottosegretario che partecipa alle sedute del Consiglio.

I sottosegretari

Su proposta del presidente del Consiglio, il Consiglio dei ministri può individuare non più di dieci sottosegretari che assumono il titolo di **viceministri**, ai quali è conferita una delega su un intero settore di competenza del ministero cui sono assegnati.

I viceministri

La legge prevede un numero massimo di componenti del governo (presidente del Consiglio, ministri, sottosegretari, inclusi ministri senza portafoglio e viceministri), che attualmente è 65, e una composizione coerente con il principio costituzionale delle pari opportunità tra uomini e donne.

I comitati interministeriali

• Sono inoltre previsti **comitati interministeriali** istituiti per legge in determinati settori, fra i quali si possono citare: il *Comitato interministeriale per la programmazione economica* (Cipe), il *Comitato interministeriale per il credito e il risparmio* (Cicr), il *Comitato interministeriale per la sicurezza della Repubblica* (Cisr), il *Comitato interministeriale per gli affari europei* (Ciae). Rispondono invece a scelte contingenti i **comitati di ministri** che il presidente del Consiglio può istituire per svolgere compiti istruttori: fra questi è previsto anche il *consiglio di gabinetto*, composto da ministri di particolare importanza, organo peraltro non più costituito da molti anni.

I commissari straordinari

Su proposta del presidente del Consiglio, infine, il Consiglio dei ministri può deliberare la nomina di **commissari straordinari del governo**, ai quali sono affidati specifici progetti o particolari funzioni di coordinamento fra diverse amministrazioni statali (si pensi ai commissari nominati per affrontare calamità naturali, rischi di epidemie e altre emergenze, anche con provvedimenti in deroga a vigenti disposizioni legislative: v. par. 6 del cap. 13).

Il conflitto di interessi

In relazione ai titolari di cariche di governo, la l. 20 luglio 2004, n. 215 ha introdotto norme volte a evitare e risolvere eventuali *conflitti di interessi*, in particolare nel campo economico. La legge, prevedendo anche alcune forme di incompatibilità, riconosce un generale potere di controllo in materia all'Autorità garante della concorrenza e del mercato e all'Autorità per le garanzie nelle comunicazioni, che possono irrogare sanzioni e riferire alle Camere sull'accertata situazione di conflitto.
A partire dal 2013 l'indennità dei ministri non può in alcun caso superare quella del parlamentare; inoltre il ministro che sia anche deputato o senatore oppure percepisca altro stipendio pubblico non può comunque cumulare le due entrate (art. 3 d.l. 54/2013). Ai componenti del governo si applicano le disposizioni della l. 441/1982 sulla pubblicità della situazione patrimoniale e reddituale.

3. COME IL GOVERNO SI FORMA

Nel nostro ordinamento il governo, diversamente dal Parlamento e dal presidente della Repubblica, non è un organo a durata prestabilita. Ciò dipende dal fatto che la sua formazione è conseguente alle elezioni parlamentari.
Il governo si costituisce per **nomina** del presidente della Repubblica (art. 92.2 Cost.). Anche su questo aspetto la Costituzione è assai stringata, quasi che il costituente avesse inteso attribuire una discrezionalità politica piena al

presidente (e infatti questo è uno dei più rilevanti poteri del capo dello Stato). Vi si legge solo che il presidente della Repubblica nomina il presidente del Consiglio dei ministri e, su proposta di questi, i singoli ministri. D'altra parte, l'art. 92.2 va letto insieme all'art. 94 Cost., il quale dispone che:

- il governo deve **godere della fiducia di entrambe le Camere**;
- la fiducia deve essere espressamente accordata al governo nominato che si deve **presentare alle Camere subito dopo la sua formazione**.

Tali elementi caratterizzano il nostro modello di governo parlamentare e obbligano il presidente della Repubblica a nominare una personalità in grado di conseguire la fiducia delle Camere.

Le consultazioni presidenziali

Secondo la tradizione costituzionale italiana, confermata in epoca repubblicana, il presidente (prima era il re) consulta a tale scopo le forze politiche, e segnatamente i presidenti dei gruppi parlamentari e i leader dei rispettivi partiti, al fine di trarne i necessari orientamenti. Le **consultazioni presidenziali** precedenti la formazione del governo devono considerarsi una prassi consolidata, pur non previste in alcuna norma scritta, e forse anche qualcosa di più (una consuetudine costituzionale). Se non che il novero dei consultati è andato nel tempo mutando. Nel passato meno recente i presidenti allargarono a tal punto le consultazioni (coinvolgendo esponenti di organizzazioni sociali ed economiche e altre autorità pubbliche non direttamente rappresentative) da far pensare che esse potessero portare a individuare non solo un presidente del Consiglio e una maggioranza, ma anche uno specifico indirizzo politico-programmatico. In seguito, per vari decenni, le consultazioni (procedimento di durata variabile da un giorno o due a qualche settimana, con uno o più giri di incontri, a seconda della maggiore o minore urgenza avvertita dal presidente) sono state limitate, a parte i presidenti delle due Camere, agli ex presidenti della Repubblica (una forma di cortesia più che altro) e ai gruppi parlamentari. Dal 1994 le consultazioni si sono via via adeguate ai mutamenti della legislazione elettorale, senza tuttavia che una prassi possa dirsi consolidata. All'indomani delle elezioni il presidente ha consultato tutti insieme i rappresentanti dei gruppi appartenenti a ognuna delle coalizioni elettorali e poi i rappresentanti degli altri gruppi, riducendo il cerimoniale seguito in precedenza; non così in occasione delle crisi nel corso della legislatura (v. esempi nella tab.). Infatti, una cosa è l'impegno richiesto al presidente quando le elezioni producono esiti chiari e le maggioranze restano coese e capaci di esprimere indicazioni univoche, un'altra è l'iniziativa che egli è obbligato a intraprendere quando così non è e si tratta di farsi mediatore tra forze non in grado di mettersi d'accordo da sole.

L'incarico

La prassi è stata fin qui che il presidente della Repubblica, una volta esperite le consultazioni, non nomini subito il presidente del Consiglio, ma affidi l'**incarico di formare il governo** alla personalità prescelta e che questi accetti l'incarico *con riserva*. La persona incaricata, a sua volta, si è quasi sempre trovata nella necessità di compiere proprie consultazioni finalizzate alla conclusione del patto di maggioranza. In tal modo, dal punto di vista

LE CONSULTAZIONI PRESIDENZIALI IN VISTA DELLA FORMAZIONE DEI GOVERNI (2001-2014)

7-8 giugno 2001 (Governo Berlusconi II)	• Presidenti delle Camere	2
	• Rappresentanze parlamentari	8
	• Ex presidenti della Repubblica	3
	Totale colloqui	**13**
21-22 aprile 2005 (Governo Berlusconi III)	• Presidenti delle Camere	2
	• Rappresentanze parlamentari	24
	• Ex presidenti della Repubblica	2
	Totale colloqui	**28**
16 maggio 2006 (Governo Prodi II)	• Presidenti delle Camere	2
	• Rappresentanze parlamentari	11
	• Capi delle coalizioni	2
	• Ex presidenti della Repubblica	3
	Totale colloqui	**18**
6-7 maggio 2008 (Governo Berlusconi IV)	• Presidenti delle Camere	2
	• Rappresentanze parlamentari	10
	• Ex presidenti della Repubblica	3
13 novembre 2011 (Governo Monti)	• Presidenti delle Camere	2
	• Rappresentanze parlamentari	16
	• Ex presidenti della Repubblica	2
	Totale colloqui	**20**
23 aprile 2013 (Governo Letta)	• Presidenti delle Camere	2
	• Rappresentanze parlamentari	13
	• Ex presidenti della Repubblica	1
	Totale colloqui	**16**
14-15 febbraio 2014 (Governo Renzi)	• Presidenti delle Camere	2
	• Rappresentanze parlamentari	16
	• Ex presidenti della Repubblica	1
	Totale colloqui	**19**

formale, il presidente della Repubblica resta il *dominus* del procedimento di formazione del governo, colui che ne ha il controllo. Egli procede alla nomina formale solo nel momento in cui il presidente del Consiglio incaricato, sciolta la riserva con la quale aveva accettato l'incarico di formare il governo, gli presenta la lista dei ministri. Per alcuni governi (Prodi, 1996; Berlusconi II, 2001; Prodi II, 2006) il tempo intercorso tra affidamento dell'incarico e scioglimento della riserva è stato particolarmente breve (si trattava infatti di governi con una maggioranza parlamentare precostituita, consacrata dal voto popolare). All'avvio della XVI legislatura l'incaricato accettò *senza riserva* consegnando seduta stante la lista dei ministri (Berlusconi IV, 2008), dopo aver avuto modo, in veste di capo della coalizione vincente, di riferire per vie informali le proprie intenzioni al presidente della Repubblica anche prima delle consultazioni. Ciò, come quest'ultimo specificò pubblicamente, in ragione della chiarezza del risultato elettorale. In situazioni politiche più complesse, con i governi Monti (2011), Letta

(2013) e Renzi (2014), si è tornati alla prassi dell'incarico accettato con riserva. La procedura di formazione del nuovo governo si è comunque esaurita in tre-quattro giorni dall'incarico.

La scelta dei ministri

Resta però il punto giuridico: il presidente del Consiglio è nominato *prima* della fiducia parlamentare e, su sua proposta, il presidente della Repubblica nomina i ministri. Questo vuol dire che il Parlamento è chiamato a giudicare *insieme* i vari elementi della formazione del governo: presidente del Consiglio, compagine ministeriale, programma. In ordine ai ministri, molto si è discusso sulla questione (politica, non giuridica) del margine di autonomia di cui dispone il presidente del Consiglio nello scegliere i componenti del suo governo: autonomia giuridicamente piena con il solo temperamento di un radicale e incoercibile dissenso del capo dello Stato, da considerarsi del tutto eccezionale; autonomia politicamente variabile a seconda del contesto partitico. Per lo più essa ha finito col ridursi a causa del condizionamento dei partiti del cui sostegno parlamentare il presidente del Consiglio non poteva fare a meno. Anche nel caso di presidenti del Consiglio legittimati dal voto popolare l'influenza dei partiti resta rilevante, ai fini dell'individuazione sia dei nomi tra i quali scegliere i ministri sia dei ministeri da affidare loro. Tale influenza, per quanto di recente sia parsa meno forte, non è pensabile che possa scomparire: ma non c'è dubbio che l'autonomia di scelta del presidente del Consiglio è andata crescendo in misura assai significativa.

Come prevede l'art. 1 della l. 400/1988, è il presidente entrante a controfirmare il decreto presidenziale di nomina; il decreto di nomina dei ministri è controfirmato, ovviamente, dal nuovo presidente del Consiglio, il quale poi, con proprio decreto, conferisce gli incarichi specifici a coloro che sono stati nominati ministri senza portafoglio. Contestualmente alla firma dei decreti di nomina, presidente del Consiglio e ministri giurano davanti al presidente della Repubblica. Con il **giuramento** (art. 93 Cost.) il governo entra in carica e i singoli suoi componenti prendono letteralmente possesso dei loro uffici, assumendo tutte le responsabilità che la Costituzione e le leggi ad essi attribuiscono. Per fare un esempio: ove un'emergenza imponesse l'adozione di un decreto legge, la relativa responsabilità ricadrebbe sul nuovo governo ancorché in attesa di fiducia parlamentare. La correttezza costituzionale impone tuttavia che un governo in attesa di fiducia limiti la propria attività all'**ordinaria amministrazione**, rinunciando cioè alle iniziative di rilievo politico.

Il giuramento

Le fasi successive della formazione del governo prevedono la stesura delle **linee programmatiche** (previa deliberazione del Consiglio dei ministri) e la **presentazione alle Camere**, entro 10 giorni dal giuramento. Quanto al completamento della composizione del governo, la **nomina dei sottosegretari e dei viceministri** (sempre con d.p.r. previa delibera del Consiglio dei ministri) può avvenire sia prima sia dopo il voto di fiducia.

La presentazione alle Camere avviene alternativamente una volta in un ramo e una volta nell'altro, senza che il presidente debba ripetere il suo discorso due volte (come avveniva fino al 1980). Il dibattito parlamentare, invece, si svolge prima nell'una e poi nell'altra camera, seguito dalla replica del presidente del Consiglio e dalle dichiarazioni di voto dei gruppi, e si conclude in ciascuna camera con l'approvazione di una **mozione di fiducia**, per prassi presentata dai capigruppo della maggioranza. Diversamente da quanto prevede l'art. 94.2 Cost., la mozione non è «motivata» se non facendo generico riferimento alle *dichiarazioni programmatiche* del presidente. Va da sé che il governo deve ottenere la *maggioranza semplice* dei voti, fermo il *quorum strutturale* della metà più uno dei componenti; la votazione avviene a **scrutinio palese** mediante **appello nominale** (i deputati e i senatori devono dire ad alta voce «sì» o «no» o «mi astengo» alla mozione di fiducia, passando davanti al presidente dell'assemblea).

Il voto iniziale di fiducia

Con la riforma cost. 2016, come si è visto nel paragrafo 19 del capitolo 9, secondo il nuovo modello di bicameralismo il rapporto fiduciario è riservato alla Camera dei deputati: ed è dunque davanti alla sola Camera, in base all'art. 94 Cost. 2016, che il governo deve presentarsi. Lo stesso vale ovviamente per tutto ciò che si dirà nei due successivi paragrafi sulla revoca della fiducia, che va perciò riferito soltanto alla Camera.

4. LA RESPONSABILITÀ DEL GOVERNO

La responsabilità politica del governo

Il governo risponde del proprio operato a vario titolo. Prima di tutto, esso è legato dal rapporto fiduciario con il Parlamento ed è responsabile politicamente davanti ad esso (**responsabilità politica** in senso tecnico-giuridico): ciascuna delle due Camere può sfiduciarlo, approvando una mozione *ad hoc* presentata nelle forme previste dall'art. 94 Cost. (motivata, presentata da almeno un decimo dei componenti, discussa non prima di tre giorni dalla presentazione, votata per appello nominale) oppure anche negando la fiducia quando è il governo che la sollecita ponendo la questione di fiducia; le Camere possono sfiduciare anche un singolo ministro (v. par. 5). Per altro verso, come per qualsiasi organo e soggetto istituzionale, la responsabilità politica del governo, nel suo insieme e di ciascun suo componente, è *diffusa*, nel senso che ciò che fa o non fa è sottoposto al giudizio dell'opinione pubblica, senza conseguenze giuridiche. Nella misura in cui il sistema politico e il sistema elettorale lo rendono concretamente possibile, il governo risponde periodicamente al corpo elettorale al momento del rinnovo ordinario o anticipato delle Camere.

Sotto il profilo della **responsabilità civile** e **amministrativa** (anche **contabile**), i componenti del governo rispondono alla stregua di coloro che sono preposti a pubblici uffici *ex* art. 28 Cost. (v. cap. 13).

Per quel che riguarda la **responsabilità penale**, invece, occorre distinguere fra reati commessi dal presidente del Consiglio e dai ministri *nell'esercizio delle*

I reati ministeriali

loro funzioni (cioè avvalendosi della posizione e dei poteri della carica di governo) e reati commessi al di fuori delle funzioni: per questi ultimi i membri del governo sono giudicati come ogni altro cittadino; per i reati funzionali (o ministeriali), in base all'art. 96 Cost., è prevista una disciplina speciale che si giustifica in considerazione del nesso tra l'eventuale reato e l'attività di governo. Secondo tale disciplina: *a*) le indagini preliminari sono affidate a un collegio composto da tre magistrati (che viene chiamato *tribunale dei ministri*), estratti a sorte ogni due anni fra tutti quelli del distretto giudiziario competente per territorio con anzianità almeno quinquennale di magistrato di tribunale; ove il collegio non disponga l'archiviazione, gli atti sono trasmessi a una delle Camere per l'*autorizzazione a procedere*; ove ritenga che non si tratti di reati commessi nell'esercizio delle funzioni, li rinvia al giudice competente; *b*) l'autorizzazione è deliberata dalla camera di appartenenza, a meno che non si proceda contro più persone appartenenti a camere diverse o che non sono parlamentari, nel qual caso spetta al Senato deliberare; *c*) l'autorizzazione può essere negata *solo* ove l'assemblea reputi a maggioranza assoluta dei componenti che l'inquisito «abbia agito per la tutela di un interesse dello Stato costituzionalmente rilevante ovvero per il perseguimento di un preminente interesse pubblico»; tale valutazione è *insindacabile*; *d*) ove l'autorizzazione venga concessa, il tribunale del capoluogo del distretto competente per territorio è giudice naturale di primo grado (v. l. cost. 1/1989 e l. 219/1989: la prima viene modificata dalla riforma cost. 2016 per adeguarla all'art. 96, a sua volta modificato, prevedendo che l'autorizzazione spetti sempre alla Camera, anche se riguarda persone che non ne sono componenti). Se emerge un dissenso fra tribunale dei ministri e camera competente in ordine alla natura ministeriale del reato perseguito, la Corte costituzionale (sent. 29/2014) ha stabilito che unico rimedio sia per la camera sollevare il conflitto di attribuzione fra poteri dello Stato: pertanto alla sola Corte spetta dirimere il contenzioso.

La disciplina anteriore al 1989

Fino al 1989 la competenza a giudicare era attribuita alla Corte costituzionale nella composizione integrata prevista dall'art. 135.7 Cost. per il giudizio sulle accuse al presidente della Repubblica, previo un procedimento parlamentare di messa in stato d'accusa istruito da una *commissione inquirente*. Dopo un referendum abrogativo della legge sui poteri della commissione inquirente, provocato da una prassi di insabbiamenti, la disciplina è stata riformata nel senso descritto: sia in ossequio al principio di ragionevole eguaglianza (la competenza è ora della magistratura ordinaria, previa autorizzazione parlamentare), sia perché l'esperienza dell'unico processo per reati ministeriali (processo *Lockheed*, 1977) aveva mostrato che giudizi del genere possono paralizzare a lungo la Corte, distogliendola dalle altre sue funzioni.

I reati extrafunzionali

Fatto salvo quanto previsto dall'art. 96 Cost., una legge del 2003 aveva stabilito che il presidente del Consiglio non potesse essere sottoposto a processi penali, per qualsiasi reato anche riguardante fatti antecedenti l'assunzione della carica, fino alla cessazione della stessa (*improcedibilità* nei confronti delle «alte cariche dello Stato», con sospensione dei processi penali in corso:

art. 1 l. 140/2003, nota come *lodo Schifani*). La disposizione fu dichiarata incostituzionale con la sent. 24/2004. All'inizio della XVI legislatura, su iniziativa del governo Berlusconi, con una diversa formulazione ritenuta rispettosa di quella sentenza, si stabilì nuovamente la sospensione dei processi penali nei confronti del presidente del Consiglio (oltre che del presidente della Repubblica e dei presidenti delle Camere: l. 124/2008, nota come *lodo Alfano*). La Corte costituzionale, tuttavia, dichiarò illegittima anche questa legge con la sent. 262/2009: la sospensione dei processi, secondo la Corte, assume il carattere di una vera e propria «prerogativa» (trattamento differenziato in deroga al principio di eguaglianza, attribuito a chi è titolare di un determinato ufficio a tutela della funzione esercitata) e pertanto va disposta con norma di rango costituzionale. Successivamente fu approvata un'altra legge ordinaria (l. 51/2010) sul «legittimo impedimento» a comparire in udienza: questa fu prima dichiarata parzialmente illegittima dalla Corte costituzionale (sent. 23/2011), poi abrogata da un referendum per le parti che rimanevano. Si applica dunque al presidente del Consiglio l'art. 420-*ter* del codice di procedura penale così come a qualsiasi altro imputato.

5. COME IL GOVERNO CESSA DALLE FUNZIONI

Cessazione dalle funzioni e ordinaria amministrazione

Il governo cessa dalle funzioni nel momento in cui un nuovo governo giura nelle mani del presidente della Repubblica. Tuttavia, dal momento in cui un governo entra in crisi, elementari norme di correttezza costituzionale impongono che esso si attenga alla *ordinaria amministrazione*, ovvero agli *affari correnti*: quel complesso di attività che devono essere comunque compiute giorno per giorno onde evitare un irreparabile pregiudizio degli interessi collettivi. Per questo si ritiene che si tratti di attività proprie di organi pubblici che non sono nella pienezza dei poteri e, dunque, devono limitare le loro iniziative. È prassi che il presidente del Consiglio dimissionario indirizzi ai propri ministri una lettera circolare che specifica ciò che essi possono e debbono fare in pendenza della crisi. Polemiche sono talora insorte, per esempio quando alcuni governi dimissionari, o in attesa di dare le dimissioni a seguito di nuove elezioni, hanno proceduto a nomine di una certa rilevanza, disputandosi intorno al carattere di ordinaria amministrazione di decisioni di questo tipo: *obbligate*, in nome della funzionalità amministrativa e gestionale, essendo l'incarico precedente scaduto, o rese *inopportune*, o addirittura *illegittime*, a seguito dell'esaurirsi del rapporto fiduciario?

La crisi di governo

La **crisi di governo** è conseguenza delle dimissioni del governo e, in particolare, del presidente del Consiglio. La prassi è che il presidente convochi il Consiglio dei ministri per annunciare il suo intendimento, ma non è richiesta alcuna deliberazione, le dimissioni essendo un atto individuale. Anzi: la minaccia di farvi ricorso costituisce uno degli strumenti principali di influenza politica del presidente del Consiglio (frutto di una facoltà giuridica di cui dispone) per

I GOVERNI DAL 1994

GOVERNO	DURATA	N. MINISTRI	N. SOTTOSEGRETARI	TOT.	FIDUCIA
Berlusconi	10.5.1994-22.12.1994	19 + 6	38	64	Fi, An, Ln, Ccd
Dini	17.1.1995-11.1.1996	18 + 7	33	59	Progr, Ppi, Ln
Prodi	17.5.1996-9.10.1998	17 + 3	48	69	Ds, Pop, Ri, Fdv, Rc
D'Alema	21.10.1998-18.12.1999	18 + 8	56	83	Ds, Pop, Ri, Udr, Fdv, Pdci
D'Alema II	22.12.1999-19.4.2000	18 + 7	66	92	Ds, Pop, Dem, Udeur, Fdv, Pdci
Amato II	26.4.2000-31.5.2001	17 + 7	55	80	Ds, Pop, Dem, Udeur, Fdv, Pdci
Berlusconi II	11.6.2001-20.4.2005	14 + 10	59	84	Fi, An, Ln, Udc
Berlusconi III	23.4.2005-2.5.2006	14 + 10	72	97	Fi, An, Ln, Udc
Prodi II	17.5.2006-24.1.2008	18 + 7	75	101	Ulivo, Rc, Idv, Pdci, Fdv, Rnp, Udeur, Min
Berlusconi IV	8.5.2008-12.11.2011	12 + 9	38	60	Pdl, Ln
Monti	16.11.2011-21.12.2012	12 + 6	29	48	tutti tranne Ln
Letta	27.4.2013-14.2.2014	13 + 8	41	63	Pd, Pdl, Sc
Renzi	22.2.2014-	13 + 3	44	61	Pd, Ncd, Sc, Pi

Nota: Il numero dei ministri (ministri a capo di un dicastero + ministri senza portafoglio) e dei sottosegretari (inclusi i viceministri) è riferito al momento della formazione del governo. La norma che prevede un numero massimo di componenti del governo è in vigore a partire dal governo Berlusconi IV.

Legenda: An (Alleanza nazionale), Ccd (Centro cristiano democratico), Dem (Democratici), Ds (Democratici di sinistra), Fdv (Federazione dei verdi), Fi (Forza Italia), Idv (Italia dei valori), Ln (Lega nord), Min (Minoranze linguistiche e autonomie), Ncd (Nuovo centro destra), Pd (Partito democratico), Pdci (Partito dei comunisti italiani), Pdl (Popolo della libertà), Pi (Per l'Italia), Pop (Popolari), Ppi (Partito popolare italiano), Progr (Progressisti), Rc (Rifondazione comunista), Ri (Rinnovamento italiano), Rnp (Rosa nel pugno), Sc (Scelta civica), Udc (Unione democratici cristiani e di centro), Udr (Unione democratica per la Repubblica), Udeur (Unione democratici per l'Europa), Ulivo (Democratici di sinistra + La Margherita).

persuadere i membri del governo e le forze politiche parlamentari che lo sostengono a seguire le sue direttive. Si usa invece chiamare *rimpasto* la semplice sostituzione di uno o più ministri senza crisi di governo. Quando un ministro si dimette e in attesa di individuarne il successore, si chiama *ad interim* l'incarico di reggere un ministero, a titolo appunto provvisorio, che il presidente del Consiglio assume o affida a un altro ministro. Solo in caso di approvazione (a maggioranza semplice) da parte di una delle Camere di una **mozione di sfiducia**, il governo *è* obbligato a dimettersi. Essa infatti è l'unica modalità attraverso la quale ciascuna camera può revocare la fiducia che aveva accordato quando il governo, dopo la sua formazione, si era presentato in Parlamento. Potendo il governo porre la **questione di fiducia** in occasione di una qualsiasi deliberazione parlamentare (tranne alcune escluse dai regolamenti parlamentari), il voto contrario equivale in tal caso ad approvazione di una mozione di sfiducia: e dunque determina l'obbligo di dimissioni. In tutti questi casi il voto avviene con le medesime modalità del conferimento iniziale della fiducia (scrutinio palese per appello nominale).

Le crisi parlamentari

Nella lunga prassi repubblicana *solo due sono stati i governi* caduti per espressa sfiducia di una delle Camere: il governo Prodi I e il governo Prodi II, sconfitti il primo alla Camera nel 1998 per un voto, il secondo al Senato nel 2008 per cinque voti (in entrambi i casi si trattò peraltro del voto contrario su una questione di fiducia posta dallo stesso presidente del Consiglio). Tutti gli altri governi della Repubblica si sono dimessi invece per iniziativa propria. Talvolta la crisi è stata determinata da sconfitte parlamentari considerate gravi al punto da giustificare politicamente, non giuridicamente, le dimissioni (l'art. 94.4 Cost. esclude in tali casi l'obbligo giuridico di dimissioni); più spesso per ragioni legate ai rapporti fra i partiti della maggioranza e, segnatamente, per il ritiro del sostegno annunciato da uno di questi (fino agli anni Ottanta ciò accadeva perfino quando il partito in questione non era numericamente determinante); ovvero ancora a seguito di insuccessi della coalizione di maggioranza in elezioni parziali, regionali o locali (anche in questo caso, dunque, per cause strettamente politiche). Tale prassi, caratterizzata perciò da *crisi extraparlamentari*, è stata una delle manifestazioni di maggior debolezza della forma di governo italiana: assai criticata, la sua frequenza va riducendosi di pari passo con l'affermarsi della tendenza a un più diretto rapporto fra elezioni e formazione del governo. Tipicamente extraparlamentare è stata, invece, la crisi del governo Letta nel febbraio 2014: quando, a seguito dell'esplicito invito da parte della direzione del suo partito (il Pd, partito di maggioranza relativa), il presidente del Consiglio è stato costretto a dimettersi, allo scopo di consentire la formazione di un nuovo governo guidato dal segretario del partito Matteo Renzi.

Le crisi extraparlamentari

In parte diverso è il caso dei governi che cessano dalle funzioni non per dimissioni di natura politica (parlamentare o extraparlamentare), ma conseguenti all'avvio di una nuova legislatura. I governi in carica si sono sempre dimessi all'indomani del voto: le dimissioni sono da ritenersi un dovere di correttezza costituzionale nel caso in cui *non* sia mutata la maggioranza parlamentare; un vero e proprio obbligo giuridico nel caso invece in cui ciò sia accaduto. In ogni caso, vi è l'opportunità di permettere al presidente della Repubblica di valutare gli esiti elettorali e registrare attraverso gli atti che gli competono l'eventuale riallineamento del circuito corpo elettorale-elezioni parlamentari-formazione del governo, al quale è rimesso in ultima istanza l'*indirizzo politico* del paese.

La sfiducia individuale al posto della revoca

Quanto ai singoli ministri, la nostra Costituzione non parla di «revoca»: in particolare, della possibilità di revocare i ministri su proposta del presidente del Consiglio, com'è previsto per esempio in Germania o Spagna. Sebbene parte della dottrina la ritenesse implicita, la prassi repubblicana è stata fin qui costantemente contraria. Il regolamento della Camera e la prassi anche del Senato, invece, pur dissenziente parte della dottrina, ammettono la mozione di **sfiducia individuale** contro un singolo ministro. Questo istituto è stato legittimato da una sentenza della Corte costituzionale (la n. 7/1996), pronunciata a seguito di un conflitto di attribuzione insorto nell'unico caso in cui una simile mozione sia stata approvata (dal Senato, contro il ministro della giustizia Mancuso, governo Dini, nel 1995). In quell'occasione, nonostante il rifiuto del ministro sfiduciato di dimettersi, il presidente della Repubblica procedette alla sua sostituzione, su proposta dello stesso presidente del Consiglio che nulla aveva fatto per difendere il ministro, dalle cui azioni si era anzi dissociato. Sicché, in ultima analisi, l'istituto della sfiducia individuale fu usato per far le veci di un potere (quello di proporre la revoca) di cui il presidente del Consiglio, come si è detto, nel nostro ordinamento non dispone.

6. IL GOVERNO E I SUOI RAPPORTI CON ALTRI ORGANI E SOGGETTI

• **Parlamento**. Il rapporto fiduciario caratterizza la relazione governo-Parlamento e definisce quello italiano come un regime parlamentare. Non di meno, determinante è il ruolo del governo in parlamento, sia come motore e co-protagonista della produzione legislativa, sia come soggetto nei cui confronti si esercita la funzione di controllo parlamentare, sia come destinatario degli indirizzi politici delle Camere.
• **Presidente della Repubblica**. Il governo è nominato dal presidente della Repubblica e con esso intrattiene continue e importanti relazioni giuridico-formali e politico-istituzionali. Qui basti ricordare che le deliberazioni di maggior rilievo del Consiglio dei ministri vengono assunte nella forma del decreto del presidente della Repubblica, dagli atti normativi alle principali nomine; che tutte le iniziative legislative governative devono essere autorizzate, almeno formalmente, dal presidente; che, viceversa, ogni atto presidenziale dovendo essere controfirmato dal presidente del Consiglio o da un ministro, numerosissimi sono gli atti del presidente della Repubblica a tal punto coinvolgenti l'attività di governo da essere considerati solo formalmente presidenziali e sostanzialmente governativi. Nella prassi il governo tiene informato il presidente della Repubblica di tutte le iniziative più importanti.
• **Corte costituzionale**. Il presidente del Consiglio, su deliberazione del Consiglio dei ministri, solleva conflitto di attribuzione davanti alla Corte costituzionale; rappresentato e difeso dall'avvocato generale dello Stato interviene, se lo ritiene, nel giudizio di legittimità costituzionale di una legge o di un atto avente forza di legge o ancora nel giudizio di ammissibilità di un referendum abrogativo; solleva questione di legittimità costituzionale in via diretta contro una legge regionale e resiste avverso la questione sollevata da una regione contro una legge dello Stato.
• **Magistratura**. Il governo non ha alcun potere in ordine a tutto ciò che riguarda la carriera dei magistrati e l'esercizio della giurisdizione, con una sola eccezione affidata dalla Costituzione direttamente al ministro della giustizia (art. 107.2). Si tratta della facoltà di promuovere l'azione disciplinare nei confronti di singoli magistrati davanti al Consiglio superiore della magistratura. Ciò implica un potere ispettivo sull'organizzazione e il funzionamento degli uffici giudiziari. Per il resto, il ministro (e il governo) si occupano della gestione amministrativa dell'attività giudiziaria; della cooperazione

internazionale (ad es. ai fini delle *rogatorie*, cioè le richieste di un magistrato italiano a un magistrato di altro paese perché compia un atto processuale per suo conto, come l'interrogatorio di un teste o l'acquisizione di documenti); dell'organizzazione dei servizi e della predisposizione dei mezzi di cui la giurisdizione necessita; dell'amministrazione delle carceri.

• **Regioni ed enti locali**. Organi di raccordo istituzionale fra lo Stato e le autonomie regionali e locali sono istituiti in sede governativa: la *Conferenza permanente per i rapporti tra Stato, regioni e province autonome*, la *Conferenza Stato-città e autonomie locali* e la *Conferenza unificata* che raccoglie le prime due. Esse concorrono in varie forme (pareri su disegni di legge e schemi di decreti, scambi di informazioni, intese e accordi) a tutti i processi decisionali di interesse dei diversi enti sub-statali.

• **Unione europea**. Per come sono organizzate le istituzioni dell'Ue, il governo, tramite la partecipazione del presidente del Consiglio al Consiglio europeo e la partecipazione dei ministri al Consiglio dell'Unione, è l'organo costituzionale che più direttamente concorre a tutto il processo decisionale europeo: anzi è stato questo uno dei veicoli del rafforzamento complessivo del ruolo dell'esecutivo (e del presidente del Consiglio in particolare) nell'ordinamento italiano.

PAROLE CHIAVE

- Consiglio dei ministri
- Consultazioni
- Crisi di governo
- Fiducia delle Camere
- Giuramento
- Ministro
- Ministro senza portafoglio
- Nomina del presidente del Consiglio
- Politiche pubbliche
- Presidente del Consiglio
- Presidenza del Consiglio
- Reati ministeriali
- Responsabilità politica
- Sfiducia
- Sfiducia individuale
- Sottosegretario di stato

FONTI

- Costituzione della Repubblica (artt. 64, 71-72, 76-78, 81, 87, 89, 92-96, 99-100, 107, 110, 120-121, 123, 127).
- Legge cost. 16 gennaio 1989, n. 1 (Norme sui procedimenti per i reati *ex* art. 96 Cost.).
- Legge 23 agosto 1988, n. 400 (Disciplina dell'attività di governo e ordinamento della presidenza del Consiglio).
- Legge 5 giugno 1989, n. 219 (Altre norme sui reati ministeriali, artt. 1-4).
- D.lgs. 30 luglio 1999, n. 303 (Riordinamento della presidenza del Consiglio).
- D.p.c.m. 10 novembre 1993 (Regolamento del Consiglio dei ministri).

PER APPROFONDIRE

- S. Bartole, *Governo italiano*, voce in *Digesto delle discipline pubblicistiche*, vol. VII, Torino, Utet, 1991.
- P. Calandra, *Il governo della Repubblica*, Bologna, Il Mulino, 2002.
- E. Catelani, *Art. 95*, in *Commentario alla Costituzione*, a cura di R. Bifulco, A. Celotto e M. Olivetti, vol. II, Torino, Utet, 2006.

PERCORSO DI AUTOVERIFICA

1. Perché si è posto il problema della debolezza del governo in Italia?

2. Cosa si intende quando si dice che il governo è un organo complesso?

3. In quali articoli della Costituzione e in quali leggi si trova la disciplina del governo?

4. Quali sono le attribuzioni del presidente del Consiglio?

5. Quali sono le attribuzioni del Consiglio dei ministri?

6. Che differenza c'è fra ministri con e senza portafoglio?

7. Quali sono gli organi del governo costituzionalmente non necessari?

8. Chi sono i viceministri e in cosa si distinguono dai sottosegretari?

9. Come avviene la formazione del governo fino alla nomina del presidente del Consiglio e dei ministri?

10. Come avviene il conferimento della fiducia parlamentare al governo neonominato?

11. Quando entra in carica il governo?

12. Come rispondono i componenti del governo per i reati commessi nell'esercizio delle funzioni?

13. Quando cessa dalle funzioni il governo?

14. Che differenza c'è fra mozione di fiducia e questione di fiducia?

15. Che cosa sono le crisi extraparlamentari?

16. Possono le Camere sfiduciare un singolo ministro e non l'intero governo?

I governi regionali e locali

CAPITOLO 12

Secondo la Costituzione, l'Italia è un ordinamento che riconosce e promuove le autonomie territoriali. Questo capitolo è dedicato all'ordinamento delle regioni e all'ordinamento degli enti locali, ai loro rapporti reciproci e a quelli con l'ordinamento statale.

1. LE ORIGINI ACCENTRATE DELLO STATO ITALIANO

Il modello napoleonico: accentramento e uniformità

L'ordinamento italiano fu alle origini fortemente accentrato. Il modello era quello *napoleonico*, cioè l'organizzazione del potere politico-amministrativo data alla Francia da Napoleone Bonaparte (e poi mantenuta). Esso era caratterizzato da questo binomio: *accentramento* (concentrazione del potere presso le autorità centrali) e *uniformità* (identico assetto per tutte le autorità locali).

Del resto l'Unità d'Italia si era fondata sull'alleanza fra corona e borghesia liberale: di questa alleanza, elemento essenziale fu il riconoscimento dello Statuto del Regno di Sardegna quale costituzione del nuovo stato. Non ci fu spazio per assemblee costituenti che aprissero a soluzioni diverse, magari federali, ad esempio secondo il modello svizzero che pure aveva estimatori e propugnatori (si pensi a Carlo Cattaneo). Suffragio universale e decentramento avrebbero dovuto attendere tempi migliori: anzi, il voto esteso a tutti i cittadini era chiesto all'epoca proprio da quei «retrivi» (come si usavano chiamare coloro che rimpiangevano i vecchi ordinamenti) che contavano, grazie a quello, di controllare a loro piacimento città e comuni. Tutto questo la classe dirigente liberale non lo poteva permettere, in una società la cui arretratezza oggi sfugge alla nostra stessa immaginazione. Furono perciò accantonati i progetti (come quello di Marco Minghetti, ministro dell'interno del primo governo dell'Italia unificata) che volevano sviluppare, attraverso la creazione di «regioni», forme di autogoverno lo-

Il ruolo dei prefetti

cale. Per decenni i **prefetti** (funzionari nominati e dipendenti dal ministero dell'interno), rappresentanti nelle province del governo nazionale, furono le autorità chiave sul territorio: controllavano le amministrazioni locali, garantivano l'ordine, preparavano le elezioni politiche e garantivano il successo dei candidati governativi.

Le cose cominciarono a mutare solo col XX secolo, quando nelle grandi città del Nord mosse i primi passi una classe dirigente che rappresentava ceti nuovi. Furono proprio gli enti locali a farsi carico della produzione e distribuzione di servizi come luce, gas, trasporto, acqua, macelli, infrastrutture base, cioè tutto ciò di cui una grande collettività abbisogna, quelli che oggi chiamiamo *servizi pubblici locali* (si parlò allora di «socialismo municipale»).

Autonomia e autarchia

La prima legislazione **comunale e provinciale** fu quella del 1865, modificata in misura rilevante col testo unico del 1915; la successiva fu quella del 1934, una delle leggi fondamentali del fascismo. Con essa l'accentramento statalista raggiunse il suo massimo sviluppo. Basti pensare che si abolirono i sindaci elettivi, sostituiti dai «podestà» di nomina governativa. Le concezioni statolatre del regime non ammettevano neppure l'idea che, all'interno dell'ordinamento, vi potessero essere ambiti, per quanto delimitati, in grado di darsi un proprio indirizzo politico autonomo e distinto rispetto a quello statale. Infatti, gli enti locali venivano chiamati **enti autarchici**, nel senso che dovevano limitarsi alla cura degli interessi della loro comunità conformandosi all'indirizzo dettato dal governo nazionale.

La Costituente e lo stato regionale

Alla Costituente la discussione sull'ordinamento regionale fu assai accanita. Le forze politiche erano divise da concezioni istituzionali e strategie politiche diverse. La scelta di un ampio pluralismo istituzionale non era condivisa da quanti temevano che le riforme economico-sociali che intendevano realizzare sarebbero state ostacolate dall'esistenza di enti territoriali di dimensione regionale, titolari di importanti competenze e di un potere d'indirizzo politico, magari diverso e contrastante con quello centrale.

Alla fine, fra molte cautele e con espressa esclusione di ogni impostazione federalista, furono previste le regioni: la regione, scrisse Meuccio Rùini (il relatore sul progetto), «*non sorge federalisticamente*»; con l'approvazione degli statuti regionali per mezzo della legge statale, «lo Stato fa atto di propria sovranità». Le regioni non avrebbero però dovuto essere semplici enti amministrativi dotati di autonomia, bensì qualcosa di più, vale a dire enti dotati di poteri legislativi. Il modello era lo **stato regionale**, previsto per la prima volta dalla Costituzione della II Repubblica spagnola (1931), modello ritenuto «intermedio» fra lo stato accentrato e lo stato federale.

Le regioni a statuto speciale

Questa scelta era stata preceduta dall'adozione di uno **statuto speciale** per la Regione **Sicilia** (r.d.lgs. 15 maggio 1946, n. 455, convertito dalla l. cost. 26 febbraio 1948, n. 2). Ad esso si era pervenuti per fronteggiare alcuni moti separatisti, con morti e feriti, che avevano scosso l'isola fra il 1944 e il 1946. Nel frattempo, nel quadro degli accordi di pace post Seconda guerra mondiale, era stato firmato a Parigi il 5 settembre 1946 l'accordo internazionale fra Italia e Austria (De Gasperi-Gruber). Esso impegnava l'Italia a riconoscere uno statuto di autonomia per le popolazioni dell'Alto Adige/Südtirol (lo statuto speciale della Regione **Trentino-Alto Adige** fu approvato con l. cost. 26 febbraio 1948, n. 5). A queste regioni si aggiunsero poi la **Sardegna**, dove pure si erano manifestate aspirazioni autonomiste (l. cost. 26 febbraio 1948, n. 3), la **Valle d'Aosta**, in parte francofona (l. cost. 26 febbraio 1948, n. 4) e, superata la «questione di Trieste», il **Friuli-Venezia Giulia** (l. cost. 31 gennaio 1963, n. 1). In un secondo tempo, a seguito delle pressioni della popolazione di lingua tedesca (non mancarono attentati, culminati nella *Feuernacht* del 1961), fu approvato il secondo statuto del Trentino-Alto Adige, che attribuì particolari condizioni di autonomia alle province di Trento e Bolzano (l. cost. 10 novembre 1971, n. 1 e d.p.r. 31 agosto 1972, n. 670).

Queste sono le cinque **regioni a statuto speciale** (per le quali l'art. 116 Cost. rinvia ai singoli statuti speciali adottati con legge costituzionale), a fronte delle altre quindici (elencate nell'art. 131 Cost.), chiamate invece **regioni a statuto ordinario**. Il titolo V della parte seconda della Costituzione (la cui rubrica recita «le regioni, le province, i comuni», che con la riforma cost. 2016 diventerebbe «le regioni, le città metropolitane e i comuni») è quello dedicato appunto alle autonomie territoriali. Nel progetto di costituzione esso era introdotto da un articolo che poi, in sede di coordinamento finale, fu trasferito fra i principi fondamentali diventando l'attuale art. 5. Questo articolo fa riferimento a un ordinamento saldamente unitario, «la Repubblica una e indivisibile», formula impegnativa e militante ripresa dalla Costituzione francese del 1793; ma altresì una Repubblica che «riconosce e promuove» le autonomie, impegnata ad attuare il più ampio decentramento amministrativo e adeguare contenuti e modi stessi di fare le leggi all'esigenza di distribuire il potere decisionale il più vicino possibile ai cittadini. L'art. 5 non ha impedito comunque che il titolo V conoscesse rilevanti e molteplici modificazioni, anche in direzioni diverse considerando i cambiamenti che sarebbero introdotti dalla riforma cost. 2016.

La Repubblica «una e indivisibile»

2. LA SCELTA DEL COSTITUENTE NEL 1948 E LA LENTA ATTUAZIONE DELL'ORDINAMENTO REGIONALE

Alla Costituente vi fu una discussione non ben meditata sui confini territoriali delle regioni: si privilegiò il riferimento alle «regioni statistiche» rispetto alla realtà economico-sociale. Ciò portò all'istituzione di regioni anche di dimensione assai piccola, oltretutto con la possibilità di costituirne altre. Inoltre, venne bocciata la proposta della Commissione dei settantacinque di abolire la province. La Repubblica fu così ripartita in **«regioni, province e comuni»** (art. 114). Il titolo V quindi disciplinò prima di tutto le regioni (artt. 115-127), definite «enti autonomi con propri poteri e funzioni secondo i principi fissati dalla Costituzione»; poi a seguire province e comuni (artt. 128-133), definiti «enti autonomi nell'ambito dei principi fissati da leggi generali della Repubblica, che ne determinano le funzioni» (con espressa bocciatura della qualifica di enti autarchici perché, come disse Ruini, «autarchia è meno di autonomia»). La disciplina di questi ultimi era dunque rimandata alla legge statale. La disciplina delle regioni, invece, era fissata direttamente in Costituzione e, in minor parte, affidata agli statuti ordinari di ciascuna regione. Perciò la Costituzione pose su un piano nettamente diverso regioni da una parte, province e comuni dall'altra: solo alle regioni, del resto, era riservata una competenza legislativa.

Una competenza legislativa solo concorrente

Caratteristica della competenza legislativa delle regioni ordinarie fu di essere solo **concorrente** e limitata a un numero ristretto di materie elencate nell'art. 117: in tali materie (l'agricoltura, l'assistenza sanitaria, l'urbanistica, la polizia locale urbana e rurale, l'istruzione professionale, i lavori pubblici di interesse regionale ecc.) la regione avrebbe potuto legiferare, ma tenendosi all'interno del quadro tracciato dalle **leggi dello Stato**, cui spettava il compito di stabilire i **principi fondamentali della materia** (per questo chiamate «leggi cornice», che nella prassi ebbero però, per lo più, un contenuto dettagliato). Con alcuni limiti ulteriori: l'**interesse nazionale** e **quello di altre regioni**, che la legge regionale in nessun caso avrebbe potuto ledere, oltre ovviamente al *limite territoriale* e quelli aggiunti successivamente dalla giurisprudenza della Corte costituzionale (in genere non particolarmente generosa verso le regioni: gli *obblighi internazionali dello Stato*, il *limite del diritto privato*, l'esclusione della *materia penale*).

I controlli sulle leggi regionali e l'interesse nazionale

Per assicurare l'osservanza di questi limiti fu previsto il **visto governativo** *preventivo* su ogni **legge regionale**, con facoltà di **rinvio** al consiglio regionale: in tal caso il consiglio regionale poteva riapprovare la legge, ma solo a maggioranza assoluta. Tale riapprovazione dava al governo la possibilità di promuovere **questione di legittimità** davanti alla Corte costituzionale (per avere la regione debordato dalla propria competenza) ovvero **questione di merito** davanti alle Camere (qualora una legge regionale si fosse posta in contrasto con l'*interesse nazionale*). Questa seconda strada non fu mai seguita. Infatti, la Corte costituzionale trasformò il *limite di merito* dell'interesse nazionale (da farsi valere in Parlamento, dunque a livello politico) in un *limite di legittimità* (da farsi valere appunto davanti alla Corte).

L'indirizzo e il coordinamento statale

In relazione all'esercizio delle funzioni amministrative, attribuite alle regioni nelle materie sulle quali avevano competenza legislativa (secondo il criterio del **parallelismo delle funzioni**), si affermò un altrettanto invadente **potere statale** (*governativo*, ovviamente) **di indirizzo e coordinamento**, che non era previsto in tale forma e misura in alcun punto della carta costituzionale.

La Costituzione del 1948 dettava queste altre disposizioni in materia regionale:
- le regioni avrebbero dovuto di norma esercitare le proprie funzioni amministrative *delegandole a province e comuni* o avvalendosi dei loro uffici (così come per certe funzioni, ad es. l'anagrafe, se ne avvale lo Stato: art. 118);
- alle regioni fu riconosciuta **autonomia finanziaria**, *ma nelle forme e nei limiti stabiliti da leggi della Repubblica*; erano previsti sia tributi propri sia la partecipazione a quote di tributi statali, nonché la facoltà dello Stato di destinare risorse speciali per scopi determinati a singole regioni; ogni regione si vedeva riconosciuto un proprio demanio e patrimonio (art. 119);
- fu fatto espresso *divieto alle regioni di ostacolare* la mobilità di persone e cose, di istituire dazi e di limitare il diritto dei cittadini di lavorare dovunque (art. 120);
- fu riconosciuta a ciascuna regione **autonomia statutaria** sulla propria organizzazione interna, peraltro limitata per molti aspetti sia sotto il profilo procedurale, poiché lo statuto (deliberato dal consiglio regionale a maggioranza assoluta) doveva essere approvato con legge dello Stato, sia sotto il profilo contenutistico, poiché la Costituzione fissava una serie di vincoli in relazione a ciò che doveva essere disciplinato dallo statuto; il sistema elettorale dei consigli regionali era stabilito con legge statale (artt. 121-123);

Lo statuto approvato con legge statale

- fu istituito un **commissario del governo** con compiti di coordinamento fra amministrazione regionale e amministrazione statale, nonché di trasmissione delle leggi regionali approvate (artt. 124 e 127);
- gli atti amministrativi regionali furono sottoposti a **controllo di legittimità** da parte di un organo dello Stato (art. 125);
- furono previsti una serie di casi in cui il consiglio regionale poteva essere *sciolto* con decreto del presidente della Repubblica su deliberazione del Consiglio dei ministri, sentita la commissione parlamentare per le questioni regionali, con conseguente nomina di un collegio di tre cittadini per provvedere all'ordinaria amministrazione (art. 126).

I comuni e le province

Quanto a **comuni e province**, come si è detto, la Costituzione rinviava a *leggi generali della Repubblica* (art. 128), espressione con la quale il costituente intendeva imporre una disciplina che in linea di principio ponesse tutti gli enti locali sullo stesso piano. Se mai rileva un altro aspetto: con questa previsione si confermava una scelta cruciale, quella in base alla quale l'ordinamento di comuni e province non sarebbe stato disciplinato dalla legge regionale, ma dalla legge statale. Le circoscrizioni provinciali e comunali erano affidate rispettivamente alla legge statale e alla legge regionale (art. 133). Tuttavia si dovette aspettare ben quarantadue anni perché venisse approvato il nuovo ordinamento degli enti locali, nel 1990, nonostante la IX disp. trans. e fin. avesse previsto un termine di tre anni per l'adeguamento delle leggi dello Stato alle esigenze delle autonomie locali.

Dell'evoluzione dell'ordinamento repubblicano nel suo complesso parliamo nel capitolo 16. In quella sede ci si sofferma, fra l'altro, sulla lunga

La ritardata istituzione delle regioni

fase di mancata attuazione di molte delle più importanti innovazioni previste dalla Costituzione. Esempio clamoroso di questo ritardo fu proprio l'**istituzione delle regioni ordinarie**, avvenuta solo **nel 1970** dopo oltre vent'anni di attesa. Peraltro i primi anni di vita delle regioni non furono privi di difficoltà.

Il contesto politico dei primi anni Settanta favorì una grande uniformità nella predisposizione degli statuti regionali all'insegna di un'interpretazione a tendenza assembleare della forma di governo, secondo le linee generali stabilite in Costituzione (vecchio art. 122, vigente fino al 1999); gli elementi di differenziazione furono limitatissimi e si riprodussero nelle regioni i caratteri di fondo del sistema politico nazionale. Le resistenze delle grandi burocrazie ministeriali furono inoltre assai forti e si dovette aspettare il d.p.r. 24 luglio 1977, n. 616 per attuare organicamente il previsto trasferimento di funzioni amministrative dello Stato a regioni ed enti locali.

Dal canto loro le regioni stesse, pur tentando in alcuni casi soluzioni innovative (ad es. il superamento delle province con altri enti associativi di area vasta, i *comprensori*, meglio disegnati sul territorio rispetto alle funzioni da esercitare), più che assolvere a funzioni di programmazione, di legislazione e di indirizzo, diventarono enti di gestione anche amministrativa: una tendenza interrotta e poi invertita solo negli anni Novanta. Il risultato fu che le speranze che l'istituzione delle regioni potesse costituire l'occasione di un'ampia riforma della pubblica amministrazione, che influisse positivamente su tutti i livelli di governo, furono disattese. Anzi, proprio questo relativo fallimento fu alla base di più incisive strategie riformatrici anche di rango costituzionale.

3. LE TRASFORMAZIONI DEL SISTEMA DELLE AUTONOMIE (1990-2016)

A partire dagli anni Novanta del secolo scorso il sistema delle autonomie regionali e locali è stato sottoposto a un processo quasi permanente di trasformazioni che hanno profondamente inciso su di esso, e che peraltro non si è ancora concluso: basti pensare alla già citata riforma cost. 2016 che interviene su tutti gli articoli del titolo V già modificati nel 1999 e nel 2001, tranne quattro.

Si può distinguere questo processo in quattro fasi:
- fino alla prima revisione del titolo V;
- dopo la revisione del titolo V;
- in attesa della seconda revisione del titolo V;
- dopo la seconda revisione del titolo V (qualora promulgata).

L'**ordinamento di comuni e province** venne completamente ridisegnato, rispetto alle antiche leggi del 1915 e del 1934 fino ad allora ancora vigenti (pur modificate dopo l'entrata in vigore della Costituzione), dalla l. 8 giugno

1990, n. 142, che fu seguita a breve distanza dall'introduzione della **riforma elettorale comunale e provinciale** con elezione diretta di sindaci e presidenti (l. 25 marzo 1993, n. 81). Dopo alcuni aggiustamenti fu varato il nuovo testo unico sull'ordinamento degli enti locali, il **Tuel** (d.lgs. 18 agosto 2000, n. 267). Successivamente si affermarono politiche di forte decentramento amministrativo. Alcune leggi (che portano il nome dell'allora ministro della funzione pubblica Franco Bassanini) realizzarono un ampio trasferimento di funzioni amministrative dallo Stato alle regioni e agli enti locali, in base al principio che lo Stato avrebbe dovuto mantenere solo quelle funzioni che necessitano di gestione accentrata (affari esteri, difesa, ordine pubblico, giustizia e così via); anche il regime dei controlli preventivi sugli atti amministrativi regionali e locali fu affievolito (l. 15 marzo 1997, n. 59 e l. 15 maggio 1997, n. 127, con i relativi decreti legislativi di attuazione, in particolare il d.lgs. 31 marzo 1998, n. 112). Si parlò di **«federalismo amministrativo a costituzione invariata»**.

La riforma costituzionale del titolo V

Per consolidare queste innovazioni, che erano pur sempre di rango legislativo ordinario, il Parlamento della XIII legislatura, traendo spunto dall'abbandonato progetto della terza commissione bicamerale per le riforme costituzionali, varò due riforme che modificarono integralmente il **titolo V della Costituzione**. La prima (l. cost. 22 novembre 1999, n. 1) rafforzò l'**autonomia statutaria** delle regioni (ad esse integralmente affidata) e introdusse l'**elezione diretta del presidente della regione**. Questa fu poi estesa alle regioni a statuto speciale (l. cost. 31 gennaio 2001, n. 2). La seconda trasformò il resto del titolo V in una prospettiva che si volle definire «federalista»: le competenze legislative regionali furono grandemente rafforzate e si posero le basi di una reale **autonomia finanziaria** delle regioni e degli enti locali. Questa in particolare venne disciplinata da un'ambiziosa legge, per la quale si dovettero peraltro attendere otto anni (l. 5 maggio 2009, n. 42, attuata a sua volta attraverso una lunga serie di decreti legislativi). Si parlò a questo punto di **«federalismo fiscale»**. Si era però ormai dentro la **grande crisi** finanziaria ed economica, avviatasi nel 2007: in pratica, il federalismo fiscale fu varato proprio quando il deterioramento delle condizioni di finanza pubblica ne stavano rendendo difficile se non impossibile l'attuazione.

Infatti, a partire dal 2010 e con disposizioni via via più stringenti imposte dalla necessità di contenere la spesa pubblica (come del resto imponevano sia i mercati finanziari sia l'Unione europea), le autonomie regionali e locali subirono un susseguirsi di interventi (calati dall'alto, con le manovre finanziarie correttive anno dopo anno) nella direzione di un maggior rigore e della massima razionalizzazione nell'uso delle risorse pubbliche. In ultimo, finalmente con qualche organicità, fu approvata la l. 7 aprile 2014, n. 56 (che porta il nome dell'allora ministro per gli affari regionali Graziano Delrio). Essa – in attesa di una nuova revisione del titolo V – riordinava le **province** (già in precedenza trasformate in enti non più direttamente eletti), istituiva le **città metropolitane** (già previste dalla l. 142/1990 e poi dall'art. 114 Cost., ma mai attuate), promuoveva le **unioni** e **fusioni di comuni**.

Infine, dopo un iter di due anni iniziato nell'aprile del 2014, il Parlamento approvava quella riforma costituzionale cui abbiamo fatto più volte riferimento, che prevede una nuova **revisione del titolo V**, del quale rimane così com'è solo la parte riformata nel 1999 (autonomia statutaria e forma di governo). Con la riforma cost. 2016 le **province** spariscono dal testo costituzionale e i criteri di **riparto delle competenze legislative statali e regionali** vengono radicalmente modificati. In termini generali, il tentativo è quello di correggere – se non invertire – il senso della riforma del 2001 e ridurre il contenzioso e la confusione legislativa fra Stato e regioni, assicurando nel contempo alle autonomie territoriali una rappresentanza al centro dell'ordinamento. Il **nuovo Senato**, come si è visto nel capitolo 9, sarebbe composto infatti da consiglieri regionali e sindaci. Di come cambierebbe il titolo V con la riforma del 2016, ne riparliamo alla fine del capitolo nel paragrafo 13.

4. I CARATTERI DEL VIGENTE ORDINAMENTO REGIONALE: UNA PREMESSA

Le regioni dopo le riforme del 1999-2001

Per conoscere il vigente ordinamento regionale bisogna fare riferimento al testo del titolo V della Costituzione come innovato dalla l. cost. 1/1999 e dalla l. cost. 3/2001. Piuttosto che di «ordinamento regionale» si dovrebbe parlare, più correttamente, al plurale di «ordinamenti regionali»: infatti, dopo le riforme costituzionali di cui si è detto, ogni regione costituisce, pur all'interno dell'ordinamento della Repubblica, un ordinamento a sé, con un livello di differenziazione che potrebbe nel tempo dilatarsi sempre di più. Ci limitiamo perciò in questa sede alla sola disciplina generale che si rintraccia in Costituzione. Chi intendesse approfondire la conoscenza dei singoli ordinamenti regionali dovrebbe studiare lo statuto della regione che gli interessa, oltre che la principale legislazione regionale.

Va sottolineato che la differenziazione non riguarda solo la tradizionale distinzione fra regioni ordinarie e regioni speciali (v. par. 12); né riguarda solo gli aspetti affidati allo statuto. In alcune materie legislative, l'art. 116.3 Cost. prevede la possibilità di attribuire anche a ogni singola regione ordinaria «ulteriori forme e condizioni particolari di autonomia» (v. par. 6).

Un assetto non federale

Le regioni, così come i comuni, le province e le città metropolitane, sono definite dal secondo comma dell'art. 114 Cost. «enti autonomi con propri statuti, poteri e funzioni secondo i principi fissati dalla Costituzione»: ciò significa che l'*assetto delineato*, al di là del linguaggio corrente, *non può dirsi federale*. Infatti, con questa formula il legislatore costituzionale ha voluto indicare che siamo comunque di fronte a enti *derivati* e non originari, laddove originario, e quindi sovrano, si deve considerare solo l'ordinamento che esprime la costituzione. Gli stati federali, del resto, nascono da un processo di aggregazione fra più stati sovrani che mantengono le proprie costituzioni, pur subordinandole alla nuova costituzione federale. Nell'ordinamento italiano, invece, le regioni nascono per decisione della Costituzione della Repubblica.

L'art. 114 Cost.

Né possono trarsi argomenti diversi sulla base della formulazione del primo comma dell'art. 114, secondo cui «la Repubblica è costituita dai comuni, dalle province, dalle città metropolitane, dalle regioni e dallo Stato». Tale formula (di sapore accademico, di difficile comprensione per il cittadino, perché mescola insieme le diverse comunità territoriali con l'amministrazione centrale dello Stato) non fa altro che evocare l'espressione «Repubblica», intesa come *Stato ordinamento* o *Stato comunità*, già conosciuta in Costituzione sotto il vigore del precedente titolo V, nettamente distinto dallo *Stato persona* o *Stato apparato* (che si riferisce invece alla sola organizzazione statale). In ogni caso l'art. 114 «non comporta affatto una totale equiparazione fra gli enti in esso indicati, che dispongono di poteri profondamente diversi fra loro» (sent. 274/2003).

Per queste ragioni preferiamo continuare a usare l'espressione *stato regionale*: non a caso il Parlamento decise di non inserire la formula «ordinamento federale della Repubblica» quale nuova denominazione del titolo V. Qualche autore preferisce parlare di «Repubblica delle autonomie», mettendo così sullo stesso piano regioni ed enti locali: l'espressione non è però corretta se si considera che l'autonomia statutaria degli enti locali, pur garantita dalla Costituzione, è disciplinata dalla legge dello Stato, mentre gli statuti delle regioni ordinarie sono disciplinati dalla Costituzione stessa (art. 123).

Ampio riconoscimento di competenze

Ciò premesso, le riforme costituzionali del 1999-2001 si sono contraddistinte nel senso di un ampio riconoscimento di competenze alle regioni, in alcuni casi non minore delle competenze riconosciute agli stati membri di uno stato federale. Basti pensare, come si dirà, all'inversione dell'ordine delle competenze legislative fra Stato e regioni; alla forte attenuazione dei controlli preventivi sulla formazione degli statuti (anche in stati federali, come la Svizzera, o a forte autonomia regionale, come la Spagna, sono previsti incisivi controlli delle carte fondamentali sub-nazionali, mentre l'art. 123 prevede solo la possibilità per il governo di impugnare lo statuto regionale innanzi alla Corte costituzionale); al riconoscimento alle singole regioni della possibilità di darsi una propria forma di governo (possibilità non riconosciuta, di diritto o di fatto, alle comunità autonome in Spagna e ai *Länder* in Germania).

5. L'ORDINAMENTO DELLE REGIONI A STATUTO ORDINARIO

La **potestà statutaria** delle regioni ordinarie è stata rafforzata dalla riforma del 1999 secondo le linee di seguito indicate, mentre in ordine alla *posizione nel sistema delle fonti* dello statuto regionale rinviamo a quanto già detto nel capitolo 5.

I contenuti dello statuto

- **Contenuti**: lo statuto disciplina la forma di governo e i principi fondamentali di organizzazione e funzionamento della regione, nonché l'esercizio del diritto di iniziativa popolare, i referendum, le modalità di pubblicazione di leggi e regolamenti. Si tratta del contenuto *necessario* dello statuto. Ci si è chiesti se le regioni possano disciplinare anche materie diverse da quelle espressamente previste dall'art. 123 Cost. (contenuto *eventuale*): gli statuti adottati dopo la riforma hanno in effetti tutti previsto, accanto alle norme sulla forma di governo e sull'organizzazione dell'ente, un elenco di principi, valori e diritti in qualche modo espressione della comunità regionale di riferimento. La Corte costituzionale ha ritenuto – con decisioni largamente criticate – che disposizioni siffatte, contestate dallo Stato in quanto eccedenti la competenza statutaria, non avessero alcun valore giuridico, costituendo mere enunciazioni di carattere politico-culturale (sentt. 372, 378 e 379/2004).

Il procedimento di formazione

• **Procedimento**: l'art. 123 Cost. prevede che lo statuto sia approvato dal consiglio regionale con voto a maggioranza assoluta dei componenti in due successive deliberazioni ad almeno due mesi di distanza la seconda dalla prima. Il governo può impugnarlo davanti alla Corte costituzionale entro 30 giorni dalla pubblicazione. Questa avviene al solo scopo di dare notizia dell'avvenuta approvazione consiliare. Sempre dalla pubblicazione notiziale decorre il termine di 3 mesi entro il quale un quinto dei componenti del consiglio regionale o un cinquantesimo degli elettori della regione possono chiedere che lo statuto approvato sia sottoposto a referendum. Richiesto il referendum, occorre che si pronunci a favore la maggioranza dei voti validi (non c'è *quorum strutturale*) e lo statuto viene così promulgato. Per quanto riguarda l'oggetto del quesito referendario, la Corte costituzionale ha stabilito che deve riguardare l'intero testo statutario e non singole parti (sent. 445/2005). Tutte le quindici regioni si sono dotate di un nuovo statuto, pur con anni di ritardo (le prime nel 2004 e via di seguito le altre, ultima la Basilicata nel 2016).

I vincoli

• **Vincoli**: accanto a quelli relativi ai suoi contenuti specifici, lo statuto deve rispettare il limite generale indicato nell'art. 123 dell'«armonia con la Costituzione». Fermo restando che, ovviamente, lo statuto non può che rispettare ogni singola disposizione costituzionale, «armonia» indica qualcosa di più. Si vuole fare riferimento, oltre che al rispetto di singole disposizioni, a quei valori costituzionali – *in primis* l'unità politica della Repubblica – di cui, venuto meno il controllo del Parlamento previsto nel vecchio art. 123, la Corte costituzionale ha ritenuto di farsi carico (sentt. 304/2002, 196/2003, 2/2004).

Gli organi della regione

• **Organizzazione e funzionamento** della regione: lo statuto incontra una serie di vincoli costituzionali che fanno sì che la forma di governo regionale debba essere disciplinata entro binari in parte già tracciati. Innanzitutto, gli organi regionali che non possono mancare sono: *a*) **consiglio regionale**, *b*) **giunta**, *c*) **presidente della giunta** e *d*) **consiglio delle autonomie locali** (su cui torneremo nel par. 6). Le funzioni essenziali di questi organi sono indicate nell'art. 121 Cost. secondo lo schema classico (consiglio = potere legislativo; giunta = potere esecutivo; presidente della giunta = vertice dell'esecutivo e «capo della regione» nel senso di rappresentante dell'ente); il presidente, in particolare, oltre alle funzioni di rappresentanza esterna, dirige la politica della giunta e ne è pienamente responsabile.

Elezione diretta del presidente come modello standard

La posizione di vertice del presidente è sottolineata dal fatto che la Costituzione ne prevede l'**elezione a suffragio universale diretto** (si tratta del cosiddetto *modello standard*), corredata dal potere di **nomina e revoca dei membri della giunta**. La giunta regionale è, dunque, un organo collegiale con un vertice monocratico espresso direttamente dai cittadini elettori. Qualora il presidente eletto si dimetta o il consiglio lo sfiduci (ma anche in caso di morte, impedimento permanente o rimozione), si torna a votare sia per il presidente sia per il consiglio regionale (si usa in questo caso il brocardo *aut simul stabunt aut simul cadent*), ridando la parola direttamente agli elettori, chiamati così a risolvere la crisi intervenuta (art. 126.3).

La facoltà di deroga

Tuttavia la Costituzione (art. 122.5) permette allo statuto, oltreché di confermare il modello dell'elezione diretta del presidente della giunta, di compiere anche scelte diverse, ad esempio l'elezione da parte del consiglio regionale (cosiddetto *modello in deroga*), ma in ogni caso impone che il consiglio abbia sempre la potestà di sfiduciare il presidente della giunta: sia se eletto dal corpo elettorale sia se eletto dal consiglio (art. 126.2). È così preclusa la possibilità di introdurre forme di governo di tipo presidenziale e direttoriale. La differenza tra la forma di governo standard e quella in deroga sta nel fatto che, se il presidente è eletto direttamente, quale che sia la causa di cessazione dal suo incarico, ivi compresa dunque la sfiducia consiliare, il consiglio viene sciolto, mentre se il presidente è eletto non dai cittadini ma dal consiglio, questo può eleggerne uno diverso in corso di mandato.

La competenza in materia elettorale

Infine, si ricorda che la regione è competente in materia di legge elettorale, pur nei limiti dei principi fondamentali stabiliti dalla legge dello Stato (art. 122.1 Cost.). La legge statale di principio (l. 165/2004), oltre a quanto già detto nel paragrafo 6 del capitolo 8 sul sistema di elezione del presidente e del consiglio, fissa in cinque anni la durata degli organi elettivi regionali e detta le norme quadro sui casi di **ineleggibilità e incompatibilità** del presidente e degli altri componenti della giunta e dei consiglieri regionali. Fra questi: la non immediata rieleggibilità del presidente eletto direttamente dopo due mandati consecutivi e la possibilità di prevedere l'incompatibilità tra la carica di assessore e quella di consigliere. È di competenza della sola legge statale la disciplina dei casi di **incandidabilità** alle elezioni regionali: le disposizioni in materia sono contenute nel d.lgs. 235/2012 e statuiscono, oltre all'incandidabilità di coloro che abbiano riportato condanna definitiva per una serie di reati, la **sospensione di diritto** dalle cariche regionali di coloro che abbiano riportato, invece, una condanna non definitiva (e abbiano perciò potuto legittimamente candidarsi: la stessa disciplina si applica alle elezioni comunali ed è stata riconosciuta costituzionalmente legittima dalla sent. 236/2015).

6. LA RIPARTIZIONE DELLE COMPETENZE LEGISLATIVE

6.1. Le competenze legislative nell'art. 117

Le materie di competenza statale e regionale

È l'art. 117 Cost. a disciplinare la ripartizione della potestà legislativa tra lo Stato e le regioni. Mentre nel testo del 1948 l'art. 117 elencava solo le materie di competenza regionale, partendo dal presupposto che tutte le altre, non enumerate, fossero proprie dello Stato, la riforma del 2001 ha invertito il criterio di riparto prevedendo invece:

- materie di competenza **statale**, definita competenza **esclusiva**, nelle quali solo lo Stato è abilitato a legiferare (art. 117.2);
- materie di competenza regionale, definita competenza **concorrente**, nelle quali spetta alle **regioni** legiferare, ma restando riservata alla legge dello **Stato** la determinazione dei principi fondamentali della materia, vincolanti per il legislatore regionale (art. 117.3);
- materie di competenza **regionale** cosiddetta **residuale**, individuate per sottrazione rispetto a quelle enumerate, in quanto «spetta alle regioni la potestà legislativa in riferimento a ogni materia non espressamente riservata alla legislazione dello Stato» (art. 117.4).

Un possibile regionalismo differenziato

Inoltre, nelle materie di legislazione concorrente e anche in talune materie esclusive dello Stato, alle regioni possono essere attribuite **ulteriori forme e condizioni particolari di autonomia** (art. 116.3). Ciò può avvenire in virtù di una legge dello Stato, approvata a maggioranza assoluta dei componenti di ciascuna camera, sulla base di una intesa tra regione e Stato, previa iniziativa della regione interessata, sentiti gli enti locali, nel rispetto dei principi di auto-

LA COMPETENZA LEGISLATIVA PER MATERIA

MATERIE DI *LEGISLAZIONE ESCLUSIVA STATALE* (ART. 117.2)	MATERIE DI *LEGISLAZIONE CONCORRENTE* (ART. 117.3)	MATERIE DI *LEGISLAZIONE RESIDUALE REGIONALE* (ART. 117.4)
Politica estera e rapporti Ue; asilo; stranieri extraUe; immigrazione; confessioni religiose; difesa; sicurezza dello Stato; armi; moneta, risparmio, mercati finanziari; concorrenza; sistema tributario e contabile dello Stato; armonizzazione dei bilanci pubblici; perequazione delle risorse; organi dello Stato e relative leggi elettorali; referendum; ordinamento e amministrazione dello Stato; ordine pubblico; cittadinanza; giurisdizione (fra cui: *organizzazione della giustizia di pace*); determinazione dei livelli essenziali delle prestazioni concernenti i diritti civili e sociali da garantire in tutta Italia; *norme generali sull'istruzione*; previdenza sociale; legislazione elettorale ed ordinamento degli enti locali; dogane; pesi e misure; coordinamento statistico; opere dell'ingegno; *tutela dell'ambiente, dell'ecosistema e dei beni culturali.*	Rapporti internazionali e con l'Ue delle regioni; commercio estero; tutela e sicurezza del lavoro; istruzione; professioni; ricerca scientifica; salute; alimentazione; sport; protezione civile; governo del territorio; porti e aeroporti; grandi reti di trasporto e di navigazione; comunicazione; produzione, trasporto e distribuzione nazionale di energia; previdenza complementare e integrativa; coordinamento della finanza pubblica e del sistema tributario; valorizzazione dei beni culturali e ambientali; banche a carattere regionale.	Tutto quanto non ricompreso nei commi 2 e 3 (ad es. formazione professionale; assistenza; agricoltura; turismo; trasporti regionali; viabilità regionale; polizia amministrativa locale...).

Nota: In corsivo le materie di legislazione esclusiva statale per le quali, secondo l'art. 116.3 Cost., possono essere attribuite alle regioni ulteriori forme e condizioni particolari di autonomia.

nomia finanziaria contenuti nell'art. 119 Cost. Si pongono così le premesse per un regionalismo differenziato, anche se finora la norma non ha avuto applicazione.

Tre limiti generali

È importante ricordare che l'art. 117.1 Cost. individua i **limiti generali** cui è sottoposto l'**esercizio della potestà legislativa**, a prescindere quindi da chi effettivamente ne sia titolare. Tanto la legge statale quanto la legge regionale soggiacciono a tre limiti:

- il rispetto della Costituzione;
- i vincoli derivanti dall'ordinamento dell'Unione europea;
- i vincoli derivanti dagli obblighi internazionali.

Tale disposizione, letta in connessione a quella dell'art. 114.1, che considera tutti gli enti territoriali, ivi compreso lo Stato, come enti costitutivi della Repubblica, aveva indotto qualcuno a ritenere che la riforma del 2001 avesse realizzato una piena equiparazione fra la legge regionale e la legge statale. Come vedremo, questa tesi non ha avuto tuttavia seguito: la legge statale, anche dopo la riforma, ha mantenuto un ruolo centrale, essenzialmente di chiusura del sistema costituzionale delle autonomie territoriali.

6.2. La potestà legislativa esclusiva dello Stato

La tecnica di enumerazione

Le materie di competenza esclusiva dello Stato indicate nel secondo comma dell'art. 117 sono molte e, fra loro, assai eterogenee. La stessa tecnica di enumerazione non è univoca: alcune competenze sono individuate secondo un *criterio oggettivo*, ossia facendo riferimento a puntuali ambiti materiali (ad es. l'«immigrazione» o la «difesa e Forze armate»); altre secondo un *criterio teleologico*, ossia in ragione delle finalità o delle funzioni da realizzare (ad es. la «tutela della concorrenza» o la «tutela dell'ambiente, dell'ecosistema e dei beni culturali»); altre ancora secondo un criterio difficilmente qualificabile che consente un'ampia discrezionalità al legislatore statale (è il caso, in particolare, della «determinazione dei livelli essenziali delle prestazioni concernenti i diritti civili e sociali che devono essere garantiti su tutto il territorio nazionale»).

Le materie trasversali

La Corte costituzionale ha interpretato dinamicamente le competenze enumerate dello Stato, ritenendo alcune competenze del legislatore statale «idonee a investire una pluralità di materie»: si tratta delle **materie trasversali**, definite in dottrina anche *materie-valori* o *materie non materie* (sent. 407/2002, tutela dell'ambiente, ma v. poi sent. 225/2009; sentt. 282/2002 e 322/2009, determinazione dei livelli essenziali delle prestazioni; sent. 14/2004, tutela della concorrenza, ma v. poi sent. 401/2007; sent. 185/2004, ordinamento penale). Tali competenze assomigliano a quelli che, nelle esperienze costituzionali federali, sono chiamati i «poteri impliciti», comunque spettanti allo stato centrale in quanto desumibili dalle materie espressamente attribuite. Nelle materie trasversali il legislatore statale può esercitare la sua potestà legislativa al di là dei confini della materia stessa, occupando ambiti attribuiti alla regione (si pensi all'intreccio che può realizzarsi, ad esempio, fra la «tutela dell'ambiente», competenza esclusiva dello Stato, e la «tutela della salute» o il «governo del territorio», materie queste ultime affidate alla competenza concorrente delle regioni).

6.3. La potestà legislativa concorrente fra Stato e regioni

Le materie di competenza concorrente elencate dal terzo comma dell'art. 117 sono quelle nelle quali la potestà legislativa regionale deve esercitarsi nel rispetto dei principi fondamentali stabiliti dallo Stato: principi o espressamente fissati da apposite *leggi cornice* o, in loro assenza, desunti dalla legislazione vigente (sent. 282/2002).

I principi fondamentali della materia

Cosa si debba intendere per **principi fondamentali della materia** è questione non definitivamente risolta né in dottrina né in giurisprudenza. La Corte costituzionale ha affermato che la nozione di principio fondamentale «non ha e non può avere caratteri di rigidità e di universalità» (sent. 50/2005). Inoltre, per dare attuazione al diritto dell'Unione europea quando coinvolga materie di competenza concorrente, è legittimo incidere sulla modulazione del rapporto principio-dettaglio estendendo la disciplina statale di principio (sent. 336/2005).

In sintesi, nella definizione del confine tra principi fondamentali e normativa di dettaglio gioca un ruolo centrale proprio la Corte costituzionale, alla quale spetta, di volta in volta, individuare il punto di equilibrio fra la normativa statale e quella regionale e, quindi, l'ambito *effettivo* delle competenze costituzionali (sent. 326/2010). I principi fondamentali possono anche essere contenuti in atti aventi forza di legge, ivi compresi i decreti legislativi, pur dovendo essi stessi essere emanati sulla base di principi e criteri direttivi fissati in una previa legge di delegazione *ex* art. 76 Cost. (sentt. 280/2004 e 384/2005).

Le norme cedevoli

Resta ferma, anche dopo la riforma del 2001, la regola secondo la quale lo Stato insieme alle disposizioni di principio può dettare anche disposizioni di dettaglio: queste ultime, però, valgono solo *in via suppletiva* (ossia in assenza di disciplina regionale), trattandosi di norme *cedevoli* di fronte a leggi eventualmente approvate da ciascuna regione. Ciò vale a maggior ragione, in nome di un *principio di continuità istituzionale*, allorché si tratti di leggi statali dirette ad assicurare protezione a diritti fondamentali (sent. 13/2004 sul diritto all'istruzione e allo studio, sent. 50/2005 sulla tutela del rapporto di lavoro, sent. 10/2010 sull'erogazione della cosiddetta *social card*) che, altrimenti, sarebbero irrimediabilmente pregiudicati. In tal caso le norme legislative statali invasive degli spazi di autonomia regionale si applicano fino a quando le regioni non le avranno sostituite con una propria disciplina, che garantisca comunque in modo (almeno) equivalente i diritti fondamentali sottostanti.

6.4. La potestà legislativa residuale delle regioni

Secondo il quarto comma dell'art. 117, tutte le materie non espressamente attribuite alla legislazione dello Stato appartengono alla competenza residuale delle regioni. Una simile affermazione sembrerebbe implicare una competenza legislativa regionale di tipo generale su materie innominate, diverse da quelle esclusive dello Stato o da quelle concorrenti fra Stato e regioni. Se così fosse, ad esempio, si dovrebbe ritenere di competenza regionale la materia dell'industria, non ricompresa nell'elenco del secondo comma né in quello del terzo comma. Ma la prassi ha dimostrato che l'operatività della **clausola di residualità** è tutt'altro che automatica.

Tra clausola di residualità e criterio di prevalenza

La Corte costituzionale, a più riprese, ha riconosciuto «l'impossibilità di ricondurre un determinato oggetto di disciplina normativa all'ambito di applicazione affidato alla legislazione residuale delle regioni... per il solo fatto che tale oggetto non sia immediatamente riferibile a una delle materie elencate nei commi secondo e terzo dell'art. 117 della Costituzione» (sent. 370/2003). In questi casi, infatti, ancor prima della clausola di residualità a favore della competenza regionale, deve applicarsi il differente **criterio di prevalenza**: le materie innominate, prima di essere riconosciute alle regioni, devono superare una verifica diretta ad accertare se queste non possano essere comunque ricondotte nell'ambito delle materie espressamente previste (siano esse di competenza esclusiva statale o concorrente fra Stato e regioni). Emblematico è il caso della materia «lavori pubblici» (sent. 303/2003): anche se non espressamente prevista, essa non dà luogo a una competenza residuale delle regioni, trattandosi di materia che intreccia sia competenze esclusive statali (l'organizzazione amministrativa dello Stato, l'ordinamento civile ecc.) sia competenze concorrenti (la tutela del lavoro, il governo del territorio ecc.). Ma così è stato deciso anche per gli asili nido (sentt. 370/2003 e 320/2004), il sistema tributario degli enti locali (sent. 37/2004), la circolazione stradale (sent. 428/2004), lo spettacolo (sentt. 255/2004 e 205/2005), determinati aiuti alle imprese (sent. 354/2004).

In mancanza di una puntuale competenza statale si deve esplicare pienamente la competenza regionale: così nella materia del turismo (sent. 197/2003), dell'artigianato (sent. 162/2005), del trasporto pubblico locale (sent. 222/2005), dell'ordinamento degli uffici regionali (sent. 380/2004), dell'istruzione e della formazione professionale (sentt. 51/2005 e 253/2006), delle comunità montane (sentt. 244 e 456/2005), dei servizi pubblici locali (sentt. 272/2004 e 29/2006), della pesca (sent. 213/2006), del commercio

(sent. 430/2007), della gestione del patrimonio immobiliare di edilizia residenziale pubblica (sent. 121/2010).
Resta fermo ovviamente, al di là dei casi decisi dalla Corte, che anche in queste materie si potrebbero rinvenire ragioni che giustifichino l'intervento legislativo dello Stato (in particolare per il tramite delle materie trasversali: ad esempio, la competenza regionale in materia di servizi pubblici locali aventi rilevanza economica, subordinatamente alla competenza statale relativa alla «tutela della concorrenza», sent. 325/2010; così come la competenza regionale in materia di commercio, sentt. 299/2012, 27/2013 e 165/2014). Nello stesso senso è stata riconosciuta la competenza statale in ordine alla disciplina della mobilità del personale regionale, poiché trattasi di materia non frazionabile regione per regione (sent. 388/2004).

6.5. Le competenze legislative nella giurisprudenza costituzionale

Alla luce della giurisprudenza costituzionale abbiamo assistito alla formazione progressiva di un «**diritto regionale vivente**», non sempre coincidente con le linee tracciate nella riforma del 2001 (tanto che qualche autore ha polemicamente parlato di «decostituzionalizzazione» dell'elenco delle materie).

Il ruolo svolto dalla Corte costituzionale

Oltre ai profili già segnalati concernenti l'ambito di operatività delle materie trasversali e della clausola di residualità, la Corte costituzionale ha svolto una complessa e, per molti aspetti, originale opera di ricostruzione delle singole materie di competenza statale e regionale e dei principi che orientano l'attività legislativa nel riformato contesto costituzionale.
Talora la Corte, quando la legislazione sottoposta al suo sindacato lo permetteva, ha enucleato, all'interno di uno stesso corpo normativo, competenze diverse e distinte. Si veda, fra gli altri, il caso del condono edilizio straordinario disposto con legge dello Stato, in cui si è distinta una competenza esclusiva statale, in tema di «ordinamento penale», e una concorrente, in tema di «governo del territorio» (sent. 196/2004); ma anche il caso del prestito fiduciario per gli studenti meritevoli, distinguendo la competenza esclusiva statale in materia di «tutela del risparmio e mercati finanziari» e quella concorrente sull'«istruzione» (sent. 308/2004).
Diversamente, quando la sovrapposizione di materie nel medesimo corpo normativo rendeva inestricabili le competenze rispettive dello Stato e delle regioni, la Corte ha enucleato la nozione di «**concorrenza di competenze**» (sentt. 219/2005 e 250/2009). In tali casi si è fatto ricorso al già citato criterio di prevalenza o al canone della leale collaborazione, operanti a seconda che una materia possa essere chiaramente attribuita alla competenza legislativa statale ovvero a quella regionale.
Del criterio di prevalenza abbiamo parlato nel paragrafo 6.4 a proposito dell'individuazione delle materie di competenza residuale delle regioni. Va

aggiunto che, in base al medesimo criterio, la potestà legislativa dello Stato, nelle materie diverse da quelle espressamente attribuite, sussiste solo ove sia ricavabile un «preciso titolo di legittimazione» nella Costituzione (sent. 1/2004 sulla materia «commercio», di competenza residuale regionale, salvo i profili inerenti alla tutela della concorrenza); ma esso può essere desunto, specialmente in relazione a disposizioni che attribuiscono risorse finanziarie, anche dalla dimensione macroeconomica dell'intervento o dallo stesso carattere imprescindibilmente unitario dello strumento utilizzato per svolgerlo (sentt. 14/2004 e 134/2005).

Il principio di sussidiarietà

Ciò nonostante, la Corte costituzionale ha riconosciuto, come criterio di chiusura del sistema, il **principio di sussidiarietà** (v. par. 9). Esso è utilizzabile dallo Stato per assumere o disciplinare con legge funzioni amministrative ricadenti in ambiti di competenza legislativa concorrente o residuale regionale, ogniqualvolta si tratti di realizzare «esigenze di carattere unitario» (sent. 303/2003, confermata dalle sentt. 6/2004 e 383/2005). Per evitare che il ricorso al criterio della sussidiarietà (cosiddetta *chiamata o attrazione in sussidiarietà*) si trasformi in uno strumento lesivo dell'autonomia regionale, rendendo totalmente mobile il riparto delle competenze legislative, è necessario, secondo la Corte, che la legge statale rispetti i principi di *ragionevolezza* (cioè sia effettivamente giustificata da esigenze unitarie non frazionabili), di *proporzionalità* (cioè sia strettamente necessaria a disciplinare quel genere di funzioni) e di *leale collaborazione* (lo Stato deve decidere insieme alle regioni mediante specifiche intese).

La leale collaborazione

Il principio di **leale collaborazione** fra Stato e regioni è ampiamente richiamato nella giurisprudenza della Corte al fine di prevenire o risolvere i conflitti di competenza (talvolta anche nei rapporti fra regioni ed enti locali: sent. 478/2002). La stessa giurisprudenza, però, non sembra immune da incertezze nel delinearlo in concreto, talvolta realizzandosi mediante intese con le singole regioni, altre volte mediante forme di concertazione nella Conferenza Stato-regioni (v. par. 7). La dottrina ha distinto fra **intese forti** (quando non si possa prescindere da un accordo, per esempio in materia di trasporto locale: sent. 222/2005) e **intese deboli** (quando sia ritenuto sufficiente, da parte dello Stato, solo dimostrare di avere ricercato un accordo con la regione, anche se poi questo non è stato raggiunto: sentt. 286/2004 sul canone di concessione dei beni del demanio marittimo e 62/2005 sullo smaltimento di rifiuti radioattivi). In caso di chiamata in sussidiarietà, il mancato raggiungimento dell'intesa, purché sia stato preceduto da ragionevoli procedure collaborative, può essere superato in via unilaterale dallo Stato (sentt. 33 e 165/2011 sulla localizzazione di centrali nucleari e interventi in materia energetica). In taluni casi lo Stato può addirittura tornare indietro e modificare il contenuto di un'intesa già raggiunta con una regione (sent. 79/2011 sulla revoca del finanziamento per la metropolitana di Parma).

6.6. Potestà legislativa e potestà regolamentare

Secondo l'art. 117.6 Cost., la **potestà regolamentare** spetta:
- allo **Stato**, nelle materie di legislazione statale esclusiva, salvo comunque la possibilità di delegarla alle regioni;
- alle **regioni**, «in ogni altra materia» (tranne l'organizzazione e lo svolgimento delle funzioni attribuite agli enti locali, v. par. 8).

Una competenza problematica

L'attribuzione alle regioni della potestà regolamentare nelle materie di competenza concorrente crea non pochi problemi, soprattutto quando si tratta di materie di particolare rilevanza nazionale che non si prestano a una disciplina diversa regione per regione (per esempio, il «commercio con l'estero», la «previdenza complementare e integrativa», le «grandi reti di trasporto e di comunicazione», la «produzione, trasporto e distribuzione nazionale dell'energia», l'«ordinamento delle comunicazioni», le «professioni»).
Per questa ragione è invalsa la prassi da parte dell'amministrazione statale di disciplinare tali materie non con atti regolamentari (che sarebbero vietati), ma con atti anomali che si autodefiniscono «aventi natura non regolamentare». La Corte costituzionale, d'altro canto, è arrivata a giustificare un esercizio del potere regolamentare governativo ben al di là dei confini tracciati dall'art. 117.6, facendo leva o su una lettura «finalistica» delle competenze legislative quale ad es. il «coordinamento della finanza pubblica» (sent. 376/2003 in relazione a dettagliati regolamenti di disciplina del ricorso degli enti territoriali al mercato dei capitali), o sulla non frazionabilità di interventi statali in ambiti di competenza regionale (sent. 151/2005 a proposito di contributi in favore di utenti di trasmissioni digitali).
Si può dunque dire che la difficoltà a individuare con precisione le materie di competenza legislativa si è ripercossa sulla definizione degli spazi di esercizio della potestà regolamentare, rafforzando le ragioni di coloro che criticano la scelta, compiuta nel 1948 e confermata nel 2001, di suddividere la competenza legislativa fra Stato e regioni per elenchi di materie.

7. I RAPPORTI DELLE REGIONI CON ALTRI SOGGETTI

- **Rapporti internazionali**. Le regioni possono concludere, nelle materie di loro competenza, **accordi internazionali** sia con stati sia con enti territoriali stranieri. Ciò può accadere, peraltro, nei soli casi e nelle forme previste dalla legge statale (art. 117.9 Cost.). Del resto, i «rapporti internazionali delle regioni» sono materia di legislazione concorrente e le regioni provvedono anche all'attuazione ed esecuzione degli accordi internazionali conclusi dallo Stato, se riferiti alle proprie competenze legislative. L'attività internazionale delle regioni è disciplinata dall'art. 6 della l. 131/2003 (sul *potere estero* delle regioni v. sentt. 238/2004 e 285/2005).

• **Rapporti con l'Unione europea**. Il Trattato di Lisbona ha espressamente riconosciuto il ruolo del «sistema delle autonomie regionali e locali» (rappresentate a Bruxelles nel Comitato delle regioni). Nelle materie di competenza regionale, le regioni partecipano alla fase *ascendente* e alla fase *discendente* del diritto dell'Unione europea: concorrono, in altre parole, sia alla formazione sia all'attuazione ed esecuzione degli atti dell'Unione (art. 117.5 Cost.). In breve: le regioni possono (e devono) dare **immediata attuazione alle direttive europee**. Per ciò che riguarda la fase ascendente, è prevista la partecipazione di rappresentanti delle regioni alle delegazioni del governo nel Consiglio dell'Unione (art. 5 l. 131/2003). La legge 234/2012 prevede altresì varie forme di consultazione, in particolare in sede di Conferenza Stato-regioni (v. subito dopo), al fine di definire la posizione italiana in ambito europeo.

• **Rapporti con lo Stato**. Si fa qui rinvio a tutto il capitolo. Sono inoltre previste dall'art. 118.3 Cost. specifiche forme di coordinamento fra Stato e regioni, disciplinate dalla legge statale, in alcune materie di esclusiva competenza dello Stato (immigrazione, ordine pubblico e sicurezza, tutela dei beni culturali).

La Conferenza Stato-regioni

Nell'assenza, criticata sin dai tempi della Costituente da parte della dottrina e da qualificate minoranze politiche, di un'assemblea rappresentativa delle regioni per concorrere in quanto istituzioni alle principali scelte del Parlamento, si sono creati alcuni succedanei di notevole importanza: si tratta del *sistema delle conferenze*, operante a livello governativo. Con la l. 400/1988 venne istituita la **Conferenza permanente per i rapporti tra lo Stato, le regioni e le province autonome** presso la presidenza del Consiglio dei ministri, di cui fanno parte i venti presidenti delle regioni a statuto ordinario e speciale e i due presidenti delle province autonome, con compiti di informazione e consultazione su tutto ciò che, in relazione alla politica generale del governo, può incidere sulle competenze delle regioni. Le sue attribuzioni sono state ampliate dal d.lgs. 281/1997 (che istituì anche la Conferenza Stato-città e autonomie locali e la Conferenza unificata Stato-regioni-città), divenendo negli anni il luogo centrale del negoziato fra lo Stato e gli enti territoriali, anche perché numerose sono le leggi che impongono la stipula di «intese» in sede di Conferenza.

• **Rapporti con altre regioni**. La regione può concludere intese con altre regioni per il miglior esercizio delle proprie funzioni e istituire a tale scopo organi interregionali comuni; queste intese devono essere ratificate con legge regionale (art. 117.8 Cost.).

• **Rapporti con gli enti locali**. Costituisce uno degli snodi cruciali dell'ordinamento, soprattutto dopo che la riforma del 2001 ha posto su un piano per molti aspetti pari ordinato regioni ed enti locali (con i limiti indicati dalla sent. 274/2003). Il disegno costituzionale è chiaro nel delineare regioni con funzioni legislative e di programmazione ed enti locali dotati della competenza amministrativa generale. Rimane esclusa una competenza regionale sull'ordinamento degli enti locali, ma la Corte costituzionale riconosce significativi poteri al legislatore regionale in ordine alle forme associative degli enti locali e alla disciplina dei servizi pubblici locali, ritenute materie di competenza residuale regionale. Inoltre, la competenza esclusiva dello Stato è limitata a legislazione elettorale, organi di governo e individuazione delle funzioni fondamentali degli enti locali.

Il consiglio delle autonomie locali

In questo quadro, la leale collaborazione fra gli enti territoriali è una vera e propria necessità istituzionale: tanto che l'art. 123.4 Cost. ha previsto che ogni regione si doti, in statuto, del **consiglio delle autonomie locali**, definito appunto «organo di consultazione fra la regione e gli enti locali». I singoli statuti regionali contemplano sia una mera funzione consultiva sia forme di compartecipazione al procedimento legislativo, con l'unico limite derivante dall'art. 121 Cost. che attribuisce al consiglio regionale la funzione legislativa (per cui, ad esempio, il parere contrario del consiglio delle autonomie locali non può, in ultima analisi, impedire l'approvazione del progetto di legge da parte del consiglio regionale: sono però possibili oneri procedurali conseguenti, come un voto a maggioranza qualificata).

8. L'ORDINAMENTO DEGLI ENTI LOCALI

8.1. Aspetti generali e funzioni degli enti locali

I **comuni** italiani sono oggi circa ottomila (in lieve ma continuo calo, grazie alle fusioni); le **città metropolitane** sono 13, oltre a **Roma capitale**; le **province** sono 89. Sono questi gli **enti locali**.

Gli enti locali nella Costituzione

Comuni, città metropolitane e province costituiscono la Repubblica insieme alle regioni e allo Stato. Certo, non hanno potestà legislativa, ma anch'essi, come le regioni, sono «enti autonomi con propri statuti, poteri e funzioni secondo i principi fissati dalla Costituzione» (art. 114.2 Cost.). È la stessa Costituzione, dunque, a prevedere la potestà degli enti locali di darsi uno **statuto** (al quale demandare le norme fondamentali di organizzazione e funzionamento, v. cap. 5). Viene inoltre prevista dall'art. 117.6 Cost. una **potestà regolamentare** «in ordine alla disciplina dell'organizzazione e allo svolgimento delle funzioni loro attribuite» (nel rispetto, ovviamente, delle leggi statali e regionali incidenti nelle stesse materie). Agli enti locali è infine garantita, in base all'art. 119 Cost., **autonomia impositiva e finanziaria**. Entro questa cornice costituzionale, essi hanno il potere di auto-organizzarsi e di amministrare, cioè di esercitare i compiti che la legge assegna loro o che hanno deciso autonomamente di assumere (*autonomia organizzativa e amministrativa*). È altresì previsto – come si è già visto – che gli enti locali, rappresentati nel consiglio delle autonomie locali istituito in ogni regione, partecipino in varie forme alle funzioni, anche legislative, delle regioni.

La Costituzione (art. 118.1) prevede poi, con una norma assai innovativa (che non ha precedenti in altri paesi, ma la cui applicazione si presenta non agevole), che **tutte le funzioni amministrative spettano ai comuni**, salvo che per assicurarne l'esercizio unitario siano conferite dalla legge statale o regionale, secondo le rispettive competenze, a un livello più alto (sulla base del *principio di sussidiarietà*, v. par. 9).

Gli enti locali nel testo unico del 2000

L'ordinamento degli enti locali è contenuto nel testo unico varato prima della riforma costituzionale del 2001 (il d.lgs. 267/2000, Tuel). Il Tuel raccoglieva organicamente tutte le norme in materia che si erano succedute a partire dalla legge di riforma delle autonomie locali del 1990. Successivamente, tuttavia, il Tuel è stato non solo modificato, ma affiancato da tutta una serie di altre disposizioni di legge: queste dunque si aggiungono al testo unico (per ultima la l. 56/2014). Oggi, perciò, l'ordinamento degli enti locali si rinviene, oltre che nel Tuel (con precipuo riferimento ai comuni), anche in queste leggi ulteriori (con precipuo riferimento alle province, alle città metropolitane, alle unioni e alle fusioni di comuni). Fanno eccezione gli enti locali delle *regioni a statuto speciale*: infatti, non lo Stato ma ciascuna regione speciale è competente per il proprio ordinamento locale.

Secondo la legge, fra gli enti locali solo i comuni (anche organizzati in unione, v. par. 8.4) rappresentano la propria comunità e sono da considerarsi **enti a fini generali**: nel senso che se di certe funzioni *devono* necessariamente occuparsi (ad esempio: illuminazione pubblica, cimiteri, strade comunali, giardini pubblici e così via), possono fare, per il resto, *tutto* ciò che nella loro autonomia ritengono utile alla cura degli interessi e alla promozione dello sviluppo di quanti, persone e imprese, risiedono nel loro territorio (art. 3 Tuel). È diverso il caso degli *enti territoriali di area vasta*, cioè delle città metropolitane e delle province, che esercitano solo le funzioni tassativamente indicate dalla legge (art. 1.2 e 3 l. 56/2014).

L'individuazione delle funzioni

Ciò che gli enti locali *possono* e *devono* fare (nell'interesse della collettività che amministrano), cioè le loro *funzioni*, trovano nella Costituzione aggettivazioni diverse. L'art. 117.2 lett. *p*) stabilisce che la determinazione delle **«funzioni fondamentali»** degli enti locali è materia riservata alla legge dello Stato; l'art. 118.2 fa riferimento a funzioni amministrative **«proprie»** e a funzioni **«conferite»**. In sintesi: è la legge dello Stato, e solo quella, a individuare le funzioni *fondamentali* degli enti locali; gli enti locali, i comuni in particolare, hanno un nucleo di funzioni *proprie*, che comunque il legislatore non può non riconoscere; la legge statale o la legge regionale possono *conferire* ulteriori funzioni agli enti locali.

Le funzioni individuate come fondamentali rilevano ai fini della determinazione dei fabbisogni standard cui rapportare il finanziamento della spesa locale (v. d.lgs. 216/2010). Inoltre, è in relazione alle funzioni fondamentali che la legge ha imposto ai piccoli comuni l'obbligo della gestione in forma associata. Le funzioni fondamentali sono quelle elencate nella tabella, quali previste per i comuni dal d.l. 78/2010 (comma 27 dell'art. 14, modificato dal d.l. 95/2012) e per le città metropolitane e le province dalla l. 56/2014 (commi 44 e 85-86 dell'art. 1).

FUNZIONI FONDAMENTALI DEGLI ENTI LOCALI (D.L. 78/2010 E L. 56/2014)

Comuni	Città metropolitane	Province
• Organizzazione generale dell'amministrazione, gestione finanziaria e controllo • Organizzazione dei servizi pubblici di interesse generale, compreso il trasporto pubblico • Catasto • Pianificazione urbanistica ed edilizia • Pianificazione di protezione civile e coordinamento dei primi soccorsi • Organizzazione e gestione della raccolta e smaltimento dei rifiuti • Progettazione e gestione del sistema locale dei servizi sociali ed erogazione delle relative prestazioni • Edilizia scolastica (salvo quanto attribuito alle città metropolitane o province) e servizi scolastici • Polizia municipale e amministrativa locale • Registri di stato civile, anagrafe, servizi elettorali e statistici	• Piano strategico triennale del territorio metropolitano • Pianificazione territoriale generale (comunicazioni, reti, infrastrutture) • Sistemi coordinati di gestione dei servizi pubblici • Mobilità e viabilità • Promozione e coordinamento dello sviluppo economico e sociale • Promozione e coordinamento dei sistemi di informatizzazione e digitalizzazione Inoltre: • Tutte le funzioni fondamentali attribuite alle province	• Pianificazione territoriale di coordinamento, tutela e valorizzazione dell'ambiente • Pianificazione dei servizi di trasporto • Costruzione e gestione delle strade, regolazione della circolazione stradale • Programmazione della rete scolastica • Raccolta ed elaborazione dati, assistenza tecnico-amministrativa agli enti locali • Gestione dell'edilizia scolastica • Controllo dei fenomeni discriminatori sul lavoro Alle province montane di confine, anche: • Sviluppo strategico del territorio • Gestione di servizi in forma associata • Relazioni istituzionali con enti territoriali di stati confinanti

8.2. I comuni: l'organizzazione

L'organizzazione dei **comuni** prevede questi *organi necessari*:
- sindaco;
- consiglio;
- giunta.

Il sindaco

Il **sindaco** è eletto a suffragio universale diretto e a maggioranza assoluta dei voti validi; nel caso questa non sia conseguita, si ricorre a un ballottaggio fra i due candidati più votati. Nei comuni fino a 15.000 abitanti per essere eletti basta la maggioranza relativa (sulle caratteristiche essenziali del sistema elettorale comunale v. par. 7 del cap. 8). **Dura in carica 5 anni**. È previsto il **limite di mandato**: non può essere immediatamente rieletto se ha già esercitato due mandati consecutivi (tre nei comuni fino a 3.000 abitanti). Il sindaco **nomina e revoca gli assessori** che con lui compongono la giunta; gli assessori possono essere anche non consiglieri e, se lo sono, nei comuni sopra i 15.000 abitanti decadono da consiglieri. In altri termini, è prevista l'**incompatibilità** fra le due cariche: separazione voluta per evitare che le stesse persone come componenti del consiglio dettino indirizzi a sé stessi come componenti della giunta e verifichino come vi ottemperano.

Il consiglio

In effetti le funzioni in prevalenza attribuite ai due organi (giunta e consiglio) sono distinte: sindaco e giunta sono il governo dell'ente locale; il **consiglio** è

COMPOSIZIONE DEI CONSIGLI E DELLE GIUNTE COMUNALI

Comuni	Consiglio	Giunta
Fino a 3.000 abitanti	10 consiglieri	Fino a 2 assessori (anche consiglieri)
Da 3.001 a 10.000 abitanti	12 consiglieri	Fino a 4 assessori (anche consiglieri)
Da 10.001 a 15.000 abitanti	16 consiglieri	Fino a 5 assessori (anche consiglieri)
Da 15.001 a 30.000 abitanti	16 consiglieri	Fino a 5 assessori
Da 30.001 a 100.000 abitanti	24 consiglieri	Fino a 7 assessori
Da 100.001 a 250.000 abitanti	32 consiglieri	Fino a 9 assessori
Da 250.001 a 500.000 abitanti	36 consiglieri	Fino a 10 assessori
Da 500.001 a 1.000.000 abitanti	40 consiglieri	Fino a 11 assessori
Oltre 1.000.000 abitanti	48 consiglieri	Fino a 12 assessori

Nota: Nelle giunte dei comuni sopra 3.000 abitanti nessuno dei due sessi può essere rappresentato in misura inferiore al 40% (art. 1 comma 137 l. 56/2014).

definito «organo di indirizzo e di controllo politico-amministrativo» (art. 42 Tuel). Esso ha la competenza ad approvare gli atti fondamentali dell'ente (statuto, regolamenti, programmi, bilanci, convenzioni con altri enti, organizzazione dei servizi pubblici, tributi, ma non le *aliquote*, acquisti e vendite di immobili) e a formulare indirizzi su come sindaco e giunta devono agire (ad es. in ordine alle nomine o all'adeguamento periodico del programma); ma ha poi, soprattutto, il compito di controllare come sindaco e giunta assolvono alle funzioni esecutive. A tale scopo sono previste anche precise garanzie dei diritti del singolo consigliere e delle minoranze. La **giunta**, dal canto suo, collabora col sindaco nel governo del comune, agendo come organo collegiale, e ha quella che viene chiamata competenza generale, cioè fa tutto quello che la legge o lo statuto non attribuiscono alla competenza del sindaco o del consiglio (art. 48 Tuel).

La giunta

La composizione dei consigli e delle giunte comunali, ridotta rispetto al testo unico del 2000, risulta essere attualmente quella riportata nella tabella (oltre al sindaco, che fa parte anche del consiglio).

Attribuzioni del sindaco

Il sindaco porta, in generale, la responsabilità di tutta l'amministrazione del comune, oltre a esercitare numerose funzioni che possiamo così sintetizzare:

1. rappresenta l'ente, convoca e presiede la giunta (nei comuni piccoli può anche presiedere il consiglio, ma in genere questo ha un proprio presidente);
2. sovrintende all'esercizio da parte del comune delle funzioni che esso ha ricevuto dallo Stato o dalla regione;
3. adotta provvedimenti d'emergenza (le **ordinanze contingibili e urgenti**) in materia di *sanità* e *igiene pubblica*;
4. coordina e organizza gli orari di negozi, servizi e uffici pubblici;
5. nomina e revoca i rappresentanti del comune in altri enti;
6. nomina i responsabili di uffici e servizi, attribuisce gli incarichi dirigenziali e le collaborazioni esterne (fin qui, art. 50 Tuel).

In quanto **ufficiale del governo** il sindaco sovrintende a: registri dello stato civile, adempimenti in materia elettorale, funzioni in materia di pubblica sicurezza e polizia giudiziaria, vigilanza in materia di ordine pubblico; può adottare ordinanze contingibili e urgenti in materia di *incolumità pubblica* e *sicurezza urbana* (v. par. 6 del cap. 13).

La forma di governo dei comuni

Il sindaco (e con esso la giunta) cessa dalla carica in caso di approvazione di una mozione di sfiducia da parte del consiglio: la sfiducia deve essere approvata a maggioranza assoluta dei componenti per appello nominale, sulla base di una mozione motivata e firmata da almeno due quinti dei consiglieri. In questo caso anche il consiglio è sciolto e si procede a nuove elezioni. Ciò accade anche quando il sindaco venga a cessare per qualsiasi altra ragione: dimissioni, impedimento permanente, rimozione, morte. Allo scioglimento si provvede anche quando si dimetta contestualmente la metà più uno dei consiglieri: una sorta di via alternativa alla sfiducia che può giustificarsi quando vi sia un consenso a nuove elezioni, ma l'impossibilità di concordare (magari tra forze politiche fra loro contrapposte anche se ugualmente avverse al sindaco) una comune mozione di sfiducia. L'importante è ricordare la regola per cui sindaco e consiglio sono eletti e vivono contestualmente. Se cessa l'uno, cessa l'altro. Si tratta della regola *aut simul stabunt aut simul cadent*, che connota una **forma di governo di legislatura a vertice monocratico elettivo** (assunta, come abbiamo visto, come modello standard anche per la forma di governo regionale).

Lo status degli eletti

La legge prevede istituti volti a garantire che il cittadino eletto a funzioni pubbliche locali possa disporre del tempo necessario, senza danni economici e senza svantaggi per la sua posizione professionale: disciplina perciò il regime delle **aspettative** (condizione giuridica di chi viene esonerato temporaneamente dall'obbligo di fornire le sue prestazioni lavorative), dei **permessi**, retribuiti e non (autorizzazioni ad assentarsi dal lavoro), delle **indennità** e dei **rimborsi** cui gli amministratori locali hanno diritto (in relazione all'esercizio delle loro funzioni).

Naturalmente sono anche fissati i **doveri degli amministratori**. Essi non solo devono agire in modo imparziale e osservando il principio di buona amministrazione, ma devono rispettare la distinzione tra le funzioni proprie (di indirizzo) e quelle (di gestione) dei dirigenti delle amministrazioni cui essi sono preposti (ovvero la distinzione che si chiama, un po' impropriamente, fra politica e amministrazione, v. anche cap. 13).

La dirigenza amministrativa

Fin dalla legge 142/1990 e sulla base di un'incisiva giurisprudenza costituzionale, la partecipazione degli amministratori di estrazione direttamente o indirettamente elettiva è stata esclusa dalle funzioni gestionali o amministrative in senso stretto. Tanto è vero che la legge espressamente attribuisce ai **dirigenti** «tutti i compiti di attuazione degli obiettivi e dei programmi», definiti con «atti di indirizzo» da sindaco, giunta, consiglio, e segnatamente: *a*) la presidenza di commissioni di gara e di concorso; *b*) la responsabilità di appalti e di concorsi; *c*) la stipula di contratti; *d*) la gestione finanziaria e l'assunzione di impegni di spesa; *e*) l'amministrazione e la gestione del personale; *f*) le autorizzazioni, le concessioni e altri atti. Tutto ciò un tempo era di competenza, a seconda dei casi, del sindaco, della giunta e, per lo più, di singoli assessori.

Il segretario comunale

Per decenni al vertice della struttura amministrativa dei comuni vi è stato il **segretario comunale**, singolare figura di funzionario che da un lato apparteneva agli organici del ministero dell'interno (e dal governo veniva nominato), dall'altro dipendeva funzionalmente dal sindaco. I segretari hanno conosciuto rilevanti trasformazioni del loro ruolo: per un verso sono stati posti alle dipendenze di un'agenzia autonoma (organizzata in sezioni regionali) e la loro nomina è stata sottratta al governo e affidata ai sindaci stessi, con incarico coincidente con la durata del mandato (i sindaci attingono da un apposito albo: l. 127/1997); per un altro verso hanno visto ridimensionati i loro compiti a seguito dell'introduzione della diversa figura del **direttore generale**, quale vertice amministrativo dell'ente incaricato di sovrintendere alla gestione, sottoposto alle direttive del sindaco che lo nomina (anche dall'esterno, con incarico che non dura oltre il mandato del sindaco: art. 108 Tuel).

Di recente, tuttavia, anche allo scopo di risparmiare risorse pubbliche, si era assistito a un rilancio della figura del segretario: infatti, la possibilità di nominare un direttore generale è stata limitata ai comuni oltre 100.000 abitanti, tornando in tutti gli altri al solo segretario (l. 42/2010). Nel contempo è stata soppressa l'agenzia autonoma, alla quale sono subentrati, al centro, il ministero dell'interno e, nelle singole regioni, i prefetti del capoluogo (l. 122/2010). Così molti segretari, oltre che collaboratori con funzioni di assistenza giuridico-amministrativa degli organi dell'ente (sindaco, giunta, consiglio), aventi il compito primario di far sì che tutti gli atti siano conformi alla legge, allo statuto e ai regolamenti, hanno assunto altresì il ruolo di vertice gestionale dell'ente. La riorganizzazione delle pubbliche amministrazioni sulla base della l. 124/2015 (di delegazione, dunque in corso di attuazione) ha ora previsto l'abolizione della figura del segretario comunale. Le funzioni del segretario, inclusa quella del controllo della legalità dell'azione amministrativa, saranno trasferite a un dirigente appartenente al ruolo dei dirigenti degli enti locali, a sua volta in via di formazione.

Le circoscrizioni

Nei comuni oltre 250.000 abitanti gli statuti possono prevedere l'istituzione delle **circoscrizioni** quali organi di decentramento comunale (art. 17 Tuel). Organizzazione e funzioni di tali organi, chiamati anche quartieri, municipi, municipalità, sono stabiliti dallo statuto, che può prevedere l'elezione diretta del relativo consiglio.

8.3. Gli enti di area vasta: città metropolitane e province

Istituite nell'Ottocento come sedi del decentramento amministrativo di uno stato fortemente centralizzato, le province si svilupparono poi in enti territoriali elettivi. Esse continuarono a coincidere con le sedi decentrate delle amministrazioni statali (prefettura, intendenza di finanza, provveditorato scolastico, ufficio tecnico erariale; la stessa Banca d'Italia, che pure godeva di una relativa indipendenza, aveva la sua sede in ogni provincia).

La questione province: mantenerle o abolirle?

Sin dalla Costituente, peraltro, si cominciò a metterne in discussione l'esistenza, dal momento che si stava dando vita all'ordinamento regionale, anche se prevalse la continuità. Se ne riparlò in seguito quando, all'inizio degli anni Settanta, le regioni ordinarie furono finalmente istituite. Periodicamente la questione dell'opportunità di mantenere le province riemerse. Proprio la riforma del 1990 rescisse lo storico legame ente provinciale-uffici statali, espressamente disponendo che l'istituzione della provincia *non* comportava più l'istituzione dei corrispondenti uffici decentrati dello Stato. Le province videro tuttavia un rilancio del loro ruolo. In base al Tuel, comuni e province erano posti sostanzialmente sullo stesso piano, parimenti considerati *enti a fini generali*, sia pure con funzioni diverse. Con la riforma costituzionale del 2001 le province sono state considerate uno degli *enti costitutivi della Repubblica* (art. 114.1 Cost., accanto anche alle città metropolitane, previste da tempo ma poi mai istituite). La questione si è riproposta durante la crisi finanziaria degli anni 2008-2014, anche a causa della moltiplicazione delle province che si era registrata a partire dal 1990: da 92 erano diventate infatti ben 107, alcune delle quali assai piccole per superficie e popolazione. Ancor più che risparmi diretti, si trattava di conseguire una sempre più necessaria semplificazione delle amministrazioni pubbliche.

In quegli anni una riforma delle province aveva inizialmente visto la luce attraverso una serie di decreti legge, che seguivano però strategie contraddittorie (d.l. 138/2011, d.l. 95/2012, d.l. 188/2012: quest'ultimo, che aveva proceduto all'accorpamento e riduzione delle province, non venne neppure convertito in legge; i primi due furono dichiarati costituzionalmente illegittimi dalla sent. 220/2013). Successivamente il Parlamento ha da un lato approvato una legge che innova e integra profondamente l'ordinamento del Tuel (la l. 56/2014, che la sent. 50/2015 ha dichiarato legittima), dall'altro con la riforma cost. 2016 ha previsto la soppressione del termine «province» dal testo della Costituzione. Questo è dunque l'assetto che qui si descrive: esso si fonda sull'idea secondo la quale fra comune e regione sia opportuna, ma *non* costituzionalmente obbligatoria, l'istituzione di un ente territoriale che si occupi di quelle funzioni che i comuni non sono in grado di svolgere da soli e che, al tempo stesso, non si ritiene di affidare alla regione (per non appesantirne l'amministrazione e salvaguardare le prevalenti funzioni di programmazione, indirizzo, legislazione).

Quali sono gli enti di area vasta

L'ordinamento degli enti locali prevede ora, pertanto, che il territorio nazionale sia suddiviso in **enti territoriali di area vasta**, i cui ambiti corrispondono con quelli delle «vecchie» province. Si tratta però, nel rispetto dei principi di *differenziazione* e *adeguatezza* richiamati dall'art. 118.1 Cost., di una pluralità di enti con funzioni diverse, anche se con caratteristiche comuni, e precisamente:

- **Roma «capitale della Repubblica»**, *ex* art. 114.3 Cost., disciplinata dalle stesse norme sulle città metropolitane (art. 1 commi 101-103 l. 56/2014);

- le **città metropolitane**, coincidenti con il territorio delle province di Torino, Milano, Venezia, Genova, Bologna, Firenze, Napoli, Bari, Reggio Calabria, che alle province subentrano (art. 1 commi 5-50 l. 56/2014);
- le **province**, tutte quelle attualmente esistenti, meno quelle cui sono succedute le città metropolitane (art. 1 commi 51-100 l. 56/2014);
- le **province montane di confine**, cioè quelle di Verbania Cusio Ossola, Sondrio e Belluno, alle quali sono riconosciute alcune specificità (art. 1 comma 86 l. 56/2014).

Anche le regioni speciali stanno perseguendo un processo di riforma delle province (v. l.r. Sicilia 15/2015, che ha istituito altresì le città metropolitane di Palermo, Catania e Messina, e l.r. Sardegna 2/2016, che ha istituito la città metropolitana di Cagliari; per il Friuli-Venezia Giulia il Parlamento ha approvato una legge costituzionale di riforma dello statuto che sopprime le province esistenti, v. l. cost. 1/2016).

Gli organi metropolitani e provinciali

Caratteristica comune agli enti territoriali di area vasta è che si tratta di enti i cui organi (sindaco metropolitano o presidente della provincia, consiglio metropolitano o consiglio provinciale, conferenza metropolitana o assemblea dei sindaci, rispettivamente) non sono di estrazione elettiva diretta. Unica eccezione eventuale è la città metropolitana, il cui statuto può prevedere che il sindaco e il consiglio siano eletti a suffragio universale diretto (secondo il modello adottato ad esempio in Inghilterra per la *Greater London Authority*): ma a condizione che il territorio del comune capoluogo venga suddiviso, previamente, in più comuni o in zone omogenee (per specifiche funzioni, su proposta della regione o d'intesa con essa).

Il **sindaco metropolitano** e il **presidente della provincia** rappresentano l'ente, convocano e presiedono il consiglio e la conferenza o assemblea dei sindaci: il **consiglio metropolitano** e il **consiglio provinciale** sono gli organi di indirizzo e controllo, che approvano i regolamenti, i piani e programmi e i bilanci; alla **conferenza metropolitana** e all'**assemblea dei sindaci**, organi dotati di poteri propositivi e consultivi, spetta esprimere un parere sugli schemi di bilancio e pronunciarsi in via definitiva sullo statuto dell'ente proposto dal consiglio. Conferenza metropolitana e assemblea dei sindaci si esprimono con *voto ponderato* (rapportato cioè alla popolazione residente, per fasce demografiche in base a un'apposita tabella allegata alla l. 56/2014) che rappresenti almeno *un terzo dei comuni e la maggioranza della popolazione*.

Salvo che lo statuto preveda l'elezione diretta (sulla base di una legge elettorale statale che al momento non c'è), sindaco metropolitano è il sindaco del comune capoluogo; mentre presidente della provincia è il sindaco di un comune della provincia, eletto dai sindaci e dai consiglieri dei comuni della provincia (sempre con voto ponderato). In caso di cessazione dalla carica di sindaco decade anche dalla carica di presidente della provincia. Il consiglio metropolitano e il consiglio provinciale sono eletti anch'essi dai sindaci e dai consigli dei comuni della città metropolitana o della provincia, e i consiglieri devono a loro volta essere sindaci o consiglieri comunali. Il consigliere provinciale decade in caso di cessazione dalla carica di sindaco o consigliere comunale. La legge prevede che i consigli metropolitani siano composti, oltre che dal sindaco metropolitano, da 14 consiglieri (città sotto 800.000 abitanti), 18 (città sopra 800.000 abitanti e fino a 3 milioni), 24 (oltre 3 milioni di abitanti); i consigli provinciali sono composti, oltre che dal presidente della provincia, da un numero di consiglieri pari a 10 (province sotto 300.000 abitanti), 12 (fra 300.000 e 700.000 abitanti), 16 (oltre 700.000 abitanti). Infine, la conferenza metropolitana è composta dal sindaco metropolitano e da tutti i sindaci dei comuni della città metropolitana, così come l'assemblea dei sindaci è composta dai sindaci dei comuni appartenenti alla provincia.

8.4. La gestione associata delle funzioni: unioni di comuni e fusioni

Constatata la storica ritrosia delle classi dirigenti locali rispetto a qualsiasi ipotesi di riduzione della frammentazione comunale (almeno fino a tempi recenti), la strategia del legislatore si è andata orientando a favore della *gestione associata* delle funzioni, volontaria e incentivata o anche obbligatoria per legge. Lo strumento più importante a questo fine è l'*unione di comuni*.

Le unioni di comuni

L'**unione di comuni** è definita un ente locale ed è dotata anch'essa di potestà statutaria. Essa è sottoposta, oltre che alla legge dello Stato (art. 32 Tuel, art. 1 commi 104-115 l. 56/2014), anche alla disciplina legislativa della regione di appartenenza (per esempio, ai fini dell'individuazione degli ambiti ottimali di esercizio di determinate funzioni e della soglia minima di abitanti). Il limite demografico minimo delle unioni, secondo la legge statale, è di 10.000 abitanti, che scendono a 3.000 se si tratta di comuni montani (nel qual caso però l'unione deve comprendere almeno tre comuni). L'unione è finalizzata allo svolgimento in forma associata di funzioni e servizi; un comune può far parte di una sola unione. Suoi organi sono il presidente, la giunta e il consiglio: tutti formati da amministratori in carica dei comuni associati, senza oneri aggiuntivi. In questo vi è una somiglianza con gli enti di area vasta. Già prevista dalla legge 142/1990, l'unione di comuni è stata rilanciata negli anni più recenti: non solo essa ha finito col sostituire le *comunità montane* (affidate alla competenza legislativa residuale di ciascuna regione: per cui in alcune regioni le comunità montane esistono tuttora, in altre non più), ma è diventata, nel perseguimento di obiettivi di razionalizzazione della spesa pubblica e di semplificazione istituzionale, l'alternativa concretamente praticata alla fusione di comuni. Le unioni di comuni si dividono in unioni volontarie e unioni obbligatorie: queste seconde riguardano i comuni di minor dimensione demografica (fino a 5.000 abitanti), i quali sono tenuti ad esercitare in forma associata mediante unione (o, in alternativa, mediante convenzione, v. dopo) le funzioni fondamentali individuate dalla legge (in numero progressivamente crescente e, infine, tutte le funzioni fondamentali a partire dal 2017: art. 14 commi 28-31-*quater* d.l. 78/2010).

La fusione di comuni

La **fusione** fra due o più comuni (art. 15 Tuel, art. 1 commi 116-134 l. 56/2014) dà invece vita a un nuovo comune, la cui disciplina è quella di qualsiasi comune. Essa è disposta dalla legge regionale, sentite le popolazioni interessate secondo forme disciplinate dalla regione stessa (per lo più si tengono referendum popolari). Contributi regionali e statali sono previsti per incentivare le fusioni, nonché un'attenuazione dei vincoli previsti per gli altri comuni (per esempio, i vincoli finanziari del patto di stabilità interno). Inoltre, lo statuto del comune nato dalla fusione può disporre l'istituzione di *municipi* anche dotati di organi rappresentativi eletti direttamente dai cittadini, per continuare a dare una rilevanza amministrativa alle comunità d'origine (art. 16 Tuel).

Convenzioni e accordi di programma

Strumenti per la gestione associata delle funzioni sono anche le **convenzioni** (art. 30 Tuel). Esse consistono in accordi o contratti fra due o più comuni, i quali definiscono ciò che si intende fare insieme, nonché i reciproci obblighi e i relativi rapporti finanziari (per esempio, l'istituzione di un corpo unico di polizia municipale oppure un unico ufficio legale o per il personale o un'unica stazione appaltante). Nel caso in cui non si tratti di gestire un servizio ma piuttosto di realizzare un'opera pubblica che richieda l'azione integrata e coordinata di enti locali, regioni, amministrazioni dello Stato e altri soggetti pubblici, allora si fa ricorso a uno speciale strumento negoziale che si chiama **accordo di programma** (a certe condizioni anche comportando variazioni degli strumenti urbanistici: art. 34 Tuel).

9. LE FUNZIONI AMMINISTRATIVE E IL PRINCIPIO DI SUSSIDIARIETÀ

La sussidiarietà verticale

Le **funzioni amministrative** degli enti locali, delle regioni e dello Stato sono disciplinate dall'art. 118 Cost. In base al **principio di sussidiarietà verticale**, introdotto dalla riforma del 2001, le funzioni amministrative spettano di regola all'ente più vicino al cittadino, mentre l'intervento degli enti di livello superiore è solo sussidiario. Il primo comma dell'art. 118 dispone, infatti, che esse in via generale «sono attribuite ai comuni», a meno che la legge (statale o regionale, a seconda delle rispettive competenze) non provveda a conferirle a province, città metropolitane, regioni o allo Stato per garantire, di volta in volta, *esigenze di carattere unitario*.

Al principio di sussidiarietà verticale l'art. 118.1 affianca i **principi di adeguatezza e differenziazione**. Adeguatezza vuol dire che il livello di governo individuato dalla legge deve essere in grado (e cioè capace) di gestire quella funzione, dovendosi altrimenti affidare la funzione a un livello di governo, per l'appunto, più *adeguato*. La differenziazione, invece, esige che il conferimento delle funzioni amministrative avvenga in modo ragionevole, disciplinando in modo eguale situazioni eguali e in modo differente situazioni differenti: in

genere, ad esempio, un comune di grandi dimensioni è in grado di svolgere molte più funzioni di un comune piccolo o piccolissimo. In tali casi lo Stato o la regione possono *differenziare* l'allocazione delle funzioni amministrative: una medesima funzione potrà essere affidata, nel caso di un grande comune, al suo diretto esercizio ovvero, nel caso di comuni più piccoli, a forme di esercizio associato oppure affidata alla provincia o alla città metropolitana oppure ancora mantenuta in capo alla regione (o allo Stato).
Spetta alla Corte costituzionale valutare se ci sono le ragioni che giustifichino l'attribuzione a un livello superiore di una determinata funzione amministrativa (si tratta di una valutazione delicata che incide sulla discrezionalità politica del legislatore). Ad esempio, nella sent. 196/2004 in materia di condono edilizio la Corte ha escluso che sussistessero ragioni sufficienti per sottrarre ai comuni e affidare al prefetto le demolizioni di fabbricati a seguito di gravi abusi edilizi (una scelta che era stata indotta dall'inerzia di molti comuni nel procedere alle demolizioni).

La sussidiarietà orizzontale

Accanto al principio di sussidiarietà verticale, l'ultimo comma dell'art. 118 prevede anche il **principio di sussidiarietà orizzontale**, in forza del quale tutti gli enti territoriali che costituiscono la Repubblica, compreso lo Stato, sono tenuti a favorire l'autonoma iniziativa dei cittadini, singoli e associati, per lo svolgimento di attività di interesse generale. Il principio, in questo caso, vale a tracciare una linea di confine tra intervento pubblico e intervento privato: secondo alcuni nel senso che il primo viene totalmente pretermesso dall'esistenza del secondo, secondo altri nel senso che i pubblici poteri tengono conto, ove esistente, dell'iniziativa privata. Una recente applicazione, in campo fiscale, di questo principio è la facoltà riconosciuta ai cittadini contribuenti di devolvere una quota delle proprie imposte sul reddito a favore di determinati enti privati come università, istituti di cultura, associazioni non profit (il «5 per mille» introdotto a partire dalla dalla l. 266/2005).

10. L'AUTONOMIA FINANZIARIA E FISCALE DELLE REGIONI E DEGLI ENTI LOCALI

Le regioni, i comuni, le province e le città metropolitane hanno **autonomia finanziaria** di entrata e di spesa, nel rispetto dell'**equilibrio di bilancio** (art. 119.1 Cost.). Dispongono di un proprio patrimonio. Possono indebitarsi ricorrendo al mercato dei capitali (art. 119.6), ma solo per compiere spese di **investimento**, ad esempio la costruzione di un ponte o una strada, non per sostenere **spese correnti**, quali quelle per il personale. Va aggiunto che la **garanzia dello Stato** sui prestiti contratti da regioni ed enti locali è espressamente esclusa: ciò comporta che la capacità di approvvigionamento sui mercati e gli oneri relativi dipendono esclusivamente dal *merito di credito*, cioè dalla credibilità finanziaria di ciascun singolo ente.

Le risorse ordinarie

Le **risorse ordinarie** delle regioni e degli enti locali sono di diversa origine:
• **tributi ed entrate proprie**, ossia fonti di finanziamento autonome, derivanti o dall'esercizio di poteri impositivi propri o da altre forme di autofinanziamento, come i corrispettivi per servizi pubblici offerti alla collettività;
• **compartecipazione al gettito di tributi erariali** (cioè statali) riferibili al loro territorio (secondo il criterio che le risorse devono restare o tornare almeno in parte alle comunità che le producono), consistenti in quote di gettito derivanti dalle principali imposte nazionali;
• entrate derivanti da un **fondo perequativo**, istituito con legge statale, per garantire una distribuzione di risorse finanziarie in funzione di perequazione a vantaggio dei territori la cui capacità fiscale *pro capite* è più bassa.
Tali risorse vanno in ogni caso trasferite **senza vincolo di destinazione**, ossia senza predeterminazione di specifiche finalità o funzioni, lasciando alle regioni e agli enti locali la libertà di sceglierne l'impiego in questo o quel settore.
Tutte queste fonti di finanziamento – e cioè tributi ed entrate proprie, compartecipazioni al gettito di tributi erariali, fondo perequativo – devono permettere la copertura delle spese derivanti dall'esercizio delle funzioni assegnate a ciascun ente territoriale (art. 119.4). È questo il principio della **congruità tra funzioni e risorse finanziarie**, principio di carattere generale diretto a garantire a regioni ed enti locali la disponibilità di risorse sufficienti per attuare le proprie politiche di spesa.

Le risorse aggiuntive

Sono previsti, altresì, **trasferimenti ulteriori** dello Stato («risorse aggiuntive» o «interventi speciali») a favore di *determinati* enti regionali o locali per *specifiche* finalità: quando si tratti di promuovere lo sviluppo economico o la coesione e la solidarietà sociale, di rimuovere gli squilibri economico-sociali, di favorire l'effettivo esercizio dei diritti della persona, di provvedere a scopi diversi dall'esercizio delle funzioni ordinarie. In questo caso, anche se non espressamente stabilito, è possibile prevedere *vincoli di destinazione*, trattandosi di risorse non destinate a finanziare funzioni proprie di regioni ed enti locali.

L'attuazione dell'art. 119 Cost.

Queste previsioni costituzionali, assolutamente necessarie per dare effettivamente corpo alle nuove dimensioni dell'autonomia regionale e locale, sono restate inattuate fino all'approvazione della legge delega in materia di «federalismo fiscale» (l. 5 maggio 2009, n. 42). Aboliti in prospettiva i *trasferimenti statali* definiti nella loro entità in base al *criterio della spesa storica* (cioè in base a quanto trasferito negli esercizi precedenti), l'idea di fondo del *federalismo fiscale* è che ciascun ente territoriale goda di entrate sufficienti a finanziare l'esercizio delle funzioni, vedendosi garantire – in caso di inadeguata capacità fiscale – ciò che manca dallo Stato (o dalla regione se si tratta di comuni), limitatamente ai **livelli essenziali delle prestazioni**, in misura determinata sulla base di *costi standard* definiti a livello nazionale. Ciò dovrebbe premiare chi fa miglior uso delle risorse e indirettamente punire chi ne fa cattivo uso (restando a ciascun ente l'onere di finanziare costi maggiori o prestazioni aggiuntive). I decreti legislativi poi adottati hanno avuto ad oggetto: l'attribuzione agli enti locali e alle regioni di una parte del patrimonio immobiliare statale (d.lgs. 85/2010), le modalità di determinazione dei fabbisogni standard degli enti locali (d.lgs. 216/2010), il finanziamento dei comuni (d.lgs. 23/2011), l'autonomia tributaria di regioni e province e i costi standard della sanità (d.lgs. 68/2011), gli interventi volti a rimuovere gli squilibri economico-sociali fra aree diverse del paese (d.lgs. 88/2011), le disposizioni per l'armonizzazione dei sistemi contabili e dei bilanci sia delle regioni sia degli enti locali (d.lgs. 118/2011), i premi per gli enti virtuosi e le sanzioni per quelli non virtuosi (d.lgs. 149/2011).

La Corte costituzionale aveva già in precedenza chiarito alcuni punti al fine di evitare il fenomeno dei fondi statali trasferiti alle regioni con vincolo di destinazione (fino agli anni Novanta il 90% delle risorse assegnate alle regioni era vincolato a perseguire obiettivi decisi dal legislatore statale o dall'amministrazione centrale: ad es. i fondi per la spesa sanitaria, che ha sempre rappresentato la voce più consistente nei bilanci regionali). Perciò non è consentito allo Stato istituire fondi settoriali di finanziamento delle attività regionali (sent. 370/2003), né comunque prevedere finanziamenti statali in ambiti di competenza delle regioni (sent. 160/2005), con la sola eccezione di quei finanziamenti che siano volti ad assicurare le finalità racchiuse nelle «materie trasversali» (sentt. 14/2004 e 77/2005). Sono state quindi ritenute illegittime leggi statali dirette a stabilire erogazioni vincolate o trasferimenti diretti senza passare per i programmi regionali (per esempio, per assicurare la riqualificazione urbana dei comuni, sent. 16/2004; per realizzare infrastrutture a favore degli enti locali, sent. 49/2004; per provvedere a servizi per i disabili o per il sostegno della natalità, sent. 424/2004).

I limiti dell'autonomia finanziaria

L'autonomia finanziaria di regioni, comuni, province e città metropolitane deve svolgersi, in ogni caso, «in armonia con la Costituzione» e «secondo i principi di coordinamento della finanza pubblica e del sistema tributario», e solo in base a una specifica legge statale o regionale (art. 23 Cost.: «nessuna prestazione personale o patrimoniale può essere imposta se non in base alla legge»).

Il **coordinamento finanziario e fiscale** è una funzione volta a unificare i diversi sistemi finanziari e tributari degli enti che costituiscono la Repubblica. Esso, infatti, presuppone che ciascun ente possa fare politiche di bilancio autonome, le quali devono poi essere ricondotte a coerenza. I principi di coordinamento sono la cornice entro cui regioni ed enti locali possono legittimamente esercitare il potere di stabilire e applicare tributi ed entrate propri (sent. 37/2004). Il «coordinamento della finanza pubblica e del sistema tributario» compare anche fra le materie di legislazione concorrente: ciò significa che le stesse regioni devono svolgere tale funzione con riferimento al sistema di governo regionale e locale. Proprio a tal fine la legge 42/2009 ha istituito una *conferenza permanente per il coordinamento della finanza* *pubblica*, organo tecnico cui partecipano rappresentanti di tutti gli enti territoriali, e ha previsto regole uniformi per la redazione dei bilanci (oggetto di uno dei decreti legislativi sopra citati).

I vincoli europei e l'equilibrio di bilancio

Il coordinamento finanziario statale, inoltre, è finalizzato ad adempiere agli obblighi derivanti dal *Patto di stabilità e crescita* sottoscritto in sede di Unione europea. Sulla base dei vincoli economici e finanziari dell'Unione europea, sono consentite limitazioni alla capacità di spesa delle regioni e degli enti locali anche attraverso controlli, obblighi di informazione e fissazione di standard o altri vincoli, stabiliti dal corrispondente *patto di stabilità interno*, introdotto dalla l. 448/1998, rafforzato a ogni successiva manovra finanziaria e ora ridisciplinato dalla l. 208/2015 sulla base delle nuove regole sull'*equilibrio di bilancio* (v. dopo). La Corte costituzionale ha considerato legittime norme statali che hanno bloccato o posto limiti alle spese per il personale o alle assunzioni nelle regioni (sent. 4/2004) o alla spesa corrente anche affidando taluni servizi all'esterno (sent. 36/2004), purché essi siano fissati come «limite complessivo» (sono cioè vietati limiti puntuali) e solo in via transitoria e in vista degli obiettivi di riequilibrio finanziario (sent. 417/2005). In taluni casi, tuttavia, la Corte ha consentito anche limitazioni puntuali collegandosi a materie di competenza statale, ad esempio giustificando l'obbligo per le regioni di acquistare gomme rigenerate richiamando la competenza statale in materia ambientale (sent. 378/2003), o giustificando l'obbligo, motivato appunto anche dalla necessità di contenere la spesa pubblica, di acquistare beni e servizi a prezzi stabiliti a seguito di gare organizzate da una società per azioni interamente posseduta dal ministero dell'economia, la Consip, sulla base della competenza statale in materia di tutela della concorrenza (sent. 345/2004).

Questa giurisprudenza, tanto più dopo l'inizio della crisi dell'euro nel 2010-2011, è stata ampiamente confermata e sviluppata in molte successive pronunce della Corte costituzionale: nelle motivazioni della Corte sempre più spesso viene infatti citato il coordinamento finanziario *ex* artt. 117.3 e 119.2, a fronte dei numerosi provvedimenti anticrisi adottati negli ultimi anni dal legislatore statale. Nel 2012, in occasione della riforma dell'art. 81 della Costituzione, è stato modificato anche l'art. 119, ponendo ulteriori vincoli all'autonomia finanziaria delle regioni e degli enti locali: al primo comma si è specificato che l'autonomia finanziaria deve svolgersi «nel rispetto dell'equilibrio dei relativi bilanci» e che regioni ed enti locali «concorrono ad assicurare l'osservanza dei vincoli economici e finanziari derivanti dall'ordinamento dell'Unione europea»; al sesto comma si è aggiunto che il ricorso all'indebitamento è possibile soltanto «con la contestuale definizione di piani di ammortamento e a condizione che per il complesso degli enti di ciascuna regione sia rispettato l'equilibrio di bilancio». Tali disposizioni sono state attuate dagli artt. 9-12 della l. 243/2012 (v. sent. 88/2014).

11. I POTERI DI CONTROLLO DELLO STATO

Con la riforma costituzionale del 2001 sono state abrogate quelle disposizioni che, limitando l'autonomia regionale e locale, prevedevano il controllo dello Stato sugli atti amministrativi delle regioni (comma 1 dell'art. 125) e il controllo regionale sugli atti dei comuni e delle province (art. 130). È venuto meno anche il visto preventivo del governo sulla legislazione regionale (vecchio art. 127 Cost.): quando il consiglio regionale approva una legge, questa viene pubblicata sul *Bollettino Ufficiale* ed entra senz'altro in vigore, e il governo può solo, entro 60 giorni dalla data di pubblicazione, promuovere una questione di legittimità costituzionale dinanzi alla Corte costituzionale (così come può fare la regione contro una legge o un atto avente forza di legge dello Stato: v. cap. 15). Inoltre, con l'abrogazione dell'art. 124, è scomparsa la figura del commissario del governo. L'unica forma di *controllo preventivo* oggi prevista dalla Costituzione è il controllo di legittimità costituzionale degli statuti regionali (art. 123.2).
Ma allo Stato sono stati attribuiti altri importanti poteri di controllo sull'attività delle regioni e degli enti locali: si tratta dei *poteri sostitutivi*. La Costituzione prevede inoltre *controlli sugli organi* delle regioni. Il Tuel prevede a sua volta controlli sugli organi degli enti locali.

Poteri sostitutivi

Il **potere sostitutivo** è attribuito dall'art. 120.2 Cost. al governo nei confronti degli organi regionali e degli enti locali in una serie di casi:
- mancato rispetto di norme e trattati internazionali e della normativa europea;
- pericolo grave per l'incolumità e la sicurezza pubblica;
- tutela dell'«unità giuridica» o dell'«unità economica» della Repubblica, con riferimento particolare alla tutela dei livelli essenziali delle prestazioni concernenti i diritti civili e sociali.

I poteri sostitutivi sono esercitati secondo le procedure definite dalla legge statale, nel rispetto del principio di **sussidiarietà** e del principio di **leale collaborazione**. In particolare, essi sono disciplinati dall'art. 8 l. 131/2003, il quale consente che si esplichino in relazione non solo all'attività amministrativa ma anche all'attività normativa degli enti inadempienti.
Si deve notare che se i primi due casi appaiono nitidamente definiti, la tutela dell'**unità giuridica ed economica** lascia spazio a valutazioni ampiamente discrezionali, per le quali non è facile prefigurare parametri precisi. D'altra parte, si tratta di previsioni che poggiano saldamente sui principi supremi dell'art. 5 (unità e indivisibilità della Repubblica) e dell'art. 3 (eguaglianza di tutti i cittadini, che non potrebbe ammettere, negli ambiti che riguardano diritti fondamentali, livelli di trattamento differenziati oltre una certa soglia).
La Corte costituzionale (sent. 43/2004) ha ribadito, in continuità con la giurisprudenza precedente la riforma del 2001, una serie di elementi necessari per l'esercizio dei poteri sostitutivi:

a) la legge che prevede e disciplina i poteri sostitutivi deve definirne i presupposti sostanziali e procedurali;
b) la sostituzione può essere prevista esclusivamente per il compimento di atti o attività prive di discrezionalità, obbligatorie in ragione degli interessi unitari da salvaguardare;
c) il potere sostitutivo deve essere esercitato da un organo di governo (e non da un organo amministrativo) o sulla base di una decisione di questo;
d) la legge deve apprestare congrue garanzie procedimentali, in conformità al principio di leale collaborazione, in modo che l'ente sia comunque messo in grado di evitare la sostituzione (attraverso una preventiva *messa in mora*) e di interloquire nello stesso procedimento.
In relazione alle funzioni amministrative attribuite agli enti locali dalla legge regionale, è possibile configurare in capo alla regione la titolarità di poteri sostitutivi, come ha chiarito la Corte costituzionale (nella citata sent. 43/2004) interpretando estensivamente l'art. 120.2. I poteri sostitutivi regionali devono tuttavia avere carattere eccezionale rispetto al normale svolgimento delle funzioni amministrative locali.

Controlli sugli organi regionali

Il **controllo statale sugli organi regionali** è previsto dall'art. 126.1 Cost., che consente lo **scioglimento** del consiglio regionale e la **rimozione** del presidente della regione, *non* per ragioni legate al funzionamento della forma di governo bensì come *extrema ratio*:
• nel caso in cui il consiglio o il presidente abbiano compiuto «atti contrari alla Costituzione o gravi violazioni di legge»;
• quando lo impongano «ragioni di sicurezza nazionale».
Lo scioglimento e la rimozione sono disposti con decreto del presidente della Repubblica, previa deliberazione del Consiglio dei ministri, sentita la commissione parlamentare per le questioni regionali (v. sent. 219/2013).

Controlli sugli organi locali

Il **controllo statale sugli organi degli enti locali** è previsto dagli artt. 141-143 Tuel. Lo scioglimento dei consigli comunali e provinciali (sempre mediante decreto del presidente della Repubblica, previa deliberazione del Consiglio dei ministri) può essere determinato:
• dal compimento di atti contrari alla Costituzione, da gravi e persistenti violazioni di legge, da gravi motivi di ordine pubblico;
• dalla non approvazione del bilancio nei termini previsti dalla legge (nonché dalla mancata adozione dei provvedimenti necessari per la salvaguardia degli equilibri di bilancio: art. 193 Tuel);
• dalla mancata adozione degli strumenti urbanistici generali;
• da fenomeni di *infiltrazione* e di *condizionamento di tipo mafioso*, definiti come «collegamenti diretti o indiretti degli amministratori con la criminalità organizzata» o «forme di condizionamento degli stessi, tali da determinare un'alterazione del procedimento di formazione della volontà degli organi elettivi ed amministrativi».

Le stesse cause che possono portare allo scioglimento dei consigli comunali e provinciali possono altresì portare alla rimozione (mediante decreto del ministro dell'interno) e, in attesa del relativo decreto, alla sospensione (decisa dal prefetto) dei singoli amministratori locali.

Il controllo di gestione

Sempre maggiore rilevanza hanno infine assunto le forme di **controllo interno**, a partire dal *controllo di gestione* secondo modalità simili a quelle delle aziende private, volte a verificare non tanto la legittimità degli atti o la loro congruenza formale, bensì la quantità, la qualità e il costo dei servizi effettivamente resi e delle prestazioni effettivamente fornite (per esempio, rispetto ad altri enti simili ovvero all'anno precedente). Invece il **controllo esterno** sulla gestione delle regioni e degli enti locali è affidato alla Corte dei conti, che lo esercita attraverso le sezioni regionali. Nuove disposizioni per rafforzare il controllo sulla gestione finanziaria delle regioni e i controlli interni ed esterni sugli enti locali sono state introdotte dal d.l. 174/2012.

12. LE REGIONI A STATUTO SPECIALE

L'art. 116.1 Cost. riguarda le regioni Friuli-Venezia Giulia, Sardegna, Sicilia, Trentino-Alto Adige/Südtirol e Valle d'Aosta/Vallée d'Aoste. Come specifica il secondo comma dell'art. 116, la Regione Trentino-Alto Adige/Südtirol è costituita dalle province autonome di Trento e di Bolzano, che in realtà non corrispondono a enti provinciali: ciascuna provincia svolge le funzioni, a partire da quelle legislative, normalmente attribuite alle regioni (mentre l'ente regionale, il cui consiglio è formato dai membri dei due consigli provinciali, ha funzioni più limitate). A queste regioni (e alle due province autonome) sono attribuite **forme e condizioni particolari di autonomia**, sulla base di **statuti** definiti **speciali**.

Specialità e legge costituzionale

La specialità consiste nel fatto che gli statuti vengono **adottati con legge costituzionale** e, con essi, viene definito il particolare profilo dell'autonomia di ciascuna regione. Da ciò consegue che gli statuti delle regioni speciali, fermi sempre i principi supremi dell'ordinamento, sono giuridicamente abilitati a derogare al quadro generale fissato dalla Costituzione (non così – come si è detto – gli statuti delle regioni ordinarie, salvo che la Costituzione consenta espressamente allo statuto di disporre in deroga, come nel caso della forma di governo in base all'art. 122.5).

Le competenze delle regioni speciali

Pur nella varietà degli statuti (il più generoso è quello siciliano), le regioni speciali hanno quindi sempre avuto:

- una potestà legislativa in **un numero di materie** – diverso da statuto a statuto – **più ampio** di quello previsto per le regioni ordinarie. Dopo la riforma del 2001 tale divario si è fortemente ridotto, ma rimane l'importante competenza in ordine all'**ordinamento delle autonomie locali** dalla quale le regioni ordinarie sono escluse;

• una competenza legislativa **esclusiva** in alcune materie, con i limiti (previsti in tutti gli statuti) dell'*armonia con la Costituzione*, degli *obblighi internazionali*, degli *interessi nazionali*, delle *norme fondamentali delle riforme economico-sociali* e dei *principi generali dell'ordinamento giuridico*; una competenza **concorrente**, con gli stessi limiti e con quelli previsti per la corrispondente competenza delle regioni ordinarie, derivanti dai principi stabiliti dalle leggi dello Stato; nonché una competenza **attuativa-integrativa** (con formula diversa nei vari statuti) di leggi dello Stato. L'elenco delle materie contenute in ciascun statuto e i limiti statutari vanno peraltro riletti alla luce delle nuove competenze riconosciute alle regioni ordinarie dalla riforma del 2001: tanto è vero che l'art. 10 della l. cost. 3/2001 ha previsto che le disposizioni del riformato titolo V si applicano anche alle regioni speciali «per le parti che prevedono forme di autonomia più ampie rispetto a quelle già attribuite», per evitare appunto che le regioni speciali si trovino in condizione di minore autonomia rispetto alle altre;

• un'**ampia autonomia finanziaria**, anche impositiva, sulla base di specifiche previsioni statutarie che assicurano risorse ingenti a tutte le regioni speciali (ad es. alla Sicilia va la totalità delle imposte introitate nella regione con la sola eccezione delle accise e dei proventi dei monopoli), fermo restando il divieto di indebitamento per spese diverse da quelle di investimento.

La forma di governo delle regioni speciali

Per quanto riguarda la **forma di governo**, la l. cost. 2/2001 dettò in via provvisoria la stessa disciplina delle regioni ordinarie (con le eccezioni della Valle d'Aosta, del Trentino-Alto Adige/Südtirol e della provincia autonoma di Bolzano): elezione del presidente a suffragio universale e diretto, contestuale elezione del consiglio regionale, scioglimento del consiglio in caso di dimissioni del presidente o di sfiducia consiliare nei suoi confronti. Al tempo stesso quella legge costituzionale modificò gli statuti speciali: essi da allora non disciplinano più le modalità di elezione del presidente della regione (salvo quello siciliano che prevede l'elezione diretta), rinviando (per consentire maggiore flessibilità) a un'apposita *legge regionale statutaria* da approvare a maggioranza assoluta e sottoponibile a referendum. Tali leggi statutarie sono soggette comunque ad alcuni vincoli relativi alla forma di governo, fra cui lo scioglimento automatico del consiglio in caso di sfiducia, dimissioni, morte o impedimento permanente del presidente se eletto direttamente dai cittadini (per i dettagli si vedano: per la provincia di Trento la l.p. 2/2003, per la Sicilia la l.r. 7/2005, per il Friuli-Venezia Giulia la l.r. 17/2007 e la l.r. 28/2007, per la Valle d'Aosta la l.r. 21/2007, per la Sardegna la l.r. 1/2008, per la provincia di Bolzano la l.p. 5/2013, quest'ultima approvata in vista di ciascun rinnovo del consiglio).

13. IL TITOLO V SECONDO LA RIFORMA COSTITUZIONALE DEL 2016

Come abbiamo già detto (par. 3), la riforma costituzionale approvata dal Parlamento nel 2016 modifica nuovamente il titolo V. Essa, in particolare, interviene sulla ripartizione delle competenze legislative tra lo Stato e le regioni, sulla base di una valutazione critica (largamente condivisa) dell'esperienza della precedente riforma, quella del 2001, la quale ha definito gli assetti vigenti, descritti fin qui.

Abolizione della competenza concorrente

• **Ripartizione delle competenze legislative**. L'art. 117 Cost. 2016 conserva il criterio di individuazione delle competenze per elenchi di «materie», però innova radicalmente abolendo il vecchio comma 3: la potestà legislativa concorrente non esiste più. Esistono solo materie esclusive dello Stato (comma 2), ora accresciute da gran parte delle materie che erano di competenza concorrente, come si può vedere dalla tabella, e materie regionali. Queste ultime sono individuate dal nuovo comma 3, il quale contiene un elenco di materie espressamente nominate (che si deve considerare a titolo esemplificativo) e si conclude con la formula (identica a quella del vigente comma 4) «nonché in ogni materia non espressamente riservata alla competenza esclusiva dello Stato». A dire il vero, lo stesso comma 2 lascia spazio, su alcune materie, alla legislazione regionale, trattandosi di materie (non poche, né marginali) attribuite al legislatore statale limitatamente a « disposizioni generali e comuni» (formula che ricorre più volte: tutela della salute, politiche sociali e sicurezza alimentare; istruzione; istruzione e formazione professionale; attività culturali e turismo; governo del territorio), o anche «disposizioni di principio» (forme associative dei comuni) e «norme... tese ad assicurare l'uniformità sul territorio nazionale» (procedimento amministrativo e disciplina giuridica del lavoro alle dipendenze delle amministrazioni pubbliche). In tali materie la competenza dello Stato può essere definita *ad esclusività limitata*.

Spostamento di competenze a favore dello Stato

Nel complesso, lo spostamento delle competenze legislative a favore dello Stato appare netto (diventano materie esclusive statali, ad esempio, l'energia e le grandi reti di trasporto): ma va anche sottolineato che quanto previsto dalla riforma si muove nella direzione indicata dalla giurisprudenza costituzionale dopo la l. cost. 1/2001. Le competenze regionali, effettivamente ridotte, nei fatti non lo sono perché a questo aveva già provveduto la Corte costituzionale. Ciò che caratterizza la riforma è, in sintesi, il tentativo di uscire dalla conflittualità e dall'incertezza interpretativa del vigente titolo V, ricorrendo a quello che è stato chiamato *criterio dinamico degli interessi*, secondo il quale non sono tanto rigidi elenchi di materie a stabilire chi fa cosa, ma la dimensione (regionale, nazionale, internazionale) degli interessi coinvolti. In questa ottica va vista la *clausola di unità nazionale* (o «clausola di supremazia»), introdotta nell'art. 117 Cost. 2016 (comma 4). In virtù di essa, la legge dello Stato può intervenire anche in materie di competenza regionale, se l'intervento è giustificato in nome della tutela dell'unità giuridica ed economica della Repubblica o della tutela dell'interesse nazionale. La prima espressione (*unità giuridica ed economica*) è già prevista nel testo costituzionale del 2001 (all'art. 120 come una delle ipotesi che consentono allo Stato l'esercizio di poteri sostitutivi, v. par. 11). La seconda espressione (*interesse nazionale*) era prevista nel testo costituzionale del 1948 e, dopo essere stata cancellata con la riforma del 2001, viene ora reintrodotta.

- **Ulteriori forme e condizioni particolari di autonomia**. Viene modificata la disciplina dell'art. 116.3 Cost., in base alla quale la legge dello Stato può attribuire a singole regioni ordinarie una autonomia rafforzata. Prevista nel testo vigente per alcune materie esclusive dello Stato e per tutte le materie concorrenti, tale possibilità, con la soppressione della competenza concorrente, viene estesa ad ulteriori materie esclusive statali, purché la regione interessata sia in condizione di equilibrio di bilancio. L'apposita legge statale resta una legge bicamerale, ma per la sua approvazione non è più richiesta la maggioranza assoluta. Grazie a queste disposizioni tutte le regioni con il bilancio a posto potrebbero diventare un po' «speciali».
- **Potestà regolamentare**. L'art. 117.6 Cost. 2016 la ripartisce tra lo Stato e le regioni secondo le rispettive competenze legislative, restando salva la facoltà di delegare alle regioni la potestà regolamentare nelle materie esclusive statali. Quanto alla potestà regolamentare dei comuni e delle città metropolitane, viene precisato che essa deve essere esercitata «nel rispetto della legge statale o regionale».
- **Ordinamento delle regioni ordinarie**. Un tetto viene posto alle indennità del presidente della giunta regionale, dei componenti della giunta e dei consiglieri regionali. La legge statale lo stabilisce nei limiti dell'indennità del sindaco del comune capoluogo di regione (art. 122 Cost. 2016). Inoltre, una disposizione finale del testo di legge costituzionale fa espresso divieto di finanziare con contributi pubblici i gruppi politici dei consigli regionali. Tali disposizioni si collocano nel solco dei recenti interventi di riduzione dei costi della politica nelle regioni, disposti dal legislatore statale, che hanno portato in particolare alla riduzione del numero dei consiglieri e degli assessori (interventi ritenuti legittimi dalla Corte costituzionale, ancorché limitativi dell'autonomia statutaria regionale, proprio in quanto finalizzati al contenimento della spesa pubblica).

Cancellazione delle province

- **Ordinamento degli enti locali.** È abolito qualsiasi riferimento alle province a partire dall'art. 114.1 Cost.; accanto a Stato, regioni e comuni, restano fra gli enti costitutivi della Repubblica le città metropolitane. In questo modo lo Stato (per i profili ordinamentali generali) e le singole regioni (per tutti gli altri profili) potranno organizzare come meglio credono le funzioni di area vasta: ripartendole fra gli enti territoriali costituzionalmente previsti o affidandole a enti *ad hoc* di natura non obbligatoria.
- **Funzioni amministrative**. Nulla cambia in ordine ai criteri di attribuzione delle funzioni amministrative previsti dall'art. 118 Cost. In tale articolo viene inserito un nuovo comma 2 che, in ordine all'esercizio delle funzioni ammi-

nistrative, richiama i principi della «semplificazione» e della «trasparenza», nonché quelli di «efficienza» e di «responsabilità degli amministratori».

- **Autonomia finanziaria.** Parziali modifiche sono introdotte all'art. 119 Cost.: esse rinviano espressamente alla legge dello Stato ai fini sia del coordinamento della finanza pubblica e del sistema tributario (questa materia, infatti, da concorrente diventa esclusiva statale) sia della definizione degli «indicatori di riferimento di costo e di fabbisogno che promuovono condizioni di efficienza» nell'esercizio delle funzioni delle regioni, dei comuni e delle città metropolitane (si tratta dei cosiddetti costi e fabbisogni *standard*, alla base della legge del 2009 sul federalismo fiscale).
- **Poteri di controllo dello Stato.** Viene modificato l'art. 120.2 Cost. prevedendo che l'esercizio del potere sostitutivo da parte del governo nei confronti delle regioni, dei comuni e delle città metropolitane sia preceduto (salvo casi di motivata urgenza) dal parere del Senato, che deve essere reso entro quindici giorni dalla richiesta. Inoltre, nello stesso articolo si rinvia alla legge statale la disciplina dei casi di esclusione di presidenti di regione e sindaci dall'esercizio delle loro funzioni nel caso in cui abbiano portato l'ente al dissesto finanziario. Nell'art. 126.1 Cost. non si fa più riferimento alla commissione parlamentare per le questioni regionali: il parere sullo scioglimento del consiglio regionale o sulla rimozione del presidente della giunta regionale è affidato al Senato.
- **Regioni speciali.** Una disposizione transitoria contenuta nell'art. 39 del testo di riforma costituzionale esclude l'applicazione della parte della riforma relativa al titolo V alle regioni a statuto speciale, almeno fino alla revisione dei rispettivi statuti, per la quale però la stessa disposizione introduce l'obbligo di intesa con lo Stato. Sotto questo profilo, dunque, la posizione delle regioni speciali appare relativamente rafforzata.

COSA SUCCEDE DELLE MATERIE DI COMPETENZA CONCORRENTE CON LA RIFORMA COST. 2016

Competenze esclusive statali a costituzione riformata (art. 117.2 Cost. 2016)	Materie di competenza concorrente a costituzione vigente (art. 117.3 Cost.)	Competenze regionali a costituzione riformata (art. 117.3 Cost. 2016)
	Rapporti internazionali e con l'Unione europea delle regioni	
Commercio con l'estero	Commercio con l'estero	
Tutela e sicurezza del lavoro	Tutela e sicurezza del lavoro	
Disposizioni generali e comuni sull'istruzione; ordinamento scolastico e istruzione universitaria; disposizioni generali e comuni sull'istruzione e formazione professionale	Istruzione, salva l'autonomia delle istituzioni scolastiche e con esclusione della istruzione e della formazione professionale	Servizi scolastici, salva l'autonomia delle istituzioni scolastiche, promozione del diritto allo studio anche universitario, organizzazione in ambito regionale della formazione professionale
Ordinamento delle professioni	Professioni	
Programmazione strategica della ricerca scientifica e tecnologica	Ricerca scientifica e tecnologica e sostegno all'innovazione per i settori produttivi	Promozione dello sviluppo economico locale e organizzazione in ambito regionale dei servizi alle imprese
Disposizioni generali e comuni per la tutela della salute	Tutela della salute	Programmazione e organizzazione dei servizi sanitari
Disposizioni generali e comuni per la sicurezza alimentare	Alimentazione	
Ordinamento sportivo	Ordinamento sportivo	
Sistema nazionale e coordinamento della protezione civile	Protezione civile	
Disposizioni generali e comuni sul governo del territorio	Governo del territorio	Pianificazione del territorio regionale e mobilità al suo interno
Porti e aeroporti civili, di interesse nazionale e internazionale	Porti e aeroporti civili	
Infrastrutture strategiche e grandi reti di trasporto e di navigazione e relative norme di sicurezza	Grandi reti di trasporto e di navigazione	Dotazione infrastrutturale
Ordinamento della comunicazione	Ordinamento della comunicazione	
Produzione, trasporto e distribuzione nazionali dell'energia	Produzione, trasporto e distribuzione nazionale dell'energia	
Previdenza complementare e integrativa	Previdenza complementare e integrativa	
Coordinamento della finanza pubblica e del sistema tributario	Coordinamento della finanza pubblica e del sistema tributario	Regolazione, sulla base di apposite intese concluse in ambito regionale, delle relazioni finanziarie tra gli enti territoriali della regione per il rispetto degli obiettivi programmatici regionali e locali di finanza pubblica
Tutela e valorizzazione dei beni culturali e paesaggistici; disposizioni generali e comuni sulle attività culturali	Valorizzazione dei beni culturali e ambientali e promozione e organizzazione di attività culturali	Disciplina, per quanto di interesse regionale, delle attività culturali, della promozione dei beni ambientali, culturali e paesaggistici
	Casse di risparmio, casse rurali, aziende di credito a carattere regionale	
	Enti di credito fondiario e agrario a carattere regionale	

PAROLE CHIAVE

- Adeguatezza e differenziazione
- Autonomia finanziaria
- Autonomia statutaria
- Città metropolitane
- Competenza legislativa concorrente
- Competenza legislativa esclusiva
- Competenza legislativa residuale
- Comuni
- Conferenza permanente Stato-regioni
- Consiglio regionale/comunale/provinciale
- Federalismo
- Federalismo fiscale
- Forma di governo di legislatura a vertice monocratico elettivo
- Giunta regionale/comunale
- Ordinamento degli enti locali
- Poteri sostitutivi
- Presidente della giunta regionale
- Presidente della provincia
- Province
- Regioni ordinarie
- Regioni speciali
- Repubblica una e indivisibile
- Riforma del titolo V
- Sindaco
- Stato regionale
- Sussidiarietà orizzontale
- Sussidiarietà verticale

FONTI

- Costituzione della Repubblica (artt. 5, 83, 114-133, 134).
- Legge 10 febbraio 1953, n. 62 (Costituzione e funzionamento degli organi regionali).
- Legge 17 febbraio 1968, n. 108 (Norme per l'elezione dei consigli regionali).
- Legge 16 maggio 1970, n. 281 (Provvedimenti finanziari per l'attuazione delle regioni ordinarie).
- D.p.r. 24 luglio 1977, n. 616 (Trasferimento e deleghe delle funzioni amministrative dello Stato alle regioni *ex* legge 382/1975).
- Legge 15 marzo 1997, n. 59 (Delega al governo per il conferimento di funzioni e compiti statali alle regioni e agli enti locali).
- D.lgs. 18 agosto 2000, n. 267 (Testo unico sull'ordinamento degli enti locali, Tuel).
- Legge 5 giugno 2003, n. 131 (Attuazione della riforma costituzionale del titolo V).
- Legge 2 luglio 2004, n. 165 (Principi fondamentali *ex* art. 122.1 Cost. sull'elezione degli organi regionali).
- Legge 5 maggio 2009, n. 42 (Delega al governo in materia di federalismo fiscale, in attuazione dell'articolo 119 della Costituzione).
- Legge 7 aprile 2014, n. 56 (Disposizioni sulle città metropolitane, sulle province, sulle unioni e fusioni di comuni).

PER APPROFONDIRE

- R. Bin e G. Falcon (a cura di), *Diritto regionale*, Bologna, Il Mulino, 2012.
- A. D'Atena, *Diritto regionale*, Torino, Giappichelli, 2013.
- A. Morrone, *Lo stato regionale e l'attuazione dopo la riforma costituzionale*, in «Rivista dell'Associazione Italiana dei Costituzionalisti», n. 2/2016.
- L. Vandelli, *Il sistema delle autonomie locali*, Bologna, Il Mulino, 2015.

PERCORSO DI AUTOVERIFICA

1. Come è mutata la distribuzione territoriale del potere politico dall'Unità d'Italia alla Costituente?

2. Cosa prevedeva il titolo V della Costituzione del 1948?

3. Quando e come venne attuato l'ordinamento regionale? E come è stato successivamente riformato?

4. Perché si preferisce usare l'espressione stato regionale?

5. Quali sono contenuto, procedimento e vincoli dello statuto delle regioni ordinarie?

6. Cosa dice la Costituzione sulla forma di governo regionale? E sulla legge elettorale?

7. Come è ripartita in base all'art. 117 la potestà legislativa fra lo Stato e le regioni? Con quali limiti?

8. Cosa si intende per competenza legislativa esclusiva?

9. Cosa si intende per competenza legislativa concorrente?

10. Cosa si intende per competenza legislativa residuale?

11. Come è stata ricostruita dalla giurisprudenza costituzionale la ripartizione per materie delle competenze legislative statali e regionali?

12. Come è ripartita dalla Costituzione la potestà regolamentare?

13. Quali organi di raccordo fra Stato e regioni e fra regioni ed enti locali sono previsti?

14. Quali sono le disposizioni costituzionali sull'ordinamento degli enti locali?

15. Come sono organizzati i comuni? E come funziona la forma di governo comunale?

16. Come sono organizzate le province?

17. Come sono organizzate le città metropolitane?

18. Quali sono gli strumenti per la gestione associata delle funzioni comunali?

19. A chi spettano le funzioni amministrative? E qual è il significato del principio di sussidiarietà?

20. Come è definita dalla Costituzione l'autonomia finanziaria delle regioni e degli enti locali? E con quali limiti?

21. Quali sono i poteri di controllo dello Stato sulle regioni e sugli enti locali?

22. Quali sono le regioni speciali? E in cosa consiste questa specialità dal punto di vista giuridico?

CAPITOLO 13

Le pubbliche amministrazioni

Sotto la direzione degli organi di governo, le pubbliche amministrazioni curano specifici interessi pubblici e producono beni e servizi a favore della collettività. In questo capitolo descriviamo gli apparati amministrativi statali e ne esaminiamo i principi generali di organizzazione e funzionamento.

1. LE AMMINISTRAZIONI FRA DIRITTO COMUNE E DIRITTO AMMINISTRATIVO

In ogni ordinamento statale moderno sono previste strutture burocratiche formate da pubblici impiegati con specifiche competenze professionali, il cui compito è quello di:

- coadiuvare le istituzioni politiche, statali, regionali o locali, nell'azione di governo;
- curare gli interessi pubblici dando attuazione all'indirizzo politico espresso dagli organi di governo, a tutti i livelli territoriali;
- produrre beni o servizi a favore delle collettività amministrate.

L'attività amministrativa

In tutti e tre i casi tali strutture svolgono attività amministrativa. L'**attività amministrativa** (*legis executio*) si distingue dall'attività normativa (*legis latio*) in questo: la prima consiste nel **provvedere** con atti tipici alla cura concreta di determinati interessi pubblici, mentre la seconda, sia legislativa sia regolamentare, consiste nel **prevedere** casi e situazioni cui applicare norme generali e astratte. Mentre l'atto amministrativo si esaurisce, di regola, nel momento della sua esecuzione, l'atto normativo è invece suscettibile di una indefinita applicabilità e ripetibilità. L'attività amministrativa, così definita, si differenzia altresì dall'attività giurisdizionale (v. cap. 14) perché interviene a prescindere dal verificarsi di una controversia, in posizione di «imparzialità» ma senza porsi come giudice «terzo».

Non mancano, tuttavia, esempi di contiguità non facilmente districabili fra attività normativa e attività amministrativa (non sempre è facile distinguere ad es. fra regolamenti e atti amministrativi generali) o fra attività amministrativa e attività giurisdizionale (si pensi ad es. ai provvedimenti di *volontaria giurisdizione* che può adottare il giudice, in quanto tutore, che non riguardano la soluzione di controversie).

Nell'esercizio di queste attività quelle che definiamo, volutamente al plurale, le **pubbliche amministrazioni** operano come **autorità amministrative** oppure come **soggetti erogatori di servizi pubblici**. Agiscono come autorità, ad esempio, allorché il comune espropria un'area edificabile o il questore vieta una manifestazione pericolosa per l'incolumità pubblica, mentre agiscono come soggetti erogatori allorché il comune offre il servizio degli asili nido (o direttamente o mediante convenzione con soggetti privati) o lo Stato organizza le scuole primarie e secondarie.

Gli strumenti del diritto amministrativo e gli strumenti del diritto comune

Nel primo caso le pubbliche amministrazioni operano in posizione di supremazia utilizzando gli strumenti propri del **diritto amministrativo**, vale a dire un insieme di **regole speciali** volte a garantire immediatamente il perseguimento di un pubblico interesse.

Nel secondo caso le pubbliche amministrazioni tendono sempre più a operare attraverso gli strumenti contrattuali propri del diritto privato (il **diritto comune**), ponendosi cioè sullo stesso piano dei soggetti con cui vengono in rapporto (siano essi utenti o fornitori).

I contratti pubblici

Fra le regole speciali hanno particolare rilevanza le procedure di affidamento collegate ai **contratti pubblici** (disciplinate dal d.lgs. 50/2016, «codice degli appalti pubblici e dei contratti di concessione»). Attraverso tali procedure l'amministrazione seleziona il soggetto con cui stipulare un contratto per l'acquisizione di *servizi* (ad es. il servizio di pulizia o di assistenza tecnica), di *forniture* (ad es. l'acquisto di cancelleria o di materiale informatico), di *lavori* e *opere pubbliche* (ad es. la realizzazione di una strada o di un edificio). Prima dell'aggiudicazione, però, si svolge un articolato procedimento amministrativo volto a garantire il miglior perseguimento dell'interesse pubblico: di norma prevedendo una *gara pubblica* per la scelta della migliore offerta (eccezionale, invece, è, o dovrebbe essere, il ricorso alla *trattativa privata*, attraverso la quale l'amministrazione negozia e conclude il contratto direttamente con il soggetto privato).

Per una definizione dell'attività amministrativa in senso stretto è un utile riferimento l'art. 357.2 del codice penale secondo cui «è pubblica la funzione amministrativa disciplinata da norme di diritto pubblico e da atti autoritativi e caratterizzata dalla formazione e dalla manifestazione della volontà della pubblica amministrazione o dal suo svolgersi per mezzo di poteri autoritativi o certificativi».

La discrezionalità amministrativa

Spetta alla legge stabilire quale regime deve essere seguito, se quello di diritto pubblico o quello di diritto privato, ma la legge può anche lasciare all'autorità amministrativa la scelta (in ciò consiste la *discrezionalità amministrativa*). In alcuni casi si tratta di scelte obbligate, data la natura della prestazione da erogare (ad es. l'attività di polizia), in altri casi si tratta di scelte discrezionali (ad es. fra l'esproprio di un bene e l'acquisto dello stesso a prezzi di mercato). In via generale – stabilisce l'art. 1 della l. 241/1990 – «la pubblica amministrazione, nell'adozione di atti di natura non autoritativa, agisce secondo le norme di diritto privato salvo che la legge disponga diversamente».

Attività discrezionale e attività vincolata

Nell'ambito dei poteri autoritativi si distingue fra **attività discrezionale** e **attività vincolata**. L'attività discrezionale si ha nei casi in cui la legge lascia alla pubblica amministrazione un margine di scelta circa le modalità di esercizio del potere (ad es. quando un comune, nel predisporre il suo piano regolatore, decide se vietare una certa attività in alcune zone della città oppure no). L'attività vincolata si ha nei casi in cui l'amministrazione, in presenza di determinati presupposti, deve *necessariamente* adottare un determinato provvedimento (ad es. concedere un permesso di costruire quando il progetto è conforme al piano regolatore e alla normativa edilizia). L'attività discrezionale si caratterizza per una valutazione comparativa (ponderazione) dell'interesse pubblico primario e degli interessi privati coinvolti. Di ciò si deve dar conto nella motivazione del provvedimento. Essa inoltre si distingue propriamente dal *merito amministrativo*, il quale coincide con l'opportunità del provvedimento emesso dalla pubblica amministrazione. La discrezionalità, in ogni caso, non impedisce che l'attività sia sindacabile in sede giurisdizionale *ex* art. 113 Cost.: quel che non può essere sindacato dal giudice è il merito amministrativo (v. par. 7).

La produzione di beni e servizi

La funzione di produzione di beni o servizi può essere svolta:

- attraverso l'**amministrazione diretta** (ad es. nella scuola, da parte del ministero dell'istruzione);
- attraverso l'istituzione di appositi enti o aziende pubbliche, **amministrazione per enti** (ad es. nella sanità, le aziende sanitarie locali);
- attraverso la regolazione di soggetti privati che operano sul mercato, **amministrazione per regole** (ad es. per le aziende telefoniche la cui attività è regolata dall'Autorità per le garanzie nelle comunicazioni, o per le aziende elettriche, del gas e dell'acqua la cui attività è regolata dall'Autorità per l'energia elettrica, il gas e il servizio idrico).

Dal Primo dopoguerra, con l'estensione delle basi democratiche dello stato e l'affermarsi del *welfare state*, si sono fortemente accresciute le attività delle pubbliche amministrazioni volte alla prestazione di servizi da esse erogati direttamente o, più frequentemente, attraverso appositi enti pubblici controllati e finanziati dallo stato (**servizi pubblici in senso soggettivo**): ad esempio, è del 1898 la Cassa nazionale invalidità e vecchiaia degli operai che nel 1933 si sarebbe trasformata nell'attuale Istituto nazionale per la previdenza sociale (Inps).

Dalla fine degli anni Settanta in Europa, e in Italia dagli anni Novanta, si è affermata invece la tendenza a ricorrere più abitualmente al *mercato*, predisponendo regole per la produzione di beni o servizi da parte di privati e la loro acquisizione a vantaggio della collettività, senza ricorrere all'intervento diretto delle pubbliche amministrazioni o alla creazione di enti pubblici (**servizi pubblici in senso oggettivo**). In questa direzione spinge anche il principio di «sussidiarietà orizzontale» introdotto nel 2001 nell'art. 118.4 Cost. (v. par. 9 del cap. 12). In alcuni casi si sceglie una strada intermedia, affidando il servizio a società di capitali cui concorrono le stesse pubbliche amministrazioni (**società miste**).

Il regime del lavoro nelle pubbliche amministrazioni

Dagli inizi degli anni Novanta l'ordinamento del **lavoro nelle pubbliche amministrazioni** (fatta eccezione per talune categorie: magistrati, personale della carriera diplomatica e della carriera prefettizia, personale militare e delle forze di polizia, professori e ricercatori universitari) è passato dal regime speciale proprio del *pubblico impiego* a quello ordinario proprio dei lavoratori del settore privato (sia pure accompagnato da norme speciali, contenute nel d.lgs. 165/2001).

Atti amministrativi e atti normativi

Le pubbliche amministrazioni possono altresì svolgere **attività normativa**, nelle forme e nei modi previsti dalla legge, per regolare l'accesso a determinati servizi, l'uso di determinati beni e altro ancora. Agli atti normativi adottati dalle pubbliche amministrazioni (regolamenti ministeriali o di autorità regionali e locali) non si applicano i principi che reggono l'attività amministrativa, ma quelli propri delle fonti del diritto (ne abbiamo parlato nel cap. 5, qui li ricordiamo: il principio in base al quale gli atti normativi entrano in vigore solo con la pubblicazione ufficiale; il principio *iura novit curia*, per cui il giudice è tenuto a conoscere le norme di diritto senza la loro necessaria deduzione in giudizio; il principio *ignorantia legis non excusat*, secondo il quale nessuno può sottrarsi al rispetto delle norme adducendo la non conoscenza delle stesse; la possibilità di ricorso in cassazione *ex* art. 111 Cost.; i criteri di interpretazione di cui all'art. 12 delle preleggi). Come abbiamo anticipato, la distinzione fra atti amministrativi generali e atti normativi non è agevole: lo vedremo anche a proposito di taluni poteri delle autorità indipendenti. Un altro esempio è la discussa natura dei bandi di gara, dei bandi di concorsi e di alcuni strumenti di pianificazione.

Le pubbliche amministrazioni: perché al plurale

Abbiamo usato l'espressione «le pubbliche amministrazioni», al plurale invece che al singolare (come si fa di solito), in quanto l'evoluzione e gli sviluppi degli ultimi decenni del secolo scorso (istituzione delle regioni, valorizzazione delle autonomie locali, aziendalizzazione di alcuni settori dell'amministrazione, creazione delle autorità indipendenti, ingresso del diritto dell'Unione europea, ingresso di moduli privatistici nel vecchio corpo del diritto amministrativo, superamento del modello unitario del pubblico impiego) hanno spezzato l'unità monolitica della pubblica amministrazione ereditata dallo stato liberale. Delle *amministrazioni a livello regionale e locale* abbiamo parlato nel capitolo 12. In questo capitolo diamo conto dell'amministrazione centrale dello Stato e delle autorità indipendenti.

Si deve avvertire che su molti degli aspetti di cui parliamo nei successivi paragrafi incidono i decreti legislativi di attuazione della l. 7 agosto 2015, n.

124 (*legge Madia*), che contiene varie deleghe al governo per la riforma delle pubbliche amministrazioni. Esse riguardano, tra l'altro, la riorganizzazione dell'amministrazione dello Stato, l'istituzione del ruolo unico della dirigenza pubblica, il riordino della disciplina del lavoro alle dipendenze delle amministrazioni pubbliche, la semplificazione e l'accelerazione dei procedimenti amministrativi.

2. L'ORGANIZZAZIONE PER MINISTERI E PER ENTI

L'unità organizzativa dell'*amministrazione centrale* è rappresentata dai ministeri, cui (come si è detto nel cap. 11) è preposto un ministro: organo individuale, capo di un dicastero e componente dell'organo collegiale di governo, cerniera fra governo e amministrazione. Ai ministeri spettano compiti di amministrazione diretta, nonché compiti di indirizzo e vigilanza nei confronti degli enti che operano nello stesso settore.

In forza del d.lgs. 30 luglio 1999, n. 300 (successivamente modificato più volte), questi sono i ministeri:

I 13 ministeri

1. ministero degli affari esteri e della cooperazione internazionale: si occupa della politica estera e dei rapporti internazionali, anche attraverso le rappresentanze diplomatiche e consolari, e della politica di cooperazione allo sviluppo (disciplinata dalla l. 125/2014);

2. ministero dell'interno: svolge compiti relativi all'amministrazione civile e alla sicurezza pubblica, coordina le forze di polizia e opera attraverso le prefetture-uffici territoriali del governo e le questure presenti in ogni capoluogo di provincia;

3. ministero della giustizia: si occupa di «organizzazione e funzionamento dei servizi relativi alla giustizia» (art. 110 Cost.), escluse le competenze relative allo stato giuridico dei magistrati affidate al Consiglio superiore della magistratura, dell'amministrazione penitenziaria, della vigilanza sugli ordini professionali;

4. ministero della difesa: si occupa, attraverso le Forze armate, della difesa e della sicurezza militare dello Stato e da esso dipende altresì, come quarta forza armata, l'Arma dei Carabinieri, posta invece sotto la direzione del ministero dell'interno per le funzioni di polizia di sicurezza;

5. ministero dell'economia e delle finanze: ad esso spetta il controllo dell'entrata e della spesa (politica economica, finanziaria e di bilancio e politiche fiscali), nonché la gestione come azionista delle partecipazioni dello Stato; nato dalla fusione dei ministeri del tesoro, del bilancio e delle finanze, opera attraverso diversi uffici tra cui la Ragioneria generale dello Stato e le tre agenzie fiscali (entrate, demanio, dogane e monopoli); da questo ministero dipende la Guardia di Finanza;

6. ministero dello sviluppo economico: ad esso sono attribuite le funzioni in materia di industria, artigianato, energia, comunicazioni, commercio (anche internazionale);

ESEMPIO DI ORGANIZZAZIONE DI UN MINISTERO: IL MINISTERO DELL'ECONOMIA E DELLE FINANZE

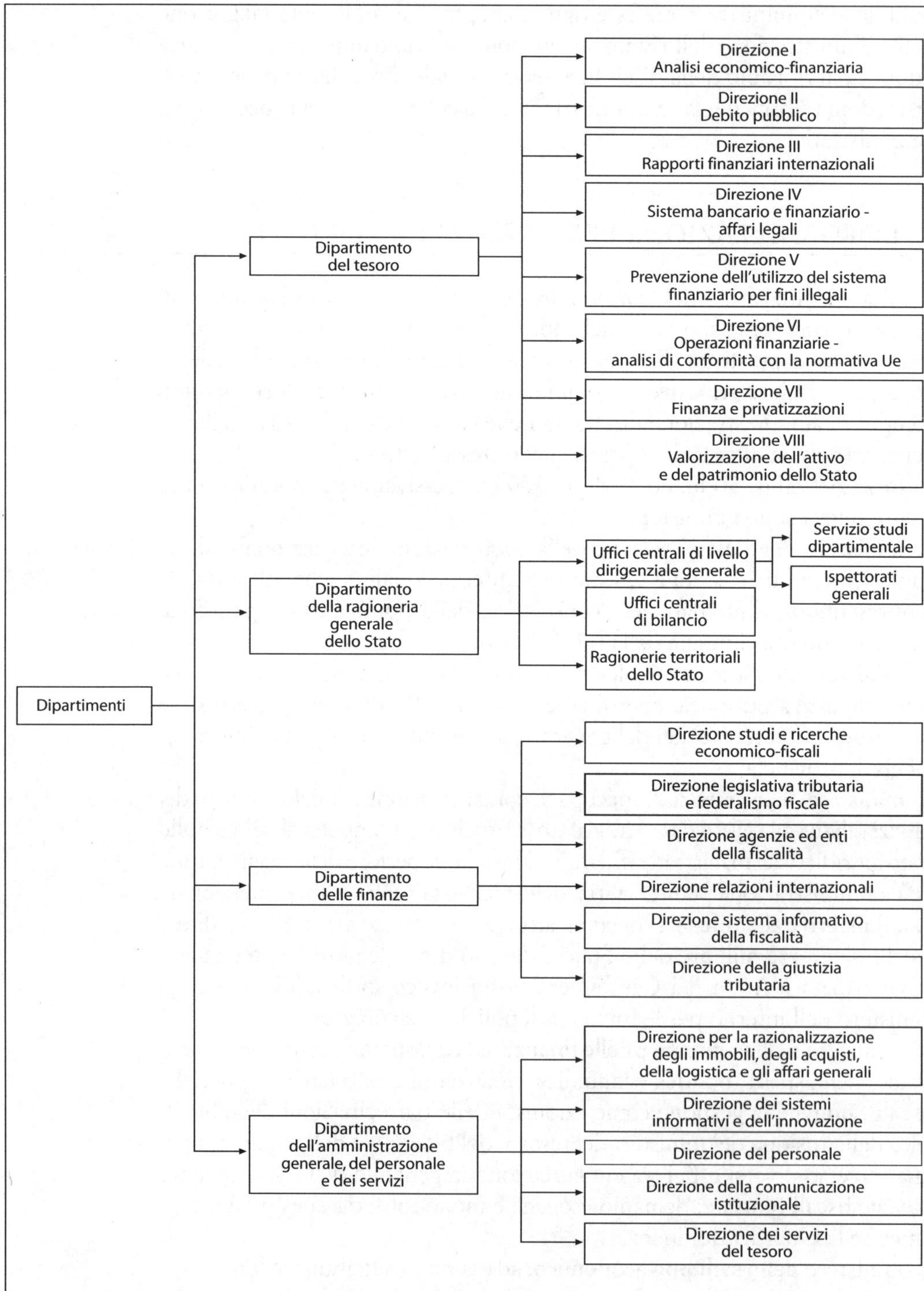

Fonte: d.p.c.m. 27 febbraio 2013, n. 67.

7. ministero delle politiche agricole, alimentari e forestali: svolge funzioni di coordinamento e di rappresentanza in sede europea delle politiche in materia di agricoltura, alimentazione e foreste;
8. ministero dell'ambiente e della tutela del territorio e del mare: svolge compiti diretti alla tutela dell'equilibrio ecologico del territorio, alla difesa del suolo, alla protezione della natura;
9. ministero delle infrastrutture e dei trasporti: ad esso sono attribuite le funzioni relative alla realizzazione delle reti infrastrutturali e opere pubbliche di competenza statale, alle politiche urbane e abitative, alla navigazione, aviazione civile e trasporti terrestri;
10. ministero del lavoro e delle politiche sociali: ad esso spettano le funzioni in materia di politiche del lavoro e dell'occupazione, tutela dei lavoratori, politiche sociali e previdenziali;
11. ministero dell'istruzione, dell'università e della ricerca: si occupa dell'istruzione scolastica e dell'istruzione universitaria, della ricerca scientifica e tecnologica;
12. ministero dei beni e delle attività culturali e del turismo: svolge compiti di tutela e gestione del patrimonio storico, artistico, archeologico, paesaggistico e architettonico, e altre funzioni in materia di spettacolo e turismo;
13. ministero della salute: esercita le funzioni in materia di tutela della salute umana, coordina il Servizio sanitario nazionale (che è articolato su base regionale e imperniato sulle aziende sanitarie locali), si occupa di sanità veterinaria e sicurezza degli alimenti.

Il modello ministeriale tradizionale

Il modello organizzativo dei ministeri, incentrato sul ministro, assistito da un capo di gabinetto, articolato per direzioni generali o per dipartimenti, decentrato in periferia attraverso direzioni provinciali e regionali, è stato ereditato dal Regno di Sardegna. Ispirato a quello analogo costruito in Francia dalle riforme napoleoniche, ha rappresentato per più di un secolo il modello organizzativo su cui si è imperniata l'amministrazione italiana. Esso si basa, come suo necessario presupposto funzionale, sul concetto di *immedesimazione organica* tra il soggetto che agisce per conto dell'amministrazione e l'amministrazione stessa. In pratica, ciò consente di imputare direttamente all'amministrazione di riferimento gli atti compiuti dal soggetto agente in rapporto con altri soggetti (pubblici o privati). In questo senso egli è considerato un **organo** dell'amministrazione, cioè una parte rispetto al tutto (al «corpo»). L'organo può essere inteso sia come *persona fisica* (il soggetto X) sia come *centro di competenze* (l'insieme delle competenze attribuite al soggetto X). In ogni caso, l'organo ha bisogno di un apparato amministrativo, cioè un'unità organizzativa a supporto dell'esercizio delle sue funzioni (un **ufficio**).

Organo e ufficio

Questo modello è stato progressivamente ridimensionato – ma non soppiantato – dalle riforme che si sono succedute negli ultimi quarant'anni, accelerate nel corso degli anni Novanta attraverso:

a) il **decentramento regionale e locale**, che ha progressivamente trasferito funzioni e risorse dal centro agli enti regionali e locali (dai primi trasferimenti del 1972 a quelli operati con il d.p.r. 616/1977 fino ai decreti attuativi della l. 59/1997, in particolare il d.lgs. 112/1998);

Gli enti pubblici

b) la costituzione e riorganizzazione di **enti pubblici** dotati di autonoma personalità giuridica. Gli enti pubblici sono assai eterogenei (enti previdenziali e assistenziali, come l'Inps; enti di promozione economica, come l'Istituto nazionale per il commercio estero e l'Ente nazionale per il turismo, ora trasformati in agenzie, v. dopo); enti sportivi, culturali, di ricerca (come il Coni, il Club alpino italiano, il Cnr, l'Istat); enti morali (come la Croce rossa italiana); a loro volta vanno distinti dagli **enti pubblici economici**, che svolgono attività produttiva in forma di impresa (lo *stato imprenditore*, un tempo dominante nell'economia nazionale). La categoria degli enti pubblici è stata profondamente innovata e progressivamente ridotta di numero (attualmente sono però ancora diverse migliaia);

c) le **privatizzazioni** che hanno investito il settore delle *partecipazioni statali*, in particolare i più importanti enti pubblici economici (Iri, Eni, Enel, Ina), gli istituti di credito di diritto pubblico e le casse di risparmio. Questi processi hanno toccato, con un percorso più tormentato, anche alcuni settori tradizionali dell'organizzazione statale, un tempo costituiti in *aziende autonome* nell'ambito di un ministero, che sono state trasformate dapprima in enti pubblici economici, poi in società per azioni (ad es. le Ferrovie dello Stato, l'Anas, l'Enav, le Poste italiane; altro esempio è la Cassa depositi e prestiti, direttamente trasformata in s.p.a.);

Le agenzie

d) la costituzione di **agenzie** che svolgono «attività a carattere tecnico-operativo» già esercitate da ministeri ed enti pubblici (art. 8 d.lgs. 300/1999). Esse sono dotate di autonomia funzionale e organizzativa e sono sottoposte ai poteri ministeriali di indirizzo e vigilanza (ad es. l'Agenzia italiana del farmaco, vigilata dal ministero della salute, e l'Agenzia nazionale per la sicurezza del volo, vigilata direttamente dalla presidenza del Consiglio);

e) il progressivo diffondersi delle **autorità amministrative indipendenti**, sull'esempio del modello anglosassone delle *Independent Regulatory Commissions*, che hanno assunto compiti di regolazione, amministrazione e controllo di interi settori prima affidati alle direzioni generali dei ministeri o privi di regolamentazione. Di esse parliamo nel paragrafo successivo.

Importanza particolare assumono come **organi ausiliari del governo** due istituti direttamente definiti dalla Costituzione: il Consiglio di stato e la Corte dei conti, ai quali, secondo l'art. 100.3, la legge deve comunque assicurare «l'indipendenza di fronte al governo».

Il Consiglio di stato come organo di consulenza

Il **Consiglio di stato** è organo di consulenza giuridico-amministrativa del governo (che svolge attraverso apposite sezioni consultive) e insieme – come si vedrà nel capitolo 14 – organo che svolge funzioni giurisdizionali. In sede consultiva, esso può esprimersi attraverso *pareri facoltativi* (in genere sempre ammessi su richiesta del governo) o *pareri obbligatori* (ad es. sui regolamenti governativi: v. cap. 5). Il governo è tuttavia libero di uniformarsi o meno alle indicazioni del Consiglio di stato, essendo rari i casi in cui il suo parere è anche vincolante.

La Corte dei conti come organo di controllo

La **Corte dei conti** esercita il *controllo preventivo di legittimità sugli atti* del governo (oggi fortemente ridotto) e il *controllo successivo sulla gestione del bilancio* dello Stato (più in generale, sulla «gestione del bilancio e del patrimonio delle amministrazioni pubbliche», non solo statali ma anche regionali: v. art. 3 l. 20/1994). Partecipa altresì, nei casi e nelle forme indicate dalla legge, al controllo sulla gestione finanziaria degli enti cui lo Stato contribuisce in via ordinaria, *riferendo direttamente alle Camere* sul risultato del riscontro eseguito. Essa, inoltre, ha competenze giurisdizionali nelle materie di contabilità pubblica e nelle materie previste dalla legge.

Il Cnel

L'art. 99 Cost. annovera tra gli organi di consulenza delle Camere e del governo anche il **Consiglio nazionale dell'economia e del lavoro**, nelle materie indicate dalla l. 936/1986 (economia, finanza pubblica, problemi del lavoro, servizi pubblici). Il Cnel è titolare dell'iniziativa legislativa (v. cap. 9). Esso viene soppresso dalla riforma cost. 2016.

3. L'ORGANIZZAZIONE PER AUTORITÀ INDIPENDENTI

Le autorità indipendenti sono collocate in posizione autonoma rispetto al governo e formate da personalità scelte con criteri che dovrebbero garantire autonomia e indipendenza di giudizio rispetto sia agli organi politici sia agli apparati ministeriali. Esse realizzano un sistema che non soltanto rompe il carattere monolitico dell'amministrazione, ma mette in discussione il tradizionale circuito dell'indirizzo politico (parlamento-governo: v. capp. 7, 9 e 11). Nell'esercizio della loro attività si collegano direttamente alla Costituzione e alla legge, saltando appunto la mediazione parlamentare e ministeriale. Lo scopo è quello di assicurare in settori individuati come particolarmente delicati – attinenti alle libertà economiche e alla regolazione dei mercati, alla vigilanza sul funzionamento della pubblica amministrazione, alla libertà di informazione e al diritto alla riservatezza – la necessaria imparzialità nella ponderazione di tutti gli interessi coinvolti.

Le autorità indipendenti

Sono autorità indipendenti, con i seguenti compiti:

- la **Commissione nazionale per le società e la borsa**, istituita con l. 216/1974, per la vigilanza sui mercati finanziari e di borsa e la regolazione dei mercati dei valori mobiliari;
- la **Commissione di garanzia sullo sciopero nei servizi pubblici essenziali**, istituita con l. 146/1990, al fine di contemperare l'esercizio del diritto di sciopero con i «diritti della persona costituzionalmente garantiti»;
- l'**Autorità garante della concorrenza e del mercato**, istituita con l. 287/1990, con funzioni *antitrust* a tutela della libertà di concorrenza, per evitare le

intese restrittive della concorrenza, gli abusi di posizione dominante e le concentrazioni, nonché per reprimere le forme di pubblicità ingannevole;

- l'**Autorità per l'energia elettrica, il gas e il servizio idrico**, istituita con l. 481/1995, per garantire «adeguati livelli di qualità nei servizi» e un «sistema tariffario certo, trasparente e basato su criteri predefiniti, promuovendo la tutela degli interessi di utenti e consumatori»;
- il **Garante per la protezione dei dati personali**, istituito con l. 675/1996, per controllare che il trattamento dei dati personali «si svolga nel rispetto dei diritti, delle libertà fondamentali, nonché della dignità dell'interessato»;
- l'**Autorità per le garanzie nelle comunicazioni**, istituita con l. 249/1997, alla quale sono affidati compiti di regolazione nel settore delle radiotelecomunicazioni a tutela del pluralismo informativo, dell'obiettività e della completezza dell'informazione;
- l'**Autorità garante dell'infanzia e dell'adolescenza**, istituita con l. 112/2011, col fine di assicurare la piena attuazione e la tutela dei diritti e degli interessi dei minori di età, in conformità con le convenzioni internazionali in materia;
- l'**Autorità di regolazione dei trasporti**, istituita con l. 27/2012, per garantire efficienza produttiva delle gestioni, contenimento dei costi e condizioni di accesso eque e non discriminatorie alle infrastrutture ferroviarie, portuali, aeroportuali e alle reti autostradali;
- l'**Istituto per la vigilanza sulle assicurazioni**, istituito con d.l. 95/2012, per assicurare «la piena integrazione dell'attività di vigilanza nel settore assicurativo, anche attraverso un più stretto collegamento con la vigilanza bancaria»;
- l'**Autorità nazionale anticorruzione**, istituita con l. 125/2013, con compiti di prevenzione della corruzione e di trasparenza nelle pubbliche amministrazioni; ad essa il d.l. 90/2014 ha attribuito le funzioni della disciolta Autorità di vigilanza sui contratti pubblici di lavori, servizi e forniture.

Come sono nominate e quali attività svolgono

Le autorità sono nominate in modi diversi (v. tab.) e sono organizzate e agiscono secondo moduli fra loro non omogenei, che vanno dal controllo puntuale su atti dei soggetti alla cui vigilanza sono preposte (ad es. l'Istituto per la vigilanza sulle assicurazioni), alla fissazione di regole per l'attività svolta da vari soggetti (si tratta di norme, di carattere tecnico, subordinate alla legge, ma non poche volte di grande impatto sull'attività degli stessi, come nel caso dell'Autorità per le garanzie nelle comunicazioni), a poteri di inchiesta e all'instaurazione di vere e proprie procedure di tipo contenzioso, con l'imposizione di sanzioni amministrative, non lontane da quelle di tipo giurisdizionale (ad es. l'Autorità garante della concorrenza e del mercato, nel caso di pratiche monopolistiche e anticoncorrenziali). Contro le decisioni delle autorità è sempre ammesso il ricorso al giudice amministrativo.
Queste entità pongono diversi problemi, anche in relazione ai canoni classici della teoria democratica: ci si è chiesti, infatti, se le autorità indipendenti siano

legittimate a svolgere funzioni importanti come quelle loro affidate senza doverne rispondere di fronte al Parlamento. Inoltre, si è giudicato eccessivo il numero di autorità e inopportuna l'assenza di una disciplina base uguale per tutte. Anche per queste ragioni sono state avviate iniziative per il loro riordino. Con riferimento specifico alle autorità deputate alla tutela del risparmio e alla vigilanza dei mercati, a seguito di una serie di clamorosi scandali finanziari che hanno danneggiato decine di migliaia di risparmiatori sollevando seri dubbi sull'adeguatezza dell'assetto vigente (casi dei bond argentini e delle società *Cirio* e *Parmalat*), la materia è stata riformata dalla l. 262/2005. Analoghe iniziative sono state riprese dopo i recenti scandali di corruzione negli appalti di grandi opere pubbliche (casi dell'*Expo* di Milano e del *Mose* di Venezia). Una nuova normativa per la prevenzione e la repressione della corruzione amministrativa è stata approvata con la l. 190/2012, seguita dalla l. 69/2015.

La loro attività normativa

Delle autorità indipendenti è stata messa in discussione l'attività di tipo normativo. Nessun problema per i «regolamenti interni», che rientrano nella ordinaria autonomia organizzativa di enti e organismi, soprattutto se dotati

LE AUTORITÀ INDIPENDENTI

Autorità	N. componenti	Durata in carica	Nomina
Commissione nazionale per le società e la borsa (Consob)	5	7 anni	governo (con parere parlamentare)
Commissione di garanzia sullo sciopero nei servizi pubblici essenziali (Cgse)	5	6 anni	presidenti delle Camere
Autorità garante della concorrenza e del mercato (Agcm)	3	7 anni	presidenti delle Camere
Autorità per l'energia elettrica, il gas e il servizio idrico (Aeegsi)	3	7 anni	governo (con parere parlamentare)
Garante per la protezione dei dati personali (Gpdp)	4	7 anni	Camera [2], Senato [2]
Autorità per le garanzie nelle comunicazioni (Agcom)	5	7 anni	Camera [2], Senato [2] governo [1: il presidente] (con parere parlamentare)
Autorità garante dell'infanzia e dell'adolescenza (Agia)	1	4 anni	presidenti delle Camere
Autorità di regolazione dei trasporti (Art)	3	7 anni	governo (con parere parlamentare)
Istituto per la vigilanza sulle assicurazioni (Ivass)	3	6 anni	governo (con parere parlamentare)
Autorità nazionale anticorruzione (Anac)	5	6 anni	governo (con parere parlamentare)

Nota: Il presidente dell'autorità è nominato dal governo (Consob, Aeegsi, Art, Anac, oltre all'Agcom) o dai presidenti delle Camere (Agcm) insieme agli altri componenti dell'autorità, ovvero eletto dai componenti dell'autorità nel loro ambito (Cgse, Gpdp). Il presidente dell'Ivass è il direttore generale della Banca d'Italia.

di personalità giuridica. Diversi invece i problemi qualora si tratti di attività rivolta a soggetti esterni (imprese, società quotate in borsa, aziende erogatrici di servizi), al fine di limitarne o condizionarne l'attività in positivo (obbligo di fare) o in negativo (divieto di fare). Ad esempio: il d.lgs. 58/1998 prevede che la Consob disciplini gli obblighi informativi nell'attività di negoziazione; la l. 28/2000 prevede che l'Autorità per le garanzie nelle comunicazioni stabilisca le regole in materia di comunicazione politica radiotelevisiva e di parità di accesso ai mezzi di informazione.

Si tratta di atti riconducibili all'attività amministrativa ovvero a quella normativa? Siamo cioè di fronte ad «atti amministrativi generali» ovvero a «regolamenti»? In realtà, vari elementi portano a concludere che si tratta di atti normativi con caratteristiche di generalità e astrattezza, che innovano l'ordinamento giuridico essendo destinati a un'applicazione ripetuta nel tempo.

L'attribuzione di un potere regolamentare alle autorità indipendenti è legittima purché sia volta a realizzare i fini posti dalla legge, lasciando ad esse discrezionalità solo in ordine alle modalità di conseguimento degli obiettivi legislativamente predeterminati. In altre parole: purché il potere regolamentare sia esercitato nel rispetto del principio di legalità e del principio di preferenza della legge (v. par. 4).

La Banca d'Italia

Una forma antesignana di autorità indipendente può essere considerata la **Banca d'Italia**, il cui governatore, nominato dal governo per sei anni con mandato rinnovabile una sola volta (prima della l. 262/2005 era senza vincoli di durata), gode di notevoli garanzie di autonomia. La Banca, che ora emette banconote solo su autorizzazione della Banca centrale europea, svolge il servizio di tesoreria dello Stato. Inoltre, al fine di assicurare stabilità complessiva, efficienza e competitività al sistema creditizio e finanziario, ha compiti di regolazione e vigilanza e di tutela della concorrenza nei confronti delle aziende bancarie, dei gruppi bancari e degli intermediari finanziari, in collaborazione con la Consob, l'Ivass e l'Autorità garante della concorrenza e del mercato.

4. I PRINCIPI COSTITUZIONALI RELATIVI ALLE PUBBLICHE AMMINISTRAZIONI

Le pubbliche amministrazioni sono organizzate e agiscono secondo i seguenti principi costituzionali.

Autonomia e sussidiarietà

- In base al **principio dell'autonomia**, contenuto nell'art. 5 Cost., l'amministrazione si distribuisce fra lo Stato e gli enti regionali e locali rappresentativi delle comunità territoriali. Esso è stato valorizzato dalla riforma costituzionale del 2001 fino al punto di attribuire una competenza amministrativa generale ai comuni, gli enti tendenzialmente più vicini agli interessi da soddisfare (secondo il **principio di sussidiarietà**: v. art. 118 Cost.).

Il decentramento burocratico e istituzionale

• In base al **principio del decentramento**, contenuto anch'esso nell'art. 5 Cost., le funzioni amministrative conferite allo Stato sono svolte attraverso uffici dipendenti dagli apparati centrali ma collocati in sede locale (cioè decentrate a livello **burocratico**) o attraverso enti autonomi (cioè decentrate a livello **istituzionale**: ad es. le autorità portuali e le camere di commercio). Il principio del decentramento non è mai stato attuato fino in fondo ed è stato anzi messo in ombra rispetto al più pregnante principio autonomistico. L'autonomia comporta infatti maggiore libertà e discrezionalità nella scelta dei fini da perseguire e dei mezzi da utilizzare (sia pure nei limiti stabiliti dalla legge), che non sono consentite con uguale ampiezza ai soggetti decentrati, non dotati di autonomia politica, normativa e finanziaria.

Riserva di legge e organizzazione amministrativa

• La **riserva di legge** per quanto riguarda l'**organizzazione** delle pubbliche amministrazioni è prevista dall'art. 97 Cost.: «i pubblici uffici sono organizzati secondo disposizioni di legge». Si tratta di una *riserva relativa*, non assoluta: il che significa che la legge non è tenuta a disegnare l'intera organizzazione, ma solo a fissare i criteri generali sulla base dei quali le amministrazioni stesse possano svolgere in dettaglio la necessaria attività organizzativa (secondo l'art. 95 Cost., spetta comunque alla legge provvedere all'«ordinamento della presidenza del Consiglio» e determinare «il numero, le attribuzioni e l'organizzazione dei ministeri»).

Principio di legalità e attività amministrativa

• Il **principio di legalità** per quanto riguarda l'**attività** delle pubbliche amministrazioni vuol dire che essa deve mantenersi nei binari stabiliti dalla legge o da altre fonti normative a ciò abilitate (anche europee: sent. 383/1998). Ulteriori limiti possono trarsi dai principi costituzionali e dall'ordinamento giuridico considerato nel suo complesso. Tuttavia, quando si incide su materie oggetto di riserva di legge (assoluta o relativa) – il che avviene sempre quando ci si trovi di fronte ad atti autoritativi – il principio di legalità può ritenersi soddisfatto solo sulla base di una specifica legge o atto con forza di legge (quindi principio di legalità e riserva di legge non sempre coincidono). Dal principio di legalità deriva che gli atti amministrativi che siano contrari a norme di legge possono essere disapplicati, oltre che annullati dal giudice amministrativo (*principio di preferenza della legge*: v. art. 5 l. 2248/1865, all. E). Il principio di legalità, tuttavia, costituisce un limite non solo *esterno* ma anche *interno* all'attività amministrativa, nel senso che essa deve trovare nella legge anche gli obiettivi da raggiungere (come prescrive l'art. 1 della l. 241/1990, su cui v. par. che segue: «l'attività amministrativa persegue i fini determinati dalla legge»). Ciò implica la possibilità per il giudice amministrativo di sindacare la corrispondenza tra l'interesse indicato dalla norma attributiva del potere e quello perseguito dall'azione amministrativa. Per rispettare il principio di legalità, soprattutto allorché si incida su situazioni soggettive, le pubbliche amministrazioni devono perciò operare *conformemente alla legge* (legalità **sostanziale**), non solo *nei limiti della legge* (legalità **formale**).

Il buon andamento

• Il **principio del buon andamento**, previsto dall'art. 97 Cost., impone *efficacia, efficienza ed economicità* dell'intervento delle pubbliche amministrazioni.

Per «efficacia» si intende il grado di corrispondenza fra gli obiettivi proposti e i risultati conseguiti; per «efficienza» si intende il rapporto fra i risultati e la quantità di risorse da impiegare per ottenere quei risultati; per «economicità» si intende il minimo impiego possibile di risorse. Per rispondere a tali esigenze esiste la **conferenza di servizi**. Essa consente di riunire in un'unica sede le diverse amministrazioni interessate per acquisirne rapidamente il necessario concorso in un dato procedimento. La conferenza può essere convocata per svolgere un esame contestuale dei vari interessi coinvolti (*conferenza istruttoria*) oppure può anche giungere all'adozione dell'atto finale (*conferenza decisoria*). La convocazione della conferenza (che decide di norma a maggioranza) è obbligatoria se l'amministrazione procedente non ottiene entro un determinato termine le intese, i concerti, i nulla osta o gli assensi richiesti alle altre amministrazioni (art. 14 l. 241/1990).

L'imparzialità

• Il **principio di imparzialità**, anch'esso previsto dall'art. 97 Cost., richiede la ponderazione e composizione degli interessi pubblici da soddisfare con gli interessi privati da sacrificare (e quindi si giova della *partecipazione* e del *contraddittorio* dei soggetti interessati). A differenza della «terzietà» che è propria del giudice, l'imparzialità non è indifferente rispetto agli interessi in gioco, ma presuppone il perseguimento di uno specifico interesse pubblico. Essa comporta il divieto di operare discriminazioni prive di ragionevole giustificazione, l'obbligo di astenersi per i pubblici dipendenti interessati al procedimento, l'apartiticità degli apparati amministrativi (posti al «servizio esclusivo della Nazione»: art. 98 Cost.). I doveri dei dipendenti pubblici sono oggetto di un *codice di comportamento* adottato dal governo (d.p.r. 62/2013), integrato dai codici adottati dalle singole amministrazioni. Corollario del principio di imparzialità è la **trasparenza amministrativa**, con i connessi obblighi di pubblicità (disciplinati dal d.lgs. 33/2013) volti ad assicurare il diritto alla conoscibilità delle informazioni concernenti l'organizzazione e attività delle amministrazioni e l'utilizzo delle risorse pubbliche. Il d.lgs. 97/2016, in attuazione della l. 124/2015, ha riformato la normativa sulla trasparenza sul modello statunitense del *Freedom of Information Act*, garantendo la libertà di accesso di chiunque, indipendentemente dalla titolarità di situazioni giuridicamente rilevanti, ai dati e documenti detenuti dalle pubbliche amministrazioni. La riforma cost. 2016 aggiunge espressamente la trasparenza accanto ai principi previsti dall'art. 97 (v. anche art. 118 Cost. 2016).

L'equilibrio di bilancio

• Per ciascuna pubblica amministrazione è posto l'obbligo di assicurare sia l'**equilibrio dei bilanci** sia la **sostenibilità del debito pubblico**: lo prevede il primo comma dell'art. 97 Cost., modificato in occasione della riforma dell'art. 81 della Costituzione approvata nel 2012, secondo le disposizioni in materia contenute nella legge di attuazione della riforma (v. artt. 3-4 l. 243/2012).

Attività di governo e attività di gestione

• La **distinzione fra attività di governo e attività di gestione amministrativa** è un principio non espressamente previsto dalla Costituzione, ma che si collega ai principi di buon andamento e imparzialità. Introdotto per la prima volta dalla l. 142/1990 e poi dal d.lgs. 29/1993, trova oggi compiuta formulazione nel testo unico sull'ordinamento degli enti locali e nel testo unico sull'ordinamento del lavoro alle dipendenze delle pubbliche amministrazioni. La distinzione significa questo: mentre le funzioni di indirizzo e di controllo politico-amministrativo sono affidate agli organi di governo politicamente responsabili (ministri, sindaci, presidenti di regione, consigli e giunte), la gestione amministrativa, compresa l'adozione degli «atti che impegnano l'amministrazione verso l'esterno» (art. 107 d.lgs. 267/2000 e art. 4 d.lgs. 165/2001), è affidata alla dirigenza. Agli organi di governo spettano gli atti di direzione politica, che individuano gli obiettivi e i programmi e indirizzano l'amministrazione al perseguimento degli stessi; ai dirigenti spetta la realizzazione degli obiettivi e dei programmi. Per consentire il ricambio degli incarichi dirigenziali statali di vertice (comunque temporanei), in occasione della formazione di un nuovo governo è previsto che, decorsi 90 giorni dal voto di fiducia, gli incarichi cessino automaticamente (*spoils system*: art. 19 d.lgs. 165/2001, ma v. sent. 246/2011).

Le forme di responsabilità

• Il **principio di responsabilità delle pubbliche amministrazioni e dei funzionari** è previsto dall'art. 28 Cost.: i funzionari e i dipendenti dello Stato e degli enti pubblici sono *direttamente* responsabili, secondo le leggi penali, civili e amministrative, degli atti compiuti in violazione di diritti. In tali casi la responsabilità civile si estende allo Stato e agli enti pubblici. L'art. 28 mette l'accento sulla responsabilità dei funzionari e sulla violazione di diritti. Ciò non esclude però forme più intense di responsabilità delle pubbliche amministrazioni, ad esempio la risarcibilità dei danni per lesione di interessi legittimi, come stabilito da una celebre sentenza del 1999 della Corte di cassazione (cass. civ., sez. un., 22 luglio 1999, n. 500).

• Il **principio dell'accesso mediante concorso agli impieghi nelle pubbliche amministrazioni** è previsto dall'art. 97.4 Cost., salvo i casi nei quali la legge preveda l'assunzione nominativa (ciò avviene in particolare per gli incarichi dirigenziali) o altre forme di assunzione di tipo non concorsuale.

Demanio e patrimonio

• Il **regime speciale dei beni pubblici**. In base all'art. 42.1 Cost., la proprietà può essere pubblica o privata. Anche la pubblica amministrazione, infatti, è titolare di particolari beni che vengono denominati generalmente *beni pubblici*. Tali beni, quindi, vanno a formare parte del complessivo patrimonio delle amministrazioni statali, regionali e locali sottoposto a un regime speciale (art. 119.6 Cost.). Il codice civile distingue tra *demanio pubblico* (artt. 822 e 824 c.c.: ad es. la spiaggia, i porti, i fiumi, i laghi), *patrimonio indisponibile* (art. 826 c.c.: ad es. le foreste, le miniere, le cose di interesse storico e artistico, le caserme, le sedi degli uffici pubblici) e *patrimonio disponibile* (tutti i beni non rientranti nelle altre due categorie). I beni appartenenti al demanio pubblico «sono inalienabili e non possono formare oggetto di diritti a favore di terzi» (art. 823.1 c.c.); quelli appartenenti al patrimonio indisponibile «non possono essere sottratti alla loro destinazione se non nei modi stabiliti dalle leggi che li riguardano» (art. 828.2 c.c.); l'ultima categoria di beni, invece, è in tutto e per tutto sottoposta alle regole di diritto comune.

5. IL PROCEDIMENTO AMMINISTRATIVO

L'attività delle pubbliche amministrazioni, qualunque sia la finalità (curare specifici interessi pubblici, produrre beni o servizi), è normalmente articolata in una serie di *atti tra loro connessi*, di competenza di *una o più specifiche amministrazioni*, volti al raggiungimento del fine perseguito attraverso l'adozione di un *provvedimento finale*. Questa, in sintesi, è la nozione di **procedimento amministrativo**, il quale si articola in quattro *fasi* distinte.

Le fasi del procedimento amministrativo

• La fase dell'*iniziativa*: l'atto iniziale del procedimento può consistere in un'istanza del soggetto interessato al provvedimento finale (parte privata o altro soggetto pubblico) oppure in un'autonoma scelta della stessa amministrazione procedente (procedimento d'ufficio).

• La fase *istruttoria* o preparatoria: l'amministrazione procedente raccoglie tutte le informazioni e i dati necessari in vista dell'adozione dell'atto finale, anche attraverso specifici pareri di competenza di organi consultivi o di esperti e tecnici specializzati; ove sia necessario acquisire il consenso di diverse amministrazioni, può essere attivato lo strumento della conferenza di servizi (v. par. precedente).

• La fase *costitutiva* o deliberativa: consiste nell'adozione del provvedimento finale, secondo le modalità e procedure previste per legge.

• La fase *integrativa dell'efficacia*: una volta adottato l'atto finale (che dunque è «perfetto» ma ancora «inefficace»), si compiono tutti gli adempimenti generalmente previsti per consentirgli di dispiegare i propri effetti giuridici (come, ad esempio, obblighi di controllo e di pubblicità).

Il principio del giusto procedimento

Nel nostro ordinamento, sulla base dei più generali principi costituzionali in materia di azione amministrativa, risulta accolto il principio del **giusto procedimento**. Elaborato sotto l'influenza della regola nordamericana del *due process of law* e di altri paesi europei (l'Austria ha una legge sul procedimento fin dal 1925), esso tende a garantire la corretta formazione della volontà dell'amministrazione, che deve svolgersi in forme tipiche (*principio di tipicità*, che non significa necessaria uniformità), osservare determinate *procedure*, assicurare *pubblicità* e *trasparenza*, consentire la *partecipazione* dei soggetti coinvolti nel procedimento, sia di quelli direttamente destinatari del provvedimento finale sia di quelli che dal provvedimento possono eventualmente subire un pregiudizio.

La disciplina generale del procedimento amministrativo è contenuta nella l. 7 agosto 1990, n. 241, così come successivamente modificata (in particolare dalla l. 15/2005 e dalla l. 69/2009). Tale disciplina si fonda sui seguenti principi:

a) l'obbligo di **motivazione degli atti amministrativi**;

b) l'individuazione di un **responsabile del procedimento**, quale soggetto di riferimento cui è affidata la responsabilità dell'istruttoria e dell'adozione dell'atto finale;

c) il **diritto di accesso agli atti** da parte dei soggetti interessati;

d) l'**intervento dei soggetti interessati** all'istruttoria;

e) il **contraddittorio** fra i soggetti portatori di interessi diversi (pubblici, privati, diffusi);
f) l'obbligo di concludere il procedimento con un **provvedimento espresso** entro il **termine** che, per ciascun tipo di atto, l'amministrazione procedente ha l'obbligo di stabilire (non superiore a 90 o 120 giorni); se non è stabilito dall'amministrazione, si applica il termine di 30 giorni; decorso inutilmente il termine per la conclusione del procedimento, si applica di regola l'istituto del **silenzio-assenso**.

6. GLI ATTI AMMINISTRATIVI

6.1. Gli atti amministrativi tipici

Le pubbliche amministrazioni, allorché agiscono come autorità amministrative, producono atti amministrativi *tipici*, caratterizzati cioè da un regime particolare.

• Sono atti emanati seguendo determinate **procedure amministrative**. Gli atti amministrativi sono *perfetti* una volta emanati a conclusione di un procedimento, e quindi divengono *efficaci* se non sottoposti a termini o condizioni (ad es. la pubblicazione o notificazione agli interessati). Gli atti perfetti ed efficaci possono tuttavia essere *invalidi*, vale a dire *nulli* o *annullabili*. I casi di nullità e di annullabilità sono disciplinati dalla legge sul procedimento amministrativo (capo IV-*bis* della l. 241/1990).

Gli atti invalidi

L'atto è **nullo** quando manchi di un elemento essenziale (ad es. un atto emanato da un soggetto privo di qualsiasi legittimazione a provvedere o che abbia un oggetto inesistente o impossibile).

L'atto è **annullabile** quando risulti «viziato», secondo l'espressione risalente alla l. 5992/1889:

I vizi di legittimità degli atti

a) per *incompetenza* dell'organo che ha emanato l'atto;
b) per *violazione di legge*, derivante dal contrasto del contenuto dell'atto con norme primarie o anche secondarie;
c) per *eccesso di potere*, qualora l'atto, pur non contrario alle prescrizioni di legge, sia stato emanato sviando dalle finalità per le quali è stato attribuito a una pubblica amministrazione il potere di emanare l'atto stesso (*detournement de pouvoir*, secondo la giurisprudenza del Consiglio di stato francese che elaborò per prima tale nozione).

L'eccesso di potere

L'**eccesso di potere** riguarda il cattivo uso del potere discrezionale da parte dell'amministrazione. Esso può essere rilevato innanzitutto dalla motivazione ove emergano *sintomi* (dunque *in via sintomatica*, come si dice) quali: illogicità manifesta, contraddittorietà «interna», insufficienza di motivazione, contraddittorietà fra più provvedimenti, disparità di trattamento, ingiustizia manifesta, travisamento dei fatti, non giustificata violazione di prassi, non rispetto del principio di ragionevolezza nello svolgimento

SCHEMA DELL'ATTO AMMINISTRATIVO

Autorità che adotta l'atto (es.)

• il ministro • il sindaco • il presidente della provincia • il presidente della giunta regionale	• il Consiglio dei ministri • la giunta comunale/regionale • il consiglio comunale/provinciale/metropolitano/regionale

Preambolo (es.)

• vista la legge 29 aprile 2001, n. XX • visto il d.p.r. 25 settembre 1998, n. XX • visto il d.m. 13 gennaio 2009, n. XX	• vista la delibera n. XX del 9 giugno 1999 • visto il proprio decreto n. XX del 5 marzo 2012 • visto...

Motivazione (es.)

• rilevato che...	• ritenuto che...	• considerato che...

Dispositivo (es.)

• dispone...	• decreta...	• delibera...	• ordina...

Luogo, data, firma (es.)

• Roma, 25 giugno 2016 Il Ministro...	• Bologna, 19 novembre 2016 Il Sindaco...

dell'attività amministrativa, non osservanza del principio di proporzionalità fra l'obiettivo da perseguire e il sacrificio imposto al cittadino.

• Sono atti sottoposti a **controlli** anche preventivi sulla loro **legittimità** e, talvolta, sul **merito**, cioè sull'opportunità delle scelte effettuate con l'atto stesso.

Imperatività e autotutela

• Sono atti **imperativi** e informati al **principio dell'autotutela**, proprio perché assistiti dalla presunzione della legittimità dell'atto stesso.

L'*imperatività* (o *esecutorietà*: art. 21-*ter* della l. 241/1990) indica la speciale forza dell'atto amministrativo grazie alla quale la modifica della sfera giuridica del destinatario di un provvedimento *non* richiede la collaborazione di quest'ultimo: per esempio, l'apposizione del vincolo monumentale su un edificio di pregio storico-culturale impone al proprietario, di per sé sola, un regime con tutele particolari.

Spesso però, si pensi a un ordine di demolizione, può non bastare l'emanazione del provvedimento: ed ecco l'*autotutela*, che consente all'amministrazione di realizzare *anche con la forza* le situazioni di vantaggio determinate dal proprio provvedimento, senza l'ausilio del giudice (ovviamente se la legge lo prevede). Ancora: se un'auto arreca intralcio al privato, questi non può rimuoverla senza che il giudice lo autorizzi; lo può fare, invece, l'amministrazione pubblica competente.

Si usa ricondurre al principio di autotutela anche una serie di provvedimenti di secondo grado (i quali hanno cioè ad oggetto un precedente atto), quali il potere delle amministrazioni di disporne a determinate condizioni: l'*annullamento d'ufficio* (con effetti *ex tunc*, ossia dal momento dell'emanazione dell'atto); la *revoca* (con effetti *ex nunc*); la *ratifica* (in caso di atto emanato da organo non competente); la *convalida* (in caso di atto annullabile per qualsiasi altro vizio). L'amministrazione può inoltre imporre sanzioni amministrative a carico di chi non rispetta l'atto.

• Sono atti **giustiziabili**, al pari di qualunque manifestazione del potere amministrativo, nelle forme e nei modi indicati nel paragrafo 7.

6.2. Le ordinanze di necessità

Una tipologia particolare di atti amministrativi è costituita dalle **ordinanze di necessità**. Si tratta di provvedimenti volti a fronteggiare in modo tempestivo, al di fuori delle normali procedure, situazioni di *emergenza* di vario tipo che coinvolgono la collettività. In presenza di determinati presupposti, è la legge stessa che autorizza l'autorità amministrativa a provvedere anche in deroga (quando occorra) alle normative vigenti, per determinate *finalità* connesse alla natura dell'emergenza. Non sempre però vengono precisate le concrete *modalità* di esercizio del potere di ordinanza, lasciando quindi una elevata discrezionalità all'autorità amministrativa nella determinazione del contenuto dei relativi provvedimenti. La correlazione e la congruità fra i presupposti della necessità e le misure contenute nell'ordinanza possono essere accertate dal giudice amministrativo. Per salvaguardare il principio di legalità, la giurisprudenza amministrativa ha elaborato vari criteri (verifica dell'urgenza e indifferibilità dell'intervento, dell'inidoneità dei mezzi ordinari, che l'ordinanza non sia utilizzata per regolare stabilmente un certo assetto di interessi ecc.).

La possibilità di derogare alla legge

Problemi delicati si pongono quando il potere di ordinanza si spinge fino alla possibilità di derogare a norme *legislative*. L'esempio classico sono le ordinanze di necessità e urgenza adottate dal prefetto per la tutela dell'ordine pubblico, previste dall'art. 2 del testo unico delle leggi di pubblica sicurezza (già citato nel cap. 1), di cui un tempo fu addirittura sostenuta l'idoneità a sospendere diritti costituzionalmente tutelati. Sulle ordinanze prefettizie si pronunciò due volte la Corte costituzionale (sentt. 8/1956 e 26/1961, citate nel par. 8 del cap. 15). La Corte affermò il «carattere di atti amministrativi» di questo tipo di provvedimenti: in quanto «strettamente limitati nel tempo e nell'ambito territoriale e vincolati ai presupposti dell'ordinamento giuridico», essi non possono mai porsi in contrasto con prescrizioni costituzionali che «non consentono alcuna possibilità di deroga ad opera della legge ordinaria».

Questi limiti si ritrovano nella legislazione più recente in materia di ordinanze. In particolare:

Ordinanze di protezione civile

• le **ordinanze di protezione civile** previste dall'art. 5 della legge 225/1992, istitutiva del servizio nazionale della protezione civile, organizzato a livello centrale in un dipartimento della presidenza del Consiglio. Una volta deliberato lo stato di emergenza dal Consiglio dei ministri, il presidente del Consiglio, o più frequentemente un commissario straordinario appositamente nominato, provvede all'attuazione dei necessari interventi «anche a mezzo di ordinanze in deroga ad ogni disposizione vigente», emanate tuttavia «nel rispetto dei principi generali dell'ordinamento giuridico». Le ordinanze, pubblicate nella *Gazzetta Ufficiale*, «devono contenere l'indicazione delle principali norme a cui si intende derogare e devono essere motivate». Esse sono ritenute compatibili con il sistema costituzionale trattandosi di una *deroga temporanea* autorizzata dalla legge (e non di una abrogazione, come invece nel caso dei regolamenti di delegificazione: v. par. 15 del cap. 5);

Ordinanze di sicurezza urbana

- le **ordinanze di sicurezza urbana** previste dall'art. 54 Tuel, adottate dal sindaco con atto motivato e nel rispetto dei principi generali dell'ordinamento «al fine di prevenire e di eliminare gravi pericoli che minacciano l'incolumità pubblica e la sicurezza urbana» (ma solo in situazioni di contingibilità e urgenza: v. sent. 115/2011). Il sindaco esercita il potere di ordinanza in queste materie quale *ufficiale del governo* e i provvedimenti devono essere preventivamente comunicati al prefetto. Accanto a queste sono previste dall'art. 50 Tuel ordinanze contingibili e urgenti in casi di emergenza igienico-sanitaria, che sono invece adottate dal sindaco quale *rappresentante della comunità locale*.

Nella prassi sia le ordinanze di protezione civile sia le ordinanze di sicurezza urbana sono state oggetto di frequenti polemiche: le prime perché spesso usate, oltre che per far fronte a calamità, anche in occasione di *grandi eventi* (ad esempio i mondiali di nuoto) per sopperire a inefficienze e ritardi burocratici (ma tale utilizzo non è più consentito dopo la modifica di cui alla l. 27/2012); le seconde perché usate disinvoltamente da alcuni sindaci (ad esempio: ordinanze contro la prostituzione, il consumo di alcolici, l'accattonaggio ecc.), esorbitando dall'ambito dei provvedimenti finalizzati alla tutela della sicurezza pubblica (intesa quale attività di prevenzione e repressione di reati, come ha detto la Corte costituzionale nelle sentt. 196/2009 e 226/2010).

7. LA TUTELA GIURISDIZIONALE DEI DIRITTI E DEGLI INTERESSI LEGITTIMI

Il principio di legalità porta con sé quanto prescritto dall'art. 113 Cost.: «contro gli atti della pubblica amministrazione è sempre ammessa la **tutela giurisdizionale dei diritti e degli interessi legittimi**». A tutti è data possibilità di ricorso agli organi della giustizia amministrativa (tribunali amministrativi regionali e, in appello, Consiglio di stato) o agli organi della giustizia ordinaria.

Il sistema dualistico di giustizia amministrativa

Per ragioni storiche, che risalgono alle vicende successive all'unificazione e alla creazione nel 1889 della IV sezione del Consiglio di stato (la citata l. 5992), in Italia vige un **sistema dualistico di giustizia amministrativa** che il costituente non ha voluto eliminare. Mentre altri paesi hanno affidato la tutela dei cittadini contro gli atti della pubblica amministrazione al giudice ordinario (Regno Unito e Stati Uniti) oppure, in esclusiva, a uno speciale giudice amministrativo (Francia e Germania), in Italia essa è ripartita fra il giudice ordinario e il giudice amministrativo, competenti a seconda del tipo di situazione giuridica fatta valere.

Se il soggetto ritiene che un atto amministrativo abbia leso un proprio *diritto soggettivo*, la competenza è del giudice ordinario. Questi non può annullare l'atto amministrativo impugnato, in omaggio al principio della separazione dei poteri, ma può solo disapplicarlo e riconoscere il risarcimento del danno.

Se la lesione riguarda un *interesse legittimo* (per la distinzione fra diritto soggettivo e interesse legittimo v. cap. 6), la competenza è del giudice amministrativo, il quale può annullare (o sospendere in via cautelare) l'atto. Tuttavia, in base all'art. 103 Cost., ai giudici amministrativi può essere riconosciuta la giurisdizione per la tutela anche dei diritti soggettivi «in particolari materie indicate dalla legge». Ciò è avvenuto, per un numero consistente di materie, a seguito della l. 205/2000 (ad es. in materia di servizi pubblici: v. tuttavia sent. 204/2004). L'elenco di queste materie si trova ora nell'art. 133 del codice del processo amministrativo (d.lgs. 104/2010).

I ricorsi amministrativi

Accanto ai rimedi *giurisdizionali* esistono i rimedi *amministrativi*, detti anche *paragiurisdizionali* (d.p.r. 1199/1971). Si tratta di quei ricorsi che il soggetto leso può esperire rivolgendosi: *a*) alla stessa amministrazione che ha emanato l'atto; *b*) al superiore gerarchico dell'autorità che ha emanato l'atto. Il primo si chiama *ricorso in opposizione*, il secondo *ricorso gerarchico*.

È anche previsto il *ricorso straordinario al presidente della Repubblica*, ma in realtà la decisione, anche se formalmente assunta con decreto presidenziale, spetta al Consiglio di stato, chiamato a dare un parere vincolante. Si tratta di una via alternativa a quella giurisdizionale (non la si può percorrere se si sta percorrendo quella). La si percorre per due ragioni: il termine per far ricorso è doppio (120 giorni) e non è necessario farsi patrocinare da un avvocato.

L'atto politico

Un problema particolare è rappresentato dall'**atto politico**, cioè quell'atto che esprime una libera scelta connessa all'esercizio della funzione di indirizzo politico o di governo. Infatti, la legge esclude il ricorso alla giurisdizione amministrativa se si tratta di «atti o provvedimenti *emanati dal governo nell'esercizio del potere politico*» (art. 7 d.lgs. 104/2010). Questa disposizione, che in realtà risale al testo unico sul Consiglio di stato (r.d. 1054/1924), va interpretata restrittivamente alla luce dell'art. 113. Comunque si deve ritenere che per determinati atti governativi, non amministrativi in senso stretto, ammettere la sindacabilità contrasterebbe con altri principi costituzionali (si pensi ad es. alla nomina di un ministro, alle dichiarazioni programmatiche di un sindaco, all'invio di una missione militare ecc.).

PAROLE CHIAVE

- Attività amministrativa autoritativa
- Attività amministrativa di diritto comune
- Attività di governo e attività di gestione
- Attività normativa delle pubbliche amministrazioni
- Atto amministrativo
- Atto politico
- Autonomia
- Autorità amministrative indipendenti
- Autotutela
- Buon andamento
- Consiglio di stato
- Corte dei conti
- Decentramento
- Diritto amministrativo
- Disapplicazione
- Eccesso di potere
- Enti pubblici
- Imparzialità
- Ministeri
- Organi ausiliari
- Ordinanze di protezione civile
- Ordinanze di sicurezza urbana
- Principio di legalità
- Procedimento amministrativo
- Responsabilità delle pubbliche amministrazioni
- Ricorsi amministrativi
- Sistema dualistico di giustizia amministrativa
- Vizi di legittimità

FONTI

- Costituzione della Repubblica (artt. 5, 28, 97-100, 113, 118, 125).
- Legge 7 agosto 1990, n. 241 (Legge sul procedimento amministrativo e il diritto di accesso ai documenti amministrativi).
- D.lgs. 30 luglio 1999, n. 300 (Riforma dell'organizzazione del governo).
- D.lgs. 30 marzo 2001, n. 165 (Norme generali sull'ordinamento del lavoro alle dipendenze delle amministrazioni pubbliche).
- D.lgs. 2 luglio 2010, n. 104 (Codice del processo amministrativo).
- D.lgs. 14 marzo 2013, n. 33 (Riordino della disciplina riguardante il diritto di accesso civico e gli obblighi di pubblicità, trasparenza e diffusione di informazioni da parte delle pubbliche amministrazioni).
- Legge 7 agosto 2015, n. 124 (Deleghe al governo in materia di riorganizzazione delle amministrazioni pubbliche).

PER APPROFONDIRE

- S. Cassese (a cura di), *Istituzioni di diritto amministrativo*, Milano, Giuffrè, 2015.
- G. Corso, *Manuale di diritto amministrativo*, Torino, Giappichelli, 2015.
- D. Sorace, *Diritto delle amministrazioni pubbliche*, Bologna, Il Mulino, 2016.

PERCORSO DI AUTOVERIFICA

1. Cosa distingue l'attività amministrativa dall'attività giurisdizionale e da quella normativa?

2. Con quali strumenti operano le pubbliche amministrazioni?

3. Come è organizzata l'amministrazione centrale?

4. Quanti e quali sono i ministeri?

5. Quali sono gli organi ausiliari?

6. Cos'è un'autorità indipendente?

7. Alcuni esempi di autorità indipendenti? Quali sono le rispettive funzioni?

8. Qual è il significato del principio di legalità dell'azione amministrativa?

9. Cosa si intende per principio del buon andamento e per principio di imparzialità?

10. In cosa consiste la distinzione fra attività di governo e attività di gestione amministrativa?

11. Quali sono i contenuti essenziali della legge sul procedimento amministrativo?

12. Quali sono i caratteri dell'atto amministrativo?

13. Quand'è che un atto amministrativo può essere annullato? E cosa si intende in particolare per eccesso di potere?

14. Cosa sono le ordinanze di necessità?

15. Perché il sistema della giustizia amministrativa è un sistema dualistico?

16. Quali ricorsi sono possibili contro gli atti della pubblica amministrazione?

CAPITOLO 14

Il sistema giudiziario

Dichiarare il diritto e garantire l'osservanza delle regole: questo è l'oggetto della funzione giurisdizionale, della quale nessun ordinamento può fare a meno. In questo capitolo, dopo un'introduzione storica, si individuano i caratteri propri di questa funzione e si descrive come è organizzata nell'ordinamento italiano.

1. LA GIURISDIZIONE E IL COSTITUZIONALISMO LIBERALDEMOCRATICO

Per garantire l'armonia e la pace interna di un gruppo sociale, potenzialmente minacciate da contrasti tra i consociati e da comportamenti individuali contrari ai valori su cui si fonda l'unità del gruppo stesso, è sempre stata prevista, nelle forme più diverse, la presenza di **giudici** (dal latino *ius-dicere*, affermare il diritto): figure preposte appunto al compito di garantire l'osservanza delle regole della convivenza sociale. Una moderna concezione della funzione giurisdizionale si è affacciata, però, solo a partire dalla formazione degli stati assoluti nel corso del XVI e XVII secolo, quando l'unificazione territoriale e politica di Francia, Inghilterra e Spagna portò come conseguenza alla concentrazione del potere di governo (*gubernaculum*) nelle mani di un unico soggetto, il monarca, e al tentativo di costruire un'unica giurisdizione (*iurisdictio*). In quest'opera di accentramento giudiziario un ruolo importante ebbero gli organi di vertice (ad es. la *Curia Regis* o il *Magnum Concilium*) che affiancavano il re nel ruolo di giudice supremo delle questioni più rilevanti, e la successiva diffusione sul territorio di corti permanenti in vario modo controllate dal monarca stesso. Fu soprattutto a seguito di tale sviluppo che si pose con forza il problema di limitare il potere assoluto del re e garantire i diritti inviolabili degli individui, anche attraverso il rafforzamento dell'*indipendenza* e della *terzietà* dei giudici.

Affermare il diritto

Come limitare la supremazia regia

In Inghilterra, prima che in altri paesi, la tradizionale supremazia regia in campo giurisdizionale trovò un limite con l'affermarsi nella prassi giudiziaria di un diritto non scritto (la *common law*), basato sulla giurisprudenza (cioè sulle precedenti decisioni dei giudici stessi), il quale si diffuse su tutto il territorio. Già a partire dall'*Act of Settlement* del 1701 venne stabilita la garanzia dell'inamovibilità dei giudici, le cui cariche divennero sostanzialmente stabili (secondo la formula «*quam diu se bene gesserint*», fintanto che si fossero comportati rettamente). La possibilità per il sovrano di rimuoverli dall'incarico era prevista solo in caso di violazione dei doveri d'ufficio. La formula fu poi ripresa dall'art. III della Costituzione degli Stati Uniti (1787), che parla di inamovibilità *during good behavior* (traduzione inglese della formula latina). Anche in Francia le corti giudiziarie – fra queste gli antichi *Parlements* locali – cercarono di sottrarsi al controllo del re ed ebbero drammatici scontri con la corona nel corso del XVIII secolo. Solo la Costituzione del 1791 giunse ad affermare le prime garanzie: essa stabilì infatti che i giudici potessero essere destituiti «solo per prevaricazione debitamente giudicata».

Funzione giudiziaria e separazione dei poteri

Risalgono a questo periodo le prime teorizzazioni della separazione dei poteri. Alla necessità di un'equilibrata e giusta gestione del potere di governo avrebbe dovuto corrispondere la separazione delle funzioni legislativa, esecutiva e giurisdizionale, sia per garantire un controllo reciproco tra le diverse sfere del potere sia per evitare che un monarca assoluto potesse compiere arbìtri a danno dei singoli individui. Secondo Montesquieu, «non vi è libertà quando il potere giudiziario non è separato dal potere legislativo e da quello esecutivo. Se fosse unito al potere legislativo, il potere sulla vita e sulla libertà dei cittadini sarebbe arbitrario: poiché il giudice sarebbe il legislatore. Se fosse unito al potere esecutivo, il giudice potrebbe avere la forza di un oppressore».

Tali principi trovarono successivamente una loro affermazione in altri ordinamenti, grazie alla diffusione degli ideali del costituzionalismo dovuta soprattutto alle due grandi rivoluzioni americana e francese di fine Settecento. Ma l'affermarsi del principio della separazione del potere giudiziario dagli altri poteri dello stato, e la sua consacrazione nelle costituzioni liberali del XIX secolo, non fece sparire la dipendenza dall'esecutivo. Un esempio di ciò fu lo Statuto albertino del 1848, secondo il quale «la giustizia emana dal re ed è amministrata in suo nome dai giudici che egli istituisce» (art. 68).

Il giudice professionista

Lo sviluppo della funzione giurisdizionale prese direzioni diverse in Inghilterra (e negli ordinamenti di *common law*) e nell'Europa continentale, patria del diritto scritto (ordinamenti di *civil law*). Nei primi si consolidò una selezione di tipo sostanzialmente **professionale** degli appartenenti al potere giudiziario, chiamati non solo ad applicare ma a dare vita alla norma giuridica. Tutt'oggi, in quei paesi, vengono chiamati a esercitare le funzioni giudiziarie avvocati con esperienza pluriennale, nominati tendenzialmente a

Il giudice funzionario

vita. Negli ordinamenti continentali, invece, a partire dall'epoca napoleonica gli appartenenti al potere giudiziario vennero inseriti tra i funzionari pubblici, organizzati gerarchicamente al loro interno e posti sostanzialmente alle dipendenze del governo, secondo un'ottica **burocratica** che era figlia della concezione del giudice come meccanico applicatore della legge. Della legge egli era considerato solo la *bocca* (*bouche de la loi*): chiamato a dichiarare quanto essa, considerata la più alta espressione della sovranità nazionale, dettava.

Il problema dell'indipendenza

Il problema dell'**indipendenza** della magistratura (sia **esterna**, cioè nei confronti degli altri poteri, sia **interna**, cioè di ciascun magistrato rispetto ai magistrati «superiori»), si cominciò a porre tra fine Ottocento e inizio Novecento (in Italia è del 1907 l'istituzione del primo consiglio superiore della magistratura: organo peraltro diverso dall'attuale), e si è riproposto con forza dopo la Seconda guerra mondiale. Le nuove costituzioni, a partire proprio da quella italiana, hanno cercato di dare una soluzione nuova al problema dell'indipendenza della magistratura, attraverso organi di «autogoverno» almeno in parte rappresentativi dell'ordine giudiziario, ai quali affidare i delicati compiti prima rimessi all'esecutivo (reclutamento, carriera, promozioni, trasferimenti, sanzioni disciplinari). Al governo viene lasciato invece, nella maggior parte dei casi, il compito di assicurare i *mezzi* per l'esercizio dell'attività giudiziaria (uffici, personale amministrativo, risorse). Tale assetto contraddistingue oggi gran parte degli ordinamenti dell'Europa continentale, storicamente ispirati alla figura del giudice funzionario.

2. LA FUNZIONE GIURISDIZIONALE

Una definizione complessiva della **funzione giurisdizionale** deve conciliare due profili essenziali: quello **soggettivo** e quello **oggettivo**. In relazione al primo profilo, si dà rilievo alla natura del *soggetto* cui spetta la decisione, ogni qual volta determinate attività sono attribuite alla competenza di soggetti appartenenti al corpo giudiziario. In relazione al secondo profilo, invece, si dà rilievo al carattere *oggettivamente* giurisdizionale dell'attività svolta, a prescindere dal fatto che chi decide appartenga al corpo giudiziario oppure no.

La funzione giurisdizionale: definizione

Nessuno dei due profili è sufficiente da solo a definire la complessa realtà della funzione giurisdizionale. Cercando di considerarli insieme, si può allora definirla come *funzione diretta all'applicazione della legge, attivata su* **impulso delle parti** (passività del giudice), *per risolvere un conflitto o una controversia, esercitata ad opera di un* **soggetto terzo** (terzietà del giudice), *vincolato solo alla legge, nel rispetto del principio del contraddittorio fra le parti, della pubblicità del procedimento e della motivazione delle decisioni.* Il giudice deve essere *passivo* nel senso che non spetta al giudice promuovere l'azione (presupposto al tempo stesso della sua terzietà); deve essere *terzo* rispetto alle parti (un giudice non equidistante non sarebbe accettato da entrambe le parti); deve essere vincolato solo alla legge, non deve cioè ricevere istruzioni (su come giudicare) né dettare lui stesso il parametro in base al quale decidere la controversia che ha davanti; il contraddittorio garantisce che ciascuna parte possa farsi sentire dal giudice in condizioni di parità (che giudizio sarebbe un giudizio formulato sentita una parte sola?); la pubblicità del procedimento è garanzia della sua correttezza, mentre la motivazione serve a consentire forme di controllo successivo (da parte di un altro giudice che per questo è chiamato *di secondo grado*).

Le parti nel processo

A seconda del tipo di giurisdizione, diversi sono nome e ruolo delle parti in causa con riferimento al soggetto che inizia l'azione e a quello che la subisce o la contrasta: si chiamano **attore** e **convenuto** nel processo civile; **pubblico ministero** (che rappresenta la potestà punitiva dello stato) e **imputato** nel processo penale; **ricorrente** e **resistente** nel processo amministrativo (nel quale a resistere è sempre la pubblica amministrazione).

La definizione proposta consente di cogliere la differenza della funzione giurisdizionale rispetto:

a) alla funzione legislativa, il cui compito è produrre norme e la cui espressione tipica è la **legge**;

b) alla funzione esecutiva-amministrativa, il cui compito è dare esecuzione a norme di legge, ma *non* in posizione di *terzietà* né con la specifica finalità di risolvere una controversia, bensì con lo scopo più generale di perseguire i pubblici interessi attraverso l'adozione di **atti e provvedimenti amministrativi**.

La sentenza

Tipica espressione dell'esercizio della funzione giurisdizionale, invece, è la **sentenza**: cioè l'atto processuale del giudice col quale questi risolve la questione sottoposta alla sua attenzione (mentre si chiamano **ordinanza** e **decreto** gli atti del giudice che non definiscono il procedimento, ma ne regolano lo sviluppo).

La definizione consente *i*) di includere anche tutte quelle attività che hanno natura *giurisdizionale*, ma sono svolte da organi amministrativi (ad es. le *funzioni contenziose* attribuite ad autorità indipendenti) o da organi appartenenti al potere legislativo (ad es. la *verifica dei poteri* attribuita a ciascuna camera), e *ii*) di escludere invece quei compiti di natura amministrativa affidati dalla legge ad organi giudiziari (ad es. la *volontaria giurisdizione*, che postula l'assenza di un conflitto da risolvere ed è esercitata nell'interesse delle parti, e le *funzioni di garanzia elettorale*, che riguardano la gestione del procedimento elettorale nelle sue diverse fasi sino alla proclamazione degli eletti: si pensi ai diversi uffici circoscrizionali e centrali previsti dalle leggi elettorali che, pur essendo composti da magistrati, sono considerati organi amministrativi).

3. L'ORGANIZZAZIONE GIUDIZIARIA. LA GIURISDIZIONE ORDINARIA

I giudici ordinari

Secondo l'art. 102 Cost., «la funzione giurisdizionale è esercitata da magistrati ordinari istituiti e regolati dalle norme sull'ordinamento giudiziario». I **giudici ordinari** hanno una giurisdizione generale in **materia civile** e **penale**: essi rappresentano la gran parte dei magistrati attualmente in servizio (sono circa 6.500 su quasi 8.700). L'organizzazione della giustizia ordinaria ha una dimensione orizzontale, di diffusione sul territorio nazionale (attraverso i **distretti giudiziari** nei quali è ripartita), e una verticale, interna a ogni singolo ufficio giudiziario nonché tra gli uffici di un determinato distretto (**giudici di primo grado** e **giudici di secondo grado**). Al vertice è posta la **Corte di cassazione**, con sede in Roma, giudice collegiale di legittimità, articolato in diverse sezioni civili e penali.

Le norme sull'ordinamento giudiziario sono contenute nel r.d. 30 gennaio 1941, n. 12, modificato molte volte. Il testo vigente è quello risultante soprattutto dalle modifiche introdotte fra il 2005 e il 2007, prima per iniziativa del governo di centro-destra (l. 150/2005, attuata attraverso numerosi decreti legislativi), poi con la parziale «riforma della riforma» voluta dal governo di centro-sinistra (l. 269/2006 e l. 111/2007).

La giurisdizione ordinaria si articola, dunque, in 26 distretti giudiziari, i quali fanno capo ad altrettante corti d'appello, per lo più corrispondenti al territorio di una regione (più 3 sezioni distaccate). I diversi uffici giudiziari trovano sede all'interno dello stesso distretto, suddiviso a tale scopo in 165 circondari.

I giudici in materia civile

Per le cause in *materia civile* sono previsti:

- il **giudice di pace**, che ha una competenza limitata a cause «minori» e decide da solo (giudice monocratico); le sue sentenze si impugnano presso il tribunale (v. l. 374/1991);
- il **tribunale**, che può decidere a seconda dei casi in composizione monocratica o collegiale (collegio formato da tre giudici); le sue sentenze si impugnano presso la corte d'appello;
- la **corte d'appello**, giudice collegiale (tre giudici) di secondo grado.

I giudici in materia penale

Per i procedimenti in *materia penale* sono previsti:

- il **giudice di pace**, ma solo per reati minori, le cui decisioni sono appellabili presso il tribunale (v. d.lgs. 274/2000);
- il **tribunale**, giudice di primo grado (in composizione monocratica o collegiale secondo il tipo di reato); le sue decisioni sono appellabili presso la corte d'appello;
- la **corte d'appello**, giudice collegiale (tre giudici) di secondo grado.

Per i reati più gravi, a tribunali e corti d'appello si affianca la **corte d'assise**, le cui decisioni possono essere appellate presso la **corte d'assise d'appello**: organi collegiali caratterizzati dal fatto che, a fianco di due giudici di carriera, siedono sei **giudici popolari** (cittadini dotati di determinati requisiti di capacità, estratti a sorte e tenuti a esercitare tale funzione).

ORGANIZZAZIONE DELLA GIUSTIZIA ORDINARIA

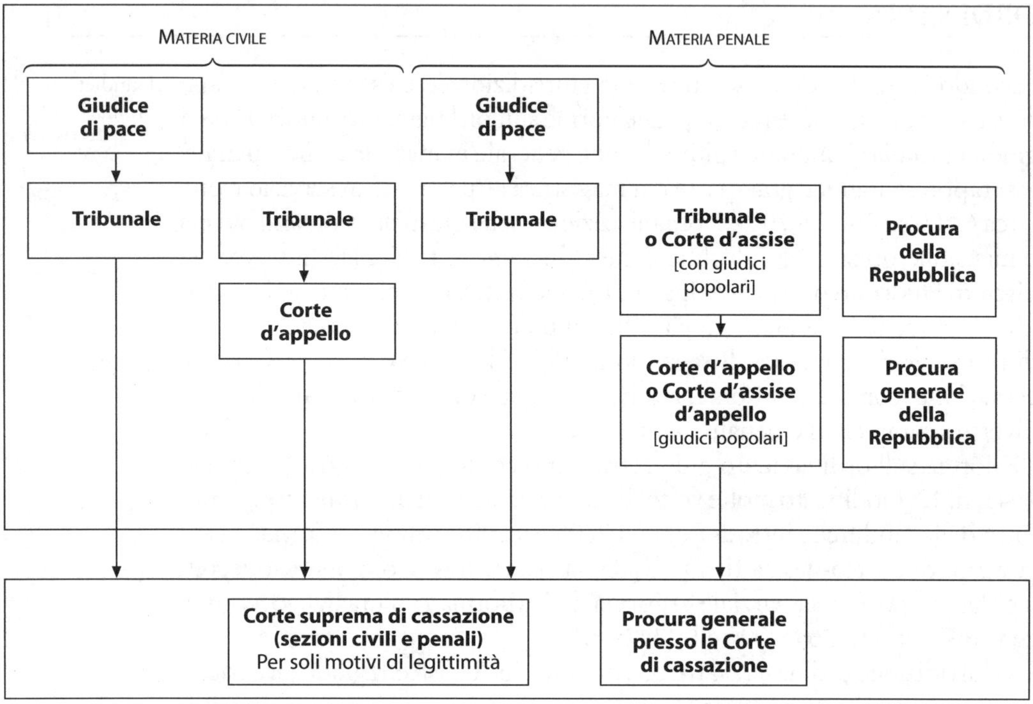

La distribuzione del lavoro tra i diversi giudici è attuata in base al criterio della **competenza** per cui, a seconda della tipologia del caso (ad es. un certo valore della causa civile o un certo reato in un procedimento penale o il luogo in cui è avvenuto il fatto oggetto del giudizio), è previsto che il processo si svolga presso un giudice piuttosto che un altro.

Invece la possibilità di **ricorso in cassazione** contro le sentenze di appello si limita alle sole *questioni di legittimità*: quelle che attengono al rispetto della legge e delle norme di procedura che disciplinano lo svolgimento del processo, senza coinvolgere il merito della questione (chi ha torto e chi ha ragione, l'imputato ha commesso il reato oppure no).

La funzione nomofilattica della Corte di cassazione

Tra le funzioni della Corte di cassazione, fondamentale è quella appunto di assicurare l'*esatta osservanza* e l'*uniforme interpretazione* della legge. Si tratta della **funzione nomofilattica**: la Corte di cassazione decide in realtà intorno a singoli casi concreti ad essa sottoposti (le singole sezioni con cinque giudici, le sezioni unite con nove giudici); laddove ritenga che il giudice di merito abbia applicato in modo non corretto la legge, può disporre l'annullamento della sentenza, normalmente rinviando ad altro giudice di merito, in modo che questo possa ripetere il processo anche solo in parte applicando la corretta regola giuridica quale individuata dalla Corte di cassazione. Le sue interpretazioni, ufficialmente sintetizzate in *massime* (cioè in sintesi del principio di diritto sulla base del quale la Corte di cassazione ha deciso, redatte dalla Corte stessa), costituiscono un precedente dal quale difficilmente si allontanano i giudici che si trovino a giudicare casi analoghi.

I magistrati requirenti

Accanto ai magistrati con **funzioni giudicanti**, di cui si è detto fin qui, si collocano i magistrati con **funzioni requirenti** (sono circa 2.200). Sono questi i magistrati del **pubblico ministero** (p.m.), concentrati in uffici istituiti presso i corrispondenti uffici giudicanti: presso ogni tribunale vi è una **procura della Repubblica**; presso ogni corte d'appello una **procura generale della Repubblica**; infine, la **procura generale presso la Corte di cassazione**. Con funzioni specializzate è istituita presso la procura generale della Corte di cassazione la **direzione nazionale antimafia e antiterrorismo**, diretta da un **procuratore nazionale antimafia e antiterrorismo**, che assicura il coordinamento di tutte le indagini contro la criminalità organizzata e le organizzazioni terroristiche; in ogni distretto di corte d'appello è istituita presso la procura del tribunale del capoluogo la **direzione distrettuale antimafia** (non competente invece in materia di antiterrorismo: per tali reati la competenza fa capo alla procura del capoluogo).

I magistrati requirenti, che *non* sono dunque giudici, appartengono nel nostro ordinamento allo stesso corpo dei magistrati giudicanti e, a differenza di quasi tutti gli altri paesi, non è prevista una carriera separata. Tale assetto è da tempo discusso. La riforma dell'ordinamento giudiziario del 2005-2007 ha sottoposto ad alcune condizioni il passaggio dello stesso magistrato da funzioni requirenti a funzioni giudicanti e viceversa. Il passaggio può avvenire solo quattro volte in carriera e dopo aver svolto la funzione che si vuol lasciare per almeno cinque anni; inoltre il magistrato deve cambiare sede (v. art. 13 d.lgs. 106/2006). Il compito dei magistrati requirenti non è quello di giudicare una controversia, ma perseguire l'interesse generale della giustizia. Perciò i pubblici ministeri svolgono attività di stimolo rispetto a un giudizio in corso: in particolare, nel campo della giustizia penale, hanno l'obbligo di esercitare (cioè di avviare, di iniziare) l'**azione penale** (art. 112 Cost.) e svolgono le indagini sulle notizie di reato per mezzo della **polizia giudiziaria** (art. 109 Cost.). Essi rappresentano la pubblica accusa: nel processo sono dunque una *parte* e non partecipano della *passività* e *terzietà* propria del giudice.

La presenza di una giurisdizione tendenzialmente a competenza generale, diffusa in modo uniforme su tutto il territorio nazionale, è una conquista del costituzionalismo liberale che si fa risalire alla Rivoluzione francese, intesa a superare la miriade di giudici speciali istituiti nell'*ancien régime* in riferimento allo status della persona da giudicare (ecclesiastico, aristocratico, mercante ecc.) o alle diverse zone del territorio. La giurisdizione a competenza generale non è altro che una trasposizione, sul piano dell'organizzazione giudiziaria, del principio secondo il quale tutti sono uguali davanti alla legge, e perciò anche davanti agli uffici che la dichiarano (art. 3.1 Cost.). Per questo l'art. 102.2 Cost. fa **divieto di istituire giudici straordinari**, cioè giudici creati *dopo* l'accadimento del fatto da giudicare, o **giudici speciali**, cioè giudici con competenze ritagliate in base agli interessi o alle materie in questione (salvo

Giudici straordinari e giudici speciali

eccezioni, v. par. 4). Questo principio si ricollega a quello dell'art. 25 Cost., in base al quale «nessuno può essere distolto dal **giudice naturale** precostituito per legge»: cioè l'ufficio giudiziario individuato dalla legge sulla base di criteri (le regole sulla *competenza*) determinati *prima* che la controversia insorga o che sia compiuto il reato. Ciò non esclude, come prevede lo stesso art. 102.2, la possibilità di istituire **sezioni specializzate** per determinate materie all'interno degli uffici della magistratura ordinaria, anche integrate da esperti esterni, per una migliore organizzazione del carico di lavoro (è il caso delle sezioni agrarie e delle sezioni in materia di impresa). È una sezione specializzata anche il *tribunale per i minorenni*, istituito presso ogni corte d'appello.

4. LE GIURISDIZIONI SPECIALI

È la stessa Costituzione, tuttavia, a prevedere alcune **giurisdizioni speciali**. Sono:
- la giurisdizione **amministrativa**;
- la giurisdizione **contabile**;
- la giurisdizione **militare**.

La giustizia amministrativa

I **giudici amministrativi**, storicamente, hanno competenza per le controversie che vedono coinvolta la pubblica amministrazione. In base a quanto stabilito dall'art. 103.1 Cost., la loro giurisdizione si estende alla «tutela nei confronti della pubblica amministrazione degli interessi legittimi e, in particolari materie indicate dalla legge, anche dei diritti soggettivi». È la legge a definire il riparto delle competenze per materia fra giudici amministrativi e giudici ordinari. Alcune riforme a partire dagli inizi degli anni Duemila hanno avvicinato molto procedure e poteri delle due giurisdizioni. Dal 2010 è in vigore un *codice del processo amministrativo* che raccoglie e sistematizza l'intera disciplina (d.lgs. 104/2010). Nelle materie affidate alla *giurisdizione esclusiva* del giudice amministrativo, elencate dal codice, i tribunali amministrativi si occupano *sia* della tutela degli interessi legittimi di coloro che fanno ricorso al giudice *sia* della tutela dei loro diritti soggettivi, con la possibilità fra l'altro di disporre il *risarcimento del danno ingiusto* eventualmente determinato da responsabilità della pubblica amministrazione.
Quanto all'organizzazione territoriale, sono previsti i **Tribunali amministrativi regionali** (**Tar**), istituiti con la l. 1034/1971; questi sono giudici collegiali competenti in primo grado, le cui sentenze sono appellabili presso il **Consiglio di stato** (giudice collegiale di secondo grado), organo centrale della giustizia amministrativa, con sede in Roma, articolato in sezioni (alcune sezioni hanno appunto compiti giurisdizionali; altre hanno compiti consultivi nei confronti del governo).

La giustizia contabile

I **giudici contabili** hanno una giurisdizione riservata in materia di «contabilità pubblica e nelle altre specificate dalla legge» (art. 103.2 Cost.). Attualmente, oltre a svolgere le funzioni di controllo di cui si è accennato nei capitoli 12 e 13, giudicano sulla responsabilità amministrativa e contabile di amministratori, impiegati e tesorieri delle amministrazioni pubbliche (Stato, regioni, enti locali): la prima riguarda i danni recati all'amministrazione, la seconda il maneggio di pubblico danaro. Sono inoltre devoluti alla loro competenza i giudizi in materia di pensioni. La **Corte dei conti** si articola in **sezioni giurisdizionali regionali**, in ogni regione competenti in primo grado, le cui decisioni possono essere appellate alle **sezioni giurisdizionali centrali**, competenti in secondo grado con sede in Roma; le funzioni di controllo sono svolte da altre sezioni, regionali e centrali.

La giustizia militare

In base all'art. 103.3 Cost., «i **tribunali militari** in tempo di guerra hanno la giurisdizione stabilita dalla legge. In tempo di pace hanno giurisdizione soltanto per i reati militari commessi dagli appartenenti alle Forze armate». È quindi un elemento soggettivo, l'appartenenza ai corpi militari, il requisito essenziale perché la giurisdizione militare possa essere esercitata. Solo in tempo di guerra, vale a dire in una fase assolutamente eccezionale nella quale è probabile siano sospese alcune garanzie costituzionali al fine prioritario di fronteggiare lo stato bellico (v. art. 78 Cost.), la legge può stabilire una competenza più generale di tali tribunali. Gli organi giudiziari militari sono il Tribunale militare e, in secondo grado, la Corte militare d'appello (v. d.lgs. 66/2010).

La giustizia tributaria

Non sono previsti dalla Costituzione ma dalla legislazione ordinaria (v. d.lgs. 545/1992 e d.lgs. 546/1992) gli organi della **giustizia tributaria** (e per questo si era dubitato in passato della loro legittimità costituzionale, dubbi superati a seguito del riordino degli stessi ai sensi della VI disp. trans. e fin.). Il loro compito è la risoluzione delle controversie fra i contribuenti e gli organi, statali, regionali e locali, preposti alla imposizione o riscossione dei «tributi di ogni genere o specie comunque denominati». Si articolano in commissioni tributarie provinciali, di primo grado, e commissioni tributarie regionali, competenti in appello, composte da magistrati ordinari e da magistrati onorari. Contro le pronunce di queste ultime è possibile il ricorso in cassazione.
Garante dell'ordinato svolgersi di tutte le attribuzioni delle diverse giurisdizioni è la Corte di cassazione. Ad essa spetta, infatti, da un lato dirimere i **conflitti di competenza** tra i diversi giudici ordinari, dall'altro i **conflitti di giurisdizione** tra giudici ordinari e giudici speciali (ad es. tra giudice ordinario e giudice amministrativo).

5. L'AUTONOMIA E L'INDIPENDENZA DELLA MAGISTRATURA

I giudici soggetti solo alla legge

Secondo l'art. 104.1 Cost., «la magistratura costituisce un ordine autonomo e indipendente da ogni altro potere». Questo principio è rafforzato dall'ulteriore garanzia in base alla quale «i **giudici** sono **soggetti soltanto alla legge**» (art. 101.2 Cost.) e «i magistrati si distinguono fra loro soltanto per diversità di funzioni» (art. 107.3 Cost.).

Con tali disposizioni si afferma, all'interno dell'ordinamento costituzionale italiano, il principio della **separazione dei poteri** e della necessaria **autonomia e indipendenza** della magistratura dagli altri poteri dello Stato, specialmente dal potere esecutivo. Essa trova nell'atto legislativo, da un lato, la sola fonte della sua organizzazione generale e, dall'altro, il limite e la misura dei suoi poteri. Infatti è pure stabilito che «le norme sull'ordinamento giudiziario e su ogni magistratura sono stabilite con legge» (art. 108.1 Cost.).

I giudici per pubblico concorso

A ulteriore conferma della volontà di evitare ogni possibile condizionamento politico, è previsto che i magistrati siano nominati solo dopo il superamento di un **pubblico concorso** che garantisca imparzialità e un grado tendenzialmente elevato di selezione tecnica: in altre parole, non sono elettivi né designati da organi politici (fa eccezione una parte dei consiglieri di stato). La nomina diretta di **magistrati onorari**, non inseriti cioè nella carriera giudiziaria e non legati da un rapporto di pubblico impiego con lo Stato, ai quali affidare compiti sia giudicanti sia requirenti, è prevista a titolo di mera eccezione ed è disciplinata dalla legge (art. 106.2 Cost.; v. l. 57/2016). Sono magistrati onorari, ad esempio, i **giudici di pace**. È inoltre prevista la possibilità di nominare come **consiglieri di cassazione**, per «meriti insigni», professori ordinari di università in materie giuridiche e avvocati che abbiano quindici anni d'esercizio della professione alle spalle (art. 106.3 Cost.).

I giudici non di carriera

I giurati popolari

La Costituzione prevede poi la «partecipazione diretta del popolo all'amministrazione della giustizia», nei casi e nelle forme regolate dalla legge (art. 102.3). Tale partecipazione è oggi prevista solo all'interno delle corti d'assise e delle corti d'assise d'appello, composte anche da singoli cittadini in veste di **giurati**, alla luce del fatto che alla corte d'assise spetta la competenza a giudicare dei crimini più gravi, causa di particolare riprovazione sociale: circostanza che si vuole sottolineare attraverso il coinvolgimento dei giurati popolari.

La garanzia dell'inamovibilità

L'indipendenza dei magistrati è rafforzata dalla garanzia della loro **inamovibilità**: essi non possono essere «dispensati o sospesi dal servizio né destinati ad altre sedi o funzioni se non in seguito a decisione del Consiglio superiore della magistratura, adottata o per i motivi e con le garanzie di difesa stabilite dall'ordinamento giudiziario o con il loro consenso» (art. 107.1 Cost.). Questa garanzia esclude la possibilità di interventi del potere esecutivo che condizionino la carriera dei magistrati, in quanto i provvedimenti in questione possono essere presi unicamente dal Consiglio superiore della magistratura (v. par. che segue). Sono infatti assai ridotte le possibilità di incidenza del **ministro della giustizia**: il ministro ha la facoltà di promuovere l'*azione disciplinare* (cui sono legati alcuni poteri ispettivi sugli uffici) e una competenza generale in materia di *organizzazione e funzionamento dei servizi relativi alla giustizia* (artt. 107.2 e 110 Cost.).

Come abbiamo visto, però, l'indipendenza della magistratura va considerata sotto due profili: il profilo esterno e il profilo interno. Con riguardo all'**indi-**

pendenza esterna rilevano le osservazioni appena fatte: esse dimostrano che il costituente ha voluto garantire una notevole autonomia del potere giudiziario da indebite interferenze degli altri poteri. Sotto il profilo dell'**indipendenza interna** rilevano, invece, i rapporti tra i magistrati all'interno dello stesso ordine giudiziario.

Indipendenza esterna e indipendenza interna

Al fine di meglio garantire l'indipendenza interna, i magistrati raggiungono il massimo del trattamento economico e del *grado* in carriera prevalentemente attraverso il criterio dell'anzianità, a prescindere dall'effettivo esercizio delle relative funzioni (in pratica tutti i giudici terminano la loro carriera con il grado di consigliere di cassazione: anche se, poniamo, esercitano funzioni di tribunale). Questa scelta ha allentato l'impostazione gerarchica del corpo giudiziario, rendendo labile la possibilità di un'influenza dei magistrati esercitanti funzioni superiori su quelli esercitanti funzioni inferiori. A giudizio di alcuni, ciò avrebbe favorito nel tempo una minore qualificazione professionale dei magistrati con funzioni superiori. Per rispondere a queste preoccupazioni sono state istituite periodiche valutazioni di professionalità cui ogni quattro anni ciascun magistrato è sottoposto (v. art. 11 d.lgs. 160/2006).

Il pubblico ministero

Una posizione particolare è quella dei magistrati appartenenti agli uffici del **pubblico ministero**, il quale «gode delle garanzie stabilite nei suoi riguardi dalle norme sull'ordinamento giudiziario» (art. 107.4). Questa specificazione si spiega con il fatto che nell'ambito della magistratura requirente vi è sempre stata una certa articolazione gerarchica, giustificata dagli specifici compiti delle procure: essa è stata accentuata dal d.lgs. 106/2006, in base al quale «titolare esclusivo dell'azione penale» è il procuratore della Repubblica, funzione che esercita direttamente oppure assegna (ed eventualmente revoca) ai magistrati del suo ufficio. Che le garanzie di indipendenza *interna* del pubblico ministero, a differenza del giudice, «riguardano l'ufficio nel suo complesso e non il singolo magistrato» venne sottolineato dal presidente della Repubblica Giorgio Napolitano (intervenendo nel giugno 2014 in relazione a contrasti insorti all'interno della procura di Milano). La fondamentale garanzia di indipendenza dei magistrati requirenti rappresenta il contraltare della previsione costituzionale dell'**obbligatorietà dell'azione penale** (art. 112 Cost.). L'obbligatorietà significa eguale persecuzione di *tutti* i reati, da chiunque commessi, di cui il pubblico ministero sia venuto a conoscenza: la Corte costituzionale ha più volte individuato proprio nell'art. 112 la norma che attribuisce al pubblico ministero «istituzionale indipendenza rispetto a ogni altro potere» (sent. 420/1995).

L'obbligatorietà dell'azione penale

Magistrati giudicanti (*giudici*) e magistrati requirenti (*pubblici ministeri*), come si è già detto, fanno parte di un medesimo corpo e appartengono alla stessa carriera: solo di recente il passaggio da una funzione all'altra è stata disciplinata in senso più restrittivo (*separazione delle funzioni*). Vi è anche chi propone una netta separazione in due distinte carriere (*separazione delle carriere*): l'idea che sta alla base di simili proposte è che la carriera unica renda possibile al magistrato del pubblico ministero influenzare più direttamente il collega appartenente allo stesso corpo che svolge funzioni giudicanti.

Magistrati e partiti

In base all'art. 98.3 Cost., i magistrati sono una delle categorie per le quali possono essere stabilite con legge **limitazioni al diritto d'iscriversi a partiti politici**. La Corte costituzionale (sent. 224/2009) ha affermato che la Costituzione consente al legislatore ordinario di precludere ai magistrati l'«organico schieramento con una delle parti politiche in gioco»: nel disegno costituzionale l'estraneità del magistrato alla politica dei partiti è un valore di particolare rilievo, che mira a salvaguardare l'indipendente esercizio delle sue funzioni. In effetti, non soltanto l'iscrizione ma anche la partecipazione a partiti, se «sistematica e continuativa», è sanzionata dalle norme sulla responsabilità disciplinare dei magistrati (v. par. 8).

Indipendenza delle giurisdizioni speciali

Particolari garanzie di **indipendenza** sono assicurate agli appartenenti alle **giurisdizioni speciali** (giudici amministrativi, contabili, militari), in considerazione della possibile contiguità con il potere esecutivo. Alla luce anche della *duplicità* del ruolo di organi come il Consiglio di stato o la Corte dei conti, la Costituzione riserva alla legge il compito di rendere effettive le relative garanzie (art. 108.2).

6. IL CONSIGLIO SUPERIORE DELLA MAGISTRATURA

Il **Consiglio superiore della magistratura** (**Csm**) è l'organo cui spettano, in base all'art. 105 Cost., «le assunzioni, le assegnazioni e i trasferimenti, le promozioni e i provvedimenti disciplinari» nei confronti dei magistrati ordinari: è l'organo, in altre parole, dal quale dipende tutta la carriera del magistrato. Il Csm ha una composizione mista (art. 104 Cost.):

Composizione del Csm

a) tre **componenti di diritto**: il **presidente della Repubblica**, che lo presiede, il **primo presidente** e il **procuratore generale della Corte di cassazione**;
b) **componenti elettivi**: **due terzi** (chiamati **membri togati**) sono eletti da tutti i magistrati ordinari, ripartiti in categorie (due magistrati con funzioni di magistrato di cassazione, quattro con funzioni requirenti, dieci con funzioni giudicanti);
c) **componenti elettivi**: **un terzo** (chiamati **membri laici**) sono eletti dal Parlamento in seduta comune tra professori ordinari in materie giuridiche e avvocati con almeno quindici anni di professione, a maggioranza qualificata (tre quinti dell'assemblea per i primi due scrutini, tre quinti dei votanti dal terzo scrutinio).

Fermo restando l'equilibrio fra le due componenti, togata e laica, è la legge a stabilire il numero dei componenti elettivi (essi sono attualmente 24, di cui 16 eletti dai magistrati e 8 dal Parlamento, con i 3 di diritto un totale di 27), la durata in carica (4 anni), il sistema elettorale e le norme di funzionamento dell'organo al quale, scaduto il mandato, non si può essere immediatamente rieletti (v. l. 24 marzo 1958, n. 195, più volte modificata).

Organizzazione del Csm

La presidenza dell'organo, affidata al capo dello Stato, ha una funzione di garanzia dell'equilibrato e imparziale svolgimento dei compiti assegnati al Csm. Il Csm elegge, tra i membri eletti dal Parlamento, un **vicepresidente**, il quale esercita le attribuzioni affidategli dalla legge e tutte quelle che il presidente della Repubblica gli delega. La prassi prevalente è nel senso che il presidente delega quasi tutte le sue funzioni di presidente del Csm al vice. Il Csm opera attraverso **commissioni**, tra le quali assumono un ruolo particolarmente importante la **commissione per il conferimento degli incarichi direttivi** e la **sezione disciplinare** (v. di seguito).

Attribuzioni del Csm

Il Csm non deve essere considerato una sorta di «piccolo parlamento della magistratura»: esso, nella sua singolare composizione mista (giuristi di nomina politica e magistrati), è l'organo cui, a tutela dell'autonomia e indipendenza ma anche della non separatezza corporativa della magistratura, la Costituzione ha attribuito la gestione delle **carriere** e dello **stato giuridico** dei magistrati, fissati dalla legge. Ciò vuol dire che si occupa dei **concorsi** in vista delle **assunzioni**, delle **assegnazioni**, delle **promozioni** e dei **trasferimenti** di ufficio e sede, del conferimento degli **incarichi direttivi** e delle **sanzioni disciplinari**. Tali attribuzioni devono coordinarsi coi poteri del ministro della giustizia il quale, come abbiamo visto, è competente in materia di organizzazione e funzionamento dei servizi giudiziari.

Il concerto col ministro

Secondo quanto previsto dalla legge, il ministro possiede un potere di *richiesta* in relazione ai provvedimenti del Csm riguardanti carriera e stato giuridico dei magistrati, ma la competenza ad *adottare* i relativi *provvedimenti* spetta *esclusivamente* al Csm. Più penetranti sono i poteri del ministro della giustizia riguardo al conferimento di incarichi direttivi alla guida degli uffici giudiziari, dal momento che l'apposita commissione deve procedere «di concerto» con il ministro. La Corte costituzionale ha specificato peraltro che il *concerto* non implica un vincolo «di risultato» per la deliberazione del Csm, che è sempre libero di decidere sul conferimento dell'incarico, ma un vincolo «di metodo», imponendo che vi sia una «leale collaborazione» tra ministro e Csm. In altre parole, il concerto va necessariamente e lealmente cercato; se manca, il Csm può andare avanti da solo (v. sentt. 379/1992 e 380/2003).

I pareri al ministro

In base alla l. 195/1958, il Csm «dà **pareri** al ministro» sui disegni di legge nelle materie concernenti la giustizia. Questa disposizione può essere interpretata in due modi diversi: nel senso che il Csm possa di sua autonoma iniziativa esprimersi su testi di legge in discussione in sede di governo o in corso di esame parlamentare, oppure nel senso che il Csm possa esprimere pareri solo se richiesti dal ministro. Chi sostiene questa seconda tesi vuole evitare interferenze dell'organo nell'attività legislativa che potrebbero trasformarlo in una «terza camera» e creare, come è più volte avvenuto, conflitti con il potere politico. Sul punto intervenne nel luglio 2008 l'allora il presidente della Repubblica Napolitano richiamando la prassi che è invece a favore della prima tesi, escludendo però che attraverso i pareri il Csm possa esercitare un vaglio di costituzionalità che non gli spetta.

I procedimenti disciplinari

Quanto alla sezione disciplinare, la sua funzione è quella di decidere l'eventuale irrogazione delle sanzioni previste dalla legge (ammonizione, censura, perdita dell'anzianità di servizio, incapacità temporanea a esercitare un incarico direttivo, sospensione dalle funzioni, rimozione) nei confronti dei singoli magistrati giudicati responsabili di comportamenti contrari ai doveri d'ufficio o comunque non consoni alla loro appartenenza all'ordine giudiziario. La procedura può scaturire sulla base di una richiesta del ministro della giustizia o del procuratore generale presso la Corte di cassazione, cui spetta il potere di promuovere l'**azione disciplinare**. Il procedimento disciplinare è strutturato come un processo ed è prevista anche la possibilità di ricorso in cassazione contro i provvedimenti emessi dal Csm, a differenza di tutti gli altri suoi provvedimenti che possono essere impugnati solo davanti al giudice amministrativo.

I consigli delle magistrature speciali

L'assetto delineato dalla Costituzione per la magistratura ordinaria ha rappresentato un modello per assicurare l'autonomia e l'indipendenza delle giurisdizioni speciali. Sono così stati istituiti:

- il consiglio di presidenza della giustizia amministrativa (l. 186/1982);
- il consiglio di presidenza della Corte dei conti (l. 117/1988);
- il consiglio della magistratura militare (l. 561/1988);
- il consiglio di presidenza della giustizia tributaria (d.lgs. 545/1992).

7. I PRINCIPI COSTITUZIONALI DEL PROCESSO

Il fondamento di un sistema giudiziario autonomo e indipendente, accanto alle norme organizzative e alle garanzie appena descritte, è anche in quelle disposizioni costituzionali che dettano i principi cui è improntata l'attività giurisdizionale nel suo concreto svolgersi, cioè in materia di **processo**. Tali disposizioni tendono a far sì che l'esercizio della giurisdizione sia sempre rivolto alle finalità sue proprie: da un lato, la tutela delle situazioni giuridiche soggettive dei cittadini; dall'altro, il perseguimento dei responsabili di comportamenti delittuosi, nel rispetto dei diritti fondamentali della persona.

Diritto di azione e gratuito patrocinio

Improntato a tali finalità è innanzitutto l'art. 24 Cost., il quale stabilisce che «tutti possono agire in giudizio per la tutela dei propri diritti ed interessi legittimi», e garantisce nel contempo «ai non abbienti, con appositi istituti, i mezzi per agire e difendersi davanti ad ogni giurisdizione». È questo il fondamento del **gratuito patrocinio**, che consiste appunto nell'assistenza legale a carico dello Stato per coloro che non possono permettersela (v. d.p.r. 115/2002).

Diritto di difesa

Ma ciò che deve essere assicurato «in potenza», nella fase che precede l'instaurazione di un giudizio, viene ribadito anche in relazione alla fase successiva, quella processuale, attraverso la garanzia del **diritto di difesa**. In base all'art. 24.2 Cost., infatti, «la difesa è diritto inviolabile in ogni stato e grado del procedimento», a prescindere dal tipo di giurisdizione. La Corte costituzionale, in merito alla possibilità di rifiutare la difesa tecnica d'ufficio (comportamento tenuto in passato da appartenenti a gruppi terroristici), ha ribadito con forza non solo l'*inviolabilità* del diritto di difesa ma la sua *irrinunciabilità* (sent. 125/1979).

Il giudice naturale

In questo quadro si colloca il principio del **giudice naturale** precostituito per legge, contenuto nell'art. 25 Cost., secondo il quale nessuno può esservi distolto, proprio per garantire appieno la tutela giurisdizionale dei diritti del cittadino. Come ha affermato la Corte costituzionale, il principio tutela «il diritto a una previa non dubbia conoscenza del giudice competente a decidere o, ancor più nettamente, il diritto alla certezza che a giudicare non sarà un giudice creato a posteriori in relazione a un fatto già verificatosi» (sent. 88/1962).

Il giusto processo

L'art. 111 Cost., riformato con l. cost. 2/1999, contiene i principi del **giusto processo**. Secondo quanto stabilisce il primo comma, «la giurisdizione si attua mediante il giusto processo regolato dalla legge». Integrando la garanzia del diritto di difesa di cui all'art. 24.2, viene specificato al secondo comma che «ogni processo si svolge nel **contraddittorio** tra le parti, in condizioni di **parità**, davanti a **giudice terzo e imparziale**», e al quarto comma che «il processo penale è regolato dal principio del contraddittorio nella **formazione della prova**». In questo modo il giusto processo vive della garanzia che può esser data solo dalla «parità delle armi» tra accusa e difesa e dalla possibilità di contestazione incrociata degli elementi di prova addotti (questo è appunto il *contraddittorio*), e sul presupposto del necessario non coinvolgimento personale del giudice (principi di *terzietà* e *imparzialità*).

Parità tra le parti e contraddittorio

L'art. 111 terzo comma riconosce, inoltre, alla persona accusata di un reato alcuni diritti fondamentali: *a*) essere nel più breve tempo possibile informata riservatamente dei capi di accusa a suo carico; *b*) disporre del tempo e delle condizioni necessari per la preparazione della difesa; *c*) interrogare i testimoni a suo carico e a sua difesa, alle stesse condizioni dell'accusa, e acquisire ogni altro mezzo di prova a suo favore; *d*) essere assistita da un interprete se non comprende o non parla la lingua usata nel processo. La legge deve assicurare tali diritti e deve altresì assicurare la **ragionevole durata** dei procedimenti giudiziari, affinché processi troppo lunghi non si trasformino di fatto in *denegata giustizia*. Con tutto ciò la nostra Costituzione ha fatto proprie le previsioni dell'art. 6 della Cedu. Sulla durata dei processi, in particolare, a seguito delle ripetute condanne dell'Italia da parte della Corte europea dei diritti dell'uomo (v. anche cap. 6), la l. 89/2001 ha previsto il diritto a un'*equa riparazione* in caso di mancato rispetto del termine ragionevole (fissato dalla legge in tre anni per il primo grado, due anni per l'appello, un anno per il giudizio di legittimità).

La ragionevole durata

L'obbligo di motivazione

Un altro strumento di garanzia è l'**obbligo di motivazione** dei provvedimenti giurisdizionali, previsto dall'art. 111.6 Cost. Attraverso tale obbligo si concretizza il diritto di difesa, perché è la motivazione stesa dal giudice che permette di controllare il ragionamento giuridico che sta alla base della decisione: e dunque di contestarla, eventualmente, attraverso il ricorso ad altro giudice (con l'**impugnazione**). L'importanza della motivazione è de-

Doppio grado di giudizio e ricorso in cassazione

terminata, infatti, dall'esistenza nel nostro sistema giudiziario, di un **doppio grado di giudizio**, che prevede quasi sempre la possibilità di sottoporre a un giudice diverso, appunto di *secondo grado*, la medesima questione già risolta dal giudice di *primo grado*. Ciò permette un approfondimento della causa e una maggiore ponderazione del giudizio. Come ulteriore garanzia è stabilita poi la possibilità di **ricorso alla Corte di cassazione**, ma per soli *motivi di legittimità* (art. 111.7 Cost.). Da sottolineare che, mentre il ricorso in cassazione è previsto dalla Costituzione, altrettanto non è per il doppio grado di giudizio, che rientra nella libera scelta del legislatore. Tuttavia, quando il Parlamento ha voluto subordinare il potere della pubblica accusa di appellare sentenze penali di proscioglimento ai soli casi in cui sopravvengano o si scoprano nuove prove dopo il giudizio di assoluzione di primo grado, come avviene nei paesi nei quali il processo penale è di tipo *accusatorio*, la norma è stata dichiarata illegittima. Secondo la Corte costituzionale, privando il pubblico ministero del «potere di proporre doglianze di merito avverso la sentenza che lo veda totalmente soccombente», si sarebbe generato «un radicale disequilibrio» nella posizione delle due parti processuali che l'art. 111.2 Cost., invece, vuole salvaguardata (sent. 26/2007).

Considerando la particolare rilevanza del processo penale, che serve ad accertare e sanzionare i comportamenti più gravemente antisociali e può perciò sfociare in decisioni che incidono sulla libertà personale, è in quest'ottica che vanno interpretati i principi sanciti nella prima parte della Costituzione, di cui si è parlato nel capitolo 6: *a*) la **irretroattività delle norme penali** (art. 25.2), *b*) la **responsabilità penale personale** (art. 27.1), *c*) la **presunzione di non colpevolezza** (art. 27.2).

8. LA RESPONSABILITÀ DEI MAGISTRATI

Il problema della responsabilità dei magistrati è assai antico (si pensi al motto *«quis custodiet ipsos custodes?»*, chi controlla i controllori?). Esso va colto sotto più profili. Abbiamo visto che per garantire l'autonomia e l'indipendenza della magistratura, si sono ridotte al minimo, se non del tutto eliminate, le «interferenze» da parte degli altri poteri dello Stato. Questa necessità di garantire autonomia e indipendenza, però, non può portare alla creazione di un corpo di magistrati totalmente irresponsabile e dotato di una sfera di sostanziale immunità. Il nostro ordinamento prevede infatti diverse forme di responsabilità dei magistrati.

Innanzitutto va chiarito che la responsabilità è, in generale, la situazione nella quale si trova un soggetto quando può essere chiamato a rispondere della violazione di un obbligo: la natura dell'obbligo definisce il tipo di responsabilità. Essendo legati da un rapporto di pubblico impiego con lo Stato, anche gli appartenenti all'ordine giudiziario hanno, prima di tutto, una **responsabilità** di tipo **disciplinare** per quanto attiene la loro condotta pro-

La responsabilità disciplinare

fessionale e le eventuali violazioni dei doveri derivanti dal loro ufficio. Come per tutti i pubblici impiegati, il fine di questa forma di responsabilità è da un lato garantire il buon andamento dell'ufficio, appunto, inclusa l'adozione tempestiva e regolare dei necessari provvedimenti, dall'altro garantire l'immagine della pubblica amministrazione (in questo caso dell'ordine giudiziario ovvero della «magistratura»), potenzialmente ferita da comportamenti non appropriati dei singoli appartenenti. Come abbiamo visto, titolari dell'azione disciplinare sono il ministro della giustizia e il procuratore generale presso la Corte di cassazione (il secondo ha l'obbligo di esercitare l'azione), mentre competente a giudicare è la sezione disciplinare del Csm.

Questa competenza del Csm ha comportato in passato un eccessivo ridimensionamento della responsabilità disciplinare. Le statistiche dicono che dei procedimenti disciplinari avviati, infatti, una parte troppo grande si concludeva con l'archiviazione: nelle occasioni in cui si giungeva a una «condanna», era quasi sempre inflitta la sanzione più blanda (l'ammonizione o la censura).

La disciplina degli illeciti disciplinari dei magistrati (sia *nell'esercizio delle funzioni* sia *al di fuori dell'esercizio delle funzioni*) è stata modificata col d.lgs. 109/2006, puntando a superare questo stato di fatto. Le nuove norme hanno provveduto a individuare i comportamenti che costituiscono illecito, attraverso la previsione di figure tipizzate. È stata tuttavia introdotta una norma generale che ha attenuato la portata della responsabilità disciplinare, secondo la quale «l'illecito disciplinare non è configurabile quando il fatto è di scarsa rilevanza». Questa formula è suscettibile di interpretazioni permissive, considerati i precedenti di cui si diceva e il fatto che chi decide è un organo formato in maggioranza da componenti togati, cioè dai magistrati stessi.

L'incompatibilità ambientale

Anche se non formalmente ricompreso tra le sanzioni di natura disciplinare, può giocare un ruolo in certa misura analogo il potere del Csm di trasferire un magistrato per **incompatibilità ambientale**. Un provvedimento del genere è previsto quando i magistrati «per qualsiasi causa anche indipendente da loro colpa, non possono, nella sede occupata, svolgere le proprie funzioni con piena indipendenza e imparzialità» (art. 2.2 r.d.l. 511/1946, modificato dal d.lgs. 109/2006). In altre parole, quando, anche senza diretta responsabilità del magistrato, si viene a creare oggettivamente una situazione che sconsiglia la sua permanenza in una determinata sede.

Quanto alle altre forme di responsabilità giuridica, i magistrati sono responsabili penalmente di ogni reato che commettano nell'esercizio delle funzioni; mentre, dal punto di vista civilistico, la questione della loro responsabilità per gli atti compiuti in violazione dei diritti dei cittadini si pone in termini più complessi.

La responsabilità civile

La materia è regolata dalla l. 117/1988, varata dopo un referendum popolare che abrogò la normativa preesistente allo scopo di accrescere la **responsabilità civile** dei magistrati. Tale disciplina si applica a tutti i magistrati, non solo a quelli ordinari. Essa prevede che «chiunque abbia subito un **danno ingiusto** per effetto di un comportamento, di un atto o di un provvedimento giudiziario posto in essere dal magistrato con **dolo o colpa grave** nell'esercizio delle sue funzioni ovvero per **diniego di giustizia** può agire contro lo Stato per ottenere il risarcimento dei danni». La responsabilità civile, dunque, riguarda esclusivamente le ipotesi di comportamenti volontari (dolo) o non volontari ma di consistente gravità (colpa grave), nonché l'omissione o ritardo di atti del proprio ufficio nonostante l'istanza di parte (diniego di giustizia). La richiesta di risarcimento è diretta allo Stato, e per esso al presidente del Consiglio dei ministri, che successivamente si potrà rivalere sul magistrato responsabile chiedendo la restituzione di quanto pagato.

La disciplina della responsabilità civile è stata riformata in modo significativo dalla l. 18/2015, a fronte di alcune pronunce della Corte di giustizia dell'Unione europea (*Traghetti del Mediterraneo*, causa C-173/03, del 2006, e *Commissione c. Italia*, causa C-379/10, del 2011). Queste sentenze avevano affermato che la normativa italiana non era compatibile con il diritto dell'Unione a causa di due specifiche previsioni della legge del 1988: l'esclusione di qualsiasi responsabilità per l'attività di interpretazione di norme di diritto o di valutazione del fatto e delle prove; la limitazione della responsabilità ai soli casi di dolo o colpa grave anche ove sia stata commessa una manifesta violazione del diritto vigente. La legge del 2015 si allinea così alla giurisprudenza della Corte di giustizia, stabilendo che *a*) non è più esclusa la responsabilità quando l'errata interpretazione di diritto o l'erronea valutazione di fatti e prove sia realizzata dolosamente; e *b*) si ha sempre colpa grave in caso di *violazione manifesta della legge o del diritto dell'Unione europea*, di *travisamento del fatto o delle prove*, di *affermazione di un fatto* la cui esistenza è *incontrastabilmente esclusa* dagli atti del procedimento o, all'opposto, di *negazione di un fatto la cui esistenza risulta incontrastabilmente* dagli atti del procedimento, ovvero di emissione di un *provvedimento cautelare personale o reale fuori dai casi consentiti dalla legge oppure senza motivazione*.

Una responsabilità politica?

Ci si domanda se vi possano essere anche forme di responsabilità politica in relazione all'esercizio della funzione giurisdizionale: se sia cioè possibile controllare dal punto di vista dell'opportunità, e quindi non sotto il profilo del rispetto della legge (cosa che spetta ai giudici di legittimità), le scelte concrete operate dai singoli magistrati. L'unica forma di responsabilità in senso lato politica cui i magistrati possono essere sottoposti è la **responsabilità politica diffusa**, e cioè il potere di critica riconosciuto all'opinione pubblica in relazione alla condotta di chi ricopre pubbliche funzioni: non esiste, per rispettarne l'indipendenza, un'autorità che possa sindacare le decisioni assunte dai magistrati. Ciò si spiega alla luce del disegno costituzionale che vuole i magistrati estranei, nell'esercizio delle funzioni, a ogni considerazione o attività di tipo politico e soggetti soltanto alla legge. Dubbi in proposito sono stati sollevati relativamente non tanto all'esercizio delle funzioni giudicanti quanto all'esercizio delle funzioni requirenti. Si è osservato infatti che l'*obbligo* di esercitare l'azione penale, traducendosi in un comando «impossibile» (perseguire *tutti* i reati non è cosa realizzabile, tutt'al più un obiettivo generale), attribuisce di fatto ai magistrati del pubblico ministero il potere di selezionare le fattispecie criminose di cui occuparsi. Di qui la tesi secondo la quale le scelte generali in ordine alla strategia di repressione dei reati da parte della magistratura requirente dovrebbero essere sottoposte a indirizzi formulati dall'esecutivo o dal Parlamento (per esempio, riguardo alle priorità). Chi non concorda con questa tesi sostiene invece che la caratteristica di potere diffuso della magistratura garantisce già, proprio attraverso le autonome scelte di un'ampia pluralità di magistrati, un equilibrato svolgimento complessivo dell'azione penale.

PAROLE CHIAVE

- Consiglio superiore della magistratura
- Corte di appello
- Corte di cassazione
- Diritto di difesa
- Doppio grado di giudizio
- Funzione giurisdizionale
- Giudice di pace
- Giudice naturale
- Giudici amministrativi
- Giurisdizione ordinaria
- Giurisdizioni speciali
- Giusto processo
- Inamovibilità
- Indipendenza esterna e interna
- Magistratura
- Magistrati giudicanti
- Magistrati requirenti
- Ministro della giustizia
- Obbligatorietà dell'azione penale
- Ordinamento giudiziario
- Processo civile
- Processo penale
- Procura della Repubblica
- Pubblico ministero
- Ragionevole durata
- Responsabilità civile
- Responsabilità disciplinare
- Ricorso in cassazione
- Terzietà del giudice
- Tribunale

FONTI

- Costituzione della Repubblica (artt. 24-27, 98, 101-113, 125).
- Legge 20 marzo 1865, n. 2248 (Abolizione del contenzioso amministrativo, all. E).
- R.d. 26 giugno 1924, n. 1054 (Testo unico leggi sul Consiglio di stato).
- R.d. 30 gennaio 1941, n. 12 (Ordinamento giudiziario).
- R.d.l. 31 maggio 1946, n. 511 (Guarentigie della magistratura).
- Legge 24 marzo 1958, n. 195 (Costituzione e funzionamento del Csm).
- Legge 6 dicembre 1971, n. 1034 (Istituzione dei Tar).
- Legge 27 aprile 1982, n. 186 (Ordinamento della giurisdizione amministrativa).
- Legge 13 aprile 1988, n. 117 (Risarcimento dei danni cagionati da magistrati).
- Leggi 14 gennaio 1994, n. 19 e n. 20 (Ordinamento della Corte dei conti).
- Legge 21 luglio 2000, n. 205 (Norme sulla giustizia amministrativa).
- Legge 25 luglio 2005, n. 150 (Delega al governo per la riforma dell'ordinamento giudiziario).
- Legge 30 luglio 2007, n. 111 (Modifiche all'ordinamento giudiziario).
- D.lgs. 2 luglio 2010, n. 104 (Codice del processo amministrativo).

PER APPROFONDIRE

- AA.VV., *Ordinamento giudiziario: organizzazione e profili processuali*, a cura di D. Carcano, Milano, Giuffrè, 2009.
- P. Biavati, C. Guarnieri, R. Orlandi e N. Zanon, *La giustizia civile e penale in Italia*, Bologna, Il Mulino, 2008.
- G. Di Federico (a cura di), *Ordinamento giudiziario*, Padova, Cedam, 2012.
- C. Salazar, *La magistratura*, Roma-Bari, Laterza, 2002.
- N. Zanon e F. Biondi, *Il sistema costituzionale della magistratura*, Bologna, Zanichelli, 2014.

PERCORSO DI AUTOVERIFICA

1. Come si è sviluppata storicamente la moderna concezione della giurisdizione?

2. Cosa caratterizza la funzione giurisdizionale rispetto alle altre funzioni statali?

3. Come è organizzata la giurisdizione ordinaria?

4. Quali sono le funzioni della Corte di cassazione?

5. Che differenza c'è fra magistrati giudicanti e magistrati requirenti?

6. Quali sono le giurisdizioni speciali?

7. Come è organizzata la giurisdizione amministrativa?

8. Quali sono le funzioni della Corte dei conti?

9. Come viene garantita dalla Costituzione l'autonomia e l'indipendenza della magistratura?

10. Quali competenze ha il ministro della giustizia?

11. Qual è la posizione del pubblico ministero nell'ordinamento italiano?

12. Come è composto il Csm?

13. Quali sono le attribuzioni del Csm?

14. Quali sono i principi fondamentali stabiliti dalla Costituzione in materia di processo?

15. A quali forme di responsabilità sono sottoposti i magistrati?

16. In particolare come è disciplinata la responsabilità civile dei magistrati?

CAPITOLO 15

La giustizia costituzionale

Una costituzione rigida abbisogna di meccanismi volti ad assicurare il rispetto delle sue norme. È questa la funzione della giustizia costituzionale: alle sue origini, ai principali modelli esistenti, al modo in cui è organizzata e funziona in Italia è dedicato questo capitolo.

1. LE ORIGINI E I MODELLI DELLA GIUSTIZIA COSTITUZIONALE

Le forme fondamentali di garanzia della costituzione sono:
- il procedimento di **revisione costituzionale**;
- il sistema di **giustizia costituzionale**.

Il procedimento di revisione, come si è visto nel capitolo 5, ha la funzione di garantire la *rigidità* della costituzione, assicurando che le decisioni intorno a quali debbano essere le regole costituzionali siano prese mediante procedure aggravate di approvazione. La giustizia costituzionale ha la funzione di garantire la *supremazia* della costituzione. Essa *assicura il rispetto delle sue norme attraverso la risoluzione in forma giurisdizionale delle controversie relative alla legittimità costituzionale degli atti legislativi e alle attribuzioni degli organi e soggetti costituzionali.*

La giustizia costituzionale: definizione

Le sue origini

La giustizia costituzionale è una delle conquiste più recenti del costituzionalismo moderno. Un precedente si trova nella giurisprudenza del giudice inglese Sir Edward Coke, il quale sostenne, nel caso *Bonham* (1610), che «quando un atto del parlamento è contrario al diritto e alla ragione comune, o ripugnante, o di impossibile attuazione, la *common law* lo controllerà, e lo potrà giudicare nullo o privo di efficacia». Tale dottrina, tuttavia, non ebbe seguito in Inghilterra dopo la Gloriosa Rivoluzione, che consacrò il principio della sovranità del parlamento (come dicono gli studiosi inglesi: i giudici sono tenuti ad applicare le leggi del parlamento e non possono pronunciarsi sulla loro costituzionalità o validità).

Furono le colonie americane nella lotta per l'indipendenza dalla madrepatria inglese a riconoscere nella costituzione la garanzia contro ogni forma di assolutismo o dispotismo. Sicché il principio della **superiorità della costituzione** rispetto alla legge e il ruolo di tutori della costituzione riservato ai giudici vennero affermati, prima dagli autori del *Federalist* (1787-1788) e poi dal giudice John Marshall nella storica sentenza della Corte Suprema degli Stati Uniti *Marbury vs. Madison* (1803), proprio con il fine di salvaguardare efficacemente le libertà del popolo americano dall'arbitrio del potere politico.

Marbury vs. Madison (1803)

Nel continente europeo non vi erano allora le premesse per uno sviluppo simile: il costituzionalismo nato dalla Rivoluzione francese, infatti, sostituì l'assolutismo monarchico con una sorta di assolutismo dell'assemblea nazionale, che respingeva qualsiasi controllo esterno, e ancor più forme di sindacato da parte di giudici.

La corte (Kelsen) o il capo dello stato (Schmitt)?

L'esigenza di garantire l'unità dello stato di fronte al prorompere del pluralismo sociale agli inizi del XX secolo fu il *Leitmotiv* della polemica tra i due grandi costituzionalisti di lingua tedesca Hans Kelsen e Carl Schmitt: entrambi si posero il problema del soggetto istituzionale cui affidare la funzione di **custode della costituzione**. Kelsen, per il quale la costituzione era prima di tutto norma sulla produzione del diritto, suggeriva il ricorso a un organo giurisdizionale, una **corte costituzionale**, quale istanza unitaria che, in posizione di indipendenza rispetto ai soggetti da controllare, avrebbe assicurato la regolarità dei meccanismi di decisione stabiliti dalla costituzione. Schmitt, per il quale la costituzione era la decisione politica fondamentale, riteneva che la sua garanzia potesse essere affidata solamente a un organo che rappresentava direttamente l'unità politica del popolo, e che tale organo non potesse che essere – nella Costituzione tedesca di Weimar (1919) – il **capo dello stato** (e non un organo giurisdizionale).

Nel Primo e soprattutto nel Secondo dopoguerra molte costituzioni recepirono il modello kelseniano del *controllo giurisdizionale di costituzionalità* e istituirono tribunali costituzionali: la prima fu la Costituzione dell'Austria (1920-1929); organi di giustizia costituzionale sono stati poi previsti in Italia (1948), Germania (1949), Portogallo (1976), Spagna (1978), nonché, negli anni Novanta, in quasi tutti i paesi dell'Europa centro-orientale.

I principali ambiti in cui opera la giustizia costituzionale, in linea con le sue origini storiche, sono:

a) il controllo di costituzionalità degli atti legislativi sia sotto il *profilo formale* (conformità alle norme costituzionali sul procedimento di adozione dell'atto) sia sotto il *profilo sostanziale* (conformità al dettato delle norme costituzionali);

b) il sindacato sulle controversie tra i diversi organi o soggetti costituzionali in relazione alle competenze loro attribuite dalla costituzione;

c) la tutela dei diritti fondamentali costituzionalmente garantiti.

Quanto ai modelli di controllo giurisdizionale di costituzionalità, la *summa divisio* è tra sistema diffuso e sistema accentrato.

Il modello diffuso

• Nel **sistema diffuso** il controllo di costituzionalità è affidato a *tutti* gli organi giudiziari, i quali – in caso di contrasto con la costituzione – disapplicano la legge, con efficacia limitata al caso in esame. Modello di sistema diffuso è quello vigente negli Stati Uniti (*judicial review of legislation*), dove l'esigenza di unità dell'ordinamento è assicurata: *i*) dal fatto che il potere giudiziario ha una struttura piramidale al cui vertice è collocata la Corte Suprema, cui spetta l'ultima parola sulla costituzionalità della legge; *ii*) dal principio dello *stare decisis*, ossia del precedente vincolante dal quale è possibile di fatto discostarsi solo in casi particolari.

Il modello accentrato

• Nel **sistema accentrato** il controllo di costituzionalità è affidato ad un *unico* tribunale costituzionale, istituito *ad hoc*. Il sistema accentrato, a differenza di quello diffuso, è caratterizzato dal fatto che quel tribunale decide in via definitiva e con efficacia *erga omnes*, espungendo dall'ordinamento le norme incompatibili con la costituzione, non solo disapplicandole.

I modi di attivazione

Quanto ai modi di attivazione della giurisdizione costituzionale, si può distinguere tra:

a) **controllo preventivo** e **controllo successivo**, a seconda che la pronuncia avvenga *prima* dell'entrata in vigore dell'atto la cui legittimità costituzionale è in discussione (come in Francia, pur essendo stata introdotta con la riforma del 2008 anche la possibilità di un giudizio successivo) o che avvenga *dopo* la sua entrata in vigore (come in Italia e in Germania);

b) controllo **in via diretta** (o **in via d'azione**) e controllo **in via indiretta** (o **in via incidentale**), a seconda che sia consentito, ai soggetti legittimati a farlo, di impugnare direttamente (senza filtri) oppure indirettamente (solo in certi ambiti e a certe condizioni) gli atti che si assumono contrastanti con la costituzione.

La Costituente ha introdotto in Italia un sistema di giustizia costituzionale *accentrato*, essendo stata istituita una corte costituzionale; ma ad accesso *diffuso*, perché, come vedremo, *tutti* i giudici possono attivarne lo scrutinio di costituzionalità. Inoltre, esso combina controllo sia in via diretta sia in via indiretta.

2. LA CORTE COSTITUZIONALE: COMPOSIZIONE E FUNZIONI

L'organizzazione e il funzionamento della **Corte costituzionale** sono disciplinati solo in parte dalla Costituzione (artt. 134-137). Molte disposizioni in materia sono contenute: *i*) in alcune leggi costituzionali *ex* art. 137.1 Cost. (l. cost. 1/1948, l. cost. 1/1953, l. cost. 2/1967); *ii*) in disposizioni legislative ordinarie *ex* art. 137.2 Cost. (l. 87/1953); *iii*) in fonti regolamentari adottate dalla stessa Corte costituzionale (il *regolamento generale* del 1966 e le *norme integrative per i giudizi davanti alla Corte* del 2008, *ex* artt. 14 e 22 l. 87/1953).

Composizione della Corte

La Corte costituzionale è composta da **15 giudici** che sono nominati (art. 135.1 Cost.):
a) per un terzo dal **presidente della Repubblica**;
b) per un terzo dal **Parlamento in seduta comune**;
c) per un terzo dalle **supreme magistrature ordinaria e amministrative**.
Il presidente della Repubblica nomina i giudici con proprio decreto, atto considerato sostanzialmente presidenziale. I giudici di nomina parlamentare sono eletti, secondo l'art. 3 l. cost. 2/1967, con una maggioranza di due terzi per le prime tre votazioni, e poi dei tre quinti, sempre dei componenti (con le stesse maggioranze, la riforma cost. 2016 prevede che, anziché il Parlamento in seduta comune, la Camera dei deputati elegga tre giudici e il Senato ne elegga due). Dei giudici di nomina delle magistrature superiori, tre sono eletti dai magistrati della Corte di cassazione, uno da quelli del Consiglio di stato, uno da quelli della Corte dei conti. Tutti i giudici costituzionali sono scelti fra i magistrati anche a riposo delle giurisdizioni superiori ordinaria e amministrative, i professori ordinari di università in discipline giuridiche e gli avvocati con anzianità professionale di almeno vent'anni (art. 135.2). Il mandato dei giudici costituzionali dura **9 anni** dalla data del giuramento e cessa senza *prorogatio*; essi non sono rieleggibili (art. 135.3 e 4). Il presidente della Corte è eletto dai suoi componenti per 3 anni ed è rieleggibile (art. 135.5), ma ciò è accaduto solo tre volte con Gaspare Ambrosini (1962-1967), Leopoldo Elia (1981-1985) e Francesco Saja (1987-1990).

Status del giudice costituzionale

Quanto allo **status di giudice costituzionale**, la Costituzione stabilisce che il relativo ufficio è incompatibile con la carica di parlamentare, di consigliere regionale, con la professione forense e con ogni altra carica o ufficio indicati dalla legge (art. 135.6). Le garanzie di indipendenza, le immunità e le prerogative dei giudici della Corte sono stabilite con legge costituzionale. L'art. 5 l. cost. 1/1953 prevede l'insindacabilità per le opinioni espresse e i voti dati nell'esercizio delle loro funzioni. L'art. 3 l. cost. 1/1948 contempla una speciale forma di inviolabilità, rinviando a quanto previsto dall'art. 68.2 Cost. per i parlamentari nella formulazione precedente alla revisione costituzionale del 1993.

Competenze della Corte

La Corte costituzionale è **competente a giudicare** (art. 134 Cost.):
• sulle *questioni di legittimità costituzionale delle leggi e degli atti aventi forza di legge dello Stato e delle leggi delle regioni*;
• sui *conflitti di attribuzione tra i poteri dello Stato* e sui *conflitti di attribuzione tra lo Stato e le regioni e tra regioni*;
• sulle *accuse promosse dal Parlamento in seduta comune contro il presidente della Repubblica in caso di alto tradimento e attentato alla Costituzione*;
la Corte è inoltre competente a giudicare (art. 2 l. cost. 1/1953):
• sull'*ammissibilità delle richieste di referendum abrogativo*.

Il metodo di lavoro della Corte costituzionale è improntato al **principio di collegialità** (art. 16 l. 87/1953). Alla decisione sulla questione, che deve essere adottata a maggioranza assoluta, fermo il *quorum strutturale* di undici giudici, devono partecipare i giudici che siano stati presenti a tutte le udienze fino alla chiusura della discussione della causa (in altre parole, il collegio giudicante non può essere modificato nel corso del giudizio – salvo il caso di forza maggiore che induce il rinvio a nuovo ruolo della causa – e non è possibile astenersi dalla deliberazione). Le adunanze si tengono in **udienza pubblica**, salvo eccezionali motivi legati alla sicurezza dello Stato, all'ordine pubblico o alla serenità dei lavori, per i quali il presidente della Corte può disporre che si svolgano a porte chiuse. La «camera di consiglio», cioè la riunione a porte chiuse, è riservata alla trattazione di talune questioni (l'ammissibilità dei referendum, per esempio) e, ovviamente, alla deliberazione da parte del collegio.

Il metodo di lavoro della Corte

L'udienza pubblica

Il presidente nomina, nella fase iniziale dell'esame, un **giudice relatore** per l'istruzione e la relazione della causa. Egli espone all'udienza le questioni oggetto della causa e apre, con il proprio voto, la fase deliberativa in camera di consiglio. Per ultimo si esprime il presidente, il cui voto prevale in caso di parità. Avvenuta la votazione e presa quindi la decisione, viene nominato un **giudice redattore** per la stesura del testo della pronuncia; il testo è sottoposto all'esame del collegio e, se approvato, viene sottoscritto dal presidente e dal giudice redattore.

Il giudice relatore e il giudice redattore

La coincidenza tra il giudice relatore e il giudice redattore è regola nella prassi della Corte (per valorizzare la conoscenza del caso acquisita dal giudice in fase di istruzione). Non è esclusa, tuttavia, la possibilità che le due figure non coincidano in conseguenza del fatto che la tesi del relatore sia rimasta in minoranza in seno al collegio. In tal senso, dal 2003, nelle relazioni annuali sull'attività della Corte predisposte dal presidente si evidenziano i (pochi) casi di mancata coincidenza. Inoltre, a partire dalla sentenza 393/2006, la sostituzione del relatore con altro giudice per la redazione viene espressamente descritta, come accadimento processuale, nel testo della pronuncia. Il fenomeno, da valutare nella prassi futura, merita attenzione poiché collegato con il tema dell'opportunità di introdurre nel nostro ordinamento l'istituto della *opinione dissenziente*, previsto in altri paesi.

3. IL GIUDIZIO DI LEGITTIMITÀ COSTITUZIONALE: L'OGGETTO E IL PARAMETRO

L'art. 134 Cost. circoscrive l'**oggetto** del controllo di costituzionalità ai seguenti atti:

- le leggi ordinarie dello Stato;
- gli atti aventi forza di legge dello Stato;
- le leggi regionali e le leggi delle province autonome di Trento e Bolzano.

Gli atti sottoposti al controllo della Corte

Nel nostro sistema sono sottoposti al controllo della Corte costituzionale gli **atti normativi primari** e, secondo l'interpretazione prevalente, anche le leggi di rango costituzionale. La Costituzione esclude invece dalla cognizione della Corte sia le fonti fatto (consuetudini), sia gli atti normativi secondari (i regolamenti, in quanto subordinati alla legge, sono sindacabili davanti al giudice amministrativo, che può annullarli, e davanti al giudice ordinario, che può disapplicarli: v. cap. 13). Ciò non impedisce che atti secondari possano essere giudicati dalla Corte costituzionale, ma solo nell'ambito di una diversa competenza e a fini diversi (è il caso dei conflitti di attribuzione, v. par. 10). Non costituiscono oggetto del giudizio di costituzionalità atti di altri ordinamenti (ad es. gli atti normativi dell'Unione europea, ma su questi v. par. 8 del cap. 5). Si esclude inoltre che siano sindacabili dalla Corte i regolamenti parlamentari (v. par. 14 del cap. 5).

Il parametro

Il termine di raffronto ai fini del giudizio della Corte, il **parametro**, è dato prima di tutto dalle *norme costituzionali*; in secondo luogo dalle norme *diverse da quelle costituzionali* cui la Costituzione fa rinvio obbligando il legislatore a rispettarle (*norme interposte*, v. più avanti).

Leggi costituzionali. La loro sindacabilità discende appunto dalla distinzione tra Costituzione e leggi costituzionali: la Costituzione, in quanto norma che legittima ogni processo di produzione del diritto, ha valore superiore rispetto a tutti gli atti normativi posti in essere dai poteri costituiti, e quindi anche rispetto alle leggi di rango costituzionale che devono essere approvate secondo il procedimento dell'art. 138 Cost. (*profilo formale*). La questione della sindacabilità delle leggi costituzionali sotto il *profilo sostanziale* si confonde invece con la diversa questione della configurabilità di limiti alla revisione costituzionale al di là di quelli esplicitamente previsti dalla Costituzione (art. 139). Con la sent. 1146/1988 la Corte ha affermato la propria competenza a giudicare le leggi costituzionali con riferimento ai *principi supremi dell'ordinamento costituzionale*: «se così non fosse, del resto, si perverrebbe all'assurdo di considerare il sistema di garanzie giurisdizionali della Costituzione come difettoso e non effettivo proprio in relazione alle sue norme di più elevato valore».

Leggi ordinarie dello Stato, leggi regionali e delle province autonome di Trento e Bolzano. Tutte le leggi dello Stato e delle regioni e province autonome possono essere impugnate davanti alla Corte costituzionale: ciò sia per ragioni riguardanti la *forma* e il *procedimento* di approvazione, sia per ragioni riguardanti il *contenuto* delle prescrizioni normative.

Atti dello Stato aventi forza di legge: decreti legge. La possibilità effettiva che un decreto legge adottato dal governo *ex* art. 77 Cost. sia giudicato dalla Corte costituzionale è condizionata dalla provvisoria vigenza del decreto stesso (60 giorni). È infatti improbabile che la pronuncia della Corte intervenga prima della conversione in legge. Un tempo l'orientamento prevalente era che i vizi del decreto legge (mancanza dei requisiti straordinari di necessità e urgenza) dovessero essere fatti valere entro il termine di vigenza, stante la *novazione della fonte* che avviene con la conversione in legge. Come si è visto nel capitolo 5, la Corte è poi intervenuta, mutando giurisprudenza, nel caso sia di decreti legge reiterati sia di decreti legge convertiti dal Parlamento in mancanza dei presupposti costituzionali, e infine nel caso di decreti legge modificati dal Parlamento con emendamenti del tutto estranei al testo originario.

Atti dello Stato aventi forza di legge: decreti legislativi. Nel procedimento di delegazione legislativa occorre distinguere la *legge di delegazione*, sindacabile come le altre leggi sotto il profilo sia formale sia sostanziale, e il *decreto legislativo*, che è sindacabile anche per violazione dei limiti posti dalla legge di delegazione *ex* art. 76 Cost. (se il decreto legislativo non rispetta i principi e criteri direttivi stabiliti da quest'ultima, a essere violato indirettamente è lo stesso art. 76). Le leggi di delegazione, infatti, rientrano nella categoria delle **norme (parametro) interposte**, poste appunto tra la Costituzione e la legge oggetto di controllo (in questo caso, il decreto legislativo delegato). Nel giudizio di legittimità costituzionale, pertanto, le norme interposte si pongono al di sopra della legge sottoposta al controllo della Corte (pur essendo norme non di rango costituzionale).

Le norme interposte

Altre norme interposte sono, per esempio, le leggi statali che stabiliscono i principi fondamentali nelle materie di competenza concorrente *ex* art. 117.3 Cost. (parametro quindi ai fini del giudizio di legittimità di leggi regionali), nonché le norme del diritto internazionale generalmente riconosciute *ex* art. 10.1 Cost. (v. par. 3 del cap. 3) e le norme di trattati internazionali, a partire dalla Cedu, in relazione a quanto previsto dall'art. 117.1 Cost. (v. par. 4 del cap. 6). La Corte ha invece escluso la possibilità di sindacare le leggi eventualmente approvate in violazione di norme dei regolamenti parlamentari cui pur tuttavia l'art. 72.1 Cost. rinvia: essi non possono quindi fungere da parametro interposto.

Statuti regionali ordinari. In base all'art. 123 Cost., la Corte può essere chiamata a sindacare, su ricorso del governo, la legittimità costituzionale degli statuti delle regioni ordinarie. Vanno qui ricordate: *i*) la natura *preventiva* del controllo di legittimità (per evitare che, a cascata, eventuali vizi di legittimità dello statuto, che è l'atto posto al vertice delle fonti regionali, si riversino sull'attività legislativa e amministrativa della regione) e *ii*) la specificità del parametro di legittimità, costituito dal limite dell'*armonia con la Costituzione* (indicando con tale concetto non solo la necessaria conformità alle singole disposizioni costituzionali, ma anche la necessità di rispettarne, più in generale, lo *spirito*: v. par. 5 del cap. 12).

4. I VIZI SINDACABILI DI LEGITTIMITÀ COSTITUZIONALE

Un atto normativo, per essere costituzionalmente legittimo, oltre che *esistente* (ossia esteriormente individuato o individuabile), deve essere *valido*: e cioè conforme alle norme che ne disciplinano la forma, il procedimento e il contenuto. Sotto questi profili si può parlare di illegittimità costituzionale dell'atto con riferimento a:

I vizi dell'atto in quanto tale

- **vizi formali** che attengono all'*atto in quanto tale*, quando un atto legislativo non rispetta le disposizioni relative al suo procedimento di formazione (così, per esempio, una legge approvata in commissione in sede legislativa su una materia oggetto di riserva d'assemblea ai sensi dell'art. 72.4 Cost.);

I vizi di contenuto

- **vizi sostanziali** che attengono al *contenuto* di un atto legislativo, quando tale contenuto *i*) lede la disciplina desumibile da una o più norme costituzionali (vizio sostanziale *tout court*) oppure *ii*) non rispetta l'ambito materiale di competenza ad esso riservato dalle norme costituzionali (vizio sostanziale *per incompetenza*).

Esempio di atti legislativi incostituzionali per vizio sostanziale è, nel primo caso, quello di una legge che discrimini i cittadini in base al sesso, violando l'art. 3.1 Cost.; esempio del secondo caso è quello in cui, violando l'art. 117 Cost., una legge dello Stato intervenga in una materia di competenza regionale o, all'inverso, una legge regionale pretenda di disciplinare una materia attribuita allo Stato.

L'irragionevolezza della legge

La giurisprudenza della Corte include tra i vizi che possono dar luogo ad illegittimità costituzionale anche il **vizio di irragionevolezza della legge**. Il principio di ragionevolezza e il correlativo vizio (di cui si è già parlato nel par. 29 del cap. 6) sono considerati strumenti utili a valutare (e sanzionare) tutte le ipotesi di atti normativi contrari alla funzione generale del diritto e della Costituzione: essa consiste nel conciliare *ragionevolmente*, appunto, la pluralità e la diversità (di regole, di valori, di interessi) con l'esigenza di coerenza delle parti nel tutto. Si è molto discusso sul fatto che un vizio del genere possa collocarsi a cavallo tra *legittimità*, di competenza della Corte costituzionale, e *merito politico*, di competenza invece degli organi di indirizzo politico, e quindi precluso al giudice delle leggi: è perciò importante che la Corte tenga distinti i due piani (v. sul punto l'art. 28 della l. 87/1953).

5. L'ACCESSO AL GIUDIZIO DI LEGITTIMITÀ COSTITUZIONALE

Accesso diretto e accesso indiretto

Vi sono due modi di accesso al giudizio di legittimità costituzionale:

- l'accesso diretto **«in via d'azione»** da parte dello Stato avverso leggi regionali e da parte delle regioni avverso leggi o atti aventi forza di legge dello Stato (art. 127 Cost.);

- l'accesso indiretto «**in via incidentale**» quando la questione di legittimità costituzionale di una legge o un atto avente forza di legge dello Stato o di una legge regionale sorge «nel corso di un giudizio» (art. 1 l. cost. 1/1948).

In questo modo si è cercato di conciliare due esigenze diverse: delimitare sul piano soggettivo le vie di accesso al giudizio della Corte costituzionale e assicurare l'efficienza del giudizio di legittimità costituzionale. Infatti, la soluzione prescelta:

a) lega la possibilità di adire la Corte all'esistenza di una *concreta* controversia pendente davanti a un giudice, al quale solo spetta sollevare la questione incidentale di legittimità costituzionale;

b) limita i ricorsi diretti a soggetti istituzionali qualificati, quali lo Stato e le regioni, escludendo altre ipotesi di ricorso diretto, come quello di minoranze parlamentari (come avviene in Francia, Austria, Portogallo e Spagna);

c) non prevede il ricorso diretto da parte di ciascun cittadino per la tutela dei propri diritti fondamentali lesi da un atto dei pubblici poteri (come il *Recurso de Amparo* spagnolo e la *Verfassungsbeschwerde* tedesca).

Il caso delle leggi elettorali

Nel dichiarare ammissibile la questione di legittimità costituzionale delle leggi elettorali per le due Camere, sollevata dalla Corte di cassazione in un giudizio che aveva ad oggetto il generico accertamento dell'«effettiva portata del diritto di voto» su ricorso di alcuni cittadini, la Corte costituzionale è parsa aprire la strada a ricorsi sostanzialmente diretti, almeno nei casi in cui si discuta di diritti politici fondamentali: le leggi elettorali, secondo la Corte, non potrebbero restare «immuni» dal sindacato di costituzionalità (sent. 1/2014). In una successiva sentenza la Corte ha tuttavia distinto il caso delle leggi elettorali delle Camere da quello delle leggi elettorali relative ad altri organi: queste ultime non ricadono in una «zona franca» nel sistema di giustizia costituzionale, potendo essere sottoposte agli ordinari rimedi giurisdizionali in sede di contenzioso elettorale, diversamente da quanto accade, stante l'art. 66 Cost., per le elezioni delle Camere (sent. 110/2015). La riforma cost. 2016 introduce una nuova forma di accesso in via d'azione in ordine alla legittimità costituzionale delle leggi che disciplinano l'elezione della Camera dei deputati e del Senato: queste, prima della loro promulgazione (controllo *preventivo*), possono essere sottoposte al giudizio della Corte costituzionale su ricorso di un quarto dei componenti della Camera o di un terzo dei componenti del Senato (v. art. 73 Cost. 2016).

6. I GIUDIZI SULLE LEGGI: IL GIUDIZIO IN VIA INCIDENTALE

Il giudizio *in via incidentale* (o anche *in via d'eccezione*, per distinguerlo da quello *in via d'azione*) si ha quando la questione di legittimità costituzionale sia stata sollevata nel corso di un procedimento davanti a un'autorità giurisdizionale (ad es. un processo penale). Il controllo della Corte costituzionale

Giudizio principale vs. giudizio incidentale

presuppone quindi l'esistenza di un giudizio, chiamato **giudizio principale** (o anche *giudizio a quo*, in quanto da esso proviene la questione di legittimità costituzionale), per contrapposizione al **giudizio incidentale** che si svolgerà innanzi alla Corte stessa (artt. 23-26 l. 87/1953).

Il giudice *a quo*

(A) Un primo aspetto, dunque, è quello di stabilire quali organi giurisdizionali possono promuovere la questione di legittimità costituzionale, cioè l'**individuazione del giudice *a quo*** (appunto l'organo giudicante legittimato a rinviare la questione alla Corte). Al riguardo, la giurisprudenza della Corte ha riconosciuto tale possibilità non solo ai giudici ordinari e amministrativi, ma anche a un'estesa e variegata categoria di altri organi, talora estranei all'ordinamento giudiziario, comunque dotati di funzioni giudicanti. Tra questi organi sono stati annoverati: la sezione disciplinare del Csm (sent. 12/1971); le sezioni della Corte dei conti in sede di giudizio di parificazione del rendiconto generale dello Stato (sentt. 165/1963 e 244/1995) e nell'esercizio delle funzioni di controllo (sentt. 226/1976 e 384/1991); le commissioni tributarie (sent. 287/1974); le commissioni per la liquidazione degli usi civici (sent. 345/1997); i collegi arbitrali (sent. 376/2001); le sezioni del Consiglio di stato in sede di parere sul ricorso straordinario al presidente della Repubblica (sent. 73/2014).
In sostanza, la Corte costituzionale richiede due requisiti:
a) **requisito soggettivo**, ossia l'esistenza di un giudice, incardinato nell'organizzazione della magistratura ordinaria o amministrativa;
b) **requisito oggettivo**, ossia l'esistenza di un giudizio in senso tecnico, ovvero un'attività qualificabile come esercizio della funzione giurisdizionale.
In alcuni casi i due requisiti vengono utilizzati in modo alternativo, in altri invece (è la tendenza più recente) devono ricorrere congiuntamente (v. sent. 164/2008).

La Corte come giudice *a quo*

La Corte costituzionale, del pari, ha sempre riconosciuto in capo a se stessa la legittimazione a sollevare questioni di legittimità in via incidentale: in altri termini, anche il giudice costituzionale può essere giudice *a quo* (sent. 259/1974, in sede di sorteggio dei giudici aggregati; sent. 125/1977, in sede di giudizio sulle accuse; sent. 68/1978, in sede di conflitto tra poteri).

Chi solleva la questione

(B) Un secondo aspetto riguarda chi, nel corso di un processo, può sollevare la questione di legittimità costituzionale. Essa può essere sollevata:
- **su istanza** di una delle *parti del giudizio* (parti private o pubblico ministero);
- **d'ufficio** da parte dello stesso *giudice*.

Le parti e il giudice devono precisare i termini e i motivi della questione di costituzionalità, individuando: *a*) le disposizioni della legge o dell'atto avente forza di legge dello Stato o della legge regionale che si ritengono «viziate da illegittimità costituzionale» (l'*oggetto*), e *b*) le disposizioni della Costituzione o delle leggi costituzionali «che si assumono violate» (il *parametro*).

(C) Per poter accedere al giudizio della Corte è necessario che il giudice *a quo* accerti preliminarmente l'esistenza di due condizioni di ammissibilità: che la questione di legittimità costituzionale *i*) sia rilevante e *ii*) sia non manifestamente infondata.

La rilevanza

• La **rilevanza** è strettamente collegata alla natura incidentale del giudizio della Corte, per cui esso deve riguardare questioni *concrete* relative all'*applicazione di atti legislativi* davanti al giudice *a quo*. In altre parole, una questione è rilevante quando ha ad oggetto una disposizione di legge la cui applicazione è necessaria per definire il giudizio in corso; è invece irrilevante una questione dalla cui risoluzione non dipenda la definizione del giudizio.

La non manifesta infondatezza

• La questione deve essere anche **non manifestamente infondata**, ossia *ragionevolmente seria* e non pretestuosa. Attenzione: *non* si richiede che il giudice *a quo* confidi sulla *fondatezza* della questione, ma *solamente* che il giudice accerti sommariamente che sussiste un *dubbio* sulla costituzionalità della disposizione di legge che si tratta di applicare.

L'interpretazione conforme

Invero, la Corte costituzionale richiede sempre più frequentemente che, prima di promuovere una questione di legittimità, il giudice *a quo* svolga ogni tentativo diretto a verificare se il dubbio di costituzionalità della disposizione possa essere superato per via interpretativa, ricercando, tra più possibili interpretazioni, quella che consenta di renderla non in contrasto con la Costituzione. Si parla in questo caso dell'obbligo per il giudice di operare l'**interpretazione conforme a Costituzione**: secondo la Corte, infatti, «in linea di principio, le leggi non si dichiarano costituzionalmente illegittime perché è possibile darne interpretazioni incostituzionali (e qualche giudice ritenga di darne), ma perché è impossibile darne interpretazioni costituzionali» (sent. 356/1996, con un'affermazione poi ripresa in diverse altre pronunce, ad es. sent. 202/2014). Si discute in dottrina se, di fatto, non sia stata così introdotta una ulteriore condizione di ammissibilità della questione: sicuramente l'interpretazione conforme incide sulle valutazioni del giudice intorno alla *non manifesta infondatezza*, nel senso che l'accertamento del giudice non può risolversi in un semplice esame sommario, ma richiede una verifica approfondita delle ipotesi interpretative consentite dalla Costituzione e *rilevanti* nel caso concreto.

La sospensione del giudizio *a quo*

In presenza dei suddetti presupposti il giudice *a quo*, non potendo disapplicare la disposizione né tanto meno dichiararla illegittima, deve **sospendere il giudizio** in corso per rimettere con ordinanza la questione di legittimità alla Corte costituzionale. L'ordinanza di rimessione, come si è detto, deve contenere i termini e i motivi della questione, quindi sia le disposizioni legislative censurate sia le disposizioni costituzionali di cui si contesta la violazione; nonché le risultanze della delibazione circa la rilevanza e la non manifesta infondatezza della stessa. Se il giudice, invece, non riscontra l'esistenza delle condizioni di ammissibilità, respinge con ordinanza motivata l'eccezione di illegittimità costituzionale per **irrilevanza** o per **manifesta infondatezza**. Il valore di questa decisione è limitato alla fase in cui il processo si trova:

l'eccezione può essere comunque riproposta all'inizio di ogni fase o grado ulteriore del processo.

Il fatto che il giudice *a quo* debba preventivamente accertare la sussistenza della rilevanza e della non manifesta infondatezza indica che il giudizio in via incidentale ha carattere **indisponibile**. Infatti, se ricorrono quei presupposti, il giudice *deve* adire la Corte (non *può* astenersi) e, una volta promossa la questione, il giudizio presso la Corte prosegue indipendentemente dal comportamento dei soggetti coinvolti.

(D) Deciso il rinvio alla Corte, il giudice *a quo* provvede a notificare l'ordinanza sia alle parti in causa sia al pubblico ministero, se presente. Qualora in discussione sia la legittimità di una legge statale, è prevista la notifica al presidente del Consiglio dei ministri, mentre nel caso di una legge regionale la notifica è rivolta al presidente della giunta regionale; l'ordinanza è altresì comunicata ai presidenti delle Camere o al presidente del consiglio regionale.

L'ordinanza con la quale il giudice *a quo* ha disposto l'invio degli atti alla Corte è pubblicata nella *Gazzetta Ufficiale della Repubblica* (alla voce «atti di promovimento del giudizio della Corte») e, quando occorre, nel *Bollettino Ufficiale* della regione: la **pubblicazione** serve a far sì che tutti gli operatori del diritto potenzialmente interessati siano messi al corrente dell'imminente instaurarsi di un giudizio di legittimità costituzionale. Entro 20 giorni dall'avvenuta notifica dell'ordinanza le parti del processo *a quo* possono costituirsi innanzi alla Corte; lo stesso termine vale per l'intervento del presidente del Consiglio o del presidente della giunta regionale. Si badi bene: la finalità del giudizio incidentale rimane quella, oggettivamente rilevante per l'ordinamento, di verificare la costituzionalità di una disposizione di legge al di là degli interessi delle parti nel giudizio principale, pendente e sospeso. Costituendosi innanzi alla Corte, però, le parti presentano le loro deduzioni, cioè argomenti idonei a sostenere un esito favorevole agli interessi da esse perseguiti. La Corte, inoltre, può ammettere l'intervento anche di altri soggetti, estranei al giudizio principale, ma solo se portatori di un interesse qualificato, immediatamente inerente al rapporto sostanziale dedotto in giudizio.

La costituzione in giudizio delle parti

Trascorsi i 20 giorni dalla notifica dell'ordinanza di rinvio, il presidente della Corte nomina un giudice relatore, fissa il giorno dell'udienza pubblica e convoca la Corte per la discussione della questione. Il presidente può anche convocare la Corte direttamente in camera di consiglio se nessuna delle parti si è costituita in giudizio o qualora ritenga che la questione possa essere decisa in forma sommaria (v. par. 8).

7. I GIUDIZI SULLE LEGGI: IL GIUDIZIO IN VIA D'AZIONE

Il giudizio *in via d'azione* si apre direttamente mediante:
- **ricorso dello Stato contro leggi regionali** che eccedano la competenza della regione;
- **ricorso della regione contro leggi e atti aventi forza di legge dello Stato o contro leggi di altre regioni** che ledano la sua sfera di competenza.

Vanno sottolineati alcuni caratteri del giudizio in via d'azione che lo rendono diverso rispetto a quello in via incidentale. In particolare, il giudizio in via d'azione ha carattere di procedimento **astratto**, nel senso che le disposizioni impugnate vengono valutate sotto il profilo del contenuto prescrittivo *a prescindere dalla loro concreta applicazione*. Inoltre, il ricorso in via d'azione è **disponibile**: essendo un *giudizio di parti*, i soggetti coinvolti *possono*, non *devono*, fare uso del potere di ricorrere direttamente alla Corte (potendo risolvere i contrasti insorti con accordi politici). Se promuovono il ricorso, possono successivamente rinunciarvi: la rinuncia, qualora sia accettata dall'altra parte, estingue il processo.

Un giudizio astratto

Fino alla riforma costituzionale del 2001, che modificò il titolo V della parte seconda (incluso l'art. 127), vi era un'importante differenza fra il ricorso statale contro una legge regionale e il ricorso regionale contro una legge statale: il primo aveva carattere preventivo, il secondo successivo. Oggi hanno entrambi carattere **successivo**, riguardano cioè disposizioni già in vigore, e possono essere promossi entro 60 giorni dalla pubblicazione della legge statale o regionale.

Quanto alla *titolarità del ricorso*, esso è presentato dal presidente del Consiglio, previa delibera del Consiglio dei ministri, e dal presidente della giunta, previa delibera della giunta regionale, indicando l'oggetto e il parametro (artt. 31-34 l. 87/1953).

Unitamente al ricorso di legittimità costituzionale in via d'azione può essere avanzata istanza di sospensione delle disposizioni impugnate. Se la Corte ritiene che l'esecuzione dell'atto oggetto del ricorso possa comportare il rischio di un irreparabile pregiudizio all'interesse pubblico o all'ordinamento giuridico della Repubblica, o di un pregiudizio grave e irreparabile per i diritti dei cittadini, può sospenderne l'efficacia in attesa del giudizio (art. 35 l. 87/1953).

Sotto il *profilo sostanziale*, lo Stato può impugnare leggi regionali per qualsiasi violazione, invocando qualsivoglia parametro costituzionale (v. sent. 274/2003); invece, le regioni possono impugnare leggi dello Stato o di un'altra regione solo nell'ipotesi di una invasione della sfera di competenza ad esse assegnata da norme costituzionali o da norme legislative interposte (i decreti di attuazione degli statuti speciali: v. sent. 165/1986; i decreti di trasferimento di funzioni statali: v. sent. 517/1987). Le regioni possono anche richiamare parametri diversi da quelli posti a delimitazione delle competenze legislative, ma a condizione che la loro violazione integri una lesione indiretta delle competenze stesse (la cosiddetta *ridondanza*, secondo la giurisprudenza della Corte costituzionale: v. sent. 198/2012).

Ricorsi asimmetrici

8. I GIUDIZI SULLE LEGGI: TIPOLOGIA DELLE SENTENZE

8.1. La classificazione delle decisioni in generale

Il giudizio di legittimità costituzionale sulle leggi, sia in via incidentale sia in via d'azione, si chiude con una *decisione* della Corte costituzionale.

Forma delle decisioni

Le decisioni hanno una **forma** tipica (art. 18 l. 87/1953):

- la **sentenza**, quando la Corte giudica in via definitiva;
- l'**ordinanza**, in tutti gli altri casi.

Con ordinanza sono adottati i provvedimenti interlocutori (ad es. quando la Corte *restituisce gli atti* al giudice *a quo* perché rivaluti la questione alla luce di nuove norme intervenute dopo l'ordinanza di rimessione); ma anche le decisioni assunte senza entrare nel merito della questione per mancanza di uno dei requisiti necessari o per vizi procedurali (ordinanze di *manifesta inammissibilità*); o quando la Corte valuta la questione priva di qualsiasi fondamento senza bisogno di ulteriori e approfondite verifiche (ordinanze di *manifesta infondatezza*).

Struttura delle decisioni

Sia le sentenze sia le ordinanze sono incluse in una comune numerazione progressiva annuale. Mentre le ordinanze sono *succintamente motivate*, le sentenze hanno una **struttura** tipica in cui si distinguono:

a) la **motivazione in fatto**, cioè l'esposizione dei fatti della causa («ritenuto in fatto» recitano le sentenze della Corte);

b) la **motivazione in diritto**, cioè le ragioni che giustificano la decisione adottata («considerato in diritto»);

c) il **dispositivo**, cioè la parte conclusiva che contiene la decisione («per questi motivi la Corte costituzionale...»).

Contenuto delle decisioni

Le decisioni possono distinguersi, a seconda del **contenuto**, in **decisioni processuali** e **decisioni di merito**: nel primo caso il giudizio della Corte lascia impregiudicata la questione di costituzionalità (con pronunce di *inammissibilità* per difetto di rilevanza o per carenza di giurisdizione del giudice *a quo*); nel secondo caso la Corte entra nel merito della questione di legittimità e la risolve (con una pronuncia di *fondatezza* o *non fondatezza*).

Le decisioni di merito possono essere classificate secondo più criteri, alternativi e concorrenti: innanzitutto, secondo l'**esito** del giudizio che può essere di *accoglimento* o di *rigetto* della questione di costituzionalità (v. tab. A).

Tale esito può essere raggiunto seguendo **diversi percorsi interpretativi** che consentono di trarre da una medesima *disposizione* più di una *norma* (v. tab. B).

Le decisioni di accoglimento, infine, possono classificarsi in base alla **tecnica di incisione** applicata dalla Corte rispetto alle disposizioni sottoposte a controllo (v. tab. C).

TAB. A. DISTINZIONE SECONDO L'ESITO

SENTENZE DI ACCOGLIMENTO	SENTENZE DI RIGETTO
La questione di costituzionalità sollevata viene dichiarata *fondata*, quindi la Corte dichiara l'*illegittimità costituzionale* della disposizione legislativa.	La questione di costituzionalità sollevata viene dichiarata *infondata*. Non vi sono conseguenze sulla disposizione legislativa esaminata.
Esempio: ***La Corte costituzionale «... dichiara l'illegittimità costituzionale delle norme contenute nei commi 1°, 2°, 3°, 4°, 6° e 7° dell'art. 113 del Tu delle leggi di p.s. approvato con decreto 18 giugno 1931, n. 773...» (sent. 1/1956).***	Esempio: ***La Corte costituzionale «... dichiara non fondata la questione di legittimità costituzionale, proposta dal pretore di Milano con l'ordinanza del 28 maggio 1960, della norma contenuta nell'art. 121 del Tu delle leggi di pubblica sicurezza, approvato con r.d. 18 giugno 1931, n. 773, in riferimento all'art. 25 della Costituzione» (sent. 27/1961).***

8.2. In base all'esito del giudizio: le sentenze di accoglimento e le sentenze di rigetto

Le decisioni di merito si distinguono principalmente in **sentenze di accoglimento** e **sentenze di rigetto**.

Come sappiamo, il giudizio della Corte costituzionale è un giudizio comparativo nel quale vengono messe a confronto le disposizioni di legge che si assumono viziate (*oggetto di controllo*) e le disposizioni costituzionali che si assumono violate (*parametro di controllo*). Ad esso si applica il **principio della corrispondenza tra chiesto e pronunciato**, vale a dire la decisione deve essere contenuta nei limiti dell'impugnazione (art. 27 l. 87/1953).

L'illegittimità consequenziale

Vi è un'eccezione prevista dallo stesso art. 27. Si tratta dell'**illegittimità consequenziale**, cioè della possibilità di dichiarare incostituzionali, oltre che le disposizioni impugnate, anche *altre* disposizioni non indicate nell'ordinanza di rimessione o nel ricorso diretto la cui illegittimità deriva *come conseguenza* della decisione di accoglimento della questione proposta. Ad esempio, quando furono ritenute incostituzionali le disposizioni che richiedevano come requisiti per il reclutamento nella Guardia di Finanza l'assenza di prole o lo stato di celibe o nubile o la vedovanza, la Corte eliminò in via consequenziale analoghe disposizioni previste per l'accesso agli altri corpi militari dello Stato (sentt. 332/2000 e 445/2002).

8.3. In base al percorso seguito: le sentenze interpretative

Una seconda classificazione delle decisioni di merito si fonda sulla distinzione tra **disposizione** e **norma**. Si parla di **sentenze interpretative**: sono quelle in cui il rigetto (interpretative *di rigetto*) o l'accoglimento della questione (interpretative *di accoglimento*) dipende da quale norma, fra le diverse possibili, la Corte costituzionale ricava dalla disposizione sottoposta al suo esame.

TAB. B. DISTINZIONE SECONDO IL PERCORSO SEGUITO

SENTENZE «INTERPRETATIVE»

Il giudizio della Corte viene espresso in relazione ad una certa *interpretazione* delle disposizioni sottoposte a sindacato, ovvero *in quanto* si attribuisca alla disposizione esaminata un ben preciso significato normativo, in riferimento dunque *ai sensi ed ai modi* chiariti dalla sentenza.

SENTENZE INTERPRETATIVE DI ACCOGLIMENTO	SENTENZE INTERPRETATIVE DI RIGETTO
La Corte, sulla base di una certa interpretazione che permette di individuare la norma oggetto del giudizio, accoglie la questione *in quanto* desume dalla disposizione una norma contraria alla Costituzione, *nei sensi* (oppure *nei modi* o *nei limiti*) indicati nella motivazione e richiamati dal dispositivo.	La Corte, rendendo evidente un percorso interpretativo per l'individuazione della norma oggetto del giudizio, dichiara la questione infondata *in quanto* desume dalla disposizione (fra le diverse possibili) una norma compatibile con la Costituzione, *nei sensi* (oppure *nei modi* o *nei limiti*) indicati nella motivazione e richiamati nel dispositivo.
Esempio: ***La Corte costituzionale «... dichiara l'illegittimità costituzionale dell'art. 2 del Tu delle leggi di pubblica sicurezza, approvato con r.d. 18 giugno 1931, n. 773, nei sensi e nei limiti indicati nella motivazione» (sent. 26/1961).***	Esempio: ***La Corte costituzionale «... dichiara non fondata, nei sensi di cui in motivazione, la questione di legittimità costituzionale dell'art. 392, primo comma, in relazione agli artt. 304 bis, 304 ter e 304 quater del codice di procedura penale, in riferimento all'art. 24 della Costituzione, sollevata con ordinanza del Tribunale di Varese del 7 aprile 1964» (sent. 11/1965).***

• **Sentenza interpretativa di accoglimento**. La Corte giudica fondata la questione e dichiara l'illegittimità costituzionale della disposizione impugnata (al pari di una semplice sentenza di accoglimento), ma *in quanto* tra le norme («X», «Z», «K» ecc.) che la disposizione è suscettibile di esprimere venga dato rilievo *a una* di esse, ad esempio la norma «X», che la Corte ritiene in contrasto col parametro costituzionale invocato. Riprendiamo l'esempio proposto nel capitolo 1 sull'art. 2 del testo unico delle leggi di pubblica sicurezza concernente il potere del prefetto di adottare ordinanze di necessità e urgenza. Due erano le possibili interpretazioni di questa disposizione: 1) il potere di ordinanza non può essere esercitato per sospendere i diritti fondamentali (N'); 2) il potere di ordinanza può essere esercitato per sospendere i diritti fondamentali (N"). La Corte costituzionale, in un primo momento, la interpretò sulla base della norma N', pronunciando pertanto una sentenza interpretativa di rigetto (sent. 8/1956). Ma poiché la prassi (amministrativa e giudiziaria) non si era poi uniformata a quella interpretazione, qualche anno dopo la Corte dichiarò l'illegittimità della disposizione sulla base dell'altra interpretazione, contraria alla Costituzione, che ne traeva la norma N" (sent. 26/1961).

• **Sentenza interpretativa di rigetto**. La Corte ritiene non fondata la questione di legittimità (al pari di una semplice sentenza di rigetto), ma *in quanto* dalla disposizione impugnata si desuma la norma «A» e non la norma «B», ossia una norma che elimina il dubbio di costituzionalità. Così, ad esempio, il giudice *a quo* chiese di dichiarare incostituzionale la disposizione sulla non punibilità dei componenti del Csm per le opinioni espresse nell'esercizio delle funzioni, interpretandola come norma che creava un'ingiustificata zona franca dal diritto penale. La Corte, reinterpretandola, ritenne che la disposizione fosse di natura specifica e rigorosamente circoscritta, avendo ad oggetto le sole manifestazioni di pensiero funzionali all'esercizio dei poteri-doveri costituzionalmente spettanti ai componenti del Csm (sent. 148/1983). Tra la norma individuata dal giudice *a quo* e quella individuata dalla Corte, la decisione si basò sulla seconda con conseguente rigetto della questione sollevata.

In sintesi: i due tipi di sentenze interpretative hanno uno schema comune che implica una *duplice possibilità di decisione*, perché da una stessa disposizione si possono ricavare (almeno) due norme alternative, una compatibile e una in contrasto con la Costituzione. Nel caso dell'interpretativa di rigetto, la Corte salva il testo della disposizione impugnata dando rilievo alla norma compatibile; nel caso dell'interpretativa di accoglimento, invece, ne dichiara l'illegittimità costituzionale solo in riferimento alla norma contrastante. Ovviamente, quando la sentenza interpretativa è di rigetto, l'effetto della pronuncia dipende dall'eventualità che i giudici si adeguino all'interpretazione della Corte, il che non è scontato perché la decisione di rigetto vincola solo il giudice *a quo*.

8.4. In base alla tecnica di incisione: le sentenze di accoglimento «manipolative»

Questa classificazione comprende quelle sentenze di accoglimento che abbiano un **effetto manipolativo**. L'effetto *manipolativo* è da riferirsi al fatto che esse producono vere e proprie innovazioni nel sistema normativo: la Corte non si limita a eliminare la disposizione legislativa sottoposta al suo vaglio, ma la trasforma, la adegua, la integra. Questo tipo di sentenze ha suscitato perplessità fra gli studiosi e, soprattutto, ha talora causato difficoltà sia nei rapporti tra Corte e magistratura (in ordine all'interpretazione della legge) sia nei rapporti tra Corte e Parlamento (perché la Corte costituzionale è parsa proporsi quale supplente del legislatore).

- **Sentenze di accoglimento parziale o ablative**. La Corte accoglie la questione dichiarando illegittima *parte* di una disposizione o *uno dei possibili significati* ricavabili da essa. Nel primo caso la Corte riduce il testo della disposizione *limitatamente* a determinate parole o proposizioni di un articolo o comma: ad essere *manipolato* è il testo legislativo. Nel secondo caso, siccome la disposizione è suscettibile di *più* interpretazioni e se ne possono ricavare *più* norme (N', N", N"' ecc.), la Corte dichiara illegittima solo una di queste norme (ad es. N"): il testo viene ridotto nel numero delle interpretazioni possibili e la manipolazione opera quindi sulle norme ricavabili dal testo eliminando *una* norma specifica. Ad esempio, la disposizione che vieta i permessi premio e altri

TAB. C. DISTINZIONE SECONDO LA TECNICA DI INCISIONE

SENTENZE «MANIPOLATIVE»
(comunque di accoglimento)

La Corte, andando oltre la semplice scelta tra possibili interpretazioni adottabili (v. *sentenze interpretative*), esprime un giudizio di accoglimento della questione, che ha l'ulteriore specifico effetto di trasformare (*riducendo, ampliando, sostituendo*) il testo o il significato (*portata normativa*) della disposizione oggetto dell'esame.

Sentenze di accoglimento parziale (o ablative)	Sentenze sostitutive	Sentenze additive (o aggiuntive)	Sentenze additive di principio
Oggetto della dichiarazione di illegittimità costituzionale è la disposizione (o una norma da essa desunta) nella parte in cui il testo di tale disposizione ha un determinato significato (o la norma desunta ha una determinata applicazione): la disposizione viene censurata *limitatamente* ad alcune espressioni (oppure viene esclusa una possibile interpretazione applicativa)	Oggetto della dichiarazione di illegittimità costituzionale è la disposizione nella parte in cui prevede una determinata norma anziché un'altra, ritenuta dalla Corte costituzionalmente necessaria, che viene individuata dalla Corte stessa ed introdotta (*sostituzione*) attraverso una modifica della disposizione.	Oggetto della dichiarazione di illegittimità costituzionale è la disposizione nella parte in cui non prevede qualcosa (nella misura in cui, cioè, non consente di desumere una norma avvertita dalla Corte come costituzionalmente necessaria: la sentenza della Corte integra nella sostanza il testo della disposizione con la prescrizione conforme alla norma necessitata, richiedendo all'interprete la combinata lettura della disposizione con il dispositivo della sentenza).	Nell'ambito delle sentenze additive, queste pronunce si distinguono perché, nell'intento di colmare la portata normativa di una disposizione nella parte in cui non prevede qualcosa, la Corte anziché aggiungere una norma compiuta, immediatamente applicabile (come accadrebbe con una additiva semplice) si limita a richiamare un principio generale ritenuto costituzionalmente necessario e non espresso dalla disposizione esaminata. L'attuazione del principio enunciato richiede il successivo intervento del legislatore, secondo le indicazioni espresse dalla Corte, ma libero nelle modalità di concreta attuazione, ovvero a volte l'interpretazione applicativa del giudice.
Esempio: ***La Corte costituzionale «dichiara in riferimento all'art. 24 della Costituzione, la illegittimità costituzionale dell'art. 392 comma 1 c.p.p. nella parte in cui, con l'inciso "in quanto sono applicabili", rende possibile non applicare all'istruzione sommaria le disposizioni degli artt. 304 bis, 304 ter e 304 quater dello stesso codice» (sent. 52/1965).***	Esempio: ***La Corte costituzionale «... dichiara la illegittimità costituzionale dell'art. 251 comma 2 c.p.c. ... nella parte in cui prevede che il giudice istruttore "legge la formula: 'Consapevole della responsabilità che con il giuramento assumete davanti a Dio, se credente, e agli uomini, di giurare la verità, null'altro che la verità'" anziché stabilire che il giudice istruttore "lo invita a rendere la seguente dichiarazione: 'Consapevole della responsabilità morale e giuridica che assumo con la mia deposizione, mi impegno a dire tutta la verità e a non nascondere nulla di quanto è a mia conoscenza'"...» (sent. 149/1995).***	Esempio: ***La Corte costituzionale «... dichiara l'illegittimità costituzionale dell'art. 156 comma 6 c.c. nella parte in cui non prevede che le disposizioni ivi contenute si applichino a favore dei figli di coniugi consensualmente separati...» (sent. 144/1983).***	Esempio: ***La Corte costituzionale «... dichiara l'illegittimità costituzionale dell'art. 6, comma 2, l. 25 febbraio 1992, n. 215 (Azioni positive per l'imprenditoria femminile), nella parte in cui non prevede un meccanismo di cooperazione tra lo Stato, le regioni e le province autonome in relazione all'esercizio del potere del ministero dell'Industria, del commercio e dell'artigianato concernente la concessione delle agevolazioni alle imprese condotte da donne...» (sent. 109/1993).***

benefici per i detenuti (art. 58-*quater* l. 354/1975) può essere interpretata nel senso che essa si applica: *i*) solo ai detenuti maggiorenni; *ii*) anche ai detenuti minorenni. Ed è questa seconda interpretazione che venne rifiutata dalla Corte, dichiarando illegittima la disposizione nella parte in cui si riferisce ai minorenni (sent. 436/1999). Sotto il profilo del percorso seguito, siamo qui di fronte a una sentenza interpretativa di accoglimento.

• **Sentenze sostitutive**. Costituiscono un'ipotesi intermedia tra le parziali e le additive (v. dopo) in quanto la Corte dichiara l'illegittimità di una certa norma (N'), che viene eliminata (come nelle *parziali*), e contemporaneamente la sostituisce con un'altra norma (N"), che viene formulata nella sentenza (come nelle *additive*), colmando così il vuoto che altrimenti verrebbe a determinarsi. Un esempio classico è la sent. 15/1969 sull'autorizzazione a procedere per vilipendio della Corte costituzionale: la Corte dichiarò illegittimo l'art. 313.3 c.p. ritenendolo incongruente con la posizione di indipendenza del giudice costituzionale, in quanto attribuiva il potere di dare l'autorizzazione al ministro della giustizia *anziché* alla Corte stessa. Cosicché tale disposizione deve essere letta non solo per ciò che dice, ma secondo il significato sostitutivo individuato dalla Corte.

• **Sentenze additive o aggiuntive**. Sono quelle decisioni che dichiarano illegittima una disposizione nella parte in cui *non prevede* una certa norma la cui esistenza è necessaria per rispettare la Costituzione, che viene *aggiunta* al testo dalla Corte, rimediando così all'omissione del legislatore. Alcuni esempi: la sent. 190/1970 che dichiarò illegittimo l'art. 304-*bis* c.p.p. nella parte in cui, in materia di interrogatorio dell'imputato, non prevedeva l'assistenza del difensore; la sent. 144/1983 di illegittimità della disposizione che, in materia di mantenimento dei figli minori in caso di separazione giudiziale, non estendeva le particolari garanzie ivi previste anche all'ipotesi di separazione consensuale; la sent. 240/1994 che riconobbe il diritto all'integrazione al minimo del trattamento pensionistico a pensionati che ne erano stati esclusi. La Corte è consapevole che con le sentenze additive può invadere uno spazio riservato al legislatore: tanto è vero che in materia penale, vista la riserva di legge assoluta stabilita dall'art. 25 Cost., ha escluso la possibilità di pronunciare decisioni di questo tipo (sentt. 440/1995 e 508/2000).

• **Sentenze additive di principio**. Sono decisioni che mitigano gli effetti delle additive semplici. La Corte vi ha fatto ricorso (per la prima volta con la sent. 215/1987, più recentemente con la sent. 170/2014) proprio per non rischiare di toccare le prerogative del Parlamento. Le additive di principio, infatti, si limitano a individuare il principio generale in base al quale una certa materia va disciplinata: non impongono una disciplina specifica, immediatamente applicabile, ma lasciano al legislatore la possibilità di scegliere come attuare quel principio. Si pensi alle sentenze di accoglimento che potrebbero comportare aumenti della spesa pubblica: talora la Corte, nel dichiarare illegittima l'esclusione da certe provvidenze di alcune categorie di soggetti, ha fissato il principio per cui tali provvidenze devono essere assicurate, ma senza precisare come estenderle alle categorie illegittimamente escluse, rimettendo la decisione al Parlamento (ad es. la sent. 243/1993 relativa al trattamento di fine rapporto dei pubblici dipendenti).

8.5. Le «sentenze monito»

Al di là delle classificazioni proposte, va aggiunto infine che la Corte costituzionale, talvolta, utilizza la motivazione delle sue decisioni per una sorta di dialogo con il legislatore, nel senso che essa stessa suggerisce se non specifiche soluzioni legislative quanto meno criteri in base ai quali elaborarle. Si è parlato in casi del genere di **sentenze monito**, vale a dire decisioni (di rigetto) che contengono anche auspici, sollecitazioni, indicazioni rivolti al Parlamento. Classica è la sent. 225/1974, in cui la Corte individuò le linee essenziali che la disciplina legislativa del settore radiotelevisivo avrebbe dovuto contenere (si parlò allora di *decalogo* della Corte). Naturalmente, questi *moniti* non hanno valore vincolante nei confronti del legislatore, il quale resta libero di seguirli o meno: ma l'autorevolezza della fonte rende comunque difficile ignorarli.

9. I GIUDIZI SULLE LEGGI: GLI EFFETTI DELLA DICHIARAZIONE DI ILLEGITTIMITÀ

L'efficacia delle sentenze della Corte

Le sentenze di accoglimento hanno una portata generale e obiettiva (*erga omnes*) che incide direttamente sul piano delle fonti del diritto. L'art. 136.1 Cost. stabilisce, infatti, che «quando la Corte dichiara l'illegittimità costituzionale... la norma cessa di avere efficacia dal giorno successivo alla pubblicazione della decisione». L'art. 137.3 Cost., d'altro canto, stabilisce il principio dell'inoppugnabilità delle decisioni della Corte costituzionale, che pertanto costituiscono *res iudicata* irretrattabile.

L'art. 136.1 sembra indicare un'efficacia solo *pro futuro* delle decisioni di incostituzionalità (al pari dell'effetto abrogativo nel rapporto fra leggi), nel senso che esse non si applicherebbero ai fatti sorti sulla base della legge impugnata *prima* della pubblicazione della sentenza della Corte. Tuttavia, l'art. 30.3 della l. 87/1953 precisa che «le norme dichiarate incostituzionali **non possono avere applicazione** dal giorno successivo alla pubblicazione della decisione». Dopo la pubblicazione della sentenza di accoglimento è fatto quindi divieto a tutti, *in primis* ai giudici, di applicare la norma dichiarata

Limitati effetti retroattivi

costituzionalmente illegittima. Ne consegue che alla sentenza di incostituzionalità vanno riconosciuti alcuni limitati effetti **retroattivi** (in maniera analoga all'istituto dell'annullamento che colpisce un atto fin dalla sua origine): tali effetti operano nei confronti di rapporti giuridici pendenti e **non valgono nei confronti di rapporti esauriti**. Si è di fronte a rapporti esauriti:

- nel caso di **sentenza passata in giudicato**, ossia quando una controversia giudiziaria è stata definita con una decisione che non è più soggetta ad alcun mezzo di impugnazione;
- nel caso di diritti estinti per **prescrizione**, ossia a causa dell'inerzia nell'esercizio di un diritto protrattasi per il tempo stabilito dalla legge;
- nel caso di **decadenza** dall'esercizio di un potere che, scaduto il termine di legge, non può più essere azionato.

In tutti questi casi l'ordinamento tutela, prima di ogni altro, il principio della *certezza del diritto* connesso ai fenomeni del giudicato, della prescrizione e della decadenza.

Effetti delle decisioni e sentenze penali

Ma il principio di intangibilità del giudicato è derogato nell'ipotesi di **sentenze penali di condanna**, anche se irrevocabili. Allorché sia stata pronunciata una sentenza di condanna sulla base di una legge dichiarata in seguito costituzionalmente illegittima, ne cessano l'esecuzione e gli effetti penali (art. 30.4 l. 87/1953). In questo caso il principio della certezza del diritto cede di fronte al superiore principio del *favor libertatis*, che tutela la persona condannata in applicazione di una norma incostituzionale (ancorché dichiarata tale *dopo* che la sentenza è passata in giudicato).

A differenza di quanto previsto in altri ordinamenti, non è consentito alla Corte costituzionale di disporre in ordine agli effetti temporali (per il passato o per il futuro) delle proprie decisioni. Ma nella prassi si hanno taluni casi in cui la Corte cerca di limitare o diluire gli effetti nel tempo di una decisione di incostituzionalità (v. ad es. sentt. 266/1988 e 10/2015).

Molto si è discusso degli effetti della decisione con la quale la Corte costituzionale ha dichiarato illegittime parti rilevanti delle leggi elettorali in applicazione delle quali erano state elette le Camere della XVII legislatura (sent. 1/2014). La Corte ha ribadito l'ordinaria efficacia solo *pro futuro* delle sue decisioni ed escluso qualsiasi retroattività in relazione ai rapporti esauriti ovvero non più pendenti: nel caso di specie, essa ha considerato esaurito il procedimento elettorale con la proclamazione degli eletti, senza peraltro tenere conto che, alla data di pubblicazione della sentenza, restava da completare la verifica dei poteri da parte di ciascuna camera. La Corte aggiungeva che il «principio fondamentale della continuità dello Stato» avrebbe comunque impedito alla sentenza di incidere non soltanto sugli atti posti in essere durante il vigore delle norme dichiarate incostituzionali, ma anche sugli atti che le Camere avrebbero adottato fino a nuove elezioni.

10. I CONFLITTI DI ATTRIBUZIONE: TIPOLOGIA

Conflitti interorganici vs. conflitti intersoggettivi

La Corte costituzionale giudica altresì sui «conflitti di attribuzione tra i poteri dello Stato e su quelli tra lo Stato e le regioni e tra le regioni» (art. 134 Cost.). Sul *piano soggettivo*, i conflitti possono classificarsi in due categorie:
- **conflitti tra poteri dello Stato**, ossia tra poteri appartenenti al medesimo soggetto (lo Stato), definiti *conflitti interorganici*;
- **conflitti tra Stato e regioni o tra regioni**, ossia tra soggetti diversi e dotati di personalità giuridica distinta, definiti *conflitti intersoggettivi*.

Sul *piano oggettivo*, il giudizio della Corte costituzionale concerne non già la legittimità costituzionale di un atto legislativo, bensì la **delimitazione della sfera di attribuzioni** costituzionalmente spettante agli organi e ai soggetti costituzionali. Il conflitto può avere per oggetto:

a) la *vindicatio potestatis*, cioè la titolarità di una competenza che ciascun organo o soggetto in conflitto rivendica come propria (**usurpazione del potere**);

b) l'illegittimo esercizio di una competenza da parte di un organo o soggetto cui consegue la *menomazione* della sfera di competenza di altro organo o soggetto (**cattivo uso del potere**).

La Corte costituzionale risolve il conflitto stabilendo, nel primo caso, **a chi** spetta la titolarità della competenza, nel secondo caso, **come** essa deve essere esercitata.

Il riparto delle competenze può essere violato da un **qualsiasi fatto o atto** posto in essere da un organo o soggetto, sia commissivo (*facere*) sia omissivo (*non facere*). Quando è stato emanato un atto formale (ad es. un regolamento, un atto amministrativo, una sentenza ecc.) viziato da incompetenza, la Corte lo annulla contestualmente alla dichiarazione sulla titolarità o sul modo di esercizio delle attribuzioni in contestazione (artt. 38-41 l. 87/1953).

CONFLITTI DI ATTRIBUZIONE	
Sentenza (esempio di conflitto interorganico)	**Sentenza (esempio di conflitto intersoggettivo)**
«... nel giudizio per conflitto di attribuzione... sorto a seguito della delibera del 17 giugno 1999 della Camera dei deputati relativa alla insindacabilità delle opinioni espresse dall'on. Maurizio Gasparri... promosso con ricorso del Giudice per le indagini preliminari del Tribunale di Roma...»	«... nel giudizio per conflitto di attribuzione proposto dal presidente del Consiglio dei ministri nei confronti della Regione siciliana...»
PQM ***La Corte costituzionale***	***PQM*** ***La Corte costituzionale***
«dichiara che spetta alla Camera dei deputati affermare l'insindacabilità, ai sensi dell'art. 68, primo comma, della Costituzione, delle dichiarazioni espresse dal deputato Maurizio Gasparri, secondo quanto deliberato dall'Assemblea della Camera in data 17 giugno 1999» (sent. 50/2002).	***«dichiara che non spetta alla Regione siciliana il potere di sottoscrivere l'accordo di cooperazione nel capo del turismo e il primo protocollo riguardanti tali accordi, sottoscritti a Malta il 17 marzo 1997 dall'assessore per il turismo della regione siciliana e, di conseguenza, annulla tali atti» (sent. 332/1998).***

In ogni caso il conflitto (interorganico o intersoggettivo) presuppone una **lesione in concreto** alle attribuzioni di un organo o soggetto, sicché la parte lesa, per poter attivare il giudizio della Corte, deve avere **interesse a ricorrere**, ossia l'interesse a ottenere una pronuncia nel merito di una controversia attuale (v. sent. 462/1993). La sussistenza dell'interesse ad agire è, infatti, condizione «necessaria e sufficiente a conferire al conflitto gli indispensabili caratteri della concretezza e dell'attualità, non potendo la Corte essere adita a scopo meramente consultivo»; sono pertanto inammissibili conflitti ipotetici o virtuali, che ricorrono appunto quando non sono sorte in concreto contestazioni relative alla delimitazione di attribuzioni costituzionalmente garantite (v. sent. 420/1995). A questo fine è necessario che il ricorrente alleghi i fatti costitutivi e le ragioni del conflitto.

Il necessario interesse a ricorrere

Ogni tipo di conflitto dà luogo a un **giudizio di parti**, cioè un giudizio che si instaura, e si mantiene fino a decisione, per esclusiva iniziativa di parte. I conflitti di attribuzione si estinguono quindi per effetto della rinuncia del ricorrente accettata dal resistente.

11. I CONFLITTI DI ATTRIBUZIONE TRA POTERI DELLO STATO

L'art. 37 della l. 87/1953 stabilisce che «il conflitto tra poteri dello Stato è risolto dalla Corte costituzionale se insorge **tra organi competenti a dichiarare definitivamente la volontà dei poteri cui appartengono** e per la delimitazione della sfera di attribuzioni determinata per i vari poteri da norme costituzionali», aggiungendo che «restano ferme le norme vigenti per le questioni di giurisdizione». In questo modo la legge distingue i conflitti costituzionali, che prima della Costituzione del '48 non erano sottoposti alla cognizione di alcun giudice, dai conflitti che attengono alla delimitazione della giurisdizione ordinaria e delle giurisdizioni speciali, i quali sono regolati dalle sezioni unite della Corte di cassazione (v. cap. 14).

Gli organi fra cui può insorgere il conflitto

A loro volta, è possibile distinguere i conflitti tra poteri dai conflitti di competenza tra organi all'interno dello stesso potere: i primi riguardano organi costituzionali *superiorem non recognoscentes*, e per tale ragione sono affidati al giudizio della Corte costituzionale quale organo di garanzia *super partes*; i secondi, invece, sono quelli la cui risoluzione è affidata a organi appartenenti al medesimo potere, non importa se in posizione di parità o di superiorità gerarchica (ad es. conflitti tra ministri, risolti dal Consiglio dei ministri, o tra commissioni parlamentari, risolti dal presidente di assemblea, o tra giudici ordinari, risolti dalla Corte di cassazione).

Nei conflitti tra poteri dello Stato, a differenza dei conflitti intersoggettivi, le **parti del conflitto** sono **non predeterminate**. Pertanto la Corte costituzionale deve stabilire in via preliminare se il conflitto è ammissibile, individuando *a*) quali sono i poteri dello Stato (*profilo soggettivo*) e *b*) quali sono le attribuzioni la cui tutela può essere invocata innanzi al giudice costituzionale (*profilo oggettivo*).

Quali sono i poteri dello Stato

• Sotto il profilo **soggettivo**, non è sufficiente far riferimento alla teoria della separazione dei poteri e individuare le parti del conflitto nei tradizionali poteri legislativo, esecutivo, giudiziario. Infatti, dai conflitti sarebbero così esclusi tutti quegli organi dello Stato che sono titolari di attribuzioni costituzionali proprie non riconducibili a nessuno dei tre poteri (presidente della Repubblica, Corte costituzionale stessa); sarebbero inoltre esclusi i conflitti relativi alla tutela di attribuzioni costituzionalmente rilevanti di figure diverse dagli organi dello Stato apparato (è il caso del comitato promotore di referendum). A questo riguardo diventa decisivo il criterio fissato dalla legge: i poteri sono gli «organi competenti a dichiarare in via definitiva la volontà dei poteri cui appartengono», ossia gli organi che, all'interno di un determinato potere, sono *abilitati a produrre decisioni autonome e indipendenti, tali da impegnare l'intero potere cui appartengono.*

All'interno del potere legislativo...

All'interno del **potere legislativo**, decisioni che impegnano l'intero potere possono essere prese dalla Camera dei deputati e dal Senato della Repubblica; ma anche dalle commissioni in sede legislativa (art. 72.3 Cost.); nonché da commissioni parlamentari d'inchiesta (art. 82 Cost.: v. sent. 231/1975) e dalla commissione parlamentare per l'indirizzo generale e la vigilanza dei servizi radiotelevisivi (v. ordd. 171/1997 e 61/2008).
Si discute invece se si possa considerare potere dello Stato il singolo parlamentare: anche se vi sono una serie di attribuzioni individuali ad esso spettanti (ad es. iniziativa legislativa, poteri di interrogazione e interpellanza, diritto di voto nelle deliberazioni parlamentari), in concreto, nei conflitti tra magistratura e Parlamento relativi alla prerogativa dell'insindacabilità delle opinioni *ex* art. 68 Cost. la Corte ha sempre escluso che il parlamentare costituisca un organo-potere (v. sentt. 1150/1988, 443/1993, 265/1997, 10 e 11/2000).

... del potere esecutivo...

Nell'ambito del **potere esecutivo**, stante la struttura gerarchica dell'amministrazione pubblica, il ruolo di vertice spetta al governo nella sua interezza, in quanto organo titolare dell'indirizzo politico e amministrativo. Organo competente a manifestare in via definitiva la volontà dell'esecutivo è il presidente del Consiglio dei ministri, cui spetta dirigere la politica generale del governo della quale è responsabile (art. 95.1 Cost.); nonché il solo ministro della giustizia in relazione alle competenze afferenti al proprio dicastero e alla titolarità dell'azione disciplinare contro i magistrati (artt. 107.2 e 110 Cost.: v. ord. 184/1992 e sent. 379/1992; v. anche sent. 200/2006 sul potere di grazia in un conflitto di attribuzione sollevato dal presidente della Repubblica). Gli altri ministri, invece, non sono legittimati a essere parte di un conflitto di attribuzione tra poteri dello Stato (v. ord. 221/2004), salvo il caso in cui la responsabilità individuale per gli atti dei rispettivi dicasteri *ex* art. 95.2 Cost. sia fatta valere dalle Camere con mozione di sfiducia individuale che non coinvolga l'indirizzo politico dell'intero governo (come avvenne in occasione del noto caso Mancuso: v. sent. 7/1996).

Una specifica ipotesi di conflitto di attribuzione nei confronti del presidente del Consiglio, come organo responsabile in via esclusiva della politica dell'informazione per la sicurezza, con riferimento alla disciplina del *segreto di stato*, è prevista dalla legge 124/2007. L'autorità giudiziaria, di fronte alla conferma (nel corso di un giudizio) dell'esistenza del segreto di stato da parte del presidente del Consiglio e nel caso ritenga infondata l'opposizione del segreto, può sollevare il conflitto davanti alla Corte costituzionale, cui non è in tale sede opponibile alcun segreto (v. sentt. 106/2009, 40/2012, 24/2014).

... del potere giurisdizionale

Più complessa è, invece, la questione nell'ambito del **potere giurisdizionale**, non solo perché possono venire in considerazione accanto ai giudici ordinari i giudici speciali (ad esempio, la giurisdizione contabile: v. ord. 150/1980 e sent. 129/1981), ma anche perché l'ordine giudiziario non è strutturato gerarchicamente. La Corte costituzionale ha accolto una nozione ampia di potere giurisdizionale, come **potere diffuso**, sicché ogni giudice che pronuncia sentenze che possono diventare definitive può impegnare l'intero potere cui appartiene, configurandosi come un organo-potere legittimato al conflitto. Così, ad esempio, la Corte ha ammesso la legittimazione di ciascun giudice per la tutela della funzione giurisdizionale (v. ordd. 77/1981 e 51/1986); del pubblico ministero rispetto all'esercizio dell'azione penale *ex* art. 112 Cost. (v. ordd. 16/1979 e 264/1993); del «tribunale dei ministri» quale collegio inquirente nei procedimenti per i reati ministeriali *ex* art. 96 Cost. (v. ord. 217/1994 e sent. 403/1994).

Anche il Csm viene considerato potere dello Stato in relazione alle sue attribuzioni riguardanti lo status dei magistrati (v. sent. 379/1992, ordd. 214 e 215/1995 e sent. 419/1995).

Poteri dello Stato, qualificati come «**poteri-organo**», sono altresì: il presidente della Repubblica (anche dopo la fine del mandato, v. ordd. 455/2002 e 357/2005) e la Corte costituzionale.

I comitati promotori dei referendum

La Corte ha inoltre affermato che, al di là dei poteri dello Stato apparato, possono essere individuate ulteriori figure soggettive «allorché ad esse l'ordinamento conferisca la titolarità e l'esercizio di funzioni pubbliche costituzionalmente rilevanti e garantite, concorrenti con quelle attribuite a poteri e organi statuali in senso proprio». La qualifica di potere dello Stato, in particolare, è stata riconosciuta agli elettori firmatari di una richiesta di referendum abrogativo *ex* art. 75 Cost., istituzionalmente rappresentati dal comitato promotore (v. ord. 17/1978 e sent. 69/1978; ma non dopo la conclusione del procedimento referendario, v. ord. 9/1997).

Le attribuzioni di rilievo costituzionale

• Sotto il profilo **oggettivo**, i conflitti tra poteri riguardano attribuzioni determinate da **norme costituzionali**. Questo significa che non *qualsiasi* attribuzione può essere tutelata innanzi alla Corte, ma *solamente* quelle costituzionalmente rilevanti: perché espressamente previste in disposizioni costituzionali o perché, pur non contemplate da norme formalmente costituzionali ma da leggi ordinarie o anche norme consuetudinarie, sono tali da integrare e sviluppare il quadro organizzativo della Costituzione (si dice che il conflitto debba avere comunque un *tono costituzionale*). Così la Corte ha negato l'esistenza di uno specifico rilievo costituzionale, ai fini del conflitto tra poteri, alle attribuzioni di autorità amministrative indipendenti (il Garante per la radiodiffusione e l'editoria: v. ord. 226/1995; l'Autorità per le garanzie nelle comunicazioni: v. ord. 137/2000).

Un caso particolare: il conflitto per atti legislativi

• Il conflitto di attribuzione tra poteri dello Stato può sorgere con riferimento a qualsiasi atto, a differenza dei conflitti intersoggettivi. Superando un orientamento restrittivo (v. sent. 406/1989), la Corte costituzionale ha ammesso anche il **conflitto tra poteri per atti legislativi**. Ciò non significa trasformare il conflitto tra poteri in un sindacato di legittimità costituzionale, dato che la Corte tiene sempre nettamente distinta la *giurisdizione costituzionale sulla legittimità delle leggi* (il cui ambito è determinato dagli atti da sottoporre al giudizio) dalla *giurisdizione costituzionale sui conflitti* (il cui ambito è determinato dalla natura degli organi o dei soggetti che confliggono e delle competenze che difendono). Secondo la Corte, infatti, esiste la possibilità di sollevare conflitto tra poteri in relazione all'adozione di un atto legislativo tutte le volte in cui lo strumento del conflitto costituisce, rispetto al giudizio di legittimità, un mezzo di tutela più immediato ed efficace, specialmente quando siano in gioco diritti fondamentali. Ciò avvenne per la prima volta in un conflitto sollevato dal comitato promotore di alcuni referendum abrogativi nei confronti del governo: il comitato aveva impugnato un decreto legge di regolamentazione delle tribune elettorali televisive proprio al fine di assicurare pienezza di tutela ai propri diritti politici in campagna elettorale (v. sent. 161/1995). Successivamente la Corte ha precisato che giudizio di legittimità e conflitto tra poteri possono costituire *mezzi concorrenti di tutela*: il primo con valore generale, il secondo come **mezzo di tutela residuale**, attivabile quando non sussista altra possibilità (v. sent. 457/1999).

Il giudizio della Corte: fase di ammissibilità...

• Il giudizio innanzi alla Corte costituzionale si divide in due fasi:

1. il **giudizio preliminare sull'ammissibilità del conflitto**, che si apre su ricorso dell'organo interessato senza termine di decadenza, ed è diretto ad accertare, in camera di consiglio e senza contraddittorio, se *prima facie* (ossia attraverso una sommaria delibazione) sussiste «materia di conflitto» sotto i profili soggettivo e oggettivo (art. 37.3 e 4 l. 87/1953); l'ordinanza che dichiara ammissibile il conflitto, tuttavia, non precostituisce il giudizio nel merito, né preclude che la Corte possa ribaltare anche questa valutazione di ammissibilità; con la stessa ordinanza la Corte dispone la notificazione agli organi interessati, la cui costituzione in giudizio è condizione di procedibilità nel merito (art. 37.6);

... e fase di merito

2. il **giudizio nel merito**, che si svolge tra le parti prefigurate dall'ordinanza di ammissibilità; la Corte, previa nuova valutazione di ammissibilità, risolve il conflitto dichiarando il potere al quale spettano le attribuzioni contestate e, ove sia stato emanato un atto, lo annulla con sentenza (art. 38 l. 87/1953).

12. I CONFLITTI DI ATTRIBUZIONE TRA STATO E REGIONI E TRA REGIONI

«Se la regione invade con un suo atto la sfera di competenza assegnata dalla Costituzione allo Stato ovvero ad altra regione, lo Stato o la regione rispettivamente interessata possono proporre ricorso alla Corte costituzionale per il regolamento di competenza». Allo stesso modo il ricorso può essere proposto dalla «regione la cui sfera di competenza sia invasa da un atto dello Stato» (art. 39.1 l. 87/1953).

Un giudizio tra parti determinate

Nei conflitti intersoggettivi il giudizio è tra **parti determinate**, lo Stato e le regioni. Essi hanno ad oggetto la definizione delle rispettive sfere di attribuzione lese in concreto da un atto invasivo, che può essere impugnato o per usurpazione o per cattivo uso del potere (v. sopra).

Anche in questo caso, lo Stato o la regione possono ricorrere per la tutela di attribuzioni costituzionalmente rilevanti, stabilite *non solamente* da norme costituzionali, ma *anche* dagli statuti regionali, dai decreti legislativi di attuazione degli statuti delle regioni speciali, nonché dai decreti legislativi di trasferimento delle funzioni statali alle regioni.

I conflitti intersoggettivi non possono insorgere sulla base di atti legislativi, in quanto in relazione ad essi Stato e regioni hanno a disposizione il distinto strumento del ricorso di legittimità costituzionale in via principale, per il quale sono previsti «un oggetto diverso e una decisione avente contenuto, natura ed efficacia differenti» (sent. 314/1990). *Al di fuori degli atti legislativi, qualsiasi atto è idoneo a determinare materia di conflitto*, purché sia tale da comportare una lesione in concreto delle rispettive attribuzioni: regolamenti, atti amministrativi, atti politici, dichiarazioni, comunicazioni, note, sentenze.

Il procedimento non prevede un previo giudizio di ammissibilità, ma si apre con la presentazione del ricorso (cui sono legittimati, per lo Stato, il presidente del Consiglio o un ministro da lui delegato e, per la regione, il presidente della giunta regionale), entro il termine perentorio di 60 giorni decorrenti dalla notificazione, pubblicazione o conoscenza dell'atto invasivo (art. 39.3 e 4 l. 87/1953). Il ricorso «deve indicare come sorge il conflitto di attribuzione e specificare l'atto dal quale sarebbe stata invasa la competenza, nonché le disposizioni della Costituzione e delle leggi costituzionali che si ritengono violate» (art. 39.5). Esso può contenere anche la richiesta di **sospensiva** dell'atto stesso (art. 40), che si giustifica qualora ricorrano il *fumus boni iuris* (ossia la verosimiglianza delle buone ragioni del ricorrente, ancorché la loro esistenza debba ancora essere accertata) e il *periculum in mora* (ossia il rischio che i tempi del procedimento possano rendere vana la decisione se non si interviene a titolo appunto *cautelare*). La Corte decide con ordinanza sulla richiesta di sospensiva, con sentenza sul merito del conflitto, eventualmente annullando l'atto invasivo.

La sospensione dell'atto impugnato

13. IL GIUDIZIO SULLE ACCUSE (RINVIO)

Proprio per la sua posizione nell'ordinamento costituzionale italiano, in funzione di garanzia del sistema complessivamente considerato, alla Corte è attribuita la delicatissima funzione di giudicare sulle accuse mosse dal Parlamento in seduta comune al presidente della Repubblica in base all'art. 90 Cost. Il procedimento è descritto nel capitolo 10. Va qui ricordata la *composizione integrata* della Corte nel giudizio conseguente alla messa in stato d'accusa (art. 135.7 Cost.): questa integrazione potrebbe in astratto permettere che la decisione finale sia presa dai membri laici (16), se tutti concordi fra loro, anche contro l'opinione dei giudici costituzionali (15), quasi a garantire comunque la prevalenza di un giudizio «politico».

14. IL GIUDIZIO DI AMMISSIBILITÀ DEL REFERENDUM ABROGATIVO (RINVIO)

La l. cost. 1/1953 stabilisce, all'art. 2, che «spetta alla Corte costituzionale giudicare se le richieste di referendum abrogativo presentate a norma dell'art. 75 Cost. siano ammissibili». Il procedimento è descritto nel capitolo 8. Qui ci limitiamo a ricordare che compito della Corte costituzionale, diversamente dall'Ufficio centrale per il referendum presso la Corte di cassazione, non è quello di giudicare la conformità alla legge del procedimento referendario, ma di accertare che la richiesta non incorra in uno dei *limiti di ammissibilità* stabiliti dalla Costituzione e dalla giurisprudenza della Corte. Va aggiunto che la Corte ha escluso che in sede di giudizio di ammissibilità «possano venire in rilievo profili di incostituzionalità sia della legge oggetto di referendum sia della normativa di risulta» (sentt. 15/2008 e 13/2012 concernenti richieste di abrogazione della legge elettorale del 2005).

L'ATTIVITÀ DELLA CORTE COSTITUZIONALE (2015)

Giudizi	Pendenti (1/1/2015)	Pervenuti	Decisi	Pendenti (31/12/2015)
Legittimità costituzionale in via incidentale	226	348	200	374
Legittimità costituzionale in via d'azione	144	104	117	131
Conflitto tra poteri dello Stato (ammissibilità)	1	4	3	2
Conflitto tra poteri dello Stato (merito)	3	5	4	4
Conflitto tra Stato e regioni	22	11	10	23
Ammissibilità di referendum abrogativi	4	6	4	6
Totale	400	478	338	540

DECISIONI ANNUALI DELLA CORTE COSTITUZIONALE (2006-2015)

Forma delle decisioni	2006	2007	2008	2009	2010	2011	2012	2013	2014	2015	Media annua
Ordinanze	276	292	266	180	166	166	133	118	99	108	180,4
Sentenze	187	172	183	162	210	176	183	208	187	168	183,6
Totale	463	464	449	342	376	342	316	326	286	276	364,0

LE DECISIONI DELLA CORTE COSTITUZIONALE PER TIPO DI GIUDIZIO (2012-2015)

Giudizi	2012		2013		2014		2015	
	N.	%	N.	%	N.	%	N.	%
Legittimità costituzionale in via incidentale	141	44,6	145	44,5	171	59,5	145	52,5
Legittimità costituzionale in via d'azione	150	47,5	149	45,7	91	31,7	113	40,9
Conflitto tra poteri dello Stato (ammissibilità)	6	1,9	14	4,3	5	1,7	3	1,0
Conflitto tra poteri dello Stato (merito)	7	2,2	8	2,4	9	3,1	4	1,4
Conflitto tra Stato e regioni	6	1,9	9	2,8	7	2,4	8	2,8
Ammissibilità di referendum abrogativi	1	0,3	–	–	1	0,3	2	0,7

Nota: Vanno aggiunte le decisioni in sede di «giudizio per la correzione di errori materiali» (5 nel 2012, 1 nel 2013, 3 nel 2014, 1 nel 2015).

GIUDIZI DI LEGITTIMITÀ: DECISIONI PER ESITO DEL GIUDIZIO (2015)

Esito	In via incidentale		In via d'azione	
	Decisioni	%	Decisioni	%
Manifesta inammissibilità	41	25,62	1	0,93
Manifesta infondatezza	10	6,25	2	1,86
Inammissibilità	27	16,87	29	27,10
Non fondatezza	40	25,00	36	33,64
Illegittimità *tout court*	10	6,25	24	22,42
Illegittimità *ablativa*	15	9,37	9	8,41
Illegittimità *additiva*	13	8,12	4	3,73
Illegittimità *sostitutiva*	2	1,25	1	0,93
Illegittimità *consequenziale*	2	1,25	1	0,93

Nota: I numeri riportati in questa tabella si riferiscono al *tipo di dispositivo* contenuto in ciascuna decisione. Vanno aggiunte: nel giudizio in via incidentale, le decisioni con cui la Corte costituzionale ha disposto la restituzione degli atti al giudice *a quo* (11); nel giudizio in via d'azione, le decisioni con cui la Corte costituzionale ha dichiarato l'improcedibilità del ricorso (11), la cessazione della materia del contendere (22) e l'estinzione del processo/giudizio (35).

Fonte: Corte costituzionale, *Relazioni annuali sulla giurisprudenza costituzionale*, con nostre elaborazioni.

PAROLE CHIAVE

- Accesso in via d'azione
- Accesso in via incidentale
- Conflitto di attribuzione
- Conflitto fra poteri dello Stato
- Conflitto fra Stato e regioni
- Controllo giurisdizionale di costituzionalità
- Corrispondenza tra chiesto e pronunciato
- Corte costituzionale
- Giudice *a quo*
- Giudizio di legittimità costituzionale
- Illegittimità consequenziale
- Interpretazione conforme
- Non manifesta infondatezza
- Norme interposte
- Oggetto di controllo
- Ordinanza
- Parametro di controllo
- Potere dello Stato
- Rilevanza
- Sentenza additiva
- Sentenza di accoglimento
- Sentenza di rigetto
- Sentenza interpretativa
- Sentenza sostitutiva
- Sistema accentrato
- Sistema diffuso

FONTI

- Costituzione della Repubblica (artt. 123, 127, 134-137).
- Legge costituzionale 9 febbraio 1948, n. 1 (Norme sui giudizi di legittimità costituzionale).
- Legge costituzionale 11 marzo 1953, n. 1 (Norme integrative della Costituzione sulla Corte).
- Legge costituzionale 22 novembre 1967, n. 2 (Disposizioni sulla Corte costituzionale).
- Legge 11 marzo 1953, n. 87 (Norme sulla costituzione e il funzionamento della Corte costituzionale).
- Regolamento generale della Corte costituzionale [20 gennaio 1966, e successive modificazioni].
- Norme integrative per i giudizi davanti alla Corte costituzionale [7 ottobre 2008].

PER APPROFONDIRE

- E. Malfatti, S. Panizza e R. Romboli, *Giustizia costituzionale*, Torino, Giappichelli, 2016.
- A. Morrone, *Il custode della ragionevolezza*, Milano, Guffrè, 2001.
- A. Ruggeri e A. Spadaro, *Lineamenti di giustizia costituzionale*, Torino, Giappichelli, 2014.
- G. Zagrebelsky e V. Marcenò, *Giustizia costituzionale*, Bologna, Il Mulino, 2012.

PERCORSO DI AUTOVERIFICA

1. Quali sono le origini storiche della giustizia costituzionale?

2. Quali sono i modelli del controllo di costituzionalità? E come si definisce quello italiano?

3. Come è composta la Corte costituzionale?

4. Quali atti normativi sono oggetto del controllo di costituzionalità?

5. Cosa si intende per parametro di controllo? E cosa sono le norme interposte?

6. Quali vizi possono essere sindacati nel giudizio sulle leggi?

7. Quali sono le modalità di accesso al giudizio di legittimità della Corte costituzionale?

8. Come si instaura il giudizio in via incidentale?

9. In particolare chi è il giudice a quo?

10. Quali sono i presupposti della questione incidentale di costituzionalità?

11. Quali sono i caratteri del giudizio in via d'azione?

12. Quale forma hanno le decisioni della Corte?

13. Come possono classificarsi in generale le decisioni della Corte? E le decisioni di merito?

14. In particolare cosa distingue una sentenza interpretativa di accoglimento da una sentenza interpretativa di rigetto?

15. Cosa si intende quando si parla di sentenze manipolative? Alcuni esempi?

16. Quali sono gli effetti delle sentenze della Corte?

17. Che cosa sono i conflitti di attribuzione?

18. Quali sono i poteri dello Stato legittimati a sollevare conflitto davanti alla Corte?

19. Quali sono i caratteri dei conflitti tra Stato e regioni?

20. Quali funzioni svolge la Corte oltre al giudizio di costituzionalità e ai conflitti di attribuzione?

CAPITOLO 16

L'ordinamento italiano e la sua evoluzione

In questo capitolo si descrive come si è trasformato l'ordinamento italiano: proponiamo, dunque, una sintetica storia delle istituzioni del nostro paese, dall'Unità d'Italia alla Repubblica, e tracciamo un bilancio della nostra Costituzione, di cosa è cambiato del testo del 1948 e di cosa si propone oggi di cambiare.

1. OGNI ORDINAMENTO È SEMPRE IN TRASFORMAZIONE

Se si riflette su tutto ciò che si è fin qui detto, non è difficile capire perché qualsiasi ordinamento è in continua, costante trasformazione: come tutti i fenomeni sociali, l'ordinamento giuridico è espressione della società e cambia col cambiare della società. La società italiana sia in epoca monarchica sia ancor di più in epoca repubblicana ha conosciuto cambiamenti enormi: essi non potevano non riflettersi sul suo ordinamento giuridico e sulla sua costituzione.

Il mutare della società influisce nel tempo anche sull'**ordinamento costituzionale** come l'abbiamo definito nel capitolo 1, con o senza adeguamento formale del testo della costituzione. Ciò dipende anche dal modo in cui il testo scritto è formulato, più o meno duttile ed elastico: cioè più o meno suscettibile di ampie interpretazioni e, dunque, capace di adattarsi all'inevitabile mutamento della società e dei valori in essa dominanti. Quando, per la troppo limitata elasticità del testo o per la profondità dei cambiamenti intervenuti, la capacità della costituzione scritta di perseguire la sua funzione si esaurisce, è allora che si pone un'esigenza di **modificazione della costituzione**. Tale modificazione può riguardare aspetti non essenziali dell'ordinamento costituzionale o che comunque non coinvolgono i principi di fondo: in tal caso si procede a una semplice, più o meno incisiva, **revisione costituzionale**; essa può invece coinvolgere le basi stesse e le scelte fondanti dell'ordinamento, e allora si

Revisione e mutamento della costituzione

deve parlare di un vero e proprio **mutamento della costituzione** (che può avvenire in forma pacifica ovvero anche a seguito di eventi traumatici, eversivi dell'ordine precedente, dunque in senso tecnico *rivoluzionari*).
Perciò, se si procede a una sorta di periodica manutenzione del testo costituzionale in modo da adeguarlo al mutamento sociale, proprio per meglio perseguire i fini e valori che ad esso sono sottesi, è difficile che si ponga un'esigenza di trasformazione radicale; diversamente, carte costituzionali poco elastiche, non in grado di mantenersi in sintonia con la società che cambia, rischiano di essere considerate come superate e di andare incontro a mutamenti improvvisi e dirompenti.

2. ALLE ORIGINI DELL'ORDINAMENTO ITALIANO: LO STATUTO ALBERTINO

L'Unità d'Italia e il tema della continuità

Sin dal XIX secolo si è molto discusso, anche in sede scientifica, intorno alla continuità o alla novità che avrebbe caratterizzato l'ordinamento giuridico italiano all'indomani della realizzazione dell'unità nazionale rispetto all'ordinamento del Regno di Sardegna. Si era di fronte a un ordinamento nuovo oppure all'ampliamento per annessioni successive di quello sardo? Dietro la disputa si poteva intravedere una questione politica sostanziale: la possibile messa in discussione della legittimazione di casa Savoia e della corona. Soprattutto per questa ragione non si concesse alcuno spazio alle richieste di assemblea costituente che si erano levate a più riprese dalla parte progressista del movimento nazionale italiano (a partire da Giuseppe Mazzini). L'unificazione e poi il difficile consolidamento del Regno d'Italia si fondarono sulla stretta alleanza fra corona e borghesia liberale moderata: queste erano le forze, per dirla nel linguaggio dei giuspubblicisti di oggi, alla base della costituzione materiale dell'epoca. Sicché, salvo eventi rivoluzionari, la monarchia non si sarebbe potuta discutere, né si sarebbe potuto anche solo parlare di assemblea costituente senza attentare alle fondamenta stesse dell'ordinamento. Infatti, si sarebbero dovuti attendere oltre ottant'anni dall'unificazione, una guerra mondiale perduta e soprattutto la compromissione monarchica con un regime illiberale e autoritario perché si arrivasse alla prima Costituente nella storia italiana.
Sotto il profilo formale, vari elementi militano a favore della tesi della **continuità** del Regno d'Italia per **incorporazione** nel Regno di Sardegna di una serie di ordinamenti statuali prima indipendenti: lo Statuto albertino e le leggi sarde furono estesi a tutto il territorio mano a mano acquisito (il che avvenne in tempi successivi dal 1859 al 1860, e poi nel 1866 e nel 1870); il re non assunse il titolo di *primo* re d'Italia, ma mantenne il nome di Vittorio Emanuele II; le legislature continuarono la numerazione avviata l'8 maggio 1848, e infatti quella eletta fra gennaio e febbraio 1861, che il 17 marzo avrebbe approvato il disegno di legge governativo che segnava la nascita del

Regno d'Italia (l. 17 marzo 1861, n. 4671), rimase l'VIII (e non divenne la I). Sotto il profilo sostanziale, è invece vero che popolo e territorio risultarono ovviamente profondamente diversi da quelli che avevano caratterizzato il Regno di Sardegna (che fra l'altro aveva perso Nizza e la Savoia). Tuttavia, l'estensione all'Italia intera delle leggi sarde rispecchiò il predominio delle forze politiche e sociali raccolte intorno alla monarchia, le quali poco concessero ai progetti politico-istituzionali delle *élites* democratiche più avanzate: dati di fatto, dati formali e dati sociologici coincidono nell'indicare che si trattò del poderoso ingrandimento e trasformazione del Regno di Sardegna che riuscì a farsi Regno d'Italia.

Lo Statuto albertino, prima costituzione italiana

L'Italia unita ebbe così nello **Statuto** che re Carlo Alberto aveva concesso il 4 marzo 1848 la sua prima carta fondamentale (costituzione *octroyée*). Preannunciato in un proclama dell'8 febbraio, esso fu elaborato da un consiglio di conferenza nel quale quasi tutti i 17 componenti (ad eccezione di Cesare Alfieri di Sostegno, Stefano Gallina e Federico Sclopis) erano in realtà fortemente riluttanti, al pari del loro sovrano (che andò a chiedere perdono per quel che si accingeva a fare al proprio prete confessore): grandi erano le paure che nascevano dalla scelta a favore della monarchia rappresentativa ed essa fu compiuta solo per timore del peggio, dopo che Ferdinando II aveva concesso la costituzione del Regno delle Due Sicilie il 29 gennaio (sarebbe stata revocata però dopo soli tre mesi). Il '48 dell'Ottocento fu una grande e spettacolare rivoluzione europea che si propagò rapida in quasi tutto il continente senza che esistesse neppur la parvenza dei mezzi di comunicazione che conosciamo: testimonianza del fatto che la richiesta di riforme e istituzioni rinnovate era profondamente radicata nella borghesia e nei ceti urbanizzati da Napoli a Berlino.

I modelli dello Statuto

Date le caratteristiche del Regno di Sardegna, l'influenza della cultura politico-istituzionale francese (la lingua della classe dirigente era il francese e gli stessi verbali del consiglio di conferenza furono scritti in quell'idioma) era assai forte. Così a modello dello Statuto fu presa la *Charte* del 1814, come modificata nel 1830 da Luigi Filippo d'Orléans; la prima legge elettorale fu elaborata sull'esempio francese del sistema uninominale a doppio turno; lo stesso regolamento della Camera dei deputati fu la trascrizione di quello dell'Assemblea nazionale dell'epoca.

L'assetto statutario in sintesi

Lo Statuto intese delineare una monarchia costituzionale («lo Stato è retto da un governo monarchico rappresentativo», art. 2) nella quale il potere esecutivo fosse saldamente in mano al re («al re solo appartiene il potere esecutivo», art. 5; «il re nomina e revoca i ministri», art. 65), il potere legislativo fosse «collettivamente esercitato» dal re e da due Camere (art. 3), una elettiva (la Camera dei deputati) e una di nomina regia vitalizia (ma non ereditaria, il Senato del Regno), e anche la giustizia emanasse dal re e fosse amministrata «in suo nome» (art. 68). I ministri del re erano «responsabili» (art. 67), ma non si specificava davanti a chi, e in ogni caso questa responsabilità era originariamente concepita solo a copertura dell'inviolabilità del re (art. 4). Gli articoli da 24 a 32 trattavano dei diritti e dei doveri dei cittadini: eguaglianza davanti alla legge (art. 24); tassazione proporzionale e solo per legge (artt. 25 e 30); libertà individuale e divieto di arresto se non nei casi previsti dalla legge (art. 26); inviolabilità del domicilio (art. 27); libertà di stampa, ma facoltà di reprimerne gli abusi (art. 28); inviolabilità della proprietà, salvo esproprio mediante giusta indennità in nome dell'interesse pubblico (art. 29); garanzia di inviolabilità del debito pubblico (art. 31); libertà di riunione pacifica e disarmata, ma non in luoghi pubblici o aperti al pubblico (art. 32). Per quanto poi la politica dei governi liberali si sarebbe uniformata per decenni al principio cavouriano «libera Chiesa in libero Stato», l'art. 1, fortemente voluto dal re, proclamava il cattolicesimo romano «religione di stato» e garantiva agli «altri culti» solo tolleranza.

Lo Statuto, costituzione flessibile o rigida?

Lo Statuto è stato per lo più considerato una costituzione *flessibile* perché non era previsto un procedimento di modificazione aggravato né alcuna forma di controllo della conformità della legge rispetto ad esso: per cui non vi sarebbero stati strumenti per impedire che la legislazione successiva vi derogasse. Questa prevalente dottrina è però contestata da quanti, richiamando invece il fatto che l'art. 81 abrogava ogni legge contraria allo Statuto (chiara affermazione di superiorità della carta statutaria), ritengono che lo Statuto fosse alle origini una costituzione *rigida* diventata surrettiziamente flessibile nella prassi. Ciò sarebbe avvenuto in realtà dopo l'avvento del fascismo, perché fino ad allora la giurisprudenza attesta che gli stessi tribunali ritennero più volte lo Statuto fonte di grado superiore, tanto da decidere per l'inapplicabilità della legge non conforme. Probabilmente la ragione per cui si è considerato flessibile lo Statuto sta nel fatto che il fascismo non esitò a imporre con le sue leggi istituzioni del tutto incompatibili senza che l'ordinamento reagisse (né il re né i tribunali): neppure dandosi la pena di modificare lo Statuto, o meglio non ritenendo conveniente farlo per non sfidare frontalmente la corona. Lo lasciò come un guscio vuoto che poco o nulla aveva a che fare con le istituzioni realmente vigenti.

3. L'EVOLUZIONE DELL'ORDINAMENTO STATUTARIO

La vicenda statutaria sarebbe durata fino agli anni Quaranta del Novecento. In estrema sintesi, per i pochi cenni che possono trovare spazio in questa sede, dividiamo la storia delle istituzioni statutarie in due fasi, fino al fascismo e dopo il suo avvento.

L'evoluzione dell'ordinamento fino al fascismo

• **Fino all'avvento del regime fascista**. Ancor prima che venisse esteso al Regno d'Italia, lo Statuto fu interpretato conformemente al progressivo affermarsi della responsabilità degli esecutivi nei confronti delle assemblee rappresentative (in particolare della camera elettiva). In altre parole, si passò quasi subito (col primo governo Cavour nel 1852) dalla monarchia costituzionale alla **monarchia parlamentare**. Peraltro con queste caratteristiche:

1. la rappresentanza rimase a lungo ristrettissima e ancora alle elezioni della Camera del 1909 gli elettori erano solo l'8,3 % dei cittadini; dunque il regime liberale assunse caratteri democratici con molta lentezza; il **suffragio universale maschile** fu introdotto solo nel 1912 (ma mantenendo alcune restrizioni per i cittadini di età compresa tra 21 e 30 anni) e allargato definitivamente nel 1919 (non alle donne però);
2. le latenti **tendenze dualiste** implicite nello Statuto (che lasciava al re un ruolo d'indirizzo politico accanto al parlamento) continuarono periodicamente a tornare alla luce, soprattutto nelle fasi critiche della vita dello Stato, quando per emergenze interne o esterne la corona riassunse nelle proprie mani il potere esecutivo. Queste tendenze dualiste furono anche rispecchiate da posizioni culturali e politiche fautrici di una restaurazione della monarchia costituzionale, all'insegna del «torniamo allo Statuto» (dal titolo di un celebre articolo di Sidney Sonnino sulla «Nuova Antologia» del 1897);
3. il **Senato del Regno** non assunse mai un ruolo autonomo di equilibrio fra re e Camera o di contraltare della Camera; il governo si appropriò subito della primazia sulle proposte di nomina di nuovi senatori e, grazie alle *infornate* (periodiche immissioni di senatori scelti fra i notabili di fiducia), fu in grado di controllarlo, sicché si affermò la consuetudine per la quale «il Senato non fa crisi» (come disse Agostino Depretis, che guidò il primo governo della Sinistra storica nel 1876);
4. il **governo** nel complesso si rafforzò ma in misura relativa e non potendo, in assenza di partiti, contare su una salda maggioranza politica, fece largo uso (come in altri paesi del resto) dei suoi poteri amministrativi per condizionare le elezioni e consolidare così il proprio consenso, e cercò anche di legiferare per decreto; il presidente del Consiglio fu sempre costretto a impiegare larga parte del suo tempo ad assicurarsi il necessario sostegno parlamentare e questo raramente fu scontato, anzi spesso fu condizionato da *pratiche trasformiste* (il trasformismo è la tendenza del singolo parlamentare a passare dall'opposizione alla maggioranza in cambio di qualche beneficio per sé o per il suo collegio elettorale);
5. la **magistratura** godette di un'indipendenza relativa; i magistrati dell'accusa dipendevano dal governo, i giudici (ma non quelli delle preture, che avevano doppia funzione requirente e giudicante) erano inamovibili solo dopo tre anni e l'inamovibilità in ogni caso era dall'ufficio, non dalla sede (ciò vuol dire che, a parità di grado e funzioni, potevano essere trasferiti dal ministro);
6. le **libertà** dei cittadini conobbero una certa tutela ma furono gravemente limitate in occasione del frequente ricorso agli stati d'assedio; inoltre per molto tempo, all'indomani dell'Unità, tutto l'ex Regno di Napoli (cioè tutto il Sud e la Sicilia) fu sottoposto a regime militare e alla legge marziale per la lotta al brigantaggio;
7. dopo l'avvento al trono di Vittorio Emanuele III, a seguito dell'assassinio del padre Umberto I (1900), il blando **riformismo** perseguito da Giovanni Giolitti si tradusse in una progressiva apertura ai ceti più disagiati e in una

legislazione sociale che teneva conto anche delle loro esigenze; d'altra parte, le masse popolari avevano cominciato a organizzarsi in **partiti politici** strutturati, repubblicani e socialisti, mentre i cattolici tornarono progressivamente alla partecipazione politica;

8. si affermò, anch'esso mutuato dalla Francia, un regime di tutela giurisdizionale del cittadino a fronte degli atti della pubblica amministrazione, con l'istituzione di apposite sezioni del **Consiglio di stato** (la IV nel 1889 e la V nel 1907), il che dette vita al sistema dualistico che è rimasto quasi intatto fino ai giorni nostri.

L'evoluzione dell'ordinamento durante il fascismo

• **Dopo l'avvento del regime fascista**. Comune è l'analisi secondo la quale furono gli sconvolgimenti determinati dalla Prima guerra mondiale, anche nei paesi che l'avevano vinta come l'Italia, a mettere in crisi le non robuste democrazie liberali europee. Molte di queste cedettero una dopo l'altra alla tentazione di dare risposta alle richieste, spesso sostenute con agitazioni violente, di lavoro e servizi sociali da parte dei ceti popolari, di sicurezza e ordine da parte dei ceti medi, ricorrendo a metodi statalisti e autoritari. Portogallo e Polonia (1926); Ungheria (1932); Germania (1933); Austria (1934); Grecia (1935); Cecoslovacchia e Romania (1938); Spagna (1939): in tutti questi paesi la democrazia parlamentare crollò. In Italia, il disegno autoritario del fascismo si manifestò, in tutta la sua durezza, ancor prima: la «marcia su Roma», la decisione del re di non emanare il decreto di stato d'assedio che pure il governo Facta gli aveva sottoposto, al fine di far fronte all'eversione fascista, la nomina di Benito Mussolini a presidente del Consiglio, pur forte di soli 35 deputati, sono della fine di ottobre 1922.

In Italia il regime parlamentare entrò dunque in crisi prima che altrove: non fu in sé conseguenza dell'introduzione della legge elettorale proporzionale nel 1919, come si è detto tante volte, ma del fatto che le forze politiche che in quell'occasione entrarono alla Camera non furono capaci di esprimere una maggioranza in grado di guidare il paese e fronteggiare efficacemente i problemi lasciati dalla guerra. La classe dirigente liberale da sola non poteva più farcela; i nuovi partiti di massa (popolari e socialisti in particolare) non volevano e non potevano aiutarla, e del resto erano divisi al proprio interno. Mussolini costituì una compagine ministeriale nella quale sedevano esponenti di altri partiti e perfino i comandanti dell'esercito (generale Diaz) e della marina (ammiraglio Thaon di Revel): il governo ottenne la fiducia della Camera (306 a favore, 116 contro), inclusa buona parte dei liberali e dei popolari. Seguì una fase *pseudo-parlamentare* nel corso della quale l'esecutivo Mussolini governò in modo non troppo diverso da quelli che l'avevano preceduto, ma avvalendosi anche dei «pieni poteri» che le Camere gli avevano concesso. I segnali di un'evoluzione verso la dittatura ci furono subito tutti. Mussolini teorizzò la costituzione di uno «stato nuovo» e non esitò a minacciare le istituzioni parlamentari in occasione del voto di fiducia nel novembre 1922 («Potevo fare di quest'aula sorda e grigia un bivacco di manipoli. Potevo sprangare il parlamento e costituire un governo esclusivamente di fascisti. Potevo: ma non ho, *almeno in questo primo tempo*, voluto»). Fu istituita la **milizia volontaria per la sicurezza nazionale**, anche se essa fu presentata come un tentativo di irreggimentare le «squadracce» con l'aiuto delle quali il Partito nazionale fascista era andato al potere, e fu limitata la **libertà di stampa** (1923); furono compiute scelte simboliche come la sostituzione della festa del 1° maggio col Natale di Roma (il 21 aprile) e furono stampate le nuove monete col fascio littorio.

La fascistizzazione dello Stato

Dopo il delitto Matteotti (il deputato socialista rapito e assassinato nel 1924) e dopo l'abbandono della Camera di gran parte dell'opposizione (l'**Aventino**), Mussolini decise di sfidare l'opinione pubblica. In un famoso discorso del gennaio 1925 si assunse la responsabilità politica di quanto era avvenuto e fece intendere che non sarebbe tornato indietro, e anzi sarebbe andato avanti fino a costituire un vero e proprio *regime*. Del resto poteva farlo perché, grazie alla legge elettorale del 1923 (**legge Acerbo**), aveva il 70% dei seggi alla Camera. La trasformazione dell'ordinamento statutario si compì attraverso i seguenti passaggi:

a) una legge che rafforzava notevolmente il ruolo del presidente del Consiglio, il quale diventava **«capo del governo»**, e soprattutto sopprimeva il rapporto fiduciario governo-parlamento che si era instaurato in via consuetudinaria (1925);

b) la soppressione degli organi elettivi nei comuni, sostituiti da una carica di nomina governativa, il **podestà** (1926);

c) l'istituzione del **Tribunale speciale per la difesa dello Stato**, formato da ufficiali delle forze armate e della milizia, e la creazione di un apparato di polizia politica, l'Ovra (1926);

d) lo **scioglimento dei partiti politici** e di molte associazioni, Massoneria inclusa (1926);

e) la **legislazione corporativa** che vietava sciopero e serrata, conferiva efficacia *erga omnes* ai contratti collettivi stipulati dal sindacato unico riconosciuto dallo Stato per ciascuna categoria di datori di lavoro e lavoratori, istituiva la magistratura del lavoro, il tutto con il fine di superare la lotta di classe (1926-1927);

f) una nuova **legge elettorale plebiscitaria** che affidava la scelta dei membri della Camera al Gran consiglio del fascismo (v. dopo), in una lista unica che gli elettori potevano solo approvare (1928);

g) la «costituzionalizzazione» del **Gran consiglio del fascismo**, vertice collegiale del Pnf, cioè l'attribuzione di funzioni statali a un organo di partito, che diventava l'unico organo deputato a proporre il nome del capo del governo al re (1928);

h) l'instaurazione attraverso i **Patti Lateranensi** di un regime di rapporti con la Chiesa cattolica su base concordataria, che le riconosceva una serie di privilegi grazie ai quali il regime poté annunciare la **conciliazione** fra Stato e Chiesa (1929);

i) il testo unico di pubblica sicurezza e il nuovo codice penale (**codice Rocco**, dal nome del guardasigilli dell'epoca), che poneva al primo posto i reati contro la «personalità dello Stato» (1930);

l) le **leggi razziali** che discriminarono pesantemente, isolandoli e privandoli dei loro diritti, i cittadini di origine ebraica e anche i «sudditi» delle colonie africane (1938);

m) la **soppressione della Camera dei deputati**, sostituita dalla **Camera dei fasci e delle corporazioni**, organo composto dai membri del consiglio nazionale del Pnf e del consiglio nazionale delle corporazioni, nonché dai membri del Gran consiglio del fascismo e dal suo «Duce» (1939).

Lo svuotamento dello Statuto albertino

Come si vede, soppresso ogni pluralismo politico e sindacale, vincolato il re alla scelta di un capo del governo indicato dal partito unico, affidata la repressione del dissenso a un tribunale e una polizia speciali, clamorosamente violata l'eguaglianza dei cittadini, abolita la rappresentanza parlamentare ed eliminata qualsiasi parvenza di divisione dei poteri, dello Statuto albertino rimase poco più del simulacro. Tutto ciò senza che, fino al 25 luglio 1943, il re facesse il minimo gesto per esercitare quei poteri che pure avrebbe potuto invocare: fu proprio questo atteggiamento a rendere impossibile, caduto il fascismo e liberato il paese dall'occupazione nazista, la reviviscenza di quel testo costituzionale.

4. DALLA CADUTA DEL FASCISMO AL REFERENDUM DEL 2 GIUGNO 1946

Revoca e arresto di Mussolini e inizio della transizione

Il 25 luglio 1943 il Gran consiglio del fascismo, approvando il celebre **ordine del giorno Grandi**, sfiduciò di fatto il capo del governo e del partito, Benito Mussolini, facendo appello al re perché riassumesse la «suprema iniziativa di decisione», cioè le prerogative che lo Statuto del Regno all'art. 5 gli attribuiva. Mussolini venne arrestato e capo del governo fu nominato un militare, il generale Badoglio, secondo la prassi dei momenti di emergenza dell'Italia monarchica. Seguirono: *i*) la firma dell'armistizio di Cassibile con gli anglo-americani (il 3 settembre 1943, ma esso fu reso pubblico solo cinque giorni dopo); *ii*) il *lungo armistizio* che indicava più in dettaglio ciò che il governo italiano avrebbe dovuto fare per «ripulire» l'ordinamento dalle peggiori vestigia del fascismo (29 settembre 1943); *iii*) la fuga del re e del governo da Roma verso il sud, conclusasi a Brindisi, *iv*) la nascita a nord della **Repubblica sociale italiana (Rsi)**, sotto tutela tedesca, con a capo Mussolini che era stato liberato dai nazisti (divenuti nemici, data la *cobelligeranza* italiana al fianco delle Nazioni Unite: espressione utilizzata perché non si considerò appropriato chiamare gli italiani *alleati*).

Repubblica sociale e cobelligeranza

Soppressi gli istituti che avevano caratterizzato il regime fascista, soppresso lo stesso Partito nazionale fascista e restaurate condizioni minime di pluralismo politico, subito si profilò il contrasto, che sarebbe durato fino all'abolizione della monarchia, fra corona e forze politiche antifasciste del **Comitato di liberazione nazionale** (costituito a Roma il 9 settembre 1943). Ogni decisione imponeva di scegliere fra soluzioni che avrebbero marcato una *continuità* ovvero una *rottura* rispetto all'ordinamento statutario. Sullo sfondo c'era il giudizio sul fascismo e, soprattutto, sull'atteggiamento e le responsabilità di Vittorio Emanuele III, ovvero della corona in generale: e da ciò dipendeva il futuro stesso di casa Savoia. Il punto fondamentale era: la trasformazione dello Stato avrebbe dovuto essere affidata agli organi statutari (alla Camera dei deputati che, proprio per questo, il r.d. 2 agosto 1943, n. 705 aveva disposto fosse eletta entro quattro mesi dalla fine dello stato di guerra) oppure a un'apposita assemblea costituente, quella costituente che a quasi cent'anni dal Risorgimento le circostanze storiche rendevano finalmente possibile?

Il Cln

Il contrasto trovò parziale superamento con il **compromesso istituzionale** a seguito del quale Vittorio Emanuele III rinunciò all'esercizio dei suoi poteri, affidandoli al principe ereditario Umberto, nominato **luogotenente generale del Regno**. Insieme fu decisa la convocazione di un'**Assemblea costituente** cui affidare anche la scelta fra monarchia e repubblica (così prevedeva l'art. 1 del d.l. lgt. 25 giugno 1944, n. 151, chiamato *prima costituzione provvisoria*). Circa un anno dopo, nell'aprile 1945, fu istituita un'assemblea indirettamente rappresentativa, la **Consulta nazionale**, col compito di fornire pareri al governo, in particolare sulla legge per l'elezione della Costituente. Era formata per più di metà da membri nominati dai partiti antifascisti, nonché da ex parlamentari antifascisti, da rappresentanti dei sindacati, dei reduci, della cultura, delle libere professioni e dei dirigenti di azienda. Sempre nel 1945 fu esteso il **diritto di voto alle donne**: per la prima volta nella storia italiana il suffragio divenne davvero universale.

Il compromesso istituzionale e la prima costituzione provvisoria

Nel marzo 1946 si decise che a scegliere fra monarchia e repubblica sarebbe stato direttamente il corpo elettorale (così prevedeva l'art. 1 del d.lgs. lgt. 16 marzo 1946, n. 98, chiamato *seconda costituzione provvisoria*). La decisione fu voluta dai monarchici e anche da partiti come la Dc, repubblicana nella sua dirigenza ma con un elettorato diviso. Il d.lgs. lgt. 98/1946, inoltre, prevedeva espressamente la responsabilità politica del governo davanti alla futura Assemblea costituente. Ma il governo manteneva il potere legislativo, salvo la materia costituzionale, le leggi elettorali e l'approvazione dei trattati internazionali.

La seconda costituzione provvisoria

Il **2 giugno 1946** i cittadini votarono a un tempo per il **referendum istituzionale** e per eleggere la Costituente in base a una **legge elettorale proporzionale** assai simile a quella con la quale era stata eletta la Camera dei deputati nel 1919. La repubblica vinse con 12.718.641 voti, due milioni in più dei voti per la monarchia (10.718.502). Sull'esito del voto vi fu qualche contestazione, a causa soprattutto della cattiva formulazione dell'art. 2 del d.lgs. lgt. 98/1946 (che parlava di «maggioranza degli elettori votanti»): però anche contando i voti non validi (schede bianche e nulle: 1.509.735), la repubblica avrebbe

Referendum istituzionale ed elezione della Costituente

COMPOSIZIONE DELL'ASSEMBLEA COSTITUENTE

	SEGGI	VOTI	PERCENTUALE
DEMOCRAZIA CRISTIANA	207	8.101.004	35,2
PARTITO SOCIALISTA	115	4.758.129	20,7
PARTITO COMUNISTA	104	4.356.686	18,9
UNIONE DEMOCR. NAZ.	41	1.560.638	6,8
UOMO QUALUNQUE	30	1.211.956	5,3
PARTITO REPUBBLICANO	23	1.003.007	4,4
BLOCCO NAZ. LIBERTÀ	16	637.328	2,8
PARTITO D'AZIONE	7	334.748	1,4
ALTRI	13	1.046.983	4,5

L'ex re in esilio

prevalso. Sicché, dopo un breve braccio di ferro culminato in un polemico messaggio di Umberto II (a favore del quale con qualche forzatura Vittorio Emanuele III aveva abdicato un mese prima per influenzare il voto con la propria rinuncia) e in una dura risposta del governo De Gasperi (che definì quel testo un «documento penoso impostato su basi false e su argomentazioni artificiose»), il 14 giugno alle 15.40 il re partì dall'aeroporto di Ciampino lasciando per sempre l'Italia. Il 18 giugno la Corte di cassazione proclamò l'esito definitivo del referendum.

L'Assemblea costituente si insediò il 25 giugno e tre giorni dopo elesse Enrico De Nicola **capo provvisorio dello Stato**. Essa risultò composta come si vede dalla tabella, che documenta la nascita del sistema politico del Secondo dopoguerra.

5. LA COSTITUENTE E LA COSTITUZIONE DEL 1948

L'elaborazione della Costituzione

La Costituente affidò a un'apposita Commissione per la Costituzione composta da 75 membri scelti con criterio proporzionale (la **Commissione dei settantacinque** appunto) la redazione di un testo base. Questa elesse come presidente (e dunque relatore generale) Meuccio Ruini e si divise in tre **sottocommissioni**: la prima sui «diritti e doveri dei cittadini», la seconda sull'«ordinamento costituzionale della Repubblica» (a sua volta divisa in due sezioni: sul «potere esecutivo» e sul «potere giudiziario»), la terza sui «diritti e doveri economico-sociali». Ai fini del coordinamento formale del testo, ma anche per risolvere in sede ristretta questioni delicate, fu costituito un **comitato di redazione** di 18 costituenti: furono coloro che concorsero da posizioni di maggiore responsabilità, anche politica, alla scrittura del testo che l'Assemblea avrebbe approvato.

Il testo base fu presentato in Assemblea nel gennaio 1947 e discusso per nove mesi nel corso di 170 sedute; furono presentati 1.663 emendamenti (in media, 12 ad articolo) e di questi ne furono accolti 292, quasi un terzo dei quali in materia di ordinamento regionale, uno dei temi più accesamente discussi (insieme all'assetto del Parlamento, ai rapporti con la Chiesa cattolica e al divorzio, ai diritti economico-sociali). L'**approvazione finale** avvenne il 22 dicembre 1947 con 453 voti a favore e 62 contro (dunque, su 515 presenti e votanti, i favorevoli furono l'88%; anche considerando gli assenti, oltre l'81% dei 556 componenti votò sì). Si trattò quindi di un testo largamente condiviso, nonostante solo pochi mesi prima, nel maggio 1947, socialisti e comunisti fossero stati esclusi dal governo.

L'approvazione della Costituzione

In base al d.lgs. lgt. 98/1946, come abbiamo visto, alla Costituente non fu affidata la competenza legislativa generale: fino alle prime elezioni dopo l'entrata in vigore della nuova Costituzione essa restò attribuita al governo. Ciò favorì la continuità dell'ordinamento giuridico, dati gli equilibri interni all'esecutivo e l'atteggiamento di prudenza dei gruppi dirigenti dei partiti che lo componevano. Una riprova di questo si ebbe con la rinuncia alla preannunciata **epurazione** (cioè l'allontanamento dal pubblico impiego di coloro che si erano compromessi col fascismo), scelta che i partiti giudicarono impraticabile anche perché ormai in concorrenza fra loro alla ricerca di legittimazione e consenso. Si perseguì una politica di riconciliazione che si tradusse in numerosi provvedimenti di clemenza. Così non si impose né la ricostruzione dello stato prefascista, come avrebbero voluto i liberali (nel presupposto che il fascismo fosse stato solo una *parentesi*, secondo la tesi di Benedetto Croce); né il profondo rinnovamento economico, sociale e istituzionale voluto dalle forze di sinistra (nel presupposto che il fascismo fosse stato il riemergere di mali antichi e di «ritardi» della

L'ASSEMBLEA COSTITUENTE

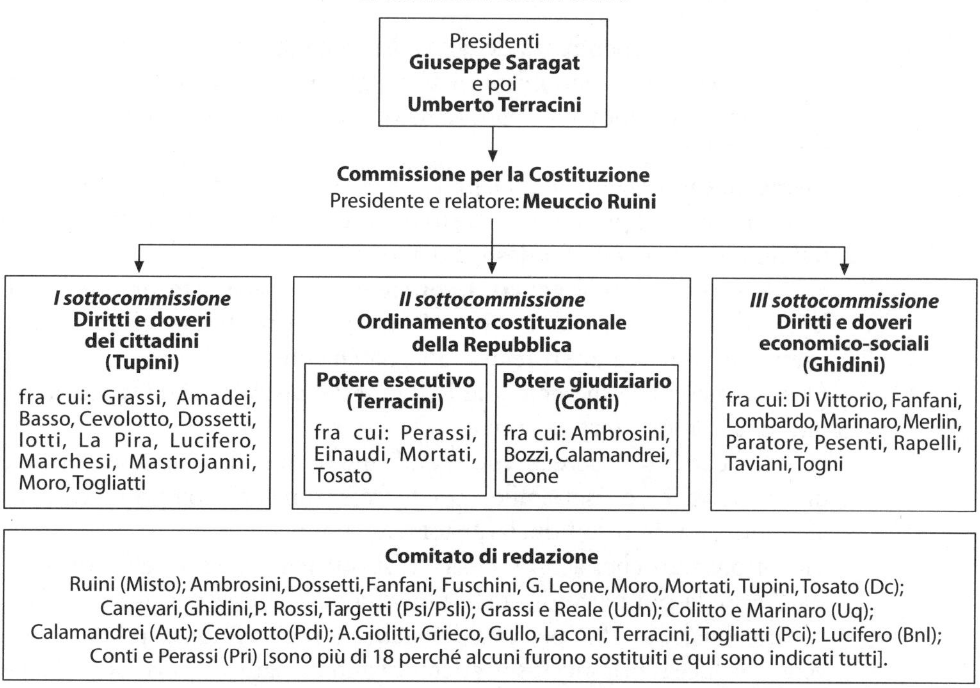

vicenda storica nazionale). Come aveva segnalato il brusco allontanamento del presidente del Consiglio espresso dal Cln, l'azionista Ferruccio Parri, sostituito nel dicembre 1945 dal democristiano Alcide De Gasperi, si puntava a una democrazia fondata sui partiti di massa obbligati a trovare un'intesa fra loro non tanto su riforme da fare subito (sarebbe stato impossibile) quanto su quelle da fare domani. La Costituzione fu così espressione di una rivoluzione *mancata* e *promessa* di una rivoluzione futura, per usare le parole di Piero Calamandrei (giurista e costituente eletto col Partito d'azione).

In effetti, la carta costituzionale che entrò in vigore il 1° gennaio 1948 risultò comunque profondamente innovativa, anche se non sul punto cruciale dell'organizzazione dei poteri e, in particolare, della forma di governo. Per richiamare in sintesi ciò che abbiamo studiato nei capitoli precedenti, la Costituzione:

I contenuti più innovativi della Costituzione

- conteneva una tavola di **principi e valori** che si trova riassunta nei «principi fondamentali» (artt. 1-12);
- conteneva una formulazione ricca e articolata dei **diritti e doveri dei cittadini**, inclusi i diritti sociali, che risalta nel raffronto con gli scarni articoli dello Statuto (artt. 13-54);
- prevedeva il diretto esercizio della sovranità da parte del popolo mediante il **referendum** (artt. 75, 132 e 138);
- prevedeva il controllo di costituzionalità delle leggi affidato alla **Corte costituzionale** (artt. 134-137);
- prevedeva l'istituzione delle **regioni** e riconosceva ampio spazio alle autonomie territoriali, rompendo la struttura accentrata dell'ordinamento (artt. 114-133);
- garantiva l'indipendenza della magistratura attraverso l'istituzione di un organo a composizione mista, il **Consiglio superiore della magistratura**, sostanzialmente nuovo nel panorama del costituzionalismo contemporaneo (artt. 104-110).

I problemi istituzionali irrisolti

Invece, per altri aspetti, le soluzioni parvero subito (lo disse persino il relatore Meucci Ruini nel presentare il testo definitivo prima della votazione finale), e si dimostrarono poi, modeste e deludenti:

a) si tornò di fatto al **governo parlamentare prefascista** privo di efficaci istituti di razionalizzazione, e perciò integralmente affidato alla capacità del sistema partitico di interpretarlo adeguatamente;

b) si delineò in forme ambigue la figura del **presidente della Repubblica**, indirettamente rappresentativo;

c) si finì con lo scegliere un **bicameralismo** fatto di due Camere elettive con una composizione assai simile e con le stesse funzioni, compreso, caso unico al mondo, il rapporto fiduciario col governo.

Va sottolineato che, a differenza di istituti già presenti nell'ordinamento statutario, la più parte di quelli nuovi, in alcuni casi per espresso dettato costituzionale, in altri per ovvie esigenze attuative, non avrebbero potuto vedere la luce senza successivi adempimenti da parte del legislatore (si pensi

solo, per la parte organizzativa, a Corte costituzionale, Consiglio superiore della magistratura, regioni, referendum).
La Costituente, infine, confermò per la Camera e introdusse per il Senato **leggi elettorali** basate su **formule proporzionali**.

6. LE FASI DELLA STORIA COSTITUZIONALE REPUBBLICANA

La storia costituzionale repubblicana può essere studiata solo incrociando aspetti istituzionali e legislativi, vicende politiche e sociali, contesto interno e internazionale. Si possono riconoscere cinque grandi fasi dall'entrata in vigore della Costituzione ad oggi.

La lenta attuazione della Costituzione (1948-1968)

• Una **prima fase** fu caratterizzata dalla questione dell'attuazione della Costituzione con riferimento sia alla parte organizzativa sia alla parte sui diritti. Durò circa un ventennio (1948-1968), segnato prima dal *centrismo* degasperiano, poi dal *centro-sinistra*. Il primo si fondò sull'alleanza fra la Dc, nettamente vittoriosa alle elezioni del 18 aprile 1948, e i partiti laici minori (Pli, Pri, Psdi). Sul piano istituzionale il centrismo si contraddistinse per una grande lentezza nell'attuazione degli istituti previsti dalla Costituzione, al punto che l'opposizione parlò di *ostruzionismo della maggioranza*. Solo nel corso della seconda legislatura fu possibile attivare la Corte costituzionale. Non era questione da poco: il ritardo fece sì che si affermassero interpretazioni della Costituzione conservatrici e talvolta restrittive delle libertà dei cittadini (in relazione ad es. alla libertà di riunione, alla libertà religiosa, alla libertà di espressione e dell'arte: si pensi che certi spettacoli venivano proibiti e la propaganda religiosa di confessioni diverse dalla cattolica ostacolata). Sul piano internazionale il centrismo corrispose col periodo più acuto della *guerra fredda* (fra Stati Uniti e i loro alleati da una parte, Unione Sovietica e i paesi del blocco comunista dall'altra). La formula centrista entrò in crisi col fallimento della legge elettorale del 1953 con *premio di maggioranza*: questa prevedeva l'attribuzione del 65% dei seggi alla Camera alla coalizione che avesse ottenuto la maggioranza assoluta dei voti. Ciò avrebbe permesso alla Dc di governare da posizioni di maggior forza perché meno condizionata dagli alleati. Ma alle elezioni di quell'anno, anche per le strenue resistenze suscitate (si parlò di *legge truffa*), il premio non scattò per circa quarantamila voti. La Dc decise allora di orientarsi per una cauta e progressiva apertura verso i socialisti che si volevano staccare dal Pci per allargare le basi democratiche del paese. Così sarebbero nati, dal 1963 in poi, i governi di centro-sinistra (Dc alleata anche col Psi, partito di media dimensione, più grande degli altri alleati minori messi insieme). La stessa elezione di Giovanni Gronchi alla presidenza della Repubblica (1955) si inquadrò in questa strategia. Anche grazie al suo stimolo venne avviato il **disgelo costituzionale**: dopo la nomina dei giudici della Corte costituzionale (che cominciò a operare con una decisione in materia di libertà di manifestazione del pensiero, la sent. 1/1956), fu istituito il Csm (1958); ma si sarebbe dovuto ancora attendere fino all'inizio degli anni Settanta perché venissero istituite le regioni e disciplinati i referendum. Intanto era stato firmato il Trattato di Roma ed era nata la Comunità economica europea (1957).

La prima crisi politico-istituzionale (1968-1979)

• Una **seconda fase** fu caratterizzata da una prima crisi politico-istituzionale che mostrò la sostanziale incapacità del sistema politico di farvi fronte. Durò oltre un decennio (1968-1979). Essa coincise con un fenomeno che si manifestò in tutto l'Occidente, innescato dalla contestazione studentesca nei campus in America e poi nelle università europee, e che in alcuni paesi (Francia, Germania e soprattutto Italia) si combinò con le lotte del mondo operaio. Il risveglio della società italiana impose al Parlamento numerose riforme: lo **statuto dei lavoratori** (1970), la legge sul **divorzio** (approvata nel 1970 e confermata da un'ampia maggioranza nel primo referendum abrogativo del 1974), la **maggiore età a 18 anni** e il nuovo **diritto di famiglia** (1975), la legge sull'**aborto** e il **Servizio sanitario nazionale** (1978). Ciononostante, i governi di centro-sinistra incontrarono crescenti difficoltà ad agire con l'energia e l'incisività che sarebbe stata necessaria, paralizzati dai dissensi interni fra progressisti e conservatori, e a dare risposta al dilagare della protesta studentesca e operaia. Parallelamente, negli stessi anni si verificarono gravi fenomeni di terrorismo stragista, non senza connivenze di apparati deviati dello Stato (forse persuasi di tutelare così la collocazione internazionale dell'Italia). La *strategia della tensione*, come venne chiamata, fomentò ancor di più la contestazione: in alcune frange estreme trovarono spazio organizzazioni terroristiche che non esitarono a far ricorso alla lotta armata (fra queste le *Brigate rosse*). Il sistema politico reagì al terrorismo con i governi di *solidarietà nazionale*, con inclusione nella maggioranza del Partito comunista (1976-1979). Tutto ciò culminò nel rapimento e nell'assassinio di uno dei maggiori leader della Democrazia cristiana, Aldo Moro (1978). Sul piano istituzionale il periodo fu contraddistinto dalla cosiddetta **centralità del Parlamento**, di cui furono espressione i **regolamenti parlamentari** del 1971: le assemblee rappresentative divennero il luogo istituzionale dove tutte le forze politiche, anche quelle che, per ragioni internazionali, non venivano associate al governo, potevano concorrere a determinare l'indirizzo politico e, in certa misura, partecipare al potere (si parlò di *consociativismo* fra maggioranza e opposizione, al quale primo a opporsi fu il piccolo ma agguerrito gruppo del Partito radicale).

• Una **terza fase** fu caratterizzata dal tentativo di aggiornare e adeguare le istituzioni, con aggiustamenti che non mettessero però in discussione né le basi dell'ordinamento né il ruolo delle principali forze politiche. Essa durò, a sua volta, poco più di un decennio (1979-1991). Dopo le elezioni anticipate del 1979 Dc e Pci non poterono proseguire la loro stentata collaborazione,

Gli anni Ottanta e i governi di pentapartito

anche perché i rapporti internazionali stavano peggiorando. Si varò una formula di governo diversa dalle precedenti, incentrata sulla coalizione di *pentapartito* fra Dc, Psi e partiti laici minori (escludendo i comunisti oltre che, a destra, l'Msi). A simboleggiare equilibri politici in qualche misura nuovi, per vari anni la presidenza del Consiglio venne affidata a non democristiani (il leader del Pri Giovanni Spadolini, partito che ebbe percentuali sempre sotto il 5%, e il leader del Psi Bettino Craxi, partito con percentuali mai oltre il 14%, quando la Dc non era mai scesa sotto il 33%). Si trattava di un'evidente anomalia che nella situazione italiana rispondeva però a una sua razionalità. Nell'impossibilità politica (non giuridica) di una vera e propria alternativa di governo, si realizzava l'alternanza possibile *all'interno* della maggioranza. In effetti, i governi del pentapartito condussero una strategia di riforme interne al sistema costituzionale, per quanto destinata a rivelarsi tardiva. Si possono ricordare: la revisione del **Concordato** con la Chiesa (1984); la riforma dei **regolamenti delle Camere** per dare più forza al governo in parlamento e ridimensionare drasticamente il **voto segreto** (1983-1988); il nuovo **ordinamento della presidenza del Consiglio** e la riforma delle **procedure di bilancio** (1988); il nuovo **codice di procedura penale** (1989); il primo ordinamento repubblicano delle **autonomie locali** e la legge generale sul **procedimento amministrativo** (1990); la prima **legislazione antitrust** e la disciplina del **sistema radiotelevisivo**, che ratificò peraltro il duopolio fra la Rai e il gruppo privato Fininvest (1990). Tutto questo, tuttavia, non bastò a evitare una seconda e più profonda crisi politico-istituzionale, anche perché la finanza pubblica stava andando fuori controllo per l'eccesso di spesa (il debito passò dal 60 al 100% del Pil in soli dieci anni). Fu così necessario far salire l'imposizione fiscale (che passò nello stesso periodo dal 30 al 40% del Pil), con le inevitabili reazioni dei ceti colpiti.

La crisi politico-istituzionale negli anni Novanta

• Una **quarta fase** si aprì all'inizio degli anni Novanta e segnò l'avvio di una *transizione* che sarebbe durata oltre vent'anni. Il contesto internazionale era radicalmente mutato a seguito della caduta del muro di Berlino e poi della rapida scomparsa dell'Unione Sovietica. Venne così meno la necessità di fare fronte contro il comunismo; inoltre, la progressiva realizzazione del mercato unico europeo metteva alla frusta le imprese; la parte più dinamica del paese cominciò a sentire come un vincolo insopportabile le lentezze e le inefficienze della burocrazia romana (ed ecco i successi elettorali della Lega nord). Perduta la fiducia nella capacità di rinnovamento dei partiti dell'epoca, un movimento guidato da un parlamentare Dc, Mario Segni promosse una *strategia referendaria* per imporre quelle riforme, a partire da quella elettorale, che sembrava impossibile realizzare in Parlamento. Le richieste di referendum abrogativo puntavano a intaccare l'impianto proporzionalistico delle leggi elettorali, considerato il fondamento del sistema politico italiano e dei suoi difetti. L'impresa non risultò facile, anche a causa dei limiti posti dalla giurisprudenza della Corte costituzionale che, inizialmente, ritenne ammissibile solo il quesito relativo a un aspetto rilevante ma non certo decisivo della legge elettorale della Camera (le preferenze plurime, ridotte a una sola). Vennero invece bocciati i due quesiti di maggior impatto per il passaggio al sistema maggioritario, aventi ad oggetto le leggi elettorali del Senato e dei comuni. Nonostante gli inviti all'astensione più o meno espliciti di molti partiti, il **referendum elettorale** sulla preferenza unica ottenne un clamoroso successo (9 giugno 1991). Due anni dopo, modificati i quesiti, furono ammessi dalla Corte anche i referendum su Senato e comuni. Si tenne solo il primo, con una travolgente vittoria del sì (18 aprile 1993), perché il secondo fu anticipato dalla legge che introdusse l'elezione diretta del sindaco. Pochi mesi dopo vennero approvate le nuove leggi elettorali a prevalenza maggioritaria sia per il Senato sia per la Camera. Queste vicende politiche e istituzionali coincisero con una serie di **indagini della magistratura** sulla corruzione amministrativa e sul finanziamento illecito della politica (*mani pulite*). Si era nella primavera del 1992 e, in un paio d'anni, il sistema partitico instauratosi all'indomani del Secondo dopoguerra fu letteralmente abbattuto. Scomparvero Dc, Psi, Psdi, Pri e Pli. Si trasformarono Pci e Msi (divenuti Pds, e poi Ds, e An). Nacquero partiti nuovi: a sinistra Rifondazione comunista; al centro Ppi e Ccd. In pochi mesi sorse un partito costruito per raccogliere i voti dei moderati (Forza Italia), fondato da uno dei maggiori imprenditori italiani, Silvio Berlusconi, magnate della televisione privata. Nacque, in altre parole, un nuovo sistema partitico, indotto dalla legislazione elettorale a organizzarsi in due *poli*, destinati a fronteggiarsi alle elezioni, divisi lungo l'asse destra-sinistra. Ciò diede agli elettori la possibilità di scegliere da chi essere governati: tanto che ogni legislatura successiva avrebbe visto la sconfitta della maggioranza uscente e l'alternanza di governo (dalle elezioni del 2006 con una legge elettorale di nuovo a base interamente proporzionale ma con premio). In questo stesso periodo si avviò il risanamento della finanza pubblica, il che consentì l'**ingresso dell'Italia nell'unione economica e monetaria** (1998) e il passaggio dalla lira all'euro (2002). Anche a tal fine, dallo stato imprenditore si cominciò a passare allo stato regolatore; furono istituite molteplici autorità amministrative indipendenti; fu avviato un forte decentramento a vantaggio delle regioni e degli enti locali (culminato nella riforma costituzionale del 2001).

La ristrutturazione del sistema partitico in senso bipolare

- Una **quinta fase** è quella che si è aperta per le pesanti ricadute della grande crisi globale, prima finanziaria poi economica. La crisi è valsa a segnalare le debolezze strutturali di un paese appesantito da un debito pubblico enorme e da una ventennale assenza di crescita, e sottoposto perciò al giudizio impietoso di mercati sempre meno indulgenti. Costretta a severe politiche di bilancio, sì da sottrarre risorse a un'economia già prostrata, l'Italia si è trovata di fronte all'esigenza di rilanciarsi anche attraverso innovazioni istituzionali in grado di mettere le autorità di governo in condizione di raccogliere sfide sempre più ardue. I colpi della speculazione finanziaria internazionale hanno svelato le inadeguatezze della classe politica e le sue croniche divisioni, il debole consolidamento del sistema partitico, la frammentazione e la disomogeneità dei gruppi parlamentari. La crisi politica esplosa a cavallo fra XVI e XVII legislatura ha riproposto così la necessità di riforme elettorali e costituzionali, nel mezzo delle quali questa edizione del manuale viene pubblicata. Del quadro generale delle nostre istituzioni e degli sviluppi più recenti si parla nei paragrafi che seguono.

7. L'ORDINAMENTO ITALIANO A QUASI SETTANT'ANNI DALLA COSTITUZIONE

Le modifiche costituzionali apportate

La Costituzione del 1948 ha conosciuto **un numero relativamente limitato di modificazioni** che hanno riguardato gli oggetti indicati nella tabella. Nel complesso sono stati toccati 34 dei 139 articoli: alcuni sono stati modificati più volte e cinque sono stati abrogati. In nessun caso si è trattato, però, di modificazioni tali da incidere sull'impianto stesso della carta del '48. Si è avuta, in altre parole, una serie di *revisioni* senza *mutamento della costituzione*. Principi e valori sono rimasti quelli riassunti nei primi dodici articoli; e dei 42 articoli della parte prima, sono stati modificati solo l'art. 27 (pena di morte), l'art. 48 (voto all'estero) e l'art. 51 (parità uomo-donna). Questa valutazione può valere anche per la riforma del 2016 nel caso in cui venisse approvata dal corpo elettorale: un'ampia revisione della parte seconda senza mutamento costituzionale. Infine, ad eccezione delle correzioni degli anni 1963-1967, tutte le altre modifiche si concentrano negli anni dal 1989 ad oggi (dodici leggi di revisione su quindici).

La Costituzione nel terzo millennio

Richiamando quanto abbiamo detto nei diversi capitoli di questo manuale, si può proporre questo sintetico bilancio:

- la **Corte costituzionale** è organo dotato di consolidato prestigio; essa è riuscita a ridurre i tempi delle sue decisioni e a svolgere tutte le funzioni di garanzia che la Costituzione ad essa affida; le polemiche che talvolta la coinvolgono in parte si devono considerare fisiologiche, in parte sono conseguenza indiretta sia delle inadeguatezze di altri organi e soggetti costituzionali, sia di una certa tendenza della Corte stessa a sentirsi investita di una funzione di supplenza rispetto alle vere o presunte lentezze del legislatore;
- l'esecutivo e, all'interno di esso, la figura del **presidente del Consiglio** si sono alquanto rafforzati, vuoi per effetto del bipolarismo indotto dalla legislazione elettorale, vuoi per i nuovi strumenti normativi sempre più rispondenti alle esigenze di efficienza e di omogeneità del governo democratico;
- il **potere normativo** non di principio si è progressivamente spostato dal Parlamento al governo, vuoi per effetto dei processi di delegificazione vuoi per l'accresciuto ricorso alla delegazione legislativa; inoltre, l'equilibrio fra assemblee ed esecutivo si è spostato, a causa delle costanti emergenze e della debolezza delle maggioranze, in direzione del secondo grazie al ricorso alla decretazione d'urgenza, spesso accompagnata da posizione della questione di fiducia su testi di fatto bloccati;

LE REVISIONI COSTITUZIONALI

LEGGE DI REVISIONE	OGGETTO DELLA REVISIONE
L. cost. **9 febbraio 1963, n. 2**	**Artt. 56, 57 e 60** Numero fisso di deputati e senatori, durata del Senato ridotta da 6 a 5 anni
L. cost. **27 dicembre 1963, n. 3**	**Artt. 57 e 131** Istituzione della Regione Molise
L. cost. **22 novembre 1967, n. 2**	**Art. 135.3** Da 12 a 9 anni la durata in carica dei membri della Corte costituzionale
L. cost. **16 gennaio 1989, n. 1**	**Artt. 96, 134 e135** Giurisdizione sui reati ministeriali affidata alla magistratura ordinaria
L. cost. **4 novembre 1991, n. 1**	**Art. 88** Eccezione al «semestre bianco» se coincidente con la scadenza naturale della legislatura
L. cost. **6 marzo 1992, n. 1**	**Art. 79** Procedimento aggravato per le leggi di amnistia e indulto
L. cost. **29 ottobre 1993, n. 3**	**Art. 68** Abolizione dell'autorizzazione a procedere contro i parlamentari
L. cost. **22 novembre 1999, n. 1**	**Artt. 121, 122, 123 e 126** Forma di governo e autonomia statutaria delle regioni
L. cost. **23 novembre 1999, n. 2**	**Art. 111** Principi del giusto processo (parità fra accusa e difesa)
L. cost. **17 gennaio 2000, n. 1**	**Art. 48** Previsione di modalità specifiche per il voto e la rappresentanza dei cittadini residenti all'estero
L. cost. **23 gennaio 2001, n. 1**	**Artt. 56 e 57** Numero dei deputati e senatori assegnati alle circoscrizioni estero
L. cost. **18 ottobre 2001, n. 3**	**Artt. 114, 115, 116, 117, 118, 119, 120, 123, 124, 125, 127, 128, 129, 130, 132** Riforma del titolo V su regioni e autonomie locali
L. cost. **30 maggio 2003, n. 1**	**Art. 51** Pari opportunità fra donne e uomini
L. cost. **2 ottobre 2007, n. 1**	**Art. 27** Abolizione della pena di morte in tempo di guerra
L. cost. **20 aprile 2012, n. 1**	**Artt. 81, 97, 117, 119** Introduzione del principio dell'equilibrio di bilancio

Nota: il testo di legge costituzionale approvato dal Parlamento il 12 aprile 2016 e sottoposto a referendum concerne gli artt. 48, 55, 57, 58, 59, 60, 61, 62, 62, 64, 66, 67, 69, 70, 71, 72, 73, 74, 75, 77, 78, 79, 80, 81, 82, 83, 85, 86, 87, 88, 94, 96, 97, 99, 114, 116, 117, 118, 119, 120, 121, 122, 126, 132, 133, 134, 135, aventi ad oggetto il superamento del bicameralismo paritario, la riforma del titolo V su regioni e autonomie locali, la modifica degli istituti di democrazia diretta, la soppressione del Cnel.

• le **assemblee rappresentative** a tutti i livelli, come in altri paesi, si trovano alla ricerca di una ridefinizione del proprio ruolo; ridimensionato il potere di vita e di morte sui governi, circoscritto il potere normativo, sono – nel caso delle Camere – organi pletorici che faticano a riconvertirsi in direzione di altre funzioni (indirizzo, controllo, informazione, valutazione delle politiche pubbliche);

• il **presidente della Repubblica** si è trovato indotto, sempre più spesso e in misura crescente, a esporsi in prima persona a causa delle inadeguatezze del sistema politico; ha così assunto una funzione di incisivo contropotere di influenza e anche una funzione di supplenza e di indirizzo politico, sia pure a titolo transitorio, quando il circuito governo-parlamento appariva altrimenti bloccato;

• la **magistratura** ha pienamente affermato la propria indipendenza, ma le intollerabili lentezze della giurisdizione (imputabili non solo, ma certo anche ad essa) ne hanno ridotto il ruolo di garanzia dei diritti dei cittadini; inoltre, il modo come viene spesso interpretato il principio costituzionale dell'obbligatorietà dell'azione penale ha sollevato dubbi sull'opportunità di mantenere i magistrati giudicanti e i magistrati dell'accusa nel quadro di una stessa carriera; di qui i tentativi di riforma della giustizia a livello sia costituzionale sia ordinario, fortemente contrastati però dalla magistratura associata e poi abbandonati o ridimensionati;

• l'**ordinamento regionale** si è certamente consolidato e, con la riforma del titolo V del 2001, ha visto accresciute le proprie competenze; nondimeno le regioni non hanno mai assunto il ruolo di interlocutori unici del governo centrale; il sistema delle autonomie territoriali è tuttora segnato da un assetto fondato su un pluralismo particolarmente complesso che solo in tempi recenti si è tentato di semplificare; inoltre, le classi dirigenti di quasi tutte le regioni non sono state in grado di evitare sprechi e, peggio, veri e propri accaparramenti di fondi pubblici che ne hanno fortemente indebolito il prestigio, concorrendo non poco a far maturare una generalizzata tendenza al ridimensionamento delle competenze regionali;

• le **pubbliche amministrazioni** sono sottoposte da anni a processi di trasformazione molto incisivi che hanno riguardato in particolare il rapporto di pubblico impiego, le regole base del procedimento amministrativo, i controlli (sempre meno orientati al mero controllo di legittimità e sempre più al controllo di gestione), sicché il loro rendimento va crescendo; nello stesso tempo, l'istituzione di numerose autorità indipendenti ha sottratto compiti di regolazione e controllo agli apparati ministeriali;

• i **diritti fondamentali** dei cittadini, grazie alle interpretazioni della Corte costituzionale e della magistratura e a una legislazione sempre più aggiornata e garantista, sono tutelati estensivamente e in misura che non è neppure paragonabile rispetto a quanto avveniva nelle precedenti fasi della storia costituzionale italiana; se ciò non basta, interviene il sistema della Convenzione europea dei diritti dell'uomo, sempre più valorizzato dalla stessa Corte costituzionale (nel quadro di una *tutela multilivello* dei diritti).

Se questo bilancio appare nel complesso positivo (visto nella prospettiva di lungo periodo), è legittimo chiedersi come mai da molti anni (a dir poco dalla fine degli anni Settanta del XX secolo) si continua a parlare di Costituzione da riformare, e anche come mai ciò avvenga senza che si vedano risultati concreti. Quanto alla necessità di riforme anche costituzionali, vi è un generalizzato consenso sull'esigenza di aggiornare la parte seconda della Costituzione, quella organizzativa, proprio allo scopo di renderla più funzionale rispetto alle sfide poste alla società italiana dal contesto europeo e mondiale contemporaneo. Quanto alla ragione dei ripetuti insuccessi, essi si devono al fatto che al consenso sull'opportunità delle riforme non si è accompagnato analogo consenso sul loro contenuto. Insomma, ci si trovava d'accordo sull'obiettivo, ma ci si divideva, con posizioni anche molto divaricate, sulla strada da seguire per raggiungerlo. Questa difficoltà è durata per molti anni e si è periodicamente accentuata ogni qual volta si è cercato di perseguire un più equilibrato funzionamento del cuore stesso del sistema di governo: il circuito *corpo elettorale-elezione dei rappresentanti-investitura dell'esecutivo*.

8. LA COSTITUZIONE E I TENTATIVI DI RIFORMARLA

I partiti dell'arco costituzionale

Anche negli anni ormai lontani in cui l'attenzione prevalente era verso l'attuazione della Costituzione, vi fu chi ne proponeva la riforma: sia da prospettive contrarie al sistema democratico sia per favorirne, al contrario, il consolidamento. In ogni caso, fino alla fine degli anni Settanta le forze politiche di maggioranza (la Democrazia cristiana e i partiti alleati) e la maggiore forza di opposizione (il Partito comunista) furono concordi nel respingere qualsiasi ipotesi di revisione. Insieme essi formavano il cosiddetto **arco costituzionale**, che esprimeva la costituzione in senso materiale dell'epoca (nel senso indicato nel cap. 1).

Di fronte alle evidenti difficoltà di funzionamento del sistema politico-istituzionale, culminate nella VII legislatura (1976-1979) con la drammatica vicenda di Aldo Moro, fu il Partito socialista a farsi per primo promotore di incisive riforme costituzionali, lanciando la parola d'ordine della *grande riforma*. Era il 1979: da allora il tema non è più uscito dall'agenda politica. Le resistenze, per anni, furono enormi (anche perché il riformismo istituzionale socialista era parte di una legittima strategia volta a contendere la leadership ai due partiti maggiori: ma per ciò stesso da questi contrastata energicamente). Tuttavia, anno dopo anno l'esigenza di modernizzare le istituzioni si fece strada. Lo dimostrano da un lato la politica delle riforme possibili (di rango sub-costituzionale) perseguita per un decennio dalle coalizioni pentapartitiche (1981-1991), dall'altro i ripetuti tentativi parlamentari perseguiti già nella prima metà degli anni Ottanta e poi durante la crisi degli anni Novanta. Le **commissioni bicamerali per le riforme**, costituite nell'arco di quindici anni con l'obiettivo di dar vita a una complessiva revisione della Costituzione del '48, furono ben tre. Si veda la tabella riassuntiva.

La via delle bicamerali

Oltre trent'anni di riformismo istituzionale hanno mostrato come sia difficile procedere a una revisione organica della carta costituzionale. In effetti, mai si sono profilati consensi sufficienti a un'impresa del genere, nonostante che, a partire dalla seconda bicamerale, si sia ritenuto di accrescere le possibilità di successo limitando l'ipotizzata revisione alla sola parte seconda. Questo per venire incontro alla preoccupazione di quanti temevano, e temono, che mettere mano alla parte relativa ai diritti

LE TRE BICAMERALI PER LE RIFORME COSTITUZIONALI (1983-1998)

COMMISSIONE PARLAMENTARE PER LE RIFORME ISTITUZIONALI Presidente: Aldo Bozzi (Pli) 12 ottobre 1983-29 gennaio 1985 40 componenti più il presidente	**IX LEGISLATURA** Istituita sulla base di mozioni di analogo contenuto approvate dalle due Camere.	Questa prima commissione approvò, ma senza il consenso dell'opposizione comunista, un progetto che toccava 45 dei 138 articoli di entrambe le parti della Costituzione (e inseriva la tutela dell'ambiente fra i principi fondamentali). Nell'ambito dei diritti ampliava la portata dell'art. 21 (includendovi il diritto all'informazione) e le garanzie del cittadino nel processo, introduceva la tutela dei disabili, adeguava l'art. 39 in materia di sindacati e sottoponeva i partiti a misure di pubblicità, trasparenza e partecipazione degli iscritti. Quanto alla parte II, veniva riveduto il procedimento legislativo e differenziate le competenze delle due Camere, ridisciplinato il referendum, rafforzato il ruolo del presidente del Consiglio al quale solo sarebbe andata la fiducia delle Camere riunite. Avrebbe avuto, inoltre, il potere di revoca dei ministri.
COMMISSIONE PARLAMENTARE PER LE RIFORME ISTITUZIONALI Presidenti: Ciriaco De Mita (Dc) e poi Nilde Iotti (Pds) 23 luglio 1992-7 febbraio 1994 60 componenti	**XI LEGISLATURA** Istituita sulla base di risoluzioni analoghe approvate dalle due Camere, fu poi «convertita» in commissione referente dalla l. cost. 6 agosto 1993, n. 1; ebbe poteri limitati a proposte di revisione della parte II della Costituzione ad eccezione degli artt. 138-139, oltre a proposte in materia elettorale.	A distanza di dieci anni dalla prima, questa seconda commissione si concluse con la presentazione di un progetto che toccava 22 articoli e un numero più limitato di oggetti: forma di governo e ordinamento regionale. Sul primo punto, si prevedeva l'elezione parlamentare del primo ministro, il quale nominava poi con proprio decreto i ministri (e li revocava), e si introduceva la sfiducia costruttiva. È in questo progetto che compare l'inversione del criterio di riparto delle competenze legislative fra Stato e regioni, accanto a un generale rafforzamento delle attribuzioni delle regioni, compresa la facoltà di adottare una forma di governo diversa da quella stabilita in Costituzione (ma a maggioranza dei 2/3).
COMMISSIONE PARLAMENTARE PER LE RIFORME COSTITUZIONALI Presidente: Massimo D'Alema (Ds) 24 gennaio 1997-giugno 1998 70 componenti	**XIII LEGISLATURA** Istituita con l. cost. 24 gennaio 1997, n. 1 e dotata di poteri referenti limitati alla revisione della parte II della Costituzione, in particolare in materia di forma di stato, forma di governo e bicameralismo, sistema delle garanzie.	La terza bicamerale presentava alle Camere una larga e ambiziosa revisione della parte II della Costituzione. Di questa la Camera iniziava l'esame, interrompendolo però dopo i primi dissensi nel giugno 1998. Parti significative del testo (relative alle regioni e all'ordinamento delle autonomie) sono poi state riprese, modificate e approvate da due successive leggi costituzionali, la 1/1999 e la 3/2001. Per il resto veniva delineata un'assai discussa forma di governo a tendenza semi-presidenziale con capo dello Stato direttamente eletto dal corpo elettorale, dotato di importanti poteri, ma affiancato da un esecutivo responsabile davanti a un Parlamento riformato solo nella funzione legislativa (oggetto di una certa differenziazione fra le due Camere). Innovazioni avrebbero riguardato anche: la pubblica amministrazione, la partecipazione dell'Italia all'Ue, la giustizia, l'ampliamento delle attribuzioni della Corte costituzionale e delle modalità di accesso alla Corte.

avrebbe potuto ridurre e non rafforzarne la tutela. È del resto sempre stata assai forte l'idea, radicata nella coscienza collettiva per via del modo in cui la Costituzione era stata instaurata, che a qualsiasi revisione costituzionale si dovesse procedere solo sulla base di consensi larghissimi, che non tagliassero fuori alcuna delle forze politiche principali (malgrado l'art. 138 Cost. ammetta la revisione con la più piccola delle maggioranze qualificate, la metà più uno dei componenti, sia pure dopo due letture in ciascuna camera). Non solo: con l'avvento di un sistema politico maggioritario è presente a tutti la necessità di evitare riforme costituzionali partigiane destinate ad essere ribaltate da una successiva diversa maggioranza. L'esigenza di consensi particolarmente ampi, d'altra parte, ha finito con l'attribuire a ciascuna forza politica un virtuale potere di veto; e ha fatto sì che spesso, come mostrano i lavori delle commissioni bicamerali, il punto di compromesso tra forze portatrici di disegni assai distanti fra loro venisse trovato sulla base di soluzioni incoerenti e tecnicamente inadeguate.

2001: la riforma del titolo V

Alla vigilia delle elezioni politiche del 2001, la **revisione del titolo V della Costituzione** («le regioni, le province, i comuni») fu invece approvata, con solo quattro voti oltre il *quorum funzionale*, dalla sola maggioranza di centro-sinistra. Ciò provocò, per la prima volta, la richiesta di referendum costituzionale (il voto popolare confermò la riforma). Venne a cadere così il veto di fatto in materia di revisione costituzionale.

2005: la riforma proposta dal centro-destra

Infatti, la maggioranza di centro-destra uscita dalle elezioni dello stesso anno, seguendo e anzi portando a ulteriori conseguenze la strada aperta dal centro-sinistra, approvò da sola un'ampia **revisione della parte seconda della Costituzione**, riguardo alla quale fu subito chiesto un secondo referendum costituzionale. Quella riforma (v. *Gazzetta Ufficiale* n. 269 del 18 novembre 2005) toccava quasi metà degli 80 articoli della parte seconda intervenendo su quattro punti: forma di governo, bicameralismo, rapporti Stato-autonomie, correzioni al titolo sulle garanzie costituzionali. In particolare, avrebbe rafforzato il ruolo del presidente del Consiglio (governo del primo ministro, chiamato anche *premierato*) e ridefinito il ruolo del presidente della Repubblica («garante della Costituzione»); avrebbe portato a una significativa riduzione del numero dei parlamentari (175 in meno) e una netta differenziazione fra le due Camere (con la Camera dei deputati come sola titolare del rapporto fiduciario, mentre il Senato, definito *federale*, avrebbe partecipato alla funzione legislativa in misura più limitata); sarebbero state previste competenze legislative *esclusive* delle regioni su alcune delle materie concorrenti di cui all'attuale art. 117.3 e sarebbe stato reintrodotto l'interesse nazionale come limite alla potestà legislativa regionale. Questo progetto fu fortemente avversato dall'opposizione di centro-sinistra, destinata a divenire maggioranza con le elezioni del 2006. Esso suscitò reazioni prevalentemente critiche anche in ambito dottrinario. Alcuni giudicavano che il testo rafforzasse eccessivamente governo e primo ministro. Altri trovavano poco convincente la soluzione individuata per riformare il bicameralismo: infatti, con l'intendimento di assicurare un ruolo sostanzialmente paritario al Senato, ancora direttamente eletto ma privato del rapporto fiduciario col governo, lo si era caricato di decisive competenze legislative che facevano temere – per converso – un indebolimento della capacità dell'esecutivo di perseguire il suo indirizzo. Sta di fatto che il voto popolare bocciò seccamente la riforma con il 61,3% di «no» e il 38,7% di «sì».

Nella **XV legislatura** alcuni progetti di revisione concernenti forma di governo e bicameralismo avevano fatto alcuni passi avanti nell'iter parlamentare, apparentemente sostenuti da ampi consensi (v. il *progetto Violante*, dal nome del presidente della commissione affari costituzionali della Camera), ma non ebbero seguito a causa dello scioglimento anticipato nel febbraio 2008.

Dal governo Berlusconi (2008-2011)...

Con l'avvento della **XVI legislatura**, grazie soprattutto al delinearsi di un sistema partitico assai diverso dal passato, meno frammentato e, almeno in una prima fase, caratterizzato da una maggioranza abbastanza omogenea e da un clima più costruttivo nei rapporti governo-opposizione, era sembrata profilarsi una ripresa del dibattito sulle riforme costituzionali (v. le mozioni approvate con larghissimi consensi al Senato il 2 dicembre 2009). Ancora una volta, però, la prospettiva riformista venne meno, travolta dal progressivo sfaldarsi della maggioranza di centro-destra e dalle difficoltà del quarto governo Berlusconi davanti all'esplosione della crisi dei debiti sovrani europei. La sfiducia dei mercati sulla capacità dell'Italia (dopo la Grecia, il paese dell'eurozona col debito maggiore in rapporto al Pil e con la crescita più debole) di pagare il proprio debito, finanziato per quasi la metà da investitori non italiani, spingeva in alto gli interessi sui titoli di Stato (il cosiddetto *spread*), innescando un circolo vizioso potenzialmente in grado di portare a uno stato di insolvenza. Ciò rischiava di provocare difficoltà insostenibili per l'euro. Nell'estate 2011 si moltiplicarono così gli ammonimenti della Commissione e della Banca centrale europea (famosa una lettera firmata dal presidente uscente della Bce Jean-Claude Trichet e da quello neonominato, Mario Draghi, già governatore della Banca d'Italia, con la quale si davano stringenti indicazioni sulle riforme che il nostro paese avrebbe dovuto realizzare in tempi brevi ove avesse voluto contare sul sostegno delle istituzioni europee e dei paesi dell'eurozona).

... al governo Monti (2011-2012)

Il presidente del Consiglio Berlusconi, indebolito fino al punto da rischiare quotidiane sconfitte parlamentari (come quando la Camera non approvò il rendiconto generale dello Stato), si vide costretto a dimettersi nel novembre 2011. Col suo partito accettò di sostenere, insieme all'opposizione, un nuovo governo che il presidente della Repubblica decise di affidare all'ex commissario europeo e neosenatore a vita Mario Monti: un accademico considerato dal presidente Napolitano, ma anche dai partner europei convinti soprattutto dell'opportunità che Berlusconi passasse la mano, la persona più adatta a fronteggiare la crisi italiana e concorrere al salvataggio dell'euro. Fortemente sostenuto e in alcuni passaggi quasi affiancato dal capo dello Stato, Monti formò una compagine governativa senza personalità designate dai partiti (come del resto avevano essi stessi voluto, per non condividerne l'inevitabile impopolarità): fu in effetti un governo snello, composto da tecnocrati, che impose al paese drastiche misure di austerità. Queste raggiunsero lo scopo di stabilizzare il debito italiano sui mercati, ma a prezzo della rinuncia a rimettere in moto l'economia.

L'intesa per la quale aveva spinto il presidente della Repubblica affidava ai partiti in Parlamento il compito, oltre che di assecondare gli sforzi del governo, di procedere sulla strada della riforma elettorale e di quella costituzionale. Ciò risultò però impossibile per l'incomponibilità delle strategie politico-istituzionali di partiti (e coalizioni) che, a malavoglia e solo per l'emergenza, sostenevano il medesimo governo ma si consideravano alternativi. È vero che il Senato approvò nel luglio 2012 un progetto di riforma costituzionale (incentrato sull'elezione diretta del capo dello Stato), ma si trattava di un'operazione propagandistica perché il testo era condiviso solo dall'ex maggioranza e non sarebbe stato mai votato alla Camera, dove infatti si arenò.

Alla fine del 2012 il centro-destra (che restava la forza parlamentare più consistente) annunciò il ritiro della fiducia al governo Monti, il quale si dimise costringendo il presidente della Repubblica a uno scioglimento anticipato delle Camere (sia pure solo di un paio di mesi). Nel frattempo, elezioni amministrative e regionali avevano segnalato il crescente successo di un movimento di radicale contestazione verso *tutti* i partiti (il Movimento cinque stelle), guidato da un noto uomo di spettacolo, il comico Beppe Grillo. Oltre ai fallimenti sul fronte delle annunciate riforme, una nuova ondata di indignazione aveva colpito i partiti per gli scandali dei rimborsi elettorali abnormi e delle spese indebite dei gruppi presenti in quasi tutti i consigli regionali che, uno dopo l'altro, finirono sotto la lente delle procure.

9. LE RIFORME ISTITUZIONALI DELLA XVII LEGISLATURA

Dopo le elezioni del 2013

L'esito delle elezioni per la **XVII legislatura** restituì un sistema politico caratterizzato dal tramonto (si vedrà se provvisorio) dell'assetto bipolare che aveva segnato gli anni dal 1994 in poi: le due coalizioni alternatesi al governo negli ultimi vent'anni raccoglievano ciascuna meno del 30% dei voti e il nuovo M5s ne raccoglieva da solo più di un quarto. La coalizione di centro-sinistra intorno al Partito democratico che era parsa avviata a una vittoria certa sulla coalizione di centro-destra intorno al Popolo della libertà, dopo il fallimento della legislatura inauguratasi con il trionfo di Berlusconi e finita con il tecnocrate Monti al governo, conseguiva per pochissimi voti la maggioranza in seggi assicurata dalla legge elettorale della Camera, ma non poteva fare altrettanto al Senato (la legge non conferiva un premio nazionale, ma tanti premi regionali). Questo ramo del Parlamento finiva col fotografare il nuovo assetto *tripolare* del sistema partitico.

In questo mutato contesto, mentre i parlamentari del M5s rifiutavano qualsiasi forma di collaborazione, il tentativo di formare un governo guidato dal capo della coalizione maggioritaria, il segretario del Pd Pier Luigi Bersani, finì in un nulla di fatto e il Parlamento non si rivelò in grado di eleggere il nuovo presidente della Repubblica, se non invocando la rielezione di Giorgio Napolitano. Successivamente una maggioranza definita di *larghe intese*, assai simile a quella che aveva sorretto il governo Monti, accordò la fiducia al nuovo governo affidato al vicesegretario del Pd Enrico Letta: a differenza di quello precedente, era però composto prevalentemente da esponenti dei partiti che lo sostenevano.

La rielezione del presidente Napolitano

La stessa rielezione di Napolitano e, coerentemente, la formazione del governo Letta si erano caratterizzate proprio per il rinnovato impegno, stavolta accompagnato da un senso di vera e propria emergenza, verso le riforme elettorali e costituzionali. Così, dopo che già un *comitato di saggi* riunito dal presidente della Repubblica aveva consegnato un rapporto sulle riforme da fare (12 aprile 2013), il governo da un lato propose alle Camere un disegno di legge costituzionale volto a dare tempi certi e procedure abbreviate di revisione attraverso l'istituzione di un comitato bicamerale (in parziale deroga all'art. 138 Cost., sulla falsariga delle precedenti esperienze del 1993 e del 1997), dall'altro convocò una *commissione di esperti per le riforme costituzionali*, formata da studiosi (quasi tutti costituzionalisti) dei più diversi orientamenti culturali e politici. Essa, il 17 settembre 2013, presentò la sua relazione finale, la quale partiva dall'unanime affermazione che un'incisiva riforma costituzionale andava considerata il presupposto stesso perché l'Italia potesse uscire dalla crisi.

La commissione per le riforme istituita dal governo Letta

Nella premessa di quel documento si legge fra l'altro: la Costituzione «ha consentito di raggiungere importanti risultati che oggi corrono il rischio di essere perduti. La necessità della riforma delle istituzioni nasce proprio dall'esigenza di non vanificare i risultati sinora conseguiti... L'Italia, allo scoppio della crisi dei debiti sovrani e dell'economia reale, si è trovata in una condizione di maggiore fragilità rispetto ad altri paesi, anche della stessa Unione europea, a causa dell'accumulo di problemi lasciati irrisolti negli anni. Il sistema istituzionale non è sembrato in grado di esprimere nel lungo periodo un indirizzo politico stabile e radicato nel consenso del corpo sociale».

Perciò, per «superare la crisi politica, economica e sociale», la commissione individuava i punti principali di riforma costituzionale:

- nel «rafforzamento del Parlamento attraverso la riduzione del numero dei parlamentari, il superamento del bicameralismo paritario, una più completa regolazione dei processi di produzione normativa e, in particolare, una più rigorosa disciplina della decretazione d'urgenza»;
- nel «rafforzamento delle prerogative del governo in parlamento attraverso la fiducia monocamerale, la semplificazione del processo decisionale e l'introduzione del voto a data fissa di disegni di legge»;
- nella «riforma del sistema costituzionale delle regioni e delle autonomie locali che riduca significativamente le sovrapposizioni delle competenze e si fondi su una maggiore cooperazione e una minore conflittualità»;

• nella «riforma del sistema di governo», rispetto alla quale venivano prospettate «*a*) la razionalizzazione della forma di governo parlamentare; *b*) il semi-presidenzialismo sul modello francese; *c*) una forma di governo che, cercando di farsi carico delle esigenze sottese alle prime due soluzioni, conduca al governo parlamentare del primo ministro».

Nonostante l'iniziale impegno di governo e maggioranza, peraltro, le vicende legate alla decadenza da senatore di Silvio Berlusconi indirizzavano ogni tentativo sul binario morto: addirittura quando il progetto costituzionale sul procedimento di revisione era stato già approvato in tre delle quattro letture previste dall'art. 138. Lo stesso dicasi della legge elettorale, sulla quale il Parlamento non muoveva neanche un passo. Il 4 dicembre 2013 interveniva poi la decisione con la quale la Corte costituzionale dichiarò l'illegittimità della legge elettorale allora vigente nelle parti che prevedevano premi di maggioranza senza quorum e non prevedevano, invece, la possibilità per l'elettore di esprimere la preferenza per i singoli candidati (sent. 1/2014).

La formazione del governo Renzi

Fattori eminentemente politici a cavallo fra 2013 e 2014 tornavano a mutare le prospettive e a riaprire l'eterna partita delle riforme. Il nuovo segretario del Pd Matteo Renzi, eletto direttamente dai simpatizzanti l'8 dicembre 2013, sviluppava un'iniziativa incalzante sui due temi e non esitava a incontrarsi con il leader di Forza Italia, l'ormai ex senatore Berlusconi (stante l'indisponibilità perdurante del M5s). Il 13 febbraio 2014, con il voto della direzione del suo partito, costringeva alle dimissioni il presidente del Consiglio Letta e assumeva in prima persona la guida del governo. Nella stessa aula del Senato, in occasione del discorso programmatico, Renzi esordiva con parole destinate ad essere ricordate: «oggi chiedere la fiducia significa proporre una visione audace, unitaria e per qualche aspetto anche – spero – innovativa, che parte dal linguaggio della franchezza, con la quale comunico fin dall'inizio che *vorrei essere l'ultimo presidente del Consiglio a chiedere la fiducia a quest'aula*».

La determinazione del nuovo governo guidato dal giovane presidente del Consiglio, il contesto generale da ultima spiaggia che permaneva (la crisi finanziaria ed economica era lungi dall'essere stata risolta e la spinta esterna, prima di tutto europea, per indurre l'Italia alle riforme restava fortissima), il costante pungolo del rieletto capo dello Stato Napolitano, l'esito delle elezioni europee del maggio 2014 che avrebbe confortato il partito guidato da Renzi, conferendogli quella legittimazione popolare che all'inizio gli era mancata: tutto ciò apriva qualche prospettiva di successo all'ennesimo tentativo di riforma elettorale e costituzionale. Il risultato sarebbe andato al di là di ogni aspettativa.

In effetti, il 12 marzo 2014 la Camera già approvava la nuova legge elettorale in prima lettura e la trasmetteva al Senato in tempi record. Mentre l'8 aprile 2014 il governo presentava al Senato il proprio disegno di legge costituzionale «per il superamento del bicameralismo paritario, la riduzione del numero dei parlamentari, il contenimento dei costi di funzionamento delle istituzioni,

la soppressione del Cnel e la revisione del titolo V della parte seconda della Costituzione».
La legge elettorale (stralciata la parte riguardante il Senato, data l'intenzione di trasformarlo con la contestuale riforma costituzionale in un organo non più direttamente eletto) sarebbe stata approvata in via definitiva un anno dopo (maggio 2015). Nel frattempo era in parte ancora mutato il contesto politico. Dimessosi il presidente Napolitano, era stato eletto capo dello Stato Sergio Mattarella, senza il previo assenso di Forza Italia che per questo passò all'opposizione anche sulle riforme. Ma dopo meno di un anno sarebbe stata la volta della riforma costituzionale ad essere approvata in seconda lettura (v. *Gazzetta Ufficiale* n. 88 del 15 aprile 2016). Dell'iter del progetto costituzionale si devono notare, prima di tutto, due caratteristiche: la revisione è stata approvata senza procedimenti in deroga (dunque, nel rispetto rigoroso dell'art. 138 Cost.); il procedimento di revisione è stato condotto in parallelo con la riforma della legge elettorale e in stretto coordinamento con quella.

La riforma elettorale approvata nel 2015

Della **riforma elettorale** si parla ampiamente nel capitolo 8. Il nuovo sistema – con eventuale doppio turno per l'assegnazione del premio alla forza politica (singola, senza coalizioni) che vinca – ben si coordina, dal punto di vista più che della legalità costituzionale della logica costituzionale, e in qualche misura anzi dipende dall'abolizione del doppio rapporto fiduciario prevista dalla riforma costituzionale. Uno dei difetti principali della legge elettorale del 2005, censurato anche dalla sent. 1/2014 della Corte costituzionale, era infatti consistito nell'incoerenza di due sistemi elettorali con meccanismi diversi di attribuzione del premio di maggioranza per l'elezione di due assemblee da parte di elettorati diversi (il Senato non è eletto a suffragio universale, non votando i cittadini maggiorenni sotto i 25 anni). Il problema di una differente composizione politica delle due Camere esiste da sempre, ma indubbiamente era stato accentuato dall'adozione delle leggi elettorali a prevalenza maggioritaria del 1993. La legge elettorale del 2005 lo aveva poi aggravato. Infatti, l'esistenza di due diversi meccanismi premiali esaltava la possibilità di maggioranze divaricate nei due rami del Parlamento. Ciò mal si conciliava, ovviamente, con il sistema della doppia fiducia.
La nuova legge elettorale del 2015 permetterà di fatto una sorta di scelta immediata da parte del corpo elettorale di un governo con maggioranza di una sola lista (che questa sia di un partito solo o più partiti, ma comunque presentata con un unico programma e un unico leader). Limitato il rapporto fiduciario alla sola Camera, ciò dovrebbe rendere la formazione del primo governo di ogni legislatura pressoché automatica. Al netto di eventuali scissioni o defezioni parlamentari, inoltre, dovrebbe garantire quella stabilità e quella continuità che sono quasi sempre mancate (la legislatura dal 2001 al 2006 unica eccezione in settant'anni!).
Della **riforma costituzionale** si parla nei vari capitoli che trattano dei singoli istituti sui quali essa inciderebbe (in particolare, nel cap. 9 e nel cap. 12). Il

progetto, infatti, interviene su tutti i titoli della parte seconda della Costituzione, ad eccezione del titolo IV sulla magistratura che non è toccato. In realtà, esso incide principalmente sul titolo I (quello sul Parlamento), del quale vengono modificati ventiquattro articoli, e sul titolo V (quello sulle regioni e autonomie locali), del quale vengono modificati undici articoli: è il cuore della riforma (gli altri articoli incisi sono dodici in tutto).

La riforma costituzionale del 2016 in attesa del referendum

La revisione costituzionale (in appendice il testo a fronte degli articoli della Costituzione e di quelli modificati dal testo di legge) raccoglie – nelle grandi linee se non in tutte le soluzioni di dettaglio – proposte condivise dalla stragrande maggioranza del mondo accademico (come dimostra un raffronto con le conclusioni della commissione di esperti istituita dal governo Letta, alle quali il progetto del governo Renzi si è ispirato). L'intento della riforma è di agire su aspetti del nostro sistema costituzionale che da anni sono considerati inadeguati. In primo luogo, si supera il bicameralismo paritario e indifferenziato, senza compiere la scelta monocamerale, ma affidando alla seconda camera (il Senato della Repubblica, del quale pure si è voluto mantenere il nome storico) la funzione di rappresentare le istituzioni territoriali. La logica di fondo è quella secondo la quale un ordinamento politicamente decentrato, che lo si definisca a tendenza federale o regionalista non rileva in questa sede, abbisogna di una presenza degli interessi regionali (e nel caso italiano anche locali, ovvero comunali) al centro del sistema, in Parlamento. Proprio per questo si è scelto di dare vita a un Senato i cui componenti sono eletti non direttamente ma in secondo grado dai consigli regionali, fra gli stessi consiglieri regionali e fra i sindaci. A seguito di questa scelta, si sottrae alla seconda camera il rapporto fiduciario: solo la Camera dei deputati conferisce e revoca la fiducia al governo.

La riforma del bicameralismo è in linea con il tentativo di semplificare il sistema politico-istituzionale: legislazione a prevalenza della Camera dei deputati (tranne che per una serie specifica di leggi che restano bicamerali); governo in grado di veder votate le sue proposte attraverso un procedimento legislativo a data certa, senza far ricorso alla decretazione d'urgenza se non in caso di reale necessità; introduzione in Costituzione dei limiti ai decreti legge già presenti nella legislazione ordinaria e tratti dalla giurisprudenza costituzionale; nuovo riparto delle competenze legislative fra Stato e regioni con abolizione della competenza concorrente e trasferimento alla competenza esclusiva statale di gran parte delle attuali materie concorrenti; cancellazione delle province dalla Costituzione; abolizione del Consiglio nazionale dell'economia e del lavoro.

Il quadro appena riassunto è altresì integrato da ulteriori innovazioni. Alcune rafforzano i contrappesi al circuito corpo elettorale-maggioranza-governo. Si tratta del rilancio del referendum abrogativo e dell'iniziativa legislativa popolare e dell'introduzione del referendum propositivo e di indirizzo (v. cap. 8). Un'altra serie di innovazioni accresce le garanzie costituzionali per evitare il rischio di un predominio della maggioranza: sono aumentati i quorum richiesti per l'elezione del presidente della Repubblica; è introdotto il ricorso preventivo alla Corte costituzionale da parte di una minoranza parlamentare in materia di legislazione elettorale. Anche se la riforma attribuisce alle due Camere separatamente l'elezione dei cinque giudici costituzionali oggi eletti dal Parlamento in seduta comune, restano le maggioranze qualificate attualmente previste che comportano il necessario coinvolgimento dell'opposizione (come del resto testimoniato dai frequenti ritardi nell'elezione dei giudici proprio per la difficoltà di raggiungere ampi accordi parlamentari).

Nulla cambia in tema di forma di governo: l'Italia resta una repubblica parlamentare, con la sola differenza che, come dappertutto, il rapporto fiduciario lega il governo all'unica camera politica (la Camera dei deputati appunto). La riforma costituzionale – ove approvata dal corpo elettorale – si applicherà a partire dalla prossima legislatura, cioè non più tardi del 2018 (tranne alcune disposizioni che sono immediatamente vigenti: soppressione del Cnel, limite alle indennità dei componenti degli organi regionali, ricorso diretto alla Corte costituzionale contro la legge elettorale della Camera del 2015). Va da sé che la sua attuazione dipenderà da tutta una serie di adempimenti successivi: il cantiere istituzionale è destinato a durare ancora molti anni.

PAROLE CHIAVE

- Assemblea costituente
- Costituzione della Repubblica
- Mutamento della costituzione
- Prima costituzione provvisoria
- Referendum elettorali
- Referendum istituzionale
- Regime fascista
- Regno d'Italia
- Repubblica italiana
- Revisione costituzionale
- Riforme costituzionali
- Seconda costituzione provvisoria
- Statuto albertino
- Suffragio universale

FONTI

- Statuto albertino [4 marzo 1848].
- D.l. lgt. 25 giugno 1944, n. 151 (Assemblea costituente, c.d. prima costituzione provvisoria).
- D.lgs. lgt. 2 febbraio 1945, n. 23 (Voto alle donne).
- D.lgs. lgt. 16 marzo 1946, n. 98 (Referendum istituzionale, c.d. seconda costituzione provvisoria).
- Costituzione della Repubblica [approvata il 22 dicembre 1947, e successive modificazioni].

PER APPROFONDIRE

- A. Barbera, *Fra governo parlamentare e governo assembleare: dallo Statuto albertino alla Costituzione repubblicana*, in «Quaderni costituzionali», n. 1 (2011), pp. 9-38.
- C. Fusaro, *Per una storia delle riforme istituzionali (1948-2015)*, in «Rivista trimestrale di diritto pubblico», n. 2 (2015), pp. 431-555.
- C. Ghisalberti, *Storia costituzionale d'Italia. 1848-1994*, Roma-Bari, Laterza, 2010 (I ed., 1974).
- G. Maranini, *Storia del potere in Italia (1848-1967)*, Milano, Corbaccio, 1995 (I ed., Firenze, Vallecchi, 1967).
- R. Martucci, *Storia costituzionale italiana*, Roma, Carocci, 2002.
- R. Romanelli (a cura di), *Storia dello Stato italiano dall'unità ad oggi*, Roma, Donzelli, 2002.
- P. Scoppola, *La repubblica dei partiti*, Bologna, Il Mulino, 1997.

PERCORSO DI AUTOVERIFICA

1. In che senso un ordinamento costituzionale è sempre in trasformazione?

2. Quali furono i contenuti e le caratteristiche essenziali dello Statuto albertino?

3. Come si sviluppò l'ordinamento statutario fino all'avvento del fascismo?

4. Come il fascismo trasformò l'ordinamento statutario? Con quali provvedimenti e istituti?

5. Quali furono i passaggi della transizione istituzionale dal 25 luglio 1943 al 2 giugno 1946?

6. In particolare cosa stabilirono le costituzioni provvisorie?

7. Come si arrivò all'approvazione della Costituzione repubblicana?

8. Quali furono i contenuti principali della Costituzione del 1948?

9. Quali formule politiche hanno caratterizzato le diverse fasi della storia costituzionale della Repubblica?

10. Come vennero attuati gli istituti previsti dalla Costituzione?

11. In quale fase si parlò di consociazionismo?

12. Quali furono le riforme degli anni Ottanta?

13. In cosa consistette la strategia referendaria all'inizio degli anni Novanta?

14. Quali modificazioni ha conosciuto la Costituzione?

15. Qual è il quadro che si può tracciare dello stato delle istituzioni dopo quasi settant'anni di esperienza costituzionale?

16. Quali tentativi di riforma ha conosciuto la Costituzione negli ultimi decenni?

17. Cosa prevedeva la riforma della parte seconda della Costituzione approvata nel 2005 e poi respinta nel referendum?

18. Quali sono i contenuti e la logica di fondo del progetto di riforma costituzionale approvato dal Parlamento nella XVII legislatura?

Costituzione della Repubblica italiana (con il testo della legge costituzionale approvato nel 2016)

COSTITUZIONE DELLA REPUBBLICA ITALIANA

Principi fondamentali (artt. 1-12)

Parte I - Diritti e doveri dei cittadini

Titolo I	Titolo II	Titolo III	Titolo IV
Rapporti civili	**Rapporti etico-sociali**	**Rapporti economici**	**Rapporti politici**
(artt. 13-28)	(artt. 29-34)	(artt. 35-47)	(artt. 48-54)

Parte II - Ordinamento della Repubblica

Titolo I	Titolo II	Titolo III
Il Parlamento	**Il Presidente della Repubblica**	**Il Governo**
Sezione I - Le Camere (artt. 55-69) Sezione II - La formazione delle leggi (artt. 70-82)	(artt. 83-91)	Sezione I - Il Consiglio dei ministri (artt. 92-96) Sezione II - La Pubblica Amministrazione (artt. 97-98) Sez. III - Gli organi ausiliari (artt. 99-100)

Titolo IV	Titolo V	Titolo VI
La Magistratura	**Le Regioni, le Province, i Comuni**	**Garanzie costituzionali**
Sezione I - Ordinamento giurisdizionale (artt. 101-110) Sezione II - Norme sulla giurisdizione (artt. 111-113)	(artt. 114-133)	Sezione I - La Corte costituzionale (artt. 134-137) Sezione II - Revisione della Costituzione Leggi costituzionali (artt. 138-139)

Disposizioni transitorie e finali (I-XVIII)

Costituzione della Repubblica italiana

PRINCIPI FONDAMENTALI

art. 1

L'Italia è una Repubblica democratica, fondata sul lavoro.

La sovranità appartiene al popolo, che la esercita nelle forme e nei limiti della Costituzione.

art. 2

La Repubblica riconosce e garantisce i diritti inviolabili dell'uomo, sia come singolo, sia nelle formazioni sociali ove si svolge la sua personalità, e richiede l'adempimento dei doveri inderogabili di solidarietà politica, economica e sociale.

art. 3

Tutti i cittadini hanno pari dignità sociale e sono eguali davanti alla legge, senza distinzione di sesso, di razza, di lingua, di religione, di opinioni politiche, di condizioni personali e sociali.

È compito della Repubblica rimuovere gli ostacoli di ordine economico e sociale, che, limitando di fatto la libertà e l'eguaglianza dei cittadini, impediscono il pieno sviluppo della persona umana e l'effettiva partecipazione di tutti i lavoratori all'organizzazione politica, economica e sociale del Paese.

art. 4

La Repubblica riconosce a tutti i cittadini il diritto al lavoro e promuove le condizioni che rendano effettivo questo diritto.

Ogni cittadino ha il dovere di svolgere, secondo le proprie possibilità e la propria scelta, una attività o una funzione che concorra al progresso materiale o spirituale della società.

art. 5

La Repubblica, una e indivisibile, riconosce e promuove le autonomie locali; attua nei servizi che dipendono dallo Stato il più ampio decentramento amministrativo; adegua i princìpi ed i metodi della sua legislazione alle esigenze dell'autonomia e del decentramento.

art. 6

La Repubblica tutela con apposite norme le minoranze linguistiche.

Per gli articoli oggetto della revisione di cui al disegno di legge costituzionale approvato in seconda deliberazione dal Parlamento il 12 aprile 2016 (Gazzetta Ufficiale n. 88 del 15 aprile 2016), sottoposto a referendum ai sensi dell'art. 138 Cost., è riportato sia il testo vigente (colonna sinistra) sia il testo emendato (colonna destra su sfondo grigio), evidenziando in corsivo le parti modificate.

art. 7

Lo Stato e la Chiesa cattolica sono, ciascuno nel proprio ordine, indipendenti e sovrani.

I loro rapporti sono regolati dai Patti Lateranensi. Le modificazioni dei Patti, accettate dalle due parti, non richiedono procedimento di revisione costituzionale.

art. 8

Tutte le confessioni religiose sono egualmente libere davanti alla legge.

Le confessioni religiose diverse dalla cattolica hanno diritto di organizzarsi secondo i propri statuti, in quanto non contrastino con l'ordinamento giuridico italiano.

I loro rapporti con lo Stato sono regolati per legge sulla base di intese con le relative rappresentanze.

art. 9

La Repubblica promuove lo sviluppo della cultura e la ricerca scientifica e tecnica.

Tutela il paesaggio e il patrimonio storico e artistico della Nazione.

art. 10

L'ordinamento giuridico italiano si conforma alle norme del diritto internazionale generalmente riconosciute.

La condizione giuridica dello straniero è regolata dalla legge in conformità delle norme e dei trattati internazionali.

Lo straniero, al quale sia impedito nel suo paese l'effettivo esercizio delle libertà democratiche garantite dalla Costituzione italiana, ha diritto d'asilo nel territorio della Repubblica, secondo le condizioni stabilite dalla legge.

Non è ammessa l'estradizione dello straniero per reati politici[1].

art. 11

L'Italia ripudia la guerra come strumento di offesa alla libertà degli altri popoli e come mezzo di risoluzione delle controversie internazionali; consente, in condizioni di parità con gli altri Stati, alle limitazioni di sovranità necessarie ad un ordinamento che assicuri la pace e la giustizia fra le Nazioni; promuove e favorisce le organizzazioni internazionali rivolte a tale scopo.

art. 12

La bandiera della Repubblica è il tricolore italiano: verde, bianco e rosso, a tre bande verticali di eguali dimensioni.

PARTE I. DIRITTI E DOVERI DEI CITTADINI

TITOLO I
Rapporti civili

art. 13

La libertà personale è inviolabile.

Non è ammessa forma alcuna di detenzione, di ispezione o perquisizione personale, né qualsiasi altra restrizione della libertà personale, se non per atto motivato dell'autorità giudiziaria e nei soli casi e modi previsti dalla legge.

In casi eccezionali di necessità ed urgenza, indicati tassativamente dalla legge, l'autorità di pubblica sicurezza può adottare provvedimenti provvisori, che devono essere comunicati entro quarantotto ore all'autorità giudiziaria e, se questa non li convalida nelle successive quarantotto ore, si intendono revocati e restano privi di ogni effetto.

È punita ogni violenza fisica e morale sulle persone comunque sottoposte a restrizioni di libertà.

[1] La l. cost. 21 giugno 1967, n. 1 stabilisce: «L'ultimo comma dell'articolo 11 e l'ultimo comma dell'articolo 26 della Costituzione non si applicano ai delitti di genocidio».

La legge stabilisce i limiti massimi della carcerazione preventiva.

art. 14

Il domicilio è inviolabile.

Non vi si possono eseguire ispezioni o perquisizioni o sequestri, se non nei casi e modi stabiliti dalla legge secondo le garanzie prescritte per la tutela della libertà personale.

Gli accertamenti e le ispezioni per motivi di sanità e di incolumità pubblica o a fini economici e fiscali sono regolati da leggi speciali.

art. 15

La libertà e la segretezza della corrispondenza e di ogni altra forma di comunicazione sono inviolabili.

La loro limitazione può avvenire soltanto per atto motivato dell'autorità giudiziaria con le garanzie stabilite dalla legge.

art. 16

Ogni cittadino può circolare e soggiornare liberamente in qualsiasi parte del territorio nazionale, salvo le limitazioni che la legge stabilisce in via generale per motivi di sanità o di sicurezza. Nessuna restrizione può essere determinata da ragioni politiche.

Ogni cittadino è libero di uscire dal territorio della Repubblica e di rientrarvi, salvo gli obblighi di legge.

art. 17

I cittadini hanno diritto di riunirsi pacificamente e senz'armi.

Per le riunioni, anche in luogo aperto al pubblico, non è richiesto preavviso.

Delle riunioni in luogo pubblico deve essere dato preavviso alle autorità, che possono vietarle soltanto per comprovati motivi di sicurezza o di incolumità pubblica.

art. 18

I cittadini hanno diritto di associarsi liberamente, senza autorizzazione, per fini che non sono vietati ai singoli dalla legge penale.

Sono proibite le associazioni segrete e quelle che perseguono, anche indirettamente, scopi politici mediante organizzazioni di carattere militare.

art. 19

Tutti hanno diritto di professare liberamente la propria fede religiosa in qualsiasi forma, individuale o associata, di farne propaganda e di esercitarne in privato o in pubblico il culto, purché non si tratti di riti contrari al buon costume.

art. 20

Il carattere ecclesiastico e il fine di religione o di culto d'una associazione od istituzione non possono essere causa di speciali limitazioni legislative, né di speciali gravami fiscali per la sua costituzione, capacità giuridica e ogni forma di attività.

art. 21

Tutti hanno diritto di manifestare liberamente il proprio pensiero con la parola, lo scritto e ogni altro mezzo di diffusione.

La stampa non può essere soggetta ad autorizzazioni o censure.

Si può procedere a sequestro soltanto per atto motivato dell'autorità giudiziaria nel caso di delitti, per i quali la legge sulla stampa espressamente lo autorizzi, o nel caso di violazione delle norme che la legge stessa prescriva per l'indicazione dei responsabili.

In tali casi, quando vi sia assoluta urgenza e non sia possibile il tempestivo intervento dell'autorità giudiziaria, il sequestro della stampa periodica può essere eseguito da ufficiali di polizia giudiziaria, che devono immediatamente, e non mai oltre ventiquattro ore, fare denunzia all'autorità giudiziaria. Se questa non lo convalida nelle ventiquattro ore successive, il sequestro s'intende revocato e privo d'ogni effetto.

La legge può stabilire, con norme di carattere generale, che siano resi noti i mezzi di finanziamento della stampa periodica.

Sono vietate le pubblicazioni a stampa, gli spettacoli e tutte le altre manifestazioni contrarie al buon costume. La legge stabilisce provvedimenti adeguati a prevenire e a reprimere le violazioni.

art. 22

Nessuno può essere privato, per motivi politici, della capacità giuridica, della cittadinanza, del nome.

art. 23

Nessuna prestazione personale o patrimoniale può essere imposta se non in base alla legge.

art. 24

Tutti possono agire in giudizio per la tutela dei propri diritti e interessi legittimi.

La difesa è diritto inviolabile in ogni stato e grado del procedimento.

Sono assicurati ai non abbienti, con appositi istituti, i mezzi per agire e difendersi davanti ad ogni giurisdizione.

La legge determina le condizioni e i modi per la riparazione degli errori giudiziari.

art. 25

Nessuno può essere distolto dal giudice naturale precostituito per legge.

Nessuno può essere punito se non in forza di una legge che sia entrata in vigore prima del fatto commesso.

Nessuno può essere sottoposto a misure di sicurezza se non nei casi previsti dalla legge.

art. 26

L'estradizione del cittadino può essere consentita soltanto ove sia espressamente prevista dalle convenzioni internazionali.

Non può in alcun caso essere ammessa per reati politici[2].

art. 27

La responsabilità penale è personale.

L'imputato non è considerato colpevole sino alla condanna definitiva.

Le pene non possono consistere in trattamenti contrari al senso di umanità e devono tendere alla rieducazione del condannato.

Non è ammessa la pena di morte[3].

art. 28

I funzionari e i dipendenti dello Stato e degli enti pubblici sono direttamente responsabili, secondo le leggi penali, civili e amministrative, degli atti compiuti in violazione di diritti. In tali casi la responsabilità civile si estende allo Stato e agli enti pubblici.

TITOLO II
Rapporti etico-sociali

art. 29

La Repubblica riconosce i diritti della famiglia come società naturale fondata sul matrimonio.

Il matrimonio è ordinato sull'eguaglianza morale e giuridica dei coniugi, con i limiti stabiliti dalla legge a garanzia dell'unità familiare.

art. 30

È dovere e diritto dei genitori mantenere, istruire ed educare i figli, anche se nati fuori del matrimonio.

Nei casi di incapacità dei genitori, la legge provvede a che siano assolti i loro compiti.

La legge assicura ai figli nati fuori del matrimonio ogni tutela giuridica e sociale, compatibile con i diritti dei membri della famiglia legittima.

La legge detta le norme e i limiti per la ricerca della paternità.

art. 31

La Repubblica agevola con misure economiche e altre provvidenze la formazione della famiglia e l'adempimento dei compiti relativi, con particolare riguardo alle famiglie numerose.

Protegge la maternità, l'infanzia e la gioventù, favorendo gli istituti necessari a tale scopo.

[2] V. nota all'art. 10.

[3] Così modificato dall'art. 1 della l. cost. 2 ottobre 2007, n. 1.

art. 32

La Repubblica tutela la salute come fondamentale diritto dell'individuo e interesse della collettività, e garantisce cure gratuite agli indigenti.

Nessuno può essere obbligato a un determinato trattamento sanitario se non per disposizione di legge. La legge non può in nessun caso violare i limiti imposti dal rispetto della persona umana.

art. 33

L'arte e la scienza sono libere e libero ne è l'insegnamento.

La Repubblica detta le norme generali sull'istruzione ed istituisce scuole statali per tutti gli ordini e gradi.

Enti e privati hanno il diritto di istituire scuole ed istituti di educazione, senza oneri per lo Stato. La legge, nel fissare i diritti e gli obblighi delle scuole non statali che chiedono la parità, deve assicurare ad esse piena libertà e ai loro alunni un trattamento scolastico equipollente a quello degli alunni di scuole statali.

È prescritto un esame di Stato per l'ammissione ai vari ordini e gradi di scuole o per la conclusione di essi e per l'abilitazione all'esercizio professionale.

Le istituzioni di alta cultura, università ed accademie, hanno il diritto di darsi ordinamenti autonomi nei limiti stabiliti dalle leggi dello Stato.

art. 34

La scuola è aperta a tutti.

L'istruzione inferiore, impartita per almeno otto anni, è obbligatoria e gratuita.

I capaci e meritevoli, anche se privi di mezzi, hanno diritto di raggiungere i gradi più alti degli studi.

La Repubblica rende effettivo questo diritto con borse di studio, assegni alle famiglie ed altre provvidenze, che devono essere attribuite per concorso.

TITOLO III
Rapporti economici

art. 35

La Repubblica tutela il lavoro in tutte le sue forme ed applicazioni.

Cura la formazione e l'elevazione professionale dei lavoratori.

Promuove e favorisce gli accordi e le organizzazioni internazionali intesi ad affermare e regolare i diritti del lavoro.

Riconosce la libertà di emigrazione, salvo gli obblighi stabiliti dalla legge nell'interesse generale, e tutela il lavoro italiano all'estero.

art. 36

Il lavoratore ha diritto ad una retribuzione proporzionata alla quantità e qualità del suo lavoro e in ogni caso sufficiente ad assicurare a sé e alla famiglia un'esistenza libera e dignitosa.

La durata massima della giornata lavorativa è stabilita dalla legge.

Il lavoratore ha diritto al riposo settimanale e a ferie annuali retribuite, e non può rinunziarvi.

art. 37

La donna lavoratrice ha gli stessi diritti e, a parità di lavoro, le stesse retribuzioni che spettano al lavoratore. Le condizioni di lavoro devono consentire l'adempimento della sua essenziale funzione familiare e assicurare alla madre e al bambino una speciale adeguata protezione.

La legge stabilisce il limite minimo di età per il lavoro salariato.

La Repubblica tutela il lavoro dei minori con speciali norme e garantisce ad essi, a parità di lavoro, il diritto alla parità di retribuzione.

art. 38

Ogni cittadino inabile al lavoro e sprovvisto dei mezzi necessari per vivere ha diritto al mantenimento e all'assistenza sociale.

I lavoratori hanno diritto che siano preveduti ed assicurati mezzi adeguati alle loro esigenze di vita in caso di infortunio, malattia, invalidità e vecchiaia, disoccupazione involontaria.

Gli inabili ed i minorati hanno diritto all'educazione e all'avviamento professionale.

Ai compiti previsti in questo articolo provvedono organi ed istituti predisposti o integrati dallo Stato.

L'assistenza privata è libera.

art. 39

L'organizzazione sindacale è libera.

Ai sindacati non può essere imposto altro obbligo se non la loro registrazione presso uffici locali o centrali, secondo le norme di legge.

È condizione per la registrazione che gli statuti dei sindacati sanciscano un ordinamento interno a base democratica.

I sindacati registrati hanno personalità giuridica. Possono, rappresentati unitariamente in proporzione dei loro iscritti, stipulare contratti collettivi di lavoro con efficacia obbligatoria per tutti gli appartenenti alle categorie alle quali il contratto si riferisce.

art. 40

Il diritto di sciopero si esercita nell'ambito delle leggi che lo regolano.

art. 41

L'iniziativa economica privata è libera.

Non può svolgersi in contrasto con l'utilità sociale o in modo da recare danno alla sicurezza, alla libertà, alla dignità umana.

La legge determina i programmi e i controlli opportuni perché l'attività economica pubblica e privata possa essere indirizzata e coordinata a fini sociali.

art. 42

La proprietà è pubblica o privata. I beni economici appartengono allo Stato, ad enti o a privati.

La proprietà privata è riconosciuta e garantita dalla legge, che ne determina i modi di acquisto, di godimento e i limiti allo scopo di assicurarne la funzione sociale e di renderla accessibile a tutti.

La proprietà privata può essere, nei casi preveduti dalla legge, e salvo indennizzo, espropriata per motivi d'interesse generale.

La legge stabilisce le norme ed i limiti della successione legittima e testamentaria e i diritti dello Stato sulle eredità.

art. 43

A fini di utilità generale la legge può riservare originariamente o trasferire, mediante espropriazione e salvo indennizzo, allo Stato, ad enti pubblici o a comunità di lavoratori o di utenti determinate imprese o categorie di imprese, che si riferiscano a servizi pubblici essenziali o a fonti di energia o a situazioni di monopolio ed abbiano carattere di preminente interesse generale.

art. 44

Al fine di conseguire il razionale sfruttamento del suolo e di stabilire equi rapporti sociali, la legge impone obblighi e vincoli alla proprietà terriera privata, fissa limiti alla sua estensione secondo le regioni e le zone agrarie, promuove ed impone la bonifica delle terre, la trasformazione del latifondo e la ricostituzione delle unità produttive; aiuta la piccola e la media proprietà.

La legge dispone provvedimenti a favore delle zone montane.

art. 45

La Repubblica riconosce la funzione sociale della cooperazione a carattere di mutualità e senza fini di speculazione privata. La legge ne promuove e favorisce l'incremento con i mezzi più idonei e ne assicura, con gli opportuni controlli, il carattere e le finalità.

La legge provvede alla tutela e allo sviluppo dell'artigianato.

art. 46

Ai fini della elevazione economica e sociale del lavoro e in armonia con le esigenze della produzione, la Repubblica riconosce il diritto dei lavoratori a collaborare, nei modi e nei limiti stabiliti dalle leggi, alla gestione delle aziende.

art. 47

La Repubblica incoraggia e tutela il risparmio in tutte le sue forme; disciplina, coordina e controlla l'esercizio del credito.

Favorisce l'accesso del risparmio popolare alla proprietà dell'abitazione, alla proprietà diretta coltivatrice e al diretto e indiretto investimento azionario nei grandi complessi produttivi del Paese.

TITOLO IV
Rapporti politici

art. 48

Sono elettori tutti i cittadini, uomini e donne, che hanno raggiunto la maggiore età.

Il voto è personale ed eguale, libero e segreto. Il suo esercizio è dovere civico.

La legge stabilisce requisiti e modalità per l'esercizio del diritto di voto dei cittadini residenti all'estero e ne assicura l'effettività. A tale fine è istituita una circoscrizione Estero per l'elezione delle Camere, alla quale sono assegnati seggi nel numero stabilito da norma costituzionale e secondo criteri determinati dalla legge[4].

Il diritto di voto non può essere limitato se non per incapacità civile o per effetto di sentenza penale irrevocabile o nei casi di indegnità morale indicati dalla legge.

art. 48

Sono elettori tutti i cittadini, uomini e donne, che hanno raggiunto la maggiore età.

Il voto è personale ed eguale, libero e segreto. Il suo esercizio è dovere civico.

La legge stabilisce requisiti e modalità per l'esercizio del diritto di voto dei cittadini residenti all'estero e ne assicura l'effettività. A tale fine è istituita una circoscrizione Estero per l'elezione *della Camera dei deputati*, alla quale sono assegnati seggi nel numero stabilito da norma costituzionale e secondo criteri determinati dalla legge.

Il diritto di voto non può essere limitato se non per incapacità civile o per effetto di sentenza penale irrevocabile o nei casi di indegnità morale indicati dalla legge.

art. 49

Tutti i cittadini hanno diritto di associarsi liberamente in partiti per concorrere con metodo democratico a determinare la politica nazionale.

art. 50

Tutti i cittadini possono rivolgere petizioni alle Camere per chiedere provvedimenti legislativi o esporre comuni necessità.

art. 51

Tutti i cittadini dell'uno o dell'altro sesso possono accedere agli uffici pubblici e alle cariche elettive in condizioni di eguaglianza, secondo i requisiti stabiliti dalla legge. A tale fine la Repubblica promuove con appositi provvedimenti le pari opportunità tra donne e uomini[5].

La legge può, per l'ammissione ai pubblici uffici e alle cariche elettive, parificare ai cittadini gli italiani non appartenenti alla Repubblica.

Chi è chiamato a funzioni pubbliche elettive ha diritto di disporre del tempo necessario al loro adempimento e di conservare il suo posto di lavoro.

art. 52

La difesa della Patria è sacro dovere del cittadino.

Il servizio militare è obbligatorio nei limiti e modi stabiliti dalla legge. Il suo adempimento non pregiudica la posizione di lavoro del cittadino, né l'esercizio dei diritti politici.

L'ordinamento delle Forze armate si informa allo spirito democratico della Repubblica.

art. 53

Tutti sono tenuti a concorrere alle spese pubbliche in ragione della loro capacità contributiva.

Il sistema tributario è informato a criteri di progressività.

art. 54

Tutti i cittadini hanno il dovere di essere fedeli alla Repubblica e di osservarne la Costituzione e le leggi.

I cittadini cui sono affidate funzioni pubbliche hanno il dovere di adempierle con disciplina ed onore, prestando giuramento nei casi stabiliti dalla legge.

[4] Comma aggiunto dall'art. 1 della l. cost. 17 gennaio 2000, n. 1.

[5] Così modificato dall'art. 1 della l. cost. 30 maggio 2003, n. 1.

PARTE II. ORDINAMENTO DELLA REPUBBLICA

TITOLO I
Il Parlamento

SEZIONE I
Le Camere

art. 55

Il Parlamento si compone della Camera dei deputati e del Senato della Repubblica.

Il Parlamento si riunisce in seduta comune dei membri delle due Camere nei soli casi stabiliti dalla Costituzione.

art. 55

Il Parlamento si compone della Camera dei deputati e del Senato della Repubblica.

Le leggi che stabiliscono le modalità di elezione delle Camere promuovono l'equilibrio tra donne e uomini nella rappresentanza.

Ciascun membro della Camera dei deputati rappresenta la Nazione.

La Camera dei deputati è titolare del rapporto di fiducia con il Governo ed esercita la funzione di indirizzo politico, la funzione legislativa e quella di controllo dell'operato del Governo.

Il Senato della Repubblica rappresenta le istituzioni territoriali ed esercita funzioni di raccordo tra lo Stato e gli altri enti costitutivi della Repubblica. Concorre all'esercizio della funzione legislativa nei casi e secondo le modalità stabiliti dalla Costituzione, nonché all'esercizio delle funzioni di raccordo tra lo Stato, gli altri enti costitutivi della Repubblica e l'Unione europea. Partecipa alle decisioni dirette alla formazione e all'attuazione degli atti normativi e delle politiche dell'Unione europea. Valuta le politiche pubbliche e l'attività delle pubbliche amministrazioni e verifica l'impatto delle politiche dell'Unione europea sui territori. Concorre ad esprimere pareri sulle nomine di competenza del Governo nei casi previsti dalla legge e a verificare l'attuazione delle leggi dello Stato.

Il Parlamento si riunisce in seduta comune dei membri delle due Camere nei soli casi stabiliti dalla Costituzione.

art. 56

La Camera dei deputati è eletta a suffragio universale e diretto.

Il numero dei deputati è di seicentotrenta, dodici dei quali eletti nella circoscrizione Estero.

Sono eleggibili a deputati tutti gli elettori che nel giorno delle elezioni hanno compiuto i venticinque anni di età.

La ripartizione dei seggi tra le circoscrizioni, fatto salvo il numero dei seggi assegnati alla circoscrizione Estero, si effettua dividendo il numero degli abitanti della Repubblica, quale risulta dall'ultimo censimento generale della popolazione, per seicentodiciotto e distribuendo i seggi in proporzione alla popolazione di ogni circoscrizione, sulla base dei quozienti interi e dei più alti resti[6].

art. 57

Il Senato della Repubblica è eletto a base regionale, salvi i seggi assegnati alla circoscrizione Estero.

Il numero dei senatori elettivi è di trecentoquindici, sei dei quali eletti nella circoscrizione Estero.

Nessuna Regione può avere un numero di senatori inferiore a sette; il Molise ne ha due, la Valle d'Aosta uno.

La ripartizione dei seggi tra le Regioni, fatto salvo il numero dei seggi assegnati alla circoscrizione Estero, previa applicazione delle disposizioni del precedente comma, si effettua in proporzione alla popolazione delle Regioni, quale risulta dall'ultimo censimento generale, sulla base dei quozienti interi e dei più alti resti[7].

art. 57

Il Senato della Repubblica è composto da novantacinque senatori rappresentativi delle istituzioni territoriali e da cinque senatori che possono essere nominati dal Presidente della Repubblica.

I Consigli regionali e i Consigli delle Province autonome di Trento e di Bolzano eleggono, con metodo proporzionale, i senatori tra i propri componenti e, nella misura di uno per ciascuno, tra i sindaci dei Comuni dei rispettivi territori.

Nessuna Regione può avere un numero di senatori inferiore a *due; ciascuna delle Province autonome di Trento e di Bolzano ne ha due.*

La ripartizione dei seggi tra le Regioni *si effettua, previa applicazione delle disposizioni del precedente comma, in proporzione alla loro popolazione,* quale risulta dall'ultimo censimento generale, sulla base dei quozienti interi e dei più alti resti.

La durata del mandato dei senatori coincide con quella degli organi delle istituzioni territoriali dai quali sono stati eletti, in conformità alle scelte espresse dagli elettori per i candidati consiglieri in occasione del rinnovo dei medesimi organi, secondo le modalità stabilite dalla legge di cui al sesto comma.

Con legge approvata da entrambe le Camere sono regolate le modalità di attribuzione dei seggi e di elezione dei membri del Senato della Repubblica tra i consiglieri e i sindaci, nonché quelle per la loro sostituzione, in caso di cessazione dalla carica elettiva regionale o locale. I seggi sono attribuiti in ragione dei voti espressi e della composizione di ciascun Consiglio.

[6] Così modificato dall'art. 1 della l. cost. 9 febbraio 1963, n. 2 e dall'art. 1 della l. cost. 23 gennaio 2001, n. 1.

[7] Così modificato dall'art. 2 della l. cost. 9 febbraio 1963, n. 2, dall'art. 2 della l. cost. 27 dicembre 1963, n. 3 e dall'art. 2 della l. cost. 23 gennaio 2001, n. 1.

art. 58	***art. 58*** *(abrogato)*
I senatori sono eletti a suffragio universale e diretto dagli elettori che hanno superato il venticinquesimo anno di età. Sono eleggibili a senatori gli elettori che hanno compiuto il quarantesimo anno.	
art. 59	***art. 59***
È senatore di diritto e a vita, salvo rinunzia, chi è stato Presidente della Repubblica. Il Presidente della Repubblica può nominare senatori a vita cinque cittadini che hanno illustrato la Patria per altissimi meriti nel campo sociale, scientifico, artistico e letterario.	È senatore di diritto e a vita, salvo rinunzia, chi è stato Presidente della Repubblica. Il Presidente della Repubblica può nominare *senatori cittadini* che hanno illustrato la Patria per altissimi meriti nel campo sociale, scientifico, artistico e letterario. *Tali senatori durano in carica sette anni e non possono essere nuovamente nominati.*
art. 60	***art. 60***
La Camera dei deputati e il Senato della Repubblica sono eletti per cinque anni[8]. La durata di ciascuna Camera non può essere prorogata se non per legge e soltanto in caso di guerra.	La Camera dei deputati *è eletta* per cinque anni. La durata *della Camera dei deputati* non può essere prorogata se non per legge e soltanto in caso di guerra.
art. 61	***art. 61***
Le elezioni delle nuove Camere hanno luogo entro settanta giorni dalla fine delle precedenti. La prima riunione ha luogo non oltre il ventesimo giorno dalle elezioni. Finché non siano riunite le nuove Camere sono prorogati i poteri delle precedenti.	*L'elezione della nuova Camera dei deputati ha* luogo entro settanta giorni dalla fine *della precedente*. La prima riunione ha luogo non oltre il ventesimo giorno *dall'elezione*. Finché non *sia riunita la nuova Camera dei deputati* sono prorogati i poteri *della precedente*.
art. 62	***art. 62***
Le Camere si riuniscono di diritto il primo giorno non festivo di febbraio e di ottobre. Ciascuna Camera può essere convocata in via straordinaria per iniziativa del suo Presidente o del Presidente della Repubblica o di un terzo dei suoi componenti. Quando si riunisce in via straordinaria una Camera, è convocata di diritto anche l'altra.	Le Camere si riuniscono di diritto il primo giorno non festivo di febbraio e di ottobre. Ciascuna Camera può essere convocata in via straordinaria per iniziativa del suo Presidente o del Presidente della Repubblica o di un terzo dei suoi componenti. *(abrogato)*

[8] Così modificato dall'art. 3 della l. cost. 9 febbraio 1963, n. 2.

art. 63

Ciascuna Camera elegge fra i suoi componenti il Presidente e l'Ufficio di presidenza.

Quando il Parlamento si riunisce in seduta comune, il Presidente e l'Ufficio di presidenza sono quelli della Camera dei deputati.

art. 63

Ciascuna Camera elegge fra i suoi componenti il Presidente e l'Ufficio di presidenza.

Il regolamento stabilisce in quali casi l'elezione o la nomina alle cariche negli organi del Senato della Repubblica possono essere limitate in ragione dell'esercizio di funzioni di governo regionali o locali.

Quando il Parlamento si riunisce in seduta comune, il Presidente e l'Ufficio di presidenza sono quelli della Camera dei deputati.

art. 64

Ciascuna Camera adotta il proprio regolamento a maggioranza assoluta dei suoi componenti.

Le sedute sono pubbliche: tuttavia ciascuna delle due Camere e il Parlamento a Camere riunite possono deliberare di adunarsi in seduta segreta.

Le deliberazioni di ciascuna Camera e del Parlamento non sono valide se non è presente la maggioranza dei loro componenti, e se non sono adottate a maggioranza dei presenti, salvo che la Costituzione prescriva una maggioranza speciale.

I membri del Governo, anche se non fanno parte delle Camere, hanno diritto, e se richiesti obbligo, di assistere alle sedute. Devono essere sentiti ogni volta che lo richiedono.

art. 64

Ciascuna Camera adotta il proprio regolamento a maggioranza assoluta dei suoi componenti.

I regolamenti delle Camere garantiscono i diritti delle minoranze parlamentari. Il regolamento della Camera dei deputati disciplina lo statuto delle opposizioni.

Le sedute sono pubbliche: tuttavia ciascuna delle due Camere e il Parlamento a Camere riunite possono deliberare di adunarsi in seduta segreta.

Le deliberazioni di ciascuna Camera e del Parlamento non sono valide se non è presente la maggioranza dei loro componenti, e se non sono adottate a maggioranza dei presenti, salvo che la Costituzione prescriva una maggioranza speciale.

I membri del Governo hanno diritto, e se richiesti obbligo, di assistere alle sedute *delle Camere.* Devono essere sentiti ogni volta che lo richiedono.

I membri del Parlamento hanno il dovere di partecipare alle sedute dell'Assemblea e ai lavori delle Commissioni.

art. 65

La legge determina i casi di ineleggibilità e di incompatibilità con l'ufficio di deputato o di senatore.

Nessuno può appartenere contemporaneamente alle due Camere.

art. 66

Ciascuna Camera giudica dei titoli di ammissione dei suoi componenti e delle cause sopraggiunte di ineleggibilità e di incompatibilità.

art. 66

Ciascuna Camera giudica dei titoli di ammissione dei suoi componenti e delle cause sopraggiunte di ineleggibilità e di incompatibilità.

Il Senato della Repubblica prende atto della cessazione dalla carica elettiva regionale o locale e della conseguente decadenza da senatore.

art. 67

Ogni membro del Parlamento rappresenta la Nazione ed esercita le sue funzioni senza vincolo di mandato.

art. 67

I membri del Parlamento esercitano le loro funzioni senza vincolo di mandato.

art. 68

I membri del Parlamento non possono essere chiamati a rispondere delle opinioni espresse e dei voti dati nell'esercizio delle loro funzioni.

Senza autorizzazione della Camera alla quale appartiene, nessun membro del Parlamento può essere sottoposto a perquisizione personale o domiciliare, né può essere arrestato o altrimenti privato della libertà personale, o mantenuto in detenzione, salvo che in esecuzione di una sentenza irrevocabile di condanna, ovvero se sia colto nell'atto di commettere un delitto per il quale è previsto l'arresto obbligatorio in flagranza.

Analoga autorizzazione è richiesta per sottoporre i membri del Parlamento ad intercettazioni, in qualsiasi forma, di conversazioni o comunicazioni e a sequestro di corrispondenza[9].

art. 69

I membri del Parlamento ricevono un'indennità stabilita dalla legge.

art. 69

I membri *della Camera dei deputati* ricevono un'indennità stabilita dalla legge.

SEZIONE II
La formazione delle leggi

art. 70

La funzione legislativa è esercitata collettivamente dalle due Camere.

art. 70

La funzione legislativa è esercitata collettivamente dalle due Camere *per le leggi di revisione della Costituzione e le altre leggi costituzionali, e soltanto per le leggi di attuazione delle disposizioni costituzionali concernenti la tutela delle minoranze linguistiche, i referendum popolari, le altre forme di consultazione di cui all'articolo 71, per le leggi che determinano l'ordinamento, la legislazione elettorale, gli organi di governo, le funzioni fondamentali dei Comuni e delle Città metropolitane e le disposizioni di principio sulle forme associative dei Comuni, per la legge che stabilisce le norme generali, le forme e i termini*

[9] Così modificato dall'art. 1 della l. cost. 29 ottobre 1993, n. 3.

della partecipazione dell'Italia alla formazione e all'attuazione della normativa e delle politiche dell'Unione europea, per quella che determina i casi di ineleggibilità e di incompatibilità con l'ufficio di senatore di cui all'articolo 65, primo comma, e per le leggi di cui agli articoli 57, sesto comma, 80, secondo periodo, 114, terzo comma, 116, terzo comma, 117, quinto e nono comma, 119, sesto comma, 120, secondo comma, 122, primo comma, e 132, secondo comma. Le stesse leggi, ciascuna con oggetto proprio, possono essere abrogate, modificate o derogate solo in forma espressa e da leggi approvate a norma del presente comma.

Le altre leggi sono approvate dalla Camera dei deputati.

Ogni disegno di legge approvato dalla Camera dei deputati è immediatamente trasmesso al Senato della Repubblica che, entro dieci giorni, su richiesta di un terzo dei suoi componenti, può disporre di esaminarlo. Nei trenta giorni successivi il Senato della Repubblica può deliberare proposte di modificazione del testo, sulle quali la Camera dei deputati si pronuncia in via definitiva. Qualora il Senato della Repubblica non disponga di procedere all'esame o sia inutilmente decorso il termine per deliberare, ovvero quando la Camera dei deputati si sia pronunciata in via definitiva, la legge può essere promulgata.

L'esame del Senato della Repubblica per le leggi che danno attuazione all'articolo 117, quarto comma, è disposto nel termine di dieci giorni dalla data di trasmissione. Per i medesimi disegni di legge, la Camera dei deputati può non conformarsi alle modificazioni proposte dal Senato della Repubblica a maggioranza assoluta dei suoi componenti, solo pronunciandosi nella votazione finale a maggioranza assoluta dei propri componenti.

I disegni di legge di cui all'articolo 81, quarto comma, approvati dalla Camera dei deputati, sono esaminati dal Senato della Repubblica, che può deliberare proposte di modificazione entro quindici giorni dalla data della trasmissione.

I Presidenti delle Camere decidono, d'intesa tra loro, le eventuali questioni di competenza, sollevate secondo le norme dei rispettivi regolamenti.

Il Senato della Repubblica può, secondo quanto previsto dal proprio regolamento, svolgere attività conoscitive, nonché formulare osservazioni su atti o documenti all'esame della Camera dei deputati.

art. 71

L'iniziativa delle leggi appartiene al Governo, a ciascun membro delle Camere ed agli organi ed enti ai quali sia conferita da legge costituzionale.

Il popolo esercita l'iniziativa delle leggi, mediante la proposta, da parte di almeno cinquantamila elettori, di un progetto redatto in articoli.

art. 71

L'iniziativa delle leggi appartiene al Governo, a ciascun membro delle Camere ed agli organi ed enti ai quali sia conferita da legge costituzionale.

Il Senato della Repubblica può, con deliberazione adottata a maggioranza assoluta dei suoi componenti, richiedere alla Camera dei deputati di procedere all'esame di un disegno di legge. In tal caso, la Camera dei deputati procede all'esame e si pronuncia entro il termine di sei mesi dalla data della deliberazione del Senato della Repubblica.

Il popolo esercita l'iniziativa delle leggi, mediante la proposta, da parte di almeno *centocinquantamila* elettori, di un progetto redatto in articoli. *La discussione e la deliberazione conclusiva sulle proposte di legge d'iniziativa popolare sono garantite nei tempi, nelle forme e nei limiti stabiliti dai regolamenti parlamentari.*

Al fine di favorire la partecipazione dei cittadini alla determinazione delle politiche pubbliche, la legge costituzionale stabilisce condizioni ed effetti di referendum popolari propositivi e d'indirizzo, nonché di altre forme di consultazione, anche delle formazioni sociali. Con legge approvata da entrambe le Camere sono disposte le modalità di attuazione.

art. 72

Ogni disegno di legge, presentato ad una Camera è, secondo le norme del suo regolamento, esaminato da una commissione e poi dalla Camera stessa, che l'approva articolo per articolo e con votazione finale.

Il regolamento stabilisce procedimenti abbreviati per i disegni di legge dei quali è dichiarata l'urgenza.

Può altresì stabilire in quali casi e forme l'esame e l'approvazione dei disegni di legge sono deferiti a commissioni, anche permanenti, com-

art. 72

Ogni disegno di legge *di cui all'articolo 70, primo comma*, presentato ad una Camera è, secondo le norme del suo regolamento, esaminato da una Commissione e poi dalla Camera stessa, che l'approva articolo per articolo e con votazione finale.

Ogni altro disegno di legge è presentato alla Camera dei deputati e, secondo le norme del suo regolamento, esaminato da una Commissione e poi dalla Camera stessa, che l'approva articolo per articolo e con votazione finale.

I regolamenti stabiliscono procedimenti abbreviati per i disegni di legge dei quali è dichiarata l'urgenza.

Possono altresì stabilire in quali casi e forme l'esame e l'approvazione dei disegni di legge sono deferiti a Commissioni, anche permanenti, *che* poste in modo da rispecchiare la proporzione dei gruppi parlamentari. Anche in tali casi, fino al momento della sua approvazione definitiva, il disegno di legge è rimesso alla Camera, se il Governo o un decimo dei componenti della Camera o un quinto della commissione richiedono che sia discusso e votato dalla Camera stessa oppure che sia sottoposto alla sua approvazione finale con sole dichiarazioni di voto. Il regolamento determina le forme di pubblicità dei lavori delle commissioni.

La procedura normale di esame e di approvazione diretta da parte della Camera è sempre adottata per i disegni di legge in materia costituzionale ed elettorale e per quelli di delegazione legislativa, di autorizzazione a ratificare trattati internazionali, di approvazione di bilanci e consuntivi.

alla Camera dei deputati, sono composte in modo da rispecchiare la proporzione dei gruppi parlamentari. Anche in tali casi, fino al momento della sua approvazione definitiva, il disegno di legge è rimesso alla Camera, se il Governo o un decimo dei componenti della Camera o un quinto della Commissione richiedono che sia discusso e votato dalla Camera stessa oppure che sia sottoposto alla sua approvazione finale con sole dichiarazioni di voto. *I regolamenti determinano* le forme di pubblicità dei lavori delle Commissioni.

La procedura normale di esame e di approvazione diretta da parte della Camera è sempre adottata per i disegni di legge in materia costituzionale ed elettorale, per quelli di delegazione legislativa, *per quelli di conversione in legge di decreti, per quelli* di autorizzazione a ratificare trattati internazionali *e per quelli* di approvazione di bilanci e consuntivi.

Il regolamento del Senato della Repubblica disciplina le modalità di esame dei disegni di legge trasmessi dalla Camera dei deputati ai sensi dell'articolo 70.

Esclusi i casi di cui all'articolo 70, primo comma, e, in ogni caso, le leggi in materia elettorale, le leggi di autorizzazione alla ratifica dei trattati internazionali e le leggi di cui agli articoli 79 e 81, sesto comma, il Governo può chiedere alla Camera dei deputati di deliberare, entro cinque giorni dalla richiesta, che un disegno di legge indicato come essenziale per l'attuazione del programma di governo sia iscritto con priorità all'ordine del giorno e sottoposto alla pronuncia in via definitiva della Camera dei deputati entro il termine di settanta giorni dalla deliberazione. In tali casi, i termini di cui all'articolo 70, terzo comma, sono ridotti della metà. Il termine può essere differito di non oltre quindici giorni, in relazione ai tempi di esame da parte della Commissione nonché alla complessità del disegno di legge. Il regolamento della Camera dei deputati stabilisce le modalità e i limiti del procedimento, anche con riferimento all'omogeneità del disegno di legge.

art. 73

Le leggi sono promulgate dal Presidente della Repubblica entro un mese dall'approvazione.

Se le Camere, ciascuna a maggioranza assoluta dei propri componenti, ne dichiarano l'urgenza, la legge è promulgata nel termine da essa stabilito.

Le leggi sono pubblicate subito dopo la promulgazione ed entrano in vigore il quindicesimo giorno successivo alla loro pubblicazione, salvo che le leggi stesse stabiliscano un termine diverso.

art. 73

Le leggi sono promulgate dal Presidente della Repubblica entro un mese dall'approvazione.

Le leggi che disciplinano l'elezione dei membri della Camera dei deputati e del Senato della Repubblica possono essere sottoposte, prima della loro promulgazione, al giudizio preventivo di legittimità costituzionale da parte della Corte costituzionale, su ricorso motivato presentato da almeno un quarto dei componenti della Camera dei deputati o da almeno un terzo dei componenti del Senato della Repubblica entro dieci giorni dall'approvazione della legge, prima dei quali la legge non può essere promulgata. La Corte costituzionale si pronuncia entro il termine di trenta giorni e, fino ad allora, resta sospeso il termine per la promulgazione della legge. In caso di dichiarazione di illegittimità costituzionale, la legge non può essere promulgata.

Se la Camera dei deputati, a maggioranza assoluta dei suoi componenti, ne dichiara l'urgenza, la legge è promulgata nel termine da essa stabilito.

Le leggi sono pubblicate subito dopo la promulgazione ed entrano in vigore il quindicesimo giorno successivo alla loro pubblicazione, salvo che le leggi stesse stabiliscano un termine diverso.

art. 74

Il Presidente della Repubblica, prima di promulgare la legge, può con messaggio motivato alle Camere chiedere una nuova deliberazione.

Se le Camere approvano nuovamente la legge, questa deve essere promulgata.

art. 74

Il Presidente della Repubblica, prima di promulgare la legge, può con messaggio motivato alle Camere chiedere una nuova deliberazione.

Qualora la richiesta riguardi la legge di conversione di un decreto adottato a norma dell'articolo 77, il termine per la conversione in legge è differito di trenta giorni.

Se la legge è nuovamente approvata, questa deve essere promulgata.

art. 75

È indetto referendum popolare per deliberare l'abrogazione, totale o parziale, di una legge o di un atto avente valore di legge, quando

art. 75

È indetto referendum popolare per deliberare l'abrogazione, totale o parziale, di una legge o di un atto avente *forza* di legge, quando lo richiedono cinquecentomila elettori o cinque Consigli regionali.

Non è ammesso il referendum per le leggi tributarie e di bilancio, di amnistia e di indulto, di autorizzazione a ratificare trattati internazionali.

Hanno diritto di partecipare al referendum tutti i cittadini chiamati ad eleggere la Camera dei deputati.

La proposta soggetta a referendum è approvata se ha partecipato alla votazione la maggioranza degli aventi diritto, e se è raggiunta la maggioranza dei voti validamente espressi.

La legge determina le modalità di attuazione del referendum.

lo richiedono cinquecentomila elettori o cinque Consigli regionali.

Non è ammesso il referendum per le leggi tributarie e di bilancio, di amnistia e di indulto, di autorizzazione a ratificare trattati internazionali.

Hanno diritto di partecipare al referendum tutti *gli elettori*.

La proposta soggetta a referendum è approvata se ha partecipato alla votazione la maggioranza degli aventi diritto *o, se avanzata da ottocentomila elettori, la maggioranza dei votanti alle ultime elezioni della Camera dei deputati*, e se è raggiunta la maggioranza dei voti validamente espressi.

La legge determina le modalità di attuazione del referendum.

art. 76

L'esercizio della funzione legislativa non può essere delegato al Governo se non con determinazione di princìpi e criteri direttivi e soltanto per tempo limitato e per oggetti definiti.

art. 77

Il Governo non può, senza delegazione delle Camere, emanare decreti che abbiano valore di legge ordinaria.

Quando, in casi straordinari di necessità e d'urgenza, il Governo adotta, sotto la sua responsabilità, provvedimenti provvisori con forza di legge, deve il giorno stesso presentarli per la conversione alle Camere che, anche se sciolte, sono appositamente convocate e si riuniscono entro cinque giorni.

I decreti perdono efficacia sin dall'inizio, se non sono convertiti in legge entro sessanta giorni dalla loro pubblicazione. Le Camere possono tuttavia regolare con legge i rapporti giuridici sorti sulla base dei decreti non convertiti.

***art.* 77**

Il Governo non può, senza delegazione *disposta con legge*, emanare decreti che abbiano valore di legge ordinaria.

Quando, in casi straordinari di necessità e d'urgenza, il Governo adotta, sotto la sua responsabilità, provvedimenti provvisori con forza di legge, deve il giorno stesso presentarli per la conversione *alla Camera dei deputati, anche quando la funzione legislativa è esercitata collettivamente dalle due Camere. La Camera dei deputati, anche se sciolta, è appositamente convocata e si riunisce* entro cinque giorni.

I decreti perdono efficacia sin dall'inizio, se non sono convertiti in legge entro sessanta giorni dalla loro pubblicazione *o, nei casi in cui il Presidente della Repubblica abbia chiesto, a norma dell'articolo 74, una nuova deliberazione, entro novanta giorni dalla loro pubblicazione. La legge può* tuttavia regolare i rapporti giuridici sorti sulla base dei decreti non convertiti.

Il Governo non può, mediante provvedimenti provvisori con forza di legge: disciplinare le materie indicate nell'articolo 72, quinto comma, con esclusione, per la materia elettorale, della disciplina dell'organizzazione del procedimento elettorale e dello svolgimento delle elezioni; reiterare disposizioni adottate con decreti non convertiti in legge e regolare i rapporti giuridici sorti sulla base dei medesimi; ripristinare l'efficacia di norme di legge o di atti aventi forza di legge che la Corte costituzionale ha dichiarato illegittimi per vizi non attinenti al procedimento.

I decreti recano misure di immediata applicazione e di contenuto specifico, omogeneo e corrispondente al titolo.

L'esame, a norma dell'articolo 70, terzo e quarto comma, dei disegni di legge di conversione dei decreti è disposto dal Senato della Repubblica entro trenta giorni dalla loro presentazione alla Camera dei deputati. Le proposte di modificazione possono essere deliberate entro dieci giorni dalla data di trasmissione del disegno di legge di conversione, che deve avvenire non oltre quaranta giorni dalla presentazione.

Nel corso dell'esame dei disegni di legge di conversione dei decreti non possono essere approvate disposizioni estranee all'oggetto o alle finalità del decreto.

art. 78

Le Camere deliberano lo stato di guerra e conferiscono al Governo i poteri necessari.

art. 78

La Camera dei deputati delibera a maggioranza assoluta lo stato di guerra e *conferisce* al Governo i poteri necessari.

art. 79

L'amnistia e l'indulto sono concessi con legge deliberata a maggioranza dei due terzi dei componenti di ciascuna Camera, in ogni suo articolo e nella votazione finale.

La legge che concede l'amnistia o l'indulto stabilisce il termine per la loro applicazione.

In ogni caso l'amnistia e l'indulto non possono applicarsi ai reati commessi successivamente alla presentazione del disegno di legge[10].

art. 79

L'amnistia e l'indulto sono concessi con legge deliberata a maggioranza dei due terzi dei componenti *della Camera dei deputati*, in ogni suo articolo e nella votazione finale.

La legge che concede l'amnistia o l'indulto stabilisce il termine per la loro applicazione.

In ogni caso l'amnistia e l'indulto non possono applicarsi ai reati commessi successivamente alla presentazione del disegno di legge.

[10] Così modificato dall'art. 1 della l. cost. 6 marzo 1992, n. 1.

art. 80

Le Camere autorizzano con legge la ratifica dei trattati internazionali che sono di natura politica, o prevedono arbitrati o regolamenti giudiziari, o importano variazioni del territorio od oneri alle finanze o modificazioni di leggi.

art. 80

La Camera dei deputati autorizza con legge la ratifica dei trattati internazionali che sono di natura politica, o prevedono arbitrati o regolamenti giudiziari, o importano variazioni del territorio od oneri alle finanze o modificazioni di leggi. *Le leggi che autorizzano la ratifica dei trattati relativi all'appartenenza dell'Italia all'Unione europea sono approvate da entrambe le Camere.*

art. 81

Lo Stato assicura l'equilibrio tra le entrate e le spese del proprio bilancio, tenendo conto delle fasi avverse e delle fasi favorevoli del ciclo economico.

Il ricorso all'indebitamento è consentito solo al fine di considerare gli effetti del ciclo economico e, previa autorizzazione delle Camere adottata a maggioranza assoluta dei rispettivi componenti, al verificarsi di eventi eccezionali.

Ogni legge che importi nuovi o maggiori oneri provvede ai mezzi per farvi fronte.

Le Camere ogni anno approvano con legge il bilancio e il rendiconto consuntivo presentati dal Governo.

L'esercizio provvisorio del bilancio non può essere concesso se non per legge e per periodi non superiori complessivamente a quattro mesi.

Il contenuto della legge di bilancio, le norme fondamentali e i criteri volti ad assicurare l'equilibrio tra le entrate e le spese dei bilanci e la sostenibilità del debito del complesso delle pubbliche amministrazioni sono stabiliti con legge approvata a maggioranza assoluta dei componenti di ciascuna Camera, nel rispetto dei princìpi definiti con legge costituzionale[11].

art. 81

Lo Stato assicura l'equilibrio tra le entrate e le spese del proprio bilancio, tenendo conto delle fasi avverse e delle fasi favorevoli del ciclo economico.

Il ricorso all'indebitamento è consentito solo al fine di considerare gli effetti del ciclo economico e, previa autorizzazione *della Camera dei deputati* adottata a maggioranza assoluta dei *suoi* componenti, al verificarsi di eventi eccezionali.

Ogni legge che importi nuovi o maggiori oneri provvede ai mezzi per farvi fronte.

La Camera dei deputati ogni anno *approva* con legge il bilancio e il rendiconto consuntivo presentati dal Governo.

L'esercizio provvisorio del bilancio non può essere concesso se non per legge e per periodi non superiori complessivamente a quattro mesi.

Il contenuto della legge di bilancio, le norme fondamentali e i criteri volti ad assicurare l'equilibrio tra le entrate e le spese dei bilanci e la sostenibilità del debito del complesso delle pubbliche amministrazioni sono stabiliti con legge approvata a maggioranza assoluta dei componenti *della Camera dei deputati*, nel rispetto dei princìpi definiti con legge costituzionale.

[11] Così modificato dall'art. 1 della l. cost. 20 aprile 2012, n. 1.

art. 82

Ciascuna Camera può disporre inchieste su materie di pubblico interesse.

A tale scopo nomina fra i propri componenti una commissione formata in modo da rispecchiare la proporzione dei vari gruppi. La commissione di inchiesta procede alle indagini e agli esami con gli stessi poteri e le stesse limitazioni della autorità giudiziaria.

art. 82

La Camera dei deputati può disporre inchieste su materie di pubblico interesse. *Il Senato della Repubblica può disporre inchieste su materie di pubblico interesse concernenti le autonomie territoriali.*

A tale scopo *ciascuna Camera* nomina fra i propri componenti una Commissione. *Alla Camera dei deputati la Commissione è* formata in modo da rispecchiare la proporzione dei vari gruppi. La Commissione d'inchiesta procede alle indagini e agli esami con gli stessi poteri e le stesse limitazioni dell'autorità giudiziaria.

TITOLO II
Il Presidente della Repubblica

art. 83

Il Presidente della Repubblica è eletto dal Parlamento in seduta comune dei suoi membri.

All'elezione partecipano tre delegati per ogni Regione eletti dal Consiglio regionale in modo che sia assicurata la rappresentanza delle minoranze. La Valle d'Aosta ha un solo delegato.

L'elezione del Presidente della Repubblica ha luogo per scrutinio segreto a maggioranza di due terzi della assemblea. Dopo il terzo scrutinio è sufficiente la maggioranza assoluta.

art. 83

Il Presidente della Repubblica è eletto dal Parlamento in seduta comune dei suoi membri.

(abrogato)

L'elezione del Presidente della Repubblica ha luogo per scrutinio segreto a maggioranza di due terzi della assemblea. *Dal quarto scrutinio è sufficiente la maggioranza dei tre quinti dell'assemblea. Dal settimo scrutinio è sufficiente la maggioranza dei tre quinti dei votanti.*

art. 84

Può essere eletto Presidente della Repubblica ogni cittadino che abbia compiuto cinquanta anni d'età e goda dei diritti civili e politici.

L'ufficio di Presidente della Repubblica è incompatibile con qualsiasi altra carica.

L'assegno e la dotazione del Presidente sono determinati per legge.

art. 85

Il Presidente della Repubblica è eletto per sette anni.

Trenta giorni prima che scada il termine, il Presidente della Camera dei deputati convoca in seduta comune il Parlamento e i delegati regionali, per eleggere il nuovo Presidente della Repubblica.

art. 85

Il Presidente della Repubblica è eletto per sette anni.

Trenta giorni prima che scada il termine, il Presidente della Camera dei deputati convoca in seduta comune il Parlamento per eleggere il nuovo Presidente della Repubblica. *Quando il Presidente della Camera esercita le funzioni*

Se le Camere sono sciolte, o manca meno di tre mesi alla loro cessazione, la elezione ha luogo entro quindici giorni dalla riunione delle Camere nuove. Nel frattempo sono prorogati i poteri del Presidente in carica.

del Presidente della Repubblica nel caso in cui questi non possa adempierle, il Presidente del Senato convoca e presiede il Parlamento in seduta comune.

Se la Camera dei deputati è sciolta, o manca meno di tre mesi alla *sua* cessazione, l'elezione ha luogo entro quindici giorni dalla riunione *della Camera nuova*. Nel frattempo sono prorogati i poteri del Presidente in carica.

art. 86

Le funzioni del Presidente della Repubblica, in ogni caso che egli non possa adempierle, sono esercitate dal Presidente del Senato.

In caso di impedimento permanente o di morte o di dimissioni del Presidente della Repubblica, il Presidente della Camera dei deputati indice la elezione del nuovo Presidente della Repubblica entro quindici giorni, salvo il maggior termine previsto se le Camere sono sciolte o manca meno di tre mesi alla loro cessazione.

art. 86

Le funzioni del Presidente della Repubblica, in ogni caso che egli non possa adempierle, sono esercitate dal Presidente *della Camera dei deputati.*

In caso di impedimento permanente o di morte o di dimissioni del Presidente della Repubblica, il Presidente *del Senato* indice la elezione del nuovo Presidente della Repubblica entro quindici giorni, salvo il maggior termine previsto se *la Camera dei deputati è sciolta* o manca meno di tre mesi alla *sua* cessazione.

art. 87

Il Presidente della Repubblica è il Capo dello Stato e rappresenta l'unità nazionale.

Può inviare messaggi alle Camere.

Indice le elezioni delle nuove Camere e ne fissa la prima riunione.

Autorizza la presentazione alle Camere dei disegni di legge di iniziativa del Governo.

Promulga le leggi ed emana i decreti aventi valore di legge e i regolamenti.

Indice il referendum popolare nei casi previsti dalla Costituzione.

Nomina, nei casi indicati dalla legge, i funzionari dello Stato.

Accredita e riceve i rappresentanti diplomatici, ratifica i trattati internazionali, previa, quando occorra, l'autorizzazione delle Camere.

Ha il comando delle Forze armate, presiede il Consiglio supremo di difesa costituito secondo la legge, dichiara lo stato di guerra deliberato dalle Camere.

art. 87

Il Presidente della Repubblica è il Capo dello Stato e rappresenta l'unità nazionale.

Può inviare messaggi alle Camere.

Indice le elezioni *della nuova Camera dei deputati* e ne fissa la prima riunione.

Autorizza la presentazione alle Camere dei disegni di legge di iniziativa del Governo.

Promulga le leggi ed emana i decreti aventi valore di legge e i regolamenti.

Indice il referendum popolare nei casi previsti dalla Costituzione.

Nomina, nei casi indicati dalla legge, i funzionari dello Stato.

Accredita e riceve i rappresentanti diplomatici, ratifica i trattati internazionali, previa, quando occorra, l'autorizzazione *della Camera dei deputati. Ratifica i trattati relativi all'appartenenza dell'Italia all'Unione europea, previa l'autorizzazione di entrambe le Camere.*

Ha il comando delle Forze armate, presiede il Consiglio supremo di difesa costituito secondo la legge, dichiara lo stato di guerra deliberato *dalla Camera dei deputati.*

Presiede il Consiglio superiore della magistratura. Può concedere grazia e commutare le pene. Conferisce le onorificenze della Repubblica.	Presiede il Consiglio superiore della magistratura. Può concedere grazia e commutare le pene. Conferisce le onorificenze della Repubblica.
art. 88	***art. 88***
Il Presidente della Repubblica può, sentiti i loro Presidenti, sciogliere le Camere o anche una sola di esse. Non può esercitare tale facoltà negli ultimi sei mesi del suo mandato, salvo che essi coincidano in tutto o in parte con gli ultimi sei mesi della legislatura[12].	Il Presidente della Repubblica può, *sentito il suo Presidente*, sciogliere *la Camera dei deputati.* Non può esercitare tale facoltà negli ultimi sei mesi del suo mandato, salvo che essi coincidano in tutto o in parte con gli ultimi sei mesi della legislatura.

art. 89

Nessun atto del Presidente della Repubblica è valido se non è controfirmato dai ministri proponenti, che ne assumono la responsabilità.

Gli atti che hanno valore legislativo e gli altri indicati dalla legge sono controfirmati anche dal Presidente del Consiglio dei Ministri.

art. 90

Il Presidente della Repubblica non è responsabile degli atti compiuti nell'esercizio delle sue funzioni, tranne che per alto tradimento o per attentato alla Costituzione.

In tali casi è messo in stato di accusa dal Parlamento in seduta comune, a maggioranza assoluta dei suoi membri.

art. 91

Il Presidente della Repubblica, prima di assumere le sue funzioni, presta giuramento di fedeltà alla Repubblica e di osservanza della Costituzione dinanzi al Parlamento in seduta comune.

TITOLO III
Il Governo

SEZIONE I
Il Consiglio dei ministri

art. 92

Il Governo della Repubblica è composto del Presidente del Consiglio e dei ministri, che costituiscono insieme il Consiglio dei ministri.

Il Presidente della Repubblica nomina il Presidente del Consiglio dei ministri e, su proposta di questo, i ministri.

art. 93

Il Presidente del Consiglio dei ministri e i ministri, prima di assumere le funzioni, prestano giuramento nelle mani del Presidente della Repubblica.

[12] Comma così modificato dall'art. 1 della l. cost. 4 novembre 1991, n. 1.

art. 94

Il Governo deve avere la fiducia delle due Camere.

Ciascuna Camera accorda o revoca la fiducia mediante mozione motivata e votata per appello nominale.

Entro dieci giorni dalla sua formazione il Governo si presenta alle Camere per ottenerne la fiducia.

Il voto contrario di una o di entrambe le Camere su una proposta del Governo non importa obbligo di dimissioni.

La mozione di sfiducia deve essere firmata da almeno un decimo dei componenti della Camera e non può essere messa in discussione prima di tre giorni dalla sua presentazione.

art. 94

Il Governo deve avere la fiducia *della Camera dei deputati.*

La fiducia è accordata e revocata mediante mozione motivata e votata per appello nominale.

Entro dieci giorni dalla sua formazione il Governo si presenta *innanzi alla Camera dei deputati* per ottenerne la fiducia.

Il voto contrario *della Camera dei deputati* su una proposta del Governo non importa obbligo di dimissioni.

La mozione di sfiducia deve essere firmata da almeno un decimo dei componenti della Camera *dei deputati* e non può essere messa in discussione prima di tre giorni dalla sua presentazione.

art. 95

Il Presidente del Consiglio dei ministri dirige la politica generale del Governo e ne è responsabile. Mantiene l'unità di indirizzo politico ed amministrativo, promuovendo e coordinando l'attività dei ministri.

I ministri sono responsabili collegialmente degli atti del Consiglio dei ministri, e individualmente degli atti dei loro dicasteri.

La legge provvede all'ordinamento della Presidenza del Consiglio e determina il numero, le attribuzioni e l'organizzazione dei ministeri.

art. 96

Il Presidente del Consiglio dei ministri ed i ministri, anche se cessati dalla carica, sono sottoposti, per i reati commessi nell'esercizio delle loro funzioni, alla giurisdizione ordinaria, previa autorizzazione del Senato della Repubblica o della Camera dei deputati, secondo le norme stabilite con legge costituzionale[13].

art. 96

Il Presidente del Consiglio dei ministri ed i ministri, anche se cessati dalla carica, sono sottoposti, per i reati commessi nell'esercizio delle loro funzioni, alla giurisdizione ordinaria, previa autorizzazione della Camera dei deputati, secondo le norme stabilite con legge costituzionale.

SEZIONE II
La Pubblica Amministrazione

art. 97

Le pubbliche amministrazioni, in coerenza con l'ordinamento dell'Unione europea, assicurano l'equilibrio dei bilanci e la sostenibilità del debito pubblico[14].

art. 97

Le pubbliche amministrazioni, in coerenza con l'ordinamento dell'Unione europea, assicurano l'equilibrio dei bilanci e la sostenibilità del debito pubblico.

[13] Così modificato dall'art. 1 della l. cost. 16 gennaio 1989, n. 1.

[14] Comma aggiunto dall'art. 2 della l. cost. 20 aprile 2012, n. 1.

I pubblici uffici sono organizzati secondo disposizioni di legge, in modo che siano assicurati il buon andamento e l'imparzialità dell'amministrazione.

Nell'ordinamento degli uffici sono determinate le sfere di competenza, le attribuzioni e le responsabilità proprie dei funzionari.

Agli impieghi nelle pubbliche amministrazioni si accede mediante concorso, salvo i casi stabiliti dalla legge.

I pubblici uffici sono organizzati secondo disposizioni di legge, in modo che siano assicurati il buon andamento, l'imparzialità *e la trasparenza* dell'amministrazione.

Nell'ordinamento degli uffici sono determinate le sfere di competenza, le attribuzioni e le responsabilità proprie dei funzionari.

Agli impieghi nelle pubbliche amministrazioni si accede mediante concorso, salvo i casi stabiliti dalla legge.

art. 98

I pubblici impiegati sono al servizio esclusivo della Nazione.

Se sono membri del Parlamento, non possono conseguire promozioni se non per anzianità.

Si possono con legge stabilire limitazioni al diritto d'iscriversi ai partiti politici per i magistrati, i militari di carriera in servizio attivo, i funzionari ed agenti di polizia, i rappresentanti diplomatici e consolari all'estero.

SEZIONE III
Gli organi ausiliari

art. 99

Il Consiglio nazionale dell'economia e del lavoro è composto, nei modi stabiliti dalla legge, di esperti e di rappresentanti delle categorie produttive, in misura che tenga conto della loro importanza numerica e qualitativa.

È organo di consulenza delle Camere e del Governo per le materie e secondo le funzioni che gli sono attribuite dalla legge.

Ha l'iniziativa legislativa e può contribuire alla elaborazione della legislazione economica e sociale secondo i princìpi ed entro i limiti stabiliti dalla legge.

art. 99 *(abrogato)*

art. 100

Il Consiglio di Stato è organo di consulenza giuridico-amministrativa e di tutela della giustizia nell'amministrazione.

La Corte dei conti esercita il controllo preventivo di legittimità sugli atti del Governo, e anche quello successivo sulla gestione del bilancio dello Stato. Partecipa, nei casi e nelle forme stabilite dalla legge, al controllo sulla gestione finanziaria degli enti a cui lo Stato contribuisce in via ordinaria. Riferisce direttamente alle Camere sul risultato del riscontro eseguito.

La legge assicura l'indipendenza dei due istituti e dei loro componenti di fronte al Governo.

TITOLO IV
La Magistratura

SEZIONE I
Ordinamento giurisdizionale

art. 101

La giustizia è amministrata in nome del popolo.

I giudici sono soggetti soltanto alla legge.

art. 102

La funzione giurisdizionale è esercitata da magistrati ordinari istituiti e regolati dalle norme sull'ordinamento giudiziario.

Non possono essere istituiti giudici straordinari o giudici speciali. Possono soltanto istituirsi presso gli organi giudiziari ordinari sezioni specializzate per determinate materie, anche con la partecipazione di cittadini idonei estranei alla magistratura.

La legge regola i casi e le forme della partecipazione diretta del popolo all'amministrazione della giustizia.

art. 103

Il Consiglio di Stato e gli altri organi di giustizia amministrativa hanno giurisdizione per la tutela nei confronti della pubblica amministrazione degli interessi legittimi e, in particolari materie indicate dalla legge, anche dei diritti soggettivi.

La Corte dei conti ha giurisdizione nelle materie di contabilità pubblica e nelle altre specificate dalla legge.

I tribunali militari in tempo di guerra hanno la giurisdizione stabilita dalla legge. In tempo di pace hanno giurisdizione soltanto per i reati militari commessi da appartenenti alle Forze armate.

art. 104

La magistratura costituisce un ordine autonomo e indipendente da ogni altro potere.

Il Consiglio superiore della magistratura è presieduto dal Presidente della Repubblica.

Ne fanno parte di diritto il primo presidente e il procuratore generale della Corte di cassazione.

Gli altri componenti sono eletti per due terzi da tutti i magistrati ordinari tra gli appartenenti alle varie categorie, e per un terzo dal Parlamento in seduta comune tra professori ordinari di università in materie giuridiche ed avvocati dopo quindici anni di esercizio.

Il Consiglio elegge un vicepresidente fra i componenti designati dal Parlamento.

I membri elettivi del Consiglio durano in carica quattro anni e non sono immediatamente rieleggibili.

Non possono, finché sono in carica, essere iscritti negli albi professionali, né far parte del Parlamento o di un Consiglio regionale.

art. 105

Spettano al Consiglio superiore della magistratura, secondo le norme dell'ordinamento giudiziario, le assunzioni, le assegnazioni ed i trasferimenti, le promozioni e i provvedimenti disciplinari nei riguardi dei magistrati.

art. 106

Le nomine dei magistrati hanno luogo per concorso.

La legge sull'ordinamento giudiziario può ammettere la nomina, anche elettiva, di magistrati onorari per tutte le funzioni attribuite a giudici singoli.

Su designazione del Consiglio superiore della magistratura possono essere chiamati all'ufficio di consiglieri di cassazione, per meriti insigni, professori ordinari di università in materie giuridiche e avvocati che abbiano quindici anni d'esercizio e siano iscritti negli albi speciali per le giurisdizioni superiori.

art. 107

I magistrati sono inamovibili. Non possono essere dispensati o sospesi dal servizio né destinati ad altre sedi o funzioni se non in seguito a decisione del Consiglio superiore della magistratura, adottata o per i motivi e con le garanzie di difesa stabilite dall'ordinamento giudiziario o con il loro consenso.

Il Ministro della giustizia ha facoltà di promuovere l'azione disciplinare.

I magistrati si distinguono fra loro soltanto per diversità di funzioni.

Il pubblico ministero gode delle garanzie stabilite nei suoi riguardi dalle norme sull'ordinamento giudiziario.

art. 108

Le norme sull'ordinamento giudiziario e su ogni magistratura sono stabilite con legge.

La legge assicura l'indipendenza dei giudici delle giurisdizioni speciali, del pubblico ministero presso di esse, e degli estranei che partecipano all'amministrazione della giustizia.

art. 109

L'autorità giudiziaria dispone direttamente della polizia giudiziaria.

art. 110

Ferme le competenze del Consiglio superiore della magistratura, spettano al Ministro della giustizia l'organizzazione e il funzionamento dei servizi relativi alla giustizia.

SEZIONE II
Norme sulla giurisdizione

art. 111

La giurisdizione si attua mediante il giusto processo regolato dalla legge.

Ogni processo si svolge nel contraddittorio tra le parti, in condizioni di parità, davanti a giudice terzo e imparziale. La legge ne assicura la ragionevole durata.

Nel processo penale, la legge assicura che la persona accusata di un reato sia, nel più breve tempo possibile, informata riservatamente della natura e dei motivi dell'accusa elevata a suo carico; disponga del tempo e delle condizioni necessari per preparare la sua difesa; abbia la facoltà, davanti al giudice, di interrogare o di far interrogare le persone che rendono dichiarazioni a suo carico, di ottenere la convocazione e l'interrogatorio di persone a sua difesa nelle stesse condizioni dell'accusa e l'acquisizione di ogni altro mezzo di prova a suo favore; sia assistita da un interprete se non comprende o non parla la lingua impiegata nel processo.

Il processo penale è regolato dal principio del contraddittorio nella formazione della prova. La colpevolezza dell'imputato non può essere provata sulla base di dichiarazioni rese da chi, per libera scelta, si è sempre volontariamente sottratto all'interrogatorio da parte dell'imputato o del suo difensore.

La legge regola i casi in cui la formazione della prova non ha luogo in contraddittorio per consenso dell'imputato o per accertata impossibilità di natura oggettiva o per effetto di provata condotta illecita[15].

Tutti i provvedimenti giurisdizionali devono essere motivati.

Contro le sentenze e contro i provvedimenti sulla libertà personale, pronunciati dagli organi giurisdizionali ordinari o speciali, è sempre ammesso ricorso in Cassazione per violazione di legge. Si può derogare a tale norma soltanto per le sentenze dei tribunali militari in tempo di guerra.

Contro le decisioni del Consiglio di Stato e della Corte dei conti il ricorso in Cassazione è ammesso per i soli motivi inerenti alla giurisdizione.

art. 112

Il pubblico ministero ha l'obbligo di esercitare l'azione penale.

art. 113

Contro gli atti della pubblica amministrazione è sempre ammessa la tutela giurisdizionale dei diritti e degli interessi legittimi dinanzi agli organi di giurisdizione ordinaria o amministrativa.

[15] Commi 1, 2, 3, 4 e 5 aggiunti dall'art. 1 della l. cost. 23 novembre 1999, n. 2.

Tale tutela giurisdizionale non può essere esclusa o limitata a particolari mezzi di impugnazione o per determinate categorie di atti.

La legge determina quali organi di giurisdizione possono annullare gli atti della pubblica amministrazione nei casi e con gli effetti previsti dalla legge stessa.

TITOLO V
Le Regioni, le Province, i Comuni
Le Regioni, le Città metropolitane e i Comuni

art. 114

La Repubblica è costituita dai Comuni, dalle Province, dalle Città metropolitane, dalle Regioni e dallo Stato.

I Comuni, le Province, le Città metropolitane e le Regioni sono enti autonomi con propri statuti, poteri e funzioni secondo i princìpi fissati dalla Costituzione.

Roma è la capitale della Repubblica. La legge dello Stato disciplina il suo ordinamento[16].

art. 114

La Repubblica è costituita dai Comuni, dalle Città metropolitane, dalle Regioni e dallo Stato.

I Comuni, le Città metropolitane e le Regioni sono enti autonomi con propri statuti, poteri e funzioni secondo i princìpi fissati dalla Costituzione.

Roma è la capitale della Repubblica. La legge dello Stato disciplina il suo ordinamento.

art. 115 *(abrogato)*[17]

art. 116

Il Friuli Venezia Giulia, la Sardegna, la Sicilia, il Trentino-Alto Adige/Südtirol e la Valle d'Aosta/Vallée d'Aoste dispongono di forme e condizioni particolari di autonomia, secondo i rispettivi statuti speciali adottati con legge costituzionale.

La Regione Trentino-Alto Adige/Südtirol è costituita dalle Province autonome di Trento e di Bolzano.

Ulteriori forme e condizioni particolari di autonomia, concernenti le materie di cui al terzo comma dell'articolo 117 e le materie indicate dal secondo comma del medesimo articolo alle lettere l), limitatamente all'organizzazione della giustizia di pace, n) e s), possono essere attribuite ad altre Regioni, con legge dello Stato, su iniziativa della Regione interessata, sentiti gli enti locali, nel rispetto dei princìpi di cui all'articolo 119. La legge è approvata dalle Camere a maggioranza assoluta dei componenti,

art. 116

Il Friuli Venezia Giulia, la Sardegna, la Sicilia, il Trentino-Alto Adige/Südtirol e la Valle d'Aosta/Vallée d'Aoste dispongono di forme e condizioni particolari di autonomia, secondo i rispettivi statuti speciali adottati con legge costituzionale.

La Regione Trentino-Alto Adige/Südtirol è costituita dalle Province autonome di Trento e di Bolzano.

Ulteriori forme e condizioni particolari di autonomia, concernenti le materie di cui *all'articolo 117, secondo comma,* lettere l), limitatamente all'organizzazione della giustizia di pace, *m), limitatamente alle disposizioni generali e comuni per le politiche sociali,* n), *o), limitatamente alle politiche attive del lavoro e all'istruzione e formazione professionale, q), limitatamente al commercio con l'estero,* s) *e u), limitatamente al governo del territorio,* possono essere attribuite ad altre Regioni, con

[16] Così modificato dall'art. 1 della l. cost. 18 ottobre 2001, n. 3.

[17] Abrogato dall'art. 9.2 della l. cost. 18 ottobre 2001, n. 3.

sulla base di intesa fra lo Stato e la Regione interessata[18].

legge dello Stato, *anche su richiesta delle stesse*, sentiti gli enti locali, nel rispetto dei princìpi di cui all'articolo 119*, purché la Regione sia in condizione di equilibrio tra le entrate e le spese del proprio bilancio*. La legge è approvata *da entrambe le Camere*, sulla base di intesa tra lo Stato e la Regione interessata.

art. 117

La potestà legislativa è esercitata dallo Stato e dalle Regioni nel rispetto della Costituzione, nonché dei vincoli derivanti dall'ordinamento comunitario e dagli obblighi internazionali.

Lo Stato ha legislazione esclusiva nelle seguenti materie:

a) politica estera e rapporti internazionali dello Stato; rapporti dello Stato con l'Unione europea; diritto di asilo e condizione giuridica dei cittadini di Stati non appartenenti all'Unione europea;

b) immigrazione;

c) rapporti tra la Repubblica e le confessioni religiose;

d) difesa e Forze armate; sicurezza dello Stato; armi, munizioni ed esplosivi;

e) moneta, tutela del risparmio e mercati finanziari; tutela della concorrenza; sistema valutario; sistema tributario e contabile dello Stato; armonizzazione dei bilanci pubblici; perequazione delle risorse finanziarie;

f) organi dello Stato e relative leggi elettorali; referendum statali; elezione del Parlamento europeo;

g) ordinamento e organizzazione amministrativa dello Stato e degli enti pubblici nazionali;

h) ordine pubblico e sicurezza, ad esclusione della polizia amministrativa locale;

i) cittadinanza, stato civile e anagrafi;

art. 117

La potestà legislativa è esercitata dallo Stato e dalle Regioni nel rispetto della Costituzione, nonché dei vincoli derivanti dall'ordinamento *dell'Unione europea* e dagli obblighi internazionali.

Lo Stato ha legislazione esclusiva nelle seguenti materie:

a) politica estera e rapporti internazionali dello Stato; rapporti dello Stato con l'Unione europea; diritto di asilo e condizione giuridica dei cittadini di Stati non appartenenti all'Unione europea;

b) immigrazione;

c) rapporti tra la Repubblica e le confessioni religiose;

d) difesa e Forze armate; sicurezza dello Stato; armi, munizioni ed esplosivi;

e) moneta, tutela del risparmio e mercati finanziari *e assicurativi*; tutela *e promozione* della concorrenza; sistema valutario; sistema tributario e contabile dello Stato; armonizzazione dei bilanci pubblici; *coordinamento della finanza pubblica e del sistema tributario;* perequazione delle risorse finanziarie;

f) organi dello Stato e relative leggi elettorali; referendum statali; elezione del Parlamento europeo;

g) ordinamento e organizzazione amministrativa dello Stato e degli enti pubblici nazionali; *norme sul procedimento amministrativo e sulla disciplina giuridica del lavoro alle dipendenze delle amministrazioni pubbliche tese ad assicurarne l'uniformità sul territorio nazionale;*

h) ordine pubblico e sicurezza, ad esclusione della polizia amministrativa locale;

i) cittadinanza, stato civile e anagrafi;

[18] Così modificato dall'art. 2 della l. cost. 18 ottobre 2001, n. 3.

l) giurisdizione e norme processuali; ordinamento civile e penale; giustizia amministrativa;

m) determinazione dei livelli essenziali delle prestazioni concernenti i diritti civili e sociali che devono essere garantiti su tutto il territorio nazionale;

n) norme generali sull'istruzione;

o) previdenza sociale;

p) legislazione elettorale, organi di governo e funzioni fondamentali di Comuni, Province e Città metropolitane;

q) dogane, protezione dei confini nazionali e profilassi internazionale;

r) pesi, misure e determinazione del tempo; coordinamento informativo statistico e informatico dei dati dell'amministrazione statale, regionale e locale; opere dell'ingegno;

s) tutela dell'ambiente, dell'ecosistema e dei beni culturali.

Sono materie di legislazione concorrente quelle relative a: rapporti internazionali e con

l) giurisdizione e norme processuali; ordinamento civile e penale; giustizia amministrativa;

m) determinazione dei livelli essenziali delle prestazioni concernenti i diritti civili e sociali che devono essere garantiti su tutto il territorio nazionale; *disposizioni generali e comuni per la tutela della salute, per le politiche sociali e per la sicurezza alimentare;*

n) *disposizioni* generali *e comuni* sull'istruzione; *ordinamento scolastico; istruzione universitaria e programmazione strategica della ricerca scientifica e tecnologica;*

o) previdenza sociale*, ivi compresa la previdenza complementare e integrativa; tutela e sicurezza del lavoro; politiche attive del lavoro; disposizioni generali e comuni sull'istruzione e formazione professionale;*

p) *ordinamento,* legislazione elettorale, organi di governo e funzioni fondamentali di Comuni e Città metropolitane; *disposizioni di principio sulle forme associative dei Comuni;*

q) dogane, protezione dei confini nazionali e profilassi internazionale; *commercio con l'estero;*

r) pesi, misure e determinazione del tempo; coordinamento informativo statistico e informatico dei dati, *dei processi e delle relative infrastrutture e piattaforme informatiche* dell'amministrazione statale, regionale e locale; opere dell'ingegno;

s) tutela *e valorizzazione* dei beni culturali *e paesaggistici; ambiente ed ecosistema; ordinamento sportivo; disposizioni generali e comuni sulle attività culturali e sul turismo;*

t) *ordinamento delle professioni e della comunicazione;*

u) *disposizioni generali e comuni sul governo del territorio; sistema nazionale e coordinamento della protezione civile;*

v) *produzione, trasporto e distribuzione nazionali dell'energia;*

z) *infrastrutture strategiche e grandi reti di trasporto e di navigazione di interesse nazionale e relative norme di sicurezza; porti e aeroporti civili, di interesse nazionale e internazionale.*

(abrogato)

l'Unione europea delle Regioni; commercio con l'estero; tutela e sicurezza del lavoro; istruzione, salva l'autonomia delle istituzioni scolastiche e con esclusione della istruzione e della formazione professionale; professioni; ricerca scientifica e tecnologica e sostegno all'innovazione per i settori produttivi; tutela della salute; alimentazione; ordinamento sportivo; protezione civile; governo del territorio; porti e aeroporti civili; grandi reti di trasporto e di navigazione; ordinamento della comunicazione; produzione, trasporto e distribuzione nazionale dell'energia; previdenza complementare e integrativa; coordinamento della finanza pubblica e del sistema tributario; valorizzazione dei beni culturali e ambientali e promozione e organizzazione di attività culturali; casse di risparmio, casse rurali, aziende di credito a carattere regionale; enti di credito fondiario e agrario a carattere regionale. Nelle materie di legislazione concorrente spetta alle Regioni la potestà legislativa, salvo che per la determinazione dei princìpi fondamentali, riservata alla legislazione dello Stato.

Spetta alle Regioni la potestà legislativa in riferimento ad ogni materia non espressamente riservata alla legislazione dello Stato.

Spetta alle Regioni la potestà legislativa *in materia di rappresentanza delle minoranze linguistiche, di pianificazione del territorio regionale e mobilità al suo interno, di dotazione infrastrutturale, di programmazione e organizzazione dei servizi sanitari e sociali, di promozione dello sviluppo economico locale e organizzazione in ambito regionale dei servizi alle imprese e della formazione professionale; salva l'autonomia delle istituzioni scolastiche, in materia di servizi scolastici, di promozione del diritto allo studio, anche universitario; in materia di disciplina, per quanto di interesse regionale, delle attività culturali, della promozione dei beni ambientali, culturali e paesaggistici, di valorizzazione e organizzazione regionale del turismo, di regolazione, sulla base di apposite intese concluse in ambito regionale, delle relazioni finanziarie tra gli enti territoriali della Regione per il rispetto degli obiettivi programmatici regionali e locali di finanza pubblica, nonché in* ogni materia non espressamente riservata alla *competenza esclusiva* dello Stato.

Su proposta del Governo, la legge dello Stato può intervenire in materie non riservate alla legislazione esclusiva quando lo richieda la

	tutela dell'unità giuridica o economica della Repubblica, ovvero la tutela dell'interesse nazionale.
Le Regioni e le Province autonome di Trento e di Bolzano, nelle materie di loro competenza, partecipano alle decisioni dirette alla formazione degli atti normativi comunitari e provvedono all'attuazione e all'esecuzione degli accordi internazionali e degli atti dell'Unione europea, nel rispetto delle norme di procedura stabilite da legge dello Stato, che disciplina le modalità di esercizio del potere sostitutivo in caso di inadempienza.	Le Regioni e le Province autonome di Trento e di Bolzano, nelle materie di loro competenza, partecipano alle decisioni dirette alla formazione degli atti normativi *dell'Unione europea* e provvedono all'attuazione e all'esecuzione degli accordi internazionali e degli atti dell'Unione europea, nel rispetto delle norme di procedura stabilite *con* legge dello Stato, che disciplina le modalità di esercizio del potere sostitutivo in caso di inadempienza.
La potestà regolamentare spetta allo Stato nelle materie di legislazione esclusiva, salva delega alle Regioni. La potestà regolamentare spetta alle Regioni in ogni altra materia. I Comuni, le Province e le Città metropolitane hanno potestà regolamentare in ordine alla disciplina dell'organizzazione e dello svolgimento delle funzioni loro attribuite.	La potestà regolamentare spetta allo Stato *e alle Regioni secondo le rispettive competenze legislative. È fatta salva la facoltà dello Stato di delegare alle Regioni l'esercizio di tale potestà nelle materie di competenza legislativa esclusiva.* I Comuni e le Città metropolitane hanno potestà regolamentare in ordine alla disciplina dell'organizzazione e dello svolgimento delle funzioni loro attribuite, *nel rispetto della legge statale o regionale.*
Le leggi regionali rimuovono ogni ostacolo che impedisce la piena parità degli uomini e delle donne nella vita sociale, culturale ed economica e promuovono la parità di accesso tra donne e uomini alle cariche elettive.	Le leggi regionali rimuovono ogni ostacolo che impedisce la piena parità degli uomini e delle donne nella vita sociale, culturale ed economica e promuovono la parità di accesso tra donne e uomini alle cariche elettive.
La legge regionale ratifica le intese della Regione con altre Regioni per il migliore esercizio delle proprie funzioni, anche con individuazione di organi comuni.	La legge regionale ratifica le intese della Regione con altre Regioni per il migliore esercizio delle proprie funzioni, anche con individuazione di organi comuni.
Nelle materie di sua competenza la Regione può concludere accordi con Stati e intese con enti territoriali interni ad altro Stato, nei casi e con le forme disciplinati da leggi dello Stato[19].	Nelle materie di sua competenza la Regione può concludere accordi con Stati e intese con enti territoriali interni ad altro Stato, nei casi e con le forme disciplinati da leggi dello Stato.
art. 118	***art. 118***
Le funzioni amministrative sono attribuite ai Comuni salvo che, per assicurarne l'esercizio unitario, siano conferite a Province, Città metropolitane, Regioni e Stato, sulla base dei princìpi di sussidiarietà, differenziazione ed adeguatezza.	Le funzioni amministrative sono attribuite ai Comuni salvo che, per assicurarne l'esercizio unitario, siano conferite a Città metropolitane, Regioni e Stato, sulla base dei princìpi di sussidiarietà, differenziazione ed adeguatezza.

[19] Così modificato dall'art. 3 della l. cost. 18 ottobre 2001, n. 3 e dall'art. 3 della l. cost. 20 aprile 2012, n. 1.

Le funzioni amministrative sono esercitate in modo da assicurare la semplificazione e la trasparenza dell'azione amministrativa, secondo criteri di efficienza e di responsabilità degli amministratori.

I Comuni, le Province e le Città metropolitane sono titolari di funzioni amministrative proprie e di quelle conferite con legge statale o regionale, secondo le rispettive competenze.

I Comuni e le Città metropolitane sono titolari di funzioni amministrative proprie e di quelle conferite con legge statale o regionale, secondo le rispettive competenze.

La legge statale disciplina forme di coordinamento fra Stato e Regioni nelle materie di cui alle lettere *b)* e *h)* del secondo comma dell'articolo 117, e disciplina inoltre forme di intesa e coordinamento nella materia della tutela dei beni culturali.

La legge statale disciplina forme di coordinamento fra Stato e Regioni nelle materie di cui alle lettere *b)* e *h)* del secondo comma dell'articolo 117, e disciplina inoltre forme di intesa e coordinamento *in* materia *di* tutela dei beni culturali *e paesaggistici*.

Stato, Regioni, Città metropolitane, Province e Comuni favoriscono l'autonoma iniziativa dei cittadini, singoli e associati, per lo svolgimento di attività di interesse generale, sulla base del principio di sussidiarietà[20].

Stato, Regioni, Città metropolitane e Comuni favoriscono l'autonoma iniziativa dei cittadini, singoli e associati, per lo svolgimento di attività di interesse generale, sulla base del principio di sussidiarietà.

art. 119

I Comuni, le Province, le Città metropolitane e le Regioni hanno autonomia finanziaria di entrata e di spesa, nel rispetto dell'equilibrio dei relativi bilanci, e concorrono ad assicurare l'osservanza dei vincoli economici e finanziari derivanti dall'ordinamento dell'Unione europea.

I Comuni, le Province, le Città metropolitane e le Regioni hanno risorse autonome. Stabiliscono e applicano tributi ed entrate propri, in armonia con la Costituzione e secondo i princìpi di coordinamento della finanza pubblica e del sistema tributario. Dispongono di compartecipazioni al gettito di tributi erariali riferibile al loro territorio.

La legge dello Stato istituisce un fondo perequativo, senza vincoli di destinazione, per i territori con minore capacità fiscale per abitante.

Le risorse derivanti dalle fonti di cui ai commi precedenti consentono ai Comuni, alle Province, alle Città metropolitane e alle Regioni di finanziare integralmente le funzioni pubbliche loro attribuite.

art. 119

I Comuni, le Città metropolitane e le Regioni hanno autonomia finanziaria di entrata e di spesa, nel rispetto dell'equilibrio dei relativi bilanci, e concorrono ad assicurare l'osservanza dei vincoli economici e finanziari derivanti dall'ordinamento dell'Unione europea.

I Comuni, le Città metropolitane e le Regioni hanno risorse autonome. Stabiliscono e applicano tributi ed entrate propri *e dispongono di compartecipazioni al gettito di tributi erariali riferibile al loro territorio*, in armonia con la Costituzione e secondo *quanto disposto dalla legge dello Stato ai fini del* coordinamento della finanza pubblica e del sistema tributario.

La legge dello Stato istituisce un fondo perequativo, senza vincoli di destinazione, per i territori con minore capacità fiscale per abitante.

Le risorse derivanti dalle fonti di cui ai commi precedenti *assicurano il finanziamento integrale delle* funzioni pubbliche *dei Comuni, delle Città metropolitane e delle Regioni. Con legge dello Stato sono definiti indicatori di*

[20] Così modificato dall'art. 4 della l. cost. 18 ottobre 2001, n. 3.

riferimento di costo e di fabbisogno che promuovono condizioni di efficienza nell'esercizio delle medesime funzioni.

Per promuovere lo sviluppo economico, la coesione e la solidarietà sociale, per rimuovere gli squilibri economici e sociali, per favorire l'effettivo esercizio dei diritti della persona, o per provvedere a scopi diversi dal normale esercizio delle loro funzioni, lo Stato destina risorse aggiuntive ed effettua interventi speciali in favore di determinati Comuni, Province, Città metropolitane e Regioni.

I Comuni, le Province, le Città metropolitane e le Regioni hanno un proprio patrimonio, attribuito secondo i princìpi generali determinati dalla legge dello Stato. Possono ricorrere all'indebitamento solo per finanziare spese di investimento, con la contestuale definizione di piani di ammortamento e a condizione che per il complesso degli enti di ciascuna Regione sia rispettato l'equilibrio di bilancio. È esclusa ogni garanzia dello Stato sui prestiti dagli stessi contratti[21].

Per promuovere lo sviluppo economico, la coesione e la solidarietà sociale, per rimuovere gli squilibri economici e sociali, per favorire l'effettivo esercizio dei diritti della persona, o per provvedere a scopi diversi dal normale esercizio delle loro funzioni, lo Stato destina risorse aggiuntive ed effettua interventi speciali in favore di determinati Comuni, Città metropolitane e Regioni.

I Comuni, le Città metropolitane e le Regioni hanno un proprio patrimonio, attribuito secondo i princìpi generali determinati dalla legge dello Stato. Possono ricorrere all'indebitamento solo per finanziare spese di investimento, con la contestuale definizione di piani di ammortamento e a condizione che per il complesso degli enti di ciascuna Regione sia rispettato l'equilibrio di bilancio. È esclusa ogni garanzia dello Stato sui prestiti dagli stessi contratti.

art. 120

La Regione non può istituire dazi di importazione o esportazione o transito tra le Regioni, né adottare provvedimenti che ostacolino in qualsiasi modo la libera circolazione delle persone e delle cose tra le Regioni, né limitare l'esercizio del diritto al lavoro in qualunque parte del territorio nazionale.

Il Governo può sostituirsi a organi delle Regioni, delle Città metropolitane, delle Province e dei Comuni nel caso di mancato rispetto di norme e trattati internazionali o della normativa comunitaria oppure di pericolo grave per l'incolumità e la sicurezza pubblica, ovvero quando lo richiedono la tutela dell'unità giuridica o dell'unità economica e in particolare la tutela dei livelli essenziali delle prestazioni concernenti i diritti civili e sociali, prescindendo dai confini territoriali dei governi locali. La legge definisce le procedure atte a garantire che i poteri sostitutivi siano esercitati nel rispetto

art. 120

La Regione non può istituire dazi di importazione o esportazione o transito tra le Regioni, né adottare provvedimenti che ostacolino in qualsiasi modo la libera circolazione delle persone e delle cose tra le Regioni, né limitare l'esercizio del diritto al lavoro in qualunque parte del territorio nazionale.

Il Governo, *acquisito, salvi i casi di motivata urgenza, il parere del Senato della Repubblica, che deve essere reso entro quindici giorni dalla richiesta,* può sostituirsi a organi delle Regioni, delle Città metropolitane, delle Province *autonome di Trento e di Bolzano* e dei Comuni nel caso di mancato rispetto di norme e trattati internazionali o della normativa comunitaria oppure di pericolo grave per l'incolumità e la sicurezza pubblica, ovvero quando lo richiedono la tutela dell'unità giuridica o dell'unità economica e in particolare la tutela dei livelli essenziali delle prestazioni concernenti i diritti civili e sociali,

[21] Così modificato dall'art. 5 della l. cost. 18 ottobre 2001, n. 3 e dall'art. 4 della l. cost. 20 aprile 2012, n. 1.

del principio di sussidiarietà e del principio di leale collaborazione[22].

prescindendo dai confini territoriali dei governi locali. La legge definisce le procedure atte a garantire che i poteri sostitutivi siano esercitati nel rispetto del principio di sussidiarietà e del principio di leale collaborazione *e stabilisce i casi di esclusione dei titolari di organi di governo regionali e locali dall'esercizio delle rispettive funzioni quando è stato accertato lo stato di grave dissesto finanziario dell'ente.*

art. 121

Sono organi della Regione: il Consiglio regionale, la Giunta e il suo presidente.

Il Consiglio regionale esercita le potestà legislative attribuite alla Regione e le altre funzioni conferitegli dalla Costituzione e dalle leggi. Può fare proposte di legge alle Camere.

La Giunta regionale è l'organo esecutivo delle Regioni.

Il Presidente della Giunta rappresenta la Regione; dirige la politica della Giunta e ne è responsabile; promulga le leggi ed emana i regolamenti regionali; dirige le funzioni amministrative delegate dallo Stato alla Regione, conformandosi alle istruzioni del Governo della Repubblica[23].

art. 121

Sono organi della Regione: il Consiglio regionale, la Giunta e il suo presidente.

Il Consiglio regionale esercita le potestà legislative attribuite alla Regione e le altre funzioni conferitegli dalla Costituzione e dalle leggi. Può fare proposte di legge *alla Camera dei deputati.*

La Giunta regionale è l'organo esecutivo delle Regioni.

Il Presidente della Giunta rappresenta la Regione; dirige la politica della Giunta e ne è responsabile; promulga le leggi ed emana i regolamenti regionali; dirige le funzioni amministrative delegate dallo Stato alla Regione, conformandosi alle istruzioni del Governo della Repubblica.

art. 122

Il sistema di elezione e i casi di ineleggibilità e di incompatibilità del Presidente e degli altri componenti della Giunta regionale nonché dei consiglieri regionali sono disciplinati con legge della Regione nei limiti dei principi fondamentali stabiliti con legge della Repubblica, che stabilisce anche la durata degli organi elettivi.

art. 122

Il sistema di elezione e i casi di ineleggibilità e di incompatibilità del Presidente e degli altri componenti della Giunta regionale nonché dei consiglieri regionali sono disciplinati con legge della Regione nei limiti dei principi fondamentali stabiliti con legge della Repubblica, che stabilisce anche la durata degli organi elettivi *e i relativi emolumenti nel limite dell'importo di quelli attribuiti ai sindaci dei Comuni capoluogo di Regione. La legge della Repubblica stabilisce altresì i principi fondamentali per promuovere l'equilibrio tra donne e uomini nella rappresentanza.*

[22] Così modificato dall'art. 6 della l. cost. 18 ottobre 2001, n. 3.

[23] Così modificato dall'art. 1 della l. cost. 22 novembre 1999, n. 1.

Nessuno può appartenere contemporaneamente a un Consiglio o a una Giunta regionale e ad una delle Camere del Parlamento, ad un altro Consiglio o ad altra Giunta regionale, ovvero al Parlamento europeo.

Il Consiglio elegge tra i suoi componenti un Presidente e un ufficio di presidenza.

I consiglieri regionali non possono essere chiamati a rispondere delle opinioni espresse e dei voti dati nell'esercizio delle loro funzioni.

Il Presidente della Giunta regionale, salvo che lo statuto regionale disponga diversamente, è eletto a suffragio universale e diretto. Il Presidente eletto nomina e revoca i componenti della Giunta[24].

Nessuno può appartenere contemporaneamente a un Consiglio o a una Giunta regionale e *alla Camera dei deputati*, ad un altro Consiglio o ad altra Giunta regionale, ovvero al Parlamento europeo.

Il Consiglio elegge tra i suoi componenti un Presidente e un ufficio di presidenza.

I consiglieri regionali non possono essere chiamati a rispondere delle opinioni espresse e dei voti dati nell'esercizio delle loro funzioni.

Il Presidente della Giunta regionale, salvo che lo statuto regionale disponga diversamente, è eletto a suffragio universale e diretto. Il Presidente eletto nomina e revoca i componenti della Giunta.

art. 123

Ciascuna Regione ha uno statuto che, in armonia con la Costituzione, ne determina la forma di governo e i princìpi fondamentali di organizzazione e funzionamento. Lo statuto regola l'esercizio del diritto di iniziativa e del referendum su leggi e provvedimenti amministrativi della Regione e la pubblicazione delle leggi e dei regolamenti regionali.

Lo statuto è approvato e modificato dal Consiglio regionale con legge approvata a maggioranza assoluta dei suoi componenti, con due deliberazioni successive adottate ad intervallo non minore di due mesi. Per tale legge non è richiesta l'apposizione del visto da parte del Commissario del Governo. Il Governo della Repubblica può promuovere la questione di legittimità costituzionale sugli statuti regionali dinanzi alla Corte costituzionale entro trenta giorni dalla loro pubblicazione.

Lo statuto è sottoposto a referendum popolare qualora entro tre mesi dalla sua pubblicazione ne faccia richiesta un cinquantesimo degli elettori della Regione o un quinto dei componenti il Consiglio regionale. Lo statuto sottoposto a referendum non è promulgato se non è approvato dalla maggioranza dei voti validi.

In ogni Regione, lo statuto disciplina il Consiglio delle autonomie locali, quale organo di consultazione fra la Regione e gli enti locali[25].

art. 124 *(abrogato)*[26]

art. 125

Nella Regione sono istituiti organi di giustizia amministrativa di primo grado, secondo l'ordinamento stabilito da legge della Repubblica. Possono istituirsi sezioni con sede diversa dal capoluogo della Regione[27].

[24] Così modificato dall'art. 2 della l. cost. 22 novembre 1999, n. 1.

[25] Così modificato dall'art. 3 della l. cost. 22 novembre 1999, n. 1. Comma 4 aggiunto dall'art. 7 della l. cost. 18 ottobre 2001, n. 3.

[26] Abrogato dall'art. 9.2 della l. cost. 18 ottobre 2001, n. 3.

[27] Comma 1 abrogato dall'art. 9.2 della l. cost. 18 ottobre 2001, n. 3.

art. 126

Con decreto motivato del Presidente della Repubblica sono disposti lo scioglimento del Consiglio regionale e la rimozione del Presidente della Giunta che abbiano compiuto atti contrari alla Costituzione o gravi violazioni di legge. Lo scioglimento e la rimozione possono altresì essere disposti per ragioni di sicurezza nazionale. Il decreto è adottato sentita una Commissione di deputati e senatori costituita, per le questioni regionali, nei modi stabiliti con legge della Repubblica.

Il Consiglio regionale può esprimere la sfiducia nei confronti del Presidente della Giunta mediante mozione motivata, sottoscritta da almeno un quinto dei suoi componenti e approvata per appello nominale a maggioranza assoluta dei componenti. La mozione non può essere messa in discussione prima di tre giorni dalla presentazione.

L'approvazione della mozione di sfiducia nei confronti del Presidente della Giunta eletto a suffragio universale e diretto, nonché la rimozione, l'impedimento permanente, la morte o le dimissioni volontarie dello stesso comportano le dimissioni della Giunta e lo scioglimento del Consiglio. In ogni caso i medesimi effetti conseguono alle dimissioni contestuali della maggioranza dei componenti il Consiglio[28].

art. 126

Con decreto motivato del Presidente della Repubblica sono disposti lo scioglimento del Consiglio regionale e la rimozione del Presidente della Giunta che abbiano compiuto atti contrari alla Costituzione o gravi violazioni di legge. Lo scioglimento e la rimozione possono altresì essere disposti per ragioni di sicurezza nazionale. Il decreto è adottato *previo parere del Senato della Repubblica.*

Il Consiglio regionale può esprimere la sfiducia nei confronti del Presidente della Giunta mediante mozione motivata, sottoscritta da almeno un quinto dei suoi componenti e approvata per appello nominale a maggioranza assoluta dei componenti. La mozione non può essere messa in discussione prima di tre giorni dalla presentazione.

L'approvazione della mozione di sfiducia nei confronti del Presidente della Giunta eletto a suffragio universale e diretto, nonché la rimozione, l'impedimento permanente, la morte o le dimissioni volontarie dello stesso comportano le dimissioni della Giunta e lo scioglimento del Consiglio. In ogni caso i medesimi effetti conseguono alle dimissioni contestuali della maggioranza dei componenti il Consiglio.

art. 127

Il Governo, quando ritenga che una legge regionale ecceda la competenza della Regione, può promuovere la questione di legittimità costituzionale dinanzi alla Corte costituzionale entro sessanta giorni dalla sua pubblicazione.

La Regione, quando ritenga che una legge o un atto avente valore di legge dello Stato o di un'altra Regione leda la sua sfera di competenza, può promuovere la questione di legittimità costituzionale dinanzi alla Corte costituzionale entro sessanta giorni dalla pubblicazione della legge o dell'atto avente valore di legge[29].

art. 128 *(abrogato)*[30]

art. 129 *(abrogato)*[31]

art. 130 *(abrogato)*[32]

art. 131

Sono costituite le seguenti Regioni: Piemonte; Valle d'Aosta; Lombardia; Trentino-Alto Adige; Veneto; Friuli-Venezia Giulia; Liguria; Emilia-Romagna; Toscana; Umbria; Marche; Lazio; Abruzzi; Molise; Campania; Puglia; Basilicata; Calabria; Sicilia; Sardegna[33].

[28] Così modificato dall'art. 4 della l. cost. 22 novembre 1999, n. 1.
[29] Così modificato dall'art. 8 della l. cost. 18 ottobre 2001, n. 3.
[30] Abrogato dall'art. 9.2 della l. cost. 18 ottobre 2001, n. 3.
[31] Abrogato dall'art. 9.2 della l. cost. 18 ottobre 2001, n. 3.
[32] Abrogato dall'art. 9.2 della l. cost. 18 ottobre 2001, n. 3.
[33] Così modificato dall'art. 1 della l. cost. 27 dicembre 1963, n. 3.

art. 132

Si può, con legge costituzionale, sentiti i Consigli regionali, disporre la fusione di Regioni esistenti o la creazione di nuove Regioni con un minimo di un milione di abitanti, quando ne facciano richiesta tanti Consigli comunali che rappresentino almeno un terzo delle popolazioni interessate, e la proposta sia approvata con referendum dalla maggioranza delle popolazioni stesse.

Si può, con l'approvazione della maggioranza delle popolazioni della Provincia o delle Province interessate e del Comune o dei Comuni interessati espressa mediante referendum e con legge della Repubblica, sentiti i Consigli regionali, consentire che Province e Comuni, che ne facciano richiesta, siano staccati da una Regione e aggregati ad un'altra[34].

art. 132

Si può, con legge costituzionale, sentiti i Consigli regionali, disporre la fusione di Regioni esistenti o la creazione di nuove Regioni con un minimo di un milione di abitanti, quando ne facciano richiesta tanti Consigli comunali che rappresentino almeno un terzo delle popolazioni interessate, e la proposta sia approvata con referendum dalla maggioranza delle popolazioni stesse.

Si può, con l'approvazione della maggioranza delle popolazioni del Comune o dei Comuni interessati espressa mediante referendum e con legge della Repubblica, sentiti i Consigli regionali, consentire che *i* Comuni, che ne facciano richiesta, siano staccati da una Regione e aggregati ad un'altra.

art. 133

Il mutamento delle circoscrizioni provinciali e la istituzione di nuove Province nell'ambito di una Regione sono stabiliti con leggi della Repubblica, su iniziativa dei Comuni, sentita la stessa Regione.

La Regione, sentite le popolazioni interessate, può con sue leggi istituire nel proprio territorio nuovi Comuni e modificare le loro circoscrizioni e denominazioni.

art. 133

(abrogato)

La Regione, sentite le popolazioni interessate, può con sue leggi istituire nel proprio territorio nuovi Comuni e modificare le loro circoscrizioni e denominazioni.

TITOLO VI
Garanzie costituzionali

SEZIONE I
La Corte costituzionale

art. 134

La Corte costituzionale giudica: sulle controversie relative alla legittimità costituzionale delle leggi e degli atti, aventi forza di legge, dello Stato e delle Regioni; sui conflitti di attribuzione tra i poteri dello Stato e su quelli tra lo Stato e le Regioni, e tra le Regioni; sulle accuse promosse

art. 134

La Corte costituzionale giudica: sulle controversie relative alla legittimità costituzionale delle leggi e degli atti, aventi forza di legge, dello Stato e delle Regioni; sui conflitti di attribuzione tra i poteri dello Stato e su quelli tra lo Stato e le Regioni, e tra le Regioni; sulle accuse promosse

[34] Comma così modificato dall'art. 9.1 della l. cost. 18 ottobre 2001, n. 3.

contro il Presidente della Repubblica, a norma della Costituzione[35].

contro il Presidente della Repubblica, a norma della Costituzione.

La Corte costituzionale giudica altresì della legittimità costituzionale delle leggi che disciplinano l'elezione dei membri della Camera dei deputati e del Senato della Repubblica ai sensi dell'articolo 73, secondo comma.

art. 135

La Corte costituzionale è composta di quindici giudici nominati per un terzo dal Presidente della Repubblica, per un terzo dal Parlamento in seduta comune e per un terzo dalle supreme magistrature ordinaria ed amministrative.

I giudici della Corte costituzionale sono scelti fra i magistrati anche a riposo delle giurisdizioni superiori ordinaria ed amministrative, i professori ordinari di università in materie giuridiche e gli avvocati dopo venti anni di esercizio.

I giudici della Corte costituzionale sono nominati per nove anni, decorrenti per ciascuno di essi dal giorno del giuramento, e non possono essere nuovamente nominati.

Alla scadenza del termine il giudice costituzionale cessa dalla carica e dall'esercizio delle funzioni.

La Corte elegge tra i suoi componenti, secondo le norme stabilite dalla legge, il Presidente, che rimane in carica per un triennio, ed è rieleggibile, fermi in ogni caso i termini di scadenza dall'ufficio di giudice.

L'ufficio di giudice della Corte è incompatibile con quello di membro del Parlamento, di un Consiglio regionale, con l'esercizio della professione di avvocato e con ogni carica ed ufficio indicati dalla legge.

Nei giudizi d'accusa contro il Presidente della Repubblica intervengono, oltre i giudici ordinari della Corte, sedici membri tratti a sorte da un elenco di cittadini aventi i requisiti per l'eleggibilità a senatore, che il Parlamento compila ogni nove anni mediante elezione con le stesse modalità stabilite per la nomina dei giudici ordinari[36].

art. 135

La Corte costituzionale è composta *da* quindici giudici*, dei quali un terzo* nominati dal Presidente della Repubblica, un terzo dalle supreme magistrature ordinaria ed amministrative*, tre dalla Camera dei deputati e due dal Senato della Repubblica.*

I giudici della Corte costituzionale sono scelti fra i magistrati anche a riposo delle giurisdizioni superiori ordinaria ed amministrative, i professori ordinari di università in materie giuridiche e gli avvocati dopo venti anni di esercizio.

I giudici della Corte costituzionale sono nominati per nove anni, decorrenti per ciascuno di essi dal giorno del giuramento, e non possono essere nuovamente nominati.

Alla scadenza del termine il giudice costituzionale cessa dalla carica e dall'esercizio delle funzioni.

La Corte elegge tra i suoi componenti, secondo le norme stabilite dalla legge, il Presidente, che rimane in carica per un triennio, ed è rieleggibile, fermi in ogni caso i termini di scadenza dall'ufficio di giudice.

L'ufficio di giudice della Corte è incompatibile con quello di membro del Parlamento, di un Consiglio regionale, con l'esercizio della professione di avvocato e con ogni carica ed ufficio indicati dalla legge.

Nei giudizi d'accusa contro il Presidente della Repubblica intervengono, oltre i giudici ordinari della Corte, sedici membri tratti a sorte da un elenco di cittadini aventi i requisiti per l'eleggibilità a *deputato*, che il Parlamento compila ogni nove anni mediante elezione con le stesse modalità stabilite per la nomina dei giudici ordinari.

[35] Così modificato dall'art. 2 della l. cost. 16 gennaio 1989, n. 1.

[36] Commi 3, 4 e 5 così modificati dall'art. 1 della l. cost. 22 novembre 1967, n. 2; comma 7 così modificato dall'art. 2 della l. cost. 16 gennaio 1989, n. 1.

art. 136

Quando la Corte dichiara l'illegittimità costituzionale di una norma di legge o di atto avente forza di legge, la norma cessa di avere efficacia dal giorno successivo alla pubblicazione della decisione.

La decisione della Corte è pubblicata e comunicata alle Camere ed ai Consigli regionali interessati, affinché, ove lo ritengano necessario, provvedano nelle forme costituzionali.

art. 137

Una legge costituzionale stabilisce le condizioni, le forme, i termini di proponibilità dei giudizi di legittimità costituzionale, e le garanzie d'indipendenza dei giudici della Corte.

Con legge ordinaria sono stabilite le altre norme necessarie per la costituzione e il funzionamento della Corte.

Contro le decisioni della Corte costituzionale non è ammessa alcuna impugnazione.

SEZIONE II
Revisione della Costituzione. Leggi costituzionali

art. 138

Le leggi di revisione della Costituzione e le altre leggi costituzionali sono adottate da ciascuna Camera con due successive deliberazioni ad intervallo non minore di tre mesi, e sono approvate a maggioranza assoluta dei componenti di ciascuna Camera nella seconda votazione.

Le leggi stesse sono sottoposte a referendum popolare quando, entro tre mesi dalla loro pubblicazione, ne facciano domanda un quinto dei membri di una Camera o cinquecentomila elettori o cinque Consigli regionali. La legge sottoposta a referendum non è promulgata, se non è approvata dalla maggioranza dei voti validi.

Non si fa luogo a referendum se la legge è stata approvata nella seconda votazione da ciascuna delle Camere a maggioranza di due terzi dei suoi componenti.

art. 139

La forma repubblicana non può essere oggetto di revisione costituzionale.

DISPOSIZIONI TRANSITORIE E FINALI

I. Con l'entrata in vigore della Costituzione il Capo provvisorio dello Stato esercita le attribuzioni di Presidente della Repubblica e ne assume il titolo.

II. Se alla data della elezione del Presidente della Repubblica non sono costituiti tutti i Consigli regionali, partecipano alla elezione soltanto i componenti delle due Camere.

III. Per la prima composizione del Senato della Repubblica sono nominati senatori, con decreto del Presidente della Repubblica, i deputati dell'Assemblea Costituente che posseggono i requisiti di legge per essere senatori e che: sono stati presidenti del Consiglio dei Ministri o di Assemblee legislative; hanno fatto parte del disciolto Senato; hanno avuto almeno tre elezioni, compresa quella all'Assemblea Costituente; sono stati dichiarati decaduti nella seduta della Camera dei deputati del 9 novembre 1926; hanno scontato la pena della reclusione non inferiore a cinque anni in seguito a condanna del tribunale speciale fascista per la difesa dello Stato.

Sono nominati altresì senatori, con decreto del Presidente della Repubblica, i membri del disciolto Senato che hanno fatto parte della Consulta nazionale.

Al diritto di essere nominati senatori si può rinunciare prima della firma del decreto di nomina. L'accettazione della candidatura alle elezioni politiche implica rinuncia al diritto di nomina a senatore.

IV. Per la prima elezione del Senato il Molise è considerato come Regione a sé stante, con il numero dei senatori che gli compete in base alla sua popolazione.

V. La disposizione dell'articolo 80 della Costituzione, per quanto concerne i trattati internazionali che importano oneri alle finanze o modificazioni di legge, ha effetto dalla data di convocazione delle Camere.

VI. Entro cinque anni dall'entrata in vigore della Costituzione si procede alla revisione degli organi speciali di giurisdizione attualmente esistenti, salvo le giurisdizioni del Consiglio di Stato, della Corte dei conti e dei tribunali militari.

Entro un anno dalla stessa data si provvede con legge al riordinamento del Tribunale supremo militare in relazione all'articolo 111.

VII. Fino a quando non sia emanata la nuova legge sull'ordinamento giudiziario in conformità con la Costituzione, continuano ad osservarsi le norme dell'ordinamento vigente.

Fino a quando non entri in funzione la Corte costituzionale, la decisione delle controversie indicate nell'articolo 134 ha luogo nelle forme e nei limiti delle norme preesistenti all'entrata in vigore della Costituzione[37].

VIII. Le elezioni dei Consigli regionali e degli organi elettivi delle amministrazioni provinciali sono indette entro un anno dall'entrata in vigore della Costituzione.

Leggi della Repubblica regolano per ogni ramo della pubblica amministrazione il passaggio delle funzioni statali attribuite alle Regioni. Fino a quando non sia provveduto al riordinamento e alla distribuzione delle funzioni amministrative fra gli enti locali restano alle Province ed ai Comuni le funzioni che esercitano attualmente e le altre di cui le Regioni deleghino loro l'esercizio.

Leggi della Repubblica regolano il passaggio alle Regioni di funzionari e dipendenti dello Stato, anche delle amministrazioni centrali, che sia reso necessario dal nuovo ordinamento. Per la formazione dei loro uffici le Regioni devono, tranne che in casi di necessità, trarre il proprio personale da quello dello Stato e degli enti locali.

IX. La Repubblica, entro tre anni dall'entrata in vigore della Costituzione, adegua le sue leggi alle esigenze delle autonomie locali e alla competenza legislativa attribuita alle Regioni.

X. Alla Regione del Friuli-Venezia Giulia, di cui all'articolo 116, si applicano provvisoriamente le norme generali del Titolo V della parte seconda, ferma restando la tutela delle minoranze linguistiche in conformità con l'articolo 6.

XI. Fino a cinque anni dall'entrata in vigore della Costituzione si possono, con leggi costituzionali, formare altre Regioni, a modificazione dell'elenco di cui all'articolo 131, anche senza il concorso delle condizioni richieste dal primo comma dell'articolo 132, fermo rimanendo tuttavia l'obbligo di sentire le popolazioni interessate[38].

XII. È vietata la riorganizzazione, sotto qualsiasi forma, del disciolto partito fascista.

In deroga all'articolo 48, sono stabilite con legge, per non oltre un quinquennio dall'entrata in vigore della Costituzione, limitazioni temporanee al diritto di voto e alla eleggibilità per i capi responsabili del regime fascista.

XIII. I membri e i discendenti di Casa Savoia non sono elettori e non possono ricoprire uffici pubblici né cariche elettive.

Agli ex re di Casa Savoia, alle loro consorti e ai loro discendenti maschi sono vietati l'ingresso e il soggiorno nel territorio nazionale[39].

I beni, esistenti nel territorio nazionale, degli ex re di Casa Savoia, delle loro consorti e dei loro discendenti maschi, sono avocati allo Stato. I trasferimenti e le costituzioni di diritti reali sui beni stessi, che siano avvenuti dopo il 2 giugno 1946, sono nulli.

XIV. I titoli nobiliari non sono riconosciuti.

I predicati di quelli esistenti prima del 28 ottobre 1922, valgono come parte del nome.

L'Ordine mauriziano è conservato come ente ospedaliero e funziona nei modi stabiliti dalla legge.

[37] Il comma 3 è stato abrogato dall'art. 7 della l. cost. 22 novembre 1967, n. 2.

[38] La l. cost. 19 marzo 1958, n. 1 ha prorogato la scadenza del termine di cui alla XI disposizione transitoria e finale al 31 dicembre 1963.

[39] La l. cost. 23 ottobre 2002, n. 1 ha stabilito: «I commi primo e secondo della XIII disposizione transitoria e finale della Costituzione esauriscono i loro effetti a decorrere dalla data di entrata in vigore della presente legge costituzionale».

La legge regola la soppressione della Consulta araldica.

XV. Con l'entrata in vigore della Costituzione si ha per convertito in legge il decreto legislativo luogotenenziale 25 giugno 1944, n. 151, sull'ordinamento provvisorio dello Stato.

XVI. Entro un anno dall'entrata in vigore della Costituzione si procede alla revisione e al coordinamento con essa delle precedenti leggi costituzionali che non siano state finora esplicitamente o implicitamente abrogate.

XVII. L'Assemblea Costituente sarà convocata dal suo Presidente per deliberare, entro il 31 gennaio 1948, sulla legge per la elezione del Senato della Repubblica, sugli statuti regionali speciali e sulla legge per la stampa.

Fino al giorno delle elezioni delle nuove Camere, l'Assemblea Costituente può essere convocata, quando vi sia necessità di deliberare nelle materie attribuite alla sua competenza dagli articoli 2, primo e secondo comma, e 3, comma primo e secondo, del decreto legislativo 16 marzo 1946, n. 98.

In tale periodo le Commissioni permanenti restano in funzione. Quelle legislative rinviano al Governo i disegni di legge, ad esse trasmessi, con eventuali osservazioni e proposte di emendamenti.

I deputati possono presentare al Governo interrogazioni con richiesta di risposta scritta.

L'Assemblea Costituente, agli effetti di cui al secondo comma del presente articolo, è convocata dal suo Presidente su richiesta motivata del Governo o di almeno duecento deputati.

XVIII. La presente Costituzione è promulgata dal Capo provvisorio dello Stato entro cinque giorni dalla sua approvazione da parte dell'Assemblea Costituente, ed entra in vigore il 1° gennaio 1948.

Il testo della Costituzione è depositato nella sala comunale di ciascun Comune della Repubblica per rimanervi esposto, durante tutto l'anno 1948, affinché ogni cittadino possa prenderne cognizione.

La Costituzione, munita del sigillo dello Stato, sarà inserita nella Raccolta ufficiale delle leggi e dei decreti della Repubblica.

La Costituzione dovrà essere fedelmente osservata come Legge fondamentale della Repubblica da tutti i cittadini e dagli organi dello Stato.

Indici

Indice degli articoli della Costituzione

Tra parentesi l'indicazione del capitolo e del rispettivo paragrafo in cui vengono trattati specificamente i diversi articoli (in corsivo gli articoli abrogati).

Indice analitico

Tra parentesi l'indicazione del capitolo e del rispettivo paragrafo in cui vengono trattati specificamente i diversi argomenti.

Finito di stampare nel settembre 2016
presso LI.PE, San Giovanni in Persiceto (Bo)

DTP: liligraf sas, san lazzaro di savena, bologna - www.liligraf.it